La Segvnda Parte de
Lazarillo de Tormes:
y de sus fortunas y aduersidades (1555).

Edición crítica con estudio y notas de

Manuel Ferrer-Chivite

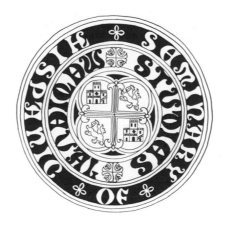

Madison, 1993

Copyright ©1993 by
The Hispanic Seminary of
Medieval Studies, Ltd.

ISBN 0-940639-94-7

Agradecimientos

Vaya por delante la gratitud a mi querido Prof. Lloyd A. Kasten aunque sólo fuere por haber sido quien me inició y enderezó por estos caminos de la crítica textual, así como al Prof. John J. Nitti y su equipo por su pertinente y eficaz ayuda que tan necesaria es para un profano —como yo confieso ser— en el complejo mundo de la técnica ordenadoril.

Conste también mi agradecimiento a los Profs. F. Márquez Villanueva, Eloy Benito Ruano, Theodore S. Beardsley, Fermín Sierra, Hub Hermans, J. Pérez Escohotado y, por fin, Diego S. Bustamante por sus correspondientes contribuciones materiales.

De un modo u otro, todos ellos han hecho posible esta edición crítica y las reitero las gracias.

A modo de breve introducción

Bien se ha dicho y se dice que nunca segundas partes fueron buenas. Yendo al plano literario, excelentes excepciones son las del *Guzmán* y no menos la del *Quijote*, por ejemplo, pero en ese mismo plano, en escasísimas ocasiones —si alguna— podrá aplicarse mejor tal aforismo como a esta segunda del *Lazarillo*; al menos, así parece que haya de suponerse si atendemos a lo que, dispersamente a lo largo de años y con alguna honrosa excepción —Aubrun, Zewz y Bataillon, digamos— ha venido manteniendo la crítica.

Ocurre, sin embargo —y honesta y justificadamente creo poder decirlo— que cuanto en esa línea negativa tal crítica ha dicho ha sido, básicamente, resultado de ciertos factores que no pueden ser pasados por alto.

El primero, el obvio y absolutamente decisivo de la inevitable comparación con su correspondiente primera parte, con todo lo que ello ha supuesto, un bastante irreflexivamente, de menosprecio y olvido para esta *Segunda*.

El siguiente clara consecuencia del anterior, la escasísima atención que a ese texto se ha prestado, y si se me apura hasta de sospechar sería que lo escasísimo de esa atención pudiera hacerse extensivo incluso a la lectura del mismo. Doloroso, si no ridículo, es tener que recordar el contraste entre la tan ingente y copiosísima bibliografía dedicada al *Lazarillo* del '54 frente a la casi inexistente sobre éste del '55. Recientes intentos de mejorar tan precaria situación como han sido la edición de P. Piñero y el posterior trabajo de P. E. Beckman —con todo lo que de loables se les pueda considerar, mas en concreto al primero— no han resuelto la misma todo lo satisfactoriamente que de desear hubiera sido. Y un tercero y último, también, claro, secuela del primero, han sido las inadecuadas y/o erróneas comprensión e interpretación del texto al que generalmente sólo se le ha querido ver como un caso más de novela de transformación o, a lo sumo, como una invectiva socio-política enmascarada bajo lo extravagante y fantástico.

Sin menoscabo de lo que de cierto haya en esos factores, de la funesta influencia que los mismos hayan tenido para las "fortunas y adversidades" de esta *Segunda parte*, algo más mejor —bastante más— estoy convencido de que puede descubrirse en la misma tanto en su texto en sí, como, y no menos, en sus relaciones con su antecesora.

Confío en que la edición que presento sea testimonio de ello.

EL AUTOR

LA SEGVN-
DA PARTE DE LAZA-
RILLO DE TORMES: Y
de fus fortunas y ad-
uerfidades.

TVTISSIMA VIRTVS
PIETAS HOMINI

IN ANVERS
En cafa de Martin Nucio, a la en-
feña de las dos Cigueñas.
M. D. LV.
Con *Preuilegio Imperial.*

Portadas de las dos ediciones

LA SEGVN-
DA PARTE DE LAZA-
RILLO DE TORMES, Y
de fus fortunas, y ad-
uerfidades.

EN ANVERS,
En el Vnicornio dorado, en
cafa de Guillermo Simon
M. D. L. V.
Con *Priuilegio Imperial.*

Oncede el Empera dor nueſtro Señor a Martin Nucio Impreſſor de libros en la vi lla de Anuers, que por tiem po de quatro años ninguno pueda imprimir eſte libro, ſo las penas cõtenidas en el original priuilegio, dado en Bruxelas en ſu Conſejo, y Subſignado.

Facuruez,

En que da cuenta Laza-ro de la amiſtad que tuuo en Tole-do con vnos Tudeſcos, y lo que con ellos paſſaua.

Neſte tiempo eſtaua en mi proſperidad y en la cúbre de toda buena for tuna y como yo ſiempre anduuieſſe acõpañado de vna bue na galleta de vnos buenos frutos q̃ en eſta tierra ſe crian para mueſtra de lo q̃ pregonaua, cobre tãtos ami gos y ſeñores aſſi naturales como eſ trangeros, q̃ do quiera q̃ llegaua, no auia para mi puerta cerrada, y en tã ta manera me vi fauorecido que me parece ſi entonces matara vn hom bre, o me acaeciera algun caſo rezio hallara a todo el mũdo de mi vãdo, y tuuiera en aquellos mis ſeñores to do fauor y ſocorro, mas yo nũca los demas boquiſecos queriẽdo los lle uar comigo lo mejor q̃ yo auia es chado en la ciudad a do haziamos la buena y eſplendida vida y xira, alli nos acõtecia muchas vezes entrar en nueſtros pies, y ſalir en agenos. Y lo mejor deſto es, que todo eſte

A 2   tiem

Contraportada (f. 1v) y primera página (f. 2r) de Nucio

malos y peruerfos Atunes me auian
puefto. Comiéço a efgremir mi efpa
da lo mejor q̃ pude y a herira dieftro y a finieftro, diziẽdo. Fuera, fue
ra atunes mal comedidos q̃ ahogays
a nueftro capitã, y cõ efto a vnos de
reues a otros de tajo, a vezes de efto-
cada, en muy breue hize diabluras,
no mirãdo ni teniẽdo refpecto a nadie excepto al capitan Licio, q̃ por
verle de buẽ animo en la entrada de
la cueua me aficione a el, y leame y
guarde, y no me fue dello mal, como adelante fe dira, los que eftauan-
détro de la cueua como vierõ la ma-
taça comiẽçan a defembaraçar la po
fada. Y cõ quãta furia entrarõ, a mayor falierõ. Y como los de fuera fupi
effen la nueua y vieffen falir algunos defcalabrados, no procurarõ en
trar, y affi nos dexaron folos cõ los
muertos, y me pufe a la boca dela
cueua, y defde alli empieço a echar
muy fieras eftocadas. Y a mi parecer
tan feñor de la efpada me vitenien-
dola con los dientes, como quando
la tenia con las manos. Defpues de
auer defcanfado del trabajo, y ahogamiento el bueno de nueftro gene
ral,

Ff. 19v de Nucio y 21r de Simón
Obsérvese la omisión de "malos" en Simón.

me vengar del mal tratamiento y
eftrecho en que aquellos y peruer
fos atunes me auia puefto. Comiẽ
ço a efgremir mi efpada lo mejor
que pude y a herira dieftro y a finieftro, diziendo. Fuera, fuera atu
nes mal comedidos que ahogays a
ño capitan, y cõ efte a vnos de reues a otros de tajo, a vezes de efto-
cada, en muy breue hize diabluras,
no mirando ni teniẽdo refpecto a
nadie excepto al capitã Licio, que
por verle de buen animo en la entrada dela cueua me aficione a el,
y leame y guarde y no me fue dello mal como adelãte fe dira. Los q̃
eftauan dentro dela cueua como
vierõ la matança comiença a defembaraçar la pofada, y cõ quan
ta furia entraron, a mayor falierõ.
Y como los de fuera fupieffen la
nueua y vieffen falir a algunos def
calabrados no procurarõ entrar;
anfi nos dexarõ folos cõ los muer
tos, y me pufe a la boca dela cueua
y defde alli empieço a echar muy
fieras eftocadas. Y a mi parecertã
feñor dela efpada me vi teniẽdola

deti, y deſque faliſte caſi nūca mas
me miraſte. Por lo qual la diuina juſ
ticia te ha querido caſtigar y que en
tu tierra, y en tu caſa no halles cono
cimiento, mas que te vieſſes pueſto
como malhechor a queſtion de tormento, mañana vendra tu muger,
y faldras de aqui con hōrra, y de oy
mas haz libro nueuo. Y aſſi ſe me
deſpidio de preſente muy alegre de
tal viſſion, conociendo q̃ juſtamēte
paſſaua, porque eran tātas y tan grā
des las mentiras que yo entretexia,
y lo que cōtaua que aun las verdades eran muy admirables, y las que
no eran, pudieran de eſpanto matar
las gentes, propuſe la enmienda:
y llore la culpa. Y la mañana venida
mi gesto eſtaua como de antes, y de
mi Señor y de mi muger fuy conoci
do, y lleuado a mi caſa con mucho
plazer de todos, halle a mi niña ya
caſi para ayudar a criar otra. Y deſ
pues que algunos dias repoſe torne
mea mi taça y jarro, con lo qual en
breue tiepo fuy tornado en mi
propio geſto, y a mi
buena vida.

F 4   CAP.

**Ff. 64r de Nucio y 69v de Simón,
con la específica forma triangular final para ambos y final de caja para Nucio.**

---

ua como de antes, y de mi ſeñor y
de mi muger fue conoſcido, y lleuado a mi caſa, con mucho plazer
de todos, halle a mi niña, ya quaſi
para ayudar a criar otra. Y deſpues
que algunos dias repoſe torne
mea mi taça y jarro, cō lo qual
en breue tiepo fuy tornado en
mi propio geſto, y a mi
buena vida

CAPITVLO DECIMO-
eſtauo. Como Lazaro ſe vino a Sa
lamanca, y la amiſtad y diſputa
que tuuo con el Rector, y
como ſe vuo con
los eſtudi-
antes.

E Standoya algun tāto a mi plazer, muy bien veſtido, y muy
bien tratado, quiſe me ſalir de
allido eſtaua por ver à Eſpaña, y
folearme vn poco, pues eſtaua
harto del ſombrio del agua. Deter
minando a do yria, vine a dar comigo en Salamanca, adonde ſegun
dizen, tienen las ſciencias ſu alo-
ja-

dos, y aun algo mas, que por horra
dellos al presente callo, y llegue a
mi casa, adonde lo halle todo muy
bien, aunque con gran falta de dinero. Aqui me vinieron los pensa-
miētos de aquellos doblones, q̄ se
desaparecieron en el mar, y cierto
que me entristeci, y pensè entre mi,
que si supiera, me auia de suceden-
ran bien como en Salamāca, pusiera escuela en Toledo, porque quā
do no fuera fino por aprender la
lengua Aruneſa, nõ vuiera, quiē no
quisiera estudiar. Despues penſan-
do lo mejor, vi, q̄ no era cosa de
ganācia, porque no aprouechaua
algo; assi dexe mis penſamientos
atras, aunque biē quisiera quedar
en vña tan noble ciudad con fama
de fundador de vniuerſidad muy
celebrado, y de inuentor de nueua lengua nunca sabida en el mun
do entre los hombres, esto es lo ſu
cedido despues de la yda de Argel
lo de mas con el tiempo lo sabrà v.
m. quedando muy a ſu ſeruicio.

Lazaro de Tormes.

FIN.

G iij   Siguen-

Págs. 77 y 78 de Simón y su añadido ajeno al texto.
Esa pág. 77 correspondería a un 75r, pero ya señalo que Simón,
desde el 73r, olvida la foliación para pasar a la paginación.

SIGVENSE ALGVNAS
FABVLAS MVY GRACIOSAS,
las quales no ſon de la obra, pero
añadieron ſe a ella por
no vender al Lector
papel blanco.

FABVLA PRIMERA

Tres compañeros, de los quales
los dos erā mercaderes y ciudadanos, y el tercero aldeano,
por cauſa de deuocion yuan en ro-
meria a la caſa de Meca, a los quales falto la vianda en el camino, de
manera que no tenian coſa de comer, ſaluo vna poca de harina, que
ſolamēte baſtaua para hazer della
vn pequeño pan. Los burgue-
ſes engañoſos viendo eſto dixeron
entreſi: Poco pan tenemos, y eſte
nuestro compañero es grā come
dor, por lo q̄ es neceſſario, que pēſe
mos como fin el coñamos eſte po
co de pā, y amaſſado el pā y pueſto
a cozer los mercaderes buſcando
manera para engañar al ruſtico, di
xerō: Duermamos todos, y aquel q̄
vuiere mas marauilloſo ſueño entre todos tres coma el pā, cōcerta-
da

Discusión y planteamiento del estema

En su artículo de 1964 —cf. bibliografía completa al final—, Rumeau, comentando las ediciones de Nucio y de Simon de esta *Segunda parte*, no dudaba mucho en afirmar que

> les différences entre les deux imprimés sont de telle nature et en telle quantité qu'elles excluent l'hypothèse d'une filiation entre eux. (265)

Piñero, en su edición del '83, y tras citar esa opinión, dice, por el contrario:

> Mi análisis, expuesto en la monografía citada en la nota 1, me lleva, más bien, a otras conclusiones: Simon tomó de Nucio los dos textos. (16, n.7)

Desconozco las razones que le han llevado a esa conclusión —la monografía que cita, y al menos que yo sepa, no ha sido aun publicada— pero, en cualquier caso, tanto uno como otro dan por descontado que N no sigue a S, y buena razón les asiste si bien Rumeau, sólo parcialmente, y Piñero, en ningún momento, dan los concretos datos que paso a recoger y que justifican ese supuesto sin dejar lugar a mucha duda.

Como ya señalo al hablar de los avatares, Simon, en su edición de la de 1554 que toma de N, se salta la línea "y dauame todos los huessos roydos"; omisión análoga va a cometer en su '55, pero esta vez en dos ocasiones; en efecto, una es la de

> que las auia echado, y fuya el cuer-/
> po a vna y otra parte.Y como el ex/ (N.13*v*)

que S da como

> mo aquel que las auia echado, y/
> como el exercito estaua desmaya-/ (S14*v*)

y la siguiente la de

> tad, porque les parecio aquel dia del/
> combate que me señale o di a cono-/
> cer gran valentia . . . (N22*v*)

que aparece en S como

> tad, porque les parescio aquel dia/
> conoscer gran valentia . . . (S24*v*)[1]

Mucha imaginación habría que adjudicar a N si leyendo en S hubiera suplido dichas líneas con su invención y más siendo, como se observa, que esas omisiones no provocan en absoluto ninguna llamativa distorsión textual.

Descartada, pues, esa posibilidad, hay que atender hasta qué punto la otra, la de un S que sigue a N —como quiere Piñero contra Rumeau—, es válida. Cotejando los textos se observa que ambos coinciden en las siguientes irregularidades:

a) 20 malas lecturas, y algunas del calibre de "*con* obrar en mi un marauilloso milagro" (N, 10*r*;S, 10*v*) por {quiso}, "seria *menos carnal* mucho su estado" (N, 12*r*;S, 13*r*) por {menoscabar}, "que se *vsaua* y pompeaua" (N, 23*v*;S, 25*v*) por {ufanaba}, "lo que el mar *varia* tan gran maldad" (N, 26*v*;S, 28*v*) por {veria como}, "haziendo le *beuerlo*, y teniendo tendida la *pierna* en la silla" (N, 50*r*;S, 54*r*) por {desollar} y {piel} y, por fin, "ni de *su merced* que se lo consiente[ ] (N, 54*r*;S, 58*v*) por {sus maridos} . . . consiente{n};[2]

   b) 58 errores textuales en forma de anacolutos, omisiones, etc.;

   c) 1 error tipográfico, *naralle* (N, 24*r*;S, 26*r*) por {narralle}, y, desde luego,

   d) el considerable trozo suprimido que mutila el Capítulo XV.

Buen número de errores concomitantes todos ellos, y sobre todo las significativas malas lecturas y supresión, como para empezar a suponer que S sigue a N para su edición, pero como en absoluto es descartable en principio la posibilidad de que tanto uno como otro estuviera leyendo en un texto común, lícito es persistir en la duda.

Ocurre, sin embargo, que algunos otros datos tenemos que nos pueden permitir disipar tal duda, y éstos son otras dos significativas omisiones que en ese mismo S se dan. Las transcribo presentando el cotejo entre ambos textos.

En N se lee

> tu subdito y estoy a tu mandado, y de//
> tu vandera, profiero a ponerte en (f.12*r*-*v*)

Nótese —porque es lo que importa al caso— que la primera línea transcrita es la última del 12*r* y la segunda, la primera del 12*v*.

Por su parte, S reproduce esas dos líneas del siguiente modo:

> subdito y estoy a tu mandado, y de//
> vandera, profiero a ponerte en po- (f.13*r*)

con la particular omisión del tercer *tu* de N, ese *tu* que ahí inicia el 12*v* del mismo.

Para la segunda omisión de S, tenemos que N da,

> tamiento y estrecho en que aquellos//
> malos y peruersos Atunes me auian (f.19*r*-*v*)

en donde, así mismo, la primera línea transcrita es la última del *r* y la segunda, la primera del *v*.

Para estas líneas, S da,

> estrecho en que aquellos y peruer//
> sos atunes me auian puesto. Comie- (f.21*r*)

observándose que se salta el *malos* que en N principiaba el 19*v*, y dándose, así, el muy destacable detalle de que tanto una como otra omisión de S se ubican ambas exactamente en el mismo lugar, ese particular principio de los *vv.* en N.

Más omisiones de ese mismo negligente cajista —o de este cajista y/o de quién le estuviera leyendo el texto, que no debe descartarse que la redacción se hiciera al dictado—, que, provocadas ambas por los respectivos pasos de *r.* a *v.*, conducen a otra lógica e inmediata conclusión: la de que dada la específica y particular ubicación de las dos palabras omitidas, la misma presupone, de necesidad, que quién omite las susodichas palabras tiene que estar leyendo el texto en que esas palabras se dan en esa específica ubicación, y no ningún otro, precisamente por ser esa dicha ubicación el origen y causa de las omisiones; justo corolario que de todo ello se desprende es, claro está, que S leía en N y que es ese el texto que reproduce en su edición, ya que suponer que existió otro texto totalmente distinto e independiente de N y que, no obstante, contuviera ese *tu* y ese *malos* exactamente en las mismas iniciales ubicaciones, no cabe duda que sería suponer excesivas coincidencias; de observar es, además, que ese hecho de que tales omisiones se den, incluso, por partida doble, nos corrobora más tal supuesto.

Un detalle más que ayuda a confirmar esa dependencia de S respecto a N. Las dos primeras líneas del f.60*r* de N, leen:

> la assumpcion q passo, el mas desseo/
> soy hõbre del mudo . . .

evidente error textual por {desseoso hombre}, para el que sugiero la siguiente explicación: el cajista tiene dispuesta la primera línea *la assumpcion q passo, el mas desseo*, omite el guión interlinear —por olvido o por no caberle en la caja— y prosigue iniciando la siguiente con su correspondiente *so*; por la razón que sea —le llaman aparte, se distrae por un momento, etc.— interrumpe ahí su labor; cuando la reanuda no se fija en la línea anterior ya dispuesta —o, quizá incluso, una señal que ha podido dejar se la tapa— y vuelto a ese *so*, sólo atiende al texto que sigue donde lee *hõbre del mudo*; opera su conciencia lingüística "modernizante" y suponiendo que ese *so* es forma verbal arcaizante —todavía perfectamente en uso como puede verse en Roua I, 8 y 15; II, 218; IV, 126, así como en Palau (*Farsa*, línea 1545), p. ej. —para éstas y otras abreviaturas cf. asimismo bibliografía al final— la rectifica en el actual "soy" y prosigue, sin más, su tarea.

En S se lee:

> . . . . q passo, el mas desseoso hobre/
> soy del mundo . . . (64*v*)

de donde habrá que inferir que, arrastrado por esa primera línea de N, completa correctamente *desseoso* y añade el *hõbre* que acto seguido viene, pero fijándose en ese "soy", que por respeto al texto que lee no quiere dejar fuera, lo inserta donde más adecuado le parece, tras ese *hõbre*; ahora bien, el hecho de que no corrija ese *soy* en un necesario y correspondiente {era} pues que en tiempos pasados está redactada toda esa vuelta a Toledo y, sobre todo, que lo incluya siendo como es totalmente superfluo tras el arreglo que hace, bien indica que está siguiendo ciegamente un texto que erróneamente lo contiene, texto que, claro está, ha de ser N, ya que suponer —otra vez y como antes— que otro texto distinto e independiente de este N cometiera, no obstante, el mismo y no demasiado común error sería excesivo.

Todo lo cual nos lleva a aceptar que, en efecto, si Simon ha reproducido el '54 poco antes, a su práctica y a sus mañas volverá haciendo lo mismo con este '55.

Fuera esto como fuera, parece, pues, que haya que acabar todos estos comentarios dándole la razón a Piñero, frente a Rumeau, en cuanto a que S toma de N su texto.[3]

Un inicial y elemental estema (1) podría ser, así, y para empezar:

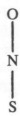

y he dicho inicial y elemental por que sólo como punto de partida nos puede servir ya que desde este primer momento, habrá que empezar a rectificarlo si hemos de atender a otros datos que tenemos.

Hablando del capítulo XVIII, dice Caso González de él "que parece un pegote inútil" ([1971], 177); como más adelante —cuando con más detalle examine los avatares de este capítulo— haré ver hasta qué punto tiene razón este crítico, baste por ahora este dato. Aceptado, pues, ese XVIII como añadido posterior del N, hay que empezar por postular la existencia de un texto anterior —para nosotros perdido— con sólo 17 capítulos, ampliándose, así, el anterior estema en el siguiente (2):

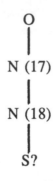

en el que N (17) sera el inicial texto con 17 capítulos, N (18) el subsiguiente que conocemos con 18, y S aparece con interrogación pues que aun no sabemos como se integra en el estema.

Ahora bien, de ese N con 17 capítulos no consta —que sepamos— ningún ejemplar, pero muy bien puede ser el que ha sospechado Caso González al afirmar que

Cuando el *Lazarillo* se edita en Amberes en 1554 estaba ya escrita, y probablemente en prensa, una *Segunda parte* . . . que se publica en 1555 por primera vez. ([1971], 176)

Aunque no explica cómo ha llegado a esa conclusión —en su edición crítica tampoco aclara demasiado en p. 16— no le falló, en mi opinión, su olfato crítico, porque muy posible es que ese "probablemente" haya que darlo como "ciertamente", es decir, que esa *Segunda parte*, que supone en prensa, fuera esa primera del '55 con esos 17 capítulos y aun, y si se me apura, que la misma estuviera ya en la calle a últimos de 1554 impulsada, es de suponer, por el éxito comercial del inmediato anterior '54, ya que ese 1555 que Caso da como año de publicación es, claro está, una forzosa referencia a las únicas ediciones de 18 capítulos por él conocidas.

Y prueba, siquiera indirecta, de que esa edición con 17 capítulos, había aparecido ya o, al menos, estaba a punto de aparecer en 1554, nos la proporciona Rumeau partiendo de cierto rasgo diferenciante que, entre todos los ejemplares con 18 capítulos que examinó, observó en uno de ellos respecto al resto.

Una vez más en su trabajo de 1964, y en p. 263, destaca la curiosa diferencia que para todos esos '55s conocidos se da entre el extracto del privilegio del ejemplar que obra en Viena y el de los restantes; en el primero, firmado por P. Lens, se lee que la concesión de ese privilegio es "por tiempo de cinco años", mientras que en todos los demás, firmados por Facuwez, el período es "de cuatro años". Tras confirmarnos de que tanto ése de Viena como los restantes ejemplares son absolutamente idénticos respecto a todas las demás características,[4] concluye que "Il ne s'agit donc pas de deux impréssions, mais d'une modification de l'extrait de privilège en cours d'impréssion." (264) Aceptado que la modificación se diera "en cours d'impression", algo se puede sugerir sobre cómo sucedió todo ello.

Dada la existencia de una edición de Nucio con 17 capítulos y siendo ésta, como es, anterior a los demás de 1555 —Viena y el resto— con toda probabilidad sería de 1554 —como Caso sospecha— sería para ésta, por tanto, para la que Lens firmara el privilegio con esos lógicos "cinco años", "cinco años" que ya, en rigor, no corresponderían a las otras ediciones del '55.

Pero, ¿qué ocurrió después? No es difícil imaginar el proceso.

Nucio comienza por editar su *Segunda* con 17 capítulos, esa que suponemos de 1554 y sus correspondientes "cinco años" de privilegio; entretanto, surge el capítulo XVIII, y por las razones que fueren —éxito de esa anterior y/o alguna otra como sugiero en los avatares—, Nucio decide lanzar una reedición con la añadidura de ese capítulo, y ya sea por que aun cree en vigor el privilegio, o por prisa, despreocupación o automatismo —o, más simplemente, porque utiliza las anteriores matrices— la tal reedición sigue manteniendo ese extracto del privilegio con sus dichos "cinco años", habiéndose olvidado Nucio que el tiempo no ha pasado en vano y que esa reedición corresponde ya a 1555. El ejemplar de Viena con sus 18 capítulos, ese período de "cinco años" y esa firma de Lens, sería, así, el único ejemplar que actualmente poseemos de esa reedición.

En el decurso de la impresión, no obstante, —y sigo con la hipótesis de Rumeau— se da cuenta del desliz —o alguien se lo hace ver— y legalista y/o precavido decide la rectificación, pero temeroso —digamos— de verse recriminado por Lens, acude a Facuwez —el mismo que antes le habrá firmado el privilegio para su anterior '54— para que ahora le firme ese otro ahora prudentemente recortado en "cuatro años", y con el mismo aparecerán todos esos otros ejemplares que conocemos.

Sé, sin embargo, de otras posibles soluciones para las que no son necesarias la hipótesis de Rumeau y que pueden ser dignas de mencionarse.

Impresa y ya lanzada esa *Segunda* con 18 capítulos se descubre la irregularidad legal del extracto; con ello, otra vez el legalista y/o precavido Nucio considerá prudente recoger la tirada, sin que pueda evitar que algunos ejemplares ya adquiridos sean irrecuperables, con lo que se repetiría el caso de Antoño de Antoni respecto a sus ediciones de 1587 y 1597 como ya hago ver en los avatares generales. Uno de esos irrecuperables e irrecuperados sería el de Viena. Retirada ésa inicial, repite la segunda pero esta vez ya correctamente con esos "cuatro años" en el extracto, y ahora firmado por Facuwez quizá por la misma razón anterior. De ser así, tendríamos, pues, dos reediciones, una la representada por el ejemplar de Viena y otro la que testimonian los restantes.

La otra sería la de que sin tantas complicaciones ni suponerle tan legalista y/o precavido a Nucio, la reedición que testimonia el Viena siguió su curso normal de lanzamiento y venta aun con su error legal y que debido a su éxito —como probablemente le ocurrió a la anterior con 17— pronto se agotó, y animado por ello Nucio decidió otra reedición, la que conocemos con sus "quatro años", con lo que, en cualquier caso, seguiríamos teniendo, con ello, dos reediciones con 18 capítulos derivadas de la inicial con 17.

El lector puede optar por cualquiera de las tres hipótesis, pero, en cualquier caso, lo que importa destacar es la vehemente probabilidad, por no decir certeza, de que la primera edición con 17 capítulos fue de 1554 —a últimos, sí, pero de 1554— frente a las otras con 18 indudablemente de 1555.[5]

Conste, además que partiendo de estos supuestos, podemos incluso sospechar que la conocida mutilación del capítulo XV no se diera en esa primera edición con 17 capítulos, y que sólo al decidir añadir el capítulo XVIII en su siguiente reedición —y quizá por no hacer demasiado largo el texto— fue cuando Nucio decidió, así mismo, llevar a cabo tal supresión.

Algo más, por fin, puede derivarse de estos supuestos, pero más adelante, cuando de la integración de S en el estema se trate, veremos que pueda ser ello.

El estema anterior, por tanto, se confirmaría, con la única diferencia de que podría ampliarse a (3):

$$
\begin{array}{c}
O \\
| \\
N\ (17) \\
| \\
N\ (18a\ [V]) \\
| \\
N\ (18b) \\
| \\
S?
\end{array}
$$

de acuerdo con las anteriores consideraciones, y siguiendo sin saber dónde se pueda integrar S.

Y esto es lo que ya ha llegado la hora de hacer, y en ese mismo momento e *ipso facto* es cuando surge el problema de más envergadura a resolver. Porque, en efecto, si, como antes he supuesto, parece irrefutable la dependencia de S respecto a N, en el momento mismo en que se examinan y cotejan los textos la sorprendente cantidad de variantes, el ingente cúmulo global de discrepancias que entre ambos se da, hacen dificilísimo seguir postulando tal dependencia, como —recordémoslo— le ocurrió a Rumeau que, tras ese examen, se vio forzado a afirmar que "les différences . . . sont de telle nature et en telle quantité qu'elles excluent l'hypothèse d'une filiation entre eux."

Y poco nos debe sorprender que así lo hiciera puesto que no reparó, con todo lo que de significativo peso tienen, en las significativas omisiones —arriba comentadas— de *tu* y de *malos*, que si formalmente son mínimas, cualitativamente, por contra, son fundamentales y decisivas para entender e interpretar esa filiación.[6]

Pero ocurre —y en eso hay que darle la razón a Rumeau— que aun con todo y esas fundamentales omisiones, tan irrefutables como parecen ser éstas lo son esa ingente profusión de variantes, ese centón de discrepancias que entre esos textos se dan, que ahí inescapablemente están y que en ningún caso pueden soslayarse.

Caso excepcional, ciertamente, el de de estos '55 que estando tan íntimamente relacionados —como no hay ninguna duda que lo están—, presentan, no obstante, tantas divergencias y de tal calibre, y tan excepcional, que a buen seguro pocos como él ha debido haber en la historia editorial española del siglo XVI.

¿Hay posibilidad de cohonestar esos dos rasgos tan contrarios, de compaginar características tan diferenciantes?

Antes de dar una respuesta conclusiva —ya afirmativa, ya negativa— conveniente parece empezar por ver cuáles, cuántas y de qué índole son todas esas discrepancias.[7]

A) **Variantes aceptables**[8]

a) *Sintácticas, omisiones, de origen fonético, etc.:*

CAP. I., 2*r*	Capitu. Primero, 2*r*
consentian, 2*v*	consintian, 2*v* [9]
henchian, 2*v*	hinchian, 2*v*
requirido, 2*v*	requerido, 2*v*
CAP. II., 3*v*	CAPITVLO SEGVNDO, 3*v*
lo, 4*r*	le, 4*v*
hezimos, 4.	hizimos, 5*r*
usar de, 6*r*	y usar de, 6*v*
determine q en, 6*r*	determino en, 6*v*
desauorida, 7*v*	desabrida, 8*r*
aquella insigne escuela, 8*r*	aquel insigne escuela, 8*v*
herianse, 9*r*	hirianse, 9*v*
o si hallauan 9*r*	o hallauan, 9*v*
lugar tan estraño, 9*r*	lugar estraño, 9*v*
y al Señor, 9*v*	y a señor, 10*v*
cerrado, 10*r*	cercado, 11*r* [10]
pedirian, 11*r*	pidirian, 12*r*
CAP. III., 11*r*	CAPITVLO TERCERO., 12*r*
esta determinado, 12*v*	estoy determinado, 13*v*
a los mis esforzados, 12*v*	a los esforzados, 13*v*
dixiste, 15*r*	dixisti, 16*r*
como un reues, 15*v*	un como reues, 17*r*
que, 16*r*	y q̃, 17*v*
CAP., 17*r*	CAPIT., 18*v*
Huelgo me, 17*v*	Holgue me, 19*r*
q̃ me parecia, 17*v*	que que me parescia, 19*r*
auerse, 18*r*	y auerse, 19*r*
ante, 18*r*	y ante, 19*v*
que cuãdo, 18*r*	y cuando, 19*v*
assi es, 18*v*	q̃ ansi es, 20*r*
poderoso, Señor sacadme, 18*v*	poderoso y señor sacadme, 20*r*
seguia, 19*r*	siguia, 20*v*
entrar, y, 19*v*	entrar:, 21*r*
CAP. V., 21*r*	CAPITVLO QVINTO, 22*v*

he//zistes, 21r-21v   hizistes, 23r
le leuantaste, 22r   leuãtaste, 23v
medio, 24v   comedio, 26v
compaña, 25r   compañia, 27r
su, 25r   mi, 27r
en los, 25r   entre los, 27r
CAP., 27v   CAPITV., 29v
yo no hallaua, 27v   yo no la hallaua, 30r
CAP. VII., 29r   CAPITVLO SEPTIMO, 31r
seguia, 30r   siguia, 32v
hezimos, 30r   hizimos, 32v
cõ, 30r   q̃ cõ, 32v
CAP. VIII, 31v   CAPITVLO OCTAVO, 34r
supiesse, 31v   supusiesse, 34r
apercebi, 32r   apercibi, 35r
qual, 32v   que, 35r

dos letrados, 32v   los letrados, 35r
sin bien, 33v   sin, 36r
mãda, 33v   mando [mandó], 36v
de el, 34r   del, 37r
CAP. IX., 35r   CAPITVLO NONO, 38r
del largo, 36r   de largo, 38v
y espantado, 36v   espantado, 39v
le vi, 36v   vi, 39v
me de lugar, 37r   de lugar, 40r
una arma, 37v   un arma, 40v
CAP., 38r   CAPIT., 41r
hezimos, 38v   hizimos, 41r
le, 38v   lo, 41v
que me parecia, 38v   que parescia, 41v
lo, 39v   le, 42v
seguros, 41r   por seguros, 44v
CAP. XI., 41r   CAPITVLO VNDECI-/mo, 44v
y, 41r   y que, 44v
_____   _____
mejor yr x. o xij. de nos: otros   mejor yr diez o doce de nosotros,
dixeron, 42r   otros dixeron, 45v
_____   _____
y que, 42v   que, 46r
no, 44r   q̃ no, 48r
deuieron le dezir, 44r   deuieron le de dezir, 48r
CAP. XII., 44v   CAPITVLO DVODECI-/mo, 48v
Fuymos, 45v   Fuymonos, 49v
medio, 45v   comedio, 49v
con lo cual, 46r   con la cual, 49v

fuymos todos perdonados, 46r

nos dixo. 46v

pensare offender, 47r

hezimos, 47r

CAP. XIII., 48r

las campanas, 48v

yo culpe, 49v

recebir, 49v

baxar los, 49v

apremiados, 51r

aunque que quisieran, 52r

CAP., 52v

la mar, 53r

———

pocos dones se hallauan. Destas
y de otras cosillas, 54r

———

fue, 54v

henchia, 55r

ni lo, 55r

en solo doblones, 55r

preguntarias, 55v

el tesoro, 55v

henchir, 56r

CAP. XV., 56r

a los hombres, 56r

CAP. XVI., 56v

medio, 56v

del, 57v

sin me dar respuesta, 58r

yo, 58r

hinchio, 58v

CAP. XVII., 59r

fuy, 60r

porque, 60v

y por, 60v

lo, 61r

lo, 62r

S. Saluador, 62r

Alcalde, 62v

lo, 63v

disposicion, 63v

fui, 64r

CAP. XVIII., 64v

vuestra merced, 69v

FINIS, 69v

fuymos perdonados, 50r

dixo, 50r

pensar offender, 51r

hizimos, 51v

CAPITVLO DECIMO/tercio, 52r

los campanos, 52v

yo culpo, 53v

recibir, 53v

baxar a los, 54r

apretados, 55r

aunque quisieran, 56v

CAPITVLO, 56v

el mar, 57v

———

pocos dones se hallauan destos
y de otras cosillas, 58v

———

fuy, 59r

hinchia, 59v

ni se lo, 59v

en solos doblones, 60r

preguntaras, 60r

thesoro, 60v

hinchir, 60v

CAPITVLO DECIMO-/quinto, 60v

los hombres, 60v

CAPIT. XVI., 61r

comedio, 61r

de, 62v

sin dar la respuesta, 63r

y yo, 63r

hicho, 63v

CAPIT. XVII., 64r

fue, 65r

y porq̃., 65v

por, 65v

le, 66r

le, 67r

Santsaluador, 67r

alcayde, 67v

le, 68v

dispusicion, 68v

fue, 69v

CAPITVLO DECIMO-/octauo, 69v

v. m., 75r

FIN., 75r

Son en total 120 variantes y en su conjunto se observa que frente a la consistencia de N para "CAP." y correspondientes números romanos, S difiere dando doce "CAPITVLO", cuatro "CAPIT.", un "CAPITV." y otro "capitu.", y para la numeración romana, solamente la mantiene en 6 casos dando los otros en numerales ordinales con seis en mayúsculas —"SEGVNDO", etc.— cinco en mezcla de mayúsculas y minúsculas por interlineación —tipo "VNDECI-/mo", etc.— y uno todo en minúsculas —"primero"—; así mismo para el encabezamiento general a lo largo de las páginas N da siempre "II" en romanos mientras que S da siempre el ordinal "SEGVNDA", y, por fin, el caso —ya dentro del texto— de "mejor yr x. o xij." de N frente a "mejor yr diez o doze" en S; así mismo N persiste en " *hez*imos" frente a las inconsistencias de S que sólo persiste en casos menores como los cuatro "*hinch*"- y los dos de "*sigui*"-; en total 32 variantes para el primer caso y 20 para las de timbre vocálico que dadas sus específicas características —nadie habla en mayúsculas ni en números romanos y no siempre es fácil distinguir el timbre vocálico— bien puede suponerse, y en especial para el primer grupo —que en S son resultado —como quiere Rumeau (269)— de un texto dictado.

b: i) *Ortográficas únicas:*

ira, 2*v*	yra, 2*v*
tocino, 2*v*	tozino, 2*v*
Refran, 2*v*	refran, 3*r*
linaje, 3*r*	linage, 3*v*
V. m., 3*v*	V. M., 4*r*
V. m., 5*r*	v. m., 5*r*
ningun, 6*r*	ningum, 6*r*
caridad, 6*r*	charidad, 6*v*
vue, 6*v*	huue, 7*r*
Philosophia, 7*v*	philosophia, 8*v*
profetizado, 7*v*	prophetizado, 8*v*
Pues, 8*r*	Puez, 8*v*
Christiano, 9*v*	christiano, 10*r*
holgaua, 11*v*	Holgaua, 12*v*
Lazaro, 12*v*	lazaro, 13*v*
Y, 15*r*	y, 16*r*
Auella, 15*v*	auello, 16*v*
los, 19*v*	Los, 21*r*
Y, 19*v*	y, 21*r*
Fabricio, 21*v*	fabricio, 23*v*
gran, 22*r*	Gran, 23*v*
estando, 22*r*	Estando, 24*r*
descuydo, 23*v*	descuido, 26*r*
hecimos, 25*v*	hezimos, 27*v*
claros, 29*r*	Claros, 31*v*
auogauan, 32*v*	abogauan, 35*r*
Iuntamente, 33*r*	iuntamente, 35*v*
el, 34*r*	El, 36*v*
acabada, 34*v*	Acabada, 37*v*

Cipion, 35*v*	Scipion, 38*r*
hozicada, 35*v*	hocicada, 38*v*
Çocodover, 36*r*	çocodover, 39*r*
voz, 36*v*	boz, 39*r*
Gurrea, 36*v*	gurrea, 39*r*
vierõ, 37*v*	vieron, 40*v*
pauer, 40*r*	Pauer, 43*r*
caxcauel, 42*r*	caxcabel, 45*v*
escusaran, 49*v*	excusaran, 54*r*
barbaro, 50*r*	Barbaro, 54*r*
Y, 50*r*	y, 54*r*
Legista, 50*r*	legista, 54*r*
Luna, 52*v*	luna, 57*r*
triumfando, 53*r*	triumphando, 57*v*
Filosofo, 53*r*	philosopho, 57*v*
sagaces, 54*v*	sagazes, 59*r*
auisado, 54*v*	avisado, 59*r*
çopa, 55*r*	sopa, 59*v*
flandes, 55*r*	Flandes, 60*r*
tesoro, 55*v*	thesoro, 60*v*
viaje, 56*v*	viage, 61*r*
España, 58*v*	cspaña, 63*r*
Paues, 59*r*	paues, 64*r*
toledo, 60*r*	Toledo, 64*v*
assumpcion, 60*r*	Assupciõ, 64*v*
Verdad, 63*v*	verdad, 69*r*
licencia, 64*v*	Licencia, 70*r*
Reales, 69*r*	reales, 74*v*

Son 57 variantes en total, de las cuales algunas, y como ocurría con las del apartado anterior, se podrían explicar, si así se quiere, como producto de un dictado, pero al observar irregularidades tan notorias y flagrantes como las de "*f*landes" y "*t*oledo" en N, y, así mismo, "*l*azaro", "*f*abricio" y aun "*e*spaña", en S, más bien habrá que sospechar que a su base está operando la simple prisa, despreocupación y/o descuido de los respectivos cajistas.

ii) *Ortográficas repetidas*:

1. *C*apitan< >*c*apitan, 22 casos; *c*apitan< >*C*apitan, 17 casos. 39 variantes en 92 casos. Se incluyen, por supuesto, derivados para este ejemplo como para los siguientes.
2. *R*ey< >*r*ey; 34 variantes de 94 casos. No se da rey< >Rey.
3. *A*tun (a-es-as)< >*a*tunes; 29 variantes para los 102 casos. No se da ningún caso atun< >Atun (a-es).
4. *S*eñor< >*s*eñor; 25 variantes de 90 casos. No se da señor< >Señor (a-es-as).
5. *D*ios< >*d*ios, 22 variantes; *d*ios< >*D*ios, una variante. 23 en total de 32 casos.
6. ta*m*bien< >ta*n* bien; 6 variantes de 21 casos.[11]
7. *a*lteza< >*A*lteza; 5 variantes de 28 casos. No se da Alteza< >alteza.

8. *A*rcipreste< >*a*rcipreste; 4 variantes de 7 casos. No se da arcipreste< >Arcipreste.

9. *D*uque (sa)< >*d*uque (sa); 3 variantes "*D*uq-"; "*d*uq-" de 6 casos sin que se dé duque< >Duque.

10. Alexandr*o*< >Alexandr*e*; 2 variantes de 3 casos sin darse la inversa.

11. *c*ocodrilos< >*C*ocodrilos; 2 variantes únicas sin darse la inversa.

12. *d*on< >*D*on; 2 variantes únicas sin inversa.

13. pa*g*e< >pa*j*e; 2 variantes únicas sin inversa.

14. *h*emos< >emos; 2 variantes únicas sin inversa.

Son 177 variantes ortográficas repetidas.   Observando las continuas y abundantes alternancias que sin consistencia alguna se dan, especialmente para los títulos, en ambos textos, para muchísimas de estas variantes puede sospecharse —como para el apartado anterior ocurría— que su origen reside ya en la misma prisa o los mismos despreocupación y/o descuido de los susodichos cajistas.

c: i) *Arcaísmos: variantes con caso único:* [12]

Encomendamos nos, 5*v*	Encomendamonos, 5*v*
cien, 5*v*	cient, 6*r*
hizo, 11*v*	fizo, 12*v*
Apartamos nos, 23*r*	Apartamonos, 25*r*
destrucion, 28*v*	destruycio, 30*v*
os, 29*v*	vos, 32*r*
galardon, 33*r*	gualardon, 35*v*
prissa, 35*v*	priessa, 38*v*
ojos, 37*r*	oyos, 39*v*
resucitara, 37*r*	resuscitara, 40*r*
a manera de, 40*r*	a fuer de, 43*v*
darase parte, 43*r*	darse ha parte, 47*r*
aumentarian, 45*r*	augmentarian, 48*v*
dezidle, 45*r*	dezilde, 49*r*
secaces, 45*r*	sequaces, 49*r*
ahincando, 45*v*	afincando, 49*r*
tuuiesse, 46*v*	vuiesse, 50*v*
baxo, 50*v*	so, 54*v*
magnificamente, 59*v*	manificamente, 64*v*
duda, 61*v*	dubda, 66*v*
pelegrinas, 62*v*	peregrinas, 67*v*
tantas colores, 66*v*	tantos colores, 71*v*

22 en total, 6 para N y 16 para S; aunque alguna de estas variantes pudiera también juzgarse producto de texto dictado, muy discutible es que así resulte para una mayoría, y, por supuesto, de ningún modo para los casos de *a manera de*< >*a fuer de*, *darase parte*< >*darse ha parte* y *baxo*< >*so*.

ii) *Arcaísmos con variantes repetidas:* [13]

1. Verbos incoativos:

	N	S
en -cer	146	44
en -scer	0	102
	—	—
	146	146

102 variantes; a notar la total consistencia de N; ha de señalarse también que para S estas formas en -*sc*- terminan con el capítulo XVII; a lo largo del XVIII, y sin excepción, todas -y son 9 casos- se darán ya como -c-. Si algo se oculta tras esto más adelante lo comentaré.

2. a*u*n, a*u*nque< >a*v*n, a*v*nque; de 86 casos N mantiene "a*u*n-" en todos ellos con perfecta consistencia, frente a S con 9 "a*u*n-" y los demás en "a*v*n-" con 77 variantes. Es notorio este caso ya que a lo largo de ambos textos para los restantes como "*v*n" y derivados, "*v*se", "*v*niuersidad", etc., se mantiene la grafía *v* aun a pesar de su valor vocálico, sin duda por su condición de inicial. Inversamente, y también a lo largo de los dos textos, se mantiene la grafía *u* para las consonánticas "b" y "v" como en "ad*u*ersidad", "tu*u*o", "esta*u*a", "y*u*a", etc., etc. Acabo de señalar que las formas en -*sc*- terminan para S en el capítulo XVII; análogamente, S acaba con el uso de "a*v*n" en la quinta línea de f.71*r*; de ahí en adelante -más de dos terceras partes del capítulo —todos los casos, sin excepción —y son 7—, aparecen como "a*u*n".

3. a*ss*i	86	25
a*ns*i	0	61
	—	—
	86	86

61 variantes; consistencia total para N. De anotar es, asimismo, que el último "a*ns*i" de S se recoge al final del Capítulo XVII. Ya en el XVIII, todos los casos —son 4— aparecen como "a*ss*i".

4. Para la duplicación de consonante en radical, tipo "of*f*icio", "in*n*ocencia", etc., S presenta 46 casos "arcaizantes" sin correlato en N, pero no se da consistencia, no obstante, para ninguno de los dos, ya que N presenta duplicaciones con S y éste formas simples a la vez que N. Son 46 variantes.

5. *c*asi	16	1
*qu*asi	0	15
	—	—
	16	16

15 variantes con consistencia para N.

6. por*u*entura< >porventura; 10 variantes "modernizantes" —véase lo que anoto en n.2 sobre la consonántica *u* —únicas en S, curiosamente contra su mucho mayor tendencia "arcaizante". [14]

7. *v*iu< >*b*iu—; 10 variantes de 17 casos en que S da siempre *b*iu- frente a sólo 7 *b*iu-para N. A notar, sin embargo, que para formas nominales como "vida" en ambos textos se mantiene sin excepción la grafía *v*.

8.   Para formas contractas, tipo "esto otro-estotro", etc., aparecen 7 variantes; una "arcaizante" para N frente a 6 en S.

9. co*d*icia	6	0
co*bd*icia	0	6
	—	—
	6	6

6 variantes con consistencia para ambos.

10.   Para grupo "-ct" frente a "-t", tipo "tra*ct*ar-tra*t*ar", etc., se dan 5 variantes; una "arcaizante" para N frente a 4 para S; sin consistencia para ninguno.

11. *c*alidad	6	1
*qu*alidad	0	5
	—	—
	6	6

5 variantes con consistencia para N. Una vez más, el único "*c*alidad" de S, — "modernizante"— aparece al final —70*v*—en el Capítulo XVIII. Ha de señalarse que los anteriores "casi" y estos "calidad" son los únicos para los que se da esa discrepancia; para otros casos como "qual", "quanto", "quando", etc., siempre se mantiene en ambos textos la grafía latinizante *q* inicial e incluso para otros de uso menos frecuente como "quatro", "quaresma", "quajada", "esquadrones" y aun el menos esperado "question".

12. hon*rr*-	21	18
hon*r*-	0	3
	—	—
	21	21

Consistencia para N con 3 variantes "modernizantes" —véase, no obstante, lo que digo en n. al apartado 6— de S.

13.   Para formas de subjuntivo aparecen 3 *vu*ie- en N frente a las mismas "arcaizantes" en *ou*ie- en S. 3 variantes.

14.   Sin consistencia para ninguno, se dan 20 casos de "m*i*sm- = m*i*sm-, 2 de "m*e*sm- = m*e*sm— y sólo otros 2 "m*i*sm-< >m*e*sm—" con variante "arcaica" para S.

15.   De 3 únicos casos, todos "con*c*iencia" en N, con 2 variantes en "con*sc*iencia" en S, a las que se les puede aplicar el mismo criterio mantenido para los núcleos de incoativo -*sc*-.

El total para todas estas variantes es el siguiente; 6 "arcaísmos" únicos de N frente a 16 de S, y para los repetidos 17 en N contra 329 en S, con totales de N con 23 frente a S con 345 y un total absoluto de 368 con muy abrumadora mayoría "arcaizante" para S.

B) Variantes no aceptables

a) *Errores textuales:* [15]

y *otras*, 4r	y otros, 4r
que, 6r	*a* que, 6v
———	———
las fuerzas *se* me yuan,	les fuerzas me yuan
mas faltando, 9r	mas faltando, 10r [16]
———	———
conuertido, 10v	conuertida, 11v
*YA*licio, 13r	Ya Licio, 14r
Auella, 15v	Auello, 16v
———	———
en lo qual bien conoci que no las	en *la* qual bien conosci que no
traya todas consigo, 17r	*los* traya todas consigo, 18r
———	———
ni oyo//dezir vn cuerpo humano	ni oyo dezir *a* vn cuerpo humano
sustentarse, 17v-18r	sustentarse, 19r
———	———
tata priessa, 18r	*tan* tata priessa, 19v
el aparejo, 19r	el *aparescio*, 20v
cõ esto, 19v	cõ *este*, 21r
de *a* hazer, 21v	de hazer, 23v
Cayo, 21v	*Gayo*, 23v
ellas, 23v	ella, 25v
de todos, 26r	de *todo*, 28r
———	———
deuia de ser hecha del justicia, 28v	deuida de ser *hecho* del justicia, 31r
———	———
tan de rota yua, 29r	tan *derrota* yua, 31v
tomo *del la* peticion, 33r	tomo della la peticion, 35v
las cuales, 33r	*los* cuales, 36r
cuñada, 34r	*cuñado*, 36v
al buen Licio, 34r	*a* buen Licio, 37r
corrimos, 35v	socorrimos, 38r
fazer su de//ver, 36r-36v	fazer *a* su deuer, 39r
pensar de *verle*, 36v	*pesar* de *verse*, 39v
cortole, 37r	cortele, 40r
hare lo que pueda, 37v	hare lo que *puedo*, 40v
de la que, 38r	de *las* que, 41r
Y que *si* su alteza, 41v	Y que su alteza, 45r
sobre *ser*, 41v	sobre seer, 45r
noble, 49v	*doble*, 53v
molestas, 52r	molestos, 56v
———	———
que buenos y ruynes baxos y altos	que *buenas* y ruynes *baxas* y *altas*

todos dones, 53*v*	*todas* dones, 58*r*
———	———
horrado, 54*r*	honrrada, 58*v*
digo lo, 55*r*	digo *le*, 59*v*
el más *desseo/soy* hombre del	el más desseoso hombre *soy* del
mundo, 60*r*	mundo, 64*v* [17]
hazia, 60*v*	haziã, 65*v*
la calle *a* abaxo, 60*v*	la calle abaxo, 65*v*
cotrarie, 62*r*	*contentare*, 67*r*
de veras, 62*r*	de *ver*, 67*r*

Considerando el caso de "buenas", "baxas", etc., como un solo error, son 42 en total y si se acepta que S copia a N obsérvese lo notable de las 18 veces que le enmienda correctamente.

b) *Errores tipográficos:*

soño, 19*r*	*sono*, 20*v*
Esforzado, 21*r*	Efforzado, 23*r*
tierra, 31*r*	terra, 33*r*
carruaje, 31*v*	caruaje, 34*r*
y dixo a Melo. Y a su, 34*r*	y dixo a Melo y a su, 36*v*
desuenturada, 34*r*	desuentutata, 36*v*
couarde//mete, 39*v*-40*r*	couerdamente, 43*r*
respondi, 47*r*	tespondi, 51*r*
Mele, 47*v*	Melo, 51*v*
peruertidos, 50*r*	preuertidos, 54*r*
matanza, 51*r*	amtanza, 55*r*
boleo, 52*v*	bolco, 57*r*
y a, 54*r*	ya, 58*v*
y a, 55*v*	ya, 60*r*
ymaginaria (n), 55*v*	maginarian, 60*v*
aparejada, 57*r*	aparejda, 62*r*
ventana, 60*r*	ventaua, 65*r*
todos, 65*r*	tods, 70*r*

Son 18 en total; 4 para N, 14 para S; buen indicio del mayor cuidado de N que no impide, no obstante, su general desmaño.

c) *Omisiones incorrectas:* [18]

a apartar, 6*v*	*apartar*, 7*r*
y de//tu vandera, 12*r*-12*v*	y de vandera, 13*r*
de hocico en hocico la nueua, 13*v*	de hocico la nueua, 14*v*
———	———
las auia echado, y fuya el cuerpo a una y otra parte, Y como el exercito, 13*v*	las auia echado, y como el exercito, 14*v*

————

peligro que estauamos, 18*r*

————

aquellos//malos y peruersos, 19*r*-19*v*

————

los que siruieron, 22r

————

les parecio aquel dia del combate que me señale o di a conocer gran valentia, y esfuerzo en mi, 22*v*

————

se le suplico, 32*v*
le anda tentando, 36*r*
de los enemigos los menos, 39*r*
malo de, 40r
que no se yuan, 41*r*
a aquellas, 46*r*
andays a burlar, 60*r*

————

peligro en que estauamos, 19*v*

————

aquellos y peruersos, 21*r*

————

los que te siruieron, 23*v*

————

les parescio aquel dia conoscer gran valentia, y esfuerzo en mi., 24*v*

————

le suplico, 35r
le tentando, 39*r*
de los menos, 42*r*
el malo de, 43*v*
que se yuan, 44r
aquellas, 50r
andays burlar, 65*r*

Son 15 omisiones y nótese que frente a las doce de S —dos de ellas de gran envergadura, como ésas en que omite toda una línea— las tres de N, por el contrario, son de escaso relieve y comprensibles.

d) *Malas lecturas independientes:*

Dios *no crio* tal oficio, 3*v*
en mallatin [mal latin], 12*v*
me *dixo*, 21*v*
le dixesse, 35*v*

dios lo crio para tal officio, 4*r*
en *el* latin, 13*v*
me dexo, 23*r*
le *dixe*, 38*v*

Son 4 en total, 2 para cada uno.

Cómputo final total de todas estas variantes, aceptables y no aceptables:

A. Variantes aceptables:

a) Sintácticas, etc.,	120
b: i) Ortográficas únicas,	57
b: ii) Ortográficas repetidas,	177
c: i) "Arcaísmos" únicos,	22
c: ii) "Arcaísmos" repetidos,	346

B. Variantes no aceptables:

a) Errores textuales,	42
b) Errores tipográficos,	18
c) Omisiones incorrectas,	15
d) Malas lecturas independientes	4
	——
	801

Consideradas estas estadísticas pronto se echa de ver que el escollo de más relieve para integrar adecuadamente a S en el estema anteriormente propuesto es —y aunque sólo fuera por la cantidad que presenta— el de los "arcaísmos" o, dicho de otro modo, el de la "modernización" que N presenta frente a la "arcaización" de S.

Con su discusión, por tanto, convendrá comenzar.

Para los "arcaísmos" repetidos se observa, como ya he ido señalando en los correspondientes comentarios, que N, todo a lo largo de su texto, puntillosa y sistemáticamente, repite las grafías "modernizantes" -*c*-, "*aun*-", "a*ssi*", "*c*asi", "co*d*icia", "*c*alidad", por ejemplo, sin excepción. No se puede negar que algunas veces la condición de dictadas haya podido ser la causa de las variantes que en S aparecen, como, por ejemplo, en los casos de "-*sc*-" —ya ha señalado A. Alonso que la "s" de ese núcleo incoativo escasamente se pronunciaba para entonces (cf. *Pronun.*, II, 244-45)— y aun, aunque más dudosamente, en el de "a*ns*i", pero bien difícil se hace admitir tal causa para las puramente ortográficas, por ejemplo, de "a*v*n" y "*qu*alidad". Y respecto a los "arcaísmos" únicos, lícitamente se podría afirmar que para ciertos de entre sus casos —como, por ejemplo, "*gu*alardon"< >"galardon", "resu*s*citara"< >"resucitara" y "se*qu*aces"< >"se*c*aces"— hubiera seguido actuando el factor del dictado, pero, por supuesto, no para los de *a manera de*< >*a fuer de*, *darase parte*< >*darse ha parte* y *baxo*< >so.

¿Cómo se pueden explicar, pues, las abundantes y reiteradas diferencias que S presenta? Obviamente, demasiado exagerado sería aceptar que este S se hubiera dedicado, indiscriminada pero deliberadamente, a enmendarle la plana a N "arcaizando" 102 casos en "-*sc*-, 77 en "a*v*n" y 61 en "a*ns*i", etc., etc., y más si se considera que su debilidad no era, precisamente, ser muy cuidadoso y/o concienzudo en su labor, e incluso, y si se quiere, sabiendo que ni en provecho económico ni en prestigio iba a ganar demasiado llevando a cabo tal labor.

Y más nos aseguramos de que no debió ser el caso cuando se recurre a unas ulteriores estadísticas, las del cotejo de las discrepancias que entre ese N y su seguidor S se presentan para los '54s, y su respectiva comparación con las que en los '55 se dan.

Para las variantes entre los '54s baste un sumario global, sin necesidad de citar ejemplos concretos que, por otra parte, pueden verse en la edición crítica de Caso Conzález.

Son las siguientes, salvo error u omisión:

a) para divergencias de tipo sintáctico —e incluyo en ellas omisiones tanto correctas como incorrectas— se dan 27 casos frente a los 135 —120 aceptables, 15 no aceptables— del '55;

b) para ortográficas únicas y repetidas, 10 contra las 234 en el '55;

c) para formas arcaizantes, 13, y conviene señalar, entre ellas, el caso especial de "bu*ll*a" que siempre aparece así —y son 8 casos— en N, mientras que S siempre da "bu*l*a"; en el '55 —recuérdese— 346.

d) errores textuales se dan 7 contra 42 en '55, y, por fin,

e) 7 tipográficos frente a 18 en el '55.

Más en concreto para ese conjunto de "arcaísmos" tenemos que

a) para los incoativos -*c*er< >-*sc*er contra los 102 en que S discrepaba de los 146 totales de N en -*c*er en el '55, para el '54 no se da ni un solo caso de divergencia y eso con la particularidad de que frente a la consistencia de N para esos módulos en el '55, en este '54 ese N, de 71 casos, presenta 50 en -*cer* y 21 en -*scer*;

b) de los 25 casos de *assi* en N para el '54, S le sigue en 24 con sólo un *anssi* frente a los únicos 22 en que de 62 le seguía en el '55;

c) en cuanto a las variantes en módulos ortográficos como *aun*< >*avn*, *biu*< >*viu*, mayúsculas frente a minúsculas, etc., etc., en que tanto difería S de N en el '55, para su reproducción del '54, S sigue respetuosa y exactamente el texto de N y eso aun cuando en éste no se da la consistencia que para el '55 presentaba;

d) *poruentura*< >*por uentura*; de siete S sólo da un caso de discrepancia frente a los diez absolutos del '55.

Tratándose de la misma repetición editorial de N por parte de S, teniendo en cuenta que el tiempo que pudo transcurrir entre ambas ediciones fue en todo caso menos de un año, con mucha probabilidad bastante menos, y con no tanta probabilidad prácticamente nada si estaba simultaneando ambas ediciones como he sugerido y más adelante comento, y siendo que el '54, en cuanto a material textual, no pasa de ser algo menos de un tercio menor que el '55, lógico sería esperar que la diferencia en número de discrepancias totales no iría mucho más allá de esas 64 globales que para los '54 se da. Curiosa y sorprendentemente no es así, ni con mucho, pues que para los '55 se dan las conocidas 801.

Sabiendo como sabemos que para esa primera parte si que Simon siguió a Nucio, más bien inexplicable resulta que en ese corto intervalo que transcurre entre las publicaciones de esas sus primera y *Segunda* se diera tamaña diferencia en actitud y aptitud en S, o, mejor, que tanto hubieran aumentado su descuido y su desidia o, en su caso, el de su cajista. Lógico es, por tanto, suponer que la respetuosa fidelidad que por parte de S se da para el '54, haya de repetirse para el '55 y dado que, *ex hypothesi*, S sigue a N para ese '55, tan lógico será comenzar por suponer un N que contenía tanto esos "arcaísmos" como las otras variantes que en S se observan o, por lo menos, una enorme mayoría de ellos puesto que de admitir es que algunos pudieran ya desaparecer, ya producirse en el proceso de transmisión de texto a texto.

Cuál pudo ser ese N, irresoluble cuestión es si persistimos en suponer que si S sigue a N ha de seguir un particular N, el de los 18 capítulos, pero otro cariz puede tomar la cosa cuando recordamos que no es esa edición con 18 capítulos la única que de N conocemos.

En efecto, si tenemos en cuenta, según postulo, que no existe una sola edición —la de los 18 capítulos— sino que, por el contrario, para N hay por lo menos dos —ésa con 18 y una anterior con 17— en la transmisión que para ellas se da es donde reside la clave del problema y su solución partiendo de los siguientes supuestos:

a) El N (17) es "arcaizante". Dado que de ese N (17) sólo sabemos que existió con tales 17 capítulos, y desconociendo como desconocemos otros datos suyos, poco hay que se oponga a suponerle ese rasgo pues que con mucha probabilidad, y siguiendo la norma más común de por esos años, "arcaizante" debió ser el original de donde lo tomó.

b) S, en una primera etapa de la historia editorial de sus '55s, reproduce a ese N con esos 17 capítulos "arcaizantes", explicándose, así, como todos esos "arcaísmos" —que en el N posterior con 18 capítulos aparecen suprimidos— han podido tener cabida en S. Y por supuesto bien se ha de entender que, a su vez, en este paso de N a S es donde se tuvieron que producir una gran mayoría de las otras distintas discrepancias que entre ambos se nos presentan.

Por otra parte, siendo que el único texto que conocemos de N está "modernizado", aceptado lo anterior hay que deducir de ello que N "modernizó" su texto sólo y después de ése con 17. Decidido a añadir ese Capítulo XVIII, dispuesto, por tanto, a una nueva reedición, poco le costaría aprovechar la coyuntura para llevar a cabo esa otra novedad de la "modernización" ya fuera por que ese XVIII se le presentó "modernizado" y ello le impulsara a hacer lo mismo con todo el resto, o, simplemente, porque así se lo propuso para la totalidad, reiterándose con ello lo mismo que Caso sospecha que ocurrió con el '54 del que supone que "Nucio, a partir . . . de una edición anterior, corrigió y mejoró su texto." ([1972], 197). Y la diferencia entre esas dos etapas de N —una primera la del "arcaizante" con 17 capítulos y una segunda la del "modernizado" con 18— será la que, indirectamente, habrá de verse reflejada en el peculiar hecho de que S sólo aparezca parcialmente "modernizado" y, a su vez, lo explique.

Como también he hecho ver en las estadísticas, la ortografía "avn-" —siempre presente en sus diecisiete primeros capsítulos, S la acaba en f.71v, al principio del capítulo XVIII, para seguir sin excepción hasta el final —y son 7 casos— con "aun"; la muy considerable mayoría de núcleos incoativos "-sc-" en dichos capítulos la interrumpe abruptamente desde el XVIII en todos los casos —y son 9—, en los cuales ya se presenta siempre como "-c-"; la oscilación que se da entre "a$n$si" y "assi" en los mismos diecisiete capítulos, desaparece para el XVIII en donde ya sólo se recoge —y son 4 casos— "assi", y, por fin, en ese XVIII será también donde se recoja el único ejemplo de "$c$alidad" frente a los cinco anteriores "qualidad".

¿Qué interpretación ha de darse a ese XVIII "modernizado" en S tan en contrario con todos los "arcaizantes" capítulos anteriores? Simple parece que sea la misma. S siguiendo una vez más la voz de su amo, y muy probablemente se puede sospechar que también debido al éxito de las dos partes anteriores, decide repetirle y dar otra reedición en la que, sin más, se limitará a adjuntar ese XVIII "modernizado" que del N reproduce a su anterior con 17 capítulos, pero eso sí, más descuidado y/o indolente —ya lo conocemos—, no se molestará en absoluto en proceder a la "modernización" de esos anteriores 17. Despreocupación u olvido que, de paso y aunque involuntariamente, claro está, nos dará la clave de esa discrepancia interna de sus 17 capítulos "arcaizantes" frente a su último "modernizante".

Cierto es que un par de objeciones pueden aducirse contrariando estos supuestos y se impone discutirlas.

Sea la primera la de que quizá parezca un tanto excesiva esa triple reproducción de N por parte de S —un '54 y dos '55s—, pero no estará de más recordar que, como bien dice el refrán, el que hace un cesto hace ciento, y sabiendo, como sabemos, que S copia a N para su '54 y su primer '55, no hay ninguna contundente razón para suponer que se iba a parar en barras cuando de la reedición del segundo '55 se trataba, y hasta muy bien pudo ser que no sólo lo hiciera con la anuencia de Nucio sino, incluso, impulsado y ayudado por él.

Recordaré, a este respecto, que Rumeau en su citado trabajo, hablando de la mención "Con Previlegio Imperial" del '54 de N que en la edición de 1555 de S no se da, y comentando la sospecha de Morel-Fatio de que Simon llevara a cabo una contrafacción furtiva, comprensiblemente apunta que

L'hypothèse ne semble pas s'imposer. Nuyts// était libre de conclure une entente avec un autre imprimeur pour l'exploitation de son privilège. (260-61)

añadiendo poco después

Donc, en 1554-1555, Nuyts, qui avait beaucoup de travail, a pu confier une seconde impression de *La vida de Lazarillo* a Guillermo Simon, dont les affaires ne semblent pas très prospères, et qui, après avoir été "a la licorne dorée", reparaît en 1556 "a la enseña del papagayo". (261)

Y en relación con esa mudanza que Rumeau cita, algún otro mímimo dato se puede aportar, ya que esa inicial ubicación de "la licorne dorée" a Simon le vino —digámoslo así— heredada de Nucio y no precisamente desde mucho tiempo atrás. En efecto, en la portada de la edición del *Fasciculum Myrrhae* de 1553 de Nucio aun se puede leer: "Imprimiose en Anuers en el vni-||cornio dorado por Martin Nucio, || M.D.LIII."[19] Tras ese lugar del "unicornio dorado" en el que aun estaba en 1553, Nucio pasará a "las dos cigueñas", siendo Simon el que aparezca ya, por lo menos, en 1555 imprimiendo en ese "unicornio dorado". No sabemos —o, por lo menos, yo no sé— si Nucio se lo cedió o traspasó —digámoslo en términos modernos— o, simplemente, lo abandonó y Simon lo tomó, pero lo que parece poco dudoso en que entre ambos hubo de darse una relación —si no amistad— suficientemente estrecha, y aun plausible es que Simon fuera un inicial y sobresaliente empleado de Nucio que luego se emanciparía para trabajar por su cuenta y al que este último prohijaría hasta el punto, como Rumeau quiere, de empezar por confiarle "une seconde impression de *La vida de Lazarillo*", confianza que se vería reiterada con la facilitación un poco después de las ediciones de *La segunda parte* para más ayudarle aun en sus posibles dificultades en la carrera que como impresor acababa de iniciar.

Y aun, por fin, hasta pudiera ser que la tal proliferación viniera a presentarse más que como un inconveniente como una real ventaja para entender mejor la historia editorial de S, sobre todo si se atiende a otro de los problemas que este S plantea con su edición del '54; problema que, una vez más, le inquietó a Rumeau sin poder llegar a resolverlo satisfactoriamente.

En página 262 recuerda el intrigante hecho de que en esa edición del '54 de S, "le tître courant est "Tractado" à gauche et "primero" à droite du début a la fin.", y, muy lógicamente, acto seguido se pregunta:

S'agit-il d'une négligence? Ne peut-on penser, aussi bien, qu'en 1555, au moment ou Simon imprimait *La vida*, l'impression de *La segunda parte* était prévue et était ainsi annoncée?

De haberse dado cuenta de que existió una edición con 17 capítulos, anterior a ésa con 18 que conocemos, hubiera encontrado una muy verosímil explicación, es decir, que no se trataba de una negligencia, sino que, en efecto, algo había de lo que inmediatamente sugiere, de que para cuando Simon imprimía su primera parte en 1555 no sólo esa *Segunda parte* estaba prevista y anunciada —como sospecha— sino, añadiría yo, incluso en la calle, como antes y por otro motivo he sugerido; pero eso sí, una *Segunda parte* que sería, precisamente, la inicial de Nucio con 17 capítulos, esa *Segunda* que desconocíamos y durante cuyo intervalo entre ella y la otra con 18 capítulos era cuando publicaba Simon su '54, '54 éste de Simon que, así, justa y correctamente, aparecería encabezado en todos sus vueltos con "TRACTADO" y en todos sus rectos con "PRIMERO", pues que ciertamente la *Segunda* ya era conocida; y aun podemos ir más lejos y hasta sospechar que en ese año de 1555 Simon andaba simultaneando las dos impresiones, la de su '54 y su '55, entiéndase, su '55 con 17 capítulos.

Y paso a la segunda posible objeción.

El supuesto básico que nos asegura de que S sigue a N es, como sabemos, la doble omisión de *tu* y *malos* producida por sus específicas ubicaciones iniciales de página, y dado que nosotros solamente conocemos esa especial ubicación por y en el último N —el de 18 capítulos, único del que tenemos noticia—, para que sea cierta la hipótesis de que S sigue a N (17) en su inicial edición "arcaizante", de necesidad tuvo que darse esa misma ubicación para esos *tu* y *malos* en ese inicial N (17).

Ningún problema se plantearía para ello, en principio, si se considera que, como arriba he dicho, lógico es que para sus 18[V]a y 18b Nucio utilizara las mismas matrices con que inicialmente compuso el 17 repitiéndolas para ellos, pero podría haberlo en cuanto recordamos que en esos 18s alguna modificación introdujo, y no hablo, claro está, de la del extracto con su diferencia en años, sino la de la "modernización" que en ellos lleva a cabo, según postulo *ex hypothesi*, dado que cabe la posibilidad que tal "modernización" provocara un reajuste formal textual debido a la supresión de algunos tipos como, por ejemplo la "s" del núcleo -*sc*-, la "f" de dobles consonantes etimológicas como en "*off*icio", "*off*recer", la "b" de "co*b*d-", etc., etc.

Válida como puede ser la objeción, en cuenta ha de tenerse, no obstante, que,

a) de producirse algunas distorsiones en esa línea solamente pueden darse hasta el f.19*r* ya que ahí se da la última de las omisiones en cuestión;

b) a lo largo de esos 18 ff. y medio —37 páginas— entre los "arcaísmos" únicos, sólo se da uno suceptible de entrar en liza —"cien"< >"cien*t*"— y entre los repetidos, y si no los he contado mal, 63, es decir, 64 tipos en 37 páginas, menos, por tanto, de dos por página. Y he dicho susceptibles de entrar en liza porque bien pudo ser, incluso, que algunas —o bastantes— de esas variantes fueran simples productos de la negligencia e inconsistencia de S sin correlato real en N, por lo que, consecuentemente, ninguna necesidad habría de supresión de tipo.

c) Por fin, y en definitiva, ha de recordarse que siquiera por razones prácticas, para esos reajustes la tendencia sería a hacerlos plana por plana y dentro de ellas a fin de evitar engorrosos ajustes de una a otra caja.

Expuesto todo esto, el nuevo estema vendría a ser (4):

$$
\begin{array}{c}
\text{O} \\
| \\
\text{N (17)} \quad\text{---}\quad \text{S (17)} \\
| \\
\text{N (18a[V])} \quad\text{---}\quad \text{S (18a o b)} \\
| \\
\text{N (18b)}
\end{array}
$$

señalando con ese S (18a o b) la indecision sobre cuál de los dos reprodujo, si el Viena o el otro, ya que al no recoger extracto de privilegio alguno S nos deja en la duda.

Estema que, así, podría considerarse como definitivo, pero digo que podría, y bien digo, porque más de un rabo queda aun por desollar y más de un enigma por resolver en esta intrincada y compleja cuestión de la filiación de ambos textos, enigmas que si no son de la envergadura de la anterior de los "arcaísmos" no por eso son más fáciles de resolver.

A ellos habrá que atender para redondear el asunto.

Sea el primero el de las 79 irregularidades que comparten N y S y que hay que recordar: 20 malas lecturas, 58 errores textuales y un error tipográfico, irregularidades que han de ser inicialmente de N puesto que aunque aparezcan también en S, *ex hypothesi* el primero no ha podido tomarlas del último.

Dado que ahí innegablemente están y a él necesariamente hay que adjudicárselas, la única cuestión a preguntarse —para lo que al caso interesa— es qué razón hubo para que las mismas se produjeran. Descartado el posible factor de la redacción al dictado por lo muy difícilmente aplicable que es a ese tipo de errores de que se trata, necesario será atribuírselas ya sea a la negligencia ya sea a la prisa o, mejor, diríamos, a ambas.

Prisa y negligencia que no sólo estarán a la base de todos esos errores sino también —y evidente es— a la de las generales desidia y mala presentación que recorren todo el texto como justamente ya notó Rumeau: "Rédaction, transcription et composition donnent une impression de hâte", e inmediatamente después:

> chacune des impressions de *La segunda parte* est matériellement de qualité inférieure à celle de *La vida* du même imprimeur. Cette baisse de qualité est particulierement frappante chez Nuyts". ([1964], 270).

Añadiré, por mi parte, y como otro ejemplo de esas negligencia y prisa, el particular caso de habérsele olvidado o haberse despreocupado —felizmente para nosotros, claro está— de rectificar la forma triangular final con que acababa el N (17).

Ahora bien, si ciertamente negligente y apresurado fue Nucio para la composición del texto que estaba editando, ¿cómo se explica que nada negligente y nada presuroso se dedicará no sólo a la laboriosa tarea de "modernizar" todo el N (18), sino, incluso, a hacerlo puntillosa, detalladamente y sin excepción en todos esos casos de -*c*-, "a*u*n-", "a*ss*", "*c*asi", "hon*rr*-", etc., etc.?

Porque suponer que leía en un texto ya "modernizado" sería tener que aceptar que o bien S no siguió a N o bien se dedicó por su cuenta y riesgo a "arcaizar" el mismo, contra todo lo que vengo postulando.

Un primer enigma al que otro —si bien de menos envergadura— se puede añadir, a saber, el de cómo pudo ocurrir que habiendo decidido N adjuntar el Capítulo XVIII último, lo que quiere decir que, de algún modo, prestó una particular atención al mismo, sea éste, no obstante, —y como se ve en la transcripción textual— el más deturpado y confuso de todos esos capítulos. Y cuando a S vamos de notar son la volubilidad y arbitrariedad que muestra el mismo en el apartado de los errores textuales donde 18 veces enmienda correctamente a N y, contra ello, en 24 lo desvirtúa, así como lo mismo hay que decir de las dos malas lecturas de N —"Dios *no crio* tal oficio" (3*v*) y "me *dixo*" (21*v*)— que S perfectamente corrige en "dios lo crio para tal officio" (4*r*) y "me dexo" (23*r*) en tanto que otras dos correctas de N —"en mal latin" (12*v*) y "le dixesse" (35*v*)— las convierte en "en *el* latin" (13*v*) y "le *dixe*" (38*v*). Con lo que a lo mismo volvemos. Si su mucha desidia, si su mucha negligencia y no menor prisa fueron las causas de todas esas anomalías, no deja de resultar curioso que, por el contrario, pusiera su tanto de diligencia y preocupación en añadir a su texto esas "FABVLAS MVY GRACIOSAS desde página 78 a 84.[20] Perfectamente aceptable como es su aclaración de que lo hace "por no vender al Lector papel blanco.", mucha conciencia y mucha honestidad profesionales parecen éstas, y más cuando las mismas no son, precisamente, rasgos que destaquen a lo largo de su trabajo; bien pudiera haber hecho gala de las mismas así como de la delicadeza que presupone su aclaración para ese lector, presentándole un texto mucho menos deturpado que el que le inflige.

Enigmas todos ellos que en conjunto nos dan una perspectiva de lo mucho que de inexplicable —al menos, lógica y racionalmente— se puede observar cuando se estudian a fondo esas dos ediciones.

En cualquier caso, lo cierto es que la realidad se impone, y la realidad son esos dos textos tan deturpados, esas dos ediciones con ese insalvable cúmulo de irregularidades y discrepancias entre ellas; deturpaciones, discrepancias e irregularidades que difícilmente pueden explicarse de modo totalmente satisfactorio por muchas conjeturas que urdamos y propongamos. Y en tal tesitura, puede que sea oportuno acabar parafraseando a Rumeau, pero dándole otro giro a su afirmación; más que decir, como él dice, que "les différences . . . sont de telle nature et en telle quantité qu'elles excluent l'hypothèse d'une filiation", habrá que decir que lo que esas diferencias excluyen no es tanto una hipótesis de filiación cuanto una explicación lógica y racional de esa filiación, al menos cuando no se cuenta con más datos que los que nuestras manos han llegado.

Así, pues, y habida cuenta de todo ello es ese estema (4), que arriba he propuesto, el que, a mi juicio, mejor —o, más bien habría que decir, menos mal— refleja las relaciones entre N y S y de ambos respecto a un original.

Forse altro canterà con miglior plettro.

Notas al estema

[1] De esas dos omisiones Rumeau sólo recoge la segunda y Piñero, un tanto inexplicablemente, ninguna.

Se observará, por otra parte, y para lo que pueda convenir luego, que en esas dos citadas omisiones se da una específica particularidad de la que participan por igual tanto una como otra.

En efecto, cuando se examina la primera se observa que la misma —*y fuya el cuerpo a vna y otra parte* o, si se quiere, *fuya el cuerpo a vna y otra parte. Y* —, se da entre dos y a la misma altura del renglón tipográfico, lo que es decir que esa omisión corresponde exactamente a uno de esos renglones. Intrigantemente, y por lo que tiene de repetición, otro tanto de lo mismo se comprueba que ocurre con la segunda con la única diferencia de que el renglón omitido, en vez de darse entre *y* e *Y* se da entre el *dia* superior y el *di a* inferior siguiente prácticamente también a su misma altura tipográfica. Fácil es deducir que ambas omisiones son resultado del desliz de un descuidado copista que, por error visual provocado por esas *y y* y esos *dia* y *di a* a la misma altura de los renglones, se salta las correspondientes líneas. Quizá no tan fácil —pero tampoco hay que estar excesivamente versado en estos menesteres de crítica y transcripción textuales para hacerlo— que, siendo ese peculiar rasgo tipográfico el origen del descuido, el tal negligente copista estaba leyendo en un texto impreso, y más cuando se considera que, como aquí ocurre y así mismo sucedía con las otras omisiones, el error se da por partida doble. Supongo que debido a que sólo conoció las ediciones con 18 caps., o, simplemente, porque sólo se fijó en una de las omisiones —como arriba he dicho—, Rumeau no duda mucho en afirmar que tanto N como S proceden de un manuscrito (cf. 269-70 y 271). Tras lo expuesto, difícil parece que se pueda seguir manteniendo tal opinión. Por otra parte, mi amigo y colega de Dpto., Don Cruickshank —bien conocido experto si los hay en estas lides de crítica textual— me ha hecho el favor —y aquí se lo agradezco— de examinar cuidadosamente ambos textos en cuanto a sus puros rasgos formales de impresión, y habida cuenta de la disposición de los espacios, el uso y reparto de abreviaturas, los ajustes de líneas y de final de página, etc., etc., en las correspondientes cajas de uno y otro, ha llegado a la conclusión de que si puede afirmarse con muchísima seguridad que N parte de un manuscrito, del mismo modo puede asegurarse que S proviene de un impreso.

[2] Innecesario me parece pormenorizar todas una por una ya que pueden verse recogidas en las correspondientes notas al texto, y valga lo mismo para los siguientes casos.

[3] Y hay que dársela, sí, pero —todo hay que decirlo— un tanto a su pesar, porque ocurre que así como no recogía

las dos citadas primeras omisiones de S —según he señalado en nota— del mismo modo —y aun más sorprendentemente dado lo crucial de las mismas para el supuesto que mantiene— tampoco las otras dos siguientes, las de ese *tu* y ese *malos* anteriores. Con ello, claro está, —y válgame como excusa, si aceptable es aquello de que variar de opinión es de sabios— me veo obligado a rectificar lo que propuse en mi trabajo "Un provisional *stemma* para las ediciones de *La segunda parte de Lazarillo de Tormes (1555)*", en P. Jauralde *et al.*, eds., *La edición de textos* (Actas del I Congreso Internacional de Hispanistas del Siglo de Oro); London, Támesis Books Ltd., 1990, pp. 195-201.

[4] Una pequeña diferencia —"Une observation . . . plus menue"— asegura existir entre ellos: "Dans l'exemplaire de Vienne, comme dans les autres, les tîtres de chapîtres sont en italique, mais les nombreuses majuscules qui figurent dans ces tîtres son toutes en romain." (264). No obstante, y aunque no tengo a mano los otros ejemplares para comprobarlo, y menos, desgraciadamente, ése de Viena, al menos en el G.10133 del British Museum, que es la misma que él ha usado (cf. p. 258), todas esas mayúsculas aparecen también en romanas como en ese aberrante.

[5] De observar es que que de ser así vendría a repetirse el caso del '54, del que ya sabemos que, aunque no conste ejemplar ninguno de ella, tuvo que haber una edición anterior por lo menos de 1553.

[6] Interesante es, ciertamente, su caso. En la lista de variantes que expone en p. 266 bien señala que S en sus f.13*r* y 21*r* omite esos correspondientes *tu* y *malos*, y no menos se preocupa de anotar que las respectivas dobles líneas donde los mismos se dan en N aparecen ubicadas en 12*r-v* y 19*r-v*. Aun con todo ello, a su ojo crítico se le escapó esa crucial y particular ubicación, sin duda ofuscado por la convicción de que S no podía depender de N, ofuscación, claro está, producida por esa ingente cantidad de discrepancias que entre ambos textos se da. No seré yo, no obstante, el que arroje la primera piedra acusándole de esa ofuscación porque de la misma adolecí yo hasta no hace mucho; buena prueba de ello es mi trabajo recientemente publicado y que cito en n.3.

[7] Como la siguiente estadística puede resultar excesivamente prolija, el lector bien puede hacer caso omiso de la misma, limitándose a leer los totales al final de cada apartado con los correspondientes comentarios, en su caso. En cualquier caso, oportuno me parece recogerlas todas siquiera sea por lo que puedan servir a un posible futuro investigador del tema.

[8] Por no hacer innecesariamente larga la lista —que bastante lo va a ser ya— omito variantes del tipo "*D*ios"< >"*d*ios", "*C*apitan"< >"*c*apitan", etc. etc., que iré comentando en notas al texto; así mismo, abreviaturas como *q* por *que*, "*p*ximo" por "*pro*ximo", *vro* por "*vuest*ro", etc. Por otra parte, me extrañaría muchísimo que las estadísticas que siguen no contuvieran más de un error; *errare humamum est* y más en labor tan prolija como ésta, pero evidente es que un aceptable margen de error de un 2 o un 3% no invalida,

en absoluto, el planteamiento total. Desgraciadamente, no puedo disponer de una máquina Hinman para cotejos. La primera columna corresponde a N; la segunda a S.

[9] Siendo discutible si las variantes por timbre vocálico — es decir, fonéticas en origen— pueden o no ser consideradas como arcaísmos, he preferido incluirlas en esta sección.

[10] Cf. comentario en nota al texto para esta doble acepción.

[11] Como el uso de abreviaturas "tã" y "biẽ" no permite, en otros casos, discernir si se trata de variantes puramente ortográficas las recojo aquí con criterio de variante por cuadratín espacial, y aunque el mismo no sea ortográfico sino tipográfico aquí las incluyo para evitar otro apartado.

[12] Sólo recojo aquí variantes de caso único, ya que las repetidas las incluyo y comento en el apartado siguiente. Entiéndase, así mismo, que utilizo el término "arcaísmo" como el menos inadecuado y a falta de otro mejor; difícilmente puede afirmarse que todos los ejemplos recogidos en ambos apartados fueran sentidos como verdaderas formas arcaizantes a mediados del siglo XVI; bien se sabe hasta qué punto y con qué frecuencia alternaban en la lengua y textos de esos años una y otras formas y presentar aquí cuantos ejemplos tengo recogidos de esas alternancias a lo largo de ese siglo supondría escribir casi tantas páginas como las que componen esta edición; admítase, pues, que utilizo ese término "arcaísmo" en cuanto medido por el rasero lingüístico de nuestros días y simplemente por lo que me sirve como instrumento expositivo.

[13] Para este apartado, cuando no se da consistencia para ninguno de los textos solamente se recogen los casos con variantes.

[14] Bien se entenderá que para este caso como para el siguiente n.12 —"hon*rr*-< >"hon*r*-"— es donde más problemática se hace esa etiqueta de "arcaísmos" que utilizo.

[15] No siempre es fácil discernir en muchos casos si se trata de simples errores textuales, de errores tipográficos o aun de malas lecturas o haplologías, pero algún criterio debe adoptarse al enfrentarse con las diversas variantes; en cualquier caso, sea cual sea el criterio adoptado, el mismo no tiene peso decisivo en las conclusiones globales y definitivas. Los subrayados corresponden, en su caso, a las variantes defectuosas.

[16] Cf. texto y n.154 al Cap. *II* para la condición de más incorrecta redacción de N.

[17] Sobre esta discrepancia véanse los comentarios arriba expuestos.

[18] Recuérdese que las otras omisiones las he recogido en el apartado de las variantes aceptables.

[19] Cf. J. Peeters-Fontainas, *Bibliographie des impressions espagnoles des Pays-Bas Meridionaux*, 2 vols.; Newukoop, B. de Graaf, 1965., I, p. 223 (entrada n.418).

[20] Cf. la descripción bibliográfica que de ese S doy en la Sección a) Ediciones en castellano de "Avatares generales".

Estudio crítico

a) Peripecias, "fortunas y adversidades" del segundo Lázaro.

El primer crítico —si así podemos llamarlo— de la *Segunda parte de Lazarillo de Tormes* apareció dieciocho años después de su publicación. En el proemio que "Al lector" dedica López de Velasco en su *castigado* de 1573 ya le advierte al mismo que "se le quitó toda la segunda parte, que . . . era muy impertinente y desgraciada.", y aunque ese primer adjetivo bien puede tomarse en el sentido actual más parece tener el de su original etimológico de no pertenecer o no corresponder al propósito o caso.[1] Y si para López de Velasco poca relación se hallaba entre el primer y segundo *Lazarillo*, mucha menos se daba para quien tan a fondo se conocía los dos, el Juan de Luna que sesenta y cinco años después publicaría su personal *Segunda parte*. Respecto a esa cuestión de lo distintos que entre sí son ambos no muy descaminado andaba cuando avisa "A los lectores" que la *Segunda* anterior a la suya estaba compuesta de "disparates tan ridículos como mentirosos y tan mal fundados como necios" y que, en su opinión, "el que le compuso quiso contar un sueño o una necedad soñada." Que con ello anduviera arrimando el ascua a la sardina de su propia obra cierto parece pero no menos que su mucho de razón tenía al hacer esas críticas ya que a nadie que conozca las tres obras se le puede escapar que si algún Lázaro se asemeja al epónimo en sus "fortunas y adversidades", en sus desgraciadas y negativas peripecias y andaduras con varios amos, dentro, además de una geografía y sociedad de todos conocida, cierto es que es el suyo y no el del '55.

En efecto, tanto el título como la línea inicial que ese '55 nos propone, nos asegura, en principio, que ciertamente con una continuación nos las habemos, pero también ha de reconocerse que abismal es la diferencia entre las corrientes, comunes y cotidianas peripecias del primer Lázaro y las fantásticas e inauditas del segundo, entre los tan humanos, comprensibles y directos ciego, clérigo, escudero, etc., con y contra los que el primero tendrá que vivir y enfrentarse, y los extravagantes e inusitados atunes, pulpos y sollos, etc., en medio de los que vive y triunfa el segundo, y no menos entre esa conocidísima y real geografía —desde Salamanca a Toledo— por la que el primero discurre y se afana, y la exótica y peregrina de las profundidades abisales por la que se mueve y navega el segundo.

Y cuando a los protagonistas vamos más en concreto, el mismo oficio de pregonero que en el primer capítulo de ella detenta el personaje, las referencias iniciales y finales a su mujer y al Arcipreste, las varias menciones al ciego y al escudero nos vuelven a confirmar que del inicial Lázaro otra vez se trata, pero si por un momento somos capaces de hacer abstracción de estas reiteraciones formales, si las descontamos dejándolas aparte, y objetivamente comparamos los rasgos básicos, fundamentales que estructuran a uno y otro Lázaro, difícil resulta admitir que el segundo sea directa copia y réplica del primero. Frente a los muchos amos y su continuada condición de servidor del inicial Lázaro, el posterior, por un lado, tendrá sólo uno y aun éste a condición de que "me hiziesse la costa" y "con tal que lo que alla ganasse fuesse para mi." (4v),[2] y, por otro, servidor tendrá en el pulpo que le lleva la espada y abundantes subordinados en todos los atunes que le obedecen; en contraposición a las "fortunas y adversidades" que el título anuncia para el del '54 y que bien se materializan en cuantas hambres, desgracias y afanes padece a lo largo de su vida, abundantes "fortunas" —pero en sentido positivo— y escasísimas "adversidades" serán las del siguiente, que bien nos habla de sus harturas —"Acordaua me en estas harturas de las mis hambres passadas" (2*v*)— y de su encumbramiento —"al fin del extremo Atun subi mi nombre a su señoria" (53*r*)— dentro de su general condición de muy respetado y victorioso individuo; y para acabar la lista, al primer Lázaro ineducado y analfabeto, como hay que suponerle, se opondrá, muy característicamente, un segundo no sólo bien adiestrado en el oficio de escribir —"O Dios y quien podra escreuir un infortunio tan desastrado" (3*v*)— sino así mismo rebosante de conocimientos bíblicos, clásicos y forenses como bien lo acreditan tanto las copiosas citas como los alegatos y arengas con que salpica su entera narración,[3] amen de su final intención de llegar incluso a montar escuela de lengua atunesca.

A tenor de estas obvias y fundamentales discrepancias, comprensible y lógico es que la crítica en general se haya volcado y centrado en la más predominante diferencia de Lázaro, su condición de atún, y en consecuencia casi exclusivamente se haya dedicado a exponer, comentar y analizar cuántas peripecias le ocurren como tal, y bien se comprende que así sea dado que, en último termino, esa *Segunda parte* una más es entre las así llamadas novelas de transformaciones. Comprensible y loable como es todo ello, lo malo es que, a mi juicio, todo esto ha ido en detrimento, menoscabo y olvido de la importancia que pueda tener lo que el autor ha podido querer significar con esa conversión y su posterior y subsecuente reconversión. Quiero decir que toda esa crítica —con las probables excepciones, como veremos, de Aubrun y Bataillon— no ha visto en esas conversión y reconversión mucho más allá que un obligado recurso literario, básicamente un simple mecanismo puramente formal y funcional de que el autor se vio necesitado si es que esa índole atunesca que había decidido atribuir a su personaje había de realizarse. Bien pudiera ser así, sin más, pero también puede ser válido recordar con Celestina aquello de que muchas veces "bajo el sayal, ay al" y si toda esa crítica —y con toda la razón que le asiste— se ha ocupado preferentemente del "sayal", de interés puede ser detenerse en el "al" porque alguna sorpresa puede que nos depare lo que tras él pueda encontrarse.

Y algún tanto de ese "al" fue lo que, sin duda, vio un no muy tardío contemporáneo de la obra. Si para López de Velasco —y váyase a saber por qué razones, que la que da de "por no ser del autor de la primera" un tanto traida por los pelos suena— esa *Segunda parte* "era muy impertinente y desgraciada", no parece que pensara lo mismo Juan de Pineda; no "muy impertinente" como tampoco "desgraciada" debió considerarla si hemos de juzgar por las nada menos que cuatro veces que la cita en sus *Diálogos*. Y aun menos "impertinente" y "desgraciada" si se considera que para cierta parte de ella, al menos, se molestó en acuñar una particular y significativa definición, como, en efecto, lo hizo en una de las tres en que comenta el encuentro de Lázaro con la Verdad y en la que dirá que

> nos lo pintó bien Lazarillo de Tormes con aquella su *teología burlona*: que como todos alaben a la verdad, ninguno la quiso en su casa, y por eso ella se sumió en los profundos de los mares, donde la halló Lázaro.[4]

Discutible puede ser si Pineda llegó o no a interpretar todo el paródico proceso atunesco de Lázaro como un curso de "teología burlona" en extenso, así como en particular lo entendió para el descenso oceánico de la Verdad. Lo entendiera así o no, lo cierto es que creando esa definición de "teología burlona", cuando menos formuló y aportó una buena clave para entender en el autor una intención de dotar a su obra de un críptico trasfondo de índole religiosa so capa de una jocosa parodia.

Que ese críptico trasfondo —propuesto, claro es, bajo veladas claves— pueda existir, ya lo recordó Bataillon cuando, a propósito de lo que detrás de las atunescas lazarilladas pudiera haber, dijo que

> Las aventuras de Lázaro metamorfoseado en atún . . . sus amores con la princesa atuna Luna, han dado a más de un lector la impresión de una novela en clave. No es . . . imposible que el continuador del *Lazarillo* pensara en alguna aventura memorable entre los "marranos" que, evadidos del mundo cristiano, desaparecían durante algún tiempo en el Imperio turco. ([1968], 84)

También para Saludo, e independientemente de lo descabellada que pueda considerarse su interpretación —ya así lo vio Bataillon (*ibid.*, 84, n.71) que conoció la tesis inedita— toda la obra está formulada en pura clave,[5] y Piñero por su parte, igualmente la ve como "pequeña obra cifrada" (46). Habrá, pues, que interpretar esos datos que va presentando el autor a lo largo de su narración para con ello intentar desenmascarar la particular índole que puedan tener las metamorfosis de Lázaro, es decir, la "teología burlona" que las encubre y conforma.

b) Una nueva versión de la disputa medieval del agua y el vino.

Para adecuadamente entender la cuestión, hay que empezar por observar que toda la peripecia vital de Lázaro se puede reducir de un modo esquemático y gráfico a un simple movimiento de lanzadera. Iniciándose con su condición de hombre, en un momento dado de la misma se dará un giro total, el correspondiente a su transformación en atún; persistiendo en este estado durante un cierto período, tras él revertirá a su primigenia condición humana volviendo, así, a su original punto de partida. Los cambios cruciales de esa trayectoria vendrán, a su vez, determinados por dos intervenciones de carácter sobrenatural. Será la primera, como sabemos, el milagro que en su favor opera Jesucristo:

> Finalmente el Señor por virtud de su pasion . . . [quiso] obrar en mi un marauilloso milagro . . . y fue que estando . . . *medio ahogado de mucha agua . . . y muerto de . . . la frialdad que mientras mi conseruador en sus treze estuuo nunca auia sentido* . . . a desora senti mudarse mi ser de hombre quiera no me cate, me vi hecho pez (10*r*)

Sirva el subrayado para hacer notar que en paralelo con la metamorfosis de hombre a pez que Lázaro sufre se da concomitantemente el paso de un líquido a otro; será la paulatina pérdida de la energía que le transfería el vino —su "conseruador"— la que impulse y provoque la intervención y milagro del "Señor" mediante el cual ha de salvarse; producido dicho milagro será ya el agua —esa "mucha agua"— el elemento que domine y que le sustente de ahí en adelante.

Ingresado, así, en el mundo y comunidad atunescos, su posterior reconversión tendrá lugar con el correspondiente despellejamiento en el cadalso de Sevilla, pero hay que hacer notar que ésta será sólo una transformación puramente material, física; su auténtica y verdadera reconversión, su real y decisivo retorno a su total índole de hombre sólo se producirá —más adelante expondré el caso con todo detalle— cuando sea definitivamente reconocido y admitido de nuevo por su gente de Toledo, por esa comunidad de la que había salido, y tal final reconversión habrá de llevarse a cabo mediante la segunda intervención, la de la Verdad que tras haberle amonestado y reprendido según sus faltas se lo merecían, le dirá: "mañana vendra tu muger, y saldras de aqui con honrra, y de hoy mas haz libro nuevo."; profecía y promesa cuyos resultados serán, por otra parte, y según nos informa Lázaro que

> Y la mañana venida mi gesto estaua como de antes, y de mi Señor y de mi muger fuy conocido,
> y lleuado a mi casa . . . Y despues que algunos dias repose *torne me a mi taça y jarro*. (64r *sub.*
> *mío*)

con todo lo cual ocurrirá que el proceso se ve invertido, pues vuelto plenamente a su original naturaleza de hombre, aceptado ya por su gente y comunidad, volverá, así mismo a su "taça y jarro", es decir, su vino, y si antes, y con motivo de su inicial transformación había abandonado el vino por el agua, ahora y ya para siempre se verá la segunda sustituída por el primero. El proceso circular se completa y con ello nos encontramos con que la ecuación hombre-atún-hombre tendrá a su base la de vino-agua-vino.

Esa particular división en dos períodos con uno repartido en inicial y final en el que el elemento sustentador del personaje es el vino, y otro intermedio en el que será el agua la que cumpla análoga función, es invención exclusiva, claro está, del autor del '55; no lo es, sin embargo, la importancia del primer elemento para el protagonista, y casi da sonrojo recordar el destacado papel que ese vino va a tener y desempeñar en la vida del primer Lázaro. Sabido es que ya desde el principio nos habrá dicho que "Yo como estaua he-//cho al vino, moria por el" (ff.8v-9r) y que más tarde así lo confirmará y se lo profetizará el ciego tras el episodio de la longaniza:

> Lazaro eres en mas cargo al vino, que a tu padre, porque el una vez te engendro mas el vino mil
> te ha dado la vida . . . Yo te digo (dixo) que si hombre en el mundo ha de ser bienauenturado
> con vino que seras tu. (f.13v)

Y, en efecto, así será que como también sabemos sus finales "prosperidad" y "buena fortuna" mucho tienen que ver con su real oficio de pregonero de vinos, oficio al que, a su vez, también se deberá la acendrada amistad que con los tudescos forja y que en consecuencia será ocasión no sólo de la tan buena vida y mejores borracheras de que disfruta sino así mismo de lo bien provista que tendrá su casa y despensa con perniles, piernas de carnero y sobras de cecinas, como ya sabemos que nos dice.

Pero siendo tan de relieve ese líquido para el primer Lázaro no menos, y aun quizá más, lo será para el segundo ya que su autor, retomando lo anterior y aprovechandose de ello, lo presentará de tal modo que todo lo que de hiperbólicamente metafórico hay para el tal primero en esos iniciales morirse por el vino y ser éste el que mil veces le ha dado la vida, vendrá a acabar en el más concreto y material hecho de ser ese vino el que física y realmente mantenga con vida al segundo frente a los ominosos embates de las aguas abisales, como buen énfasis pone en hacérnoslo ver mediante el singular cariz con que ese autor decide configurar la decisión que hace tomar a su personaje a raíz del pavoroso naufragio.

Determinado Lázaro a salvarse del total anegamiento, resuelto a combatir la inminente y mortífera invasión del agua que lo va a exterminar sin remedio, sabemos de la inmediata y denodada resolución que toma:

con el temor de la muerte muerte vino me vna mortal y grandissima sed . . . y determine que en
lo que la mala agua auia de ocupar era bien engullirlo de vino . . . Y allende de la gran sed que
el temor de la muerte, y la angustia della me puso . . . yo beui tanto . . . que senti de la cabeca a
los//pies no quedar en mi triste cuerpo rincon, ni cosa que de vino no quedasse llena (ff.6r-v)

No tuvo que devanarse mucho los sesos el autor para adjudicarle a Lázaro esa decisión
de atiborrarse de vino de pies a cabeza como solución para seguir con vida; anécdota era
esa bien conocida dentro del folklore tradicional como ya recojo y comento en nota 88
al Capítulo II. Lo que ya no es tan notorio es el peculiar giro que a la misma le da dicho
autor. En esa citada nota ya apunto que en la anécdota recogida tanto en el *Sobremesa* de
Timoneda como en la *Floresta* de Santa Cruz, el viajero se atiborra justificándose con un
"Quien tanta agua ha de beber, menester ha de comer"; que en la facecia del portugués,
éste se pondrá a comerse sus higos negros; que en la del gallego, éste exclamará: "A
hombre que tanta agua espera beber, no le dejareis comer dos bocados?", y, por fin,
que el Lázaro de Luna dirá: "Comencé a comer de todo y a hinchir mi estomago por
hacer provisión hasta el dia del juicio" (284). Y si el autor, repito, no tuvo que esforzarse
demasiado para inventarse esa decisión, si, no obstante, algo más para presentar la misma
con una significativa variante, ya que por el contrario y a diferencia de todos los anteriores
personajes, no es exactamente lo mismo lo que hace Lázaro en tan espantosa ocasión;
contra todos los demás que lógicamente se atiborran de comida, el último no ingiere en
absoluto nada de alimento, sino sólo y exclusivamente vino y bien lo confirma cuando
un momento antes de producirse el milagro nos asegura encontrarse "desfallecido del no
comer" (f.10r), siendo que, como los demás, bien pudiera haberlo hecho que de seguro
surtida estaría la despensa y no solo vino habría en la nave.

Persistiendo en esa línea más adelante confesará que "Entonces conoci como el
vino me auia conseruado la vida", lo que refrendará con

Entonces vi verdaderamente la Philosophia que . . . auia profetizado mi//ciego, quando en Escalona
me dixo que a si hombre el vino auia de dar vida auia de ser a mi. (ff.7v-8r)

siguiendo después las reflexiones de "considerando como mi buen conseruador el
vino . . . me yua faltando: por cuya falta la salada agua se atreuia" (f.9r) y, por fin, la
ya citada de "medio ahogado de mucha agua . . . y muerto de frio de la frialdad que
mientras mi conseruador en sus treze estuuo nunca auia sentido" (f.10r).

Evidentemente, y sobre todo con la muy significativa variante de la anécdota
comentada, notorio era el propósito del autor de destacar ese vino como sustento y
manutención en y para la vida de su primer Lázaro, pero no menos lo era, sin duda,
hacerlo así para, de rechazo y en lógica y necesaria contraposición, realzar la importancia
que adquirirá el agua de ahí en adelante, porque ocurre que si en, un principio, el milagro
operará la conversión fisiológica, material, de Lázaro en atún, también y mediante ese
mismo milagro adquirirá el personaje cierta característica inherente a tal pez, pues con
el se produce, a su vez, un resultado que, conociendo al anterior Lázaro en lo que
de impenitente bebedor tiene, podemos calificar de sorprendente. Nada más darse su
transformación Lázaro se dedicará a descansar y refrescarse en esa agua, y lo interesante
del caso es que según nos confiesa, la tal agua resulta que le gusta mucho más de lo que
de el hubiéramos esperado, diciéndonos de ella que "al presente, y dende en adelante
muy dulce y sabrosa halle" (10v).

Evidentemente muy eficaz y operativa fue la virtud del tal milagro si llegó hasta el extremo de convertir tan súbitamente a este sempiterno y acérrimo bebedor de vino en un aficionado a ultranza de su para el anteriormente denostable contrario, la dicha agua; y no sólo eso, sino que, a más abundancia, tan "muy dulce y sabrosa" la encuentra que le arrastra —¡*horresco referens*!— a renunciar absolutamente a su anterior delicia, su tanto o más dulce y sabroso vino, "dende en adelante". Y en efecto, decididamente adicto a su nuevo elemento y fiel a esa consecuencia de su transformación se nos presenta de ahí en adelante, pues bien se comprueba que ya durante ese su posterior período atunesco Lázaro en ningún momento volverá a mencionar el vino ni dirá que lo beba hasta que ya otra vez hombre, ya reconvertido, torne "a su taça y jarro", según antes he hecho notar.

No habría porque extrañarse de que Lázaro desde ese mismo momento de su metamorfosis deje en absoluto de mencionar el vino, proponiendo al agua como único elemento dominante ya que, en principio, fácil es de presumir y aceptar que no se use del tal entre atunes y su acuático habitat, pero dado que con suficiente frecuencia el autor se salta a la torera la convención literaria que el mismo ha urdido, insertando prácticas característica y exlusivamente humanas dentro de ese nuevo mundo lazarillesco como, por ejemplo, la apropiación de "dones", la imposición del luto, etc., puede que alguna otra explicación nos esté ocultamente sugiriendo con esa deliberada y constante omisión del vino.

En el *Viaje de Turquia*, Pedro de Urdemalas, a repetidas preguntas de Juan de Voto a Dios y Matalascallando, nos asegura de algo que consabido es, es decir, la absoluta prohibición del vino entre los turcos (cf. pp. 473, 475, 476 y, en especial, 482 en la ed. de F. García Salinero [Madrid, Cátedra, 1980]). Siendo esto así, habrá que conjeturar que con esa total ausencia del vino a lo largo del período atunesco de Lázaro el autor nos está dando, simplemente, la pista que nos indica que específico mundo es ése en que su protagonista ingresa, la clave que encubre el dato de que tal mundo atunesco representa simbólicamente uno real, el islámico.

Algún que otro dato más se recoge en el texto que puede confirmar tal conjetura.

c) Mundo atunesco, ¿mundo islámico?

Inmediato resultado del milagro, divisoria de los dos períodos y umbral para el segundo, es, ya sabemos, la conversión de Lázaro en atún, pero no menos importante es otro concomitante resultado del tal milagro, a saber, la conciencia que de ese ser atún adquiere al descubrir que sus enemigos no sólo son genéricamente peces sino, mucho más en concreto, específicos atunes, como bien nos dice: "luego que en su figura fuy tornado conoci que eran Atunes" (10*r*), condición que, claro está, antes no había podido reconocer por no serlo el aún; y buen cuidado que pone el autor en hacernos ver esa específica conciencia que Lázaro tiene de su nuevo estado; en efecto, se comprueba que siempre que menciona a esos atunes en las anteriores ocasiones lo hace diciendo —"gran numero de pescados", "muchedumbre de pescados" (f.6*v*); "gruesso exercito de otros peces" (7*r*); "gran golpe de pescados" (8*r*); "muchedumbre de los pescados" (8*v*)— sin que en ningún caso se le aparezcan como los atunes que son. Conciencia de "atunidad" —valga el neologismo—, mediante la cual se nos certifica que en atún, y no otro cualquier pez, se convierte Lázaro.

Ahora bien, para cualquiera que haya leido *La segunda parte de Lazarillo de Tormes* de 1555 resulta obvio que el tema básico que la recorre es la metamorfosis que el protagonista sufre. No menos obvio ha resultado para la crítica que del asunto se ha ocupado que tal metamorfosis tiene como antecedentes las lucianescas, tanto las del de Samosata como la de Apuleyo;[6] en esa línea ha de inscribirse y más cuando se recuerda lo en boga que las mismas estaban por esos años como bien lo muestran, sin más, tanto el *Crotalón* como el *Diálogo de las transformaciones*. Una diferencia hay, no obstante, entre el protagonista del de Samosata y el de Apuleyo y el del anónimo del '55; la de que, y como sabemos, si la transformación del primero es de hombre a gallo y la del segundo de hombre a asno la del último será, por su parte, de hombre a atún.

Claras son las razones para las metamorfosis de los primeros en esos específicos animales; si Pitágoras se transforma en gallo y Apuleyo en asno bien se puede entender por que sus autores así lo decidieron; el gallo real que con sus matutinos quiquiriquíes cumple la función de despertar al género humano, como así lo sufre el literario Micilo, ya desde el primer Luciano dará lugar al metafórico y simbólico gallo despertador de conciencias, y el asno de Apuleyo —y como lo entendió ya su traductor López de Cortegana según en su proemio dice— representará ese asno que "todos traemos a cuestas" como consecuencia de "los vicios y deleytes, con los quales quasi todos los mortales se ciegan."[7]

Si así se entienden las funciones simbólicas de esos dos animales, ¿qué representa o qué hay detrás de esa figura de atún en la que Lázaro se convierte?

La solución que propone Piñero de que "Lázaro se convierte en pez y no en otro animal . . . porque el folclore le ha facilitado el modelo" aludiendo acto seguido al "pece Nicolao" como ese modelo que "se puede contar, con todos los derechos, como antecesor de nuestro Lázaro-atún." (45), es perfectamente aceptable, pero adolece, a mi juicio, de excesivamente genérica; si en efecto, ese "pece Nicolao" bien proporciona una pauta simbólica referencial, hay que preguntarse más en concreto por qué ese autor ha transformado específicamente a su Lázaro en atún y no en otro cualquier espécimen como en una sardina, una merluza o un tiburón, pongamos por caso, cuando cualquiera de los mismos, de no haber alguna particular razón para lo contrario, le hubiera servido para esas aventuras abisales.

Ocurre, no obstante, que ninguno de esos peces que al azar he sugerido tenían, que se sepa, ningún especial simbolismo para la sociedad mediterránea del XVI y sí, en cambio, lo conllevaba ese particular atún, ya que tal figura venía a cumplir para esos años una cierta función representativa, la de designar al cristiano renegado convertido al Islam, como ya hace años lo destacó Aubrun y posteriormente lo han recordado tanto Bataillon como Alfaro.[8]

Un lector actual no demasiado versado en historia puede perfectamente ignorar que la armada a Argel en que Lázaro se embarca iba dirigida contra el turco; uno del siglo XVI, por supuesto, no; como, por otra parte, tras el espantoso naufragio en que la misma terminó Lázaro no vuelve a su original mundo cristiano, y sí acaba, por el contrario, ingresando en uno atunesco, obvio tenía que ser para ese lector contemporáneo que, consecuentemente, esos atunes en cuyas manos cae Lázaro y entre los cuales va a convivir cuatro años son los que a ese mundo cristiano se oponían, es decir, los enemigos islámicos.

Para que más fácil resultara entenderlo así, ya cuidó el autor de ir salpicando su texto con algunas pistas más en esa línea, pistas, que como ocurre con lo anterior, para nosotros, lectores a más de cuatro siglos de distancia, pueden pasar inadvertidas, pero dudoso es que lo mismo ocurriera con ese lector medio del XVI.

Extractando lo que más ampliamente digo en notas al texto, son las siguientes:

a) En n.33 al Capítulo V ya empiezo por hacer notar el especial cómputo temporal en "lunas" —en vez del más de esperar en soles— cuando Lázaro nos informa de que "el General mando que . . . dende a dos lunas fuessen todos" (f.23r).[9]

b) En ese mismo f.23r se lee que la compañía de Licio se componía de

hasta diez mil Atunes, entre los quales auia poco mas que diez hembras, y estas eran Atunas del mundo, que entre la gente de guerra suelen andar a ganar la vida.

Si para "diez mil Atunes" sólo había "poco mas que diez hembras" bien aperreadas y trajinadas tendrían que andar estas pobres últimas —típicas soldaderas— si habían de satisfacer adecuadamente las necesidades de todos esos "diez mil". Evidentemente con esa jocosa ironía el autor estaba proporcionando una clara pista de qué tipo de individuos, sexualmente hablando, eran esos atunes; pista que bien aclara el Pedro de Urdemalas del *Viaje de Turquia* cuando Mata le pregunta si los turcos llevan putas en el ejército; su contestación es:

En todo el exercito de ochenta mill hombres que yo vi no habia ninguna. Es la verdad que, *como son buxarrones y lleban pajes hartos, no hazen caso de mugeres*. (421)

explicación que, tras mi subrayado, de poco comentario necesita.

c) Hablando del juramento que los demás atunes le prestan, dirá Lázaro que lo hacen "en mi cola que sobre su cabeça pusieron a usança de alla" (31r) y ya recuerdo en n.26 al Capítulo VII como en *Viaje* se confirma ser esta "usança" típicamente característica de los turcos.

d) En f.46r tras el alzamiento del carcelaje a Licio, éste "beso la cola del Rey" como también, acto seguido, lo hará Lázaro, pero éste, como dice, "de mala gana en quanto//hombre por ser el beso en tal lugar." (ff.46r-v), renuencia que como ya indico en n.24 al Capítulo XII bien sugiere ese mundo de bujarronería acabado de señalar en b) y que es, claro está, el turco donde esas prácticas homosexuales eran comunes.

e) Para la acusación de Lázaro: "mas estos infieles peces" (f.49r) ya Bataillon entendió que "Los atunes son asimilados a un pueblo de infieles" ([1968], 84) y poco dudoso parece que aprovechándose de la bisemia que el término le proporciona —ya señalo en n.16 al Capítulo XIII que *prima facie* esos "peces" son "infieles" por desleales a sus amigos— el autor deja ver, a su vez, la condición de no cristianos de los mismos.

f) Respecto a las parias que los sollos se ven obligados a pagar al Rey, recuérdese que, a diferencia de la leyenda en que todas habían de ser doncellas, aquí son "cien Sollas virgines y cien Sollos" (f.50v) y también hago notar en n.37 al Capítulo XIII esa curiosa inclusión de machos con la connotación que de bujarronería —otra vez— puede detectarse en ese apartarse de la norma legendaria, así como el dato de que las "cien Sollas" las "tenia para su pasatiempo" lo que inmediatamente sugiere la visión de un harén dentro de ese mismo mundo islámico.

g) Más críptico —y por lo tanto más discutible— pero no por ello menos interesante, es, por fin, un último detalle: el del casamiento de Lázaro. Como sabemos, su boda se celebra con la hermana de la señora Capitana que un tanto intrigantemente ya empieza por llamarse Luna. Ahora bien, también sabemos que si esta Luna se nos presenta en principio como doncella virgen, sus posteriores amoríos con el Rey seran causa de que no lo sea tanto cuando con Lázaro casa; si esos amoríos son, así, función instrumental mediante la cual Licio y los suyos ganan finalmente los favores de ese monarca, también serán razón de que no llegue a su boda en estado virginal, y bien lo reconoce Lázaro informándonos de que "Finalmente dan la ya no tan hermosa *ni tan entera* Luna por mia." (f.52*v*) La razón de mi subrayado es obvia. Decir que esa Luna ya no es *tan entera*, y precisamente por no serlo, viene a ser lo mismo que decir que es una "media Luna", lo que a su vez, fácilmente nos permite sospechar que el autor, alegórica e irónicamente, nos está asegurando de que Lázaro con su boda acaba adquiriendo lazos definitivos con una "media Luna", sí, pero una "media Luna" que como símbolo opuesto al de la otra religión, la de la Cruz, ya no representa tanto la persona física, real, de su mujer, cuanto el mundo islámico en el que ese Lázaro se ha integrado. [10]

En relación con este nombre y con este mundo turco un desvío hacia el plano histórico se impone a estas alturas ya que, independientemente del anterior simbolismo en el plano literario, bien pudo darse alguna otra razón para que el autor escogiera ese especial nombre Luna para su personaje, pues no se debe desechar que ello no fuera una caprichosa decisión suya, sin más, sino un intento por su parte de incorporar a su mundo literario, un sí es no es aviesa e irónicamente —como ironía hay en el simbolismo comentado—, a una persona históricamente real que por ese nombre era conocida en el mundo de la Constantinopla de por los años en que escribía su obra.

En la Europa del XVI bastante notable mujer fue una famosa judía, especie de "muger brava" que lo suyo dio que hablar por entonces. Hablo de la que conocida durante la primera parte de su vida con el nombre marrano de Beatriz de Luna en la Península siguió con el mismo tras huir a Amberes, donde —nótese— residió desde 1536 hasta 1544, para luego pasar a Venecia y más tarde a Ferrara en donde retomó su original nombre judío Gracia Nasi, para acabar, por fin en Constantinopla en 1553 —nótese también el año— ya de lleno vuelta a su originaria religión. [11]

Mas en particular para su entrada en Constantinopla es el interesante testimonio contemporáneo que por boca de Pedro de Urdemalas se nos da en el *Viaje de Turquia*:

> de muchos que se iban de esta manera a ser judios o moros, entre los quales fue un dia . . . dona Beatriz Mendez, muy rica, y entró en Constantinopla con quarenta caballos y quatro carros triumphales llenos de damas y criadas españolas." (451)

Esta Beatriz tenía una hermana, Brianda de Luna, y casó en 1528 con Francisco Mendes —que le da el apellido acabado de citar— que, a su vez, tenía otro hermano, Diogo —cf. árbol genealógico en página 82 de la obra de Roth para esto y lo que sigue—; relaciones de parentesco éstas, paralelas a las que se nos proponen en la obra, una señora Capitana que con una hermana Luna está casada con un Licio que así mismo también tiene otro hermano, Melo; paralelismo reforzado, a su vez, por la índole de esa histórica Beatriz, mujer fuerte, rica, decidida y emprendedora como lo es la literaria señora Capitana. De seguir al pie de la letra el paralelismo su hermana Brianda de Luna sería, pues, la literaria Luna con que casa Lázaro, pero por aquello de que la literatura no tiene por que seguir ciegamente a la historia, de otro modo lo quiso el autor —si lo quiso como vengo conjeturando— usando de una distorsión de otros datos históricos, ya que ocurre que la tal doña Beatriz por un lado tenía una hija que se llamaba exactamente como su tía, Brianda, y por otro un sobrino de nombre cristiano Joao Migues más conocido por Juan Micas y de nombre judío Joseph Nasi que acabó siendo duque de Naxos desde 1566 según nos dice el mismo biógrafo de su tía.[12] Ahora bien, lo intrigante e interesante para el caso es que este personaje llegó a Constantinopla en 1554 —nótese, una vez más, el año— siguiendo los pasos de su tía y en ese mismo año no sólo abjuró de su oficial cristianismo haciéndose circuncidar en abril sino que, además, acabó casándose con su prima Brianda —cf. Roth, *op. cit.*, 9 y genealogía en p. 2—; hechos históricos éstos que remodelados literariamente —según vengo sugiriendo— dieron lugar a una Luna —Brianda de Luna por hija de la originariamente Beatriz de Luna— que casa con un Lázaro que ya ha sufrido una anterior conversión al igual que el histórico Juan Micas, y algo de todo esto fue lo que debió intuir Bataillon cuando supuso que

> No es absolutamente imposible que el continuador del *Lazarillo* pensara en alguna aventura memorable entre los 'marranos' que, evadidos del mundo cristiano, desaparecían durante algún tiempo en el Imperio turco." ([1968], 84)

De lo que pudieron divulgarse entre marranos y aun entre quienes no lo eran tanto las abjuraciones de doña Beatriz y su sobrino como la boda de este último, buen eco se hizo también quien se oculta tras el anterior Pedro de Urdemalas dándonos cierta pormenorizada y muy personal información:

> *Quando menos me cate* vierais a la señora dona Beatriz mudar el nombre y llamarse dona Gracia de Luna . . . Desde a un año vino un sobrino suyo en Constantinopla, que era año de 1554, . . . y hay pocos hombres de quenta en España, Italia y Flandes que no le conosciesen, al qual el Emperador habia hecho caballero, y llamabase don Juan Micas; y porque aquella señora no tenia mas de una hija, a la qual daba trescientos mill ducados en dote, engañole el diablo y circumcidose y desposose con ella; llamase agora Iozef Nasi . . . Los primeros dias que el Juan Micas estubo alli christiano, yo le iba cada dia a predicar que no hiziese tal cosa por el intherese de quatro reales, que se los llebaria un dia el diablo . . . //*Quando menos me cate* supe que ya era hecho miembro del diablo." (452-53. *subs. míos.*)

Ni quito ni pongo rey, pero atendiendo a mis subrayados no deja de ser curioso que la misma fórmula literal que el autor del '55 emplea para exponernos la conversión en atún de su personaje —"no me cate, quando me vi hecho pez" (10r)— sea, a su vez, la que el autor del *Viaje* repite para ambas conversiones de don Beatriz y de Micas, y aun más el significativo énfasis personal que con esos "me" despliega Pedro en unos hechos que de ningún modo, y a diferencia de Lázaro, parece que tengan que afectarle estricta y directamente. Difícil resulta conjeturar que es lo que exactamente hay tras esto y aun tras todo lo que vengo sugiriendo sobre la posibilidad de que ciertos datos históricos se hayan visto transferidos y elaborados literariamente, pero rechazar de lleno que algo se esconda no parece tan fácil cuando se recuerda el citado trabajo de Bataillon sobre los marranos portugueses y Núñez de Reinoso.

Comentando la obra de éste, *Historia de los amores de Clareo y Florisea y de los trabajos de Isea* impresa en 1552, y tomando como punto de partida el hecho de que la misma esté dedicada a Juan Micas, Bataillon tras unas muy válidas reflexiones —pp. 11 a 18—, que resumirá preguntándose,

> Felesindos et Luciandra n'ont-ils rien à voir avec Juan Micas et sa cousine Reina? La Casa del Descanso, n'est-ce pas à la fois Constantinople, terme de l'emigration des Micas-Nasci, et la verité du judaisme retrouvé?

acabará presuponiendo una afirmativa tanto para estos casos como para el de una doña Gracia Nasci reelaborada en la obra como el "Gran Señor de Egipto", para finalmente advertir que

> "Le Gran Señor de Egipto peut être Donna Gracia Nasci et Felesindos peut être Juan Micas sans que les deux personnages aient dans le roman la même rélation de parenté que leurs doubles dans la vie." (19)

Mutatis mutandis, del mismo modo podemos ahora preguntarnos si no es que Doña Gracia se ve reflejada en la señora Capitana, Juan Micas en Lázaro y Brianda de Luna — la histórica Reina— en la Luna, mujer del último, y del mismo modo podemos inclinarnos por la afirmativa. [13] Y más si, por fin, recordamos que, por un lado, ese mismo Núñez de Reinoso en el "Capítulo postrero" de su obra hace dirigirse a su triste y desconsolada Isea a un monasterio de monjas donde y con tal motivo se da una violenta disputa sobre linajes absolutamente calcada de la que se recoge en el *Libro llamado Lázaro de Tormes* como ya ha recordado y comentado Caso ([1971], 178-80), y por otro, que en este *Libro* tras esa disputa el personaje por no hallar "remedio ni refrigerio" "en toda la tierra entre los hombres" se viene "a la mar entre los pescados.", como así mismo lo hará la Verdad del '55 y la del *Crotalón* según sabemos y que comentaré extensamente al hablar del Capítulo XV; si a todo ello añadimos la directa referencia a las compañías atunescas del '55 que en el mismo *Crotalón* se halla: "cinco mil barbos . . . muy pláticos en la guerra, que se hallaron en las batallas que hubieron los atunes en tiempo de Lázaro de Tormes" (p. 236), toda esta madeja de referencias intertextuales bien hace pensar en una análoga red de relaciones interpersonales entre autores, ésa que en su obra ya comenta Bataillon, una vez más, cuando hablando precisamente de todo esto en relación con los ya citados protectores marranos doña Gracia Nasci y su sobrino Juan Micas sugiere que las "nuevas formas de la ficción novelesca que surgen en una literatura española semiclandestina, entre 1550 y 1555" ([1968], 87) alguna relación puede tener con el mundo de los marranos, ya sean éstos —añadiré yo— los iniciales de Amberes o los que, posteriormente, residirán en el ámbito turco de Constantinopla para el caso particular de la *Segunda parte*.

Tras todo este excurso histórico-literario ya es momento de volver a la anterior exposición sobre la deliberada falta de mención del vino durante el segundo período de Lázaro y su concomitante índole atunesca, y deducir de ella que, en efecto, al convertir a Lázaro en atún el autor nos lo está presentando *sub specie* de renegado cristiano que en la primera etapa de su metamorfosis se ha convertido al Islam.

Se impone hacer constar ahora y en buena y justa crítica que no soy yo, no obstante, el primero que supone que tanto la condición de abstemio como de atún que Lázaro detenta son simplemente rasgos que se derivan de e indican la conversión al islamismo con que el autor ha querido presentar a su personaje. Hace años ya la sospechó Ch. Aubrun cuando hablando de la misma se propuso la siguiente cuestión,

> il s'agit . . . de savoir si, devenant thon, Lazaro reniera la foi de ses ancêtres ou s'il demeurera fidèle à leur Dieu, le Dieu de l'Eucharistie, du Vin de messe;

dado que, y como concluye, interpretando el definitivo juicio de la Verdad del libro de Pedro de Medina en relación con ello, "il n'y a point de compromis entre le Bien et le Mal, le Christ et Mahomet, l'Espagne et le Grand Turc, le Vin et l'Eau." ([1956], 456)

Planteamiento de una cuestión, cuyo fondo de verdad pudo resultar en el 1956 en que Aubrun publicaba su breve artículo un tanto arduo de admitir por lo muy poco que ese '55 se había estudiado, y buena prueba de ello se tiene en Bataillon que aun a pesar de cuanto sospecha y sugiere en el trabajo que tanto vengo citando, tratando de ese planteamiento comentó que "Es difícil dejarse convencer por la opinión" de que todo ello "encierra un sentido religioso" ([1968], 84, n.71); a estas alturas de mi exposición, no obstante, muy más de aceptar es la sugerencia del primero de un "Vin de messe" con alegórico contenido religioso que la genérica reticencia del segundo que la niega.

Y es que todavía por esos años la crítica en general poco había supuesto ni menos admitido ese subyacente y alegórico sentido religioso del vino no sólo para el '55 sino ni siquiera para su antecesor el '54; pero un tanto ha cambiado desde entonces la perspectiva respecto a la cuestión y más de un crítico ha postulado últimamente la subterránea existencia de ese sentido para el segundo aceptando que mucho de eucarístico "Vin de messe" tiene ese lazarillesco vino, y a cuento hay que traer aquí los trabajos de Weiner, Herrero y Michalski, por ejemplo.

Para el primero no es muy dudosa esa índole pues ya dice que:

> Creo que se podría interpretar esta búsqueda ansiosa de Lázaro por el vino . . . como la necesidad espiritual de comu-//nicarse directamente con Dios. Y el ciego, el protector de la sangre de Cristo, se la niega.

y más adelante tras exponer su tesis hablará ya de "El poder Eucarístico del vino".[14]

Para el segundo, y aun no dándole una directa y particular interpretación eucarística, ese vino "has an almost mystical character" tanto como un "holy character";[15] y, por fin, el tercero, comentando la postura de Lázaro al beber del jarro, señala

> que el éxtasis, con los ojos semicerrados y vueltos al cielo, es una clara alusión al éxtasis que experimenta el creyente al recibir la Eucaristía.

para concluir sus líneas con "creo que es el *vino*, como Eucaristía . . . el que ocupa el primer lugar."[16]

Esa alegórica carga sacramental que para el vino del '54 han visto todos ellos fue la misma, a mi juicio, que entendió también y de modo poco equívoco su seguidor del '55, un seguidor que además de así entenderla la retomó elaborándola y desarrollándola para su particular propósito. Quiero decir que si a nivel de interpretación literal, y como arriba he señalado, lo metafórico del vino del '54 que mil veces le ha dado la vida acaba dejando paso a lo físicamente concreto y real del del '55 que materialmente le mantiene en vida, a nivel de interpretación anagógica lo eucarístico del primero se desplaza al segundo presentándose como sustrato básico de la índole religiosa que como cristiano detentaba el inicial Lázaro-hombre.

d) Conversión atunesca de Lázaro.

Pero claro está que si el Lázaro ya atún ha de incorporarse de lleno y con todas sus consecuencias a ese su nuevo mundo atunesco —léase a ese su nuevo ámbito religioso— obvio es que para hacerlo, y del mismo modo cómo se ha desprendido de sus anteriores características fisiológicas de hombre, también se verá obligado a despojarse de sus previos rasgos carismáticos que como a cristiano le sustentaban, si adecuada y totalmente ha de perfeccionarse la integración. Y así se nos dice que ocurre si bien de una manera más o menos irónica y solapada como por costumbre ya vamos viendo que tiene el autor.

Como arriba se ha visto el milagro no sólo metamorfosea a Lázaro en atún sino que, asimismo, lo convierte en absoluto abstemio; recuérdese, ahora, que esto, por otra parte, se llevará a cabo durante los momentos en que el tal Lázaro descansa y se refresca, descanso y refresco que se produce mediante un correspondiente lavatorio según nos dice: "estuue descansando y refrescando en el agua . . . lauando mi cuerpo de dentro y de fuera." (10v). Se entiende bien que descanse y se refresque dentro del agua, no tanto, por no parecer tan lógico, que se pueda lavar, estando, como está, totalmente sumergido en ella. Si al autor, y para que no se le muriera su personaje en las manos —mejor será decir en las aguas— le tuvo que resultar necesario recurrir al milagro, no se ve tan claro que igualmente le fuera tan necesaria esa higiénica operación del lavatorio que le adjudica para que ese su protagonista siguiera persistiendo, porque obvio es, en último término, que habiéndolo transformado ya en atún poca razón había para no dejarle que como tal, y sin necesidad alguna de dicho lavatorio, continuara su trayectoria. Y si desde esta perspectiva, evidente se nos aparece lo superfluo e innecesario de esa operación, más fútil y superflua resulta la misma cuando se considera lo incongruente de un Lázaro que —repito— se dedica a lavarse estando como está plenamente sumergido en esa agua con todo lo que ello comporta de redundante. No obstante, así lo ha querido ese autor y a más abundancia, lo ha querido, incluso, con las agravantes de la intensificación y el prolijo cuidado, porque Lázaro además de que se dedica a lavarse lo hace —como dice y arriba he citado— "de dentro y de fuera."

Lo superfluo de ese lavatorio, la minuciosa prolijidad del mismo, justo parece, pues, que, dentro del texto, estén proponiendo una función distinta con un sentido más allá del de una simple práctica higiénica. Y claro está que siguiendo la línea que vengo exponiendo, la conclusión se impone y ésta habrá que entenderla en el sentido de que Lázaro, lavándose en esa agua con tanto detenimiento y cuidado, no está, por supuesto, quitándose una roña inexistente, sino, simplemente, despojándose de todos y cada uno de los vestigios carismáticos que mediante el simbólico eucarístico vino se le habían impuesto en su anterior período de cristiano, quedando con ello y por ello mondo y lirondo, desnudo y limpio, como se requiere de un neófito a punto de ingresar en una nueva comunidad religiosa, una nueva comunidad religiosa en la que siendo el agua el elemento carismático, lógico es que la encuentre Lázaro "dende adelante muy dulce y sabrosa", como inmediatamente después de ese lavatorio nos asegura.

Así, la duda de Aubrun de "si, devenant thon, Lazaro reniera la foi de ses ancêtres", se resuelve por la afirmativa, entendiéndose que, en efecto, y por mor de ese paso del vino al agua, el autor ha querido que su protagonista reniegue inicialmente de su anterior fe, del mismo modo que mucho más adelante, cuando a su "taça y jarro" vuelva, con su reconversión se acabe operando exactamente el proceso inverso.

Ahora bien, teniendo en cuenta que el elemento vehicular, el medio carismático de esa conversión es el agua, una final deducción es que lo que el autor más o menos aviesa y/o deliberadamente nos está proponiendo con todo ello es que el tal lavatorio viene a ser una especie de ceremonia ritual que mucho tiene de bautismo, bautismo a la inversa si así se quiere, pero bautismo al fin y al cabo, con lo que mejor se comprende ahora que no a humo de pajas o caprichosamente decidió insertar esa aparentemente inocente y superflua práctica higiénica.

Y he dicho bautismo a la inversa porque, en efecto, un tanto paradójico e incongruente puede pensarse que sea ese usar un rito cristiano para una conversión al islamismo, pero a buen seguro que aquí también estaba operando la carga entre irónica y festiva —¿más "teología burlona"?— que ya desde el principio del naufragio ha venido prodigando el autor a su obra con, por ejemplo, el caso de los clérigos que "se dezian ser caualleros de Iesu Christo" y por ello abandonan a los pobres náufragos (f.5*v*) o en la desmesurada y agobiante multitud de oraciones a "santa Maria", "a todos los santos y santas", etc., etc., "que tienen virtud contra los peligros del agua" (ff.9*v* y 10*r*). Y aun probable es que, consciente de esa incongruencia, quisiera remacharla indirecta pero paralelamente haciendo que su protagonista no parezca estar demasiado convencido, en principio, de la potencia milagrosa de ese su "Señor", de si ese milagro se ha producido o no, que bien confiesa el mismo andarse mirando "a una parte y a otra por ver si veria en mi alguna cosa que no estuuiesse conuertido en Atun" (10*v*) y poco más adelante "no tener confiança de mi si me entenderia con ellos . . . y fuesse esto causa de descubrirse mi secreto" (11*r*). Además, la virtud y existencia de esa acción sobrenatural parece verse rebajada por el hecho de que aunque a ese Jesucristo se nos dé como causante de la misma, de ello sólo tenemos constancia y testimonio por la palabra de Lázaro ya que nada nos dice de que —el mismo se le manifieste en persona anunciándole su operación, muy por el contrario de lo que sucede con el otro personaje sobrenatural polo opuesto de ese proceso de conversiones y reconversiones: la Verdad, Verdad origen de su final reconversión y que sí se le aparecerá directa y personalmente primero para amonestarle y luego —y aunque sea en sueños— para predecirle y confirmarle el retorno a su estado original. Si así lo ha querido deliberadamente el autor, ¿es todo esto otra manifestación de su ironía, o, en último término, de su solapado escepticismo?

Y puede que no sea muy ajeno a todo ello cierta fijación que, más o menos conscientemente, tiene Lázaro respecto a su nuevo bautismo como se observa en el espontáneo e inmediato recuerdo que, por contraposición a éste, le viene de su primero cuando acosado por las inquisitivas preguntas del Capitán general de quién era, como se llamaba y en que Capitanía estaba, reflexiona:

> A esta sazon yo me halle confuso y ni sabia dezir mi nombre, *aunque auia sido bien baptizado*, excepto si dixera ser Lazaro de Tormes." (12*r*)

reflexión con ese enfático inciso que subrayo sobre su bautizo que siendo, como es, perfectamente prescindible, resultaría tan superfluo como el anterior lavatorio si es que no hubiera otra y más críptica razón para insertarlo, precisamente la de realzar el carácter de carismático bautizo que a ese aparentemente inocuo lavatorio le quiere dar su autor. [17]

Sea como esto fuere, incorporado a su mundo atunesco, a su nueva fe, mediante ese milagro y ese lavatorio—bautismo, aureolado de un no se sabe qué de sobrenatural que bien se le puede atribuir por la virtud de los mismos, en su nuevo ámbito seguirá este Lázaro-atún sus avatares hasta que su destino le imponga la reconversión.

Antes de ella, no obstante, algunas epifanías querrá el irónico autor que su personaje nos presente más o menos solapadamente y un tanto a cuenta y en relación con esa su índole un si es no es sobrenatural.

e) Pseudo-epifanías sobrenaturales de Lázaro entre conversión y reconversión.

Transformado Lázaro en atún, obvio resulta que si alguno es totalmente consciente y conocedor de esa transformación sólo lo es él mismo.

Igualmente obvio que ninguno de los verdaderos atunes sabe en absoluto que se haya dado tal metamorfosis; dan por descontado y sin ninguna duda que ese otro atún su natural tiene y a su raza pertenece; pero, por otra parte, no se les escapa que, aun con todo, el mismo tiene una procedencia oscura y desconocida, que atún es, pero atún extraño, como ya lo hace ver el general Pauer en su acusación a Licio cuando de él dice que "auia traydo de partes estrañas un Atun malo y cruel" (f.28*r*)

Estuviera en su propósito original el hacerlo así o le surgiera la idea a medida que iba redactando sus líneas, lo cierto es que el autor bien se supo servir de esa fundamental e inherente característica que el mismo había creado dentro de su relato; aprovechándose del desconocimiento que los otros atunes tienen del origen de Lázaro y de la consiguiente lógica extrañeza que en ellos provoca su presencia, en varias ocasiones va poniendo en boca tanto del mismo Lázaro como de esos otros atunes significativas reacciones cuyo contenido algo nos puede descubrir de la ya citada subyacente e irónica intención religiosa que recorre la narración. Debido a las voces que ante la cueva da Lázaro simulando que otro hay dentro de ella además de "para almohaçar los oydos al mandon" (14*r*), tras las abundantes risotadas que las mismas producen entre todos los atunes y como consecuencia de todo ello, el general se explicará asegurándole que "es muy justa nuestra risa ver que parece que estas con el platicando como si fuesse otro tu" (14*v*). Advirtiendo el yerro y queriéndolo remediar comete otro, quizá peor, diciendo: "Quando hombre Señor tiene gana de efectuar lo que piensa", lo que provoca otra "mayor risa" y la respuesta del general: "Luego hombre eres tu." que, a su vez, obtendrá la final reacción de Lázaro: "Estuue por responder tu dixiste . . . mas vue miedo que en lugar de rasgar su vestidura se rasgara mi cuerpo." (15*r*) parodiando con ello la cita evangélica de Mateo (XXVI, 63-5). Ese "hombre" de "Quando hombre" bien pudiera suponerse, en principio, perfectamente superfluo pues poca razón había, al parecer, para que el autor no hubiera escrito "Quando uno" o "Quando alguien", pongamos por ejemplo, pero no lo es en cuanto se considera que es la bisemia del término la que, precisamente, le permite la breve facecia que se ha seguido; recuérdese que "hombre" tenía tanto el valor de sustantivo para individuo del género humano como el de pronombre indefinido impersonal "uno" —cf. mis referencias en n.128 al Capítulo II—; hay que suponer, pues, que Lázaro, en realidad, está usando ese indefinido, está diciendo: "Quando uno Señor tiene gana . . ." pero el autor, aviesamente, quiere que el general entienda "Quando un hombre", porque bien le sirve ello para su propósito. Haciéndole recordar a Lázaro la cita de Mateo cierto es que dota a su personaje de cultura evangélica pero no menos que irónicamente está instilando en el lector la sutil idea de que ese Lázaro pueda realmente ser "otro tu", es decir, un Jesucristo del que vendrá a ser parodia y reflejo.

Cuando más adelante el general se sorprende de no encontrar en la cueva a ningún enemigo y "me dixo, que me parecia de aquello, y de no hallar alli nuestro aduersario", la respuesta de Lázaro será: "Sin duda yo pienso este no ser hombre, sino algun demonio, que tomo su forma para nuestro daño." (17*v*) Comprensible es esa respuesta pues que alguna excusa ha de ocurrírsele a Lázaro si ha de eludir cuanto mejor pueda la posibilidad de ser descubierto, pero poniendo en su boca no la imagen de Jesucristo, como antes lo ha hecho, sino la del diablo, abre la posibilidad de que entendamos una ambivalencia personal, una dicotomía para un Lázaro que puede ser ya divino, ya diabólico.

A la misma sugerencia diabólica recurrirá Pauer cuando acusando a Licio de que "auia traydo de partes estrañas vn Atun malo y cruel" (28r), y comentando lo diestramente que él mismo usaba la espada, asegura "que no era possible sino ser algun diablo que para destrucion de los Atunes tomo su forma" (28v). Teniendo necesidad tanto Lázaro como Pauer de justificar sus respectivos casos exaltándolos del modo más convincente posible, comprensibles continúan siendo ambas atribuciones, pero también que con ello persiste la solapada intención del autor de inspirarnos un personaje que sus visos tiene de algo más que humano.

Ya ensalzado Lázaro al cargo de jefe de los atunes que irán a librar a Licio, el primero, considerando la necesidad de avezados monitores, nos dirá: "Yo escogi para mi consejo doze dellos" (f.30v); siendo absolutamente indiferente, en principio, el número de los mismos, dejó a la interpretación del lector —no doy la mía por no insultarle en sus conocimentos evangélicos— lo que tras esa delibera información puede ocultarse. Con ello acabarán las diabólicas personificaciones y se revertirá a la anterior de la divina de Jesucristo o de alguien similar, como se observa en los casos siguientes.

Ganado ya Lázaro el favor del rey, convertido plenamente en su mano derecha, y maravillándose el úitimo de la industria del primero, Licio comentándola dirá:

> quanto a la buena industria del estraño Atun mi buen amigo no puedo creer sino *que Dios viene*, y que lo ha acarreado en estas partes para gran pro a honrra de vuestra alteza, y aumento de *sus* reynos y tierra, crea vuestra grandeza. (47v *subs. míos*)

Sea errata o no la omisión del debido {de} ante "Dios",[18] mucho más difícil parece que lo pueda ser ese "sus" en vez de un lógico {vuestros} entre esos dos "vuestra alteza" y "vuestra grandeza", un "sus" que, por tanto, ha de referirse a su antecedente "Dios", con lo que otra muestra tenemos de la intención del autor de subrayar para su Lázaro una peculiar condición de enviado divino, sea este Jesucristo o persona análoga, condición que poco después, y tras todo el panegírico de Licio, se verá corroborada por el monarca cuando admite que "mucho deue a Dios . . . vn Atun que assi con el partio sus dones" (48r).[19]

Partícipe directo de los dones de Dios, enviado de ese Dios, pero por otro lado demonio o enviado del demonio, no es fácil saber a qué carta quedarse, si a la de un paródico Jesucristo o a la de un remedado Satanás, pero en cualquier caso claro parece el propósito del autor de investir a su protagonista de un cierto aire sobrenatural y místico.

f) Reconversión final de Lázaro.

Cuando, como punto de partida para que esa reconversión se dé, Lázaro es pescado en las almadrabas junto con todos sus compañeros, lo que inmediata y comprensiblemente se temerá éste es correr la suerte de todos esos sus compañeros que "estauan . . . muchos dellos muertos hechos pedaços" (f.58r); de ello se salvará en principio hablándoles en su propio idioma a esos pescadores pero el miedo persistirá, ya que viendo, según dice, "a mis compañeros . . . a mis ojos matar", mucho se sigue temiendo que no le suceda otro tanto de lo mismo —"con harto miedo si auian de hazerme ceniza"—. Un "hazerme ceniza" que siendo, como modo de muerte, distinto al que han sufrido sus camaradas, muertos por despedazamiento, empieza ya a aparecérsenos como un críptico indicio que tomado al pie de la letra ofrece una inicial inteligencia de la tal reconversión en todo lo que ésta puede tener de índole religiosa.

Tanto a BAE como a Piñero esa "ceniza" les ha resultado lo suficientemente incongruente como para obligarles a rectificarla en "cecina", pensando ser una errata según señalo en n.20 a ese Capítulo XVI; ahí también hago notar que los traductores, no obstante, siguieron directamente el texto sin entender otra cosa que el temor de Lázaro a ser quemado vivo; bien pudiera ser que en el original se escribiera "cecina" como los primeros quieren, pero más probable es que no haya necesidad en absoluto de enmendarle la plana al autor y que ciertamente donde dice "ceniza" dijo "ceniza".

Sólo si no se ha captado el trasfondo simbólico de lo islámico de ese atún es como se puede sospechar la existencia de una errata, ya que si aceptamos que este autor transformó a su personaje en atún porque, en efecto, lo quería presentar como cristiano renegado vuelto a la fe musulmana, bien se explica ese miedo lazarillesco de verse hecho "ceniza", es decir, tostado y bien tostado en un quemadero. Si a los otros atunes sus compañeros los han despedazado esos pescadores es, precisamente, por eso, porque los han visto como lo que son, como simples atunes, mientras que a Lázaro aun lo retienen con vida exactamente por lo contrario, por que en él han observado su condición de hombre-atún, que en su lengua les ha hablado. Ahora bien, es, precisamente, en ese ser visto como hombre-atún donde radica el *quid* de la cuestión; presentado ese Lázaro como tal medio hombre-medio atún, en cuanto que es medio hombre podrán no despedazarlo como a los restantes atunes, pero en cuanto que es medio atún y puede aparecer, por tanto, a los ojos de esos pescadores con todo lo que de turco —es decir, infiel— conlleva esa condición ictiológica, mucho se teme que sintiéndose esos pescadores azotes de infieles y brazos ejecutivos de la Inquisición no preparen para él una buena hoguera como una más de las muchas que contra tales infieles erigía esa Inquisición, hoguera de la que, por supuesto, no saldría sino hecho ceniza. Afortunadamente para él, no quiere su autor que esto le ocurra, y a Sevilla hará que lo lleven esos pescadores para que ahí se dé la etapa final de su atunesca vida.

Bajo la especie de atún continúa básicamente apareciendo Lázaro cuando a Sevilla llega, pero siendo como es el propósito del autor hacerle volver a su original condición de hombre por algún procedimiento habrá de optar para la final reconversión y el más a mano y más fisiológicamente comprensible es ése al que recurre, el de un simple despellejamiento:

> tirando me unos por la parte de mi cuerpo que de fuera tenia otros por la cola . . . me sacaron como el dia que mi madre del vientre me echo, y el Atun se quedo . . . siendo pellejo (59*r*)

Mediante ese procedimiento perfectamente podía haber acabado, sin más, la operación de ese tránsito de atún a hombre, con sólo admitir que el deterioro que ya comienza a percibir Lázaro:

> A cabo de este tiempo [los "ocho dias" que acaba de citar] senti a la parte que de pece tenia detrimento, y que se estragaua por no estar en el agua (58*v*)

ha seguido su curso natural, limitándose, por fin y como simple añadidura a esos posteriores tirones que luego efectivamente se darán; pero no es así como lo quiso hacer sino que, por el contrario, prefirió recurrir a toda una parafernalia judicial con la que bien se preocupa de adornar y rodear todos los prolegómenos de dicho despellejamiento.

Pregón se dará para el espectáculo —"fue acordado que diessen pregon"—, cadalso estará preparado para él mismo —"en una plaça . . . esta hecho un cadahalso"—, multitudes se juntarán para verlo —"Fue juntada Seuilla"— y, por fin, y con un cierto aire de ir por "las acostumbradas calles", paseado será Lázaro públicamente — "me . . . lleuaron en un Paues con cincuenta alabarderos . . . apartando la gente"— (58*v*-59*r*); intratextualmente, cierto es que no todos los días aparecían por Sevilla hombres-atún y muy comprensible resulta que ante tan portentoso caso los duques consideraran que bien se merecía el mismo el espectáculo que acabarán montando, pero no menos cierto es que extratextualmente bien supo manipular el autor todo ese aparato judicial, esa situación y esas condiciones lazarillescas, de modo que a cualquiera mínimamente versado en las prácticas y usos inquisitoriales poco le costará asegurarse de que se encontraba frente a una clásica descripción de un Auto de Fe.

Y ese fue el caso, muchos años después, de, por lo menos, uno: Bataillon, que así es como vino a interpretar todo ese espectáculo:

> . . . la metamorfosis, por la que Lázaro . . . se despoja de su envoltura atunesca . . ., es asimilada *cum grano salis* a una 'conversión', y no olvidemos que se opera en público, sobre un cadalso semejante al de los Autos de Fe. Más de un cautivo, vuelto de tierra de infieles, abjuraba entonces la vehemente sospecha de infidelidad, a la que habían dado motivos sus relaciones con ellos. ([1968], 85)[20]

Y si bien se considera, justo y cabal es que con y bajo la tramoya y parafernalia de un Auto de Fe presentará el autor ese despellejamiento-conversión, ya que en buena lógica se impone que se dé la prescrita práctica inquisitorial como necesario rito para que ese Lázaro pueda volver a ser acogido en el seno de su antigua fe.

Celebrada, pues, esa suerte de Auto de Fe, cumplido como ha sido el pertinente ritual, habría que concluir, al menos a primera vista, que el anterior Lázaro-atún —ahora Lázaro—hombre por mor de ese despellejamiento— ya se encontraba en condiciones de incorporarse de lleno a sus anteriores vida y comunidad, a esas que había perdido cuando en atún-turco se transformó.

Pero alguna que otra razón hay para que ello no sea así.

Ya en principio la comunidad en que se ha llevado a cabo la metamorfosis no es, en ningún caso, a la que fundamentalmente, pertenece Lázaro; en realidad, esos duques y todos esos sevillanos —simples espectadores, por otra parte, de una operación física, puramente externa— le son básicamente ajenos a Lázaro, a un Lázaro cuya patria, *strictu sensu*, es Toledo —recuérdese que mucho antes ya había dicho de ese Toledo que es "la patria que ya por mia tengo" (3*r*)— y que, por ello, la comunidad a la que última y definitivamente pertenece en plenitud es su familia, sus amigos. A ella, por tanto, habrá de dirigirse si la incorporación se ha de dar.

Por otra parte, lo que en que ese cadalso se opera no pasa de ser una transformación que si por algo se caracteriza es por ser parcial; parcial, entiéndase, en cuanto que el individuo que surge de ese despellejamiento no es exactamente aquél que fuera antes de convertirse en atún; cuatro años de abundantes aguas y ningún vino en los procelosos ámbitos atunescos no pasan, por supuesto, en balde y un mucho le habrán cambiado, cuando hombre vuelve a ser, si no su figura física total sí su cara y su visaje, como él mismo, al mirarse al espejo en la cárcel, lo reconoce y dice al Arcipreste: "del tiempo que estuue en el mar y del mismo mantenimiento, y del agua me auia quedado aquel color, y mudado el gesto" (63*r*). No serán ni esos Duques ni esos sevillanos que nunca le habían visto anteriormente los que puedan advertirle, claro está, de ese cambio, pero bien se lo hará notar más tarde quien sí y mucho le había tratado en sus toledanos tiempos, ese Arcipreste que advertirá que "en la habla algo os pareceys mas en el gesto soys muy diferente del que dezis." (62*v*), y recuérdese, por fin, que, precisamente, esta mutación en el "gesto" —para "gesto" por cara cf. mi n.72 al capítulo I— será causa de que toda su gente toledana le desconozca con todo lo que ello implica y que más adelante trataré.

Hay que entender, además, que ese despellejamiento lo más que le procura a Lázaro es su vuelta al puro aspecto físico de hombre, pero no que con él se produzca el inmediato restablecimiento del hombre plenamente recuperado en su anterior espiritualidad cristiana, que no en vano esos mismos cuatro años han tenido que dejarle suficientes reliquias de la otra religión. Y por ello es que antes de que el final reconocimiento llegue y para que el mismo, por fin, se dé, más de una "adversidad" habrá de perseguirle a Lázaro, más de una "adversidad" que vendrá a manifestársele globalmente bajo la especie de una catarsis purificadora, de un período de crisis espiritual, mediante y tras los cuales llegará a recuperar ese su anterior "gesto" y consiguientemente se verá capacitado para la definitiva reintegración a su gente y comunidad.

Al menos, todo eso parece desprenderse de cuánto en el Capítulo XVII le sucede a Lázaro.

Tras esa conversión exterior, el autor hará que Lázaro caiga enfermo —"despues que del todo descubri mi ser cay enfermo" (59*v*)—, enfermedad que aunque bien se explica fisiológicamente ya que como dice "la tierra me prouo" e "hizo en mi mudaca", paralelamente puede verse como simbólico reflejo inicial de la catarsis espiritual que, como he sugerido, habrá de sufrir, y/o, si se quiere, como una especie de purga exculpatoria de su pasado que le pondrá en el camino de su recuperación total.[21]

Y en ese camino se pondrá materialmente dirigiéndose hacia Toledo. Llegado ahí quiere el autor que sea de noche —"Entre de noche" (60*r*)— y no sólo quiere que sea de noche sino que también decide —una vez más y como buen *deus ex machina* de su creación— que sin poder llegar a ver el día, acabe en la cárcel:

> por ser ya muy noche determine de passar lo que quedaua della por alli y venida la mañana yr me a casa, más no me acaecio assi por que dende a poco passo por donde yo estaua vn Alguazil que andaua//rondando, y tomandome la espada dio comigo en la carcel (60*v*-61*r*)

Como en esa cárcel, por supuesto, no hay luz ninguna —por si acaso el lector no ha caído en ello ya se encarga ese autor de resaltarlo diciendo, cuando su Señor va a verle, que "truxeron una candela" (62*r*)—, este pobre Lázaro inmediatamente después y desde que llega a su Toledo se ve condenado sin remisión ni alternativa, y hasta que algo ocurre que como veremos, le liberará de tal situación al fin de ese Capítulo XVII, a una noche total, a una oscuridad absoluta. ¿Noche oscura del alma, proceso y vía purgativos para llegar a alcanzar el deseado fin último, la definitiva reincorporación en el seno de su comunidad?

A esas tinieblas, a esa total privación de luz de índole física, se aunará, además, otra privación que a bien tendrá ese autor de infligirle, y ésta de caracter psíquico.

Con todo el contento como va "el mas desseoso hombre del mundo" (60*r*) a reunirse con su mujer e hija, poco éxito tiene en la intentona; "preguntando me quien era, y diziendolo" lo más que consigue es una áspera respuesta por parte de su mujer (60*r*), y no es, que digamos, mucho más benigna la de su señor el Arcipreste, quien, y aun a pesar de que Lázaro bien se identifica con su "Vuestro criado Lazaro de Tormes soy" (60v), opta, lisa y llanamente, por el no muy cortés ni educado recibimiento de correrle a cantazos.

Cuando poco después con el alguacil y sus porquerones topa, y reconociendo a algunos de estos últimos se apresura también a dárseles a conocer —"los llame por sus nombres y dixe quien era" (61r)—, toda la reacción de los mismos será reírse de él sin querer dar la menor muestra de reconocerlo. Asimismo, al día siguiente, aunque el carcelero afirma abiertamente haber sido su amigo en los tiempos de francachelas, —"esse que dezis pregonero fue en esta ciudad . . . y bien le conocia yo . . . hombre era para passar dos azumbres de vino de una casa a otra sin vasija" (61v)—, no obstante, y como los anteriores, le desconocerá totalmente, y todavía seguirá desconociéndole más adelante aun y después de reiterar que "mil vezes le auia visto entrar en la carcel, y acompañar los açotados, y que fue el mejor pregonero y de mas clara y alta boz que en Toledo auia" (62r). Bien podemos creerle al autor que, en principio, ni su mujer ni su señor reconozcan a Lázaro; de noche es, verle no pueden; lo mismo podemos aceptar para esos porquerones que en esa misma noche y bien a oscuras se lo encuentran, y aun otro tanto podemos admitirle cuando del carcelero se trata siquiera por aquello de que si éste no se encuentra con Lázaro en la oscuridad de esa noche si lo hace en la de una cárcel donde ninguna iluminación, ya lo sabemos, puede esperarse; pero incluso aceptado todo esto, un tanto cuesta arriba se hace consentir con ese autor en que ninguno de todos ellos le reconozca por la voz, y más cuesta arriba aun cuando se observa, por un lado, el énfasis que dicho autor pone tanto en que en todos esos encuentros Lázaro se comunique oralmente con sus interlocutores como en destacar por boca del carcelero que precisamente si por algo se distinguía ese Lázaro era por tener la "mas clara y alta boz que en Toledo auia"; y por otro, que si bien se preocupa ese autor de hacernos ver que las atunescas aguas ciertamente han cambiado el físico de su personaje, nada nos dice de que las mismas hayan modificado también su voz, cuando nada se oponía a que así lo hiciera del mismo modo que para con el aspecto físico nos propone.

Habrá que aceptar, pues, que mediante todos esos ingeniosos recursos expositivos este autor, además de una primera privación, la de esa noche oscura del alma antes propuesta, deliberadamente ha decidido también hacer padecer a su personaje una segunda, la del desconocimiento y negación por parte de los suyos, lo que es decir, la de un inicial rechazo a que se reincorpore a su antigua comunidad, al menos durante ese período de ausencia de luz, de esa fase no iluminativa.

Todo lo cual culminará y se redondeará con cuanto ocurre poco después en el encuentro de Lázaro con su Arcipreste. Llegado a visitarle éste y tras volver a identificarse el primero, otra vez, con ese —"mirad qual esta el vuestro buen criado Lazaro de Tormes" (62r)—, en el segundo no se dará otra reacción sino la siguiente:

> el me llego la candela a los ojos, y dixo la boz de Iacob es, y la cara de Esau. Hermano mio
> verdad es que en la habla algo os pareceys mas en el gesto soys muy diferente del que dezis (62v)

Por fin, un respiro parece que haya para el mísero Lázaro; algo es algo, y aunque no haya sido así la noche pasada, el Arcipreste comienza ahora, por lo menos, a reconocer su voz; desgraciadamente y sin embargo, esto no es suficiente; el aspecto físico de Lázaro negará lo que la voz podría confirmar y comprensiblemente su señor se mantiene en su descreimiento. Se entiende, así, que cayendo en la cuenta del notorio cambio físico que ha sufrido, Lázaro, en principio, acepte que el Arcipreste no le haya reconocido, y no menos se puede entender que por ello solicite quedarse a solas con él para poder contarle personal y secretamente, con pelos y señales, y a fin de ser reconocido de una vez, "quanto auia passado despues que lo conocia, y tal dia esto, y tal dia lo otro" (62v); lo que ya no se entiende tanto, mejor, lo que ya resulta ciertamente sorprendente, es que, a pesar de todo ello, a pesar de todas las precisas y puntuales referencias que se sobreentienden, persista ese Arcipreste en su escepticismo: "las señales que me days . . . son verdaderas, mas todauia dudo mucho." (63r) Podría aceptarse, repito, que no lo reconocieran ni los porquerones ni el carcelero anteriores —tiempo ha pasado y ha podido desvanecerse en ellos el preciso recuerdo de Lázaro—, pero que lo mismo le siga sucediendo a ese Arcipreste, a pesar de la estrechísima relación que con ese pregonero mantuvo, parece que va más allá de lo verosímil.

Como suponer que el Arcipreste simplemente ha decidido negar a Lázaro para mejor solazarse a solas y sin contrincante con su mujer es una solución obviamente futil —bien vivían antes en su comodo *ménage a trois* sin problema ninguno— podemos, si así nos parece, seguir creyendo en lo inverosímil e imposible de esa actitud del mismo, pero únicamente a riesgo de que no queramos ver que para el autor esa figura del Arcipreste no es ni más ni menos que el señero portavoz y vocero de la conciencia comunitaria, de esa comunidad que negándole y no queriéndole reconocer aún repudía a Lázaro como uno de los suyos; o, en otras palabras, sólo y en cuanto que olvidamos que la conversión de este Lázaro en Sevilla fue superficial, parcial, como antes he dicho, y que, consiguientemente, aun le queda camino por recorrer, calvario que padecer, y buena prueba es de ello hasta qué punto ese repudio se verá sublimado por la posterior acción de ese Arcipreste, acción que viene a cristalizar catalíticamente todo el proceso. Acabada la entrevista, Lázaro nos dirá:

> le di muchas gracias y le suplique me diesse la mano para la besar, y me echasse su bendición como otras vezes auia hecho, más no me la quiso dar. (63r)

Significativa repulsa que si no fuera dentro de la interpretación que vengo proponiendo resultaría superflua e incongruente —ni al más miserable había por qué negarle esa mano y esa bendición—, y que definitivamente confirma tanto esa negación como ese desconocimiento; con ella y mediante ese Arcipreste —portavoz suyo, repito— se recoge el sentir general de esa comunidad de Toledo que diciéndole simbólicamente: "no te conocemos, no eres de los nuestros, a nuestra comunidad no perteneces", sintetiza y certifica a Lázaro la obsesiva congoja que ya desde un principio le atenazaba cuando se decía: "que sera esto que aquellos que yo conozco y conuerse y tuue por amigos me niegan y me desconocen" (61v). [22]

Resuelta esa comunidad al repudio y condena de Lázaro, y siquiera como expresión material de los mismos, poco extraño resulta que la misma intente aplicarle el tormento —"comiençan . . . a querer ponerme a cauallo, o por mejor dezir verdad en potro" (63r)—; afortunadamente para él, sus ruegos y su patente flaqueza harán que se posponga el mismo, [23] y, por fin, una inmediata posterior intervención de cierto poder sobrenatural hará que todo el entuerto se deshaga.

En efecto, pospuesto el tormento, mejor que las noches pasadas —según nos dice— dormirá Lázaro, y entre sueños le visitará su "señora y amiga la Verdad",

Verdad cuyas palabras serán las que inicien la feliz y victoriosa conclusión de su final reconversión; tras criticarle y amonestarle por sus pasados errores:

> Tu Lazaro no te quieres castigar; prometiste en la mar de no me apartar//de ti, y desque saliste casi nunca mas me miraste. Por lo qual la diuina justicia te ha querido castigar y que en tu tierra, y en tu casa no halles conocimiento, mas que te viesses puesto como malhechor a question de tormento (63v-64r)

acto seguido se dará la categórica y un tanto profética promesa de esa Verdad: "mañana vendra tu muger, y saldras de aqui con honrra, y de oy mas haz libro nueuo."

Y habiéndose despedido su bienhechora, a Lázaro sólo le quedará cumplir con la última fase de su proceso catártico, con sus últimos requisitos, es decir, su enmienda y arrepentimiento; y así lo hace: "propuse la enmienda: y llore la culpa."[24] Con mucha solicitud y diligencia ha debido llevar a cabo ambos, ya que inmediatamente después nos dice que "Y la mañana venida mi gesto estaua como de antes", informándonos, así, haberse producido la final y milagrosa transformación que le devolverá a su ser original y con ello a los consiguientes reconocimiento y aceptación por parte de sus gentes; "y de mi Señor y de mi muger fuy conocido, y lleuado a mi casa con mucho plazer de todos.", con lo que a su vez y, por fin, se realiza la definitiva reincorporación a esa comunidad de esos "todos".

Y acabo de definir esa transformación como milagrosa porque, en efecto, todos los visos de un milagro tiene esa súbita metamorfosis que en tan sólo unas pocas horas se realiza, las pocas horas nocturnas que han podido transcurrir desde la onírica aparición de la Verdad a esa "mañana". Virtud y eficacia han podido tener la solicitud y la diligencia de Lázaro en su enmienda y arrepentimiemento, pero dada la celeridad con que se opera esa metamorfosis a buen seguro que de poco le hubieran valido éstas si fundamentalmente no hubieran intervenido para ella la mayor virtud y la mayor eficacia del poder taumatúrgico de su bienhechora la sobrenatural Verdad. Un milagro, ciertamente, hay que presumir que ha sido la causa de esa última metamorfosis, y lógico resulta que así sea ya que, dentro de la estructura circular de ese proceso de conversión y reconversión, si mediante un milagro de un ser sobrenatural —Jesucristo— se realizó la inicial transformación de hombre a atún, justo es que mediante otro y de otro ser sobrenatural —la Verdad— se lleve a cabo el perfeccionamiento último del proceso inverso; *similia similibus curantur* que pensaría homeopáticamente el autor, aunque la homeopatía adquiera aquí simbólicos y mistagógicos carácteres. Y si la condición cíclica de su conversión y reconversión se ve estructuralmente refrendada por el paralelismo e identidad del vehículo formal —los milagros— otro tanto de paralelismo e identidad puede observarse también en los agentes externos causantes de ellas; en efecto, recordando el principio y el fin de ese proceso transformativo, se observa que si para la primera conversión necesaria fue una intervención divina, la de Jesucristo, lo mismo ocurrirá cuando de la segunda se trata, y no sólo será también una intervención sobrenatural —la de la Verdad— la que opere esa reconversión, sino que incluso tanto uno como otra vienen a ser, aunque de forma un tanto velada, uno y el mismo; si el Jesucristo de la primera es hijo de Dios, no menos lo es el de la segunda: la Verdad, que ya nos ha informado Lázaro de ella que "me dixo ser hija de Dios" (56r).

Tras la directa intervención de la Verdad, de la cárcel saldrá, pues, Lázaro, disipándose, por fin, las tinieblas de la noche oscura; con ello y mediante la eficacia del milagroso poder de la misma, terminarán, consecuentemente, el repudio, la negación y el desconocimiento de los suyos, y ese ciclo de su conversión y reconversión se cerrará, así, en su totalidad.

Pero un último detalle resultará necesario si ha de llegarse al cumplimiento absoluto y perfecta conclusión del ciclo; un poco manco quedaría si la plena recuperación espiritual de Lázaro no tuviera su justo complemento en la total corporal y fisiológica, ¿cuál puede ser otra y mejor para este impenitente bebedor sino la vuelta a sus buenos hábitos alcohólicos? Perfectamente congruente resulta, pues, que tras asegurarnos haber sido bien conocido y aceptado por todos, inmediatamente después diga:

> Y despues que algunos dias repose *torne me a mi taça y jarro*, con lo qual en breue tiempo fuy tornado en mi propio gesto, y a mi buena vida. (64r *sub. mío.*)

Ultima confesión con que nos confirmará que vuelto al primigenio vino místico que tuvo que abandonar para convertirse en atún-turco, con él ha vuelto también a su antigua fe, ha conseguido su recristianización; y habiéndose cerrado definitivamente ese su entero proceso personal, todo cuanto luego le acaezca o sobrevenga habra de presentarse, de necesidad, con carácter de superflua añadidura. La básica y fundamental peripecia vital de Lázaro con ese Capítulo XVII se acaba, y ciertamente su razón tenía Caso González cuando supuso al siguiente XVIII como "pegote inútil".

De notar es, por fin, que estando esa peripecia vital encuadrada entre esos dos polos de intervención sobrenaturales que adecuadamente la ciñen y siendo que cuanto entre ellos discurre es justamente lo que entre los capítulos II y XVII se nos relata, otro rasgo pudiera ser éste que estuviera apuntando a algo que luego sugiero al hablar de los avatares del Capítulo I, es decir, la posibilidad de que, de algún modo que desconocemos, esta *Segunda parte* hubiera estado concebida originalmente partiendo de ese Capítulo II.

g) El '55, ¿eco y réplica del contenido castizo y religioso del '54?

El proceso de transformaciones del Lázaro del '55 se ve enmarcado entre dos polos de intervenciones sobrenaturales con su examinado aire que tienen de tutela y protección divinas.

No serán, exactamente, las mismas las que acojan y amparen al del '54; de algún modo y a fin de que se produzca su evolución personal, tutela y protección se darán, por supuesto, para él, pero no serán las divinas sino las de sus varios y conocidos amos que educándole e indoctrinándole darán origen al otro proceso de transformación, el del inicial Gonzales Perez que acabará en el final Lázaro de Tormes como ya he expuesto en mis trabajos de 1984 y 1989. Genéricas tutela y protección idénticas, agentes distintos —intervención sobrenatural frente a intervención humana—, vehículos diferentes —milagros contra educación e indoctrinación—, duraciones desiguales —breves instantes frente a largo período—, en cualquier caso el resultado a que por fin ambos abocan viene a ser análogo: una conversion para uno —de Gonzales Perez a Lázaro de Tormes— frente a una conversión-reconversión para el otro —de Lázaro de Tormes a Lázaro-atún para otra vez acabar en Lázaro de Tormes—. Conversión por conversión, un punto de partida tenemos para empezar a entender que el autor de la continuación quiere que la de su criatura se presente un tanto a imagen y semejanza de la primera. Siendo cierto, por otra parte, que el proceso metamórfico del Lázaro del '55 es una doble conversión, también lo es que la misma no es una conversión sin más, sino una cuya específica índole es la religiosa.

Bastante errado sería, sin embargo, pensar que el autor de este '55 fue el primero que dio en esa especial innovación y que el mismo fuera el que por primera vez, originalmente, y tomando como punto de partida el clásico tema literario de las transformaciones, decidiera dotar a una de ellas de carga y sentido religiosos.

En efecto, no muy lejos tuvo que ir para encontrarse con un antecedente de esa novedad, si es cierto lo que he propuesto en los citados anteriores artículos. En los mismos mantengo la tesis de que uno de los principales propósitos del autor del '54 cuando forjó su personaje, era presentar, aun enmascarada y esotéricamente, el desarrollo del proceso de un inicial Gonzales Perez, un Gonzales Perez que originalmente de casta judía, mediante toda la educación e indoctrinación a que le somete una nueva y distinta comunidad[25] y que no puede menos de asimilar, acaba incorporándose a la misma tras haber tenido que renunciar, claro está, a sus propias casta y comunidad originales. Ocurriendo, por otra parte, que esa última comunidad en la que ingresa es la de los "godos", la de los "buenos"[26] —la de esos "buenos" a quienes Lázaro sabiamente, y siguiendo a su madre, ha decidido arrimarse—, y siendo, además que "godos" y "buenos" no pasan de ser simples etiquetas que valen por cristianos —como en los artículos citados ya analizo y expongo—, fácil es concluir que de una casta a otra es el paso que se opera en Lázaro, que de judío a cristiano ha de ser su conversión.

Claro está que para una gran mayoría de los lectores contemporáneos de ese '54 el oculto sentido castizo de la transformación de su personaje, esa subterránea clave religiosa que según postulo recorre su obra, debió permanecer sin descifrar.[27] Puede que algunos hubiera, sin embargo, a quienes los tales sentido y clave no se les pasara tan por alto; algunos que bien pudieran ser de los pertenecientes a ese mundo de los marranos que Bataillon sugiere en relación con "las nuevas formas de la ficción novelesca que surgen en una literatura española semiclandestina, entre 1550 y 1555." ([1968], 87) —como ya antes he hecho notar—, y entre esos algunos, por supuesto, el autor del '55, el que luego sería su continuador, y aun hasta se podría inferir que, precisamente, ese motivo de la enmascarada conversión del epónimo fuera el que le dio la pauta y le animó, consecuentemente, a proseguirlo y con ello a redactar su obra, y que así como ese epónimo presentaba una trayectoria castiza de judío a cristiano, él decidiera repetir la hazaña presentando a un siguiente Lázaro, que inicialmente cristiano cuando él lo retoma, tras convertirlo en islámico lo vuelve a reconvertir a cristiano, quizá por un avieso y oculto interés de que, de un modo u otro, las tres religiones anduvieran en danza para este personaje.

Buena pista puede darnos, para ello, cierto uso expositivo formal que, análogamente, se observa en ambas obras.

En ese mi trabajo de 1984 hacía notar la intrigante particularidad de que cuántas veces el Lázaro del '54 menciona ese su nombre con referencia a sí mismo —y son cinco en las que esto ocurre— sin excepción, aparece siempre como referido a una tercera persona; puesto que todos mis comentarios así como las correspondientes citas pueden verse ahí en página 358 a 360, baste recordar la primera como suficiente ejemplo:

> teniendo *yo* reçumando *mi* jarro como solia, no pensando el daño que *me* estaua aparejado, ni que el mal ciego *me* sentia, sent*eme* como solia . . . *mi* cara puesta// hazia el cielo . . . el desesperado ciego . . . alçando . . . aquel . . . jarro, le dexo caer sobre *mi* boca . . . de manera que *el pobre Lazaro* que de nada desto *se* guardaua, antes como otras vezes estaua descuydado y gozoso, verdaderamente *me* parecio que el cielo con todo lo que en el ay *me* auia caydo encima. (19*v*)

Resumiré ahora, por lo que importa al caso, las características que de ese rasgo vertebrador expuse en el mencionado trabajo.

Con la distanciación psíquica que para sí mismo manifiesta Lázaro mediante ese recurso formal de la alienación onomástica, lo que el autor se estaba proponiendo era, a mi juicio, presentar a un personaje con una doble personalidad, con una personalidad escindida que se reparte entre el Lázaro de Tormes que todos los demás conocen, y según le conocen, y el original Gonzales Perez que era antes de incorporarse a la comunidad de todos esos otros; personalidad escindida, que, por supuesto, se ha ido manteniendo como tal a lo largo de toda esa vida que se nos relata. En efecto, recuérdese —y recordarlo es necesario porque se olvida con más frecuencia de lo que fuera de desear— que dado el artificio literario de la forma autobiográfica que el autor usa, y del cual bien se sabe aprovechar, todo cuanto Lázaro nos cuenta lo hace desde el fin de esa vida, ya pasada la misma. Siendo, así, que la información inicial con que se abre su confesion, "Pues sepa V. M. ante todas cosas que a mi llaman Lazaro de Tormes, hijo de Thome Gonçales, y de Antona Perez", es posterior, por tanto, a cuanto ha vivido, con ello, en consecuencia, se nos afirma y confirma que a lo largo de la segunda etapa de su vida, es decir desde que abandona Salamanca en manos del ciego hasta su final,[28] ninguno, absolutamente ninguno de los personajes que con él han coexistido, ha sabido que además del Lázaro que ha ido forjándose mediante la educación e indoctrinación a la que ellos mismos le han sometido, ha existido, subterránea pero paralelamente, un oculto Gonzales Perez. Sin embargo, que de ese ser un oculto Gonzales Perez tenía clara conciencia el último Lázaro de Tormes, que de algún modo ese saberse otro le tuvo que ir atosigando más o menos conscientemente a lo largo de su existencia, lo prueba no sólo que bien lo recuerde al final de su vida sino que, incluso, sea lo primero que abiertamente destaque nada más comenzar su confesión dando los apellidos de sus padres, cuando mucho más lógico y de suponer sería que tras la cruda e irrevocable separación de su madre: "Hijo, ya se que no te veré mas.", tras tantos años de desarraigo, de distinta vida, de trato con otras gentes, hubiera olvidado totalmente a sus progenitores.

Qué razón pudo haber para que ese autor del '54 decidiera vertebrar a su personaje con esa particular problemática también lo expongo en ese mismo trabajo sugiriendo que

> Ciertos rasgos socio-históricos que actuaron sobre la psique y el carácter conversos pudieron servirle al autor del *Lazarillo* para elaborar las constantes intrínsecas —pérdida de linaje, nombre y personalidad originales y conciencia de haber sido impuestos unos nuevos por el grupo social— que fundamentan la estructura interna de su personaje . . . (367),

rasgos socio-históricos que, en otras palabras, eran los que pesaban y conformaban psíquicamente a unos individuos que pertenecientes a una casta y bien conscientes y portadores en su fuero interno de las creencias, los ritos y los hábitos que la constituían y de ella se derivaban, se vieron obligados a adoptar otras creencias, otros ritos, otros hábitos y aun otros nombres; es decir, una diferente y segunda personalidad.

Quizá fue por todo ello por lo que el autor se decidió a elegir el modelo autobiográfico para estructurar a su personaje; sin menoscabo de otras posibles razones que ya se han propuesto, me parece válido postular que consciente de la problemática de esa impuesta doble personalidad, el autor descubrió en esa forma autobiográfica el perfecto cauce en donde encajar a un personaje que reflejara la misma; básicamente concebido con esa dicotomía personal, dotándole de autonomía propia y voz personal mediante ese recurso formal de lo autobiográfico, con ello le facilitaba y despejaba el camino para poder proyectarse en su totalidad en ese su otro ajeno y distanciado yo; y a la mano le vino otro recurso que consecuentemente descubrió y aplicó por lo mucho y bien que le servía para manifestar esa distanciación; entiéndase, esa alienación onomástica con que he comenzado estos comentarios. [29]

Ahora bien, como para el segundo Lázaro se trata también de un caso de doble personalidad —esa doble personalidad de hombre y atún producto de su transformación y de la que en todo momento exhibe clara conciencia— [30] no es de extrañar que si al primer autor ese especial recurso le sirvió como manifestación y reflejo del desdoblamiento psíquico de su personaje del mismo modo le sirva a su seguidor, ya que tras bien haberlo notado mejor sabrá repetirlo, que si el primero lo usa tan sólo cinco veces este segundo llegará a utilizarlo nada menos que hasta veintisiete.

Una recopilación total de los ejemplos ayudará a un mejor entendimiento y exposición de la cuestión:

1. "maldita la blanca *Lazaro de Tormes gasto*, ni se la consentian gastar, antes si alguna vez *yo* de industria echaua mano a la bolsa" (3*r* [Cap. I]);
2. "estando *el triste Lazaro de Tormes* en esta gustosa vida, usando su oficio, y ganando *el* muy bien . . . estando assi mismo muy contento y pagado con *mi* muger" (3*v* [Cap. II]);
3. "aunque beuieran no tuuieran el teson conueniente porque no son todos *Lazaro de Tormes, que deprendio* el arte en . . . bodegones toledanos" (8*r* [Cap. II]);
4. "Pues estando *el pobre Lazaro* en esta angustia, viendo *me* cercado de tantos males" (9*r* [Cap. II]);
5. "lo más seguro era *me* hallassen alli, porque ya que no *me* tuuiessen por dellos como no fuesse hallado *Lazaro de Tormes*, pensarian *yo* auer sido en salual*le* y *me* pedirian cuenta d*el*" (11*r* [Cap. II]);
6. "acudieron las centinelas que sobre *el pecador de Lazaro* estauan, y llegados a *mi me* preguntan quien viua." (11*v* [Cap. III]);
7. "*me* halle confuso y ni sabia dezir *mi* nombre . . . excepto si dixera ser *Lazaro de Tormes*. (12*r* [Cap. III]);
8. "por si, o por no, no *me ofreci* a darle a *Lazaro* por no ser tomado en mal latin" (12*v* [Cap. III]);
9. "el general lo auia embiado a mandar por euitar el daño que *Lazaro* hacia y porque al tiempo que *yo* fuy conuertido en Atun quedose la espada" (13*r* [Cap. III]);
10. "mas tanto era el miedo que a *Lazaro* auian que nadie queria seguir*me*" (16*r* [Cap. III]);
11. "mas como no vieron *al pobre Lazaro*, ni defensa alguna, aunque hartos golpes . . . daua *yo*" (17*r* [Cap. III]);
12. "hallamos los vestidos *del esforçado Atun Lazaro de Tormes* porque fueron *del* apartados quando en pez fue buelto, y quando los *vi* toda via *temi*" (17*v* [Cap. IIII]);
13. "maldita la cosa en la cueua auia sino . . . los vestidos de *Lazaro*." (20*v* [Cap. IIII]);
14. "Y assi le ayude Dios como dixo la verdad, que *Lazaro de Tormes* no le podia dar sino muchas cabeças dellos que tenia a *sus* pies" (28*r* [Cap. VI]);
15. "luego *començamos* a ca-/minar para alla, quien viera . . . a *Lazaro Atun* delante de los *suyos* haziendo el oficio de esforçado capitan" (34*v*-35*r* [Cap. VIII]);
16. "Quando *Lazaro Atun* auia hendido con compañia . . . llegando al lugar que digo . . . *di* vna gran boz . . ." (36*r* [Cap. IX]);

17. "fue informado el rey *nuestro* señor del pobre *Lazaro Atun*, aunque a esta sazon estaua tan rico y alegre . . . que *me* parece jamas auer auido tal alegria." (46*v* {Cap. XII});

18. "O mi Señor . . ., mirad qual esta *el vuestro buen criado Lazaro de Tormes* atormentado" (62*r* [Cap. XVII]);

19. "*Conte* les algo de lo que auia a *Lazaro* acontecido" (66*r* [Cap. XVIII]);

20. "viera vuestra merced a *Lazaro* en la mayor honrra" (66*r* [Cap. XVIII]);

21. "quisieron *me* vestir según era la usança dellos, pero *Lazaro* no *quiso*" (66*v* [Cap. XVIII]);

22. "si *digo* la verdad . . . tenia . . . miedo no se hurlassen de *mi*. Puesto *Lazaro* en *su* lugar (y qual estudiante *yo*) viendo *mi* presencia doctoral" (66*v* [Cap. XVIII]);

23. "Viera vuestra merced a *Lazaro* entonces ya muy Doctor" (67*v* [Cap. XVIII]);

24. "penso el señor Rector, que en la tercera *yo me* enlodara, aunque Dios sabe que tal estaua *el animo de Lazaro*" (67*v* [Cap. XVIII]);

25. "Nunca *me* vi . . . tan honrrado, ni tan señor aca, y señor aculla, *la honrra de Lazaro* yua acrecentando" (68*v* [Cap. XVIII]);

26. "Auiendo visto *mi* abilidad tan grande, *el nombre de Lazaro* estaua en la boca de todos" (68*v* [Cap. XVIII]);

27. "les *trate* también que . . . de más de la cena, *embolse* mis cincuenta reales . . . Tomaos pues con *aquel* que entre los Atunes auia sido señoria, de *Lazaro* se guardaran siempre, y por despedir *me* dellos les quisiera hablar algo" (69*r* [Cap. XVIII]).

Tras la anterior estadística, un tanto perplejos nos puede dejar el hecho de que un autor que tan deliberada y abiertamente ha decidido apartarse del previo protagonista no adjudicándole amos al suyo, presentándolo triunfante en su superior escala social, adornándole de conocimientos y formación académica y el etcétera que al principio he recopilado, se moleste ahora, por el contrario, no sólo en repetir ese recurso de la alienación onomástica que caracteriza a su modelo sino incluso reiterarlo hasta el extremo de usarlo esas veintisiete veces frente a las escasas cinco de su epónimo.

Evidente es que tratándose de un personaje que patentemente sufre una metamorfosis física, un Lázaro en el cual se materializa realmente un proceso de doble personalidad, el uso del tal recurso se ve mucho más facilitado, y que, por tanto, y sin ulterior o más oculta razón, ese segundo autor se decidiera a prodigarlo con tanta profusión, pero también puede ser que, además lo empleara con toda esa intrigante frecuencia por haber descifrado, precisamente, lo que su uso proponía y significaba.

A la vista de los ejemplos recogidos, una primera división debe hacerse entre los que corresponden al período humano de Lázaro y los que se dan para él de su condición atunesca. Se comprueba con ello que el primero comprende los iniciales 1 a 4 y los posteriores 18 a 27 ambos inclusive, sumando todos ellos catorce casos; frente a estos catorce, trece serán los restantes para el segundo período, el atunesco; habida cuenta de esta inicial división, más importante es una segunda, la que se puede hacer por porcentaje de folios; en ella tenemos que los catorce casos del período humano aparecen incluídos en sólo diecisiete folios, mientras que, por su parte, los restantes trece del atunesco se reparten mucho más extensamente en cincuenta y dos.

Y así parece que haya de ser ya que, en último término, esa problemática de la doble personalidad, que a la base de todo ello opera, privativa y peculiar es de un primer

Lázaro —el del '54— que siempre fue Lázaro-hombre y en ningún momento Lázaro-
atún; lógico es, por tanto, que para el segundo Lázaro sea en ese su período humano,
que no en el atunesco, en donde se acumulen los ejemplos.

Que proporcionalmente se den, pues, muchas más muestras de esa dicotomía
personal para el Lázaro hombre que para el Lázaro atún, buen índice resulta de hasta qué
extremo ese autor del '55 entendió la intención de su antecesor y caló en el propósito de
esa básica constante vertebradora de su epónimo. Y aun tanto se puede suponer que caló
en la misma que posible es sospechar que entusiasmado ante ese hallazgo estructurador
se vio incluso impulsado a superarlo enriqueciéndolo. Y no hablo ahora de sus genéricos
veintisiete frente a los cinco de su predecesor ya conocidos, sino de un par de datos más
en concreto.

Considerando las dos obras a nivel de entidad humana —dejando aparte, por
tanto, los casos que aparecen en la vida atunesca del Lázaro del '55—, frente a cinco
casos de alienación onomástica que se darán para el del '54, catorce serán, como hemos
visto, los que caractericen a su seguidor, y aun a esa notable diferencia cuantitativa ha
de añadirse la cualitativa; si para el Lázaro del '54, de los cinco son dos los casos que se
nos presentan como más flagrantes —el primero del jarrazo y el último del pregonero—,
para el del '55 no menos de nueve —los números 1, 4, 19, 21, 22, 24, 25, 26 y 27— nos
aparecen con tal característica, y aun de ellos los cinco primeros y el 26 en grado sumo.

Si, por otra parte, se repara en la ubicación de esos casos flagrantes dentro del
texto total, se observa que, estadísticamente, se da aun más superación y enriquecimiento
en el último capítulo. En efecto, cuando se repasa toda esa lista llama la atención la
gran desproporción que entre capítulos se da para los mismos; de los veintisiete totales,
frente a los dieciocho repartidos entre los diecisiete primeros capítulos, nueve —una
tercera parte— se recogen en sólo el último. Algo así como si con esa desproporción, el
autor, bien consciente de la primera conversión y las correspondientes alienaciones que
la reflejaban, y hasta un poco desconfiando, podríamos decir, de que la misma no viniera
a resultar desvaída y/o capitidisminuida por las proporcionalmente escasas de la segunda
conversión, quisiera rizar el rizo y dejar tanto definitiva constancia de lo importante de
ese rasgo vertebrador del inicial Lázaro como confirmación final del mismo de una vez
y para siempre.[31]

Más extensa y profunda, más compleja y críptica como es la transformación del
primer Lázaro, éste, de un modo u otro, en "godo", en "bueno", es decir, en cristiano,
es como acabará; más explícitas, más epidérmicas y más breves serán la conversión
y reconversión del segundo pero, en cualquier caso, detentando la misma fe finalizará
también este último.

h) Una última hipótesis interpretativa.

Puede que, no obstante, aun haya más "al" "bajo el sayal", y que esa reconversión
de este segundo Lázaro a la fe cristiana no sea tan explícita ni tan epidérmica, que el
autor en un último y concluyente alarde de su juego creador vaya un punto más allá en su
críptica elaboración y acabe redondeando cíclicamente el conjunto de ambos *Lazarillos*
proponiendo un segundo que acabe definitivamente reintegrado a la casta original —la
judía— de la que primigeniamente procedía su primera encarnación. Hipótesis ésta que
es la que menos visos de verosimilitud presenta pero como todo puede caber dentro de
la "teología burlona" del autor, no debe dejarse de explorar.

Para su exposición hay que comenzar por recordar algo de lo que arriba he mencionado; por un lado, que a Lázaro lo llevan a Sevilla todavía bajo su pellejo de atún y, por otro, el riesgo de que, y según el se temía, lo abrasaran los pescadores haciéndole ceniza. Afortunadamente, como sabemos, no es eso lo que le ocurre, pero lo que tampoco le ocurre es algo que muy bien le pudo haber ocurrido del mismo modo que a su otra reencarnación —la de Luna— le ocurrió; a saber, que siguiendo esos pescadores su inicial petición —"rogando les me sacassen del todo" (58v) del atunesco pellejo—, le empozaran a continuación en un banasto para pasearlo de ciudad en ciudad y de feria en feria, embolsándose, así, pingües ganancias; fácil, trivial y aun un tanto innoble hubiera sido por parte del autor la primera solución, la de deshacerse de su personaje haciendo que esos pescadores en "ceniza" lo convirtieran; más justificable y verosímil la segunda, pero en cualquier caso, y se le ocurriera o no alguna de esas soluciones o ambas, por la que con toda seguridad sabemos que finalmente se decidió fue la de que su protagonista, fuera como fuera, tuviera que llegar vivo a Sevilla, acabara allí su peripecia como atún, como, en efecto, así ocurre: "aquella noche . . . dan comigo en Seuilla y ponen me ante el ilustrissimo Duque de Medina" (58v).

Bien se puede conjeturar que el autor adoptó esta solución porque imaginó que fácilmente supondría el lector que esos pescadores llevarían al Lázaro-atún a Sevilla seguros de la recompensa que el Duque les había de dar, de las muchas albricias que les iba a reportar acarrear ese inusitado híbrido a los pies del mismo, pero también puede ocurrir que, independientemente de ésta, alguna otra razón tuviera en mientes para ello.

Con una breve antología de cierta leyenda mesiánica hay que empezar. Alonso de Palencia hablando en sus *Decadas* de los excesos contra los conversos de Córdoba el 16 de marzo de 1473, nos dice que

> Un prodigio acaecido poco antes habia extendido entre los conversos la creencia de que estaba próxima la venida de su falaz Mesias. Eran la mayor parte andaluces . . . y como . . . en las costas de Portugal, habia perecido una descomunal ballena en persecución de una nave, se figuraron que aquel cetáceo era el llamado Leviatán anunciado por los profetas, y por tanto que no podia tardar su Mesias.[32]

Dos testimonios más con ciertas variantes sobre la creencia de la venida de este Mesías. Entre la colección de testificaciones de judaizantes recogidas por Carrete Parrondo se lee una de 1490 al siguiente tenor: "dezian ally algunos que venia el turco, e que dixo el dicho su hermano deste testigo, [Hayn]: No es, saluo que viene el Mesiac (*sic*)"[33] y por su parte Cantera Montenegro recoge otra de por esos años en que "Juan Lacero 'el viejo' afirma que un dia el procesado le dijo 'que avia de venir el ante Christo a la cibdad de Palos'".[34] Nótese, en el primer caso, la asimilación del turco al Mesías, y en el segundo ese Palos de Moguer y su específica ubicación para la llegada del Anticristo, otra figura para el Mesías. Unos tres decenios después esas varias y difusas esperanzas mesiánicas llegaron a materializarse más o menos concretamente para muchos en el intrigante personaje que tanto dio que hablar y aun hacer durante las guerras de las Germanías, el conocido por el sobrenombre de *El Encubierto*. De él hay que destacar para lo que al caso importa:

a) El papel de Mesías que él mismo se atribuyó y que sus fanáticos seguidores aceptaron incontestablemente, como ya nos dice Sandoval:

Dijo que lo enviaba Dios para darles libertad . . . Los de Játiva le seguian como a su redentor; llamábanle el Encubierto y que Dios le enviaba para remediar los pueblos.[35]

b) Su casta judaica; también dice Sandoval que

confesó ser hijo de un judío, y que era circunciso, y que nunca fue bautizado, porque el y su padre se pasaron en Berberia en el año que echaron a los judios de Castilla.[36]

c) Su procedencia del Sur, ya sea la histórica de Orán en el norte de Africa, ya sea la mítica del punto extremo de la península, Gibraltar.[37] En p. 138 cita García Cárcel, además la proliferación de "encubiertos" que por esos años volvieron a darse, nada menos que cuatro y uno de ellos de origen andaluz.

Con el final de las Germanías acabaron asimismo las vidas de esos "encubiertos", pero no las desesperadas esperanzas —valga la paranomasia— de los criptojudíos en su Mesías, esperanzas que volvieron a resurgir con David Rubeni y su discípulo Diogo Pires por los años treinta (Caro, 413) y más en especial con el caso de Gonzalo Anés Bandarra conocido como el *judeo do zapato* que con sus trovas de alrededor de 1540 anunciando la llegada "do Encoberto" —otro más— provocó una fortísima oleada de mesianismo que acabaría abocando en el tan traído y llevado *sebastianismo*.[38]

Casos todos estos dentro del marranismo peninsular que no son más que un brote particular de la tendencia general que para el XVI ya hizo notar Y. Hayim Yerushalmi:

Jews in the sixteenth century had groped for a new understanding of the ancient engimas, and had responded with novel departures in historiography, mysticism, and messianism.[39]

Buen resumen, por fin, de todas esas legendarias esperanzas mesiánicas que he venido recopilando es una que su tanto le debió servir para su propósito al autor de nuestro '55, a saber, la que se concretizó en la recogida por Diego de Simancas en su *Defensio Statuti Toletani* publicado en 1575:

ipse audiui a viro . . . serio dixisse quendam Iudeum, venturum esse in Hispaniam Messiam in figura piscis per fluuium Baetim, idque esse facturum metu Inquisitorum, ne ab eis comprehenderetur, & comburatur.[40]

Recogida la leyenda por Simancas precisamente con motivo de su defensa del estatuto toledano contra los conversos que hacía tiempo venían adquiriendo más y más puestos de estratégica responsabilidad, recordando que ese estatuto de Silíceo es, como se sabe, de 1547 —sólo ocho años antes de la publicación de la obra, conviene no olvidarlo—, que sus abundantes y enconadas controversias produjo el mismo —basta, sin más, leer la citada obra de Sicroff— y teniendo en cuenta todo el poso cronológico que la tal leyenda arrastraba, vehementes posibilidades hay de que el autor aprovechándose de la oportunidad que a sí mismo se proporcionó haciendo un pez de Lázaro, tras haberse servido de ella para inicialmente islamizarlo, aviesamente la utilizará acto seguido para esa última epifanía del Mesías judaico. Considerada la deliberada intención de presentarlo no sólo como pez sino, incluso, como pez que de necesidad ha de llegar a Sevilla y no a otro sitio cualquiera, como arriba he destacado con todo propósito, difícil es de creer que tras ese Lázaro que llega a esa Sevilla —ciudad del Guadalquivir— enmascarado en atún, no vieran muchos de los contemporeáneos lectores de la obra una clara parodia de esa leyenda, de ese Mesías esperado por los criptojudíos.

Quizá sea por todo eso por lo que, decidido el autor a presentarlo así optó asimismo por presentar una previa premonición de esa mesiánica reencarnación mediante las palabras que en boca de Licio habrá puesto antes para definir a su amigo Lázaro. Se recordará que en la última de las pseudo-epifanías sobrenaturales que el autor le atribuye a su personaje y que páginas antes he enumerado, este Licio dirá de él:

> no puedo creer sino que Dios viene, y que lo ha acarreado . . . para gran pro a honrra de vuestra alteza, y aumento de sus reynos y tierra (47*v*)

Si Licio no puede verlo sino como enviado de Dios no de muy distinto modo, si bien con el añadido y concreto sentido de Mesías, será como quería el autor que lo vieran sus lectores cuando eso le hace decir a ese capitán. [41] Algún detalle más viene a cuento respecto a cuanto vengo sugiriendo. Volviendo al supuesto anterior de la trayectoria cristiano-musulmán-cristiano de Lázaro, se recordará que para la primera transformación de hombre a atún quiso el autor que el vehículo operativo fuera el milagro de Jesucristo con su subsiguiente lavatorio-bautismo, y para la inversa última —de anterior atún con sus reliquias de musulmán a la de definitivo hombre ya totalmente recristianizado para sus gentes— el del de la Verdad con sus correspondientes palabras y profecía; en esta línea, cabe preguntarse si no quiso también que alguna otra operación análoga estuviera a la base de esta distinta conversión intermedia. Posible es, en efecto, detectar cierta *via operandi* —simbólica y en clave, como ya es de rigor— que funcione para explicar esa transferencia, ese paso del Lázaro islámico al esperado Mesías judío tras su llegada a Sevilla; un algo que todos los visos tiene de presentarse como una circuncisión; en efecto, un cierto intervalo de tiempo ha de transcurrir antes de que Lázaro se desprenda del atunesco pellejo como así nos lo dice: "Tuuieron me en aquella pena ocho dias" (58*v*), "ocho dias" que ha de sufrir aun dentro de ese incómodo pellejo, intervalo temporal éste que su tanto tiene de cabalístico y esotérico, al menos y en principio, por aquello de que hayan de ser específicos "ocho dias" y no otro cualquier período de tiempo. [42]

Sabido es que frente al rito iniciático del bautismo para los cristianos, la circuncisión lo es para los judíos. No tan sabido, pero suficientemente conocido, que el período exigido por el ritual para llevar a cabo esa circuncisión en el neófito es ocho días. Bien reconocido, por fin, que tanto bautismo, por un lado, como circuncisión, por otro, son ceremonias de tránsito canónicamente obligatorias para el ingreso de ese neófito en la correspondiente comunidad. [43]

Y así, y admitido que entre claves anda el juego, esos específicos "ocho dias" vienen a ser el signo que el autor nos está proponiendo para que bajo el entendamos de que rito se trata.

Tenemos, además y por fin, que para que la recuperación de su condición y aspecto de hombre se dé para Lázaro, para que la misma se produzca y confirme, ha de llevarse a cabo el desprendimiento de la envoltura de pez que le atosiga, el despojarse física y materialmente del pellejo atunesco que hasta entonces le viene recubriendo;

> Pues puesto en el cadahalso, y alli tirando me vnos por la parte de mi cuerpo que de fuera tenia otros por la cola del pescado me sacaron como el dia que mi madre del vientre me echo, y el Atun se quedo solamente siendo pellejo (59*r*)

Pellejo por pellejo, pellejo del pescado, pellejo que se ha de retajar del pene si una circuncisión ha de darse, mucho tienen de común en lo puramente fisiológico, y así como del pellejo retajado surge el glande de modo análogo surgirá el cuerpo de Lázaro del pellejo atunesco.

Excesiva, gráfica y fisiológicamente, como a nosotros pueda parecernos la
comparación no creo que lo fuera tanto para esos lectores del XVI que vengo imaginando
y que si fácilmente pudieron adivinar que tras el atún que llega a Sevilla se escondía
simbólicamente el Mesías judío, del mismo modo y tan fácilmente serían capaces
de interpretar tanto esos específicos y significativos "ocho dias" cuanto ese peculiar
despellejamiento como claves de una circuncisión justificativa del paso de la condición
islámica a la judaica.

Ahora bien, como alternativamente mediante ese despellejamiento Lázaro
recupera su total figura humana, tal operación cumpliría, además una ulterior función,
la de hacer reencarnar al mesiánico pez en un formal cabal Mesías humano, con lo cual
corresponde ahora preguntarse hasta que punto quiso el autor que el tal despellejamiento
cumpliera con la función a la que como tal Mesías hay que suponerle le había destinado.

Algo de ello nos dice lo que nos cuenta Lázaro que le sucede, ya que a pesar de
que durante esos anteriores y consabidos "ocho dias", y según nos ha dicho, "supieron
de mi quanto auia passado", nada más haberse operado su reconversión seguirá viéndose
incesantemente acosado por la muchedumbre,

> fuy tan festejado y visitado de gentes que en todo el tiempo que alli estuue casi no dormi, porque
> de noche no dexauan de me venir a ver y a preguntar, y el que un rato de auditorio comigo tenia
> se contaua por muy dichoso (59*v*)

ininterrumpidas visitas y constantes preguntas que si, a nivel superficial, comprensibles
son dado su carácter de prodigio, observadas con más profundidad un mucho incitan a
pensar en un mesiánico profeta al que ansiosamente acuden las gentes para saber de las
redentoras buenas nuevas que aporta.

Pero ocurre —y me permito elaborar un poco más la metáfora evangélica—
que esas gentes no son exactamente las ovejas de su redil, que a las que ante todo y
primeramente tiene que atender no son ésas, sino otras, las de su comunidad original. Y a
ella irá cargado de buenas intenciones, pero también ocurre que si total éxito y excelente
auditorio tuvo con las primeras, muy pobre aceptación —si alguna— y peores oídos será
lo que vaya a recibir de las segundas, que bien parece que el autor quiso hacer bueno
con su personaje aquello de que nadie es profeta en su tierra.

Ya he comentado al tratar de la primera interpretación *sub specie* cristiana la
absoluta falta de reconocimiento y la total negación que por parte de sus gentes recibe
este Lázaro cuando a Toledo llega, negación y desconocimiento que, claro está, también
han de ser aplicables a esta posible segunda. Ahora bien, si para la primera los tales
habían de interpretarse —según he propuesto— como debida catarsis purgativa para que
este Lázaro puede volver a reintegrarse a su comunidad, para esta segunda en que *ex
hipotesi* Lázaro se presenta como Mesías, ese desconocimiento y esa negación habrán de
entenderse de otro modo y verse ni más ni menos que como rechazo y repudio por parte
de una comunidad que si puede ver en ese personaje un Mesías o un profeta, lo ve, en
todo caso, como uno falso y/o inaceptable.

Rechazado y repudiado, pues, de esa comunidad por falso Mesías o profeta, nada
de extraño que como tal falso Mesías le quieran poner a cuestión de tormento según
sabemos que le ocurre.[44]

Y si bien se entiende por tal razón esa intención de atormentarlo, aun mejor se
comprenden por la misma las palabras de amonestación, ya antes citadas, que la Verdad
le dirigira como preludio a su final reconversión:

> Tu Lazaro no te quieres castigar; prometiste en la mar de no me apartar//de ti, y desque saliste casi nunca mas me miraste. Por lo qual la diuina justicia te ha querido castigar y que en tu tierra, y en tu casa no halles conocimiento, mas que te viesses puesto como malhechor a question de tormento. (63*v*-64*r*)

Aunque debido a la supresión en el Capítulo XV desconocemos la promesa que Lázaro hizo a la Verdad, claro se desprende de esta amonestación que la misma consistió en no apartarse de ella, entiéndase, en decir en todo momento la verdad; pero ocurre, como también se desprende de ese "desque saliste casi nunca más me miraste.", que, precisamente, cuanto ha hecho Lázaro desde su salida de ese mar ha sido completamente lo contrario, y bien que reconoce haberlo hecho así inmediatamente después:

> porque eran tantas y tan grandes las mentiras que yo entretexia, y lo que contaua que aun las verdades eran muy admirables, y las que no eran, pudieran de espanto matar las gentes.

Ahora bien, lo interesante del caso es que, como se observa, esa pertinacia en no decir verdad alguna se da precisamente desde el instante en que Lázaro ha abandonado el mar o, dicho de otro modo, desde el momento en que como pez surgido de las aguas se nos presenta como esperado Mesías. Así, lo que la comunidad a la que se presenta como Mesías ya había adivinado en él —su condición de falso profeta que predica y prodiga a troche y moche falaces mentiras— se ve reconocido y confirmado por la Verdad. Justo es, pues, que ni en su tierra ni en su casa halle conocimiento y que por ello haya de ser castigado. Pero amonestado por esa Verdad volverá al auténtico Verbo, a la verdadera Palabra de la fe cristiana, y la misericordia de esa su bienhechora producirá el milagro que tras su propósito de enmienda y su llorar la culpa le hará ser reconocido y aceptado por los suyos, acabándose así su peripecia en la misma línea que ya habíamos visto para la primera interpretación, o así habrá que suponerlo si se acepta la segunda.

Con lo que resulta por fin y en conclusión, y si ciertas son las diversas conjeturas sugeridas, que lo que el autor de ese '55 está proponiendo para el proceso evolutivo de su personaje es una diversidad de posibles lecturas.

Una primera para un lector superficial y poco suspicaz es la que sencillamente presenta a un Lázaro que tras haberse convertido en atún y verse envuelto en diversas peripecias como tal revierte finalmente a su original estado de hombre; primera que correspondería al cánon genérico de la simple novela de transformaciones.

Y dos segundas, enmascaradas tras un subyacente contenido de índole religiosa, para un lector más consciente y avisado, más inmerso en esa problemática religiosa de su tiempo.

La primera de esas segundas sería una en la que so capa de esa conversión en atún se adivina un Lázaro cristiano que renegado inicialmente y convertido al islamismo acabará reincorporándose a su original fe.

Y la última la de una variante más compleja, la de ese mismo Lázaro cristiano renegado que antes de llegar a su reconversión definitiva pasa por una etapa de judío, cristalizándose en él, así, una teoría de las tres religiones, un poco como síntesis de lo que muy genéticamente hablando viene a resultar el español actual.[45]

A la disposición del lector, o crítico y lector si se quiere, quedan las mismas; que él haga la elección que más pertinente le parezca.

Notas al estudio crítico

[1] Como Covarrubias la da: "IMPERTINENTE cosa. La que no hace al propósito;". Con esa bisemia del sentido actual y el etimológico es con la que, precisamente, juega Cervantes. Cuando el barbero, con su tanto de mala intención, sugiere que el arbitrio de don Quijote bien pudiera "ser tal, que se pusiese en la lista de los muchos advertimientos *impertinentes* que se suelen dar a los príncipes.", el último dirá "El mío, señor rapador . . . no será *impertinente*, sino perteneciente." (*Quij.*, I, i).

[2] Todas las citas, mientras no se advierta lo contrario, provienen de los textos de Nucio, ya sea para el '55 —que es el que transcribo— ya para el '54.

[3] Para citas bíblicas cf.   ff.15*r* y 50*r*; para citas y anécdotas clásicas, ff.19*r*, 21*v*, 35*v*, 39*r*, 40*r*, 50*r*, 53*r* y 54*v* y para alegatos forenses y elocuencia académica ff.49*r*-*v* y 66*r* además de sus confesiones de ser "letrado moço de ciego" (12*v*) y saber leyes (50*r*).

[4] Cf.   Dialogo XXVII, Cap. xxxi [BAE, 169, p. 370b.]. El sub. es mío. Un tanto curioso puede resultar que Pineda, que redactó sus *Diálogos* entre 1578 y 1580, cite con esa suficiente profusión la obra cuando, como sabemos, ésta estaba ya en el *Cathalogus* desde 1559. Las otras tres citas son:

a) ". . . perdiéndonos en la disputa, hallaríamos la verdad en ella, como la halló Lazarillo en los profundos abismos." (Diálogo VII, Cap. xxiii [BAE, 162, p. 132a];

b) ". . . lo que los letrados alcanzan por la lección de los libros es ser alumbrados de la verdad, y esa ya la tenemos nosotros por las pihuelas tambien —¿"tan bien"?— como Lazarillo de Tormes." (Diálogo VII, Cap. xxix [BAE, 162, p. 146a];

c) ". . . Si viniera en él 'aquel grande pesce' Lazarillo de Tormes, como vino en las almadrabas, transformado en el atún, algún color descolorido de verdad llevara su información." (Diálogo XIII, Cap. xvii [BAE, 162, p. 458b].

[5] M. Saludo Stephan, *Misteriosas andanzas atunescas de Lázaro de Tormes*; San Sebastián, Izarra, 1969.

[6] Piñero, en su "Introducción (pp. 31 a 45), ya recoge cuantas referencias bastan para el caso, y véase, asimismo, Richard E. Zwez, *Hacia la revalorización de la Segunda Parte del Lazarillo (1555)*; Valencia, Albatros eds., 1970, p. 15.

[7] Cito por la edición de M. Menéndez y Pelayo, *Orígenes de la novela*, 4 vols.; Madrid, Bailly-Baillière, 1915; cita en IV, 2a.

[8] Cf. Aubrun ([1956], n.16 donde comentando el término "thon" dice: "Ainsi designe-t-on le chrétien rénegat, converti a l'Islam."; Bataillon sugiere que "No es absolutamente imposible que el continuador del *Lazarillo* pensara en alguna aventura memorable entre los 'marranos' que . . . desaparecían . . . en el Imperio turco. Los atunes son asimilados a un pueblo de infieles (los infieles atunes)." ([1968], 84) y G. Alfaro, "Los *Lazarillos* y la Inquisición", *Hispanófila* 78 (Mayo, 1983): 11-19, que en p. 15 ya señala que "El que los cristianos renegados y convertidos al Islam fueran designados atunes sugiere un significado especial de la transformación de Lázaro en pez."

[9] Cierto es que un poco más adelante dirá Lázaro: "Desta suerte caminamos ocho soles que lla-//man en el mar a los dias" (23*v*-24*r*), pero, justamente, el hecho de que "lunas" aparezca en boca del General y "soles" en la de un Lázaro que refiere sus peripecias ya desde el recuerdo y en la tierra, corrobora más eficazmente esa particularidad.

[10] No es de pasar por alto un significativo paralelismo —a no dudar deliberado— entre los dos matrimonios de Lázaro. Si éste del '55 casa con una no "tan entera Luna", con una no mucha más "entera" habrá matrimoniado el anterior, que no poca verdad debía haber en lo que sus amigos le decían sobre que "antes que comigo casasse auia parido tres vezes" (47*v*); paralelismo que aun indirectamente así lo reconoce él mismo, que por algo debe ser que hablando de ese segundo matrimonio le venga a la memoria comparar el Arcipreste al Rey: "Razon es de Arcipreste a rey auer salto." (53*r*), siendo que ambos tienen en común sus respectivas y anteriores relaciones sexuales con las que luego acabarán como mujeres suyas.

[11] Para su biografía, cf.   C. Roth, *The House of Nasi: Doña Gracia*; N. York, Greenwood Press, 1969, y asimismo M. Bataillon, "Alonso Núñez de Reinoso et les marranes portugais en Italie", en *Miscelanea de estudos em honra do Prof. Hernani Cidade*; Lisboa, Univ. de Lisboa, 1957, 1-21 [traducido al español se recoge en su *Varia lección de clásicos españoles*; Madrid, Gredos, 1966, 55-80].

[12] Cf. C. Roth, *The House of Nasi: The Duke of Naxos*; N. York, Greenwood Press, 1948, y Bataillon ([1957], 7 a 10).

[13] Interesante es que en ff.30*v*-31*r*, Lázaro diga de esa señora capitana que "era muy sesuda hembra, cosa por cierto muy//clara en tierra y en mar." Que fuera "cosa . . . clara" en el "mar" perfectamente comprensible es; que lo fuera "en tierra" mucho más peliagudo se hace por obvias razones, por lo que bien pudiera ser que el autor —más o menos inconscientemente— estuviera, ciertamente, pensando en esa doña Gracia de Nasi cuando eso decía por boca de su personaje.

[14] Cf.   J. Weiner, *El ciego y las dos hambres de Lázaro de Tormes*; Valparaiso (Chile), Univ. Católica de Valparaiso, 1971; citas en pp. 15-16 y 17.

[15] Cf.   J. Herrero, "The Ending of *Lazarillo*: The *Wine* against the *Water*", *MLN* 93 (1978): 313-19; citas en p. 313.

[16] Cf.   A. Michalski, "El pan, el vino y la carne en el *Lazarillo de Tormes*", en M. Criado de Val, ed., *La picaresca: orígenes, textos y estructuras*; Madrid, FUE, 1979, 413-20; citas en pp. 416 y 420. El subrayado es del autor.   Habiéndome limitado a estas escuetas citas por ser

ellas suficientes para mi propósito, conviene, sin embargo, leer en su totalidad los comentarios de todos estos críticos para una más ajustada y precisa inteligencia de la cuestión.

[17] Reflexión con la que, por otra parte, el autor del '55 nos viene a redondear la figura del Lázaro anterior. Así como mediante ese autor del '55 nos llegamos a enterar de los nombres de su mujer —Elvira— y su protector —Rodrigo de Yepes— también mediante el mismo llegamos a saber otro dato que aun ignorábamos de ese Lázaro, el de su bautizo. Lo malo es que el primer Lázaro nada nos informó de ello ni menos de cuando se llevó a cabo tal bautizo. Ahora bien, según el modo y cómo nos lo dice el segundo hay que deducir que dicho bautizo se realizó a la vez que le fue dado el nombre completo por el que le conocemos, y esto muy de acuerdo con el correspondiente rito canónico. Ocurriendo, no obstante, que ese nombre de Lázaro de Tormes le ha sido concedido e impuesto por los otros —recuérdese el inicial "a mi llaman Lazaro de Tormes"— y que, por otra parte, como tal nombre completo no aparece hasta el último tratado en boca del Arcipreste —"me dixo, Lazaro de Tormes, quien ha de mirar a dichos de malas lenguas" (f.47*r*)— habrá que suponer que fueron los otros, los de la comunidad a que se incorpora, que no sus padres, los que le han bautizado y esto, incluso, al final de su vida, como obligatorio rito de su incorporación, lo que es lo mismo que reconocer que, ciertamente, ese Lázaro del '54 de otra comunidad religiosa procedía, como he postulado, por ejemplo, en un par de mis trabajos —cf. "Sustratos conversos en la creación de Lázaro de Tormes", *NRFH* 33 (1984): 352-79, y "Lázaro de Tormes y los 'godos'", en S. Neumeister, ed., *Actas del IX Congreso de la AIH; Frankfurt am Main, Vervuert Verlag, 1989, I*, 449-56—, y si no se puede asegurar en absoluto que así sea, algo de ello parece ser que deja entrever el anónimo continuador.

[18] Como señalé en n.39 al Cap. XII todos los textos y traducciones, exceptuando la francesa, corrigen esa omisión insertando "de", pero también señalo ahí la posibilidad de que no fuera tal omisión y que con ello el autor deliberadamente estuviera sugiriendo una irónica índole divina para Lázaro.

[19] Sobre lo que pueda esconderse tras ese considerar Licio a Lázaro como un directo enviado de Dios alguna interpretación daré más adelante.

[20] También, por su lado, lo vio así A. Valbuena Prat; cf. *La novela picaresca española*; Madrid, Aguilar, 1956, p. 39.

[21] Un poco como antes habrá hecho una a modo de confesión de culpas como trámite previo a la reconversión —"Tuuieran me en aquella pena ocho dias, en los quales supieron de mi quanto auia passado." (58*v*)—, así ahora habrá de darse esta catarsis espiritual como necesario tránsito para abocar a la misma finalmente.

[22] No puede pasarse por alto a todo este respecto un interesante paralelismo que, salvadas las pertinentes diferencias, se da entre el primer Lázaro y este segundo. El del '54 habrá de ser desconocido y repudiado en cuanto miembro de la comunidad toledana hasta que ésta le concede el ingreso mediante la concesión de nombre total y cargo;

al del '55 le viene a ocurrir lo mismo respecto a esa misma comunidad hasta que se produce —como acto seguido veremos— la intervención de la Verdad; el largo proceso evolutivo espiritual que para la adaptación a su última comunidad requiere el del '54, se asimila, así, al proceso catártico que ha de padecer el del '55 antes de su definitiva reincorporación a la misma. Luego comentaré con más detalle cuanto pueda ocultarse tras todo esto.

[23] Otra posible razón para esa decisión de aplicarle el tormento se verá más adelante.

[24] He señalado en nota previa como a la especie de confesión de culpas anterior a la reconversión se seguía una a modo de catarsis o purga espiritual necesaria para llegar al final de la misma. Si a esa confesión de culpas y a esta purga espiritual entendida como un tipo de dolor de corazón se añaden este propósito de enmienda y este llorar la culpa mucho parece que el autor está remedando para su personaje los requisitos —dolor de corazón, propósito de enmienda, confesión de boca y satisfacción de obra— que para una recta confesión exigen los cánones de la Iglesia católica. ¡Otra irónica parodia religiosa!

[25] Ese proceso, con su desarrollo y características, lo estudio en mis otros trabajos, "Lázaro de Tormes, personaje anónimo" (Una aproximación psico-sociológica)", en Alan M. Gordon et al, eds., *Actas del sexto Congreso Internacional de Hispanistas*; Toronto, Univ. of Toronto, 1980, 235-38, y "Proceso psíquico de interiorización dialéctica de Lázaro" en J. L. Alonso Hernández, ed., *Teorías semiológicas aplicables a textos españoles*; Gröningen, Univ. de Gröningen, 1981, 135-59.

[26] Para esa condición de "godos", remito otra vez a mi trabajo de 1989, y para lo que realmente se esconde tras esa definición de 'buenos' —al menos en el *Lazarillo*— mi otro del año anterior, "Sobre quienes sean los "buenos" en el *Lazarillo*", *Canente* (Málaga), n.3 (1988): 15-37.

[27] Como bien se entenderá y no podía ser menos, así ocurrió, para empezar, con los traductores; recuérdese que ya la francesa de 1561 lee en la portada "L'HISTOIRE||PLAISANTE ET||FACETIEVSE DV||La-zare de Tormes||Espagnol.||*EN LAQUELLE ON PEVLT* ||*Recongnoistre bonne partie des meurs, vie*||*& conditions des Espagnolz*", que la holandesa repetirá ese carácter descriptivo de la obra en la segunda parte del título, "In de welche/ghy eensdeels meucht sien||ende leeren kennen/de manieren/condicien/||zeden/ende schalchhept der||Spaignaerden." y que en la inglesa, aunque nada se dice de costumbres y condiciones, se la considera básicamente como libro de aventuras, al añadir: "With the Straunge ad-||*uentures happened to him*||in the seruice of sun-||*drie Masters*. Así también lo vieron, sin duda, los posteriores lectores del *Lazarillo* relanzado unos cincuenta años después, para los que, como supone Claudio Guillén, "las 'fortunas y aduersidades' de Lázaro pertenecerán al género picaresco, que no existe antes de 1599." ([1966], 223). Baste para ello recordar, por ejemplo, lo que Cervantes pondrá en boca de Ginés de Pasamonte

cuando éste habla de su autobiografía: "mal año para *Lazarillo de Tormes* y para todos cuantos de aquel género se han escrito o escribiesen." (*Quij.*, 208[I, xxxii]); lo que la pícara Justina dirá: "Soy la rei- de Picardi-, /Mas que la rud- conoci-, /Mas famo- que dona Oli-, /Que Don Quijo- y Lazari-, /Que Alfara- y Celesti-, /" (*Justina*, 611); lo que en el *Diálogo intitulado el Capón*, a la petición del capitán: ". . . luego me contareis vuestra vida . . . que no puede ser mala historia.", el picaruelo Velasquillo contestar: "¿Mala? No fue tal la de *Lazarillo* con mil leguas." (*Capón*, 276), o lo que, por fin, en una loa de ese tiempo se asigna un personaje: "¿Yo no he hecho mas enredos/que Lazarillo de Tormes?" (cf. E. Cotarelo y Mori, ed., *Colección de entremeses, loas, bailes, jácaras y mojigangas desde fines del siglo XVI a mediados del XVIII*, 2 vols. [Madrid, Bailly-Baillière, 1911], II, 398a) y aun bastante despues oiremos al capitán que, tras el alevoso trueque de ollas por parte de Estebanillo, le dirá a éste: "El tutiplén es que vuesa merced es en todo y por todo otro Lazarillo de Tormes." (*Estebanillo*, I, 179).

[28] Más exactamente, desde la calabazada que le despierta a una nueva vida como ya expongo en mi trabajo de 1989, y véanse ahí las divisiones vertical y horizontal que propongo para mejor entender la peripecia vital de Lázaro.

[29] De notar es que, curiosamente, dos obras capitales como son el *Guzmán* y el *Buscón* —al menos en tanto que se las relaciona con el *Lazarillo* por su supuesta pertenencia común al género picaresco— no presentan caso alguno de esa alienación onomástica, siendo que, no obstante, ambas se vertebran así mismo sobre una estructura autobiográfica en la que de necesidad sus autores, y como lo hizo su antecesor, dotan a sus protagonistas de autonomía y voz propias, lo que muy cómodamente les hubiera permitido el uso de ese recurso. En efecto, atendiendo a una estadística de ese uso, cuando se comparan los cuatro textos se comprueba que frente a los conocidos cinco casos para el primer Lázaro y veintisiete para el segundo ni para Guzmán ni para Pablos se da ni siquiera uno; cualquiera que se sienta interesado por lo que puede resultar un intrigante detalle puede comprobarlo repasando los textos, y siempre que no incurra en el error de confundir la alienación onomástica con el soliloquio. Parece, pues, que haya que deducir que los anónimos, a diferencia de Alemán o Quevedo, supieron adjudicar una mayor dimensión psíquica a sus creaciones, o si se quiere, y desde la perspectiva que vengo proponiendo, que ni Guzmán ni Pablos fueron concebidos ni vertebrados desde esa plataforma de conflictiva índole psíquica que caracteriza a los Lázaros. Lo que bien se puede comprender dado que, en último término, ni Alemán ni Quevedo vivían ya en el particular tenso período conflictivo que al anónimo del '54 le tocó en suerte, que mucho habían cambiado ciertamente las cosas con el reinado de Felipe II.

Cuestión ésta que, claro está, otra ocasión y más tiempo requiere para discutirla y desarrollarla, pero, por lo menos, constancia habrá que dejar de ciertos datos básicos que pueden servir como punto de partida para acometer la tal cuestión. La *Segunda parte de la vida del pícaro Guzmán de Alfarache* de Martí tampoco recogerá ningún caso de esa alienación onomástica, pero sí, en cambio, lo harán otros textos de por esos años —aunque el *Buscón* se publicara por primera vez en 1626 sabido es que se redactó allá por la primera década (cf. ed. crítica de Lázaro Carreter [Salamanca, CSIC, 1965, pp. LII a LV)— lo que, por su parte, hacen más destacables esas ausencias; *El guitón Honofre* de 1604 contiene, por ejemplo, nada menos que trece casos —cf. pp. 80, 83, 136, 149, 152, 166, 175, 182, 183, 203 y 210[3]— y en *La pícara Justina* de 1605 se da diez veces —pp. 136, 173, 251, 272[2], 289, 294, 414, 441 y 575— aunque un par de ellos sean discutibles. Cierto es que muy probablemente algo tuviera que ver con estos dos casos el hecho de la súbita boga que el *Lazarillo* alcanzó por eso años como ya ha apuntado C. Guillén ([1966], 222), pero también que, de ser así, ello haría resaltar más las anteriores ausencias. Posible es también que un descenso de esa súbita popularidad fuera la causa de que en el *Marcos de Obregón* de 1618 no aparezca el citado recurso ni una sola vez como tampoco aparece en el *Lazarillo de Manzanares* de 1620. Sí —y como era más de esperar— en el segundo *Lazarillo* de Luna del mismo año, donde aparece en once ocasiones —pp. 287, 290[2], 293, 297, 299, 308, 310, 319, 332 y 360— y, por fin, y dejando de lado, claro está, las restantes obras dentro de ese género que por carecer de estructura autobiográfica difícilmente podrían presentar ese recurso, queda el *Estebanillo* de 1646 en el cual siete casos se darán, en pp. 154, 224, 371, 406, 433, 466 y 499. Añadiré, para acabar la nota, que no sé hasta qué punto tenga algo que ver lo que detrás de lo anterior puede haber, o de ello pueda deducirse, con una más aquilatada división clasificatoria de cuáles son las obras que realmente y de hecho pueden considerarse picarescas y cuáles no, pero como antes he dicho para mejor ocasión habrá que dejarlo.

[30] En efecto, tras todas las risas de los atunes al ver su perfectamente explicable fracaso de vencer en la cueva a un inexistente Lázaro, éste dirá: "de ver estos necios lo poco y malo que yo se usar de Atun, caerian en que si tengo el ser, no el natural." (14*v*); cuando inmediatamente después se le escapa el desliz de decir: "Quando hombre Señor tiene gana de efectuar lo que piensa", y el capitán riéndose le dice: "Luego hombre eres tu.", nos asegura que "Estuue por responder tu dixiste. Y cabia bien" (15*r*); la misma dualidad se manifiesta en la espontánea autocorrección que a sí mismo se impone al verse frustrado por el General en sus esperanzas de premio; "casi perdi el sentido, porque pensaua por lo menos me auia de a hazer vn grande hombre, digo Atun, por lo que auia hecho" (21*v*); el recuerdo de esa básica condición de hombre que alterna con la de atún reaparecerá, otra vez, por mor del especial juramento que los otros atunes le harán cuando todos éstos ponen sus colas sobre la cabeza de Lázaro y por lo que dirá " (y aun reyme en quanto hombre entre mi de la donosa cerimonia)" (31*r*), reflexión que se repetirá más adelante con ocasión de análoga ceremonia cuando tras

besarle Licio la cola al Rey el también ha de hacerlo y nos asegura que lo hizo "de mala gana en quanto//hombre por ser el beso en tal lugar." (46*r-v*), y, por fin, cuando en trance se ve de justificar su ansia de riquezas, de explicar por qué amontonaba las mismas en su casa, bien afirmará que "aunque yo era pece tenia el ser y entendimiento de hombre." (55*r*)

[31] Obsérvese, por otra parte, que con tal particular discrepancia entre ese Cap. XVIII y los restantes se viene a hacer certeza la impresión de que él mismo era ajeno a un primer texto original como al tratar de los avatares señalaré. Conste, por supuesto, que bien pudo ser otro — y no el autor de ese original— quien redactó ese añadido, pero, en cualquier caso, claro está que en poco se altera el supuesto básico que vengo sugiriendo. Simplemente nos encontraríamos en tal caso con que el énfasis que para tal supuesto ya ha procurado el primer autor —el hipotético primer autor del '55, entiéndase, respecto a su anterior el del '54—, el hipotético segundo del '55 lo realzaría aun más respecto al intermediario.

[32] Cf. BAE, 258 [*Decadas*, II; Libro VII, cap. [IX], p. 88a.

[33] C. Carrete Parrondo, *Fontes Iudaeorum Regni Castillae, II: El Tribunal de la Inquisición en el Obispado de Soria (1486-1502)*: Salamanca, Univ. Pont. de Salamanca, 1985, p. 40 [Testif.58].

[34] E. Cantera Montenegro, "Judíos y conversos en Torrelaguna (Madrid) en tiempos de la expulsión" en M. A. Ladero Quesada, coord., *En la España Medieval (Estudios en Memoria del Profesor D. Salvador de Moxó*, 2 vols; Madrid, Univ. Complutense, 1982, 233-511; cita en I, p. 245.

[35] Cf. BAE, 80 [Vol.I], p. 289a. Véase también J. Caro Baroja, *Los judíos en la España moderna y contemporánea*, 3 vols.; Madrid, Arion, 1961; I, pp. 411-12 en especial; asimismo la semblanza general que del mismo y sus avatares nos da R. García Cárcel en *Las germanías de Valencia*; Barcelona, Eds. Península, 1975, pp. 132-39.

[36] BAE, *ibid.*, 289b y también Caro (411) y García Cárcel (133).

[37] Para la primera nos informa Sandoval que "le desterraron de Orán, y hubo de volverse en España y desembarcó en la costa de Valencia" (*loc. cit.*), y para la segunda García Cárcel recoge la autopresentación de ese *Encubierto* en la que afirmaba ser hijo del príncipe Don Juan que debido a las intrigas y luchas por el poder "lo traspusieron a las partes de Gibraltar, donde lo crió una pastora" (*loc. cit.*).

[38] Cf. Caro, pp. 409-10, y sobre todo, Joseph van den Besselaar, *O Sebastianismo: Historia sumária*; Lisboa, Inst. de Cultura e Lingua Portuguesa, 1987; en especial el Cap. III para Bandarra y sus trovas.

[39] Cf. Y. Hayim Yerushalmi, *From Spanish Court to Italian Ghetto: Isaac Cardoso; A study in Seventeenth-Century Marranism and Jewish Apologetics*; N. York-London, Columbia UP, 1971, p. 40., y véase también G. Scholem, *Major Trends in Jewish Mysticism*, London, Thames & Hudson, 1955[3], pp. 245 y sigs.

[40] Citada por A. A. Sicroff, *Los estatutos de limpieza de sangre: Controversias entre los siglos XV y XVII*; Madrid, Taurus, 1985, p. 196, n.113. En texto da su versión como "Simancas sabía de buena fuente que entre ellos [los judíos] se creía sinceramente que el Mesiás vendría a España en forma de pez, remontando las aguas del Guadalquivir para eludir la vigilancia de la Inquisición." La recoge también Caro Baroja (407, n.12). Que su duradero eco tuvo la tal leyenda nos lo confirma la variante que da Lope en el acto primero de su comedia *El niño inocente de la Guardia* donde el judío Pedro dirá a sus correligionarios:

> Hoy me dijo un amigo, y aun pariente
> que por revelacion se habia sabido
> que, de temor de los cristianos perros, //
> vendria el Mesias por el rio Tajo
> en figura de barbo. (ed. Aguilar, II, 388b-389a)

y de su persistencia posterior da fe Fray Francisco de Torrejoncillo que en su *Centinela contra Judios* de 1673 la incluye en los siguientes términos: "Dizen otros, que ha de venir en figura de peze por el rio Guadalquivir, temeroso de que los inquisidores le cojan, le prendan, y le quemen." (f.103). En n.6 a la p. 15, Piñero cita también la leyenda y aun sugiere que ésa pudo ser una razón para que el '55 fuera incluído en el *Cathalogus* de 1559. Curioso es que con todo ello no haya ido más allá en su interpretación del mundo atunesco de esa *Segunda parte*.

[41] Imposible es, claro está, ni siquiera conjeturar cuántos fueran —si algunos— los que descubrieran ocultas claves en el texto del '54; la misma duda puede ser válida, cierto es, para el '55, pero, a mi juicio, y al menos en lo que respecta a esa peculiar reconstrucción de la mesiánica creencia, un buen porcentaje de lectores contemporáneos, como digo, se puede suponer que la reconocerían como tal con su tanto de regocijo ante la burlona y chancera ironía que la misma comportaba. Al menos de uno fácilmente se puede sospechar que poco le costaría verlo e interpretarlo así. Y hablo del autor del *Viaje de Turquia* que —y como páginas antes he citado— bien al corriente estaba del Juan Micas que pasándose del mundo cristiano —fuera criptojudío o no— al turco, allí fue donde se reconvirtió oficialmente a su original judaísmo, y con él toda esa camarilla de marranos que también he mencionado ahí. Y aun otro puede asmismo citarse en esta línea. Ya he hecho constar que Juan de Pineda en sus *Diálogos* recuerda a ese Lázaro del '55 cuatro veces. De interés puede ser que, de entre ellas, tres las dedique a recordar el encuentro de Lázaro con la Verdad y la restante para, precisamente, citar esa su específica metamorfosis atunesca. En efecto, hablando Policronio de un gran pez que "vino herido a morir en las costas de Valencia" dando "voces o gemidos que se oian por gran trecho", Filotimo apostillará: "Si viniera en el Lazarillo de Tormes como vino en las almadrabas transformado en el atún algun color . . . de verdad llevara . . ." (Dialogo XIII, cap. xvii [BAE, 162, 458b.]). Cierto es que ello no pasa de ser un simple recuerdo del episodio, pero teniendo en cuenta su definición ya recordada y comentada de "teología

burlona" para ese encuentro, bien puede ser que también
bajo ese especial prisma viera el simbólico mesianismo de
la transformación de Lázaro aunque así no lo mencionará
expresamente. No deja de ser curioso a este respecto que la
mención de tal metamorfosis venga a colación de la anterior
del pez que particularmente viene "a morir en las costas de
Valencia" y cabe preguntarse aquí, recordando la serie de
leyendas antes recogidas, hasta qué punto él mismo en la
memoria de Pineda no sólo se relacionaba con el ansiado
Mesías-pez de los criptojudíos sino, además y a su vez, con
el mesiánico "Encubierto" que a Valencia llegó desde el sur
para cumplir su misión.

[42] Indicio de que este numeral "ocho" se ve envuelto de
una cierta connotación cabalística —¿deliberada por parte del
autor?—, es la frecuencia con que aparece en el texto —
estadísticamente sólo comparable a la del "tres"—; además
del citado se dan:

a) "caminamos *ocho* soles . . . //al cabo de los cuales
llegamos a do mi amigo y los de su compañia tenian sus
hijos y hembras" (23*v*-24*r*);

b) "dende a *ocho* dias que mi amigo se auia partido nos
llego vna nueua" (27*v*), siendo esa nueua la falsa acusación a
Licio con su correspondiente prisión y sentencia de muerte;

c) "la señora Luna priuo tanto con su alteza . . . que a
los *ocho* dias de su real ayuntamiento pidio lo que pidio, y
fuymos todos perdonados." (46*r*);

d) "El rey por mostrar fauor a Licio puso luto por Melo,
y lo truxo *ocho* dias, y todos lo truximos" (51*v*).

[43] En relación con otra cuestión —en este caso, la de
los zapatos de Lázaro en el 4º tratado del '54— he
utilizado también este mismo rito de la circuncisión para una
correspondiente interpretación simbólica del caso. Cf. mi
trabajo "Lazarillo de Tormes y sus zapatos: una interpretación
del tratado IV a través de la literatura y el folklore", en J.
Alonso Hernández. ed., *Literatura y folklore: problemas de
intertextualidad* (Actas del 2do. Symposium del Dpto. de
Español de la Univ. de Gröningen); Gröningen-Salamanca,
Univ. de Salamanca, 1983, 243-69; en especial pp. 267-69.

[44] Recuérdese, no obstante, que al comentar la primera
interpretación he señalado otra razón para este tormento; aun
pudiendo ser preferible ésta si se acepta la hipótesis que vengo
tratando, la anterior resulta también concomitantemente
válida.

[45] Sabido es que aunque más obvia y directa crítica clerical
abunda en el '54 que en su secuela, ambas obras fueron,
sin embargo, incluidas en el *Cathalogus librorum* de 1559;
muy probable es que esto fuera debido a la ridiculizadora
denuncia de los clérigos que, en el Cap. II, abandonando
el barco dejan sin auxilios espirituales a sus navegantes,
a la siguiente alusión a las peregrinaciones y oraciones de
ciego que pudieran entenderse como velada mofa erasmista
o, simplemente, al hecho de ser una segunda parte del '54,
pero no se puede descartar la posibilidad de que también lo
fuera por todo este paródico proceso religioso de Lázaro que
si a nosotros, lectores del siglo XX, nos puede costar entender
y descifrar, poco probable es, y como vengo sugiriendo, que
lo mismo les ocurriera a esos del XVI, y ni que decir tiene a
los inquisidores.

Transcripción del texto y notas

Normas de transcripción

Reproduzco el texto siguiendo a N con las siguientes modificaciones:

a) Resuelvo abreviaturas;

b) Deshago o uno enlaces o separaciones de carácter tipográfico cuando son evidentemente incorrectos por razones mecánicas;

c) Respecto a la cuestión ortográfica, me limito exclusivamente a modernizar *v* absolutamente vocálica en *u* así como *q* etimológica inicial en *c*, y un tanto por un si es no es supersticioso respeto a los hábitos editoriales del entonces he decidido no permitirme la libertad de acentuar el texto, aun a riesgo de alguna que otra posible confusión que el avisado lector, sin duda, bien sabrá resolver.

d) Sigo la puntuación de N con las escasas excepciones que señalo en las correspondientes notas. En cualquier caso, de advertir es que uno de los rasgos del destacable descuido con que ambas ediciones han sido impresas es, precisamente, su errática puntuación y la cosa se complica más aun para S ya que a lo largo del texto que tenemos su anotador anónimo ha ido intercalando profusamente su personal puntuación y en un gran número de casos es prácticamente imposible determinar a quién —si a él o al original— hay que atribuir dicha puntuación;

e) Inserto entre asteriscos trozos que aparecen modificados en otros textos, dando la correspondiente modificación en nota.

LA SEGVN-
DA PARTE DE LAZA-
RILLO DE TORMES, Y
de sus fortunas, y ad-
uersidades.

(escudo editorial)

EN ANVERS
En casa de Martin Nucio, a la en-
seña de las dos Cigueñas.
M. D. LV.
Con Preuilegio Imperial.

[f.1v]

[Privilegio]

COncede el Empera
dor nuestro Señor
a Martin Nucio
Impressor de libros en la vi
lla de Anvers, que por tiem
po de quatro años ninguno
pueda imprimir este libro
so las penas contenidas en el
original priuilegio, dado en
Bruxelas en su Consejo, y
Subsignado.

*Facuwez***

*S no lleva privilegio.

[f.2r] CAP. I.[1] **En que da cuenta**[2] **Lazaro**[3] **de la amistad que tuuo**[4] **en Toledo con unos Tudescos, *y lo que con ellos**[5] **passaua.***[6]

EN este tiempo estaua en mi prosperidad y en la cumbre de toda buena fortuna y *como yo siempre anduuiesse acompañado de una buena galleta[7] de unos buenos frutos[8] que en esta tierra se crian*[9] para muestra de lo que pregonaua, cobre tantos amigos y señores, assi naturales como estrangeros, que do[10] quiera que llegaua, no auia para mi puerta cerrada, y en tanta manera me vi fauorecido[11] que me parece,[12] si entonces matara un hombre[13] o me acaeciera algun caso rezio,[14] hallara a todo el mundo de mi vando,[15] y tuuiera en aquellos mis señores todo fauor y socorro; mas yo nunca los dexaua boquisecos queriendo los lleuar[16] comigo[17] a lo mejor que yo auia echado[18] en la ciudad a do haziamos la buena y esplendida vida y xira;[19] alli nos acontecio muchas vezes entrar en nuestros pies y salir en agenos.[20] Y lo mejor desto es que todo este **[f.2v]** tiempo maldita la blanca[21] Lazaro de Tormes gasto,[22] ni se la consentian[23] gastar, antes si alguna vez yo[24] de industria[25] echaba mano a la bolsa fingiendo querer lo pagar, tomauan lo por afrenta y mirauanme[26] con alguna[27] ira y dezian: Nite, nite, Asticot, lanz,[28] reprehendiendome[29] diziendo:[30] Que do ellos estauan nadie auia de pagar blanca. Yo con aquello moria me de amores de tal gente, porque no solo esto: *mas de perniles de tocino,[31] pedaços de piernas de carnero cozidas en aquellos cordiales[32] vinos con mucha de la fina especia, y de sobras de cecinas, y de pan me henchian[33] la falda y los senos cada vez que nos juntauamos, que tenia en mi casa de comer, yo y mi muger[34] hasta hartar una semana entera.*[35] Acordaua me en estas harturas de las mis[36] hambres passadas, y alabaua al Señor[37] y[38] daua le gracias que[39] assi[40] andan las cosas y tiempos. Mas como dize el Refran: Quien bien te hara, o se te yra, o se[41] morira.[42] Assi me acaecio que se mudo la gran corte[43] como hazer[44] suele, y al partir *fuy muy requirido[45] de*[46] **[f.3r]** aquellos mis grandes amigos me fuesse con ellos, y que me harian y acontecerian,[47] mas acordandome del prouerbio que se[48] dize: Mas vale el mal conocido, que el bien por conocer,[49] agradeciendoles su buena voluntad, con muchos abraços y tristeza me despedi dellos. Y cierto, *si casado no fuera*[50] no dexara su compañia por ser gente hecha[51] muy a mi gusto y condicion. *Y es vida graciosa la que viuen,*[52] no fantastigos,[53] ni presumptuosos,[54] sin escrupulo ni asco de entrarse en qualquier[55] bodegon, la gorra quitada si el vino lo merece, gente llana y honrrada,[56] y tal[57] y tambien[58] proueyda que no me la depare[59] Dios[60] peor cuando buena sed tuuiere.[61] Mas el amor de la muger y de la patria,[62] que ya por mia tengo,[63] pues como dizen: De do eres hombre,[64] tiraron por[65] mi: y assi me quede en esta ciudad, aunque[66] muy conocido de los moradores della con mucha soledad de los amigos y vida cortesana. Estuue muy a mi plazer con acrecentamiento de alegria y linaje[67] por el nacimiento de una muy hermosa niña[68] que en estos me- **[f.3v]** dios[69] mi muger pario, que aunque yo tenia alguna sospecha ella me juro que era mia,[70] hasta que a la fortuna le parecio auer me mucho oluidado[71] y ser justo tornarme a mostrar su *ayrado y seuero gesto[72] cruel*,[73] y aguarme estos pocos años de sabrosa y descansada vida con otros tantos de trabajos y amarga muerte. O gran Dios y quien podra escreuir[74] un infortunio tan desastrado y acaecimiento tan sin dicha, que no dexe holgar el tintero poniendo la pluma a[75] sus ojos.[76]

CAP. II. Como[1] *Lazaro por importunacion de amigos se fue a embarcar para la guerra de Argel, y lo que alla le acaecio.*

SEpa V. m.[2] que estando el triste Lazaro de Tormes en esta gustosa vida, usando su oficio y ganando el muy bien de comer y de beuer, *porque Dios no crio tal oficio*[3] y vale mas para esto que la mejor veynte y quatria[4] de Toledo, estando assi mismo muy contento y pagado con mi muger, y alegre con la nueua hija, sobreponiendo[5] cada dia en mi casa alhaja[6] sobre alhaja, mi persona muy bien [f.4r] tratada[7] con dos pares de vestidos, unos para las fiestas y otras[8] para de contino,[9] y mi muger lo mismo, mis dos docenas de reales[10] en el arca. V[11]ino a esta ciudad, que venir no deuiera,[12] la nueua[13] para mi, y aun para otros muchos, de la yda de Argel.[14] Y começaron se de[15] alterar unos, no se cuantos vezinos mios,[16] diziendo: Vamos alla que de oro hemos de venir cargados. Y começaron me con esto a poner codicia;[17] dixe lo a mi muger, y ella con gana de boluer se con mi Señor el Arcipreste[18] me dixo: hazed lo que quisieredes,[19] mas si alla vays, y buena dicha teneys, una esclaua querria que me truxessedes que me siruiesse, que estoy harta de seruir toda mi vida. Y tambien para casar a esta niña, no serian malas aquellas tripolinas[20] y doblas Zahenas[21] de que tan proueydos dizen que estan aquellos perros Moros.[22] Con esto y con la codicia que yo me[23] tenia, determine (que no deuiera)[24] yr a este viaje. Y bien me lo desuiaua[25] mi Señor el Arcipreste, mas yo no lo[26] queria creer; al fin auian de passar por mi mas fortunas[27] de[28] las passadas. [f.4v] Y assi con un cauallero de aqui, de la orden de sant Iuan,[29] con quien tenia conocimiento,[30] me concerte de[31] le[32] acompañar y seruir en esta jornada,[33] y que el me hiziesse la costa,[34] con tal que lo que alla ganasse fuesse para mi. Y assi fue que gane, y fue para mi mucha malauentura, de la cual aunque se repartio por muchos, yo truxe harta parte. Partimos desta ciudad aquel cauallero y yo, y otros, y mucha gente,[35] muy alegres y muy ufanos como a la yda todos van, y por euitar prolixidad[36] de todo lo acaecido en este camino no hago relacion por no hazer nada a mi proposito mas de[37] que nos embarcamos en Cartagena[38] y entramos en una nao bien llena de gente y vituallas, y dimos con nosotros donde los otros.[39] Y leuantose en el mar la[40] cruel y porfiada fortuna[41] que auran contado a vuestra merced, la cual fue causa de tantas muertes y perdida cual en el mar gran tiempo ha[42] no se perdio, y no fue tanto el daño que la[43] mar nos hizo como el que unos a otros nos hezimos,[44] porque como fue de noche y aun de dia[45] el tiempo rezio [f.5r] de las brauas ondas y olas del tempestuoso mar tan furiosas, ningun saber[46] auia que lo remediasse que las mismas[47] naos se hazian pedaços unas con otras, y se anegauan[48] con todos los que en ellas yuan. Mas pues se que de todo lo que en ella paso y se vio V. m. estara como he dicho informado de muchos que lo vieron y passaron, y quiso Dios que escaparon,[49] y de otros a quien[50] aquellos lo han contado: no me quiero detener en ello, sino dar cuenta de lo que nadie sino yo la puede dar, por ser yo solo el que lo vio y *el que de todos los otros juntos que alli estuuieron, ninguno mejor que yo lo vi.*[51] En lo cual me hizo Dios grandes mercedes, segun vuestra.[52] m. oyra. De Moro ni Mora no doy cuenta, porque encomiendo al diablo el que yo vi, mas vi la nuestra nao hecha pedaços por muchas partes, *vi la hazer por otras tantas,*[53] no viendo en ella mastil ni entena, todas las obras muertas[54] derribadas y el caxco[55] tan hecho caxcos[56] y tal cual he dicho. Los capitanes y gente granada[57] que en ella yuan saltaron en el barco[58] y procuraron de[59] se [f.5v] mejorar[60] en otras naos, aunque en aquella sazon pocas auia que pudiessen dar fauor. Quedamos los ruynes en la ruyn y triste nao, porque la justicia y cuaresma diz que[61] es mas para estos que para otros.[62] Encomendamos nos [63] a Dios, y començamos nos [64] a confesar unos a otros [65] porque dos clerigos que en nuestra compañia yuan, como se dezian ser caualleros de Iesu Christo [66] fueronse en compañia de los otros y dexaron nos por ruynes. Mas yo nunca vi ni oy tan admirable confession, que confessarse un cuerpo [67] antes que se muera acaecedera [68] cosa es, mas aquella hora entre nosotros no vuo ninguno que no estuuiesse muerto, y muchos que [69] cada ola [70] que la braua mar en la mansa nao enuestia, gustauan la muerte, por manera que [71] pueden dezir que estauan cien [72] vezes muertos, y assi a la verdad las confessiones eran de cuerpos sin almas. A muchos dellos confesse, pero maldita la palabra me dezian sino [73] sospirar [74] y dar tragos en seco, que es comun a los turbados, y otro tanto hize yo a ellos. Pues estando nos anegando en nuestra tris- **[f.6r]** te nao sin esperança de ningun [75] remedio que para euadir la muerte se nos mostrasse, despues de llorada por mi mi [76] muerte y arrepentido de mis pecados, y mas de mi venida alli, despues de auer rezado ciertas deuotas oraciones que del ciego mi primero [77] amo aprendi aprouadas [78] para aquel menester, con el temor de la muerte vino me una mortal y grandissima sed, y considerando como [79] se auia de satisfazer con aquella [80] salada malsabrosa [81] agua del mar, pareciome inhumanidad [82] usar de poca caridad [83] y determine [84] que en lo que la mala agua auia de ocupar [85] era bien [86] engullirlo [87] de vino excelentissimo que en la nao auia, el cual aquella hora estaua tan sin dueño como yo sin alma, y con mucha priessa comence a beuer. [88] Y allende [89] de la gran sed que el temor de la muerte y la angustia della me puso, y tambien no ser yo de aquel oficio mal maestro, el desatino que yo tenia sin casi [90] saber lo que hazia me ayudo de tal manera [91] que yo beui tanto y de tal suerte me ateste, descansando y tornando a beuer, que senti de la cabeça a los **[f.6v]** pies no quedar en mi triste cuerpo rincon ni cosa que de vino no quedasse llena, y acabado de hazer esto, y la nao hecha pedaços de sumirse con todos nosotros, todo fue vino. [92] Esto seria dos horas despues de amanecido. [93] Quiso Dios que con el gran desatino que vue [94] de me sentir del todo en el mar sin saber lo que hazia, eche mano a mi espada que en la cinta [95] tenia y comence a baxar por mi mar abaxo. Aquella hora vi acudir alli gran numero de pescados [96] grandes y menores de diuersas hechuras, los cuales ligeramente [97] saliendo, con sus dientes de [98] aquellos mis compañeros despedaçauan y los talauan. Lo cual viendo [99] temi que lo mismo harian a mi [100] que a ellos si me estuuiesse con ellos en palabras, [101] y con esto dexe el bracear que los que se anegan hazen pensando con aquello escapar de la muerte, de mas y allende que yo no sabia nadar aunque nade por el agua para abaxo y caminaua cuanto podia mi pesado cuerpo; y començome [103] a [104] apartar de aquella ruin [105] conuersacion, [106] priessa y ruydo [107] y muchedumbre de pescados que al tra- **[f.7r]** -quido que la nao dio acudieron. Pues yendo yo [108] assi baxando por aquel muy hondo pielago senti y vi venir tras mi grande [109] furia de un crecido y gruesso exercito de otros peces, y segun pienso venian ganosos de saber a que yo sabia, [110] y con muy grandes siluos y estruendo se llegaron a querer me asir con sus dientes: yo que tan cercano a la muerte me vi, con la rauia de la muerte sin saber lo que hazia comienço a esgremir [111] mi espada que en la diestra mano lleuaua desnuda, que aun no la auia desamparado, [112] y quiso Dios me sucediesse de tal manera que en un pequeño rato hize tal riça [113] dellos dando a diestro y siniestro que tomaron por partido [114] apartarse de mi algun tanto: y dandome lugar, se començaron a ocupar de se ceuar de aquellos de su misma nacion [115] a quien yo defendiendome auia dado la muerte, lo cual yo sin mucha pena [116] hazia porque como estos animales tengan [117] poca defensa y sus cuberturas menos, en mi mano era matar cuantos queria; y a cabo [118] de un gran rato que dellos me aparte yendome [f.7v] siempre baxando y tan derecho como si lleuara mi cuerpo y pies fixados sobre alguna cosa, llegue a una gran roca que en medio del hondo mar estaua, y como [119] me vi en ella de pies [120] holgue me algun tanto y comence a descansar del gran trabajo y fatiga passada, la cual entonces senti, que hasta alli con la alteracion y temor de la muerte no auia tenido lugar [121] de sentir.

[122] Y como sea comun cosa a los afligidos y cansados respirar, estando sentado sobre la pena di un gran sospiro y caro me costo porque me descuyde y abri la boca que hasta entonces cerrada lleuaua, y como auia ya el vino hecho alguna euacuacion por auer mas de tres horas que se auia embasado, lo que del [123] faltaua trague de aquella salada y desauorida [124] agua, la cual me dio infinita pena rifando [125] dentro de mi con su contrario. Entonces conoci como el vino me auia conseruado la vida pues por estar lleno del hasta la boca no tuuo tiempo el agua de me ofender: [126] entonces vi verdaderamente la Philosophia que cerca [127] desto auia profetizado mi [f.8r] ciego cuando en Escalona me dixo que si a hombre [128] el vino auia de dar vida auia de ser a mi. Entonces tuue gran lastima de mis compañeros que en el mar padecieron porque no me acompañaron en el beuer, que si lo hizieran [129] estuuieran alli comigo, con los cuales yo recibiera alguna alegria. Entonces entre mi llore todos cuantos en el mar se auian anegado y tornaua a pensar, [130] quiça aunque beuieran no tuuieran el teson conueniente, porque no son todos Lazaro de Tormes que deprendio [131] el arte en aquella [132] insigne escuela y bodegones Toledanos con aquellos señores de otra tierra. [133] Pues [134] estando assi passando por la memoria estas y otras cosas, vi que venian do yo estaua un gran golpe [135] de pescados, los unos que subian de lo baxo y los otros que baxauan de lo alto, y todos se juntaron y me cercaron la peña; conoci que venian con mala intencion y con mas temor que gana me leuante con mucha pena y me puse en pie para ponerme en defensa, mas en vano trabajaua porque a esta sazon yo estaua perdido y encallado [f.8v] de aquella mala agua que en el cuerpo se me entro; [136] estaua tan mareado que en pies no me podia tener ni alçar la espada para defender me, [137] y como me vi tan cercano a la muerte, mire si veria [138] algun remedio: pues buscallo [139] en la defensa de mi espada no auia lugar por lo que dicho tengo, y andando por la peña como pude quiso Dios halle en ella una abertura pequeña y por ella me meti, y de que [140] dentro me vi, vi que era una cueua que en la mesma roca estaua y aunque la entrada tenia angosta, dentro auia harta anchura, y en ella no auia otra puerta. [141] Pareciome que el Señor me auia traydo alli para que cobrasse alguna fuerça de la que en mi estaua perdida, y cobrando algun animo bueluo el rostro a los enemigos y puse a la entrada de la cueua la punta de mi espada, y assi mismo comienço con muy fieras estocadas a defender mi omenage. [142] En este tiempo toda la muchedumbre de los pescados me cercaron y dauan muy grandes bueltas y arremetidas en el agua y llegauanse junto a la boca [143] de la cueua: mas [144] algunos que de mas atreui- [f.9r] dos presumian, procurando de me entrar, [145] no les yua dello bien, y como yo tuuiesse puesta la espada lo mas rezio que podia con ambas manos a la puerta, se metian por ella y perdian las vidas: y otros que con furia llegauan herianse [146] malamente: mas no por esto leuantauan el cerco. En esto sobreuino la noche y fue causa que el combate algo mas se afloxo: [147] aunque no por eso dexaron de acometer me muchas veces por ver si me dormia o si [148] hallauan en mi flaqueza.

[149] Pues estando el pobre Lazaro en esta angustia, viendo me [150] cercado de tantos males en lugar tan [151] estraño y sin remedio: considerando como mi buen conseruador el vino *poco a poco me* [152] yua faltando: por cuya falta la salada agua se atreuia, y cada

vez se yua comigo desuergonçando: y que no era possible poder me sustentar siendo mi ser tan contrario de [153] los que alli lo tienen, y que assi mismo cada hora las fuerças *se me yuan, mas faltando* [154] assi por auer gran rato que a mi atribulado [155] cuerpo no se auia dado refecion [156] sino [157] trabajo, como porque el agua digiere [158] y gasta mu- [**f.9v**] cho, ya no esperaua mas de [159] cuando el espada [160] se me cayesse de mis flacas y tremulentas manos, lo cual luego que mis contrarios viessen, executarian en mi muy amarga muerte haziendo sus cuerpos sepultura. Pues todas estas cosas considerando y ningun remedio auiendo, acudi a quien todo buen Christiano deue acudir, encomendando me al que da remedio a los que no le tienen, que es el misericordioso Dios nuestro señor. Alli de nueuo comence a gimir [161] y llorar mis pecados, y a pedir dellos perdon y a encomendarme a el de todo coraçon y voluntad, suplicandole me quisiesse librar de aquella rauiosa muerte, prometiendo le grande enmienda en mi biuir si de dar me la [162] fuesse seruido. Despues torne mis plegarias a la gloriosa santa [163] Maria madre suya, y Señora nuestra prometiendole visitalla en las sus casas de Monserrat y Guadalupe y la pena de Francia. [164] Despues bueluo mis ruegos a todos los santos y santas, especialmente a Santelmo y al [165] Señor sant Amador [166] que tambien passo fortunas en la mar cuajada. Y esto he- [**f.10r**] cho no dexe oracion de cuantas sabia que del ciego auia deprendido que no reze [167] con mucha deuocion, la del conde, la de la emparedada, el justo juez, y otras muchas [168] que tienen virtud contra los peligros del agua. [169] Finalmente el Señor por virtud de su passion, y por los ruegos de los dichos y por lo demas que ante mis ojos tenia, con [170] obrar en mi un marauilloso milagro aunque a su poder pequeño, y fue que estando yo assi sin alma, mareado y medio ahogado de mucha agua que como he dicho se me auia entrado a mi pesar, y assi mismo encallado y muerto de frio de la frialdad que mientras mi conseruador en sus treze estuuo [171] nunca auia sentido, trabajado y hecho pedaços mi triste cuerpo de la congoxa y continua persecucion, [172] y desfallecido del no comer, adesora [173] senti mudarse mi ser de hombre quiera [174] no me cate, cuando me vi hecho pez ni mas ni menos y de aquella propia [175] hechura y forma que eran los que cerrado [176] me auian tenido y tenian. A los cuales luego que en su figura fuy tornado conoci que eran Atunes, [177] entendi como enten- [**f.10v**] dian en [178] buscar mi muerte, y dezian. Este es el traydor de nuestras sabrosas y sagradas aguas enemigo, este es nuestro aduersario y de todas las naciones de pescados que tan executiuamente [179] se ha auido con [180] nosotros desde ayer aca hiriendo y matando tantos de los nuestros, no es possible [181] que de aqui vaya: mas venido el dia tomaremos del vengança. Assi oya yo la sentencia que los señores estauan dando contra el que ya hecho Atun como ellos estaua. Despues que un poco estuue descansando y refrescando en el agua, tomando aliento y hallando me tan sin pena y passion [182] como cuando mas sin ella estuue, lauando mi cuerpo de dentro y de fuera en aquella agua que al presente y dende [183] en adelante muy dulce y sabrosa halle, mirandome a una parte y a otra por ver si veria [184] en mi alguna cosa que no estuuiesse conuertido [185] en Atun, estando me en la cueua muy a mi plazer, pense si seria bien estarme alli hasta que el dia viniesse, mas vue miedo me conociessen y les fuesse manifiesta mi conuersion; por otro cabo [186] temia [**f.11r**] la salida por no tener confiança de [187] mi si me entenderia con ellos, y les sabria responder a lo que me interrogassen, y fuesse esto causa de descubrirse mi secreto, que aunque los entendia y me veya de su hechura, tenia gran miedo de verme entre ellos. [188] Finalmente acorde que lo mas seguro era [189] me hallassen alli, porque ya que [190] no me tuuiessen por dellos, [191] como no fuese hallado Lazaro de Tormes pensarian yo auer sido en [192] salualle y me pedirian [193] cuenta del: por lo cual me parecio que saliendo antes del dia y mezclandome con ellos, con ser tantos poruentura [194] no me echarian de ver ni me hallarian estraño, y como lo pense, assi lo puse por obra.

CAP. III [1] *Como Lazaro de Tormes hecho Atun salio de la cueua y como le tomaron las centinelas [2] de los Atunes y lo lleuaron ante [3] el General.*

EN saliendo, Señor, que sali [4] de la roca quise luego [5] prouar la lengua, y comence a grandes vozes a dezir muera muera aun que a penas auia acabado estas palabras cuando [f.11v] acudieron las centinelas que sobre el pecador de Lazaro estauan, y llegados a mi me preguntan quien viua. [6] Señor, [7] dixe yo, viua el pece [8] y los ilustrissimos Atunes; pues porque das las bozes? me dixeron, que has visto o sentido en nuestro aduersario que assi nos alteras? de que Capitania eres? Señor, yo les dixe me pusiessen ante el Señor de los Capitanes, [9] y que alli sabrian lo que preguntauan. Luego el uno [10] destos Atunes mando a diez dellos me lleuassen al general y el se quedo haziendo la guarda con mas de diez mil Atunes. Holgaua infinito de verme entender con ellos y dixe entre mi. El que me hizo [11] esta gran merced ninguna hizo coxa. Assi caminamos y llegamos ya que [12] amanecia al gran exercito, do auia juntos tan gran numero de Atunes que me pusieron espanto; como conocieron a los que me lleuauan dexaron nos passar y llegados al aposento del general uno de mis guias haziendo su acatamiento conto en que manera y en el lugar do me auian hallado, y que siendome preguntado por su Capitan Licio quien yo era, auia [f.12r] respondido que me pusiessen ante el general, y por esta causa me trayan ante su grandeza. El Capitan general era un Atun auentajado de los otros en cuerpo y grandeza, el cual me pregunto quien era y como me llamauan [13] y en que Capitania estaua y que era lo que pedia, pues pedi ser ante el traydo? [14] A esta sazon yo me halle confuso y ni sabia dezir mi nombre, aunque auia sido bien baptizado, [15] excepto si dixera ser Lazaro de Tormes. Pues dezir de donde ni de que Capitania tan poco [16] lo sabia por ser tan nueuamente transformado, y no tener noticia de las mares ni conocimiento de aquellas grandes compañas, [17] ni de sus particulares nombres, por manera que dissimulando [18] algunas de las preguntas que el general me hizo respondi yo y dixe. Señor, siendo tu [19] grandeza tan valeroso [20] como por todo el mar se sabe, gran poquedad me parece que un miserable hombre se defienda de tan gran valer y poderoso exercito, y seria menos carnal [21] mucho su estado, y el gran poder de los Atunes. Y digo, pues yo soy tu subdito y estoy a tu mandado, [22] y de [f.12v] tu [23] vandera, [24] profiero [25] a ponerte en poder de sus armas y despojo, y sino lo hiziere que mandes hazer justicia cruel de mi, aunque por si o por no, no me ofreci a darle a Lazaro [26] por no ser tomado en mal latin. [27] Y este punto no fue de latin, sino de letrado moço de ciego. Vuo desto el general gran plazer por ofrecerme a lo que me ofreci, y no quiso saber de mi mas particularidades, mas luego respondio y dixo. Verdad es que por escusar muertes de los mios *esta determinado tener cercado* [28] aquel traydor y tomalle por hombre, [29] mas si tu te atreues a entralle como dizes, serte ha [30] muy bien pagado, aunque me pesaria si por hazer tu por nuestro Señor el Rey [31] y mi, [32] tomasses [32bis] muerte en la entrada como otros han hecho, porque yo precio mucho a los mis [33] esforçados Atunes, y a los que con mayor animo veo querria guardar mas como buen capitan deue hazer. Señor, respondi yo, no tema tu illustrissima excelencia mi peligro que yo pienso lo efectuar sin perder gota de sangre. Pues si assi es el seruicio es grande, y te lo pienso [f.13r] bien gratificar, y pues el dia se viene yo quiero ver como cumples lo que has prometido. Mando luego a los que tenian cargo que mouiessen[34] contra el lugar donde el enemigo estaua, y esto fue admirable cosa de ver mouer un campo[35] pujante y caudaloso, que cierto nadie lo viera a quien no pusiesse espanto. El capitan me puso a su lado, preguntandome la manera que pensaua tener[36] para entralle, yo se la dezia fingiendo grandes maneras y ardides, y hablando llegamos a las centinelas que algo cerca de la cueua o roca estauan. Y Alicio[37] el capitan el cual me auia embiado al general estaua con toda su compañia bien a punto, teniendo de todas partes cercada la cueua, mas no por esso que ninguno se osasse llegar a la boca della, porque el general lo auia embiado a mandar[38] por euitar el daño que Lazaro hazia y porque al tiempo que yo fuy conuertido en Atun quedose la espada puesta a la puerta de la cueua de aquella manera que la tenia cuando era hombre, la cual los Atunes veyan temiendo que el rebelado la tenia, y estaua tras la puerta. Y como llegamos yo dixe al general mandas[39] [**f.13v**] se retraer los que el sitio tenian[40] y que assi el como todos se apartassen de la cueua: lo cual fue hecho luego. Y esto hize yo porque no viessen lo poco que auia que hazer en la entrada. Yo me fuy solo y dando muy grandes y prestas bueltas en el agua, y lançando por la boca grandes espadañadas[41] della. En tanto que yo esto hazia andaua entre ellos de hocico en hocico[42] la nueua como yo me auia ofrecido de entrar al negocio, y oya dezir el morira como otros tan buenos y osados han hecho. Dexadle que presto veremos su argullo[43] perdido. Yo fingia que dentro auia defensa y me echauan estocadas como aquel que las auia echado,[44] *y fuya el cuerpo a una y otra parte*.[45] Y como el exercito estaua desmayado, no tenian[46] lugar de ver que no auia que ver, tornaua otras vezes a llegarme a la cueua y acometella con gran impetu y a desuiarme como antes. Y assi anduue un rato fingiendo pelea, todo por encarecer la cura.[47] Despues que esto hize algunas vezes algo desuiado de la cueua comienço a dar grandes bozes porque[48] el general y exer- [**f.14r**] cito me oyessen, y a dezir. O mezquino hombre, piensas que te puedas[49] defender del gran poder de nuestro gran rey y Señor, y de su valeroso y gran Capitan, y de los de su pujante exercito? Piensas passar sin castigo de tu gran osadia, y de las muchas muertes que por tu causa se han hecho en nuestros amigos y deudos? Date, date a prision al insigne y gran caudillo, poruentura aura de ti merced. Rinde, rinde las armas que te han valido, sal del lugar fuerte do estas que poco te ha de aprouechar, y mete te en poder del que ningun poder en el gran mar yguala. Yo que estaua como digo dando estas bozes todo para almohaçar[50] los oydos al mandon,[51] como hazer se suele por ser cosa de que ellos toman gusto, llega a mi un Atun, el cual me venia a llamar de parte del general; yo me vine[52] para el, al cual y a todos los mas del exercito halle finados[53] de risa. Y era tanto el estruendo y ronquidos que en el reyr hazian que no se oyan unos a otros; como yo llegue espantado de tan gran nouedad, mando el Capitan general que todos callassen, y [**f.14v**] assi vuo algun silencio, aunque a los mas les tornaua a arrebentar[54] la risa y al fin con mucha pena oy al general que me dixo: Compañero si otra forma no teneys en entrar la fuerça[55] a nuestro enemigo que la de hasta aqui, ni tu cumpliras tu promessa ni yo soy cuerdo en estarte esperando, y mas que solamente te he visto acometer la entrada y no has osado entrar, *mas[56] de verte poner con eficacia[57] en persuadir a nuestro aduersario lo que deue de hazer cualquiera*.[58] Y esto al parecer mio y de todos estos, tenias bien escusado de hazer, y nos parece tiempo muy mal gastado, y palabras muy dichas a la llana, porque ni lo que pides ni lo que has dicho en mil años lo podras cumplir, y desto nos reymos y es muy justa nuestra risa ver[59] que estas con el platicando como si fuesse otro tu, y en esto tornaron a su gran reyr. Y yo cay en mi gran necedad, y dixe entre mi: si Dios no me tuuiesse guardado para mas bien de ver estos necios lo poco y malo que yo se usar de Atun, caerian en que si tengo el ser, no el natural.[60] Con todo quise reme- [f.15r] diar mi yerro y dixe. Cuando hombre, Señor, tiene gana de efectuar lo que piensa, acaecele lo que a mi. Alça el capitan y todos otra mayor risa, y dixome. Luego hombre eres tu. Estuue por responder tu dixiste.[61] Y cabia bien, mas vue miedo que en lugar de rasgar su vestidura se rasgara mi cuerpo.[62] Y con esto dexe las gracias para otro tiempo mas conueniente. Yo viendo que a cada passo dezia mi necedad, y pareciendome que a pocos de aquellos xaques podria ser mate,[63] comenceme a reyr con ellos, y sabe Dios que regañaua[64] con muy fino miedo que a aquella sazon tenia. Y dixele. Gran Capitan no es tan grande mi miedo como algunos lo hazen, que como yo tenga contienda con hombre[65] va se la lengua a lo que piensa el coraçon, mas ya me parece que tardo en cumplir mi promesa, y en darte vengança de nuestro contrario, con tanto[66] con tu licencia quiero boluer a dar fin a mi hecho. Tu la tienes, me dixo. Y luego muy corrido y temeroso de tales acaecimientos me bolui a la peña, pensando como me conuenia estar mas sobre el auiso [f.15v] en mis hablas. Y llegando a la cueua, acaeciome un acaecimiento,[67] y tornandome a retraer muy de presto me junte del todo a la puerta, y tome[68] en[69] la boca la[70] que otras vezes en la mano tomaua, y estuue pensando que haria, si entraria en la cueua, o yria a dar las armas a quien las prometi. En fin pense[71] si entrara poruentura seria acusado de ladronicio,[72] diziendo. Auella[73] yo comido, pues no auia de ser hallado, el cual era caso feo y digno de castigo. En fin bueluo al exercito, el cual ya mouia en mi socorro porque me auia visto cobrar la espada, y aun por mostrar yo mas animo cuando la cobre de sobre[74] la pared que a la boca de la cueua estaua, esgremi[75] torciendo el hocico, y a cada lado hize con ella casi como un[76] reues. Llegando al General,[77] humillando la cabeça ante el, teniendo como pude el espada por la empuñadura en mi boca: dixe. Gran Señor veys aqui las armas de nuestro enemigo, de oy no ay mas[78] que temer la entrada pues no tiene con que defenderla. Vos lo aueys hecho como valiente Atun, y [f.16r] sereys gualardonado[79] de[80] tan gran seruicio, y pues con tanto esfuerço, y osadia ganastes la espada, y me parece os sabreys aprouechar della mejor que otro, tenedla hasta que tengamos en poder este maluado. Y luego llegaron infinitos Atunes a la boca de la cueua, mas ninguno fue osado de entrar dentro porque temian no le quedasse puñal. Yo me preferia[81] ser el primero de la escala[82] con tal que luego me siguiessen y diessen fauor,[83] y esto pedia porque vuiesse testigos de mi innocencia, mas tanto era el miedo que a Lazaro auian[84] que nadie queria seguirme, aunque el General prometia grandes dadiuas al que comigo segundasse.[85] Pues estando assi dixo me el gran Capitan que me parecia que hiziesse pues ninguno me queria ser compañero en aquella peligrosa entrada. Y yo respondi: Que por su seruicio me atreueria a entrar la solo si me asegurassen la puerta,[86] que no temiessen de ser[87] comigo. El dixo que assi se haria, y que cuando[88] los que alli estuuiessen no osassen que el me prometia seguirme. Entonces llego el Capitan Licio, y dixo: Que [f.16v] entraria tras mi. Luego comienço a esgremir mi espada a un cabo y a otro de la cueua, y a echar con ella muy fieras estocadas, y lanço me dentro diziendo a grandes bozes. Victoria, victoria, Biua el gran mar, y los grandes moradores del, y mueran los que habitan la tierra. Con estas bozes, aunque mal formadas, el capitan Licio que ya dixe me siguio y entro luego tras mi, el cual aquel dia estrañamente[89] se señalo y cobro comigo mucho credito en velle tan animoso y auentajado de los otros; y a mi pareciome que un testigo no suele dar fe y no quitandome de la entrada comienço a pedir socorro, mas por demas era mi llamar, que maldito el que se osaua aun allegar. Y no es de tener a mucho porque en mi conciencia[90] lo mismo hiziera yo, si pensara lo que ellos, para que es sino dezir la verdad, mas entraua me como por mi casa, sabiendo que un caracol[91] dentro no estaua. Comence a animallos diziendoles. O poderosos, grandes y valerosos Atunes, do esta vuestro esfuerço y osadia el dia de oy, que cosa se os ofre- **[f.17r]** cera en que ganeys tanta honrra, verguença, verguença. Mirad que vuestros enemigos os ternan[92] en poco siendo sabidores[93] de vuestra poca osadia. Con estas y otras cosas que les dixe, aquel gran capitan mas con verguença que gana, bien espaciosamente[94] entro dando muy grandes bozes. Paz, paz, en lo[95] cual bien conoci que no las[96] traya todas[97] consigo, pues en tiempo de tanta guerra pregonaua paz; desque[98] fue entrado mando a los de fuera que entrassen, los cuales pienso yo que entraron con harto poco esfuerço,[99] mas como no vieron al pobre Lazaro, ni defensa alguna, aunque hartos golpes de espada daua yo por aquellas peñas, quedaron confusos, y el general corrido de lo poco que acorrio al socorro mio, y de Licio.

CAP. IIII.[1] *Como despues de auer Lazaro con todos los Atunes entrado*[2] *en la cueua, y no hallando a Lazaro sino a*[3] *los vestidos, entraron tantos que se pensaron ahogar,*[4] *y el remedio que Lazaro dio.*

[f.17v] MIrada bien la cueua hallamos los vestidos del esforçado Atun Lazaro de Tormes porque fueron del apartados cuando en pez fue buelto, y cuando los vi toda via temi, si poruentura estaua dentro dellos mi triste cuerpo y el alma sola[5] conuertida en Atun. Mas quiso Dios no me halle, y conoci estar en cuerpo y alma buelto en pescado. Huelgo me[6] porque toda via[7] sintiera pena y me dolieran mis carnes viendolas despedaçadas y tragar[8] a aquellos que con tan buena voluntad lo hizieran, y yo mismo lo hiziera por no diferenciar[9] de los de mi ser y dar con esto causa a ser sentido. Pues estando assi el capitan general y los otros atonitos a cada parte[10] mirando y recatandose[11] temiendo, aunque desseando encontrar con el que encontrauan,[12] despues de bien rodeada y buscada[13] la pequeña cueua el Capitan general me dixo, que[14] me parecia de aquello, y de no hallar alli nuestro aduersario. Señor, le respondi. Sin duda yo pienso este no ser hombre, sino algun demonio que tomo su forma para nuestro daño: porque quien nunca vio, ni oyo de- **[f.18r]** zir[15] un cuerpo humano sustentarse sobre el agua tanto tiempo, ni que hiziesse lo que este ha hecho, y al cabo teniendole en un lugar encerrado como este, y con estar aqui y tan cercado,[16] auerse nos ydo[17] ante nuestros ojos; cuadrole esto que dixe: y estando hablando en esto, sucedionos otro gran peligro y fue que como començassen a entrar en la cueua los Atunes que fuera estauan, dieronse[18] tanta priessa viendose ya libres del contrario, y por auer parte del saco[19] del y vengarse de las muertes que auia hecho de sus deudos y amigos, que[20] cuando miramos estaua la cueua tan llena que desde el suelo hasta arriba no metieran un alfiler que no fuesse todo Atunes, y assi atocinados[21] unos sobre otros nos ahogauamos todos, porque como tengo dicho el que entraua no se tenia por contento hasta llegar a do el general estaua pensando se repartia la presa. Por manera que vista la necessidad y el gran peligro[22] que estauamos, el General me dixo. Esforçado compañero, que medio ternemos para salir de aqui con vida pues vees[23] como va creciendo el peli- **[f.18v]** gro, y todos casi estamos ahogados? Señor, dixe yo, el mejor remedio seria, si estos que cabe[24] nos[25] estan pudiessen darnos lugar, y que yo pudiesse tomar la entrada desta cueua y defender la con mi espada para que mas no entrassen, y los entrados saldrian, y nosotros con ellos sin peligrar.[26] Mas esto es imposible por auer tanta multitud de Atunes que sobre nosotros estan[27] y auras de ver como no por esso se ha de escusar que no entren mas, porque el que esta fuera piensa que los que estamos aca dentro estamos repartiendo el despojo y quieren su parte; un solo remedio veo y es si por escapar vuestra excelencia tiene por bien que algunos destos mueran, porque para ya[28] hazer lugar no puede ser sin daño. Pues[29] assi es *guarda la cara al basto*[30] y triunfa de todos essos otros.[31] Pues Señor le respondi quedays como poderoso,[32] Señor sacadme a[33] paz y a saluo deste hecho, y que en ningun tiempo me venga por ellos[34] mal. No solo no te vendra mal dixo el, mas te prometo te vendra[35] por lo que hizieres grandes bienes, que en tales **[f.19r]** tiempos es gran bien del exercito que el caudillo se salue, y querria mas una escama que los subditos. O capitanes dixe yo entre mi, que poco caso hacen de las vidas agenas por saluar las suyas, cuantos deuen de hazer lo que este haze.[36] Cuan diferente es lo que estos hazen a lo que oy[37] dezir que auia hecho un Paulo Decio noble capitan Romano, que conspirando los latinos[38] contra los Romanos, estando los exercitos juntos para pelear, la noche antes que la batalla se diesse, soño[39] el[40] Decio que estaua constituydo por los dioses que si el moria en la batalla que los suyos vencerian y serian saluos, y si el se saluaua, que los suyos auian de morir. Y lo primero que procuro començando la batalla fue ponerse en parte tan peligrosa que no pudiesse escapar con la[41] vida, porque los suyos la vuiessen, y assi la vuieron.[42] Mas no le seguia[43] en esto el nuestro general Atun. Despues viendo yo la seguridad que me daua, digo la seguridad y aun la necessidad que de hazello auia, y el aparejo[44] para me vengar del mal tratamiento y estrecho[45] en que aquellos **[f.19v]** malos[46] y peruersos Atunes me auian puesto, comienço a esgremir mi espada lo mejor que pude y a herir a diestro y a siniestro, diziendo. Fuera, fuera atunes mal comedidos[47] que ahogays a nuestro capitan, y con esto a unos de reues, a otros de tajo, a vezes de estocada, en muy breue hize diabluras, no mirando ni teniendo respecto[48] a nadie excepto al capitan Licio, que por verle de buen animo en la entrada de la cueua me aficione a el y le ame y guarde, y no me fue dello mal, como adelante se dira. Los que estauan dentro de la cueua como vieron la matança comiençan a desembaraçar la posada,[49] y con cuanta furia entraron, a mayor salieron. Y como los de fuera supiessen la nueua y viessen salir a algunos descalabrados, no procuraron[50] entrar, y[51] assi nos dexaron solos con los muertos, y me puse a la boca de la cueua, y desde alli empieço a echar muy fieras estocadas. Y a mi parecer tan señor de la espada me vi teniendo la con los dientes, como cuando la tenia con las manos. Despues de auer descansado del trabajo y ahogamiento, el bueno de nuestro gene- **[f.20r]** ral y los que con el estauan, comiençan a soruer de aquella agua que a la sazon en sangre estaua buelta,[52] y assi mismo a despedaçar y comer los pecadores Atunes que yo auia muerto, lo cual viendo, comence a tenelles compañia[53] haziendome nueuo[54] de aquel manjar que[55] ay[56] le auia comido algunas vezes en Toledo mas no tan fresco como alli se comia. Y assi me harte de muy sabroso pescado no impidiendo me las grandes amenazas que los de fuera me hazian por el daño que auia hecho en ellos. Y ya que al General parecio, nos salimos fuera con auisalle[57] de la mala intencion que los de fuera contra mi tenian,[58] por tanto que su excelencia proueyesse en[59] mi seguridad. El como salio contento y bien harto, que dicen que es la mejor hora para negociar con los señores, mando pregonar *que los que en dicho ni en hecho fuessen contra el Atun estrangero que muriessen por ello*,[60] y ellos y sus sucessores fuessen auidos y tenidos por traydores, y sus bienes confiscados a la real camara, por cuanto si el sobredicho Atun hizo daño en ellos, **[f.20v]** fue por ser ellos rebeldes y auer passado[61] el mandamiento de su capitan, y puesto le por su mal mirar a punto de muerte, y con esto todos vuieron por bien que los muertos fuessen muertos, y los viuos tuuiessemos paz; hecho esto el capitan hizo llamar todos los otros capitanes, maestres de campo, y todos los demas oficiales señalados que tenian cargo del exercito, mando que los que no auian entrado en la cueua entrassen y repartiessen entre si el despojo que hallassen, lo cual breuemente fue hecho, y tantos eran que aun[62] bocado de Atun no les cupo. Despues de salidos, porque pareciesse a todos hazian participantes, pregonaron saco a todo el exercito, del cual fue hecho cumplimiento[63] a todos los atunes comunes, porque maldita la cosa en la cueua auia sino fuesse alguna gota de sangre, y los vestidos de Lazaro. Aqui passe yo por la memoria la crueldad destos animales, y cuan diferente es la benigna condicion de los hombres a la dellos. Porque puesto caso que[64] en la tierra alguno se allegasse a comer algo de lo [**f.21r**] de su proximo, el[65] cual pongo en duda auer mayormente el dia de oy, por estar la conciencia mas alta que nunca, a lo menos no ay tan desalmado que a su mismo proximo coma. Por tanto los que se quexan en la tierra de algunos desafueros, y fuerças[66] que les son hechos, vengan, vengan a la mar, y veran como es pan, y miel lo de alla.

CAP. V.[1] *En que cuenta Lazaro el ruyn[2] pago que le dio el General de los Atunes por su seruicio, y de su amistad con el capitan Licio.*

PUes tornando a lo que haze al caso otro dia[3] el General mismo me aparto en su aposento,[4] y dixo. Esforçado[5] y valeroso Atun estraño, yo he acordado te sean gualardonados tan buenos seruicios y consejos, por que si los que como tu siruen no son gualardonados, no se hallarian en los exercitos quien a los peligros se auenturasse, porque me parece[6] en pago dello ganes nuestra gracia, y te sean perdonadas las valerosas muertes que en la cueua en nuestras compañas he- [**f.21v**] zistes,[7] y en memoria del seruicio que en librarme de la muerte me has hecho, posseas y tengas por tuya propia[8] essa espada del que tanto daño nos hizo, pues tan bien della te sabes aprouechar, con apercibimiento que si con ella hizieres contra nuestros subditos y naturales de nuestro señor el rey alguna violencia, mueras por ello, y con esto me parece no vas mal pagado, y de oy mas puedes te boluer do eres natural, y mostrandome no muy buen semblante se metio entre los suyos y me dixo.[9] Quede tan atonito cuando oy lo que dixo, que casi perdi el sentido, porque pensaua[10] por lo menos me auia de all hazer un grande hombre, digo Atun, por lo que auia hecho, dando me cargo perpetuo en un gran señorio en el mar, segun me auia ofrecido. O Alexandre dixe entre mi, repartiades y gastauades vos las ganancias ganadas con vuestro exercito y caualleros,[12] o lo que auia oydo de Cayo[13] Fabricio Capitan Romano, de que manera gualardonaua y guardaua la corona para coronar a los primeros que se auenturauan a entrar los palenques,[14] y tu Gonça- [**f.22r**] lo Hernandes[15] gran capitan Español, otras mercedes heziste a los que[16] semejantes cosas en seruicio de tu rey, y en aumento de tu honrra se señalassen. *Todos los que te siruieron, y siguieron, a cuantos del poluo de la tierra le[17] leuantaste y valerosos[18] y ricos heziste*[19] Como[20] este mal mirado Atun comigo lo hizo haziendome merced de la que en Çocodouer me auia costado mis tres reales y medio.[21] Pues oyendo esto consuelen se los que en la tierra se quexan de señores, pues hasta en el hondo mar se usan las cortas mercedes de los señores. Estando yo assi pensatiuo y triste, conociendome lo el capitan Licio llegose a mi dixome: los que confian en algunos señores y capitanes, assi como a ti acaece, que estando en necessidad hazen promessas, y salidos dellas no se acuerdan de lo prometido.²² Yo soy buen testigo de todo tu buen esfuerço, y de todo lo que valerosamente has hecho, como quien a tu lado se hallo y veo el mal pago que de tus proezas lleuas, y el gran peligro en que estas, por que quiero que sepas que muchos destos que ante ti tienes, [**f.22v**] estan entre si concertando tu muerte, por tanto no te partas²³ de mi compañia que de aqui²⁴ te doy fe como hijo dalgo de te fauorecer con todas mis fuerças, y con las de mis amigos en cuanto pueda, pues seria muy gran perdida perderse un tan valeroso y señalado pece como tu. Yo le respondi grandes gracias por la voluntad que me mostraua y acepte la merced y buena obra que me hazia, y²⁵ ofreciendome a seruille en tanto que viuiesse,²⁶ y con esto el fue muy contento y llamo hasta²⁷ quinientos²⁸ Atunes de su compañia, y mandoles que dende en adelante tuuiessen cargo de me acompañar y mirar por mi como por el mismo, y assi fue que estos jamas de dia ni de noche de mi se apartauan, y con gran voluntad, que²⁹ estos no era mucho que me desamassen. Y no pienso que de los otros auia en el exercito quien no me tuuiesse gran voluntad, porque les parecio aquel dia *del combate que me señale o di a*³⁰ conocer gran valentia y esfuerço en mi. Desta manera trauamos el capitan Licio y yo amistad, la cual nos mostramos como adelante dire. Deste [**f.23r**] supe yo muchas cosas y costumbres de los habitadores del mar, *los nombres de los cuales y muchas prouincias, reynos y señorios del, y de los señores que los posseyan*.³¹ Por manera que en pocos dias me hize tan pratico³² que a los nacidos en el hazia ventaja y daua mas cuenta y relacion de las cosas que ellos mismos. Pues en este tiempo nuestro campo se deshizo, y el General mando que cada capitania y compañia se fuesse a su alojamiento, y dende a dos lunas³³ fuessen todos los capitanes juntos en³⁴ la corte, porque el Rey lo auia assi embiado a mandar. Apartamos nos³⁵ mi amigo y yo con los de su compañia que serian a mi ver hasta diez mil Atunes, entre los cuales auia poco mas que³⁶ diez hembras, y estas eran Atunas del mundo, que entre la gente de guerra suelen andar a ganar la vida.³⁷ Aqui vi el arte y ardid que para buscar de comer tienen estos pescados, y es que se derraman³⁸ a una parte y a otra, y se hazen en cerco grande de mas de una legua en torno, y desque los unos de una parte se han juntado con los de la otra bueluen [**f.23v**] los rostros unos para otros y se tornan a juntar y todo el pescado que en medio toman³⁹ muere a sus dientes. Y assi caçan una o dos veces al dia segun como acaecen⁴⁰ a salir. Desta suerte nos hartauamos de muchos y sabrosos pescados como eran Pajeles, Bonitos, Agujas y otros infinitos generos de peces *y haziendo verdadero el prouerbio que dizen que el pece grande come al mas pequeño,⁴¹ porque si acontecia*⁴² en la redada coger algunos mayores que nosotros, luego les dauamos carta de guia,⁴³ dexauamos salir sin ponernos con ellos en barajas,⁴⁴ excepto que⁴⁵ si querian ser con nosotros y ayudarnos a matar y comer conforme al dicho que quien no trabaja, que no coma.⁴⁶ Tomamos una vez entre otros pescados ciertos Pulpos, al mayor de los cuales yo reserue⁴⁷ la vida y tome por esclauo, y hize mi page de espada, y assi no traya la boca embaraçada ni pena con ella, porque mi page rebuelto⁴⁸ por los anillos una de sus muchas colas⁴⁹ la traya a su plazer, y aun parecio me a mi que se usava⁵⁰ y pompeaua con ellas.⁵¹ Desta suerte caminamos ocho soles⁵² que lla- [**f.24r**] man en el mar a los dias, al cabo de los cuales llegamos a do mi amigo y los de su compañia tenian sus hijos y hembras, de las cuales fuymos recebidos⁵³ con mucho plazer, y cada cual con su familia se fue a su albergue, dexandome a mi y al capitan en el suyo. Entrados que fuymos en la posada del señor Licio dixo a su hembra. Señora, lo que deste viaje traygo, es auer ganado por amigo este gentil Atun que aqui veys, la cual ganancia tengo en mucho, por tanto os ruego sea de vos festejado, y hecho aquel tratamiento que a mi hermano hazer soliades, porque en ello me hareys singular plazer. *Esta era una muy hermosa Atuna y de mucha autoridad respondio*.[54] Por cierto[55] señor esso se hara como mandays, y si falta vuiere[56] no sera de voluntad. Yo me humille ante ella suplicando la me diesse las manos para se las besar, sino que[57] plugo a Dios se lo dixe algo passo,[58] y no se hecho[59] de ver y no oyeron mi necedad. Dixe entre mi, maldito sea mi descuydo[60] que pido para besar las manos a quien no tiene sino cola; la Atuna me dio una hoci- [**f.24v**] cada amorosa rogandome me leuantasse, y assi fuy recibido muy bien, y ofreciendome a su seruicio, fuy della muy bien respondido como de una muy honrrada dueña. Y desta manera estuuimos alla algunos dias, y muy a nuestro plazer, y yo muy bien tratado destos señores, y seruido de los de su casa. En este medio[61] yo mostre[62] al capitan esgremir no lo auiendo en mi vida aprendido, y[63] hizose de la espada muy diestro lo cual el preciaua mucho, y assi mismo a un hermano suyo que auia nombre[64] Melo, tambien muy ahidalgado Atun. Pues estando yo una noche en mi reposo pensando la muy buena amistad que en este pece mi Amigo tenia, desseando se le ofreciesse algo en[65] que le pudiesse pagar parte de lo mucho que le deuia, vinome al pensamiento un gran seruicio que le podia hazer, y luego a la mañana lo comunique con el, lo cual el tuuo en lo que fue justo, pues le valio tanto como adelante dire; y fue el caso que viendo le yo tan aficionado a las armas le dixe que el deuia embiar[66] a aquella parte donde fue nuestro de- [**f.25r**] sastre, y que alli se hallarian muchas espadas, lanças, puñales, y otras maneras de armas, y que truxessen todas las que pudiessen traer, que yo queria tonar cargo de mostrar aquella nuestra compaña y hazellos diestros y si aquello auia efecto su[67] compañia seria la mas pujante y valerosa de todas, y de quien[68] el rey y todo el mar mas caso haria, porque ella sola valdria mas que todas las otras juntas, y que desto le redundaria a el mucha honrra y ganancia. Pareciole consejo de buen amigo, y mucho me lo agradecio, y luego executando el auiso enbio a su hermano Melo con hasta seys mil Atunes, los cuales con toda breuedad y buena diligencia vinieron trayendo infinitas espadas y otras armas muchas, de las cuales gran parte venian tomadas del orin, y deuian ser de cuando el poco venturoso don Yugo[69] de Moncada passo otra tormenta en este passo.[70] Las armas venidas fueron repartidas en[71] los Atunes que mas habiles nos parecieron y el capitan por un cabo, y su hermano por otro, y yo era[72] como sobre maestro[73] a quien venian con las dudas, [**f.25v**] no entendiamos en otra cosa sino en mostrarse las a tener y esgremir con ellas, y a[74] que supiessen echar su reues, y tajo, y fina estocada; a los demas que nos parecio, diose cargo para caçar y buscar de comer. A las hembras hezimos entender en limpiar las armas con una gentil inuencion que yo di, y fue que las sacassen y metiessen en los lugares que tuuiessen arena hasta que se parassen[75] lucias.[76] De manera que puestos todos a punto quien viera aquel pedaço de mar, le pareciera una gran batalla en el agua. A cabo de algunos dias muy pocos de los Atunes armados auia que no se tuuiesse por otro Aguirre el diestro.[77] Entramos en consejo, y fue acordado hiziessemos con los Pulpos perpetua liga y amistad, de[78] que se viniessen a viuir con nosotros porque nos siruiessen con sus largas faldas[79] de Talauartes,[80] y assi se hizo, y holgaron dello, porque los tuuiessemos por amigos, y los mantuuiessemos. Los cuales como dixe sin pena nos podian seruir; y en este tiempo se cumplio el plazo de los dos meses en[81] cabo de los [**f.26r**] cuales el Capitan general mando que fuessen todos juntos los capitanes en la corte. Y Licio se empeço a poner a punto para la yda, y entre el y mi se platico si seria bien yr me yo con el a la corte,

y *besar las manos al Rey*,[82] y que tuuiesse noticia de mi; hallamos no ser buena la
voluntad que mostro el General, y que seria inconueniente por auer me expressamente
mandado me fuesse a mi tierra, por lo cual despues de platicado bien el negocio, estando
presentes a la platica Melo hermano del capitan Licio de muy buen ingenio, y la hermosa
y no menos sabia Atuna su hembra, fue el parecer de todos[83] por el presente que yo
me quedasse alli en su compañia, porque el acordo de yr a la ligera, y lleuar pocos de
los suyos, y que despues que el llegasse alla informaria al rey de mi, y del gran valor
mio, y que como el rey le respondiesse, assi haria lo que fuesse bien. Con este acuerdo
el buen Licio se partio con hasta mil Atunes, y quedamos su hermano Melo, y yo con
los de mas en el aposento. Y al tiempo que de mi se despidio apartan- **[f.26v]** dome
me dixo. Verdadero amigo hago os[84] saber, que voy muy triste por un sueño que esta
noche soñe, quiera Dios no sea verdad, mas si por mi desuentura saliere verdad ruego
os, os ayais[85] como bueno, y os acordeys de lo que en voluntad me soys en cargo.[86]
y no querays de mi mas saber, porque ni a vos ni a mi conuiene; yo le rogue mucho
se aclarase como, y no quiso, antes como estaua ya despedido de su dueña, y de su
hermano, y de los demas, dandome con el hocico se fue no alegre, dexando me a mi
muy triste y confuso. Pense muchos y varios pensamientos sobre aquel caso, y en uno
dellos hize algun assiento diziendo: Poruentura este a quien tanto deuo deue pensar que
la hermosura de su[87] Atuna, que las mas vezes con la mucha honestidad no se abraça,
me cegara para que no vea lo que el mar *varia tan gran maldad*.[88] Mas esta buena ley
el dia de oy esta corrupta y en el mar deue de ser lo mismo y no es mucho. Passe yo por
la memoria muchas cosas en este caso, y pareciome preuenir el remedio para que el se
[f.27r] assegurasse, y mi lealtad no padeciesse, y fue[89] llegados ante la[90] capitana Atuna
yo y su cuñado,[91] despues de auer la algun tanto consolado del pesar que la partida de su
marido le causaua, mayormente en ver la tristeza que Licio lleuaua *aunque tambien[92]
a mi y a ella se lo encubrio al tiempo que della se despidio,*[93] yo le dixe a Melo que yo
desseaua ser su huesped si el por bien lo tenia, porque para estar en compañia de hembras
era mal regozijado,[94] y antes causaria a su merced tristeza, que seria en quitarsela. Ella
me fue mucho a la mano,[95] diziendo: Que si algun consuelo pensaua tener era por estar
yo en su poder y posada, sabiendo el grande amor que su marido me tenia, y que assi al
tiempo que della se partio no le dio mayor cargo que el cuydado que de mi auia de tener,
aunque yo no pense lo que era, antes distauan nuestros pensamientos;[96] al fin como a
mi se me auian assentado los negros zelos aun como Atun, que poruentura auia passado
por ellos con la mi Eluira,[97] y mi amo el Arcipreste, nunca se pudo comigo aca- **[f.27v]**
bar[98] que quedasse, antes me fuy con el cuñado, y *cuando a visitalla venia siempre le
traya comigo*.[99]

CAP. VI.[1] *En que cuenta Lazaro lo que al Capitan Licio su amigo le acontecio en la corte con el gran capitan.*

PUes estando assi como he contado a ratos caçando, a ratos exercitando las armas con
aquellos que diestros se auian hecho, dende a ocho dias que mi amigo se auia partido
nos llego una nueua, la cual manifesto la tristeza que lleuaua al partir con hacernos a
todos los mas tristes peces de todo el mar. Y fue el caso que cuando el Capitan general
se vuo[2] comigo tan asperamente como he contado, el quisiera que me fuera luego del
exercito, y que los apassionados[3] a quien yo auia hecho ofensa me ofendieran, y dieran
muerte, y aun como despues se supo el auia mandado a ciertos Atunes que viendome

desmandado[4] me matassen, y averiguado[5] no por mas de por parecelle como era verdad ser yo tal testigo de su couardia, porque otra causa yo no[6] hallaua sino por do merecia ser gratificado, mas Di- **[f.28r]** os[7] dio lugar a esta maldad, poniendo como puso a Licio en coraçon el fauor que me hizo, lo cual sabido por el general tomo assi mismo con el gran odio y mala voluntad, afirmando y jurando que lo que Licio hizo por mi, fue por dalle a el pesar, y sabiendo tambien que en el tenia mal testigo por estar junto a mi cuando el general entro en la cueua, diziendo: Paz, paz. *Iuntose todo, y lo que en[8] mi auia hecho el buen Capitan y mejor[9] que el procuro con todas sus malas mañas hazer,*[10] y como fue en la corte luego fue con grandes quexas al Rey, infamandole de traydor y aleue, diziendo que una noche teniendo el dicho Capitan Licio en cargo la guarda, y la mas cercana centinela *por muchos dineros que le auia dado por liballe de serla.*[11] Y esto dezia el y otros mucho[12] mas. *Y assi le ayude Dios*[13] como dixo la verdad, que Lazaro de Tormes no le podia dar sino muchas cabeças dellos[14] que tenia a sus[15] pies, y dispuso[16] del diziendo que auia traydo de partes estrañas un Atun malo y cruel, el cual auia muerto gran numero de **[f.28v]** los de su exercito con una espada que en la boca traya, de la cual jugaua[17] tan diestramente que no era posible sino ser algun diablo[18] que para destrucion[19] de los Atunes tomo su forma, y que viendo el daño que el mal Atun auia hecho, lo desterro, y so pena de muerte le mando se apartasse del campo, y que el dicho Licio en menosprecio del real mandado, y de la real corona, y a su despecho lo[20] auian[21] acogido en su compañia, y dado fauor y ayuda por do auia incurrido en crimen lese majestatis, y por derecho y ley deuia[22] de ser hecha[23] del justicia, porque fuesse castigo de su yerro, y en el otros tomassen exemplo, porque dende adelante nadie fuesse contra los mandamientos reales. El señor rey assi mal informado y peor[24] consejado[25] dando credito a las palabras de su mal capitan, con dos o tres malos y falsos testigos que juraron lo que el les mando, y con una prouança hecha en ausencia y sin parte,[26] el mismo dia que llego a la corte el buen Licio muy inocente desto, mando fuesse luego preso, y metido en una cruel maz- **[f.29r]** morra, y echada a su garganta una muy fuerte cadena. Y mando al general hiziesse con toda solicitud poner en el guarda, y lleuar a pura y deuida[27] execucion su castigo, el cual luego proueyo mas de treynta mil Atunes que le hiziessen la guarda.[28]

CAP. VII. C*omo*[1] *sabido por Lazaro la prision de su amigo Licio le lloro mucho el y los de mas, y lo que sobre ello se hizo.*

EStas tristes y dolorosas nueuas nos truxeron algunos de los que con el ydo auian dando nos esta relacion a todos, y como le hauian hecho cargo de lo que he dicho, y la manera que en el oylle y estar con el a derecho[2] se tenia, porque todos los juezes que en ello entendian tenia sobornados el General, y que segun pensauan, y la cosa tan de rota[3] yua, no podria escapar de breue y muy[4] rauiosa muerte. A esta hora me acorde y dixe entre mi aquel dicho del conde claros[5] antiguo que dize. Cuando acabaras ventura, cuando tienes de acabar: en la tierra mil desastres, y en las mares mucho[6] **[f.29v]** mas.[7] Començose entre nosotros un llanto y alaridos, y[8] en mi doblado, porque lloraua el amigo y lloraua a[9] mi, que faltando el no esperaua viuir quedando en[10] medio del mar y de mis enemigos, del todo solo y desamparado; parecio me que aquella compañia se quexaua de mi y con justa causa y razon pues yo era causante de que lo perdiessen al que bien querian; no sin causa dezia su Atuna. Vos mi señor tan triste de mi os[11] partistes sin querer me dar parte de vuestra tristeza, bien pronosticauades vos mi grande perdida;

sin duda dezia yo, este es el sueño que vos mi buen amigo soñastes, esta es la tristeza con que vos de mi os partistes dexando nos[12] con ella. Y assi cada uno dezia y lamentaua, dixe delante de todos. Señora y señores y amigos, lo que con las tristes nueuas hemos[13] hecho ha sido muy justo, pues cada uno de nosotros muestra lo que siente mas ya que este primer mouimiento que en mano de nadie es, es[14] passado: justo sera mis señores que pues con lloro nuestra perdida no se cobra, que demos orden breuemente en pensar el **[f.30r]** mejor remedio que nos conuenga. Y esto pensando,[15] y visto ponello luego en execucion, pues segun dizen estos señores la demasiada priessa que nos dan los que nos desaman lo requiere; la hermosa y casta Atuna, que derramando muchas lagrimas de sus graciosos ojos estaua, me respondio. Todos vemos esforçado señor ser gran verdad lo que dezis, y assi mismo la demasiada necessidad que de nueuo tenemos, por lo cual si estos señores y amigos de mi parecer son, deuemos todos de remitir nos a vos como a quien Dios ha puesto claro y señalado seso, y pues Licio mi señor siendo tan cuerdo y sabio sus arduos y pesados negocios de vos confiaua y vuestro parecer seguia, no pienso errar, aunque soy una flaca hembra en suplicaros lo tomeys a cargo de prouer, y ordenar lo que conuenga a la saluacion del que de un tan verdadero amor os ama, y al consuelo de esta triste que siempre os quedara en gran deuda. Y esto dicho torno a su gran llanto, y todos hezimos lo mesmo. Melo y otros Atunes,[16] con la señora Capitana estauan, y con **[f.30v]** ella se hallaron a su parecer conformes, los cuales me dieron cargo desta empresa, ofreciendose a seguirme y hazer todo lo que yo les mandasse. Pues viendo que yo era obligado a hazer lo[17] de poner me en todo cuydado y trabajo, por el que por mi en tanto estrecho estaua, comedidamente lo acepte, diziendoles conocer yo que cada cual de sus mercedes lo hiziera[18] mejor, mas pues eran seruidos que yo lo hiziesse, a mi me plazia. Dieron me las gracias, y luego alli acordamos se hiziesse saber a todo el exercito, lo cual luego fue hecho y dentro en[19] tres dias fueron todos juntos. Yo escogi para mi consejo doze dellos, los mas ricos, y no tuue respeto a mas sabios, si eran pobres, porque assi lo auia visto hazer cuando era hombre en los ayuntamientos do se tratauan negocios de calidad, y assi vi hartas vezes dar con la carga en el suelo,[20] porque como digo no miran, sino que anden vestidos de seda no de saber.[21] Y estos apartados, fue el uno dellos Melo, y la señora capitana que era muy sesuda hembra, cosa por cierto muy **[f.31r]** clara en tierra[22] y en mar. Y esto hecho mandamos a toda la compañia se fuessen a comer y viniessen luego a punto de guerra los armados con sus armas los otros con sus cuerpos; venidos que fueron hize contallos y hallamos por numero diez mil y ciento y nueue Atunes,[23] todos estos de pelea sin[24] hembras, pequeños y viejos; los cinco mil dellos armados cual de espada o puñal, lança y cuchillo[25] todos estos hizieron juramento en mi cola que sobre su cabeça pussieron a usança de alla[26] (y aun reyme[27] en cuanto hombre entre mi de la donosa cerimonia)[28] que harian lo que yo les mandasse, y pornian[29] sus armas y los que no las tuuiessen sus dientes en quien yo les dixesse, procurando con todas sus fuerças librar a su capitan guardando la deuida libertad a su rey. Acordamos en el consejo de guerra que la señora capitana fuesse con nosotros muy bien acompañada de otras cien Atunas, entre las cuales lleuo una hermana suya doncella muy hermosa, y apuesta. Y hezimos tres escuadrones, el uno de todos los atunes desarmados, y **[f.31v]** los dos de los que lleuauan armas. En la vanguardia yua yo con dos mil y quinientos armados, y en la retaguardia yua Melo con otros tantos, los desarmados y carruaje yuan en medio y lleuando assi mismo con nosotros nuestros pajes ya dichos que las espadas nos[30] lleuauan.

CAP. VIII. D*el como Lazaro y sus Atunes puestos en orden van a la corte con voluntad de libertar a Licio.*

DEsta suerte que arriba he dicho nos metimos en camino, y con mucha priessa, dando cargo a los que nos parecio de la pesca para bastecer[2] la compañia porque no se desmandassen, y tome auiso de los que nos auian traydo la nueua, del assiento de la corte, y el lugar donde nuestro capitan estaua preso, y a cabo de tres dias llegamos a diez millas de la corte, y porque por yr de nueua y estraña manera si se supiesse[3] de nuestra yda pondriamos escandalo, acordose[4] que no passassemos adelante hasta que la noche viniesse. Y mandamos a cier- **[f.32r]** tos Atunes de aquellos que la triste nueua nos auian traydo se fuessen a la ciudad, y lo mas dissimulado que pudiessen, supiessen en que estaua la cosa y boluiessen a nosotros con el auiso, y dellos algunos vinieron dando nos la[5] peor que quisieramos. La noche venida fue acordado que la señora Capitana con sus hembras y Melo con ellas con hasta quinientos Atunes sin armas, de los mas honrrados y viejos fuessen derecho camino[6] al Rey. Y como bien sabian[7] suplicassen al Rey vuiesse por bien de examinar la justicia[8] de su marido, y hermano, y que yo con todos los de mas me metiesse en una montaña muy espessa de arboledas y grandes rocas que a dos millas de la ciudad estaua, do el Rey algunas vezes yua a monte,[9] y alli estuuiessemos hasta ver lo que negociauan, los cuales[10] nos auisassen. Luego llegamos al bosque, y hallamos le bien proueydo de pescados monteses, en el cual[11] nos ceuamos, o por mejor dezir hartamos a nuestro plazer. Yo apercebi toda la compañia que estuuiesse lança en cuxa.[12] La hermosa y buena Atuna llego alla al **[f.32v]** alua, y luego se fue para Palacio con toda su compañia, y espero gran rato a la puerta hasta que el Rey fue leuantado,[13] al cual dixeron la venida de aquella dueña, y lo mucho que a los porteros importunaua la dexassen entrar, y hablar a su Alteza.[14] El Rey que bien sintio[15] a lo que venia, le embio a dezir se fuesse en hora buena que no podia oyrla. Visto que de palabra no queria oyr fue por escripto y alli se hizo una peticion bien ordenada de dos[16] letrados que por Licio auogauan, en la cual se[17] le suplico quisiesse admitir assi aquel juyzio pues Licio auia apelado para ante su alteza, porque el nuestro buen Capitan estaua condenado a muerte por essos señores Alcaldes del crimen,[18] y auia se dado esta sentencia el dia de[19] antes, la cual nosotros supimos de los que dixe, diziendo.[20] Que su Alteza supiese que su marido auia sido acusado con falsedad, y muy injustamente sentenciado, y que su Alteza hiziesse tornar a examinar su justicia, y que hasta en tanto sobreseyesse la justicia y execucion de la sentencia: estas y otras cosas muy **[f.33r]** bien dichas fueron en la buena peticion, la cual fue dada a uno de los porteros. Y al tiempo que se la dio la buena Capitana se quito una cadena de oro que traya con su joyel,[21] y se la dio al portero, y le dixo que se doliesse della, y de su fatiga,[22] y no mirasse al galardon tan poco[23] con muchas lagrimas y tristeza: el portero tomo del la[24] peticion de buena gana, y de mejor la cadena, prometiendo hazer su possibilidad, y no fue en vano la promessa porque leyda ante el Rey la peticion tantas y tales cosas se atreuio a dezir con su boca llena de oro[25] a su alteza, iuntamente[26] con naralle[27] los llantos y angustias que la Señora capitana hazia por su marido a la puerta de palacio que al aconsejado Rey hizo mouer a alguna piedad,[28] y dixo. Ve con essa dueña a los alcaldes del crimen, y diles que sobresean la execucion de la sentencia, porque quiero ser informado de ciertas cosas conuenientes al negocio del capitan Licio, y con esta embaxada vino muy alegre el portero a la triste pidiendole albricias[29] de su buen negociar, las[30] cuales de buena **[f.33v]** gana ella se las ofrecio, y luego sin detenerse fueron al aposento de los

Alcaldes, y quiso su desdicha que yendo por la calle toparon con don Pauer, que assi se llamaua el inuentor[31] destos nuestros afanes, el cual muy aconpañado yua a palacio, mas como vio la dueña y su capitania, y supo quien era, y conocio el portero, como astuto y sagaz sospecho lo que podia ser, y con gran dissimulacion llamo al portero, y interrogandole[32] a do yua con aquella compañia, el cual simplemente se lo dixo. Y el demostro que le plazia dello, siendo al reues, diziendo que se holgaua de lo que el Rey hazia, porque al fin Licio era valeroso, y no era justo assi hazer justicia del sin bien[33] examinar el negocio: en mi posada quedan los alcaldes que a pedir mi parecer en este negocio venian y yo yua a hablar al Rey sobre ello, y ellos me quedan alli esperando, mas pues traeys despacho, boluamos, y dezir les heys[34] lo que el Rey nuestro Señor manda,[35] y yendo llamo a un paje suyo, y muy riendo le dixo que fuesse a los Alcaldes y les dixesse luego a la hora[36] hiziessen de Li- [f.34r] cio la justicia que se auia de hazer, porque assi conuenia al seruicio del Rey, y que en la carcel, o a la puerta della lo justiciassen sin traello por las calles,[37] *entre tanto que yo detengo este portero*;[33] el criado lo hizo assi, y llegando a la posada, el traydor metio consigo al portero, y dixo a Melo y a su cuñada[39] que esperassen mientras entraua a hablar a los alcaldes, y que de alli todos yrian a la prision de Licio a dalle el para bien de su buena esperança y que el queria con ellos yr, mas a esta hora la desuenturada fue auisada de la gran traycion y mayor crueldad del gran Capitan. *Pues aunque peor voluntad tuuiera al[40] buen Licio mirara al angustia y lagrimas de la buena Capitana su muger, y fuera mejor aplacallo[41] por este respecto*.[42] Y cuando el malauenturado, y traydor llamo al paje para que fuesse a negociar la muerte de el[43] buen Licio quiso Dios que uno de sus criados lo oyo, y dixo lo a la buena Capitana, del[44] cual el mal Capitan no se guardo, la cual cuando se lo dixo cayo sin sentido casi muerta [f.34v] sobre el cuello de su cuñado que junto a ella estaua. Melo como lo oyo tomo treynta Atunes de los que consigo estauan para que con la mayor presteza que pudiessen me diessen auiso del peligro en que el negocio estaua, los cuales como fieles y diligentes amigos se dieron tanta priessa que en breue fuymos sabidores de las tristes nueuas que nos llegaron dando muy grandes bozes. Arma arma valientes Atunes que nuestro capitan padece muerte por traycion y astucia del traydor don Pauer, contra voluntad y mandado del rey nuestro Señor, y en breues palabras nos cuentan todo lo que yo he contado; hize luego tocar las bozinas, y mis Atunes fueron juntos con sus bocas armadas, a los cuales yo hize una brauissima habla, dandoles cuenta de lo contado, *por tanto que como buenos y y esforçados mostrassen sus animos a los enemigos socorriendo a su Señor en tan extrema necessidad*,[45] y ellos respondieron todos que estauan prestos a seguirme y hazer en el caso su deuer; acabada su respuesta luego començamos a ca- [f.35r] minar para alla. Quien viera a esta hora a Lazaro Atun delante de los suyos haziendo el oficio de esforçado capitan,[46] animandolos y esforçandolos sin auer lo jamas usado, excepto pregonando los vinos que hazia casi lo mismo, incitando los beuedores, diziendo aqui, aqui señores, que aqui se vende lo bueno, y no ay tal maestro como la necessidad. Pues desta suerte a mi parecer en menos de un cuarto de hora entramos en la ciudad, y andando por las calles con tal impetu, y furor que me parece a aquella sazon lo quisiera auer con un Rey de Francia,[47] y puse a mi lado los que mejor sabian[48] la ciudad para que nos guiassen do el[49] sin culpa estaua por el mas breue camino.

CAP. IX. Que[1] *contiene como* **Lazaro** *libro de la muerte a* **Licio** *su amigo, y lo que mas por el hizo.*

Y Yendo nosotros con el furor, y velocidad que tengo dicho, dimos con nosotros en una gran plaça, que ante la torre de la prision es- **[f.35v]** taua, mas nunca a mi pensar socorro entro ni llego a tan buen tiempo, ni aquel buen Cipion[2] Africano socorrio a su patria, que casi del todo estaua ocupada del[3] gran Hannibal,[4] como nosotros corrimos[5] al buen Licio. Finalmente que el mensagero que el traydor embio supo[6] tambien negociar, y los señores juezes que assi mismo holgaron de contentar aquel (aunque malo) gran señor y priuado del rey, porque otro dia le dixesse[7] que tenia muy buena justicia, y que los que la executauan eran muy suficientes,[8] y assi les ayude Dios, que cuando llegamos tenian al nuestro Licio sobre un repostero,[9] y a la hermosa su muger con el dando le la postrera hozicada que por grandes ruegos la[10] dexaron llegar muy sin esperança, ella y Melo[11] nuestro velocissimo socorro. Estauan en torno de la plaça, y por las bocas de las calles[12] que a ella venian, mas de cincuenta mil[13] Atunes de la compañia del gran mal Capitan a los cuales auia dado la guarda del buen Licio. El executiuo[14] verdugo estaua dando gran prissa[15] a la señora capitana[16] se apartasse de alli y le dexasse hacer su oficio, el **[f.36r]** cual tenia en su boca una muy gruessa y aguda espina de vallena del[17] largo de un braço para metelle por las agallas a nuestro muy gran capitan que assi mueren los que son hijos dalgo.[18] Y la triste hembra muy a su pesar dando lugar al cruel verdugo con grandes lloros y gemidos que ella y su compañia dauan, ya el buen Licio se tendia para esperar la muerte, y[19] cerrando para siempre sus ojos por no verla ya que el verdugo como es costumbre le auia pedido perdon.[20] Y llegando se el le anda[21] tentando el lugar, o la parte por donde auia de herir para mas presto dexalle sin vida, cuando Lazaro Atun auia hendido con[22] compañia por medio de los malos guardadores, derribando y[23] matando cuantos delante del se ponian con su toledana espada, y llego a buen tiempo, al cual se deue creer que lo truxo Dios que quiere socorrer a los buenos en tiempo de mas necessidad, pues llegando al lugar que digo: y visto el duro peligro en que el amigo estaua, di una gran boz, como las que solia dar en Çocodouer antes de que llegasse el verdugo a fazer[24] su de **[f.36v]** ver,[25] yo le dixe: vil Gurrea,[26] ten, ten tu maço sino moriras por ello. Fue mi voz[27] tan espantosa y puso tanto temor, que no solo al cegoñino[28] mas a los de mas que alli estauan dio espanto, y no es de marauillar, porque de verdad a la boca del infierno que tal boz sonara espantara a los espantosos demonios que fuera parte[29] que me rindieran las atormentadas animas. El verdugo atonito de me oyr y[30] espantado de ver el velocissimo exercito que en mi seguimiento venia, esgrimiendo mi espada a una y a otra parte por ponelle mas miedo, y dalle materia en que ocupasse la vista me espero, mas como yo llegue pareciome assegurar el campo, y di al pecador que matar le queria una estocada por el testuz, por do[31] cayo luego muerto al lado del que nada desto veya,[32] aunque animoso y esforçado pece la tristeza y pensar[33] de verse tan injusta y malamente morir le tenia a esta sazon fuera de su acuerdo, y cuando assi le[34] vi estar pense si por desdicha mia auia acaecido antes que yo llegasse que el miedo le vuiesse muerto, y con esto apresurada **[f.37r]** mente llegue a el llamandole por su nombre, y a las bozes que le di leuanto un poco la cabeça y abrio los ojos,[35] y como me vio y conocio, como si de la muerte resucitara se leuanto, y sin mirar nada de lo que passaua se vino a mi, y yo le recebi con el mayor gozo y alegria que jamas, ni despues vue, diziendole. Mi buen Señor quien en tal estrecho os puso, no os deue amar como yo. Ay mi buen amigo me respondio, cuan bien me aueys pagado lo poco que me deuiades, plega a Dios me[36] de lugar para os pagar lo mucho que oy vuestro deudor me aueys hecho. No es tiempo mi Señor le respondi destas ofertas, do tanta voluntad de todas partes sobra,[37] mas entendamos en lo que conuiene pues ya veys lo que passa; meti mi espada entre el cuello, y cortole[38] un cabo de gindaleta[39] con que estaua atado. Como fue suelto, tomo una espada a uno de nuestra compañia y fuymos a su hembra, y Melo y los otros que con el estauan, que a esta hora atonitos y fuera de si estauan de ver lo que veyan, mas tornados en si comiençan a dar me gracias de la buena ventura. [f.37v] Señores yo les dixe aueys lo hecho vosotros como buenos, yo de aqui adelante y mientras tuuiere vida hare lo que pueda[40] en vuestro seruicio y de Licio mi Señor, y porque no ay tiempo de hablar mi hecho mas de hazer algo, entendamos en ello, y sea que vosotros señores no os aparteys de nosotros, porque venis desarmados, y no recibays daño, y vos señor[41] Melo toma[42] una[43] arma,[44] y cien Atunes de vuestra escuadra con sus armas y no entendays en otra cosa mas que en seguir nos, y mira por vuestra hermana y essas otras[45] hembras porque nosotros lleuamos[46] aca los negocios y la victoria, y ayamos vengança de quien tanta tristeza, y trabajo nos ha dado. Melo hizo como yo le rogue, aunque conoci del[47] quisiera emplear se a mas peligro; yo y el buen Licio nos tuuimos,[48] y nos metimos entre los nuestros que andauan tan brauos y executiuos, que pienso tenian muertos mas de xxx. mil Atunes, y como nos vieron entre si, y conocieron su capitan, nadie puede contar el[49] alegria que sintieron; alli el buen Licio haziendo marauillas con su espada y persona mostraua a los [f.38r] enemigos la mala voluntad que en ellos auia conocido, matando y derribando a diestro y siniestro cuantos ante si hallaua, mas a esta hora ellos yuan tan maltrechos y desbaratados que ninguno dellos entendia sino en huyr, y esconderse, y meterse por aquellas casas sin hazer defensa alguna mas de la[50] que las flacas ouejas suelen[51] hazer a los brauos y carniceros lobos.[52]

CAP. X. *Como reco*[1]*giendo Lazaro todos los Atunes entraron en casa del traydor de* don **Pauer**: *y alli le mataron.*

VIsto esto, mandamos tocar las bozinas, porque los nuestros que derramados andauan se juntassen, al son de las cuales todos fueron juntos, y en ellos se renouo la demasiada alegria de ver a su buen Capitan biuo y sano, y la victoria que de nuestros aduersarios auiamos auido, porque parecio milagro, y por tal se deue tener, que casi todos los que murieron eran criados, y pan y aguados[3] del mal don Pauer, a los cuales auia dado la guarda del buen Licio por la gran confiança que dellos tenia. Y todos [f.38v] ellos desseauan auer hecho con el, lo que nosotros hezimos con ellos: cosa muy acaecedera que cuando el señor es malo, los criados procuran ser lo con el, y al reues cuando el señor es piadoso, manso y bueno, los criados le[4] procuran imitar, ser buenos y virtuosos, y amigos de justicia y paz. Sin las cuales dos cosas no se puede el mundo sustentar. Pues tornando a nuestro negocio, visto que no teniamos con quien pelear, el buen Licio y todos a grandes bozes me dixeron, que que[5] me[6] parecia se deuia hazer, que todos estauan aparejados a seguir mi consejo y parecer, pues auia de ser el mas acertado. Pues mi voto quereys valerosos señores, y esforçados amigos y compañeros les respondi, a mi me parece pues Dios nos[7] ha guardado en lo principal, assi hara en lo acessorio, mayormente que tengo creydo que esta victoria y buena andança nos la ha dado para que seamos ministros de justicia, pues sabemos que a los malos desama y castiga. El mayor de los que tantas muertes ha causado, no seria justo quedasse con la vida pues sabemos que la ha **[f.39r]** de emplear en maldades y trayciones, por tanto si Señor os parece vamos a el, y hagamos en el lo que en vos hazer quiso, que siempre oy decir *de los enemigos[8] los menos*:[9] que muchos grandes hechos se han perdido juntamente con los hazedores dellos por no saber dalles cabo, si no preguntese al gran Pompeyo,[10] y a otros muchos que han hecho lo que el, mayormente que la ocasion no todas vezes se halla. Y como libraremos[11] por lo hecho, libraremos por lo que esta por hazer. Todos a grandes bozes dixeron ser muy bien acordado, y que antes que se escapasse diessemos sobre el.[12] Con este acuerdo con muy buena ordenança,[13] y con toda presteza llegamos a la posada del traydor, al cual a aquella hora le auian llegado las tristes nueuas de la libertad de nuestro gran capitan, y de la gran matança de los suyos. A esta sazon se le deuia doblar el pesar cuando le entrassen a dezir, como le tenian cercada la casa y matauan a cuantos se defendian, y la cruel y espantosa y nunca oyda manera de nuestro pelear: el era de suyo couarde, y es dios **[f.39v]** testigo que no se lo leuanto[14] ni lo digo por quererlo[15] mal, mas porque assi lo vi y conoci, y como viesse esto deuiase de encouardar, mas porque en los pusilanimos[16] es muy acaecedero, y lo contrario en los animosos. Y assi se dio tan mala maña que ni en escaparse, ni en defenderse entendio; la casa cerrada, Licio adelante y yo a su lado, entramos dentro con harta poca resistencia do le hallamos casi tan muerto como le dexamos; con todo quiso hasta su fin usar de su oficio, no de capitan mas de traydor dissimulado, porque como assi nos vio yr para el con una bozezita y falsa riseta[17] haziendo del[18] alegre nos dixo. Buenos amigos que buena venida es esta? Enemigo le respondio Licio, a daros el pago de vuestro trabajo, y como quien tenia delante la gran afrenta y peligro en que puesto le auia, no curo con el de mas platicas sino juntarse le y meterle la espada tres y cuatro vezes por el cuerpo, yo no le quise ayudar ni consentir que nadie lo hiziesse por no auer dello necessidad, y tambien porque assi conuenia hazerse a la honrra de Licio, por manera que apocada y couarde- **[f.40r]** mente fenecio el traydor don pauer como el y los de sus costumbres suelen. Salimos de su casa sin consentir que se hiziesse algun[19] daño aunque hartos de los nuestros desseauan saqueaila, en la cual auia bien de[20] que trauar,[21] por que aunque malo, no necio ni tan fiel como se cuenta de Scipion, que siendo acusado por otros no tales como el, auer auido grandes interesses de la guerra de Africa, mostrando en su cuerpo muchas heridas, juro a sus Dioses no le auer quedado otras ganancias de las dichas guerras,[22] las cuales heridas ni juramento no pudiera mostrar, ni hazer[23] malo de nuestro aduersario, porque siempre en la guerra lo mas de lo que en ella ganaua se lleuaua, y lo mejor. Y con lo menos acudia al rey, y assi era muy rico, y tenia muy sano, y entero el pellejo, que bien pienso yo que hasta el dia que murio no se la auian rompido:[24] porque el se guardaua de hallarse en las batallas en lugar de peligro, sino a ver de lexos en que paraua la cosa a manera[25] de muy cuerdo Capitan. Y digo que porque no se pensasse de nosotros codicia mas **[f.40v]** de que viessen que de sus males y no de los bienes lo quesimos[26] despojar: no se toco en cosa alguna. A esta hora todos los Atunes que en la corte estauan, y los mas peces que en ella se hallaron naturales, y estrangeros, recorrieron[27] a palacio: la buelta fue tan grande y el ruydo y bozes tan espantoso, que el Rey en su retraymiento[28] lo oyo, y preguntando la causa: le dixeron todo lo passado, de que se espanto y altero en gran manera, y como cuerdo pareciole, que *Dios te guarde de piedra y dardo, y de Atun denodado*,[29] determino por entonces no salir al ruydo, y assi mismo mando que nadie saliesse de palacio mas que alli se hiziessen fuertes hasta ver la intencion de Licio. Y assi se yo que bien estarian[30] en el

real palacio, y delante del mas de quinientos mil Atunes sin otros muchos generos de
pescados que en la corte a sus negocios assistian, mas a mi ver si la cosa vuiera de passar
adelante tan poca defensa pienso tuuieran como[31] otros, mas dios nos guarde, *que tu
ley y a tu Rey guardaras.*[32] Dexaron nos solos en la ciudad, y todos desampararon sus
casas, y haziendas **[f.41r]** no se teniendo en ellas por[33] seguros y los que no[34] se yuan[35]
al real palacio, salianse huyendo al campo y lugares apartados, por manera que se podra
dezir: dependen ciento[36] de un malo, pues por aquel malo padecieron y fueron muertos y
amedrentados muchos que poruentura no tenian culpa. Mandamos pregonar que ninguno
de los nuestros fuesse osado de entrar en ninguna casa, ni tomar un caracol[37] que ageno
fuesse, so pena de muerte, y assi se hizo.

CAP. XI.[1] *Como passado el alboroto del Capitan Licio, Lazaro con sus Atunes entraron en su consejo para ver lo que harian, y como[2] embiaron su embaxada al Rey de los Atunes.*

ESto passado entramos en nuestro consejo para ver lo que hariamos, algunos vuo que
dixeron ser bien[3] boluernos a nuestro alojamiento, y hazernos fuertes en el, o contratar[4]
amistad y confederacion con solos los que al presente teniamos por enemigos, y[5] con
ver nos ayrados, y ver nuestro gran poder, holgarian **[f.41v]** de nuestra amistad, y nos
darian fauor: el parecer[6] del bueno y muy leal Licio no fue este, diziendo. Que si esto se
hiziesse que hariamos verdad la enemistad y mentira de nuestro enemigo, haziendo nos
fugitiuos y dexando nuestro rey y naturaleza,[7] mas que era mejor hazer lo saber al Rey
nuestro señor. Y que si[8] su alteza fuesse bien informado de la mucha causa que vuo para
lo hecho, mayormente aquella postrera y mas peligrosa traycion del traydor ser contra
la voluntad, y mando de su alteza, pues queriendo sobre ser[9] el negocio como su alteza
embiaua a mandar con el portero al Alcalde, uso de mandado para que su maldad[10]
y no el querer del Rey su señor fuesse cumplido. Y que visto esto por su alteza, y[11]
que no auia sido desacato, ni atreuimiento a su real corona lo hecho sino seruicio a su
justicia deuido; con este parecer nos arrimamos[12] los mas cuerdos. Pues en este consejo
acordamos de embiarle con quien bien lo supiesse a[13] dezir; sobre quien auia de hazer
esto, tuuimos diuersos pareceres porque unos dezian que fuessen todos y le suplicassen se
parasse[14] a una fi- **[f.42r]** niestra[15] a oyr, otros dixeron que parecia desacato y era mejor
yr *x. o xij. de nos: otros*[16] dixeron que como estaua enojado no se desenojasse en
ellos, de manera que estauamos en la duda de los ratones, cuando pareciendoles bien que
el gato traxesse[17] al pescueço un caxcauel, contendian sobre quien lo yria a colgar:[18]
a la fin[19] la sabia Capitana dio mejor parecer, y dixo a su varon, que si seruido fuesse
que ella sola con diez Donzellas se queria auenturar a hazer aquella embaxada, y le
parecia se acertaua el negocio, lo uno porque contra ella y sus flacas seruidoras no se
auia el real poder de mostrar, lo otro porque ella por librar a su marido de muerte tenia
menos culpa que todos, y lo de mas porque pensaua sabello tambien[20] dezir que antes
le aplacasse que indignasse; a nuestro Capitan el parecio bien y a todos nosotros no mal.
Y ella apartando consigo a la hermosa Luna que assi se llamaua la hermosa Atuna su
hermana de quien ya diximos, y con ellas otras nueue las mejores de hocicos y muy bien
dispuestas se fue a palacio, y llegando **[f.42v]** a las guardas, les dixeron hiziessen saber
al Rey como la hembra de Licio su capitan le queria hablar, y que su alteza le diesse a
ello lugar, porque conuenia mucho a su real seruicio, y para euitar escandalos, y pacificar
su corte y reyno, y que por ninguna via la dexasse de oyr y[21] que si lo hiziesse, haria

justicia: porque ella y su marido, y los que con el estauan lo pedian y querian fuesse bien castigado el que culpado fuesse, y que si su alteza no la queria oyr, que desde alli [22] su marido Licio ponia a Dios por testigo de innocencia y lealtad para que en ningun tiempo fuesse juzgado por desleal. Y de todo esto y lo de mas que auia de dezir y hazer la Señora Capitana yua bien informada, y ella que sabia muy bien hablar, llegada al Rey esta nueua aun que muy ayrado estaua, mando que le diessen lugar y entrasse segura. Y puesta ante el haziendo el acatamiento, antes que començasse su habla, el Rey le dixo. Parece os dueña que le ha salido a vuestro marido buena obra de entre las alas? [23] Señor dixo ella: vuestra alteza sea seruido de oyr me hasta dar fin a mi habla, y despues mande lo [f.43r] que seruido fuere, y cumplir se ha todo lo mandado por vuestra alteza sin faltar un punto; el rey dixo que dixesse, aunque tiempo de mas reposo era menester para oyrla. La discreta señora cuerda y muy atentadamente [24] en presencia de muchos grandes que con el estauan, los cuales a aquella sazon deuian de estar bien pequeños, començando del comienço, muy por extenso dio cuenta al Rey de todo lo que hemos contado, contando y affirmando ser assi verdad, y si un punto dello saliesse en todo lo que dezia fuesse della cruel justicia hecha, como de inuentora de falsedad ante la real presencia, y assi mismo Licio su marido y sus valedores fuessen sin dilacion justiciados. El rey le [25] respondio. Dueña yo estoy al presente tan alterado de ver y [26] oyr lo que se ha hecho, [27] por agora no os respondo mas de que [28] os boluays para vuestro marido, y dezille heys. Si le parece estalle bien que leuante el cerco que sobre mi tiene y dexe a los vezinos deste pueblo sus moradas, y mañana boluereys aca y darase [29] parte del negocio a los de mi consejo, y hazer se [f.43v] ha lo que fuere justicia. La señora Capitana aunque desta respuesta no lleuaua minuta, no le quedo en el tintero la buena y conuiniente respuesta, y dixo al rey. Señor, mi marido ni los que con el vienen, no tienen cerco sobre vuestra real persona, y assi mismo el ni nadie de su compaña [30] en casa alguna ha entrado sino en la de don Pauer. Y assi los vezinos y moradores de aqui no se quexaran con razon, que en sus casa les han hecho menos [31] una toca, y si estan en el pueblo es esperando lo que vuestra alteza les manda [32] hazer, y para esto es mi venida. Y no quiera Dios que en Licio ni en los que con el vienen aya otro pensamiento, porque todos son buenos y leales. Dueña dixo el Rey, por agora no ay mas que responder. Ella y sus dueñas haziendo su deuida mesura [33] con gentil continente, y reposo se boluio a nosotros, y sabida la voluntad del Rey, a la hora salimos de la ciudad con muy buena ordenança, y nos metimos en el monte, mas no muy muertos de hambre, porque dimos en [34] nuestros enemigos muertos, y aun manda- [f.44r] mos lleuar a los desarmados bastimentos para nuestros tres o cuatro dias con quedar tanto que tuuo toda la ciudad y corte hartazgo, y mal pecado [35] no rogassen a Dios que cada ocho dias echasse alli otro tal nublado guardando al que rogaua. [36] La ciudad desembaraçada de los nuestros, los moradores della cada cual se boluio a [37] su posada, las cuales hallaron como las dexaron, y el Rey mando que le truxessen lo que en la posada del muerto gran capitan hallassen, y fue tanto y tan bueno que no auia Rey en el mar, que mas y mejores cosas tuuiesse, y aun fue esto harta parte, para que el Rey diesse credito a sus maldades, por parecelle [38] no podia tener lo que se hallo con justo titulo, sino auido mal y cautelosamente, [39] y hurtando se lo a el. Despues desto entro en su consejo, y como quiera que a do ay malos, alguna vez se halla algun bueno deuieron le [40] dezir, que si era assi como la parte de Licio dezia, no auia sido muy culpado [41] en su hecho mayormente, pues su alteza auia mandado no hiziessen del al presente [f.44v] justicia hasta ser bien informado de su culpa; junto con esto el portero que el mandato[42] lleuo declaro la cautela que el cauteloso con el auia usado. Y como le metio en su posada y engaño, diziendo estar ay los juezes, y como no los dexo salir della, y la diligencia que hizo alli, y los alcaldes ante el rey dixeron, como era verdad que el capitan general les auia embiado a dezir que su alteza les mandaua que luego a la hora hiziessen la justicia, y por dar en ello mas breuedad no lo truxeron[43] como se suele hazer por las acostumbradas calles[44] y que ellos creyendo que aquel fuesse el mandado de su alteza lo auian mandado degollar. Por manera que el rey conocio la gran culpa de su capitan, y fue cayendo en la cuenta, y cuanto mas en ello miraua mas se manifestaua la verdad.

CAP. XII. Como[1] *la señora Capitana boluio otra vez al rey, y de la buena respuesta que traxo.*

ASsi tuuimos[2] aquel dia y la noche en el monte no muy descansados, y otro dia la señora Capitana **[f.45r]** con su compañia torno a palacio, y por euitar prolixidad, el señor nuestro rey estaua ya harto mas desenojado, y la recibio muy bien diziendole. Buena dueña si todos mis vasallos tuuiessen tan cuerdas y sabias hembras poruentura en sus bienes y honrra aumentarian y yo me ternia por bien andante.[3] Digo esto por que en verdad viendo vuestra cordura, y sabias razones aueys aplacado mi enojo y librado a vuestro marido y sus secaces[4] de mi yra y desgracia,[5] y porque de ayer aca yo estoy informado mejor que estaua, dezidle[6] que sobre[7] mi palabra venga a esta corte seguro el y toda su compañia y amigos, y por euitar escandalos por el presente le mando tenga su posada por carcel hasta que yo mande otra cosa, y vos visitad nos a menudo, porque huelgo mucho en ver y oyr vuestro buen concierto y razonamiento. La señora capitana le beso la cola dandole gracias de tan crecidas mercedes como muy bien supo, y assi se boluio a nos con muy alegre respuesta, aunque algunos les parecio no lo deuiamos hacer dizi- **[f.45v]** endo ser mañosamente[8] hecho para coger nos. A la fin como leales acordamos de cumplir el mandado de nuestro rey, y ahincando[9] sobre una prenda que eran nuestras bocas, en las cuales confiauamos quando lealtad no nos valiesse, luego mouimos para la ciudad y entramos en ella acompañados de muchos amigos, que entonces se nos mostrauan con ver nuestro hecho bien hilado. Y antes desto no se osauan declarar por tales conforme al dicho del sabio antiguo que dize assi. Cuando fortuna buelue[10] embiando algunas aduersidades espanta a los amigos que son fugitiuos, mas la aduersidad declara quien ama o quien no.[11] Fuymos[12] a posar a un cabo de la ciudad, lo mas despoblado, y sin embaraço[13] que hallamos, donde estauan hartas casas sin moradores de los que nosotros sin vida hezimos;[14] alli aposentamos lo mas congregado que pudimos, y mandamos que no saliesse a la ciudad ninguno de nuestra capitania por parecer[15] se hazia cumplidamente lo que su alteza mando. En este medio[16] la Señora Capitana visita- **[f.46r]** ua cada dia al rey, con lo[17] cual el trauo mucha amistad mas de la que yo quisiera aunque todo segun parecio fue agua limpia[18] pagando la hermosa Luna con su inocente sangre, gentil y no tocado cuerpo. Porque como ella yua con su hermana a aquellas estaciones[19] y como suelen dezir de[20] tales romerias tales veneras,[21] el rey se pago della tanto que procuro con su voluntad auer su amor, y bien creo yo la hermosa Luna no lo hizo con consejo y parecer de su hermana, y assi fue dello sabidor el buen Licio, porque casi me lo declaro; pidiendome mi parecer, yo le dixe me parecia no ser mucho yerro, mayormente que seria gran parte, y el todo de nuestra deliberacion.[22] Y assi fue que la señora Luna priuo tanto con su alteza, y el fue della tan pagado que a los ocho dias de su real ayuntamiento pidio lo que pidio, y fuymos todos perdonados. El rey alço el carcelaje[23] a su cuñado, mando que todos fuessemos a palacio, Licio beso la cola del Rey, y el se la dio de buena gana, y yo hize lo mismo, aunque de mala gana en cuanto **[f.46v]** hombre por ser el beso en tal lugar.[24] Y el rey nos[25] dixo. Capitan yo he sido informado de vuestra lealtad, y de la poca de vuestro contrario, por tanto desde oy soys perdonado vos y todos los de vuestra compañia, amigos y valedores que en el caso passado os dieron fauor y ayuda, y para que de aqui adelante assistays en[26] nuestra corte os hago merced de las casas, y de lo que en ellas esta del que permitio Dios las perdiesse y la vida con ellas, y os hago merced del mismo oficio que el tenia de nuestro capitan general, y de oy mas lo exerced y usad como se que bien sabeys hazer; todos nos humillamos ante el, y Licio le torno a besar la cola, rindiendole grandes loores por tantas mercedes, diziendo que confiaua en Dios le haria con el cargo tales y tan leales seruicios que su alteza tuuiesse[27] por bien auerse las hecho. Aquel dia fue informado el rey nuestro señor del pobre Lazaro Atun, aunque[28] a esta sazon estaua tan rico y alegre de verlos ser amigos que me parece jamas auer auido tal alegria. El rey me pregunto muchas cosas, y en lo **[f.47r]** de las armas como auia hallado la inuencion[29] dellas, y a todo le respondi lo mejor[30] que supe. Finalmente se holgo y pregunto con que numero de peces pensaria pelear con los armados que trayamos, yo le respondi. Señor sacada la vallena a todo el mar junto osare esperar y pensare[31] ofender. Espantose desto y dixome que holgaria si hiziessemos una muestra ante el por ver el modo que teniamos en pelear, acordose[32] que el dia siguiente se hiziesse, y que el saldria al campo a verlos. Y assi fue que Licio nuestro general, y yo y los demas salimos con todos los armados de nuestra compañia, y ordene aquel dia una buena inuencion, y aun[33] que aca ya los soldados la usan, hize los poner en ordenança, y assi passamos ante su alteza, y hezimos nuestro caracol,[34] y aunque el coronel Villalua[35] y sus contemporaneos lo deuian hazer mejor, y con mejor concierto, a lo menos para el mar, y como no auian[36] visto estar ordenados escuadrones, parecioles a los que los veyan marauillosa cosa; despues hize un escuadron de toda la gente poniendo los mejo- **[f.47v]** res y mas armados en las primeras hileras. Y hize a Mele[38] que con todos los desarmados, y con otros treynta mil Atunes saliessen a escaramuzar con nosotros, los cuales nos cercaron de todas partes, y nosotros muy en orden nuestro escuadron bien cerrado començamos a defendernos, y herir y ofenderlos de manera que no bastara todo el mar a entrarnos. El rey vio que yo auia dicho verdad, y que de aquel modo no podiamos ser ofendidos, y llamo a Licio y le dixo: Marauillosa manera se da este vuestro amigo en las armas, pareceme es esta manera de pelear para señorear todo el mar. Sepa vuestra alteza que es assi verdad le dixo el capitan general, y cuanto a la buena industria del estraño Atun mi buen amigo no puedo creer sino que[39] Dios viene, y que lo ha acarreado en estas partes para gran pro[40] a honrra de vuestra alteza, y aumento de sus[41] reynos y tierra, crea vuestra grandeza que lo menos que en el ay es esto, porque son tales y tan excelentes las partes que tiene que nadie basta a las dezir, el mas cuerdo y **[f.48r]** sabio Atun que ay en el mar, virtuoso y honrrado, y el Atun de mas verdad y fidelidad, el mas gracioso, y de buenas maneras es que yo jamas he oydo dezir, finalmente no tiene cosa de echar a mal, y vuestra alteza piense que no me haze dezir esto la voluntad que le tengo, sino la mucha verdad que en dezillo digo. Por cierto mucho deue a Dios dixo el rey vn Atun que assi con el partio[42] sus dones, y pues me dezis ser tal, justo es le hagamos honrra, pues a nuestra corte ha venido, sabed

del si querra quedar con nos y rogad se lo mucho de vuestra parte, y de la mia que podra
ser no se arrepienta de nuestra compañia.

CAP. XIII.[1] *Como Lazaro assento con el Rey, y como fue muy su priuado.*

PAssado esto el general tomo cargo de me lo dezir, y el rey se boluio muy contento a
la ciudad, y nosotros tambien. Despues el capitan me hablo diziendo lo que con el rey
auia passado, y como desseaua que le [f.48v] siruiesse y todo lo de mas. Finalmente
yo fuy rogado y mucho a mi honrra hize mi assiento. Veys aqui[2] vuestro pregonero
de cuantos vinateros en Toledo auia hecho el mayor de la casa real, dando me cargo
de la gobernacion della, y *andaos a decir donayres*.[3] Di gracias a Dios, porque mis
cosas yuan de bien en mejor, y procure seruir a mi rey con toda diligencia, y en pocos
dias casi lo era yo,[4] porque ningun negocio de mucha, o poca calidad se despachaua
sino por mi mano, y como yo queria. Con todo esto no dexe sin castigo a los que lo
merecian, y por mis mañas supe, como y de que manera la sentencia de Licio se auia
dado tan injustamente aunque al presente el Rey auia puesto silencio en el caso, por
ser el capitan pece de calidad y muy emparentado; de que me vi en alto presumio[5] de
repicar las campanas,[6] y dixe al rey que aquel auia sido un caso feo, y no digno de
dissimularse, porque era abrir puerta a la justicia,[7] por tanto que a su seruicio cumplia
fuessen castigados los que tuuiessen culpa. Cometiolo[8] su alte- [f.49r] za a mi como
todo lo de mas, y yo los cometi[9] de tal suerte, que hize prender todos los falsarios que
muy descuydados estauan, y puestos a cuestion de tormento[10] confessaron auer jurado
falso en dichos[11] y condenacion que al buen Licio se hizo. Preguntandoles, porque lo
hizieron, o que les dio el mal capitan general, porque lo hiziessen, respondieron: No les
auer dado ni prometido,[12] ni eran sus amigos, ni seruidores: O desalmados pecadores,
o litigantes, y hombres que os[13] quexays que vuestro contrario haze mala prouança con
numero de testigos falsos que tiene grangeados para sus menesteres, venid venid al mar,
y vereys la poca razon que teneys de os quexar en la tierra, porque si esse vuestro
aduersario presento testigos falsos, y les dio algo por ello, o lo prometio, *y ser antes sus
amigos, por quien el otro dia era otro tanto,*[14] mas[15] estos infieles[16] peces, ni promesa
ni gualardon, ni amistad lo haze hazer, y assi son mas de culpar, y dignos de gran castigo,
y assi fueron ahorcados;[17] supe mas, el escriuano ante quien passaua la causa ningun
escrito [f.49v] que por parte de Licio se presento, ni auto que en su defensa hiziessen
admitia, ni queria recebir. O desuerguença dixe yo, y como se sufria en la tierra, por
cierto ya que[18] el escriuano fuera fauorable, y hiziera lo demas honestamente tomando
las escripturas, y despues no las pusiera en el proceso, mas hiziera las perdedizas,[19]
mas esse otro[20] hecho es el diablo,[21] y assi mismo se hizo del justicia; supose como
no fue agua limpia la mucha breuedad que se tuuo en sentencialle, y yo culpe[22] mucho
a los ministros, diziendoles: Un pleyto de dos pajas no le determinare[23] en un año ni
en diez, ni aun en veynte, y la vida y honrra de un noble[24] pece deshazeys en una
hora.[25] Dieron me no se que escusas, las cuales no les escusara de pena, sino que el Rey
mando expressamente vuiesse con ellos dissimulacion por lo que tocaua al real oficio, y
assi lo hize mas bien sentia auia andado en medio dellos, y del mal general el generoso
y gracioso[26] braço que que es el que suele baxar[27] los montes y subir los valles, y
adonde esto entra todo lo corrompe, por [f.50r] la cual causa el rey de Persia dio un
cruel castigo a un mal juez haziendo le *beuerlo, y teniendo tendida la pierna*[28] en la
silla judicial, hizo sentar en ella a un hijo del mal juez, y assi el rey barbaro proueyo

por marauillosa y nueua forma, que ningun juez dende adelante no fuesse corrompido. En este proposito dezia el *otro²⁹ que do*³⁰ aficion reyna la razon no es entendida. Y que el buen Legista pocas cosas puede cometer a los juezes, mas determinallas por leyes, porque los juezes muchas vezes son peruertidos,³¹ o por amor o por odio, o por dadiuas, por lo cual son induzidos a dar muy injustas setencias, y por tanto dize la escriptura. Iuez no tomes dones que ciegan a los prudentes, y tornan al reues las palabras de los justos.³² Esto aprendi de aquel mi buen ciego, y todo lo de mas que se en leyes,³³ que cierto sabia segun el dezia mas que Bartolo³⁴ y que Seneca en doctrina,³⁵ mas por hazer lo que tengo dicho que el Rey me mando passe por ello harto a mi pesar. En tanto que esto passaua, el General por man- **[f.50v]** dado del rey auia ydo con grande exercito a hazer guerra a los Sollos, los cuales presto vencio poniendo su rey dellos en subjecion, y quedo obligado a dalle cada un³⁶ año largas parias, entre las cuales dauan cien Sollas virgines y cien Sollos,³⁷ los cuales por ser de preciado sabor el rey comia, y las Sollas tenia para su passatiempo.³⁸ Y despues nuestro gran capitan fue sobre las Toninas,³⁹ y las vencio y puso baxo nuestro poderio. Crecio tanto el numero de los armados y pujança de nuestro campo, que teniamos sujetos muchos generos de pescados, los cuales todos, contribuyan, y dauan parias, como hemos dicho a nuestro rey. Nuestro gran capitan no contento con las victorias passadas, armo⁴⁰ contra los cocodrilos. que son unos peces fierissimos, y viuen a tiempo en tierra, y a tiempo en el agua, y vuo con ellos muchas batallas campales, y aunque algunas perdio, de las mas salio con victoria, mas no era marauilla perder algunas, porque como dixe, estos animales son muy feroces, grandes de cuerpo, tienen dientes y colmillos con los cuales despeda- **[f.51r]** çan cuantos se topan delante, y con toda su ferocidad los nuestros los vuieran desbaratado muchas vezes, sino que cuando se veyan muy apremiados,⁴¹ dexauan el agua, y yuan se en tierra. Y assi escapauan, y al fin el buen Licio los dexo con auer hecho en ellos gran matança, y el assi mismo recibio gran daño, y perdio al buen Melo su hermano, que fue para el exercito harta tristeza, mas como muriesse como bueno, fue nos consuelo, porque se aueriguo que antes que lo matassen, mato con su persona, y con su buena⁴² espada (de la cual era muy diestro) mas de mil cocodrilos, y aun no lo mataran, sino que yendo ellos huyendo a tierra, y el tras ellos en el alcance, no mirando el peligro dio en tierra, y alli encallo, y como no le pudieron los suyos socorrer, los enemigos le hizieron pedaços. Finalmente, el buen Licio vino de la guerra el mas estimado pece que auia viuido en agua del mar⁴³ estos diez⁴⁴ años, trayendo grandes riquezas, y despojos con los cuales enteramente acudio al Rey sin tomar **[f.51v]** para si cosa alguna. Su alteza lo recibio con aquel amor que era justo a pece que tanto le auia seruido y honrrado, y partio con el muy largo,⁴⁵ hizo mercedes muy cumplidas a los que le auian seguido por manera que todos quedaron contentos y pagados. El Rey por mostrar fauor a Licio puso luto por Melo, y lo truxo ocho dias, y todos los truximos, porque sepa vuestra merced el luto que se pone entre estos animales cuando tienen tristeza que en señal de luto y passion no hablan, sino por señas han de pedir lo que quieren. Y esta es la forma que entre ellos se tiene cuando muere el marido, o la muger o hijo, o principal o persona valerosa, y guardase en tanta manera que se tenia⁴⁶ por gran ignominia, y la mayor del mar, si trayendo luto hablassen, hasta tanto que el rey se lo embiasse a mandar al apassionado, que le mandaua que alce el llanto, y entonces hablan como de antes.⁴⁷ Yo supe entre ellos que por muerte de una dama, que un varon tenia por amiga, puso luto en su tierra, que duro diez años, y no fue el rey bastante⁴⁸ a⁴⁹ se lo hazer qui- **[f.52r]** tar, porque todas las vezes que se lo embiaua a dezir que lo quitasse, le embiaua a suplicar le mandasse matar, mas que quitallo era por de mas, y contaron me otra cosa de que guste mucho, que viendo los suyos tan gran silencio unos a un mes, otros a un año, otros a dos, cada uno segun tenia la gana de hablar se le fueron todos, que un Atun no le quedo, y con esto le duro tanto el luto, que aunque que[50] quisiera quitallo[51] no tenia con quien. Cuando esto me contauan, passaua yo por la memoria unos hombres parlones que yo conocia en el mundo, que jamas cerrauan la boca, ni dexauan hablar a nadie que con ellos estuuiesse sino un cuento acabado y otro començado, y hartas vezes: por que no les tomassen la mano, los dexauan a medio tiempo y tornauan a otro, y hasta venir la noche que los despartiesse[52] como batalla no vuiessedes miedo que ellos acabassen, y lo peor que no vee estos cuan molestas[53] son a Dios y al mundo, y aun pienso que al diablo, *porque de parte de ser sabio huyria destos necios, pues cada semejante quiere a su semejante: vasallos destos varones los [f.52v] vea yo, y que se les muera el amiga, porque me vengue dellos*.[54]

CAP. XIIII. Co[1] mo el Rey y Licio determinaron de casar a Lazaro con la linda Luna, y se hizo el casamiento.

PVes tornando a nuestro negocio y siendo passado el luto y tristeza que todos tuuimos por la muerte de Melo, el rey mando con gran diligencia se entendiesse en rehazer el numero de los armados y en buscar armas, donde se hallassen y assi se hizo. En este tiempo parecio a su alteza ser bien casarme, y comunico lo con el buen Licio, al cual dio el cargo del negocio, y el se quisiera eximir dello segun que del supe, mas por complazer[2] al rey no oso hazer otra cosa. Y dixo me lo[3] con alguna verguença, diziendo: que el veya yo merecer mas honrra segun la mucha mia, mas que el rey le auia mandado expressamente que el fuesse el casamentero. Finalmente dan la ya no tan hermosa ni tan entera Luna[4] por mia. En dicha me cabe (dixe entre mi) para jugador de pelota no valdria un clavo,[5] pues maldito el boleo[6] [f.53r] alcanço sino de segundo bote, y aun plega a Dios no sea de mas, con todo a subir acierto. Razon es de Arcipreste a rey auer salto. Al fin lo hize y mis bodas fueron hechas con tantas fiestas, como se hizieran a un principe, con un vizcondado que el rey me dio que a tener lo en tierra me valiera harto mas que en la mar, al fin del extremo Atun subi mi nombre a su señoria a pesar de Gallegos.[7] Desta manera se estaua mi señoria triumfando la vida, y con mi buena y nueua Luna muy bien casado, y muy mejor con mi rey, y[8] no descuydandome de su seruicio, pensando siempre como le daria plazer y prouecho, pues le deuia tanto, y con esto en ningun tiempo y lugar lo veya que no se lo alegasse, fuesse como fuesse, y diesse do diesse, guardando me mucho de no dezir le cosa que le diesse pena y enojo,[9] teniendo siempre ante mis ojos lo poco que priuan ni valen con los señores los que dizen las verdades. Acordeme del tratamiento que Alexandro[10] hizo al Filosofo Calistenes por se las dezir,[11] y con esto nada[12] me sucedia mal, tenia a grandes y [f.53v] pequeños tan so mano que en tanto tenian mi amistad como la del rey. En este tiempo pareciendome conformar el estado del mar con el de la tierra di auiso al rey diziendole. seria bien pues tiene[13] el trabajo, que tuuiesse el prouecho, y era que hasta entonces la corona real no tenia otras rentas sino solamente de treynta partes la una de todo lo que se vendia, y cuando tenia guerra justa[14] y conueniente a su reyno, dauanle los peces necessarios para ella, y pagauan se los,[15] y solos diez pescados para su plato cada dia; yo le impuse en[16] que le pechassen todos cada uno un tanto, y que fuessen los derechos como en la tierra, y que le diessen para su plato cincuenta peces cada dia. Puse mas que cualquiera de sus subditos que se pusiesse don sin venir le por linea derecha pagasse un tanto a su alteza, y este capitulo me parece fue muy conueniente, porque es tanta la desuerguença de los pescados, que *buenos y ruynes baxos y altos todos dones*,[17] don aca, y don aculla, doña nada, y doña nonada;[18] hize esto acordandome del buen comedimiento de las mugeres **[f.54r]** de mi tierra que ya que alguna cayga por desdicha en este mal latin, o sera hija de mesonera[19] honrrado,[20] o de escudero: o caso con hombre que llaman su merced, y otras desta calidad que ya que pongan el dicho don estan fuera de necessidad, mas en el mar no ay hija de habacera[21] que si casasse con quien no sea oficial,[22] no presuma dende a ocho dias poner un don a la cola, como si aquel don les quitasse ser hijas de personas no honestas y que no lo[23] tenian, y que[24] no lo tener muchas dellas serian poruentura en mas tenidas, porque no darian causa que les desenterrassen sus padres, y traygan a la memoria lo oluidado[25] y sus vezinos no tratarian, ni reyrian dellas, ni de su merced[26] que se lo consiente poner, y a[27] ellas de suyo sabemos no ser maciças[28] mas en esto ellos se muestran mas brauos y liuianos.[29] Parecio bien al rey rentandole harto, aunque de alli adelante como costaua dineros pocos dones se hallauan.[30] Destas[31] y de otras cosillas, y nueuas imposiciones mas prouechosas al rey que al reyno auise yo.[32] El Rey con verme tan solicito en su seruicio, **[f.54v]** tan poco[33] era perezoso en las mercedes antes eran muy contentas[34] y largas; aproucheme en este tiempo de mi pobre escudero de Toledo, o por mejor dezir de sus sagaces dichos[35] cuando se me[36] quexaua no hallar un señor de titulo con quien estar, y que si lo hallara le supiera bien granjear,[37] y dezia alli el como, del[38] cual yo use, y fue para mi muy prouechoso, especialmente un capitulo della[39] que fue[40] muy auisado en no dezir al rey cosa con que le pesasse, aunque mucho le cumpliesse, andar a su sabor, tratar bien y mostrar fauor a los que el tenia buena voluntad, aunque no lo mereciessen, y por el contrario a los que no la tenia buena, tratando los mal, y dezir dellos males, aunque en ellos no cupiessen, no yendo les a la mano a lo que quisiessen hazer, aunque no fuesse bueno.[41] Acordeme del dicho Calistenes que por dezir verdades a su amo Alexandro le mando dar cruelissima muerte,[42] aunque esta deuria tenerse por vida siendo tan justa la causa,[43] ya no se usa sino viuir, sea como quiera, de manera que yo me arrimaua cuanto podia a este pare- **[f.55r]** cer, y desta suerte cayo se la çopa[44] en la miel[45] y mi casa se henchia de riquezas, mas aunque yo era pece tenia el ser y entendimiento de hombre y la maldita codicia que tanto en los hombres reyna, porque un animal dando le su cumplimiento de lo que su natural pide no dessea mas ni[46] lo busca. No dara el gallo nada por cuantas perlas nacen en oriente, si esta satisfecho de grano, ni el buey por cuanto oro nace en las Indias, si esta harto de yerua, y assi todos los de mas animales, solo el bestial apetito del hombre no se contenta, ni harta, mayormente si esta acompañado de codicia, digo lo[47] porque con toda mi riqueza y tener, porque apenas se hallaua Rey en el mar que mas y mejores cosas tuuiesse, fuy aguijonado de la codicia hambrienta, y no con licito trato. Con esto hize armada para que fuesse a los golphos del leon y del yerro[48] y a otros despache a los bancos de flandes[49] do se perdian naos de gentes, y a los lugares do auia auido batallas, do[50] me truxeron grande cantidad de oro que en solo[51] doblones[52] pienso me truxe- **[f.55v]** ron mas de quinientos mil. Reyase mucho el Rey de que me veya holgar y rebolcar sobre aquellos doblones y preguntaua me que para que era aquella nonada,[53] pues ni era para comer ni traer.[54] Dixe yo entre mi. Si tu lo conociesses como yo no preguntarias[55] esso; respondiale que los queria para contadores[56] y con esto le satisfazia, y despues que a la tierra vine como adelante

dire, maldito aquel de[57] mis ojos pude ver, y es que todos los que auia me los truxeron
alli en el mar, y assi aca no anda y a[58] ninguno, y si lo ay deuen lo tener en otro tan
hondo y escondido lugar.[59] Harto yo desseaua si ser pudiera hallar una nao que cargara
dellos, aunque le diera la mitad de mi parte al que me los diera a la mi Eluira en Toledo
para con que casar a la mi niña con alguno, que bien seguro estaua auer hartos que no
me la desecharan por ser hija de pregonero,[60] y con esta gana sali dos o tres vezes
tras naos que venian de leuante dando les gritos sobre el agua que esperassen, pensando
me entenderian y ymaginarian,[61] y aunque no fuessen fieles mensageros en lleuar el[62]
tesoro, o parte del a Toledo, **[f.56r]** con que lo aprouechassen hombres me contentaua
por el amor que yo tenia a la humana naturaleza, mas luego que los llamaua, o me veyan
me arrojauan harpones o dardos para me matar, y con esto tornaua me a mi menester y
baxaua a ver mi casa; otras vezes desseaua que Toledo fuera puerto de mar, para podelle
henchir[63] de riquezas, porque no fuera menos de auer mi muger y hija alguna parte. Y
con estos y otros desseos, y pensamientos passaua[64] mi vida.

CAP. XV.[1] *Como andando Lazaro a caça en un bosque perdido de los suyos hallo la verdad.*[2]

COmo[3] yo me perdi de los mios halle la verdad, la cual me dixo ser hija de Dios, y
auer baxado del cielo a la tierra por biuir y aprouechar en ella a[4] los hombres, y como
casi no auia dexado nada por andar en lo poblado, y visitado todos los estados[5] grandes
y menores, y ya que[6] en casa de los principales auia hallado assiento, algunos otros la
auian rebuelto[7] con ellos, y por verse con tan **[f.56v]** poco fauor se auia retraydo a una
roca en la mar.[8] Contome cosas marauillosas que auia passado con todos generos de
gentes, lo cual si a. v. m. vuieese de escreuir seria largo, y fuera de lo que toca a mis
trabajos, cuando sea v. m. seruido si quisiere le embiare la relacion de lo que con ella
passe. Buelto a mi Rey le conte lo que con la verdad auian[9] passado.[10]

CAP. XVI. *Como de[1]spedido Lazaro de la verdad, yendo con las Atunas a desouar fue tomado en las redes, y boluio a ser hombre.*

YEndome a la corte consolado con estas palabras biui alegre algunos dias en el mar. En
este medio[2] se llego el tiempo, que las Atunas auian de desouar, y el Rey me mando
que yo fuesse aquel viaje,[3] porque siempre con ellas embiaua quien las guardasse y
defendiesse, y al presente el general Licio estaua enfermo, el cual si bueno estuuiera
se que hiziera este camino, y despues que yo estaua en el mar auia ydo dos o tres
vezes, porque cada año una vez yuan **[f.57r]** en la dicha desouacion. De manera que
en el dicho exercito lleue comigo dos mil armados, y en mi compañia fueron mas de
quinientas mil Atunas que se hallaron preñadas: despedidos del Rey tomamos nuestro
camino, y nuestras jornadas contadas,[4] dimos con nosotros en el[5] estrecho de Gibraltar,
y aquel passado venimos[6] a Conil, y a Vexer, lugares del duque de Medina Sidonia[7]
do nos tenian armado.[8] Yo fuy auisado de aquel peligro, y como[9] alli se solia hazer
daño en los Atunes, y auiseles se guardassen, mas como fuessen ganosas de desouar en
aquella playa, y ella fuesse para ello aparejada,[10] por bien que se guardaron en ocho dias
me faltaron mas de cincuenta mil Atunas. Y visto el daño como se hazia acordamos los
armados de meternos con ellas en la playa, y mientras desouauan si prender las quisiessen
herir en los salteadores y en sus redes, y hazerse las pedaços, mas salionos al reues con

la fuerça y maña de los hombres que es otra que la de los Atunes y assi nos apañaron[11] a todos con infinitas dellas en una reda- **[f.57v]** da, sin recebir casi daño de nos, antes ganancia, que como mis compañeros se vieron presos desmayaron, y por dar gemidos desampararon las armas, lo cual yo no hize, sino[12] con mi espada me asieron auiendo con ella hecho harto daño en las redes, juntamente comigo a mi buena y segunda mujer. Los pescadores admirados de verme assi armado me procuraron quitar el espada, la cual yo tenia bien asida, mas tanto por ella tiraron que me sacaron por la boca un braço y mano, con la cual yo tenia bien asida el espada, y me descubrieron por la cabeça la frente y ojos, y narizes, y la mitad de la boca. Muy espantados de tal acaecimiento me asieron muy rezio del[13] braço, y otros trauandome de la cola, me comiençan a sacar, como a cuero atestado en costal. Mire y vi cabe mi la mi Luna muy afligida y espantada, tanto y mas que los pescadores a los cuales començando a hablar en lengua de honbre yo dixe. Hermanos encargo os las conciencias,[14] y no se atreua alguno a visitarme con el braço del maço, ca[15] sabed que soy hombre como vosotros: mas acabad **[f.58r]** de quitar la piel y sabreys de mis grandes secretos; esto dixe, porque aquellos mis compañeros estauan cabe mi muchos dellos muertos hechos pedaços los testuzes con unos maços que los de la jauega[16] en sus manos para aquel menester trayan, y assi mismo les rogue por gentileza que a aquella Atuna que cabe mi estaua diessen libertad, porque auia sido mi compañera y muger gran tiempo. Ellos en gran manera alterados en ver me, y oyrme: hizieron lo que les rogue. Al tiempo que la mi compañera de mi partia llorando y espantada, yo le dixe en lengua Atunesa: Luna mia y mi vida vete con Dios, y no tornes a ser presa, y da cuenta de lo que vees al Rey y a todos mis Amigos, y ruego te que mires por mi honrra y la tuya.[17] Ella sin me dar[18] respuesta saltando en el agua se fue muy espantada. Sacaron nos de alli, a mi y a mis compañeros que veya a mis ojos matar, y hazer pedaços a la lengua del agua,[19] y a mi tenian me echado en el arena medio hombre y medio Atun, como he contado y con harto miedo si auian de hazerme ceniza:[20] acabada la pesca aquel dia auiendome preguntado, yo dixe les **[f.58v]** la verdad, y rogando les me sacassen del todo, lo cual ellos no hizieron, mas aquella noche me cargan en un azemila, y dan comigo en Seuilla y ponen me ante el ilustrissimo Duque de Medina. Fue tanta la admiracion que con mi vista ellos y los que me veyan sentian y sintieron: que en grandes tiempos no vino a España[21] cosa que tanto espanto pusiesse. Tuuieron me en aquella pena ocho dias, en los cuales supieron de mi cuanto auia passado. A cabo de este tiempo senti a la parte que de pece tenia detrimento, y que se estragaua por no estar en el agua, y suplique a la señora duquesa y a su marido que por amor de Dios me hiziessen sacar de aquella prision, pues a su alto poder auia venido, y dando les cuenta del detrimento que sentia holgaron de lo hazer, y fue acordado que diessen pregon en Seuilla para que viniessen a ver mi conuersion,[22] *y en una plaça que ante su casa esta hecho un cadahalso*,[23] porque todos me viessen alli. Fue juntada Seuilla y desque la plaça se hinchio[24] por calles, y tejados y terrados no cabia la gente. Luego mando el **[f.59r]** Duque que fuessen por mi y me sacassen de una jaula que luego que vine del mar me hizieron do estuue, y fue bien pensado porque segun la multitud de las gentes que siempre me acompañauan sino vuiera verjas en medio de mi y dellos, ahogaran me sin falta. O gran Dios dezia, que es lo que en mi se ha renouado? porque hombre en jaula ya lo he visto estar y mucho[25] a su pesar, y aues, pescado nunca lo vi. Assi me sacaron y lleuaron en un Paues con cincuenta alabarderos que delante de mi yuan, apartando gente, y aun no podian.

CAP. XVII. Q*ue cuen*[1] *ta la conuersion hecha en Seuilla, en un cadahalso de* **Lazaro** **A***tun.*

PVes puesto en el cadahalso, y alli tirando me unos por la parte de mi cuerpo que de fuera tenia otros por la cola del pescado me sacaron como el dia que mi madre del vientre me echo, y el Atun se quedo solamente siendo pellejo. Dieron me una capa con que me cobri, y el Duque mando me truxessen un vestido **[f.59***v***]** suyo de camino, el cual aunque no me arrastraua[2] me vesti. y fuy tan festejado y visitado de gentes que en todo el tiempo que alli estuue casi no dormi, porque de noche no dexauan de me[3] venir a ver y a preguntar, y el que un rato de auditorio comigo tenia se contaua por muy dichoso; al cabo de algunos dias: despues que del todo descubri mi ser cay enfermo por que la tierra me prouo[4] y como estaua hecho al mantenimiento marino, y el de la tierra es de otra calidad, hizo en mi mudança, y pense cierto que mis trabajos con la vida auian acabado. Quiso Dios deste trabajo con los de mas librarme, y desque me vi para poder caminar, pedi licencia a aquellos señores, la cual de mala gana alcance porque me parecio quisieran tenerme consigo, por oyr las marauillosas cosas que me acontecieron, y las mas que yo glosaua[5] a las cuales me dauan entero credito con auer visto en mi tan marauillosa mudança. Mas en fin sin embargo desto dieron me la dicha licencia, y me mandaron magnificamente proueer para mi camino,[6] y assi di comigo en toledo[7] vispera de **[f.60***r***]** la assumpcion que passo, *el mas desseo soy hombre del mundo*[8] de ver a mi muger y a mi niña, y dalle[9] mil abraços, la cual manera de retoço para cuatro años yua que no lo usaua, porque en el mar no se usa, que todo es hocicadas. Entre de noche y fuy me a mi casilla,[10] la cual halle sin gente, fuy[11] a la de mi Señor el Arcipreste, y estauan ya durmiendo, y tantos golpes di que los desperte, preguntando me quien era, y diziendolo, la mi Eluira muy asperamente[12] me respondio a grandes bozes. Andad para beodo[13] quien quiera que soys[14] que a tal hora andays a[15] burlar de las biudas. A cabo de tres o cuatro años que al mi mal logrado lleuo Dios, y hundio en la mar a vista de su amo, y de otros muchos que lo vieron ahogar, venis agora a dezir donayres, y tornase a la cama sin mas me oyr ni escuchar. Torne a llamar y dar golpes a la puerta, y mi señor enojado se leuanto y puso se a la ventana, y a grandes bozes començo a dezir, que vellaqueria es essa, y que gentil hecho de hombre de bien,[16] querria saber quien soys para mañana daros el pago de vuestra descortesia, que a tal **[f.60***v***]** hora andays por las puertas de los que estan reposando, dando aldauadas, y haziendo alborotos con los cuales quebrays el sueño, y reposo. Señor (dixe yo)[17] no se altere. v. m. que si quiere saber quien soy tambien[18] yo lo quiero dezir. Vuestro criado Lazaro de Tormes soy, apenas acabe de dezillo cuando siento passar cabe las orejas un guijarro[19] pelado con un[20] zumbido y furia, y tras aquel, otro y otro, los cuales dando en los que en el suelo estauan con lo[21] que la calle estaua empedrada, hazia[22] saltar biuo fuego y asperas centellas. Visto el peligro que no esperaua razones tome la calle a[23] abaxo ante los ojos[24] y a buen passo me alexe y el quedo desde su ventana dando grandes bozes diziendo. Venios a burlar y vereys como os yra. Eche seso a monton[25] y *pareciome tornar a prouar la ventura, porque yo no me queria descubrir a nadie, y por ser ya muy noche determine*[26] de passar lo que quedaua della por alli y venida la mañana yr me a casa, mas no me acaecio assi por que dende a poco passo *por donde yo estaua*[27] un Alguazil que andaua **[f.61***r***]** rondando, y tomandome la espada dio comigo en la carcel, y aunque yo conocia a algunos de los gentiles hombres que de porquerones[28] lo[29] acompañauan, y los llame por sus nombres y dixe quien era, y[30] reyanse de mi diziendo, que mas de tres años auia que el que yo dezia ser era muerto en lo de Argel y assi dan comigo en la carcel y alli me tomo el dia, el cual venido cuando los otros se visten y adereçan para yr a la yglesia a holgar una tan solemne fiesta,[31] pensando yo haria lo mismo, porque luego seria conocido de todos, entro el Alguazil que me auia preso, y echando me grillos a los pies, y una buena cadena gruessa a la garganta, y metiendo me en la casa del tormento *todo fue uno.*[32] Este gentil hombre que teniendo disposicion y manera para ser corregidor, y se haze pregonero: este aqui algun dia, hasta que sepamos quien es, pues anda de noche a escalar las casas de los clerigos, pues a fe que esse sayo no se deuio cortar a vuestra medida,[33] ni trae olor de vino como suelen traer los de vuestro oficio, sino de un fino ambar, al fin vos direys a [f.61v] mal de vuestro[34] grado a quien lo hurtastes, que si para vos se corto, a fe que os hurto el sastre mas de tres varas. En hora mala aca venimos dixe yo entre mi, con todo esso le hable diziendo le: que yo no biuia de aquel menester, ni andaua a hazer lo que el dezia. No se sin andays dixo, mas agora sale el Arcipreste de san Saluador de la casa del corregidor diziendo que a noche le quisieron robar, y entrar la casa por fuerça, si con buenos guijarros no se defendiera, y que dezian los ladrones que era Lazaro de Tormes un criado suyo, yo le dixe como os tope cabe su casa, y me dixo lo mismo, y por esso os manda poner a buen recaudo. El carcelero dixo: esse que dezis pregonero fue en esta ciudad, mas en lo de Argel murio y bien le conocia yo, perdonelo Dios, hombre era para passar dos açumbres[35] de vino de una casa a otra sin vasija. O desuenturado de mi dixe yo que aun mis fortunas no han acauado, sin duda de de nueuo tornan mis desastres, que sera esto que aquellos que yo conozco y conuerse y tuue por amigos me niegan y desconocen, mas [f.62r] no podra tanto mi mala fortuna que en esto me contrarie, pues mi muger no me desconocera, como[36] *sea la cosa que en este mundo mas quiero*[37] y ella quiere. Rogue mucho al carcelero, y paguese lo,[38] que fuesse a ella y le dixesse que estaua alli que me viniesse a hazer sacar de la prision, y el riendo de mi tomo el real, y dixo lo haria, mas que le parecia que no traya juego[39] de veras,[40] porque si yo lo fuera el que dezia el lo[41] conociera, porque mil vezes le auia visto entrar en la carcel, y acompañar los açotados, y que fue[42] el mejor[43] pregonero y de mas clara y alta boz que en Toledo auia:[44] al fin con yo importunalle, fue y pudo tanto que truxo consigo a mi Señor y cuando le via hablar[45] que lo metio do yo estaua, truxeron una candela. Aquella alegria que los del limbo deuieron sentir al tiempo de su libertad senti: y dixe llorando de tristeza, y mas de alegria. O mi Señor Rodrigo de Yepes[46] Arcipreste de S. Saluador,[47] mirad cual[48] esta el vuestro buen criado Lazaro de Tormes atormentado, y cargado de hierros, auiendo passado tres años las mas estra- [f.62v] ñas y pelegrinas[49] auenturas que jamas oydas fueron. El me llego la candela a los ojos, y dixo la boz de Iacob es, y la cara de Esau.[50] Hermano mio verdad es que en la habla algo os pareceys[51] mas en el gesto[52] soys muy diferente del que dezis. A esta hora cay en la cuenta, y rogue al carcelero me hiziesse merced de un espejo, y el lo truxo, y cuando en el me mire, vi me muy dessemejado del ser de antes, especialmente del color que solia tener como una muy rubicunda granada, digo como los granos della, y agora como la misma gualda,[53] y figuras[54] tambien muy mudadas. Yo me santigue y dixe. Agora Señor no me marauillo, *estando lo mucho de mi mismo*[55] que v. m. ni nadie de amigos no me conozca, pues yo mismo me desconozco, mas v. m. me la haga[56] de sentarse, y vos Señor Alcalde[57] nos dad un poco lugar, y vera como no he dicho mentira. El lo hizo, y quedando solos le di todas las señas de cuanto auia passado despues[58] que lo conocia, *y tal dia esto*,[59] y tal dia esto otro,[60] despues le conte en suma todo lo que auia passado, y como fuy [**f.63r**] Atun, y que del tiempo que estuue en el mar y del mismo mantenimiento, y del agua me auia quedado aquel color, y mudado el gesto, el cual hasta entonces yo no me auia mirado. Finalmente que despues quedose muy admirado, y dixo. Esso que vos dezis muy notorio[61] se dixo en esta ciudad, que en Seuilla se auia visto un Atun hombre, y las señales que me days tambien son verdaderas, mas todauia dudo mucho, lo que hare por vos sera traer aqui a Eluira mi ama, y ella poruentura os conocera mejor, y le di muchas gracias y le suplique que me diesse la mano para la besar, y me echasse su bendicion como otras vezes auia hecho, mas no me la quiso dar. Passe aquel dia y otros tres, al cabo de los cuales una mañana entra el Teniente de corregidor con sus ministros y un escriuano, y comiençan me a preguntar, y *sino lo han por enojo*[62] a querer ponerme a cauallo, o por mejor dezir verdad en potro,[63] no pude contenerme de no derramar muchas lagrimas dando muy grandes sospiros[64] y solloços, quexando me de mi [**f.63v**] sobrada desuentura que tan a la larga me seguia, con todo esso con las mejores y mas razones que pude, suplique al teniente que por entonces no me tormentasse, pues harto lo estaua yo,[65] y por que lo[66] contentasse viesse mi gesto, al cual llegando la luz dixo: por cierto este pecador yo no se que fuerça podra hazer en las casas, mas el sin ella esta a lo que parece, segun su disposicion[67] muestra; dexemos le agora hasta que mejore, o se muera y dalle hemos[68] por libre, y assi me dexaron; suplique al carcelero tornasse a casa de mi Señor, y le rogasse de su parte, y suplicasse de la mia cumpliesse la palabra que me auia dado de traer consigo a mi muger, y tornele a dar otro real,[69] porque estos nunca echan passo en vano, y el lo hizo y me truxo recaudo,[70] que para el dia siguiente ambos me prometieron de venir. Consolado con esto aquella noche dormi mejor que las passadas, y en sueños me visito mi señora y amiga la Verdad,[71] y mostrando se muy ayrada me dixo. Tu, Lazaro no te quieres castigar,[72] prometiste en la mar de no me apartar[73] [**f.64r**] de ti, y desque saliste casi nunca mas me miraste. Por lo cual la diuina justicia te ha querido castigar y que en tu tierra, y en tu casa no halles conocimiento, mas que te viesses puesto como malhechor a cuestion de tormento, mañana vendra tu muger, y saldras de aqui con honrra, y de oy adelante haz libro nueuo.[74] Y assi se me despidio de presente[75] muy alegre de tal vision, conociendo que justamente passaua, porque eran tantas y tan grandes las mentiras que yo entretexia, y lo que contaua que aun las verdades eran muy admirables, y las que no eran, pudieran de espanto matar las gentes, *propuse la enmienda: y llore la culpa*.[76] Y la mañana venida mi gesto estaua como de antes, y de mi Señor y de mi muger fuy[77] conocido, y lleuado a mi casa con mucho plazer de todos, halle a mi niña ya casi para ayudar a criar otra.[78] Y despues que algunos dias repose torne me a mi taça y jarro, con lo cual en

breue tiempo fuy tornado en mi

propio gesto, y a mi

buena vida.[79]

[**f.64v**] CAP. XVIII.[1] *Como Lazaro se vino a Salamanca y la amistad, y disputa que tuuo con el Rector, y como se vuo con los estudiantes.*[2]

EStando ya algun tanto a mi plazer, muy bien vestido y muy bien tratado, quise me salir de alli do estaua por ver a[3] España, y solearme un poco, pues estaua harto del sombrio[4] del agua. Determinando a do yria, vine a dar comigo en Salamanca, adonde segun dizen tienen las sciencias su alojamiento.[5] Y era lo que auia muchas vezes desseado por prouar de engañar alguno de aquellos Abades o Mantilargos,[6] que se llaman hombres de licencia.[7] Y como la villa esta llena destos, el olor tambien se siente de lexos, aunque[8] de sus noches Dios guarde mi casa. Fuyme luego a passear por la villa, y auezado[9] de la mar, marauillaua me de lo que alli veya, y bien era algo mas de lo que tenia oydo. Quiero contar una cosa que alli me acontecio, yendo por una calle de las mas principales. Venia un hombre [f.65r][10] a cauallo en un asno, y como era guiñoso,[11] y deuia estar cansado, no podia caminar adelante, ni aun boluer atras sino con gran trabajo, comiença el hombre a dar sus gritos arre aca señor bachiller,[12] con esto[13] no me moui yo, aunque pense en boluerme, pero entendiendo el que con mas honrrado nombre, se moueria mas presto, comiença de dezir arre señor Licenciado, arre con todos[14] los diablos, y dale con un agujon que traya, vierades entonces echar coces atras, y adelante, y el licenciado a una parte, y el cauallero a otra, nunca vi en mi vida, ni en el señorio de la mar, ni en el de la tierra Licenciado de calidad, que tanto lugar le hiziessen todos, ni que tanta gente saliesse por verlo.[15] Conoci entonces que deuia ser de los criados con alguno de nombre, y que se hazian tambien de honrrar con sus nombres, como yo me auia hecho por mi valor y fuerças en la mar entre los Atunes.[16] Pero todauia los tuue en mas que a mi, porque aunque me hizieron señoria, no me dieron licencia a mas de la que yo de mi por mi es-[f.65v] fuerço entre ellos me tomaua. Y cierto, señor, que yo he passado algun tiempo que quisiera mucho mas ser el Licenciado asno, que Lazaro de Tormes. De aqui vine siguiendo el ruydo a dar en un Colegio, adonde vi tantos estudiantes,[17] y oy tantas vozes, que no auia ninguno que no quedasse mas[18] cansado de gritar, que de saber. Y entre muchos otros que conoci (aunque a mi ninguno dellos) quiso Dios que halle un amigo mio de los de Toledo, conocido del buen tiempo, el cual seruia a dos señores, *como el que arriba mouio el ruydo*,[19] y aunque eran de los mayores del Colegio. Y como era criado de consejo, y de mesa,[20] hablo con sus amos de mi de tal manera, que*[21] me valio una comida, y algo mas. Es verdad que fue a uso de Colegio, comida poca, y de poco, mal guisado, y peor seruido, pero maldito sea el huesso[22] quedo sin quebrar.[23] Hablamos de muchas cosas estando comiendo, y replicaua yo de tal manera con[24] ellos que bien conocieron ambos[25] auer yo alcançado mas por mi experiencia, que ellos por [f.66r] su saber. Conteles algo de lo que auia a Lazaro acontecido, y con tales palabras, que cierto todos me preguntauan, adonde auia estudiado, en Francia o en Flandes, o en Ytalia, y aun si Dios me dexara acordar[26] alguna palabra en Latin yo los espantara; tome la mano[27] en el hablar por no darles ocasion de preguntar algo, que[28] me pusiessen en confusion. Todauia ellos pensando que yo era mucho mas de lo que por entonces auian de mi conocido, determlnaron de hazerme defender unas conclusiones,[29] pero pues sabia que en aquellas escuelas todos eran Romancistas,[30] y que yo lo era tal que me podia mostrar sin verguença a todos, no lo rehuse, porque quien se vale entre Atunes, que no juegan sino de hocico, bien se valdria entre los que no juegan sino de lengua: el dia fue el siguiente, y para ver el espectaculo fue combidada toda la uniuersidad. Viera vuestra[31] merced a Lazaro en la mayor honrra de la ciudad, entre tantos Doctores, Licenciados, y Bachilleres, que por cierto con el diezmo se podrian talar cuantos campos ay en toda España, y con las primicias[32] se [f.66v] ternia el mundo por contento,[33] viera tantas[34] colores de vestir, tanto grados en el sentar, que no se tenia en cuenta el hombre, sino segun tenia el nombre. Antes de parecer yo en medio, quisieron me vestir segun era la usança dellos, pero Lazaro no quiso, porque pues era estrangero, y no auia professado en aquella uniuersidad, no se deuian marauillar, sino juzgar mas segun la doctrina (pues

que tal era esta) que no segun el habito, aunque fuesse desacostumbrado. Vi a todos
entonces con tanta grauedad, y tanta manera³⁵ que si digo la verdad, puedo dezir que
tenia mas miedo que verguença, o mas verguença que miedo, no se burlassen de mi.
Puesto Lazaro en su lugar (y cual estudiante yo) viendo mi presencia doctoral, y que
tambien³⁶ sabia tener mi grauedad como todos ellos, quiso el Rector³⁷ ser el primero que
comigo argumentasse, cosa desacostumbrada entre ellos.³⁸ Assi me propuso una cuestion
harto dificil, y mala: pidiendome³⁹ le dixesse cuantos toneles de agua auia en la mar,⁴⁰
pero yo como hombre que auia estudiado, y salido po- **[f.67r]**⁴¹ co auia de alla, supe le
responder muy bien: diziendo que hiziesse detener todas las aguas en uno, y que yo lo
mesuraria⁴² muy presto, y le daria dello razon muy buena. Oyda mi respuesta tan breue,
y tan sin rodeos, que mal año para el⁴³ mejor la diera tal, viendose en trabajo pensando
ponerme,⁴⁴ y viendo ser le imposible hazer aquello, dexome el cargo de mesurarla a mi,
y que despues yo se lo dixesse. Auergonçado el Rector con mi respuesta, echa⁴⁵ me otro
argumento, pensando que me sobraua a mi el saber o la ventura. Y que como auia dado
resolucion⁴⁶ en la primera, assi la diera en la segunda, pideme que le dixesse cuantos
dias auian passado desde que Adan fue criado hasta aquella hora:⁴⁷ Como si yo vuiera
estado siempre en el mundo contandolos con una pendola⁴⁸ en la mano, pues a buena
fe que de los mios no se me acordaua sino que en un tiempo fuy moço de de un clerigo,
y otro de de un ciego, y otras cosas tales, de las cuales era mayor contador que no de
dias. Pero todauia le respondi, diziendo que no mas de siete, por- **[f.67v]** que cuando
estos son acabados, otros siete vienen siguiendo de nueuo, y que assi auia sido hasta alli,
y seria tambien hasta la fin⁴⁹ del mundo. Viera vuestra merced a Lazaro entonces ya
muy Doctor entre los Doctores, y muy maestro entre los de Licencia.

  Pero a las tres va la vencida, pues de las dos auia tambien⁵⁰ salido, penso el señor
Rector, que con la tercera yo me enlodara,⁵¹ aunque Dios sabe que tal estaua el animo
de Lazaro en este tiempo, no porque no mostrasse mucha grauedad, pero el coraçon tenia
tamañito.⁵² Dixome el Rector que satisfiziesse a la tercera demanda, yo muy prompto⁵³
respondi que no solo a la tercera, pero⁵⁴ hasta el otro dia se podia detener.⁵⁵ Pidio
me que a do estaua el fin del mundo.⁵⁶ Que Philosophias son estas dixe yo entre mi?
Pues como? no auiendo lo yo andado todo, como puedo responder? Si me pidiera el
fin del agua algo mejor se lo dixera. Todauia le respondi a su argumento que era aquel
auditorio do estauamos, y que manifiesta- **[f.68r]** mente hallaria ser assi lo que yo dezia
si lo mesuraua, y cuando no fuesse verdad, que me tuuiesse por indigno de entrar en
Colegio.⁵⁷ Viendose corrido por mis respuestas, y que siempre⁵⁸ pensando dar buen
xaque, recebia mal mate,⁵⁹ echa me⁶⁰ la cuarta cuestion muy entonado, preguntando
que cuanto auia de la tierra hasta el cielo.⁶¹ Viera vuestra merced mi gargajear a⁶²
mis tiempos con mucha manera, y con ello no sabia que responder le, porque *muy
bien podia el*⁶³ saber que no auia yo hecho aun tal camino, si me pidiera la orden de
vida, que guardan los Atunes: y en que lengua hablan yo le diera mejor razon, pero
no calle con todo, antes respondi: que muy cerca estaua el cielo de la tierra. Porque
los cantos de aqui, se oyen alla, por baxo que hombre cante o hable, y que sino me
quisiesse creer, se subiesse el al cielo, y yo cantaria con muy baxa voz, y que sino me
oya, me condenasse por necio. Prometo⁶⁴ a vuestra merced, que vuo de callar el bueno
del **[f.68v]** Rector, y dexar lo de mas para los otros. Pero cuando le vieron como corrido
no vuo quien osasse poner se en ello⁶⁵ antes todos callaron y dieron por muy excelentes
mis respuestas. Nunca me vi entre los hombres tan honrrado, ni tan señor aca, y señor

aculla, la honrra de Lazaro de dia en dia yua acrecentando: en parte la agradesco[66] a las ropas que me dio el buen duque, que sino fuera por ellas, no hizieran mas caso de mi aquellos diablos de haldilargos,[67] que hazia yo de los Atunes aunque dissimulaua. Todos venian para mi, uno dando me el para bien de mis respuestas, otros holgandose de verme, y oyrme hablar. Auiendo visto mi abilidad tan grande, el nombre de Lazaro estaua en la boca de todos, y yua por toda la ciudad con mayor zumbido que entre los Atunes. Mis combidados[68] quisieron me lleuar a cenar con ellos, y yo tambien quise yr, aunque rehuse segun la usança de alla a la primera, fingiendo ser por otros combidado.[69] Cenamos, no quiero dezir que: por que fue cena de Licencia aquella, aunque[70] **[f.69r]**[71] bien vi, que la cena se aparejo a trueco de libros, y assi fue tan noble.[72] Despues de auer cenado, y quitados los manteles de la mesa, tuuimos por colacion[73] unos naypes, que suelen ser alla cotidianos,[74] y cierto que en aquello algo mas docto estaua yo, que no en las disputas del Rector. Y salieron en fin dineros a la mesa, como quiera que ello fuesse. Ellos como muy diestros en aquella arte, sabian hazer mil traspantojos[75] que a ser otro, dexara cierto el pellejo, porque al medio mal me yua, pero a la fin les trate tambien[76] que ellos pagaron por todos, y de mas de la cena, embolse mis cincuenta reales de ganancia en la bolsa. Tomaos pues con aquel que entre los Atunes auia sido señoria, de Lazaro se guardaran siempre, y por despedir me dellos les quisiera hablar algo en lengua Atunesa, sino que no me entendieran. Despues temiendo no me pusiessen en verguença, porque no les faltara ocasion, partime de alli pensando que no todauia[77] puede suceder bien. Assi determine boluerme dandome verdes[78] con mis cincuenta Reales gana **[f.69v]** dos, y aun algo mas que por honrra dellos al presente callo:[79] y llegue a mi casa adonde lo halle todo muy bien, aunque con gran falta de dinero.

Aqui me vinieron los pensamientos de aquellos doblones que se desaparecieron en el mar, y cierto que me entristeci, y pense entre mi que si supiera me auia de suceder tambien[80] como en Salamanca, pusiera escuela en Toledo, porque cuando no fuera sino por aprender la lengua Atunesa, no vuiera quien no quisiera estudiar. Despues pensandolo mejor, vi que no era cosa de ganancia, porque no aprouechaua algo, assi dexe mis pensamientos atras, aunque bien quisiera quedar en una tan noble ciudad con fama de fundador de uniuersidad muy celebrado, y de inuentor de nueua lengua nunca sabida en el mundo entre los hombres.[81] Esto es lo sucedido despues de la yda de Argel,
lo de mas con el tiempo lo sa
bra[82] vuestra merced,
quedando muy a
su seruicio.
Lazaro de Tormes.
FINIS.

Notas al Capítulo I

[1] CAP. I.), Capitu. Primero, S; A y B lo posponen a la rúbrica así como en los restantes casos. En N las rúbricas de todos los capítulos se dan invariablemente en cursiva, práctica que en ningún caso sigue S. Por otra parte, la primera línea de la rúbrica *"En que da cuenta Laza-* S la presenta en mayúsculas menores. Todo este capítulo en Pl aparece como Cap. VIII y en L como CAP. NONO dada su personal división del primer Tratado del '54 en dos. Para todos los demás avatares del mismo véase primera parte de avatares particulares. Para los textos —ya sean en castellano o traducciones— que sólo contienen este Cap. I, y cito por presentar alguna variante, las abreviaturas son R, Rowland; Pl, Plantin; F, Facchetto; St, Strozzi; Sch, Schinckel; T, Tiemann y L, Luna.

[2] En que da cuenta), Da cuenta, Pl y F; Do cuenta, L.

[3] Las eds. francesas de textos paralelos español-francés de Bonfons (1601 y 1609) y Tiffaine (1616) añaden "el" ante "Lazaro"; cf. Rumeau ([1980], 370-71) para una explicación de esa variante.

[4] tuuo), tuue, L; B da "tuue" en la rúbrica de la Tabla pero "tuuo" en la del texto.

[5] ellos), ello, A y B.

[6] *. . .* L lo omite.

[7] *galleta*. "Galleta. Vaso para traer vino.", (Cov.) En una composición tras la toma de Gaeta en 1504, "No beberan con *galleta*/ de Napoles botaran/ a Francia a bever de ahutan/" (Romeu, 475b); en el menaje de la expedición de Magallanes, "100 *galletas*, 200 escudillas" (Navarrete*Colección*, 76, 416b); "os vasos da ygreja como calix, *galhetas* . . ." (Usque [Dialogo tercero], f.viiii*r*) contra lo que dice Corom.: "El portugués *galheta* parece ser palabra reciente (ya Moraes)" siendo que la primera ed. del *Diccionario* de Moraes Silva es de 1789; y, por fin, "Anda un paje con la *galleta* del brebaje" (Salazar*Cartas*, 294a).

[8] buenos frutos), buen vino, L; también así ha de entenderse como también lo entiende el anotador anónimo de S que sobre frutos ha escrito "vino"; así mismo lo traducen R, "wine" y Ba, "vini"; V con "fruict", T con "fruchte" y St con "frutta" traducen literalmente, aunque el último no parece haber entendido el texto ya que dice "panierino delle piu belle *frutta*"; los holandeses Sch y H dan "traen", es decir, lágrima, curiosamente la misma acepción que también en castellano tenía para el inicial destilado (Cov., s.v. *lágrima*).

[9] *. . .*), "como siempre truxesse en mi compania una buena redoma de buen vino que en esta tierra lo ay", L; recuérdese que en este caso, como en los siguientes, no se trata de un texto precedente que Luna copie sino de una reelaboración personal que ya justifica en la "ADVERTENCIA AL LECTOR." incluida en f.aiii*r*. de su edición.

[10] Este apócope *do* alternaba de modo regular con "donde" a lo largo del XVI; basten, como ejemplos, los casos de Roua., I, que presenta *do* siempre frente a Roua., III con un "adonde", por lo menos; un buen ejemplo de condensación de esa alternancia en pocas líneas puede verse en la estr.165 del "Canto cuarto" de *Las lágrimas de Angélica* de Barahona de Soto. Aun en el XVII seguía el mismo uso como nos lo confirma Correas en su *Arte*, p. 131. Véase, además, Keniston, 16.523 a 16.535. Dentro del texto, no obstante, predomina este *do* con 33 casos frente a 8 para *donde*.

[11] "fauore*c*ido" también en S, con núcleo de incoativo *c* simple, detalle que destaco porque inmediatamente y como señalo y comento en nota siguiente, este S dará "pare*sc*e" frente al "pare*c*e" de N.

[12] parece), paresce, S. Característica de este S es su continua oscilación entre esos núcleos de incoativo *-sc-* y *-c-* con enorme mayoría para el primero a lo largo de los 17 primeros caps. Por contra, N, en ningún caso en absoluto presenta *-sc-*. Véanse para ello mis comentarios en el planteamiento del estema así como las correspondientes estadísticas que me dispensan de repetir posteriores variantes. Como es de esperar, las dos grafías *sc* y *c* fluctuaban, pero resulta evidente de cuantos textos tengo registradas estadísticas —allá por el centenar— el muy más alto porcentaje de la primera frente a la segunda, en contra de la práctica de N, dándose —y como también era de esperar— un progresivo aumento de la segunda a medida que avanza el siglo; de hecho, ya Jiménez Patón en su *Epitome* de 1614 critica abiertamente esa grafía *sc*: "Muchos pecan con afectacion . . . en la pronunciacion de esta S, y mas en la escritura; . . . escribiendola donde no se pronuncia, como en estas diciones dicen o escriben: *parescer, conoscer, florescer*, . . . debiendo no escrebir ni pronunciar de otra suerte que desta: *parecer, conocer, florecer* . . ." (58) y poco después Correas ni siquiera menciona formas en *-sc* (*Arte*, 176). Para testimonios de que esa s de *-sc-* no se pronunciaba ya desde bastante antes cf. Alonso*Pronun.*, II, 244-45. Por otra parte, parece que hubiera necesidad de un "que" subordinante tras ese *parece*; yo, con BAE (91a) he optado por insertar una coma; para la usual omisión de ese "que," cf. *Arte*, 132 y 135. De cualquier forma, en el texto abundan, como iré señalando, esas omisiones de "que" en especial tras ese específico verbo *parecer*, omisiones que, por supuesto, no eran exclusivas de este texto; baste con ver los particulares ejs. que recoge Keniston (26.345).

[13] La omisión de "a" actualmente normativa para acción transitiva sobre personas, era frecuentísima durante todo el Siglo de Oro, desde "por ver mi Elicia" y "esperad la vieja" (*LC*, 25 y 162) hasta, p. ej., "recibe tambien tu hijo don Quijote" (*Quij.*, 1056[II, lxxii]); excelente ejemplo en un solo párrafo es el de Rojas Villandrando con "Romulo honró los canteros, Claudio a los escribanos, Sila a los armeros . . . // . . . Vespasiano a los pintores y Numa Pompilio

los sacerdotes, que no ha de faltar un Scipion que honre agora los capitanes." (*Viaje*, II, 134-35); la frecuencia aumentaba, lógicamente, cuando le precedía o seguía otra "a" (Keniston, 2.155 y 41.32) o un indefinido (2.242) tratándose, como se trataba, de embebimiento o haplologías. Cf., además, *Arte*, 118).

[14] rezio), terrible, L.

[15] vando), parte, L.

[16] queriendo los lleuar), llevando los, L, ya con construcción actual. Esa perifrasis de "querer" + infinitivo con función de verbo activo único era completamente usual en el XVI; cf. "Lo que en ella se contiene fue en tiempo de Laumedonte . . . e algunos/*quieren dezir* que antes." (*Clari.*, lxxva-b); "No se amedrente vuestro corazon: no *querais haber* miedo." (Osuna*Ter.*, 220); "Muchos doctores . . . *quieren sentir* que la lengua hebrea desciende de *Heber*" (Gue*Ep.*, II, 83); "Paresceme a mi que lo *quiero conoscer*" (Rue*Pa.*, 124) y aun en Cervantes —sin duda, con intención arcaizante— lo encontraremos: "*Quieren decir* que tenia el sobrenombre de Quijada" (*Quij.*, 36 [I, i]); el hecho de que Luna no la utilice parece bien confirmar que precisamente por arcaizante iba cayendo ya en desuso.

[17] comigo), conmigo, L. No sólo a todo lo largo de N y S sino también en las tres eds. del '54 aparece siempre *comigo* frente a "contigo" y "consigo", así como generalmente en todo el XVI de acuerdo con los datos que tengo recogidos y contra lo que afirma Keniston (6.16) de ser *conmigo* "somewhat more common." En *Propa.* se recoge *passim* con una sola excepción en f.Cir*a*; en *Seraf.*, *passim*; en *Lozana*, *passim* con una excepcion en p. 363 así como en *TerCel.* con sólo un *conmigo* (p. 800) y el *Doni* con otro único *conmigo* (p. 90); ya en Pinciano aparecen más casos de *conmigo* —III, 48 y 86, p. ej.— y aunque *comigo* aun se da *passim* en el *Guzmán*, la tendencia a ese *conmigo* se reafirma con el caso de Luna. Evidentemente en el uso del XVI estaba operando una comprensible fusion de las dos nasales contiguas. Solà-Solé no tiene en cuenta este factor en el índice de concordancias de su ed. dando todas las instancias bajo *conmigo*.

[18] echado), pregonado, L, como así mismo el anotador de S aclarando el sentido; cf., además, "crie", V; "broched" (arcaísmo), R; y "aussgeschryeen", T; el *lo* anterior es, claro está, elipsis por "vino".

[19] *xira*. "Es la comida y fiesta que se haze entre amigos, con regozijo y contento, juntamente con abundancia de comer y bever y mucha alegria y chacota." (Cov.). Corom. da "banquete opíparo" y a las referencias que aporta añadiré, "El legado . . . entro en esta cibdad . . . y fuele hecha muy buena *xira*." (Salinas, p. 185 [es la carta n.68 de 1524]); "habemos de hacer la *jira* con el pastel que me hacen" (*TerCel.*, 861); "Gallina y cabrito, bona *xira* ternemos." (Timo*Corn.*, f.ciiir).

[20] agenos), los agenos, L; se sobreentiende borrachos como al margen anota el anónimo de S.

[21] *blanca*. En las Cortes de Valladolid de 1548, Carlos V promulgó la siguiente ley: ". . . mandamos que . . . se labre

moneda de vellon, que se llamen *blancas*, de ley de siete granos y de talla y de peso de ciento y nouenta dos pieças por marco, y que dos dellas valgan un marauedi." (RECOPI., II, f.62*r*); Palmireno da más detalles: "En . . . año 1498 el rey Catholico don Hernando quinto batio la moneda de cobre, que dezimos de uellon, de tal modo que de un marco, que es ocho oncas, salen 192 dinerillos, que se dizen *blancas* . . . dos *blancas* de estas . . . ualen un marauedi de cobre . . . batieron despues pieças, que cada una valia dos marauedis, o quatro *blancas*, y despues una que llaman un quarto, y u le ocho *blancas*, o quatro marauedis." y más adelante, "Un dinero tres *blancas*. Un marauedi es dos *blancas*: porque no hay en Castilla pieça senzilla que ualga marauedi. Una *blanca* vale dos cornados: y en algunas partes tres." (Palmireno, *Voc.*, 36 y 52 respectivamente). De la ligera depreciación que fue sufriendo la *blanca* por esos años de los *Lazarillos* así como de su estima social nos informa la pragmática de Felipe II de diciembre de 1566: "Mandamos que se labre la dicha moneda de *blancas*, que dos valgan un marauedi, en esta forma: Que tengan de ley quatro granos de plata fina, y del marco se hagan docientas y veynte pieças; con que se permitan seys pieças de falsa . . . en cada marco, por ser tantas en numero, y tan menuda moneda: (RECOPI., ff.76*v*-77*r*); cuando más adelante el Padre Mariana en su *Tratado y discurso sobre la moneda de vellon* de 1609 hable de las *blancas* las tratará de "cosa prolija y enfadosa." (BAE, 31, 581a) Es evidente que para esos años —si no, incluso, para los del *Lazarillo*— esa blanca resultaba ser algo parecido a nuestra actual calderilla. Alguna otra información y bibliografía puede consultarse en Rico ([1987], 29).

[22] Con este "maldita la blanca *Lazaro de Tormes gasto*" que en absoluto condice con el inmediato siguiente "si alguna vez *yo*" comienzan los profusos casos de alienación onomástica, productos de una dicotomía personal esquizoide para este personaje, continuando, así, los que ya se han dado para el del '54 y que he estudiado en mi trabajo de 1984; un mayor desarrollo de la cuestión la expongo en el estudio crítico. Es curioso que no le haya llamado la atención a Piñero este ejemplo y que, en cambio, más adelante lo haga notar con su correspondiente nota para uno mucho menos obvio como es el del principio del Cap. II (cf. p. 130, n.2).

[23] consentian), consintian, S, por cambio de timbre vocálico. Cf. para estos casos la correspondiente lista recogida en el planteamiento del estema.

[24] Om. por L.

[25] *de industria*. "Hazer una cosa *de industria*, hazerla a sabiendas y a drede, para que de alli suceda cosa que para otro sea a caso y para el de proposito; puede ser en buena y en mala parte." (Cov.). Cf. "*de* pura *industria*, y no de pereza, he estado . . . aguardando" (Gue*Ep.*, II, 322); "un sonido que . . . hallaran los curiosos que *de industria* lo quissieren mirar" (Ven*Orto.*, 6); "No por oluido, sino *de industria* . . ." (Pinc., II, 143 y otros casos en pp. 161 y 186); "uno de ellos . . . se puso *de industria* a pescar en un estanque" (Rufo, n.48); con ese sentido de hacerlo adrede

ha de entenderse también aquí, pero es muy probable que el "fingiendo querer lo pagar" que sigue, sugiera alguna otra connotación como la actual de "por quedar bien", como así lo entendió R con su "(for manners sake only)" que me parece la más ajustada de las traducciones.

[26] Con formas verbales personales, los pronombres directos e indirectos fluctúan a lo largo del texto en cuanto a su posición si bien es mucho más común la enclítica, ya separados como en los anteriores "lo", ya unidos como con este "me", pero esa enclítica es normativa cuando se trata de imperativos o, más especialmente, cuando la forma verbal es principio de claúsula; aun en el XVII, Correas amonesta: "ni tanpoco lo que dizen algunos inadvertidos, o no kastellanos, comenzando por estos encliticos la rrazon, diciendo *Te vas?, me voy, se va, le dixiste algo? Que es intolerable.*" *(Arte,* 142) y, más generalmente, el apartado "Rrelativos de dativo, i acusativo en singular y plural." (141-43). Véase también Keniston, 8.1 y sigs.

[27] Om. por L.

[28] En la versión de T, la frase aparece como "Nicht, nicht, dass dich Gotts! landsman!" y hay que suponer que el traductor su alemán sabría.   Se trata, claro está, de la castellanización de una expresión que sería popular dada la proliferación de tudescos —en nota posterior hablaré de ellos y sus alcohólicas aficiones— por esos años.   Contra la inicial afirmación de Piñero —"ni siquiera tenemos claro en que idioma . . . esta dicha" (126, n.7)— es evidente que se trata del alemán, como más adelante él mismo reconoce conjeturando que bien puede ser *"Nite, nite, Hab' dich Gott, lass* (esto es: 'No, no, Dios te guarde, deja')", conjetura que, a mi juicio, corresponde a la realidad siempre que aceptemos el "dass" del retraductor en vez del "Hab" que él propone, para explicar ese *Asticot* que le resulta término complicado; *Asticot* que bastante debía tener ya de carácter proverbial cuando de beber, en general, o de brindar, en particular, se trataba, como parece deducirse del diálogo entre dos rufianes y su víctima en la *Comedia pródiga* de Miranda precisamente de 1554: "sil (uan). beuamos que ya es razon/ Es brindes. ori (sento). *sanciscote*/ pro (digo). esso si, trinca vosotros/ que a la mi fe aca nosotros/ no sabemos ese mote./" *(Prodiga,* avv a); un *sanciscote* que mucho presenta de deformación popular de ese *Asticot* y más cuando acto seguido Prodigo usará un "trinca" —del alemán "trinken", claro está— por "bebed" reconociendo, además, ser ese *sanciscote* un mote. No era, no obstante, la primera vez que se remedaba a los tudescos deformando su lengua; antes, por lo menos, lo habrá hecho Torres Naharro en su *Tinellaria*: "veis señor como ha escondido/ de la carne aquel tudesco/ . . . / en la manga del jubon/ *tu*.nite carne y *obbigot* /" *(Propa.,* Qir a), así como años después aparecía ya popularizada la interjección *Nitesgut* en *El diablo cojuelo* (Tranco V, 145) con función nominal peyorativa. Véase lo que sobre ello dicen Rodríguez Marín en su ed.   de *(Clas.   Cast.,* [1941], 98-99 en n.); E. Rodríguez Cepeda *et al* ([1968], n.19) y últimamente A.

Fernández González *et al* ([1988], 145, n.44). ed. por la que cito.

[29] La pérdida de la intervocálica "h" y consecuente fusión de las vocales idénticas ha dado la forma "reprender" —como sabemos— al no darse el riesgo de la confusion bisémica que ha mantenido, p. ej., "aprehender" *vs.*   "aprender"; por otra parte, esa forma *reprehender*, como otras análogas, eran usuales; aun al final de ese XVI el Pinciano emplea "aprehender", "comprehender", etc., *passim,* y véase Corom., s.v.).

[30] diziendo), dizian, L. Extraños e incorrectos resultan en nuestros días los siguientes dos puntos y mayúscula para "*Que*", tratándose, como se trata, de estilo indirecto, pero así aparecen con mucha frecuencia en este N por lo que así los transcribo; en S, por el contrario, no se dan los dos puntos sino punto, coma, o ausencia de los mismos.   De cualquier forma, no es este rasgo exclusivo de N y basta comprobar, para ello, la fluctuación que en el uso de esos signos se da, sin ir más lejos, en los tres '54s.   Buen ejemplo de ese general descuido y/ o indiferencia en la puntuación es, sin más, el caso de la *Gramática* de Villalón impresa, precisamente, por Simon en Amberes en 1558, en donde al final (cf.   pp. 85 a 87) sistematiza y expone esas normas de puntuación y, no obstante, cuando se va a ese mismo texto que las recoge se observa que en él no aparecen cumplidas tan al pie de la letra como era de esperar.

[31] Esos *perniles de tocino* son, claro está, nuestros actuales jamones; cf., "quando no es cossa que se puede guardar . . . como un *jamon de tocino*" (*Capón,* 312) y "colgué a otra parte *perniles de tocino*" y "Jamas dejo mi señor de tener . . . *pernil de tocino* entero" (*Guzmán,* 301 y 344), y en Cov.:   "TOCINO. El puerco que despues de muerto, sacado todo lo interno . . . queda dividido en dos medios."   y "JAMON. La lunada o nalgada del tocino o pierna . . ."   Entre los traductores, "morceaux de iambons", V y "slices of bacon", R, son los menos afortunados; mejores, "prosciuti di Porco", Ba; "presciutto", St; "schiecken", T y "Ham", H. Recuérdese, por fin, que en Aragón, por ejemplo, aun se le llama *tocino* al cerdo.

[32] "CORDIAL. Todo aquello que conforta el coraçon." (Cov.)   Cf.   "darle de comer algunas cosas *cordiales*, lo qual todo aprouechaua poco." (Cardona, 83).

[33] henchian), hinchian, S, L.

[34] No era inusitada la falta de concordancia entre un tiempo verbal en singular referido a un sujeto plural; cf.   "*Queda* Sempronio y Elicia en casa" (*LC*, 69); "en esta manera *escriuio* y *hablo* moysen dauid salomon e muchos delos prophetas" (Boecio, f.iiii r); "te digo que *era* Poliandria y mi señora Poncia" (*TerCel.,* 624); "*murio* Aristoteles y otros varones notables" (*MexiaSilva,* 533); "su hermosura y buena discreycion *daua* lugar" (Cardona, 83); "*entro* por la puerta un hombre y una vieja" *Laz.,* f.38 r); "y aquello que tu y yo *quiero*" (Roua., I, 488); "un fuego muy grande en que se *quemo* todos aquellos valles" (Cruz, IV, 422); "En gracia le *cayo* a Tomas los ofrecimientos" (Cerv*NE*, I, 261);

caso significativo de la despreocupación, por ese entonces, respecto a tal concordancia, es, p. ej., el de Lope que en *La Dorotea* dirá: "Aqui *esta* vn bucaro y vnas alcorças." y en la línea inmediatamente siguiente: "aqui *estan* mi coracon y mi sangre." (94). Cf., además, Keniston, 36.4 y 5.

[35]*. . .* Todo ese párrafo lo reforma Luna así: ". . . mas muchas vezes me hinchian la halda, y el seno de perniles de tocino, pedaços de piernas de carnero cozidas en aquellos cordiales vinos, con mucha de la fina especia, de cecinas, y de pan, que sobraba de que tenia en mi casa de comer yo, y mi muger hasta hartar, para una semana entera."

[36]mis) mias, BAE. La anteposición de artículo junto al posesivo era también usual; cf. "la su maldicion", "del mi beuir" (*Propa.*, Eiiva y Birb); "un su tio", "una mi prima" (*Lozana*, 93 y 96); "las mis hijas y los mis amores" (*SegCel.*, 74); "el mi muy famoso libro" (Gue*Men*, 108); "un su fraile" (*Crot.*, 129), y ver Keniston, 19.33 y sus comentarios donde afirma que este uso "is dying out in the sixteenth century"; recuérdese, no obstante, que Correas aun presenta ejemplos (*Arte*, 130) como de uso perfectamente normal y cotidiano. Véase, por fin, Lapesa*Hist.*, 190.

[37]Este tratamiento aplicado ya sea a la divinidad o a personas aparece a lo largo de ambos textos tanto con mayúscula como con minúscula de acuerdo con los siguientes cómputos: *s*eñor (es, a, as)-*s*eñor (es, a, as), 45 casos; *S*eñor-*s*eñor, 25 casos, y *S*eñor-*S*eñor, 20, no dándose ninguno en que S lleve mayúscula frente a minúscula en N. Un tanto arbitrariamente, Solà-Solé recoge formas con mayúscula solamente para el '54 y Luna. ¿Había alguna regla o, al menos, algún uso normativo que se aplicara tanto a este caso como para todos los siguientes que iré presentando? Todo cuanto dice Villalón es que "conviene que todos los nombres proprios de varones y ciudades se escriuan con letra gotica, mayúscula o versal." (Villalón*Gram.*, 84) En 1565, Madariaga dirá: "escreuir con letra capital . . . La primera (razón) es por euitar la duda en la significacion . . . como . . . Leuante, si se toma por leuantai com (*sic*) letra comun. si por parte señalada del cielo, o por el viento . . . con letra capital . . . La segunda es por causa de honrra, o deshonrra: y assi a vnos se les da letra capital por mas honrra como Rey, Veyntiquatro, Iurado, Theologo, Escriuano: a otros por mas deshonrra, como, Vandolero, Heresiarca" (*Honra*, 103v), cánon que años después recordará Alemán diciendo: "Algunos an querido, dilatar esta gracia [la de usar mayúsculas], que gozen della . . . *San, Soror, Doña, Don, Ermano, Frai*, con todas las mas diciones que sinifican dinidad o infamia, como *Rei, Duque, Obispo, Consejero, Capitan, Dotor, Mercader, Mayordomo, Despensero, Alguazil, Escrivano, Procurador, Albañi* (*sic*), *Ladron, Ereje, Reconciliado, Moro, Infame* y otros" (*Orto.*, 70).

[38]Om. por L.

[39]Om. por L.

[40]assi) ansi, S. De 86 casos en el texto, en todos ellos N mantiene *assi* frente a S que da 61 *ansi* y 25 *assi*, y de

destacar es —recuérdense mis comentarios en el estema— que el último *ansi* corresponde al final del Cap. XVII; en el XVIII ese adverbio aparece ya siempre como *assi*. Solà-Solé solamente recoge la forma modernizada *asi*; Valdés prefiere *assi* por ser "el uso de los que bien escriuen" (*Lengua*, 135); la oscilación, no obstante, era lo más frecuente ya que en *Lozana*, que prefiere con mucho *ansi*, se lee también: "*Assi, ansi*, veys caydo el banco" (137) y "*asi* esperan la luna de Bolona . . . *Ansi* que, tornando al proposito . . ." (319), y en Palau*Farsa* se recogen 17 *ansi* frente a 3 *assi*; en *Crot.* y *Viaje* se da *ansi* sin excepción y aun el último da una forma *ansina* (169); también en Pinciano alternan ambas formas y Correas aunque en su *Arte* usa siempre *ansi*, da como válidas *ansi, asi* y *ansina* (190).

[41]Om. por L.

[42]Ya recogido por Santillana en sus *Refranes* (cf. Sbarbi*Refr.*, I, 134).

[43]Esa *gran corte* a que se refiere Lázaro es, por supuesto, la de Carlos V con su gran acompañamiento de flamencos y tudescos que en ella pululaban y a los que acto seguido describirá con sus licenciosas pero llanas costumbres. Lázaro no da específicamente su nacionalidad, pero basta para entenderla la lengua en que se profiere la anterior regañina; de entre los traductores los únicos que algo dicen en esa línea son los italianos ya que St habla de "alcuni Baroni Tedeschi della Guardia de S.M.: ta", y Ba traduce "aquellos mis grandes amigos" por "quei gentilissimi Signori Tedeschi". Desde luego que hablando como habla Lázaro desde Toledo y siendo las andanzas que narra inmediatamente anteriores a la campaña de Argel de 1541 hay que relacionar esta gran corte con la estancia del Emperador en dicha ciudad de Toledo, a cuyas Cortes de 1538-39, por tanto, ha de referirse el Lázaro de la primera parte; sin entrar aquí en la discutida cuestión de si esas Cortes fueron las de 1525 o las siguientes de 1538-39 —cuestión, por otra parte, prácticamente dirimida a estas alturas de la crítica— solamente sugeriré —y valga la perspectiva jocosa— que de ser las primeras y dadas esas "muchas veces (de) entrar en nuestros pies y salir en agenos." no parece muy probable que el hígado de Lázaro hubiera soportado tantos años de copiosas borracheras, como ya hice ver —entre otras razones— en la charla que di en el VII Congreso de la AIH (Venecia, 1980); Piñero (128, n.10) no duda, por su parte, en adscribirlas a la fecha última.

[44]L lo om.

[45]requirido), requerido, S.

[46]*. . .*; L da "me rogaron".

[47]Ni Cov. ni Correas, *Voc.* recogen esta frase hecha. *Aut.* da: "Hacer y *acontecer.* Hare y *acontecere.* Phrases vulgares, para denotar la determinacion precipitada y violenta de executar con temeridad alguna cosa, por arriesgada que sea, siendo lo mas ordinario usar de ellas como amenazas, con que se da a entender que se ha de hacer algun daño, o estrago, o como promessas de hacer algun beneficio grande." (s.v.   *ACONTECER*). Dado que sólo la última parte, evidentemente, es aplicable al caso de Lázaro, más ajustada

al mismo es la que da Caballero en sus *Modismos*: "*Hacer y acontecer*. Frase familiar, con que se significan las ofertas de un bien o beneficio grande." (672a) y que es como aparece documentada ya, por lo menos, en la primera mitad del XV: "faziendo mill maneras de juramentos, diziendo: 'Juro . . . que yo *te fare e te contescere*" (*Corbacho*, 88 y otro ej. en p. 189) . Cf., además, "aunque digo de pico que *hare y acontecere*" (*TerCel.*, 822) y más tarde, "porfiaba que habia de *hacer y acontecer*, que le decian su procurador y letrado que tenia justicia." (*Guzmán*, 611 y otro ej. en 622); "echando retos, que si supiesen de donde salio el bramo, habian de *hacer y acontecer*" (Luque, I, 182) y "que me hauia de *hazer y acontezer*", (*LopeVoc.*, II, 1387) para las que sí es aplicable la primera parte de la definición de *Aut.*.

[48] L om. *se* dándole, así, un distinto giro sintáctico.

[49] Por sorprendente que pueda resultar, un refrán como éste, de los más populares y conocidos en la actualidad, no lo era tanto, ni con mucho, en ese siglo XVI aunque así pueda parecer de acuerdo con el testimonio del texto; yo, al menos, no he podido encontrarlo registrado en ninguna de las colecciones paremiológicas conocidas, desde Santillana hasta Correas, y sí, en cambio, el contrario, en este último: "Mas vale un bien seguro ke mil sospechosos i de futuro". Un tanto curiosamente, el único texto en que lo he visto recogido es uno que muy poco tiene de obra festiva o popular y menos de colección refraneril; es éste el *Discurso sobre los estatutos de limpieza de sangre* (1600?) de Fray Agustín Salucio, donde en f.30*r* se lee la siguiente variante: "porque para acertar más vale el mal conoscido que el bien ignorado." Así mismo, el tal refrán —y es el otro caso exclusivo que conozco— aparece entre los usados por los sefardíes salonicenses como "Mas vale un mal conesido que un bueno por conoser." (Cf. H. V. Besso, "A further contribution to the refranero judeo-español", *BHi*, 37[1935], 209-19; refrán en p. 214). ¿Qué puede inferirse del hecho de que el refrán existiera ya en el XVI, no fuera, no obstante, recogido en ninguno de los refraneros y, sin embargo, se presente tanto en ese *Discurso* —cuya índole temática no hace demasiada falta recalcar— como conservado entre esos sefardíes de Salonica que, bien lo sabemos, son producto del éxodo forzado por la expulsión de 1492? Dados el pesimismo y la amargura de tal refrán que han de verse como productos de una postura a la defensiva y una amenazadora inseguridad básica —todo ello en la línea de los sustratos que propuse para el *Lazarillo* en mi trabajo de 1984— puede sospecharse que dicho refrán hubiera surgido entre y como peculiar reacción de un específico sector social —los judeo-conversos, claro está— y que por el estigma que por provenir de esa casta pudiera llevar y/ o por la posible connotación antiinquisitorial— se le hubiera rechazado carta de naturaleza oficial —digámoslo así— entre la abundante profusión paremiológica de esos años. Que, por otra parte, se recoja en este '55 sin eco —como digo— en otro texto que el de Salucio, puede que algo diga sobre la casta del autor si es cierto lo que arriba dejo sugerido. Hipótesis éstas que

ahí y así hay que dejarlas mientras no se tengan más datos o documentación en su favor o en su contra.

[50]*. . .*), si no fuera casado, L.

[51] Om. por L.

[52]*. . .*), Y la vida que viuen graciosa, L; viuen), *b*iuen, S que en todos los casos presenta *b*iu- frente a N que fluctua entre "*v*iu-" y "*b*iu-" (cf. estema); es de notar, no obstante, que en casos nominales —*v*ida, etc.— siempre se mantiene *v* para ambos; por contra, en los '54s siempre aparece *b* inicial, incluso para derivados como "*b*iuienda". El uso de una u otra inicial fluctuaba, por supuesto; valga señalar, p. ej., que San*PT* da siempre *v*iu- o *v*eu- pero San*PC* *b*euo *b*iu-; que *LC* da *b*iu- *passim* pero ya anotan sus editores que A presenta siempre *v*iu-; Gil Vicente, *b*iv- sin *v*iv-; Oliva*Anfi.*, *b*iu- siempre; Badajoz, *b*iu- *passim*, pero *Schola.*, *v*iu- también *passim* y un último, Rue*Pa.*, *b*iv- passim así mismo. En general se observa, pues, que dentro de la fluctuación, predomina *b* ante *v*, al menos para esa primera mitad del XVI, lo que es afirmar la tendencia "modernizante" de N en su '55.

[53] Ni Cov. ni *Aut.* y, más extrañamente, ni Corom. recogen ese *fantastigo* pero está bien documentado; ya Torres Naharro hablando en su "Prohemio" de la "comedia a fantasia" la califica de "de cosa *fantastiga* o fingida" (*Propa.*, f.Aiiiv) y en *Lozana* "No se marauille vuestra merced, que es *fantastiga*" (224) y otro ej. en p. 374; "*fantastigo* yra mi amado" (Roua., II, 398); antes Nebrija, por su parte, da un "idropi*g*o" (*Gramatica*, 142) y recuérdense, p. ej., los actuales "arábi*g*o", "cléri*g*o", "canóni*g*o", y aun el particular caso de "pérsico" que así se mantiene cuando su derivado "albérchi*g*o" no lo hace. Respecto a la elipsis de {son} que debiera anteceder esos siguientes adjetivos habra que entenderla como un caso de simple estilo conversacional; anomalía que ha forzado a los traductores a diversas soluciones: "not a phantasticall nor a presumptuous life they did lead", R; "la vie qu'ils menent, c'est une vie plaisante, non pas de presomptueux", V; "Dann Sie fuhren wol ein schones herrliches leben: Es sindt nicht widerwertige geschossen narren . . .", T; "e una bellisima vita la loro, non son fantistichi, ne presuntuosi", St; "e vita gentilissima quella ch'essi viuano: non sono nè fantistichi, nè malitiosi", Ba. Por último, para el significado de ese *fantastigo* ya Valdés*Lengua* señala ser término antiguo: "*fantasia* por presuncion" (89) y Cov.: "*Fantástico*. El que tiene de sí mucha presunción y lo muestra en sus movimientos de cuerpo y en palabras." Cf., p. ej., "que no tome *fantasia*/ que muero por le hablar./" (GilV, 245); "quando por tal *fantasia*/ obstinacion la despeña/" (Badajoz, iiiva).

[54] presumptuosos), presuntuosos, F y L, más modernizados como era de esperar.

[55] qualquier), cualquier, L. La grafía etimológica *q* se mantiene ante *ua* a lo largo de ambos textos y sin excepción alguna, incluso ante *ue* como en "question". Según Nebrija "todo lo que agora escrivimos con *q*, podriamos escrivir con *c*, maior mente si a la *c* no le diessemos tantos oficios" (Neb*Gram.*, 117); Valdés prefiere siempre esa *q* siquiera

porque "se que mas vehemencia pongo yo quando digo *quaresma*, que no quando *cuello*." (*Lengua*, 123); por contra, Villalón dirá que "la *c*, siempre se pone en vocablo que haze vna silaba con la vocal inmediata que sigue, como en cuando, cuanto, cuar//to" (*Gram*., 67-8), y por otro lado para Zurita "en lo del escrivir *quenta*, y *quento*. aunque dezimos *contar*, y *contador* . . . es tan Castellano, que para la cifra del quento, vn mundo de años ha que se pone sino con *q*," (Ustarroz, 277), lo que bien indica la discrepancia de pareceres tanto como su correspondiente discrepancia ortográfica. De cualquier modo, esa inicial *q* fue práctica ortográfica usual hasta muy entrada la Edad Moderna y, por supuesto, Correas la recoge sin discusión (*Arte*, "Rrelativos no determinados," 131-12) lo que hace un tanto más rara la variante de L. Modernizo la grafía para el resto de los casos de ahora en adelante.

[56] honrrada), honrada, S, F y L. De 21 casos de *honrra* y derivados, N mantiene siempre *rr* mientras que S presenta 3 con *r* (cf. estema). A señalar, además, que en los 9 casos de la primera parte, en todas las ediciones —incluida la Simon de 1555— aparece, sin excepción, *rr*, grafía que aunque fluctuaba —caso destacable es el de Guevara que en *Ep*., I da siempre "hon*rr*-" con rarísimas excepciones mientras que en *Ep*., II presenta "hon*r*-" en una proporcion de 14/ 1 frente a "hon*rr*-" era con mucho la más frecuente; exceptuadas ésas de Guevara, de 20 obras consideradas, solamente dos —*Florinea* y Rue*Com*.— presentan con regularidad "hon*r*-", persistiendo la grafía doble incluso en obras más tardías como son la *Censura* de Mondragon (1598) y la *Ortografía* de Alemán (1609); es curiosa, no obstante, la voz disidente del anónimo autor de la *Gramática* de 1559 que condena a "todos aquellos que escriuen honrra, estrremo, manrrique . . ." (18) tan temprana si se considera que aun Correas mucho después seguía prescribiendo con su ejemplo el uso de la *rr* incluso para inicial de palabra.

[57] L om. "y tal".

[58] también), tanbien, S, único frente a todos los demás, incluido L. Salvado el incorrecto enlace, es este S el único acertado ya que del contexto bien se deduce que ha de ser "tan bien" y así lo acreditan los traductores —"so well", R; "si bien", V, p. ej.—; esa confusión de N debida, claro está, a la atracción de la siguiente bilabial "b" no es, en ningún caso, exclusiva del mismo; de acuerdo con la norma que sienta Villalón, "en ningún vocablo Castellano//ante b, p, n, no puede yr n, sino, m." (*Gram*., 77-78), muy frecuentemente se da en los textos, como en "caualleros principales *tambien* armados y tan diestros" (*Clari*., viiir*a*, y otros casos en xviii*r a* y xxvv*b*; "porque la muerte *tambien* llama al rey . . . como al labrador" (Gue*Ep*., I, 12); "*tambien* lo entendio mi prima como el que lo negociaua" (*Florinea*, 301a); "tengo que hablais *tambien* griego como turquesco" (*Viaje*, 107), siendo frecuente hasta tal punto que incluso yendo solo o separado, ese "tan" se puede presentar bilabializado como en "y *tam* de palacio" (*EG.578*, 41r), "Era *tam* bien quisto" (*Schola*., 12 y otro caso en 222); conste, por

otra parte, que la inversa también se daba como se ve en *tan bien* por "tambien" en Neb*Gram*., 11) y "*Tan bien* pueden ser mas quando . . ." (*Enci, I*, 22), y lo mismo para el negativo como se observa aquí en texto, "Pues dezir de donde ni de que Capitania *tan poco* lo sabia" (N12*r* y S13*r*) y "*Tan poco* se esso, y tu donde vas?" (*Florinea*, 191b. y otro caso en 291a) Cf., además, Gillet, III, 344. Para estadística y comentario véase planteamiento del estema.

[59] depare), de, Pl, F y L.

[60] Dios), dios, S. Como ocurría con "Señor-señor", etc., — cf. nota 37— hay gran discrepancia también entre el uso de mayúscula y minúscula inicial para este vocablo y su plural; de 48 casos registrados se dan 45 *D*ios en N frente a 24 en S, y sólo 3 *d*ios en N contra 24, también, en S. Para las eds. de la 1ª parte, por el contrario, de los 40 casos que se registran tanto N como S dan siempre D, siendo excepción Alcalá con tres "*d*ios." En cualquier caso, lo cierto es que la mayúscula aun no se había fijado en absoluto. Boecio y *Schola*. dan "*d*ios" *passim*; Badajoz fluctúa con gran mayoría de "*d*ios"; también Riberol oscila pero a la inversa, y, sin ir más lejos, el mismo Guevara presenta "asi *d*ios me salve" y aun "*d*ios nuestro Señor" (*Ep*., II, 409, 410 respect.).

[61] La fama de borrachos que flamencos y tudescos detentaban fue proverbial a lo largo del XVI y era conocida y reconocida ya para la tercera década. En el *Floreto* ed. por Sánchez Cantón, y en la anécdota n.109 se lee: "El Duque de Alba, el viejo, al principio que binieron los flamencos a España por hazer sus negocios . . . hizo un banquete a ciertos señores flamencos con que les abia de . . . hazer la razon; y hizosela de tal manera, que se lebanto de la mesa . . . acostose// . . . y no se desperto hasta otro dia a las doze . . . y ellos llevaronlo livianamente como bien acostumbrados . . ." (89-90); en la *Vie de saint Christophe*, misterio puesto en escena en 1527, un rufián dirá a otro: "Tudesquo, tu sie ung mato/ ebreato./" y más adelante al mismo tudesco le dirá otro: "Monstre que c'est ung vray droncart." (Sainéan, I, 285 y 288); en una carta de 5/ 1540 se nos informa que "El Duque de Julies . . . es cristiano y no se enbeoda, que no es pequeña marauilla siendo aleman." (Girón, 350); de esos mismos alemanes dirá el anónimo autor de una obra compuesta con motivo del naufragio de Argel en 1541: "alemanes y tudescos/ ya sabeis su pelear/ sino tienen que tragar/ y los barriles muy frescos/ assi los pueden matar./" (BNM, MS 7075, f.49r); en la *Selvagia* de 1554, Escalión dirá a su interlocutor: "Contigo me entierren, que cuentas al uso del flamenco, que decia: entre dos compañeros, veinte y cinco de vino y uno de pan, y sobra pan y falta vino" (231); en el *Viaje* leemos, "Tan jente bebedora es la griega? PEDRO.— Como los alemanes y mas." (305); por su parte, el embajador Badoero en su *Relazioni* de 1557 nos asegura que "Nel mangiare, má più nel bere, eccede assai, tanto che quando il tedesco é sobrio si crede ammalato" (97) y más en p. sig.; pocos años han de pasar para que esa fama adquiera tal consistencia que llegue a ser fuente de específicas perifrasis verbales, como se observa en la obra de Juan de

Pineda —escrita entre 1578 y 1580— donde Policronio dirá: "holgaria de oir . . . si aciertan los que dicen ser provechoso tornarse tudesco el hombre una o dos veces al mes." a lo que contestará Filótimo que ". . . a lo de *tudesquear* digo que lo tengo por de hombres que menosprecian su salud y honra . . . por beber un cuartillo de vino." (Diálogo X, cap. xvi.[BAE, 163, 296a). Cf., por fin, la anécdota recogida por Santa Cruz en su *Floresta*, p. 180). Y respecto a su condición de "gente llana y honrrada" dirá Frias: ". . . aquella inconstancia y variedad del francés, aquella *igualdad y simple llaneza del flamenco y alemán*, donde criados y señores todos comen a una como los gallegos y sus puercos." (*Diálogos*, 149).

[62] *patria*. "La tierra donde uno ha nacido" se limita a decir Cov. "El Lugar, Ciudad o Pais en que se ha nacido" (*Aut.*) concretando más el sentido, y así ha de entenderse para la Toledo del texto. Aunque Corom. no da referencias, esa acepción era común y usual en el XVI. Villalobos en carta a su padre de 25/ 9/ 1507 y desde Santa María del Campo le dice: "ceterum de meo in *patriam* regressu//Deus nouit cuius sunt omnia." (Villa*Obras*, 214-15); Vives, hablando de Brujas en su *De subuentione pauperum* de 1526, dirá: ". . . que tengo a esta ciudad la misma inclinación que a mi Valencia; y no la nombro con otra voz que *patria* mia" (cf. la trad. en BAE, 65, *introd.*, 261); en carta de 1525, Salinas dice: "las nuevas que deste Reino y Corte hay que escribir son que generalmente todo esta caro, en especial nuestra *patria*." (Salinas, 91) y ya señala Rodríguez Villa que se trata de Burgos; "que no es venido el traginero de la *patria* y ninguno . . . tiene un maravedi" (*Schola.*, 16); en el acróstico de la dedicatoria de la *Selvagia* se lee: "Alonso de Villegas Selvago compuso la Comedia Selvagia . . . en Toledo, su *patria*"; Villalba y Estaña en su obra de 1577 y hablando de Xérica, de donde era oriundo, dirá que "ninguna de esas causas ha sido parte para desterrarme de mi *patria*, sino el . . . deseo de ver maravillas de España" (Villalba, I, 108), y aun ya en el XVII, Alemán dirá: "i en mi *patria* . . . Sevilla" (*Orto.*, 76) y, por fin, "tomé el camino de Roma . . . donde llegue . . . //por solo verle a él [su padre] y mis hermanos y por tirarme el amor de la *patria*." (*Estebanillo*, I, 191-12). Los traductores —un si es no es acertadamente— dan "country", R; "pais", V; "Patria", St; "vatterland", T; "Patria", Ba; "Vaderlandt", H.

[63] tengo), tenia, L. incorrectamente pues que Lázaro sigue viviendo en Toledo cuando escribe su información y desde ahí nos la da. Cabe suponer en Luna un *lapsus linguae* que un tanto freudianamente nos estuviera revelando su triste nostalgia y aun su resentimiento de exiliado.

[64] Santillana ya lo recoge como "Donde eres hombre del aldea de mi muger" (Cf. Sbarbi*Refr.*, I, 96).

[65] No tengo registrado ningún otro caso de *por* por "de"; el más aproximado es el de "Quedeme aquella noche *por* huesped" (Keniston, 20.443); en el texto, no obstante, se repetirá: "me procuraron quitar el espada . . . tanto *por* ella tiraron" (f.57*v*).

[66] aunque), avnque, S. No recojo más casos de esa oposicion *u*< >*v*; puede verse la estadística de ellos en el estema, donde además ya anoto que desde el f.71 en adelante la grafía *v* deja totalmente de aparecer en S.

[67] linaje), linage, S y L. Entiéndase, claro, descendencia, familia, de acuerdo con Cov.: "LINAGE. La decendencia de las casas y familias." A observar ese "lina*j*e" con *j* de N cuando tanto antes como seguidamente da "mu*g*er".

[68] Caso curioso el de St, único que entre todos los textos —ediciones y traducciones— convierte a esa *niña* en "niño". Véanse comentarios a este respecto cuando trato de los avatares de esos textos.

[69] *en estos medios*: "en/ por estos tiempos". Algo inusitado debió parecerle el término *medios* al anotador de S ya que lo subraya; en efecto, ni Cov. ni Corom. dan acepción que se ajuste a la del texto, registrando ese *medio* solamente con sentido locativo, instrumental o crematístico; no obstante, está bien documentado con ese significado: "mi marido sera agora aqui, de aqui a pocos dias, y *en este medio* querria no ser conoscida." (*Lozana*, 116 y otro caso en 323); "*En este medio* continuándose y cresciendo siempre la tempestad" (CODOIN, I, 235); "Y *en estos medios* ¿haziaisle algunas medicinas?" (*Viaje*, 224), y así lo entendieron los traductores: "which within a little while after", R; "un peu après", V; "zur selben zeit", T; el único que parece no haberlo entendido es Ba que da "che con il mezo di cosi buona gente". Curiosamente, es éste el único caso en que S concuerda con N; en todos los siguientes de N —24*v*, 45*v* y 56*v*—, ese *en este medio* aparecerá en S como *en este comedio* —26*v*, 49*v* y 61*v*—. Cf. estema.

[70] A observar que el *ménage à trois* que podía ser discutible en la primera parte, se hace patente con esta confesión en ésta siguiente, y lo que aquí Lázaro, muy cautamente —no podía ser de otro modo siquiera por la trapatiesta que con su mujer tuvo y el juramento que le hizo "de nunca mas en mi vida mentalle nada de aquello"—, da como sospecha, será ya absoluta certidumbre en la recreación de Luna (p. 146). El párrafo final que tras esto comienza es totalmente omitido por St, como así mismo por la traducción alemana de 1627.

[71] No era rara la interpolación de adverbios o locuciones adverbiales entre auxiliar y participio; cf. "yo he señor muy bien oydo" (*Clari.*, xxixr b); "ha *por abentura* sucedido algo?" (*Theb.*, 114); "de haver *muchos dias en esto* pensado" (*Carón*, 189); "la madre la avia *mucho* procurado desviar" (Teresa, I, 11); otro caso en texto, más adelante, con "el Rey lo auia assi embiado a mandar" (23*r*)

[72] "*GESTO*. El rostro y la cara del hombre." (Cov.) Aunque también pudiera entenderse por "visaje", es más apropiada esta acepción, como así le parece también a Blecua cuando en nota a "viendo el color y mal *gesto* que tenia" del '54, da "*mal gesto*: feo rostro." ([1972], 93, n.27). Cf., además, "Su cara abofeteada/ y escupido todo el *gesto*/ y "claras señales conozco en tu *gesto*/ que de tus males me hacen seguro" (Enci*T*, 35 y 189); "vna muger . . . de muy reuerendo *gesto*" y "E viendo me el *gesto* triste y puesto

en tierra" (Boecio, v*r*. y vi*r*); "Herido queda en el *gesto*" (*Prodiga*, a x*r*a); "la barba y el cabello tan crecido,/ y tan desvergonzado y sucio el *gesto*" (*Angélica*, III, estr.29), y otros ejs. más adelante en texto, "en la habla algo os pareceys mas en el *gesto* soys muy diferente" y "mudado el *gesto*" (ff.62v y 63r)

73 *. . .*), ayrado, seuero, y cruel gesto, L.

74 escreuir), escreuer, F; escribir, L. No es posible un cotejo interno de variantes dado que es éste el único caso en que aparece el vocablo en el texto; a observar, no obstante, que en el '54 aparece cinco veces el verbo: "escriuirian", "escriuo", "escriue", "escriua" en el "Prólogo" y "escripto" en el segundo Tratado (21r); no siendo válidas para el caso las cuatro últimas ya que la vocal *i* en cuestión se da, precisamente, en la sílaba tónica donde, como sabemos, es muy difícil la fluctuación por timbre vocálico sobre todo cuando se trata de palabras de tres sílabas o más, nos queda únicamente la primera en la que es de notar que, a diferencia de lo que se da en el N del '55, la vocal en liza se presenta como *i* frente a la *e* de ese '55. Como en los demás casos, ambas grafías se daban alternativamente durante todo el XVI tanto para las formas verbales impersonales como — y con más abundancia y más caóticamente aun— para las personales, e incluso y con toda frecuencia en un mismo autor —valga el simple y extremo caso de Torquemada que en sólo dos renglones da *escreuir* y *escriuir* (*Manual*, 69)—, y la misma inseguridad persistía incluso en el XVII como se ve, p. ej., en Jiménez Patón que en su *Epitome* en un mismo párrafo alterna *escrebir* con *escribir* (101). Entiéndase, no obstante, que en este caso de timbre vocálico como en todos los otros que comentaré, es difícil sentar un juicio definitivo para la evolución de esa oscilación; en último término, volvemos al problema de la lengua escrita frente a la lengua hablada y por tanto todas estas estadísticas y consecuentes consideraciones si válidas pueden ser para la primera no tanto, por supuesto, para la segunda.

75 a), en, L, más aceptable actualmente, pero no para esos años en que esa preposición *a* era usual como locativo posicional —"pusieronle *a* torno del cuello" (Keniston, 41.32)— y sobre todo de ubicación como en "vivia *a* las tenerias" (Muñón, 20); "Y *a* San Francisco sin mas/ todos luego nos juntemos/" (*Prodiga*, aviiivb); "mira que por nuevo *al* mundo, aun no sabes . . ." (*Florinea*, 177b); "halle mucho recado *a* cada rincon" (*Capón*, 248); "vivia *a* las tendillas de Sancho Bienaya" (*Quij.*, 53[I, iii]) y aun Correas da el ejemplo de "Adonde bive? *a* San Agustin, lo mesmo que junto *a* San Agustin" (*Arte*, 119).

76 Pl y T cierran este párrafo final con una admiración, mientras que R, V y L lo hacen con una interrogación.

Notas al Capítulo II

1 Cap. II. *Como*), CAPITVLO SEGVNDO/ como, S.

2 V. m.), V. M., S. Compárese ese "SEpa V. m." con el "Pues sepa V. M." que inicia el '54 y véase lo que sobre ello digo en los avatares particulares del Cap. I.

3 *. . .*), "porque dios lo crio para tal officio", S, con evidente correcta lectura. Ni St, ni Ba ni H, dada su especial disposición del material, recogen el trozo inicial donde aparece esta frase; V da "car Dieu n'augmenta point tel office", siguiendo a N en la incorrección, lo que no debe extrañarnos si tenemos en cuenta que para lo que sigue traduce "& pour ca vaut mieux que vingt & quatre des meilleurs de Tolede" como así mismo lo hace Phiston que da para todo ello, "(for that God made no such office, and whiche is muche better than the best foure and twentie other offices in *Toledo*)", lo que demuestra, por un lado, que ambos seguían a N y, por otro, que los mismos, muy comprensiblemente, desconocían la existencia de ese especial cargo oficial de la veinticuatría. Aunque Piñero asegura "he prestado la máxima atención a esta edición de Simón" (*Introd.*, 107), nada dice de esa correcta variante de S.

4 *veynte y quatria*. "VENTIQUATRO (*sic*). En Sevilla y en Cordova, y en otros lugares del Andalucia vale lo mesmo que en Castilla regidor, por ser veynte y quatro regidores en número." (Cov.) En efecto, ese cargo solamente se daba en Andalucía; particularmente para Toledo, cf. Linda Martz ([1974], 261) que recoge la lista de cargos oficiales y en la que sólo aparecen, y como corresponde, regidores y jurados sin ningún veinticuatro; hay que asumir, pues, una extensión irónica y/ o ponderativa del término en Lázaro, como así parece entenderlo el anotador de S que lo subraya, y no creo que sea por desconocimiento. Respecto al párrafo en su totalidad se observa una confusa redacción rayana en el anacoluto que necesita de explicación; opto por entender "vale" como referido a "oficio" y "esto" a ese "muy bien de comer y de beuer".

5 *sobreponiendo*. "añadiendo", "acumulando". Cov. no lo recoge y Corom. remite a *Aut.* que da "Añadir una cosa, o ponerla encima de otra.", citando a Fonseca en su *Vida de Christo.*; siendo esta obra de 1596 (Toledo, Thomas de Guzmán) hay que retrasar la fecha para el vocablo.

6 *alhaja*. "Alhaja housholdstuffe." (Corro, *Dictionarie*, f.Ar) "ALHAJA. Lo que comunmente llamamos en casa colgaduras, tapizeria, camas, sillas, vancos, mesas;" (Cov.); "*Alhajas* de casa. Meubles de maison." (Salazar*Espejo*, 205) y cf. "Las *alhajas* que tengo es el axuar de la frontera: un jarro desbocado, un assador sin punta." (*LC*, 253); "Que hay muchos sin más *alhaja*/ Que en una cuba o tinaja/ Vivieron toda su vida/" (Hur*Cortes*, 29b); "aquellas *halajas* (*sic*) y vasos que ayan nescesidad para su seruicio" (*Schola.*, 148); "mis *halhajas* (*sic*), que eran dos camas . . . dos pares de vestidos . . ." (Avellaneda, II, 193)

7 tratada), tractada, S; variante que se repite en los dos restantes (cf. estema). Ya desde principios de siglo, por lo menos, se da la fluctuación; en *LC* es común "trat-" pero en B se dan algún caso de "tract-"; en *Propa.* se lee "señora mal me tractais/ do. como puedo mal trataros/"

(Tii*r*a); de cualquier modo, "tract-" era, con mucho, la forma predominante, y más en particular para los '54s; a lo largo de los encabezamientos tanto de N como de S se registra, sin excepción, "TRAC*T*ADO" dándose, no obstante, oscilación en el texto con un "tra*c*taron" (N, 46*r*, S, 90) frente a un "trato" acto seguido; "tra*c*taron" que, por otra parte, no recogen ni Burgos ni Alcalá.

[8] otras), otros, S correctamente.

[9] *contino*, con valor adverbial, "continuamente", "para diario"; cf. "*contino* el gato estaua armado dentro del arca" (*Laz.*, 21*v*) y otros ejs. en Keniston, 39.60; en *Schola.* y en Roua., I, II, p. ej., se da *passim* y aun aparece mucho más tarde como en "tan desmayado anda de *contino*" (Cerv*NE*, I, 181). También aparece como *contina*; "burlas que . . . son *continas* (*Prodiga*, Aii*r*) y "deue a la *contina* tener cuenta y auiso" (Villalón*Gram.*, 82 y otro ej. en 84).

[10] *real*. "Un *real* treynta y quatro marauedis." (Palmireno*Voc.*, 52). Para un posible cálculo de la fortuna de Lázaro cf. n.21 en el cap. anterior, aunque lo más probable es, sin mucha duda, que esas "dos dozenas de *reales*" hayan de entenderse como cantidad genérica, en el sentido actual de, p. ej., "tiene sus cuatro perras", o como en "El mal nacido . . . quiere . . . ganar nombre de poderoso, porque bien mal tiene *cuatro* maravedis" (*Guzmán*, 512).

[11] Más bien insólito para nosotros el uso tanto del punto como —y sobre todo— de esa mayúscula, pero que no debe extrañar mucho tras lo comentado en n.30 al cap. anterior, aunque aquí no se trate de estilo indirecto. S da: ": Vino". Es rasgo que se repite con frecuencia y que rectifico de ahora en adelante —como ya Piñero lo hace—, si bien lo seguiré manteniendo cuando de estilos directo e indirecto se trate.

[12] *que . . . no deuiera*. Usual forma de inciso adversativo que resulta, por lo frecuente, un a modo de tranquillo ya lexicalizado; cf., p. ej., "Vi mi mal, *que no debiera*/ en el bien de esta señora/" (Enci*III*, 297); "porque no subiesen perros donde estaba la cama hecha, *que no debiera*, como dire" (*SegCel.*, 339); "procure, *que no debiera*, / por medio de una tercera/" (Cast*Mujer*, vv.1122-23); "acorde (*que no debiera*) de probar a me libertar;" (*Crot.*, 157 y otro ej. en 230); "una muger que escogi por mia, *que no debiera* (Cerv*NE*, II, 177 y n. de Rodríguez Marín; "Sali, *que no debiera*, pude bien decir, tarde y con mal." (*Guzmán*, 146 y otros casos en pp. 281 y 792); "Con todo, propuso (*que no deviera*) en su coraçon" (Avellaneda, II, 70) y "Cera y cañamo unio (*que no debiera*)" (Góngora, *Polifemo*, v.89) y obsérvese, por fin, que un poco más abajo se repite "determine (*que no deuiera*) yr a este viaje".

[13] *nueua*. En función nominal con sentido de noticia. "NUEVAS. Las cosas que se cuentan acontecidas de fresco en diversas partes, que por eso se llamaron nuevas." (Cov.) Creo, no obstante, que la particular construcción de régimen preposicional final —"para mi y aun para otros muchos"— propone una bisemia zeugmática en que además de ese valor nominal esa *nueua* tiene así mismo uno adjetivo, en el sentido

de por primera vez; sería así "la nueua noticia", embebidos los dos sentidos en un alarde de economía sintáctica.

[14] Se trata, por supuesto, de la campaña que contra el turco organizó Carlos V en 1541 y que tan desastrosamente acabó. Doy más detalles en notas posteriores.

[15] Cf., p. ej., "començole *de* hablar" (*LC*, 21); "me començavan ya *de* apassionar" (*Carón*, 174); "comienzan *de* destribuir" (*Viaje*, 116) y "comencelo *de* adorar" (*Laz.*, 18*v*) Este régimen preposicional con *de* parece, sin embargo, que estaba cayendo en desuso ya en esa segunda mitad del XVI; en el mismo texto, y sólo tres líneas más abajo, se lee "començaron me . . . a poner codicia" régimen que se reitera continuamente; de los ejemplos que tengo registrados una mayoría absoluta es de la primera mitad con la excepción del *Guitón* que persiste en el régimen con *de*, *passim*; un caso en cuestión, por último, es el de la *Diana* que Keniston cita como ejemplo (37.541) dándose que, precisamente, ese "començo . . . en esta manera *de* decir" es la excepción, pues para el resto de los casos en esta *Diana* como en la de Gil Polo el régimen usual es el contrario. Para otro caso, véase n.98.

[16] BAE lo omite, siendo el único.

[17] codicia), cobdicia, S. En todos los casos restantes —y son seis con éste— se mantiene esa variante en S; quizá su redactor opinara como Valdés: "a mi ver los vocablos estan mas llenos y mejor con la *b* que sin ella" (*Lengua*, 123). La oscilación, por supuesto, era la norma, con la comprensible tendencia a la pérdida de "cobd-" a lo largo del siglo; no obstante, es de interés destacar que tanto en *EnciT* como en *Propa.* alternan las dos formas con mayoría de "cod-", se vuelve a la forma arcaizante en *Theb.*, los Valdés, Guevara, *Schola.*, Roua., I a IV, *Crot.*, p. ej., y aun en el Pinciano se da la fluctuación si bien ya en el XVII, Patón dirá "escribiremos . . . codicia y no *cudicia*" (*Epitome*, 72) sin mención alguna de la grafía "cobd-". Respecto a esa *codicia* que motiva a este Lázaro del '55, otras razones más enaltecedoras serán las que parecen mover al de Luna pero bien habrá que sospechar que tras las que ahí se postulan (274-75) mucho debe haber de irónica y peyorativa intención, como así se desprende seguidamente cuando tras encargarle Lázaro al Arciprestre que cuide y regale a su mujer e hija, asegura que el tal "Prometiome haria con ellas como si fueran propias suyas."

[18] Para este título y sus siguientes casos, N mantiene siempre la mayúscula mientras que S presenta cuatro *a* frente a tres *A*. Los dos casos del '54 llevan *A*.

[19] Desinencias en "*-ades*", "*-edes*" en esdrújulos eran, como sabemos, usuales y basten los ejemplos absolutamente coetáneos tanto del '54: "en mi teni*ades* bien que hazer, y no hari*ades* poco si me remediass*edes* (*Laz.*, 17*v*) como de la *Prodiga* de 1554: "feriareys lo que mandar*des*/ y mirad me si hallar*des*/ alguna saya de seda./ (f.aviv*a*) y "que gastau*ades* a basto" (ax*r*b) y así las recoge la contemporánea *Vtil . . . institvcion* de 1555 y más adelante aparecen *passim* en el Pinciano y en Cerv*NE* (I, 95, 281 y 304, p. ej.) y aun

en Correas (*Arte*, 163 y sigs.). Cf., también, Lapesa, (*Hist.*, 252). Otra cosa es que la pronunciación correspondiera o no a la ortografía; ya Nebrija amonesta que "aviamos de dezir amades, leedes, oides, dezimos amais, leeis, ois" (*Gram.*, 250); caso análogo al actual de las terminaciones en "-ado" que todos escribimos pero muy raramente pronunciamos, al menos en la Península. Se observará, además, que en el texto y acto seguido se da "truxes*sedes*; del radical "trux-" de esa forma verbal más adelante hablaré cuando lo contraponga al "trax-" que luego aparece.

[20] *tripolinas*. Ni Cov. ni Corom. dan información alguna sobre estas *tripolinas* y en *Aut.* únicamente aparece el vocablo bajo la acepción "Palomas *tripolinas*; mucho mejor es, pues, suponer con Ch. Aubrun ([1956], 454, n.10) que se trata de "monnaie imaginaire" aunque bien pudiera ser simplemente una moneda que circulaba realmente sin que de ella tengamos actual noticia, como quiere Piñero (131, n.6).

[21] *doblas zahenas*.   "DOBLAS ZAHENES. Moneda morisca, de oro finísimo puro y resplandeciente." (Cov. y también s.v. ZAHEN) Cf. "Yo os quiero dar seis mil *doblas zaenes*" (*Aben.*, 135). Braudel en su *La Méditerranée et le monde méditerranéen*, 2 vols.; A. Colin, 1976[3], I, 431, ya las cita como "zainas".

[22] Como en éste, en los dos casos siguientes "*Moros*" aparece con mayúscula en los dos textos, al igual que en el '54 (f.4*v*).

[23] El dativo de interés era tan comúnmente usado en el XVI como en nuestros días; espigo un abanico de ejemplos advirtiendo que en ninguna de las obras los citados son en absoluto únicos; "Tu *te* lo dirás" (*LC*, 28); "tu mesmo *te* lo conoces" (Boecio, liiii*v*); "como *te* has tardado?" (*Theb.*, 89); "fue*me* por de comer" (*Lozana*, 97); "Tu *te* tuviste la culpa" (*Carón*, 82); "vendio*te*le Judas, nego*te*le San Pedro, acusaron*te*le los judios" (Gue*Ep.*, II, 161); "marido y señor mio, adonde os *me* llevan" (*Laz.*, 35*r*); "te suplico *te* me declares" (*Florinea*, 221b); "no os *me* ireis" (*Capón*, 284); "Sienta*te*me aqui" (*Guitón*, 102).

[24] S om. el paréntesis incorrectamente pues con ello le da, precisamente, el sentido contrario a la frase, aplicando ese *(que no deuiera)* a "yr" y no al "determine". Cf. n.13 para ese tranquillo.

[25] *desviar*. "Apartar, . . . estorvar, obiar (*sic*)." (Cov.). Cf., "la avia mucho procurado *desviar* que tratase en casa." (Teresa, I, 11); "Homero puso espanto a la muerte por *desuiar* a los hombres de guerras injustas" (Pinc., I, 166). No es extraña la importunación del Arcipreste pues que Lázaro, como antes al escudero si bien para otros fines, adecuadamente le servía de pelillo para su barraganía.

[26] lo), le, S, que entiendo como más correcto pues más parece que sea el antecedente el Arcipreste a quien Lázaro no quiere creer, que no lo que aquél le dice para disuadirle. De cualquier forma, la cuestión es muy discutible ya que a lo largo de sus respectivos texto ambos oscilan, pero no de modo uniforme, entre leísmo y loísmo como hago ver en la siguiente lista de significativos casos:

a) no *lo* queria creer, N4*r* < > no *le* queria creer, S4*v*[al Arcipreste];

b) no *le* tienen, N9*v* = no *le* tienen, S10*r*[remedio];

c) *le* auia comido, N20*r* = *le* auia comido, S21*v*[manjar];

d) *lo* desterro, N28*v* = *lo* desterro, S30*v*[al Atun];

e) *le* mando, N28*v* = *le* mando, S30*v*[al Atun];

f) *lo* auian acogido, N28*v* = *lo* auian acogido, S30*v*[al Atun];

g) *le* procuran imitar, N38*v* < > *lo* procuran imitar, S41*v*[al señor];

h) por querer*lo* mal, N39*v* < > por querer *le* mal, S42*v*[a Paver];

i) no *le* determinare, N49*v* < > no *le* determinare, S53*v*[el pleito];

j) no *lo* tenian, N54*r* < > no *le* tenian, S58*v*[el "don"];

k) digo *lo* porque, N55*r* < > digo *le* porque, S59*v*[esto (adj.neutro)];

l) pode*lle* henchir, N56*r* = pode*lle* henchir, S61*v*[el puerto];

m) *lo* acompañauan, N61*r* < > *le* acompañauan, S66*r*[al alguacil];

n) el *lo* conociera, N62*r* < > el *le* conociera, S67*r*[el hecho];

o) *lo* contentasse, N63*v* < > *le* contentasse, S68*v*[al teniente];

Confesando, de antemano, que mi tendencia lingüística es leísta, dejo al lector que juzgue por su cuenta de acuerdo con su criterio y tendencia.   No deja de ser curioso que, no obstante todo esto, para el '54 tanto N como S son absolutamente leístas incluso contra Alcalá que en dos casos no lo es y Burgos que no lo es en uno, aunque, por fin, no se debe olvidar que frente a unos mucho más cuidados '54s, ambos '55s, y en especial S, se nos presentan como bastante más desaliñados y aun deturpados, cosa que, indudablemente, hace más difícil llegar a cualquier tipo de conclusión cierta. En cuanto a los traductores, V sigue —como acostumbra— a N, dando "mais je ne *le* vouloy pas croire", mientras que, p. ej., P —"I would not believe *him*"— y Sa —"wilde ick *hem* niet ghelooven"— aparecen en la línea de S. Cf., además, lo que Keniston dice respecto al asunto en 7.132 con enumeración de autores leístas y loístas que bien indica la general fluctuación que en esa cuestión caracteriza al XVI, enumeración a la que añadiré como decididamente leístas —según mis datos— a Boscán en su traducción de *El cortesano* así como a Girón, Rodríguez Florián, el Pinciano, Gregorio González y, por fin, Luque.

[27] *fortunas*. "la que dizen *fortuna* . . . no es otra cosa sino una contingencia o acaescimiento triste//o alegre dela cosa incierta" (Ven.*Dif.*, f.clxxxviir.-*v*; "La *fortuna* es un subito y no pensado caso de las cosas que suelen acontescer." (*Florinea*, 299b,); "Vulgarmente lo que sucede a caso, sin poder ser prevenido: y assi dezimos buena *fortuna* o mala *fortuna*."   (Cov.)   No obstante esas definiciones, el término *fortuna* tenía a veces, una connotación exclusivamente negativa, como en "estando muy caido y *afortunado* el maestre don Gomez . . . morio . . . de enfermedad de las sus grandes *fortunas*" (*Incompleta*, 250), y para esos años del *Lazarillo* "vn rey llamado Ziniras . . . el qual ouo vna hija . . . llamada Mirrha, que le fuera mejor

no lo auer engendrado, por que no le succediera tan gran *fortuna* con ella" (*Mirra*, 15), y, a mi juicio, en ese sentido negativo de "desgracias" es como básicamente hay que entender este *fortunas* de Lázaro, tanto como el de los correspondientes títulos, más si se tiene en cuenta que ahí *fortunas* va yuxtapuesto a "aduersidades"; así, p. ej., lo entiende P que traduce "miseries". Más adelante veremos una segunda y distinta acepción de *fortuna*. Para la acérrima y ortodoxamente cristiana interpretación del sentido de esa fortuna que Mexía detenta, cf.II, 38 de su *Silva*. La exposición más completa que conozco del sentido y aplicación generales del término es la contemporánea de Torquemada en el Tratado cuarto de su *Jardín*, 332-79, pero véanse también las más tardías de Pérez de Moya en su *Philosophia secreta*, Cap. XXI, y Cabrera de Córdoba en su *De Historia*, Discurso XXVII. Para una exposición moderna del tema en el siglo XV, Juan de D. Mendoza Negrillo, *Fortuna y providencia en la literatura castellana del siglo XV*; Madrid, CSIC, 1973, y para el siglo que nos ocupa F. Díaz Jimeno, *Hado y fortuna en la España del siglo XVI*; Madrid, FUE, 1987.

[28] El uso de *de* por "que" oscilaba en construcciones comparativas de cantidad o con numerales; más adelante, aquí mismo en el texto —f.23*r*— se da un "que" ante numeral —"auia poco mas que diez hembras"—; a este respecto señala Keniston que "There is no evidence in the texts of the sixteenth century of the modern difference in meaning of *no más de* and *no mas que* before numerals. *No más de* is the regular expression." (26.415), dando como ej., el de Valdés: "no fue imprimido mas que una vez"; el problema, no obstante, es que en esos ejemplos que aduce Keniston todas las construcciones son negativas y en tales casos es difícil asegurar que no se trate de una adversativa "sino" como en, p. ej., "no se saco bastimento mas *de* para tres dias" (CODOIN, I, 230), "no vea mi señora otra persona mas *de* la mia" (Muñón, 90).

[29] Es la famosa Orden religioso-militar fundada a fines del IX y aprobada en 1048 llamada también de los Hospitalarios y más tarde de los Caballeros de Rodas por su conquista de la isla en 1310 y, finalmente, de Malta cuando Rodas se perdió en 1522 ante Solimán. Para los avatares de la Orden en el siglo XVI véase Jaime Salva, *La Orden de Malta y las acciones navales españolas contra turcos y berberiscos en los siglos XVI y XVII*; Madrid, Inst. Hist. de Marina, 1944, y en especial el capítulo VIII en relación con esta *Segunda parte* y la jornada de Argel; ahí, hablando de estos caballeros, dice: "Tal fue el entusiasmo que cundió entre los caballeros para ir en esta caravana// . . . que muchos pidieron con vivas instancias a los capitanes que les admitiesen como aventureros, y al tiempo de la partida de las naves fue preciso obligar a muchos a que desembarcasen, bajo pena de privación de habito." (159-60) Para el entusiasmo popular, cf. nota posterior. En pags. 22 a 26 incl. del trabajo de S. Stephan pueden verse sus elucubraciones sobre esta Orden y su supuesta relación con el texto.

[30] *conocimiento*. "Noticia, amistad, familiaridad." (Cov.). Cf., "ella y un hombre Moreno . . . vinieron en *conocimiento*." (*Laz.*, 4*v*) aunque aquí hay que suponer, además, una connotación en el sentido bíblico para tal *conocimiento*.

[31] Para ese régimen preposicional, cf. "Conciertanse entrambos *de* robar a Celestina" (Muñón, 95[rub.]) y "concertaron *de* irse hacia Fuenterrabia" (Enríquez*Vida*, 40). Ya señala Keniston el doble uso de "concertar" y "concertar *de*" (10.773).

[32] Aunque Valdés lo reprende —"algunos . . . dizen por *ponerlos*, *los poner*, y por *traerlas*, *las traer* . . . lo uno y lo otro se puede seguramente usar, pero el dezir *ponerlos* y *traerlas* a mi parecer es mas llano . . . y mas castellano." (*Lengua*, 190)— los procliticos ante formas verbales impersonales —en especial, ante infinitivo— eran de uso regular a lo largo del XVI y basten dos ejemplos del '54: "por *le* hazer mal" y "acorde de *lo* hazer" (*Laz.*, 10*r* y 47*r* respect.) —véanse los otros casos en Siebenmann, *Sprache*, 39-43— y, además, Keniston (9.6).

[33] *jornada*. Aquí con el específico sentido de expedición militar como lo recoge Cov.: "Y *jornada* se llama la expedicion de algun exercito que va a parte determinada a pelear." Cf. "El Gran Turco con lo demas del exercito . . . ira en persona en esta *iornada*" (Girón, 200) y "*Jornada* infeliz de Argel." (Sandoval, III, 103b en rúb. y sigs. rúbs.); para Terlingen (EIH, II, 279) es un italianismo.

[34] *hacer la costa*. "pagar el gasto"; cf. "nunca el pueblo romano . . . *hizo* tanta *costa*" (Gue*Ep*., I, 46); "La *costa* desta obra se *hazie* desta manera . . ." (Girón, 112); "que si alguna *costa han hecho*, mugeres son para pagarla." (*Poli.*, 29b); "el sastre de Ciguñuela, que ponia la *costa* y *hazia* de balde la obra." (*Florinea*, 291b) y "que ella come donde quiere/ y todos le *hacen la costa*." (Villandrando, I, 277).

[35] Del entusiasmo popular que la jornada suscitó y la multitud que para ella se agregó, da una idea Sandoval: "No hubo infantería a sueldo, pero hubo tantos aventureros, así oficiales y labradores, como caballeros e hidalgos, que fue maravilla . . . Fueron asimismo tantos caballeros, sin paga ni llamamiento, que sería largo y pesado contarlos, y con tantos criados . . . como nunca en naos hombres entraron para guerra." (Sandoval, III, 104b).

[36] Bordón retórico, forma de *captatio benevolentiae* que se repetirá en f.45*r* y que ya se da también en el '54: "*Y por euitar prolixidad*, desta manera estuuimos ocho, o diez dias" (*Laz.*, 32*v*) así como su variante "mas *por no ser prolixo*" (f.11*v*); antes, "que *por euitar prolixidad* no las cuento." (*LC*, 127), "mas dexemoslos *por evitar prolixidad* (Enci*I*, 24), "que en verdad/*por dexar prolixedad*/ no lo prueuo por mil modos/" (Badajoz, xxiiii*v*a); "pero dejolo, *por evitar prolijidad*" (Loyola, 47); "y otros deste modo y traza, que *por evitar prolijidad* callo." (Espinel, II, 81); más bien parece, pues, tranquillo de uso cotidiano —con sus ribetes estilísticos, claro está— que "clara inclinación a determinado estilo" como quiere Piñero (132, n.10).

[37] *mas de* en función adversativa por "sino" como en "que nos es *mas* mi vida *de* quanto con ello hablo" (*LC*, 166) y "ninguna cosa se habia de hacer *mas de* lo que Zoraida quisiese" (*Quij.*, 422[I, xli]). Cf. y comp. con ejs. en n.28. Otro caso en texto en "no ay tiempo de hablar mi hecho *mas de* hazer algo" (37*v*).

[38] Todas las fuerzas que componían esa campaña contra Argel se dividieron en dos grandes frentes: las llamadas Armada de Italia y Armada de España. La primera, a cuyo mando iba el Emperador, partió de Mallorca el 18 de octubre según Santa Cruz, *Crónica* (XXIV, 119), así como en CODOIN, en carta del Emperador a Tavera (I, 234) y Carande, *Carlos V* (III, 219) y ahí también cartas de Gome Suárez de Figueroa que da esa fecha en pp. 221 y 222, si bien el Cardenal Tavera —carta en Carande (220)— da el 17, confusión de Tavera ya que lo que salió de Mallorca ese día fue el grueso de las fuerzas enviadas por delante por orden del Emperador (carta del mismo, *loc. cit.* y Santa Cruz, (*loc. cit.*); Cereceda, *Tratado* (III, 4) da el 13 contra todos los demás; llegaron a costas de Berberia el 20 como escribe el Emperador (*ibid.*, 235) en lo que todos están contestes excepto Cereceda que da el 23 (*loc. cit.*) por error por el día del desembarco —cf. anterior carta del Emperador en Santa Cruz (120), Tavera y Figueroa (*loc. cit.*) y Salvá, *Orden* (163)— y el Comendador Vañuelos que en su carta da el día 22 (CODOIN, I, 229).

La segunda, la Armada de España, en la cual se supone que fue Lázaro, fue a las órdenes del Duque de Alba, y partió de Cartagena el 15 de octubre —Santa Cruz, *loc. cit.* y Cereceda, *loc. cit.*— y tras escala en Ibiza y Formentera —"tres dias" según Cereceda y "algunos dias" según Santa Cruz— sin llegar a poder reunirse con la Armada de Italia, siguen su ruta hasta las costas de Berberia, adonde llegan parte el jueves 20, y otra parte más tarde según Santa Cruz (119 y 122), pero según Figueroa (*loc. cit.*) y Tavera (*loc. cit.*) el lunes 24; Vañuelos explica esas confusiones de fechas: "siendo llegados a la costa de Berberia . . . nos dio un levante, tiempo contrario, que en tres dias nunca pudimos doblar una punta que habia para llegar alla, salvo dos o tres naos vizcainas que por ser ligeras . . . lo pudieron hacer, e una de ellas fue la en que iba nuestro general Duque de Alba;" (*loc. cit.*); él llegaría, por fin, el lunes 24 según también dice: "La nao en que D. Luis —sin duda, Luis de Leyva, príncipe de Ascoli (cf. la lista de "señores de título" que Sandoval da [III, 104b])— e yo ibamos, llegó el dicho lunes dos horas de la noche." (230).

Ha de señalarse aquí la importancia que tuvieron esos tres días de retraso para parte de esa flota, no tanto como puro hecho histórico en sí, cuanto por ser ese retraso causa de otro que usado y elaborado literariamente por el autor de este '55 va a ser clave para las peripecias de su personaje. Gonzalo de Yllescas, comentando estos sucesos, dirá: "El duque Dalva (*sic*), o porque no tuuo tiempo, o porque no penso que importaua tanto como importo, darse priessa: salio algo mas tarde de Cartagena de lo que fuera menester.

Porque segun el poder del Emperador era grande, y las fuerzas de Asanagas [eunuco renegado que reinaba en Argel (*Sandoval*, III, 105b-106a)] eran pocas, si el artilleria llegara dos dias antes, ya estuuiera ganada la ciudad quando vino la tormenta, o a lo menos la fortuna que sucedio, viniera en tiempo que no pudiera hazer el grandissimo daño que hizo." (*Historia*, II, 615a). Como señala Vañuelos, por su parte, otra fue la causa del retraso del de Alba, y aun una concomitante que con la primera produjo el memorable desastre que sufrió esa flota de Argel, ya que la artillería —esa artillería que "si . . . llegara dos dias antes, ya estuuiera ganada la ciudad,"— venía, precisamente, en las naves retrasadas, como Vañuelos informa: "no se saco bastimento [de la Armada de Italia que había llegado ya] mas de para tres dias, ni monicion ni artilleria porque todo . . . iba en la armada que traiamos los de poniente, la cual . . . el lunes veinte y cuatro . . . llego . . . a la playa donde estaba surta la armada de levante." (230); retrasado, así, el ataque definitivo hasta el 25, ese día, precisamente, se daría la violentísima tormenta que desbarató y redujo prácticamente a nada a las dos Armadas, tormenta que no hubiera tenido mayores repercusiones — y, por tanto, tampoco hubiera pasado a la historia como lo hizo— si los españoles, como Yllescas apunta, hubieran ya estado en Argel, dominada la plaza; y si no hubiera pasado a la historia, claro está que menos hubiera servido para los propósitos del autor y su elaboración correspondiente. Luna —sin duda por desconocer la verdadera historia y sólo teniendo presente el texto del '55— presenta esa tormenta directamente a la salida de Cartagena.

[39] Tras toda la información anterior, bien se entenderá que con ese *nosotros* Lázaro habla de la Armada de España —y en la cual él iba— que se unió ante Argel con los *otros*, los de la Armada de Italia. Puede llamar la atención el sorprendente laconismo con que resume todo ese viaje y cuánto sucedió históricamente antes de la tormenta, en sólo una línea, cuando todo ello hubiera sido, quizá, excelente motivo para una larga descripción en manos de otro autor.

[40] A y B om. *la*.

[41] *fortuna*. Con distinta acepción esta vez, la de tempestad. Cov. no la recoge, pero sí *Aut.* y Corom. aunque sin referencias concretas; para Terlingen (232) es un italianismo. Santa Cruz (123) y Cereceda (6) las dan en sus textos, p. ej., y añadiré alguna más; ya para 1401 tengo recogida una: "*fortuna* de nieve" (CODOIN, 14, 416) y para el año siguiente, "sterilidades de tiempos e *fortuna* de piedra (por granizo)" (Mitre, *Evolución*, 97); también para principios del XV, "estando el rey don Juan en Madrid començaron tan grandes *fortunas* de aguas//y nieves" (Torres, *Sumario*, ff.77*v*-78*r*); "recrecioles muy grand tormenta e *fortuna* en la mar" (Almela, 4[carta de 1481]); "recreacion muy alegre para los miserables marineros despues que la *fortuna* y los vientos han cesado." (Castiglione, 93); "y como el tiempo era *fortunoso* de aguas" (Francesillo, 75); "tan grandes tempestades en la tierra y *fortuna* en la mar" (Calvete, I, 22); "y sucediendo una gran *fortuna* y tormenta en la mar"

(Torq*Jardín*, 130); "en el mar habia *fortuna* de leveche, que es la travesia de aquella costa" (Castro, *Vida*, 581b) y, por fin, la definición de Aldrete en su lista de vocablos: "*Fortuna* tempestad de mar" (364); de esta breve selección de citas y de algunas más que tengo recogidas puede deducirse que ese término en principio aplicable tanto a tormentas en tierra como a tempestades en el mar fue reduciéndose en su acepción a solamente las últimas.

[42] La expresión del tiempo mediante *haber* es la usual del XVI; basten, sin más, los abundantes ejemplos que proporciona Keniston (32.13 y sigs.). Añadiré, no obstante, y por lo que de interés pueda tener, que aun a mediados del XVII era usual, como en "*haber* veinte y cuatro horas que no me habia desayunado" (*Estebanillo*, I, 270).

[43] *la mar*. Inmediatamente antes dos veces *el mar*; típico caso de epiceno que recorre los dos textos; de 55 casos, se dan 42 *el (los)* y 13 *la (s)*, con sólo una discrepancia: *la mar* (N, 53r) frente a *el mar* (S, 57v). Villalón, por esos años, dice: "en algunas partes de Castilla dizen esta mar del genero femenino: pero mal dicho." (*Gram.*, 28), pero en contra, y para esa fluctuación *Propa.*, p. ej., da, por lo menos, tres *del mar* (Biiir a; Diiir a y Giiv b); en *Lozana* dos *la mar* (92, 107); Gue*Men* y Gue*Mar la*, *passim* y lo mismo Girón, pero Venegas, *Dif.*, *el*, *passim* en el cap. xxiiii. "De la amargura *del mar*." (ff.lxv y sigs.); en Medina, *Arte*, *la*, *passim*, con 8 excepciones que, a su vez, son a modo de excepciones, ya que *el* aparece en 2 rúbricas y 6 veces en texto pero dentro de citas; en *Crot.*, *el*, *passim*, mientras que en *Viaje*, *la*, *passim* excepto en la rúbrica "La ruta por *el* mar Egeo." (292) y en "La mayor parte *del* mar" (327) cuando sólo dos líneas antes ha dicho "quando passan *la* mar", y recojo, aquí, por fin, un par de párrafos —uno suyo y otro de Mexía— por lo bastante que dicen sobre esta fluctuación: ". . . está Constantinopla, cinco leguas mas aca de *la* mar Negra, que es *el* mar Euxino. De manera que a la mano izquierda tiene *el* mar Euxino . . . a la mano derecha está *el* mar Mediterraneo. Por no haber estado en *la* mar no creo que gustareis nada desto." (*Viaje*, 490) y "Está puesta en la costa de *la* mar, en el estrecho entre Asia y Europa, en la entrada del Ponto y mar Euxino, llamado *el* Mar Grande." (Mexia*Silva*, 263). Parece que de todo ello hay que deducir, por un lado, el uso del masculino para mares perfectamente identificados con nombre propio, y por otro —y especialmente teniendo en cuenta los casos de Guevara en su *Arte de marear* y Medina en su *Arte de nauegar*— que la forma femenina es más característica de aquellos con más contacto directo de *la* mar, fenómeno que, además, se comprueba en nuestros días cuando se coteja el uso de los pescadores o gente costera o de mar frente al de gente de tierra adentro. Un excelente ejemplo literario, sin ir más lejos, lo proporciona, precisamente, Alberti con su *Marinero en tierra*, particularmente en su sección tercera.

[44] hezimos), hizimos, S. De 9 casos totales, todos aparecen en *hez-* en N, mientras que S sólo presenta 4 —los demás en *hiz-*; en el '54, por el contrario, de tres únicos casos, N presenta dos *hiz-* y un *hez-* frente a la inversa, dos *hez-* y

un *hiz-* en S. Ambos radicales fluctuaban a lo largo del XVI indiscriminadamente e incluso dentro del mismo autor; baste el ejemplo de Torq.*Manual* que da "*hez*iesen", y cuatro líneas después "*hiz*ieren" (70) y más adelante, "*hez*ieres" (179) y en pag. sig., "*hiz*ieren". Siguiendo su inadecuada práctica Solà—Solé moderniza todos los casos en *hic-*.

[45] Que Lázaro —o, mejor, por lo que luego diré, el autor— no faltaba un punto a la verdad, lo confirman Vañuelos con "El martes al amanecer se comenzo la desventura" (230); el Emperador en su carta, "A la tarde (del lunes 24) se comenzo a turbar el cielo y en anocheciendo comenzo a llover . . . de manera que la noche//fue . . . para las galeras y armada de mar muy tempestuosan (236-37); Cereceda: "lunes, pasada la media noche, se levanto un gran viento . . . y una muy recia agua" (6); "Luego el martes siguiente/ ques dia de sant crespin/ . . . / La mar con terrible esfuerço/ se torno tan cruda y braua/ que como montes se alçaua/" (MS.7075, ff.47v-48r); y, por fin, Yllescas, "començo en anocheciendo a caer . . . una agua tan fria y tempestuosa, que todos perecian de frio. Y a la media noche leuantose un terrible viento, y en la mar una de las mas espantables tormentas" (II, 616a). Por todo esto, y la veracidad históricamente probada de cuanto ha narrado anteriormente, muy bien se puede sospechar que el autor se encontró, de hecho, presente en esa jornada y que no hizo más que proyectar en su protagonista sus personales experiencias.

[46] saber), saper, A y B; evidente italianismo.

[47] mismas), mesmas, S. De 24 casos, en 20 coinciden N y S en *mism-*; para dos se da *mism-*, N; *mesm-*, S y en otros dos *mesm-* para ambos.   En los '54 se dan 6 *mism-* y un *mesm-* coincidiendo siempre los dos.   Un tanto aberrante parece esa abrumadora mayoría de *mism-* para ambos en el '55, ya que Neb*Gram.*, *Propa.*, Oliva*Anfi.*, Castañega*Tratado*, Muñón, *Schola.*, *Florinea*, *Crot.*, *Viaje*, *Gram59* y Torq*Manual* recogen *mesm-*, *passim*, y en otros casos en que ambas formas alternan como en *Clari.*, *Theb.*, *Lozana*, los Valdés, Girón, Medina*Arte*, —y obsérvese que nada más doy ejemplos hasta los años de ese '55—, *mesm-* es la forma predominante.

[48] "*Anegarse*.   Es perecer en la mar, ahogandose en ella."   (Cov.)   con diferente sentido al de "inundar" que más comúnmente tiene en la actualidad. Se asimilaba más al de "hundirse" según ya Nebrija en su *Voc.*: "*anegarse* la nave. Naufragium facere"; "anegar a otra cosa. Submergo." y para ejs.: "en dos palmos de agua me hundo y *anego*" (*Propa.*, Satira, Cap. I, v.15); "El otro dia me la quisieron *anegar* (la barca) riñendo." (*Carón*, 155); "Cuando vieren que el mar da/ los cuerpos muertos que en ella/ se *anegaron*" (Hur*Cortes*, 11b) y en este '55, poco después, "el bracear que los que se *anegan* hazen" (6v); "Del honor que se ha *anegado*/ estos son los vestidos que he escapado/" (Clara*P*, vv.1200-01 y, por fin, "el quedo nadando en ella, y dando voces que se *anegaba*" y seguido "Socorro, señores, que me *ahogo*" (Cerv*NE*, I, 97). Para la diferencia, más en concreto, de esos dos verbos *anegarse* y "ahogarse" cf. n.4 al Cap. IIII.

49 No era insólito el uso de indicativo en subordinada con "querer" en la principal, y aquí en texto se da otra vez en f.65*v*: "quiso Dios que *halle*"; cf., además, "*Quiero* encubrir mi dolor lo mejor que *podre*" (*Seraf.*, v.1626) y "*Quiso* nuestra fortuna que la conuersacion del Zayde . . . *llego* a oydos del mayordomo" (*Laz.*, 5*r*); frecuente era el caso si el verbo en la subordinada era "ir": "*quiero* que *vais* en galeras" (*Propa.*, Ki*v*a y otro caso en f.Oi*vr*b); "*quiero* que *vays* comigo" (*Lozana*, 178); "*quieres*, señor, que nos *vamos* (*Roua.*, I, 39 y otro caso en III, 354) aunque en todos estos ejemplos bien pudiera tratarse de formas sincopadas como la actual "vamos" por "vayamos" en vez de formas de indicativo. Véase, además, lo que dice Keniston (28.25) con algún otro ejemplo.

50 Era normal el uso de *quien* con antecedente plural en el XVI y aun en el XVII; "cantoneras a *quien* vosotros llamais enamoradas" (*Theb.*, 43); "Y si no se *quien* son?" (*Lozana*, 285); "Me digas *quien* eran" (*SegCel.*, 297); "sin que antes sepan *quien* son" (Muñón, 88); "Y *quien* eran?" (*Roua.*, I, 380); "las personas a *quien* escreuimos" (Torq.*Manual*, 181); "las mujeres a *quien* no les vaja el menstruo" (*Capón*, 294); "los guzmanes, de *quien* siempre fue bien recebido" (Luque, I, 48); "para los oradores, a *quien* sirven de nada" (Alemán*Orto.*, 78); "A estos dos caballeros . . . como *quien* han de ser" (Cerv*NE*, I, 221); no era, no obstante, uso exclusivo; ya señala Keniston ser Guevara el único que usa *quienes* en la primera mitad del XVI (15.154) y en la *Util* también se da *quienes* (36) así como en *Florinea*, "*quienes* son los que te me piden" (296b) y "ya no miden las personas por *quienes* son" en Navarra, (f.100*r*), y todavía asegura Correas que "*quienes* es menos usado que *quien* para sujeto plural." (*Arte*, 130).

51 *. . .* Anacoluto de claro corte conversacional que los traductores resuelven de los siguientes modos; "celuy qui le scait mieux que tous les autres ensemble qui y estoyent", V; "and (which of all the rest that were with us) sawe it best", P; "ick alleene t zelve gesien hebbe ende beter weet dan alle de geue t samen die daer warens-waer.", Sa; "e diquanti v'eran presenti, nessun meglio chi me le vidde", Ba. Ni para este anacoluto ni para el siguiente hace Piñero comentario alguno.

52 vuestra), vra., S.

53 *. . .* Otro anacoluto de enrevesado sentido aunque hay que suponer que *hazer* está rigiendo *pedaços* y *tantas* modifica a *partes*. V lo traduce: "ie vey nostre nauire estre mise en pieces par plusieurs endroits, & le vey despiecer par autant d'autres"; "but I beheld our shippe broken in many pieces, I sawe the like done by others", P; "Maer ich zach ons schip in hondert dupsent stuck in breken ende zach het van den anderen alleenexkens te morselen flooten", Sa, y finalmente y más simplemente "in molte parti, & in altrettanti spezzarsi.", Ba.

54 "OBRAS MUERTAS. En el Baxel son todas aquellas que estan del escaño arriba." (*Aut.*).

55 Para esa prepalatal, fricativa, sorda *x* ante oclusiva sorda que persiste a lo largo del texto, cf., "coxcorrones", "maxcada", "caxco" (*Laz.*, 10*r*, 12*v* y 16*v*, p. ej). Era grafía normal como en "maxcar", "caxcos" (*Propa.*, Ei*r*b); en *Lozana*, "maxcaras *passim* y "caxcos" (349); "coxquillas", "cuexco" (*TerCel.*, 705, 621); "maxcando", "caxcaras" (*Crot.*, 150, 235); "caxcauel" (Doni), *passim*; Valdés dará su personal explicación: "si me parecen son tomados del arávigo —cf. para esta opinión lo que dice Gillet (III, 63)—, escrívolos con *x*, y assi digo *caxcavel*, *caxcara*" (*Lengua*, 139). Ya a finales de la centuria parecía irse perdiendo el uso ya que el Pinciano da "encaxqueto" (II, 119) y "caxcara" (III, 37) pero también "cascara" (I, 164) y "mazcar" (II, 274), p. ej., y el mismo Cov. da ya "casco", "cascabel", etc., etc. Para este trueque de sibilantes, véase, por fin, Alonso*Pronun.*, II, 95.

56 caxcos), caxcas, A y B.

57 "GENTE GRANADA. La principal del pueblo y de cuenta." (Cov.). Cf. "grandes hechos muy *granados*/ en este mundo hizieron" (*Setec.*, f.aiii*r*a); "hombre de los *granados* del pueblo" y "entre la gente mas *granada* del pueblo" (Pinc., III, 12 y 76) y "este olvido que hizo Cristianos viejos de los que . . . se convertian, es aora imposible en la *gente granada*." (Salucio*Esta.*, 5*r* y otro caso en 5*v*). Divertida es la traducción de V: "Les Capitaines & gens de Grenade" que bastante indica del conocimiento del castellano que ese traductor pudiera tener o, quizá, de la negligencia con que acometió su tarea. P, correctamente, da: "the Captaines and Officers men of qualitie", mientras que Sa que, claro, sigue a V, traduce "den Capiteyn ende eenich volck van Grenaden."

58 *barco*. Contrariamente al sentido actual era la embarcación pequeña que corresponde a la "barca" de nuestros días, habiéndose dado una inversión semántica como se comprueba en "BARCA, o varca. Vagel pequeño, mayor que *varco*" (Cov.); cf. "Llego la lanza furiossa/ y pasando el pecho al moro/ y el gruesso borde del *barco*/ quedo el Cid muy contento/ de un casso tan señalado." (Rojas*Canc.*, 31, vv.31-35); "Salio el maestre a tierra . . . y luego comenzaron a acudir *barcos* a nuestro navio." (Salazar*Cartas*, 297b); "llegados al rio . . . en un *barco* . . . se pasaron al soto" (León*Nombres*, 542); "un *barco*, tan pequeño, que solamente podian caber en el una persona y una cabra" (*Quij.*, 184[I, xx] y recuérdese el famoso "*barco* encantado" de II, xxix. y, por fin, "a este, que nadando y sin ayuda y con//muchos años a cuestas, quito a cinco moros un *barco* en que iban." (Espinel, II, 185 y otros casos en 247, 249 y 251).

59 Cf. para este régimen preposicional, "procuras *de* te cargar" (*Theb.*, 10 y otros casos en 17, 34, 42, 84, 93 y *passim*); "procurava *de* endereçar" (*Carón*, 27 y más ejs. en 106[2], 181, 188, 201, 211[2]); "procura *de* ser justo" (Gue*Ep.*, II, 80 y otro ej. en 94); "procuro *de* derrocallo" (Riberol, iiii*r*); "procura *de* ser bueno" (*Laz.*, 6*r*) y aun en Cervantes, "procuré *de* no verme con el" (*NE*, I, 142). Era el régimen más común aunque también aparecía con *en* como en "procura *en* acrecentar" (*Theb.*, 13 y 105), con *por* (Keniston, 37.541) y aun en grado cero como en el texto más adelante

"no procuraron entrar" (f.19v) y en el '54: "llamando me, procuró recordarme." (*Laz.*, 23*v*).

[60]"MEJORAR. Ponerse en lugar o grado ventajoso al que antes se tenia." (*Aut.*) Cov. no da esa específica acepción, pero cf. "*mejorenos* a los dos/ que despues si plaze dios/ del agalla quedara./" (*Propa.*, Eiii*r*b); "luego que se topan con otro que trae mayor fausto . . . se pegan con el por *mejorarse*" (Castiglione, 139); "por *mejorar* en cargo al alcalde" (*Aben.*, 119); "me vi en tu trono sentado/ sobre todos *mejorado*" (Roua., IV, 100); "En el ayudar a Missa, queria ser *mejorado* sobre todos." (Sigüenza, I, 213b); "ayudandome de la [fuerza] de los bra-//zos, *mejoreme* hasta poder asir el madero" (Espinel, I, 293) y "que por ellas *mejorarse* . . . no habra traicion que no intenten" (*Guzmán*, 127 y otros casos en 281, 345. 442 y 656).

[61]*dizque*.   Elíptico de uso absolutamente común en el XVI; en las *Farsas* de Lucas Fernández aparece generalmente como *dizcas* (pp. 160, 169, 179 p. ej.); en *Propa.*, ejs. en ff.Gir b; Kiv b; Nir b y Oiv b; en *Lozana*, 284; en *SegCel.*, 256, 299; en *CastMujer*, 66, 74, 82; para su evolución, cf. "Tambien dezimos *diz que* por *dizen*, y no parece mal." (Valdés*Lengua*, 167); más tarde "no dando . . . más autoridad del *diz que*" (*Viaje*, 89) donde ya aparece lexicalizado para verse ya rechazado bastante después por Cov.   que dirá de él: "Palabra aldeana que no se deve usar en Corte. Vale tanto como dizen que."   Con razón dice Keniston que su uso "is disminishing in the sixteeenth century" (27.54). Respecto al texto, ha de entenderse, claro está, que "justicia" y "cuaresma" son los objetos directos del *dizque*, no sujetos.

[62]Ese aforismo de Lázaro, "la justicia y la cuaresma dizque es mas para estos [los ruines]" ya se da en boca de Galterio: "No has oido dezir que *la justicia y la Cuaresma* no *son* sino pora los ruines?" (*Theb.*, 91) y en Horozco*T* se recoge ya como proverbio: "La quaresma y la justicia/ en los pobres se executa." (n.1519). Lázaro —o, mejor, su autor por lo antes apuntado— sigue siendo históricamente veraz dentro de su solapada crítica.   En su citada carta, Tavera escribirá: "a Dios gracias, no se ha perdido ninguna persona principal, ni de cuenta, ni conocido, que todo ha sido gente ordinaria y de criados de señores y caballeros, y gente de mar." (220), y al final "no falta ninguna persona principal, ni conocida, de que damos gracias a Nuestro Señor que, aunque la perdida ha sido grande estamos contentos de habernos Nuestro Señor hecho tanta merced en librar a su majestad y tanta nobleza de gente, de tan grande peligro." (221), comentarios que, por otra parte y para nuestra mentalidad moderna, no necesitan de muchos otros.

[63]Encomendamos nos), Encomendamonos, S.

[64]comencamos nos), comencamonos, S.

[65]Estas confesiones mutuas no aparecen citadas, por supuesto, en ninguna de las descripciones históricas que vengo citando; a lo más que llega el vate del MS 7075 es a la confesión pública a Dios: "los mas duros y obstinados/ los coraçones quebrados/ se ponian de rodillas/ confessando sus pecados."   (f.48*r*) Sí, en cambio, la aprovecha Luna pero recreándola con alguna diferencia, porque si en este '55 la confesión es mutua y en medio de gran agonía, en su secuela Lázaro actúa exclusivamente de confesor y aun alivia esos momentos con buena comida y no peor bebida (284-85). En cualquier caso, algo de *topos* literario debían tener esas confesiones —independientemente de que así ocurriera en la realidad— ya que también en el *Morgante* de 1535, cuando Roldán y sus compañeros se encuentran ante una tormenta tan horripilante y aparatosa como ésa de Lázaro, "Roldan estaba puesto de rodillas orando; Reynaldos y Oliueros por parte se estauan confessando el vno al otro sus peccados con muchas lagrimas" (f.xxiii*v*a) y análoga descripción nos dará Guzmán comentando la tormenta en que morirá Sayavedra: "¡Cuantos votos hacian! ¡A que varias advocaciones llamaban! . . . Que de abusos y disparates cometieron, confesándose los unos con los otros, como si fueran sus curas o tuvieran autoridad con que absolverlos." (*Guzmán*, 710).

[66]No parece que se trate de la conocida Orden de Cristo fundada en Avignon en 1319 ni de la otra, la derivada de ésta para caballeros portugueses.   Más bien, y teniendo en cuenta que los trata de "caualleros de Iesu Cristo" y no exclusivamente de Cristo, habrá que suponer que se trata de otra jocosa ironía bajo la cual con mucha probabilidad se ocultaba una indirecta contra los recién creados jesuitas. Por otra parte, es de observar que el solapado ataque contra esos "caualleros de Iesu Christo" que en el '55 se da, en Luna desaparece; en el primero, el relieve y categoría que les da ser tales "caualleros de Iesu Christo" les hace despreciar a esos sus compañeros de navegación a quienes no sólo consideran "ruynes" sino indignos de cumplir con ellos su deber religioso de confesores; en Luna, por el contrario, la única razón que se da para esa separación es de lo más pedestre e inocuo que uno puede imaginarse en una situación tan trágica: "yo estaba mal vestido, y asi no cupe dentro." (285), más rara todavía si se considera el anticlericalismo del autor que deja pasar, de ese modo, una excelente ocasión de manifestarlo.

[67]*cuerpo*. En el sentido específico de "persona", aunque ni Cov.   ni *Aut.*   dan esa particular definición, siendo la más aproximada la del primero con "*Cuerpo* a *cuerpo*, de persona a persona."   Cf.   "cuando libertaste mi *cuerpo*, prendiste mi corazon." (*Aben.*, 136) y recuérdese la fórmula legal arcaica de "prender el *cuerpo*" por arrestar o detener. El uso es más comprensible en este caso cuando vemos que, acto seguido, Lázaro considera metafóricamente a esos confesantes ya como practicamente muertos.

[68]*acaecedera*. Ni Cov. ni *Aut.* ni Corom. recogen el vocablo, pero si *DHLE* y *DRAE* (s.v.) ambos, precisamente, citando este texto. ¿Fue neologismo del autor o, por lo menos, el primero en pasarlo a lengua escrita? Lo cierto es que no lo he encontrado en ningún otro texto, al menos de los que conozco anteriores a este '55.

[69]Otro anacoluto para el que ha de suplirse "con" tras *que*, si ha de entenderse correctamente la función instrumental de "cada ola".

[70] Se repite el anacoluto, habiéndose de suplirse otro "con" instrumental ya que el intransitivo *enuestir* exige esa preposición cuando rige objeto. Cov. no recoge el verbo pero cf. *Aut.* con los ejs. que ahí se dan en este sentido. V salva ambos anacolutos traduciendo libremente, "Et plusieurs qui, chaque fois que la braue mer ietroit ses ondes en la poure nauire, gousterent la mort"; P da "and diuers, which at euery waue of the sea that entered into the broken ship, felt in a manner present death"; Sa, "ende vele die smaeck ten den doot t' elcken repse als de woeste Zee eenige haren over ons hooft in het schip smeet" y, por fin, Ba, "e molti anco a ciascun' onda, che il Mare infuriato percoteua la nostra braua, e tremante naue, prouauano continue mille morti."

[71] *por manera que*. "De modo que"; cf. *"por manera que* le han de creer" (Gue*Men*, 108) y *"por manera que* toman todo lo que le sobra" (Gue*Mar*, 351); *"por manera que* a la vejez, hospital" (*Florinea*, 206a) y *"por manera que* a la tarde ellos boluieron" (*Laz*., 38*v*)

[72] cien), cient, S, único caso de los 5 que se dan. En los '54 sólo aparece *cien*. Dudoso y fluctuante era el uso, una vez más, como atestigua Valdés: "Muchas vezes he estado en dubda qual tomaria por mejor, y al fin heme determinado en escriuir sin *t*" (*Lengua*, 137) y se observa en otros textos, si bien con gran predominio de *cient* al menos para la primera mitad del siglo. En *LC*, *cien*, *passim* pero *cient* a veces en B y A; en *Theb*., *cient*, *passim* como en *Seraf.*; en *Roma*, *cient*, 65 y 103 (2); en Gue*Ep*., I, alternan *cien*, *cient* y *ciento* pero con mayoría del segundo; en *SegCel.*, *cient* (485 y 492) pero *cien* (490) y, por fin, Roua., I, *cien*, *passim*.

[73] Un anacoluto más que habrá que suplir con {que no hacian} ante ese *sino* como se infiere de la paratáctica siguiente "y otro tanto hize yo a ellos"; V da "maudite la parole, ils ne me disoyent qui souspirer & donner traicts au sec" siguiendo literalmente a N sin resolver el anacoluto, como tampoco lo hace Ba, "benedetta quella parola, che dire chiaramente poteuano, se non sospirare amaramente, & inghiotire, erigittare le amare acque" —obsérvese de paso la curiosa variante "benedetta" frente al original "maldita"; y, por fin, "some that uttered not one worde out their mouthes, but only sighes, and sobbes", P.

[74] Cov. todavía recoge *sospirar* como normal, junto con *suspiro* en el comentario (s.v. SOSPIRAR), y análoga es la cosa con Villandrando que da "sus *sospiros* son de hiena" y en la sig. pag. se lee "son *suspiros* de mi alma". (Villandrando, II, 61 y sig.).

[75] ningun), ningum, S. ¿Error tipográfico o bilabialización como con el *tam* comentado en n.58 del cap. I?

[76] A y B omiten uno de los *mi*, evidente error por reversión haplológica.

[77] Eran comunes los ordinales sin apocopar ante sustantivo; cf., "primer*o* cauallo" (*Clari*., xxr*b*); "primer*o* planeta" (*Theb*., 218); "primer*o* bello punico" (Gue*Ep*., I, 42); "Primer*o* padre" (*Poli*., 34b) y "mi pobre tercer*o* amo" (*Laz*., 40*r*); "en tercer*o* dia" (Roua., II, 1, 11 y *passim*); "el postrer*o* colchon" (*Capon*, 250); podía alternar, no obstante,

en un mismo autor como en Castiglione que da "primer*o* libro" (103) pero "PRIMER LIBRO" (21) y *Crot.*, que da "Argumento del primer canto . . ." en la rúbrica (89) y "Fin del primer*o* canto" después (105), Cervantes aun lo usa, como en "en el primer*o* cargo en que quiero estaros" (*NE*, I, 42 y otro caso en 287), pero Patón ya dice: "el *primer* hombre decimos, y no el *primero* hombre, aunque si, el hombre *primero*" (73) y Correas hablando de esos apócopes cita: *"Al primer sueño, al sueño primero: El postrer godo, el godo postrero: Al terzer dia, al terzero dia"* (139) breve estadística que, junto con la anotación de Patón, nos hace suponer que ya iban cayendo en desuso esas formas sin apocopar.

[78] "APROVAR. Tener alguna cosa por buena y suficiente . . ." (Cov.).

[79] Del texto que sigue creo que este *como* no debe entenderse como estrictamente modal sino como interrogativo con elipsis del correspondiente expletivo "diablos", "demonio", o análogo.

[80] aquella), aquello, A, B.

[81] De claro sentido este compuesto *malsabrosa* parece ser exclusivo y único de este texto; ni en Cov. —que solamente recoge el usual "desabrido" (s.v. *sabio*)— ni en *Aut.* ni Corom., ni en ningún otro léxico o diccionario he visto que aparezca.

[82] S inserta "y" tras este *inhumanidad*.

[83] caridad), charidad, S, si bien en el caso posterior ambos N y S dan *caridad* frente a *charidad* en los dos casos en que aparece en el '54, tanto en N como en S; distinción ortográfica con la que no estaba muy de acuerdo Madariaga: "no aprueuo que hablando en Romance escriuan *ch*aridad, *ch*oro con h." (Mad*Honra*, 84*r*) No obstante, es de señalar que la ortografía original latina podía conllevar una distinción semántica o, al menos, así ha de entenderse de lo que dice Venegas: "Item *ch*arus y carus, *ch*aritas pro amore: y caritas por carestia." (Ven*Orto.*, 15).

[84] determine), determino, S, que puede ser mala lectura pero perfectamente posible es lo contrario, pudiendo suponerse que originalmente era un presente como otros posteriores que más adelante comentaré en n.103.

[85] ocupar), occupar, A.

[86] Para este *era*, ya señaló Lapesa que "La repartición de usos entre *ser* y *estar* era mucho menos fija que en la lengua moderna." (*Hist.*, 256-57 dando ejs.); en texto puede verse otro ejemplo de esta oscilación en "que no temiessen de *ser* comigo." (16*r*), y para el caso concreto de *ser* rigiendo el adverbio *bien*, cf. *"sera bien* que nos vamos" (*Propa.*, Siiv*a*), *"Bien seria/* yrnos a la puteria." (Palau*Farsa*, vv.284-85), "Pensaua si *seria bien* comedirme" (*Laz*., 31*v*) y "La placa de Milan *es* tan *bien* proveida" (*Viaje*, 372).

[87] Del contexto se deduce que este *engullirlo* ha de entenderse como "atiborrar", "henchir", pero en ningún léxico lo he podido encontrar registrado con esa acepción que es la que usualmente se da como, p. ej., en "Veras que *engullir* faze el diablo" (*LC*, 162) y "Pues y todo os lo *engulliste*", (Roua., I, 54 y otros casos en 55, 173, etc.). Por otra parte, parece que

el partitivo *de* que sigue debiera ser, más bien, el contracto "del" ya que *vino* viene calificado por *excelentissimo*.

[88] Comentando esta decisión de Lázaro, ya apunta Bataillon ([1968], 81-83) su relación con las historietas recogidas en la *Floresta* de Santa Cruz y en la *Sobremesa* de Timoneda del viajero que se atiborra de comer en medio de una naufragio justificándose con un "Quién tanta agua ha de beber, menester ha de comer.", así como con la facecia del portugués que en ocasión análoga se pone a comerse sus higos negros del Algarve diciendo: "Morra Marta e morra farta" señalando ahí que aunque Laguna se hiciera pasar por testigo de la escena "podemos suponer que es un préstamo malicioso del folklore."   Así parece ya que a esta facecia y a la otra versión de Laguna en su *De virtutibus* —n.70 de Bataillon— hay que añadir la del gallego que, en medio de una gran tormenta, se pone a comer descuidado de todo, y riñéndole el contramaestre, contesta: "¡Cuerpo de Dios! A hombre que tanta agua espera beber, no le dejareis comer dos bocados?" recogida en el "Sermon de Aljubarrota" (BAE, 176, 66b). De notar es que aunque bien conocido era el tal refrán "Muera Marta y muera harta" —ya desde Santillana, si bien como "Muera gata y muera harta" y en Horozco (*T*, n.462)— este autor del '55 no lo recoge, a diferencia del posterior Luna que si lo hace en su *Segunda* (284) para la misma situación, y ello creo que debido al hecho de que para este Lázaro del '55 se trata sólo de vino y no de comida, detalle éste de relieve y que debidamente comento en mi estudio introductorio. Un tanto curioso resulta, por otra parte, que Piñero cite el refrán y las anécdotas con referencia al texto de Luna (284, n.12), olvidando todo ello para el '55.

[89] *allende*.   "ademas", muy frecuente con este sentido en el XVI; cf., "*allende* destas causas era casado" (*Clari.*, iiira); "*Allende* desto, tenia otras mil formas y maneras" (*Laz.*, 7r); "Asi que, *allende* de un grandissimo numero de estudiantes . . ." (Loyola, 70b); en *Roma* y en *Carón* se da *passim* y sólo en el *Doni* tengo registrados hasta once casos, y véase Keniston (41.32) para otros.

[90] casi), quasi, S. De 16 casos registrados S presenta 15 *quasi* frente a un solo *casi*, mientras que N siempre da la última forma para los 16; en los '54 de ocho casos se dan 6 *casi* frente a dos *quasi*.   Como para otros vocablos, la ortografía de éste fluctuaba; mientras *Clari.*, Badajoz, *Schola.*, Rouanet y *Crot.* dan *casi*, *passim*, *LC*, Enci*T*, *Lozana*, *Carón*, Gue*Ep.*, I, *II*, Girón, *Florinea*, *Viaje* y aun Pinciano optan por *quasi*; de todas formas, este último puede aparecer ya como arcaizante porque lo cierto es que ya Alemán*Orto.*, Cov. y Correas presentan todos *casi*.

[91] S inserta "a".

[92] Tanto en N como en S aparece ese *vino* y así lo traducen todos —"tout estoit *vin*", V; "nothing else but *wine*", P; "'t' was al wol *wijn*", Sa— con la excepción de Ba que da "fu tutta vna cosa, & in vm'istesso tempo", dando una corrección más lógica, como así lo hace BAE con "todo fue *uno*; corrección que según Rumeau "s'impose" ([1964], 268) y que también da Piñero (136, n.21).   De ser esto así, de

haber redactado el autor un original *uno*, ese *vino*, claro está, hubo de ser una mala lectura del texto que N tenía delante y que S reprodujo, mala lectura que bien se puede entender por confusión de N creada, por un lado, por la grafía *v* común para ambos casos —recuérdese que la vocálica pura "u" se representaba como *v* cuando inicial— y más si ese texto era un impreso— y, por el otro, por el mismo texto que tanto énfasis pone en la cantidad de vino que bebe y vuelve a beber Lázaro; aceptado esto, como mala lectura recojo ese *vino* en el estema, pero, no obstante, no quiero dejar de señalar la posibilidad de lo contrario, de que realmente *vino* fuera lo que el autor escribió, para lo cual aduciré:

a) lo obsesivamente importante que es el vino para Lázaro tanto por su profesión como por su afición a él, y no menos por las amonestaciones y profecías del ciego que tan veras se harán y que iniciadas ya en el '54 recordará este Lázaro líneas más abajo reconociendo a ese *vino* como conservador y dador de vida. Suficientemente he hablado de todo esto tanto como de la trascendencia y consecuencias que los mismo tiene para cierta interpretación de la obra en mi análisis introductorio.

b) por otra parte, hablando Pinciano de la "dithirambica [que] trata de los loores de Baco", dice que "requiere un lenguaje lleno de vocablos compuestos, hinchado y inconstante y, al fin, como dize un cierto autor *todo vino*" (III, 98). ¿Qué "cierto autor" es éste a que se refiere? ¿Quizá el del '55? Que esa *Segunda parte* era suficientemente conocida por esos años se comprueba en Pineda, en cuyos *Diálogos* de 1589 aparecen nada menos que cuatro bien comentadas referencias a la misma (BAE, 162, pp. 132a, 146a y 458b; y 169, p. 370b) y eso aun a pesar de que oficialmente tal obra estaba en el *Cathalogus*, como también antes he señalado. Aun algo más repitirá el Pinciano en esa línea: "Del dithirambo ya tambien esta dicho que fue hecho en alabanças de Baco . . . lleno de vocablos hinchados y compuestos y, al fin, *todo cuero*" (III, 320) y bien sabemos que "cuero" era, por entonces, símil popular por "borracho" (cf.   "*Cuero*, . . . por alusion el borracho por estar lleno de vino" [Cov.]   y [Alonso*Lex.*, 248b]), definición que corresponde exactamente a la situación de Lázaro, {todo vino} en esos angustiosos momentos. Por todo ello es por lo que no me siento excesivamente proclive a suponer, sin rastro alguno de duda, que ese *vino* sea una mala lectura, pero así lo dejo.

[93] Tras ese "amanecido" tanto N como S presentan una coma.   Una correcta redacción exigiría {y} —que quizá estuviera en el original— pero me decido por insertar un punto como Piñero.

[94] vue), huue, S.

[95] *cinta*. Cov.   da, "CINTA y cinto. . . . es con lo que nos ceñimos." Puede entenderse como "cinto", "cinturón" o "cintura" actuales (cf.*Aut.*   s.v. "CINTA" y "CINTO") y cf., "nunca dexar un broquel de la *cinta*" (*Theb.*, 34); "buena espada en su *cinta*" (Gue*Ep.*, I, 254); "Ciñe tu *cinta*, Simon" (Roua., II, 287); "su espada que en la *cinta* tenia" (*Laz.*, 41v); "desos cabellazos hasta la *cinta*, sin peinar?" (*Viaje*, 110) y "puse faldas en *cinta*" (*Guiton*, 100).

[96] "PESCADO. Es todo género de pezes." (Cov.) pero cuando vamos a la definición de "pez", leemos: "PEZ . . ., el pez que se cria en el agua." lo que no necesita de muchos comentarios porque sería ponerle en un brete a don Sebastián; algo más acertado anda *Aut.* que si para *pescado* repite a Cov., para "pez" da, "Animal que nada y vive en el agua." De cualquier forma, lo cierto es que en el XVI se daba una indiferenciación absoluta entre ambos vocablos, contra el uso actual que bien distingue entre "pez" y *pescado*; cf., "no menos dissensiones naturales creemos auer en los *pescados*; pues es cosa cierta gozar la mar de tantas formas de *peces*" (*LC*, 15); "los *pescados* en el mar,/ y las fieras en la tierra" (Roua., II, 68) y "no hay menos diferencias en la mar de *pescados* que en la tierra hay de animales y de aves en el aire" (Torq*Jardin*, 187) y hablando Barahona del Orco en su "Canto tercero", en estr. 57 dirá de él "fue humanando/ aquella parte que de *pez* tenia", y un poco después, en estr. 64, "no solo de *pescado* es hombre humano,/ mas de hombre rudo un sabio cortesano."; más adelante en texto, en f.53*v*, esa indiferenciación se ve corroborada.

[97] Entiéndase "velozmente". "LIGERO. Vale tanto como veloz" (Cov.). Obsérvese, además, la rara anteposición del adverbio.

[98] Raro régimen preposicional ese *de* para el verbo que sigue y del que no tengo otros ejemplos, aunque si del más corriente con "a" como en "un par de gallinas, a las quales . . . despedaçamos" (*Baldus*, 187). Cf. n.15 para otro caso.

[99] No era rara la anteposición del sintagma de relativo a gerundio; cf., "*Lo qual viendo un compañero*" (*Baldus*, 170 y otro ej. en p. sig.); "*lo qual* dilatando y dissimulando el papa" (Mexia*Silva*, 563); "*la qual metiendola* en la boca del jarro" y "*los quales* daños *viendo* el" (*Laz.*, 8*v* y 22*v*) y en el mismo texto se repite, p. ej., más adelante: "*lo qual viendo*, comence a tenelles compañia" (20*r*); otros ejs. en Keniston (38.37).

[100] Menos rara aun era la omisión del correspondiente pronombre indirecto en casos de construcción oblicua; cf., "No dañes a ty; no destruyas a el; no atormente a mi" (SanP*T*, 107); "y a mi estan acortando" (*LC*, 8); "ni sienten lo que a mi hacen" (Gue*Ep.*, II, 12 y otros ejs. en 38, 95, 96, 128); "el diablo dixo a ti" (Badajoz, xxii*v*b); "hizo mucho mal a mi" (Roua., I, 457 y otro en p. sig.); "Floriano . . . espera a ti"*Florinea*, 203b); "a mi llaman Lazaro" (*Laz.*, 4*r*); y aun en el Pinciano "A mi haze dificultad essa declaracion" (II, 124).

[101] Las traducciones —"si ie viendroye a parler avec eux", V; "if I should stand upon termes with them", P, y "s'io con essi loro volessi star 'a contrastare", B— aclaran suficientemente ese modismo *estarse en palabras* así como "*Estuuieron* gran//rato *en palabras*. Al fin, viendola tan cobdiciosa" (*LC*, 250-51); locución que ni Cov. ni Corr*Voc*. ni *Aut*. recogen, probablemente porque no se sentía como lexicalizada.

[102] agua), aqua, A.

[103] Todos los textos, incluso BAE, dan *començome*, pero siendo el sujeto Lázaro ha de ser errata por {comenceme} o {comiencome}; de esas dos posibilidades, la primera es la que, como excepción que corrige la mala lectura, aparece en las eds. de 1844 y 1847, y así mismo en las respectivas traducciones con "me *commenca* a esloigner", V; "I *outwent* that wicked companie", P y "*presi* ad apartarmi", B; pero no se debe en absoluto descartar la primera en presente ya que,

a) dentro del tipo de descripciones de hazañas y/ o aventuras es muy frecuente en el XVI la mezcla de pasados y presentes con clara tendencia a insertar los segundos dentro de un marco narrativo montado sobre los primeros, especialmente cuando se trata de verbos perfectivos de acción instántanea, y sin ir más lejos no es mal ejemplo el mismo '54 donde todos sus tratados se ven salpicados profusamente con ese rasgo, y muy en especial el último con los comentarios que ello ha suscitado;

b) para el caso concreto de este verbo *comenzar* —y otros tantos tengo para otros— cf. "y el don Luis con gran animo *puso* los pies en la puente, y . . . *comienza* a combatir con ellos . . . los cuales se *defendian* brauamente" (Barrantes, II, 512 y otros ejs. en 518-19, 521); "con increyble animo *baxaron* . . . y (el Maestre) *hirio* a dos . . . El qual y los suyos *comiençan* a matar" (*Memorial*, 99-100); "Yo me *leuante* y *comiençо* a huyr" (*Baldus*, 180) y en este mismo *Baldus*, entre otros más casos, se da uno análogo en el error al que comento: "Yo . . . *comiencele* a dezir" (168) en donde no se sabe si se ha de leer {comencele} o {comiençole}. Por otra parte, en el mismo texto del '55 y sólo un poco después se puede leer: "yo que tan cercano a la muerte me *vi* . . . *comienço* a esgremir" (7*v*) y posteriores casos semejantes en 8*v*, 13., 16*v*, 19*v*, etc., y no menos abundancia de los mismos se da para el '54 como en "entró una vieja . . . y los vezinos, y *comiençan* me quitar trapos" (24*r*), "Senté me . . . calle la merienda, y *comienço* a cenar" (31*v*) y "assentóse//me al lado y *comiença* a comer" (32*r-v*) y más ejs. en 19*r*, 30*r* y 44*v*.

[104] S om. *a*, sin duda por haplología.

[105] En todos los anteriores casos ha dado *ruyn (es)*. S le sigue en unos y otro caso.

[106] "*Conversación*, la comunicación y plática entre amigos." (Cov.) pero aquí más especialmente "trato" y "relación personal", según también Cov.: "CONVERSAR. Tratar urbanamente y comunicar con otros.", y cf., "apartado de la *conuersacion* de su sangre y naturaleza" (*Clari.*, xiiii*v*b); "los sabios hombres que *conuersas*" (Oliva*Dial.*, 77); "el vno llamado Demetrio y el otro Antiphilo que se *conuersaron* desde su niñez" (*Schola.*, 23); "el cual, *conversando* la casa de mi padre, de mi se enamoro" (Rueda*Com.*, 155) y, por fin, "continuando la posada y *conuersacion*, mi madre vino a darme un negrito" (*Laz.*, 5*r*) aunque aquí, sin mucha duda, se puede sospechar además la connotación de trato sexual como en "Sardanápalo . . . vsurpaba las mugeres a sus maridos: y con ellas cometia abominables generos de *conuersacion*" (*Schola.*, 33) y en la anécdota de los masagetas que tenían

las mujeres en común, según la relata Mexia en su *Silva* y en la que, una que por ser muy hermosa continuamente era solicitada de los otros, acaba con una solución "fundada en virtud, pues lo hazia por huyr . . . de la *conversacion* deshonesta de los deudos de su marido por . . . templança y castidad" (638); y cf., también, Alonso*Lex.*, s.v. No sé de dónde ni por qué deduce Piñero (136, n.36) que ha de entenderse como "reflexión" y "razonamiento".

[107] *ruydo*. Además del sentido inmediato y primero, ha de entenderse también el de "trifulca", "alboroto". Cov. no lo trae pero si *Aut.*, 3ª acepción; para ejs., cf. "que se concierte un *ruido* hechizo" (*Theb.*, 113); "algun *ruido* donde se diesen buenas cuchilladas" (*Castiglione*, 122); "el mayor loco . . . es el que teniendo en su casa reposo, busca enojos y *ruidos*" (Gue*Ep.*, I, 340); "començaron a pelear . . . y duro el *ruido* cuatro horas" (Girón, 32); "veys y armado vn gran *ruydo*/ lucifer se quier vengar" (*Badajoz*, cxliiivb), y, por fin, "sobre lo qual tuuieron gran contienda y *ruydo*" (*Laz.*, 39v y otros ejs. en 41v (2).

[108] yo), io, A.

[109] Usual también era la fluctuación de *grande* y *gran* antepuesto al sustantivo a lo largo del XVI; en el texto, por ejemplo, de 64 casos, se dan 56 de *gran* frente a 8 de *grande* sin darse variante alguna entre N y S, y análogo resulta el caso de su antecesor, el '54, en donde, de 24 casos registrados, aparecen 23 *gran* frente a un solo *grande*, predominio de la forma apocopada que de acuerdo con mis datos es constante para esos años y que más adelante se corrobora y confirma en Jiménez Patón: "*gran cosa*, decimos y no *grande cosa*, mas si, *cosa grande*" (*Epitome*, 73) aunque Correas presenta las tres formas. Solà-Solé, por comprensible olvido, no recoge *gran* en el índice de su obra.

[110] En nuestros días resulta desacostumbrada en la península esta anteposición pronominal, pero no lo era en el XVI como tampoco lo es aun en otras áreas de habla hispánica —en México, p. ej., se oye diariamente—; cf. "*ya yo* hago lo que deuo" (*Propa.*, Rivb); "*Ya yo* lo he visto" (*Lozana*, 151); "*ya tu* lo veras" y "*quien tu* eres" (*TerCel.*, 623 y 748); "*Ya yo*, señor, os he dicho" (Gue*Ep.*, I, 458); "*ya tu* sabes" (*Florinea*, 256b); "*Ya yo* os he dicho" (Torq*Jardin*, 224); "*ya yo* con lo soldadesca hare muy mal fraile" (*Capón*, 259; "*Ya yo* veo" (Pinc., I, 274); "*Ya tu* sabes" (Cerv*NE*, II, 234) y, por fin, "*Ya yo* iba escarbando . . . los dientes" (*Buscón*, 169). Anteposición que también se da en interrogativa indirecta como en "siendome preguntado . . . quien *yo* era" (11v).

[111] Para esa variante de timbre vocálico, cf. "esgremi-dores" (Valdés*Lengua*, 113); "esgre*mir*" (Gue*Ep.*, I, 300) y "esgremidor" (*Laz.*, 20v), si bien en texto aparece más adelante "esgrimiendo" (36v) y así mismo se ve "esgrimir" y "esgrimidores" en *Viaje* (222 y 354).

[112] *desamparado*. "abandonado", "dejado de la mano", aplicado a objetos contra el sentido actual exclusivamente atribuible a personas, y que es el único que recoge Cov. *Aut.* ya da "*DESAMPARAR*. Vale también dexar, abandonar, o ausentarse de algun sitio o lugar." y para objetos la locución forense "*DESAMPARAR* LOS BIENES.", y así lo entienden los traductores: "abandone", V; "I had not let it fall", P; "lasciata", Ba. Cf. "mas a ti y a tu ley *desamparan*" (*LC*, 28); "las ondas del mar *desmamparan* los peces desnudos en el arena" (*Theb.*, 137); "era cosa de mucha dificultad sostener a Coron (plaza fuerte) y *desampararle* también parescie que era daño" (Girón, 35); "desde este punto yo los *desampare* (joven a unos pícaros quienes, por supuesto, nunca ha protegido) (*Capón*, 247); "la gente que huyendo *desamparaba* la milicia" (*Guzmán*, 200) y Lope: "*desamparan* la lid" y "la sangrienta ciudad *desampararon*" (*Voc.*, I, 837). Otros ejs. en texto en "todos *desampararon* sus casas" (40v) y "por dar gemidos *desampararon* las armas" (57v).

[113] *riça*. Cov. recoge el vocablo pero no esa acepción; *Aut.*: "*RIZA*. Vale también el destrozo y estrago, que se hace en alguna cosa." Cf. "Quien haze *riça* de los broqueles de Barcelona?" (*LC*, 272); "Oh, como estoy espantado/ de ver la *riza* que hace/ el demonio en este estado/" (Hur*Cortes*, 21a); "vamos a hazer cierta *riça* en vnos contrarios" (*Florinea*, 183b); "Ni hizo mas *riza* ni mayor matanza/ ni se vio de su colera mas ciego." (Balbuena, 279b) y "empece a bizarrear y hacer *riza* en aquella barba" (*Estebanillo*, I, 196).

[114] *tomar por partido*. "*Partido*, concierto y avenencia." (Cov., 3ª acepción [s.v. PARTE]) y más concretamente para el caso *Aut.*: "Tomar *partido*. Vale tambien determinarse o resolverse el que estaba suspenso u dudoso en alguna especie." Cf. "ansi hizieron *partido* que dexassen ir libremente a un tio del señor . . ." (Girón, 118); "el aliuio que os hazen es en el *partido*, que no lo dan sino a quien lo suda" (*Florinea*, 222a); "Yo *tube* esto por mejor *partido*" (*Capón*, 287), "me convido con su ermita. Acepte el *partido*" (Luna, 370) y "por estar de buena data . . . nos hizo buen *partido*" (*Estebanillo*, II, 482).

[115] *nación*. Piñero opta por "naturaleza", "clase"; Cov. da "reyno o provincia estendida" y *Aut.*, "La coleccion de los habitadores en alguna Provincia, Pais o Reino.", como aparece en "un arco . . . el cual habia hecho hacer la *nación* de Vizcaya" (Calvete, I, 329) o "aquella discrecion de las *naciones* de España" (Villalba, I, 350); Corom. recoge, además, la de "estirpe" o "linaje" y que, p. ej., aparece con profusión en Roua., I, II y III; aparte de esas varias acepciones se puede entender también como "raza" o "casta" —cf. "ella es mala *nazion*: no son hombres ni mujeres, ni mujer y hombre junto" (*Capón*, 290 [hablando de los capones en general]) y "el bando de su Majestad que con tanto rigor a los desdichados de mi *nación* amenazaba" en boca de Ricote (*Quij.*, 930[II, liv]), acepción ésta que en sentido lato se aplicaba también, como se sabe, tanto a judíos como a esos moros o moriscos conocidos como "los de la *nación*".

[116] *pena*. "*Pena* vale algunas vezes cuydado y congoxa." (Cov.) pero creo que más específicamente aquí "dificultad y trabajo" (*Aut.*, 6ª acepción) como más adelante en "hize mi page de espada [al pulpo], y assi no traya la boca embaraçada ni *pena* con ella" (23v) y en "no recibiran mucha *pena* para les quitar sus armas" (*LC*, 215) y "una mujer que ninguna *pena*

recibia en estarse ocho o diez dias que no bebia" (Torq*Jardin*, 152) aunque aquí ya pueda entenderse cierta connotación de dolor físico como en la acepción, también en el texto, de "desauorida agua, la cual me dio infinita *pena*" (7*v*).

[117] Contra la tendencia actual, el uso de subjuntivo tras un *como* concesivo era común en el XVI; cf. líneas después "como *sea* comun cosa" (7*v*) y en el '54, "mas como *fuesse* el traydor tan astuto" y "Yo como en otra tal no me *vuiesse* visto" (ff.8*v* y 39*r*); otros ejs.: "como los primeros mouimientos no se *puedan* . . . escusar" (San*PC*, 93); "como *sea* que aun muchos . . . nos dan a quintales las palabras" (Gue*Ep*., I, 108).

[118] *a cabo*. "al cabo"; cf. "*a cabo* de tan largos años" (Cardona, 67) y "*a cabo* de tres dias" (*Laz.*, 24*r*) y "y *a cabo* de una buena pieza . . . se levanto" (Cerv*NE*, I, 164) Cov. sólo da "al cabo" pero *Aut.*, "*A cabo*. adv. Lo mismo que despues de."

[119] A observar la ambivalencia semántica de ese *como* que puede interpretarse tanto en función causal como con valor temporal por "cuando", caso frecuente en el XVI; ya dice Keniston que "The distinction between *como* in a temporal and in a causal meaning is often difficult to establish." (28.56 y 29.811) Cf. "dile la carta, y *como* acabo de leella" (San*PC*, 178); "entonces me alabaras/*como* me tengas perdida" (*Propa.*, Oiiv*b*) "luego *como* es hecho . . . me es manifiesto" (*Theb.*, 158); "*Como* esta nueua se començo a derramar" (*Carón*, 72); "*Como* esto vieron los turcos, começaron a retraerse" (Girón, 35); "antes pensaron los dos/ de ser hechos como Dios/*como* a Lucifer oyeron" (Badajoz, xii*r*a); "Y quando dauamos sacramento a los enfermos . . . *como* manda el clerigo rezar . . ." y "*como* calló, mi amo le preguntó" (*Laz.*, 16*v* y 42*v*); "la pobre mujer *como* se vio sola y desamparada" (Torq*Jardin*, 183); "*Como* llegue a Sigüenza" (*Guitón*, 69). En este caso del texto, como en otros siguientes, creo que es preferible la acepción temporal. Caso especial, en esta línea, es el del principio del Cap. XV (f.56*r*) que a su tiempo comentaré.

[120] En el mismo texto esa locución adverbial aparece poco después en singular, "me puse en *pie*" (8*r*) para retornar al plural poco más adelante, "que en *pies* no me podia tener" (8*v*); para su fluctuación, cf., "hasta ponerme en *pies*" y "tan presto esta en *pie*?" (*Theb.*, 178 y 223); "estando a sus *pies* el leon" y "ni les dexasen hablar en *pie*" (Gue*Ep*., I, 174 y 194); "Senora, vin' en mis *pies*/ A *pie* vienes, dolorido?" (Roua., I, 56). Cov. aun mantiene ese plural, "Caer de *pies* como gato", "Nacer de *pies*, ser venturoso."

[121] *lugar*. "tiempo". "No tener *lugar*, no tener tiempo." (Cov.) y *Aut.*: "*LUGAR*. Significa también tiempo, espacio, oportunidad u ocasion."; cf., "estaba Roselia con su madre, y . . . no se ofrecio *lugar* para . . . manifestarle tu pasion" (Muñón, 11); "el Conde no tuuo *lugar* de hazer mas de apearse" (Girón, 18); "sabras el caso mejor/ que al run, run del atambor/ en suerte nos a caydo./ Pero agora no ay *lugar*/ que de espacio lo sabras/" (*Prodiga*, aviiii*v*b); "mi ausencia no ha dado *lugar* a que con mas brevedad se efetuasse"

(Rueda*Com.*, 150); "mas a mi no da *lugar*/ de tal crueldad cometer" (Roua., I, 26 y otro ej. en II, 104-05); "Fue volando, porque lo requeria el negocio, y como volviese despacio, sin haber hecho nada, le dijo un caballero que le habia visto ir: 'Que priesa era aquella y que espacio es este?' Respondió: 'Alas de esperanza, y pasmo de un no ha *lugar*." (Rufo, p. 46); "Y aunque quisiera replicarle . . . no me dio *lugar* la señora" (Cerv*NE*, II, 188). Para otros casos en texto, cf., p. ej., ff.8*v*, 13*v* y 62*v* La confusión —quizá, mejor, amalgama— entre espacio y tiempo que es, precisamente, la que producido el adverbio "despacio", originariamente, "de espacio" —cf., sin más, el ejemplo anterior de Rufo—, era lo normal y aun persiste más o menos enmascaradamente en la fórmula legal "no ha lugar". Un breve trabajo tengo entre manos acerca de ello.

[122] Precediendo este punto y aparte y a diferencia de N, S inserta un calderón.

[123] *del* es contracción usual como en los casos *della*, *dellos*, etc. Cf. "esto se *del* y *della*" (*LC*, 74) y "me hallo tan lejos *del*" (Cerv*NE*, II, 332). Para otros casos intermedios a lo largo del XVI y nota correspondiente cf. Keniston (6.151).

[124] desauorida), desabrida, S. Recuérdese que antes — n.81— ha dicho *malsabrosa*.

[125] "*Rifa*. Vale contienda" (Cov.). Cf. "si *rifauan* los caballos el se leuantaua a ponerlos en paz" (*EG*.578, f.22*r*); "*rifan* el bien con el mal" (Badajoz, iiii*v*a) y "con la fe yo nunca *rixo*" (cxiii*r*b) forma análoga *rixar* que es la que también recoge Riberol, *xr* y, por fin, "las cañas y mis salidos huesos en toda la noche dejaron de *rifar*" (*Laz.*, 28*v*).

[126] *Ofender* con el exclusivo sentido material de "atacar" como en "me *ofendieran* y dieran muerte" (f.27*v*) y "a todo el mar junto osare esperar y pensare *ofender*" (f.47*r*); cf., además, "sin le conocer, le han acometido; el qual, por se defender, los *ofendio*" (*LC*, 236); "un castillo roquero, a do el se pudiese defender y de do saliese a *ofender*" (Gue*Ep*., II, 241); "y el espada por ventura?/ hizose para *ofender*?/" (Badajoz, cxv*v*a); "inuentar machinas y instrumentos para la *ofensa*" (*Schola.*, 214) "Si nos vienen a *ofender*, que haremos?/ Con que nos defenderemos?/" (*Orosia*, 171); *ofensa* física que vino a adquirir también un muy concreto significado sexual (cf. Alonso*Lex.*, s.v. *ofensa*).

[127] *cerca*. "acerca"; cf. "alla fablaremos . . . *cerca* destos amores" (*LC*, 158); "E que *cerca* dello votassen sus pareceres" (*Cartul.*, III, 36[Votacion de 1507]); "no me pregunteys mas *cerca* de aquesto" (*Clari.*, xxvv*b*); "escriui su parescer dellos *cerca* desto" (*Carón*, 241 y otro ej. en *ibid.*); "extendiolo mas Erasmo . . . *cerca* de aquella palabra" (*Capón*, 292); "los consejos de su huesped *cerca* de las prevenciones . . . que habia de llevar consigo" (*Quij.*, 54[I, iv]); "Lo que *cerca* de nuestra ortografia toca" (Alemán*Orto.*, 76).

[128] *hombre*. "uno", aquí "alguno" o "alguien" más en concreto. Cf. "comienço de la salud es conocer *hombre* la dolencia" (*LC*, 28 y *passim*); "andando ascuras presto tropieça *ombre*" (*Seraf.*, 5); "porque acaece tomar *hombre*"

(Osuna*Ter.*, 121 y *passim*); "ya no sabe *hombre* que coma" (Badajoz, xxxviiᵛb); "que *hombre* no lo podria pensar" (Amaro, Aixr); "Yo te digo que si *hombre* en el mundo" (*Laz.*, 13v) y "Mira como puede ser/ que *hombre* sane desta plaga/" (*Prodiga*, aviiiᵛa). De observar es el particular e irónico uso que de esta bisemia hace el autor en f.15r y que ya he comentado en el estudio. Señala Keniston que "The use of indefinite *hombre* as a subject dies out during the sixteenth century" añadiendo que "the last examples noted are found in Diego de Hermosilla (1573)" (27.55); añadiré aquí por lo menos un ejemplo más tardío: "no es poco acordarse *hombre* de Dios en la tribulacion." (*Guitón*, 81). Y cf., por fin, los comentarios de D. Yndurain en su ed. del *Buscón* (Madrid, Cátedra, 1983) en n.262 (p. 207).

¹²⁹ No era raro el uso del tiempo simple por el compuesto en cláusulas condicionales, como se comprueba en el mismo texto donde cinco líneas más abajo repite *beuieran* y *tuuieran* y así mismo más adelante en ff.17v —*sintiera*— y 65v —*quisiera*—; para su uso, cf. "nunca *creyera*/ . . . / si por mis ojos no *viera*/ quando a doresta hablauas/ quanto queda a tu servicio/" (*Propa.*, ff.Tiirb;vᵃ); "Y si *mirara* bien en vos, *viera* que me aviades de burlar" (*Lozana*, 87); "Havias de comer primero el hojaldrado y despues la carne, y assi te *supiera* mejor." (Rue*Pa.*, 97); "que *hiziera* si fuera verdad?" (*Laz.*, 2v); "Que si ansina lo *hiziera*/ . . . / ningun traydor ni ladron/ en su casa se *metiera*/ y menos si me *creyera/tuuiera* aquella pendencia" (*Prodiga*, axrₐ) y "si no me *sacaran* dos marineros, yo me quedaba alli." (*Viaje*, 294) y más ejs. en Keniston (31.45). En relación con ello, véase G. Luquet, *Systématique historique du mode subjonctif espagnol*; Paris, Klincksieck, 1988, en especial el cap. VII.

¹³⁰ Es de notar que en ambos textos tras este *pensar* se deja bien visible un cuadratín en blanco como si, además de la coma, fuera ello señal del estilo directo que sigue.

¹³¹ *deprendio*. "aprendió". Cf. "lo que *deprendiste* en la casa de trato" (*Theb.*, 27 y otro ej. en 81); "todos los Bencerrajes *depren-*//*dimos* a ser desdichados" (*Aben.*, 115-16); "perdimos la vera sciencia/ quen nasciendo *deprendimos*/ (*Prodiga*, bxvₐ); "ni nunca aca le *deprendi*" (*Viaje*, 133); "yo pudiera poco en los libros *deprender*" (Teresa, I, 167); "tan facil de *deprender*" (Cerv*NE*, I, 201) y "De aqui *deprendera* el afectadamente recatado" (Paton, *Epitome*, '54); otros ejs. de Guevara y Montemayor en Keniston (37.541). Adviértase que ya en *Schola.*, p. ej., alternan ambas formas *deprender* y "aprender" con mayoría para el primero, y años después caso crucial es el de Villandrando que en sólo tres líneas dice: "habia pocos que enseñasen y muchos que *deprendiesen*. Al contrario se ve en el tiempo presente que hay muchos que enseñen y no hay ninguno que *aprenda*." (I, 35) por lo que no acabo de entender por que Piñero (138, n.29) dice de este verbo ser un vulgarismo, a no ser que se deje arrastrar por la información de *Aut.*: "Tiene poco uso oy entre los cultos." sin tener en cuenta los años transcurridos entre éste y los anteriores textos, ni lo que Corom. dice al respecto.

¹³² aquella), aquel, S.

¹³³ El anónimo anotador aclara al margen "Tudescos". Es notorio y un tanto curioso que en ningún caso quiera Lázaro nombrar a estos "señores" por su gentilicio.

¹³⁴ Pues), Puez, S.

¹³⁵ "*Golpe* de gente, multitud." (Cov.) y también *Aut..* Quizá no muy común ya que el anotador de S lo subraya.

¹³⁶ Parece necesitarse aquí la copulativa "y"; en S aparece un punto pero más bien parece de su anotador. Piñero opta por ese punto.

¹³⁷ Tras este punto, S deja dos cuatrines en blanco y vuelve a insertar un calderón.

¹³⁸ Inusitado caso de tiempo condicional en cláusula del mismo tipo; otro se da más adelante en f.10v —"por si *veria* en mi alguna cosa"— y aun en Guevara he encontrado otro, "para ver si *podria* hallar aquella historia" (*Ep.*, I, 171), ejs. que permiten amplificar lo que dice Keniston cuando tras citar el del '54: "*le suplicaron . . . si en algo podria aprovechar*" afirma que "This is the only example of a conditional tense in a *si*-clause that has been noted" (31.33); curiosamente, además, ese *podria* que así aparece en las eds. de Burgos y Alcalá, se recoge, por el contrario, como *podia* en N y S que le sigue, al revés de lo que en los '55 ocurre. Una explicación para todo ello pudiera ser la indeterminación que para esos modos condicional y subjuntivo parecía darse por esos años; al menos en la *Gramática* de 1559 se ven confundidos ya que las formas condicionales aparecen recogidas bajo el epígrafe de "Subjuntivo" (cf. p. 47) y así mismo años más tarde en Correas.

¹³⁹ La palatalización del grupo *rl* en > *ll* es de uso regular en el XVI; según M. Pidal "se puso de moda en la corte de Carlos V" (*Manual*, 283) aunque discrepancias hubo sobre tal uso; Valdés dirá: "Lo uno y lo otro se puede dezir; yo guardo siempre la *r* porque me contenta mas" (*Lengua*, 133); más agresivo y disconforme resulta Torquemada al decir: "mudan la *r* en *l*, y ponen dos *ll*, . . . necedad que verdaderamente yo no la puedo sufrir" (*Manual*, 120) y en análoga línea Villalón cuando afirma que "mirarlos, comerlos, beberlos, dize el vulgo, mirallos, comellos, bebellos." (*Gram.*, 75); defensa culta de la *r* que no parece prosperara demasiado ya que ni Patón, que se limita a decir: "Quando se juntan a infinitiuos, algunos conuierten la R en L, y dicen por *amarle*, *amalle*" (102), ni Correas asegurando "tiene ansi mucho uso por eufonia, *amarle-amalle. temerle-temelle*" (*Arte*, 174), parece que se opusieran demasiado. Veáse, de todos modos y para ello, Lapesa (250) y, en especial, F. A. Lázaro Mora, "*RL > LL* en la lengua literaria", *RFE* 60 (1978-80): 267-83.

¹⁴⁰ *de que*. "desde que", "cuando", "en cuanto que"; cf. "pues *de que* ayais dado recabdo" (*Seraf.*, v.1523); "como . . . vereis *de que* os haya contado su principio" (Enríquez, 259); "*De que* esto oyo . . . ceso de reñir" (Gue*Ep.*, I, 77); "mas *de que* vi que con su venida"; "*de que* vi que no veniste"; "*De que* esto me oyeron" (*Laz.*, 5r, 31r y 38v).

¹⁴¹ *puerta*. "Por extensión se llama cualquier agujero que se hace para entrar y salir . . . especialmente en las cuevas de algunos animales." (*Aut.*).

[142] *omenage*. Específico término abreviado de torre del homenaje que, como tal, no aparece recogido ni en Cov. ni en *Aut.* ni en Corom., aunque era comúmmente usado como en "Los edificios que ellos mas usaban eran . . . *homenages* sobre puertas" (Gue*Ep.*, I, 21); "tienen ellas las dos puertas del *homenage* abiertas" (Gue*Ep.*, II, 122) y "leuantan su estandarte en mi *homenaje* . . . mis enemigos malos" (*Florinea*, 229a) y "tus muros, tus fuertes casas,/ tus *homenajes* ilustres,/ tus paredes torreadas" (Villandrando, I, 190). P con "my fort" y Ba con "il mio posto" lo traducen adecuadamente, contra V que, sin duda por no entenderlo, da "defendre mon extreme mal-heur & peril".

[143] *boca*), bocca, A.

[144] Ha de tenerse en cuenta la omisión haplológica de "a" para el correcto entendimiento del párrafo según se desprende de lo que sigue.

[145] *entrar*. "apoderarse", "dominar". "*Entrarse* al enemigo es de hombres diestros que juegan el espada de punta y van ganando tierra al contrario." (Cov.) Cf. "determinan de combatir la ciudad, y esta misma noche . . . la *entraron*" (*Roma*, 84); "llegaron a Roma y la *entraron*//y saquearon" (*Carón*, 67-68); "lo que avia pisado su cavallo era suyo, y que no le *entrase* en ello" (Girón, 16); "le mato Andronico en una batalla y le *entro* la ciudad" (*Crot.*, 313); "a la postre fue *entrada* y ganada la ciudad" (Loyola, 26a), y más adelante en texto se lee: "le quisieron robar, y *entrar* la casa por fuerça" (f.61*v*).

[146] *herianse*), hirianse, S.

[147] A diferencia del uso actual no era raro el indicativo en la subordinada aunque la principal fuera impersonal sin explícita indicación de certeza; cf. "no hay estudio donde no *has* estado" (*Theb.*, 16); "Es posible que *usan* . . . ? (*Viaje*398); "Sera necessario que *vamos* interpretando" (Pinc., II, 307); "no es posible sino que *haueys* estudiado" (Mey, 7) y "no es posible que *es* traidora" (Clara*P*, v.1248).

[148] S om. *si*.

[149] S inserta una vez más otro calderón ante este segundo punto y aparte.

[150] Uno de los más destacables casos de flagrante alienación onomástica.

[151] S om. *tan*.

[152] *. . .*, poco come, A, B.

[153] Evidente haplología de *de* por {del de}.

[154] *. . .*, "las fuerças me yuan mas faltando", S, con omisión de *se* y de la coma que hace lectura más correcta de acuerdo con el texto que sigue.

[155] *atribulado*), tribulado, A.

[156] "*Refecion*, la comida moderada con que se rehazen las fuerças y espiritus." (Cov., s.v. *Refitorio*. Piñero (140, n.31) da ese *refecion* como vulgarismo sin duda por no haber leido correctamente a Cov. Cf. "traime alguna *refecion*/ que coma y este esforçado" (Badajoz, ciiiiv*b*): "O consuelo y *rrefacion*/ de tus santos y escojidos,/" (Roua., IV, 67): "otro traguillo que llaman de *refaccion*" (*Dorotea*); lo que hace

suponer que ambas formas eran intercambiables como así lo confirma *Aut.*.

[157] *sino*), si no. S.

[158] Insólito caso de digerir ya que siempre el sujeto del mismo es un ser vivo; es aceptable la explicación de Piñero "se refiere a los baños de agua" (140, n.32) con la correspondiente referencia a Cov.; por otra parte, esa función gástrica —real o metafórica— que en la actualidad representa el tal verbo y que es también como aparece en Cov. (s.v. DIGERIR). No parece, no obstante, que fuera la única en el XVI: en *El patrañuelo* se lee: "el hermano no dejaba de dalle todos los pasatiempos del mundo, pero a Octavio, el pensamiento de como habia dejado a su mujer, se los *digeria* en todo pesar y tristeza" (Timo*P*, 87), *digeria* que aunque comprensible —habrá que entender "se le convertían"— destaca por su irregular sintaxis. Claro está que pudiera tratarse de una mala lectura ya desde su edición de 1567; en cualquier caso, en la edición que uso así aparece e igualmente en la BAE y en la posterior de R. Ferreres (Madrid, Castalia, 1971).

[159] *mas de* que actualmente sería "mas que" en función adversativa por "sino", de uso frecuente como en "porne cabe mi este jarro y taça, que no es *mas* mi vida *de* quanto con ello hablo" (*LC*, 166); "de quien biuiendo sin vos/ no es *mas d'*un sacco de tierra" (*Propa.*, f.Diiiv*a*); "no haze *mas de* mirar" (*Baldus*, 195); "El Conde no tuvo lugar de hazer *mas de* apearse" (Girón, 18); "No le hare otra cosa *mas de* matalla" (Muñón, 71); "No somos *mas* diferentes/*de* tan solo en los lenguajes". (*Prodiga*, Aiiiv*b*); "Sale por una maroma un niño con un sol y no sea vea *mas de* la cara del niño" (Clara*P*, 95). Cf. además n.28 aquí para comentarios y otros ejs. y n.37 para *mas* por "sino".

[160] Hasta ahora había venido apareciendo "la espada"; el cómputo para ambos textos es un caso de "*esse* espada", dos de "*vna* espada", cuatro de "*el* espada" y nueve de "*la* espada", sin que se de variante alguna entre N y S; en el '54 se da un solo caso de "*una* espada" de tres —para los otros aparece "su"—; la oscilación entre masculino y femenino es usual a lo largo de la primera mitad del XVI aunque predomina la última de acuerdo con mis datos; en esta línea, no obstante, ha de rectificarse la afirmación de Keniston, "none appears later than Lope de Rueda" (18.124) hablando de la forma masculina, ya que en los *Discursos* de J. de Tolosa de 1589 se puede leer aun "*el* espada" (ff.116*v* y 151*v*) y aun en Cov. se da (cf., p. ej., s.v. *entrar*).

[161] *gimir*. Inusitada variante de timbre vocálico de la que, por lo menos, tengo recogido otro caso más, y este coetáneo, el de "te hazia *gimir* tanto la preñez" (*Florinea*, 201a).

[162] Evidente solecismo pues bien parece que ese *darmela* ha de ser zeugma por "biuir" a no ser que se trate de una simple errata o mala lectura. Otra solución, y quizá más probable, sea la omisión de un {no} ante ese *darmela*.

[163] *santa*), sancta, S. Este de S es el único caso para ambos frente a los posteriores *Santelmo, Sant Amador*, etc. No es raro arcaísmo ni mucho menos; en los '54 aparecen dos

sant-sant Iuan y *sant* Saluador— sin variante alguna para ninguno de ellos, ni siquiera en las de Burgos o Alcalá, pero cuando se trata del simple adjetivo en estos últimos siempre se da *sanct-* mientras que N y S dan un solo *sanct-* frente a los cuatro restantes; para otros textos en general es mucho más usual *sant* que *sanct* pero sólo curiosamente cuando ese adjetivo va en aposición al específico santo en formas como *Sant* Pedro, *Sant* Juan, etc. y no cuando aparece como puro adjetivo; aun Pinciano hablando de la rima de "canto" con "*sancto*" dirá: "no tienen las mismas letras . . . *sancto* tiene vna mas, porque tiene vna *c* antes de la *t*," (II, 269) si bien ya para entonces *sanct* debía estar cayendo en desuso pues Cov. sólo recoge *santo* y Patón dirá: "escriuimos . . . *santo* y no *sancto*" (72). De todo lo cual puede deducirse la tendencia "modernizante" del arquetipo del '55 —o su original— además del uso más general a presentar *sant* cuando de específicos santos se trataba.

[164] No se inventaba mucho el autor cuando puso en boca de Lázaro esas promesas de enmienda y esos votos; en la composición del MS 7075 viene a darse una descripción análoga: "Todos estauan deuotos/ jurando hemendar su vida/ todos con voz dolorida/ hazian mandas y votos/ si dios les daua guarida./" (f.48*r*) Respecto a esos santuarios marianos que invoca Lázaro, éstos eran los comunes por esos años; ya Villuga en su *Reportorio* de 1546 cita "las seys casas angelicales . . . por donde andeys, que es a nuestra señora de Monserrate, a nuestra señora del Pillar (*sic*) de çaragoça, a nuestra señora del Sacrario (*sic*) de toledo y a nostra (*sic*) señora de Guadalupe, a nostra (*sic*) señora de Francia y a nuestra señora Lablanca (*sic*) en burgos;" (f.aiiii*r*). Sin necesidad de hacer más larga la cita, cf. la n.34 de Piñero en p. 141. Recordaré, eso si, que todos ellos, y más o menos un medio siglo más tarde, parece que se vieron postergados por otro, el de la Virgen de Loreto; Luna, en su *Segunda parte*, ninguna mención hace de ellos y si, en cambio, pone este último —y sólo éste— en boca del agonizante marinero en el trance de la misma tormenta (285); análoga única mención se observa también en el itinerario morisco recogido en el MS 774 de la BN (cf. Sánchez Alvarez, ed., [1982], 154); así mismo tanto en las alabanzas que a ese santuario prodiga Torres allá por 1596 en su *Philosophia moral* (139b), como Sigüenza en su *Historia de la orden de San Geronimo* (1603) donde hablando de "las estaciones que la Virgen tiene en la tierra" añade: "Muchas tiene en España y fuera della, como son la Casa de Loreto, digna de que se ponga en el primer lugar" (I, 98a) y, por fin, en una *Loa* recogida por Cotarelo: "Unos prometen ser frailes/ poner en Loreto lámparas,/ visitar tal santuario." (II, 455b) sin otra mención, y para acabar, ese santuario será el que no se olvide de visitar Tomás Rodaja cuando aun no era el Licenciado Vidriera (Cerv*NE*, II, 29). Por lo visto, Luna decidió poner al día las cambiantes costumbres peregrinatorias de los españoles.

[165] al), a, S. Para esa omisión de S —si es que no se trata de una errata— es de observar que no era infrecuente; ya señala Keniston que "In popular speech the article is sometimes omitted with *señor*" (18.413); Guevara, p. ej., siempre lo omite delante de "Cesar" (cf. *Ep.*, I, *passim*) y "si no fuesse por señor" (Roua., I, 383) o "Que tal queda señor?" (Rue*Com.*, 83 y 103).

[166] No es de difícil identificación *Santelmo* que ya desde, por lo menos, el siglo XV, era famoso en cuanto patrón de los mareantes y así lo menciona ya Medina: "Es de saber que *Santelmo* fue obispo de Sicilia y muy abogado de los naueagantes" (*Arte*, f.xvi*r*b) y bien persiste su fama siquiera por la característica fosforescencia tan conocida. No tan conocido, al menos en nuestros días, es el siguiente *Sant Amador*, aunque si lo fuera durante ese siglo XVI que nos interesa; ya Bataillon habla de la popularidad de su devoción citando la *Agonia* de Venegas con su crítica a "las misas de *Sant Amador* y de las once mil vírgenes" así como de "la oración del conde y la oración de la emparedada" (*Erasmo*[1966²], 570,) dando más datos sobre esa popularidad en n.42), datos a los que añadiré los de fray Francisco de Evia en su *Itinerario de la oracion* de 1553 en que critica "las missas que dizen ser del conde; las missas de *Sant Amador*." (cito por E. Asensio, [1952], 96); para más amplia información biográfica sobre ese santo cf. Florez, *España sagrada*, X, y Baudrillart, *Dictionnaire*, II. El problema, no obstante, es que quizá no fuera ese *Sant Amador* el que realmente tuviera en mientes el autor ya que el santo que menciona y por lo que, precisamente, lo menciona es por ser uno que "passo fortunas en la mar cuajada"; ahora bien, de ese *Sant Amador* nada dicen ni Flórez ni Baudrillart, p. ej., que se dedicara a las navegaciones —y con más razón siendo como era un simple ermitaño— y mucho menos, por supuesto, que específicamente pasara "fortunas en la mar cuajada"; sí, en cambio, le ocurrió eso a otro santo un tanto legendario y con un nombre tan similar que sin duda fue la causa de que la confusión se produjera; es decir, Sant Amaro, un Sant Amaro que entre el devoto pueblo fue tan conocido y popular, por lo menos, como su casi homónimo durante esa época como se desprende de la suficientemente abundante constancia escrita que de sus marítimas peripecias existe; ya hacia 1497 se incluía su *Vida* en la traducción de la *Legenda aurea* de Voragine que Juan de Burgos publicó en Valladolid; más tarde Villaquirán en 1520 imprimirá en Toledo *La vida del bienauenturado Sant Amaro*, otra se dará *ca.* 1525 probablemente en Alcalá y al menos otra en 1552 en Burgos por Juan de Junta; además, de que lo suyo se leía esa *Vida* puede dar testimonio el inventario de libros que dejó Cronenberg en 1528 en donde aparecen nada menos que "678 vidas de san amaro" en existencia (cf. C. Griffin, "Un curioso inventario de libros de 1528", en M. Luisa López-Vidriero *et al*, eds., *El libro antiguo español*; Salamanca, Univ. de Salamanca, 1988, pp. 189-224; cita en p. 222), y de que para los lectores de esos años era Sant Amaro y no *Sant Amador* el que con *Santelmo* se asociaba alguna prueba tenemos en los versos de Castillejo cuando en su "Aula de cortesanos" los critica diciendo: "Con fortuna navegando/ por las ondas de la corte/ van con el mar peleando/ sin mostrarseles el

norte/ jamas claro/*San Telmo* ni *San Amaro*" (*Obras* [Clas. Cast.], III, 77); que de ese *Sant Amaro* tenía que tratarse se ve claro cuando al texto de su *Vida* vamos; en el facsímil que de la edición de Juan de Junta de 1552 obra en la BL y que he consultado, ya en el principio se nos dice que el tal *Sant Amaro* "passo muchas amarguras por mar . . . por amor de Dios" (f.Ai*v*), y más en concreto, respecto a lo que Lázaro dice hablando de esa particular peripecia, se lee que tanto ese santo como sus compañeros de navegación "hallaron se encerrados dentro del *mar quajado*: y estuuieron ay detenidos" (f.Aii*v*) hasta que las bestias marinas "tanto tiraron contra fuera que sacaron la naue del *mar quajado*" (f.Aiii*v*), *mar quajado* que hay que suponer sea el actual Mar de los Sargazos. Ni Cov. ni *Aut.* ni Corom. recogen esa particular acepción de *quajado* para el *mar* y la única referencia análoga que he encontrado es la de "Tu por la culpa de Adam/ embiado,/ qu'el Mar Bermejo y *cuajado*/ le abriste en doze carreras/" (*Propa.*, Tiv*a*). Teniendo en cuenta ahora que esa edición de *La vida del| |bienauenturado sant| |Amaro y de los| |peligros que passo| |hasta que llego| |al Parayso| |terrenal.* es no sólo de 1552 y aun de Juan de Junta de Burgos —el mismo que dos años después publicará uno de los *Lazarillos*— no parece muy dudoso que la conociera el autor de la *Segunda parte* —de hecho Rico ([1988], 144 y ss.) sospecha que el título de la obra haya podido motivar el del *Lazarillo*— y por tanto que, en efecto, ese *Sant Amaro* y no *Sant Amador* era el que tuvo que citarse en el original. Claro está que pudo darse un *lapsus calami* o una simple confusión en ese autor, pero es mucho más plausible aceptar que a diferencia de lo que confiesa Bataillon que en un principio le ocurrió —"En cuanto a 'Sant Amador', en la ed. de 1950 me había sentido tentado a identificarlo con 'Sant Amaro'" (*loc. cit. n.*)— al copista o tipógrafo de ese original le sucedió exactamente lo contrario ya fuera arrastrado por la semejanza onomástica o por un mayor conocimiento de la hagiografía francesa, o por ambas razones. Para los avatares de esa leyenda de Sant Amaro, ediciones de su *Vida*, posterior transformación de la misma en comedia, etc., etc., cf. C. A. Vega (1986) y (1987).

[167] Estando este *rezé* en una subordinada a una principal negativa "no dexe oracion", la sintaxis actual reclamaría un subjuntivo {rezara}, pero cf. "no se ha robado casa, ni hecho hurto . . . que no *se* yo quien lo hizo" (*Theb.*, 158) y "no se puede dar regla ni preceto que no *puede* tener falencia" (Torq*Manual*, 252) y véase, además, n.147, y Keniston (28.223).

[168] Cierto es que el ciego "ciento y tantas oraciones sabia de coro" y que "dezia saber oraciones para muchos y diuersos efectos" (*Laz.*, 7*r*), pero también lo es que de todas ellas sólo una se mencionará específicamente en ese '54, y aun está de modo exclusivo en el de Alcalá, donde se lee "rezaba cada dia por la mesonera, *la oracion de la emparedada*" (f.9*v*) frente a los otros textos que no lo recogen; mencionar las otras quedará a cargo de este Lázaro del '55, y respecto a las mismas ha de apuntarse que

a) La del *Justo Juez* parece ser la más popular y conocida aunque quizá, y solamente, por la salvedad que luego se señala; además de citarla Lázaro, también lo hará Pablos y aun por tres veces —dos oídas y una última recreada por el mismo (*Buscón*, 74, 110 y 224)—; así mismo el criado Martín en *Los peligros de la ausencia* de Lope la citará entre otras (Lope*O*, XIII, 177a), siendo una de esas otras, precisamente, la "de *San Telmo* para el mar" sin mencionar, no obstante, la de *Sant Amaro* lo que, indirectamente, puede indicar la persistencia del primero en la devoción popular frente al olvido del segundo; también Justina, en su carta respuesta a la de Méndez Pavón, recordará una variante, la del *Justo Cordero* (*Justina*, II, 455). Por otra parte, de la misma tenemos, por lo menos, dos textos que yo conozca: uno en castellano recogido por Ciro Alegría en *El mundo es ancho y ajeno* (B. Aires, Losada, [1968[2]], pp. 122-23) en boca de un bandido y otro más breve en portugués recogido por A. Gomes Pereira, "Tradiciões populares e Linguagem de Villa Real", *Revista Lusitana* 9 (1906): 221-31, con escasas variantes respecto al primero; otro más cita Piñero (143, n.39) recogido por el padre de los Machado.

b) La de la *emparedada* además de ser citada en la ed. de Alcalá, en el '55 y por Venegas —recuérdese la anterior cita de Bataillon— aparece también aireada por el ciego de la *Farsa del molinero* (Badajoz, f.cix*r*b) que, no obstante, no recoge ni la del *conde* ni la del *Justo Juez*; de otro modo ocurre con la Celestina de Silva que, hablando a Poncia, le dirá: "Mas me precio, hija, de dar consejos, que . . . de una *oracion del Conde o de la Emparedada* (*SecCel*, 218); nada sabemos, sin embargo, del texto —Rico se limita a sugerir "cierto conjuro" ([1987], 37, n.109)— pero sí algo de quiénes sean esas emparedadas, beatas o monjas que generalmente se autoclausuraban de por vida, encerrándose en estrechos cubículos; de su existencia —que ya proviene, por lo menos, desde el siglo XIII—, características y usos —también existían *emparedados*—, informa Martin Perez en el cap. cxxii de su *Libro de Confessiones* que obra en el Archivo de la Colegiata de San Isidoro de León — información que debo a la amabilidad de mi querido amigo el Prof. Benito Ruano— y más generalmente Juan de la Cerda en el "Segundo Tratado" de su *Vida* (1599); cf. así mismo, J. Sánchez Herrero, *Las diócesis del Reino de León: Siglos XIV y XV*; León, Centro de Estudios e Invest. San Isidoro, 1978, pp. , 332-34; G. Cavero Domínguez, "Emparedamiento en Astorga", *Yermo* 16, nos.1-2 (1978): 21-44; S. Suárez Beltrán, "Las 'emparedadas' de Oviedo. Una aportación al estudio de la religiosidad popular en la Baja Edad Media", *Anuario de estudios medievales* 15 (1985): 467-74, y P. L'Hermite-Leclercq, "La réclusion volontaire au moyen âge: une institution religieuse spécialement féminine", en Y. R, Fonquerne *et al*, eds., *La condición de la mujer en la Edad Media* (Actas del Coloquio Velázquez del 5 al 7 de nov. 1984); Madrid, Univ. Complutense, 1986, 135-54. Aunque esa oración ha de ser referida, sin duda, a esas autoclausuradas, no debe suponerse por ello que el tal *emparedamiento* era de índole exclusivamente monástica o religiosa, que otra clase de *emparedadas/ -os* existía aun contra la voluntad de los tales; ya en el *Manual de inquisidores* de Eymerich se ordena que "cuando el herege . . . da muestras de convertirse . . . se le puede reconciliar, y *emparedarsele* como herege arrepentido" ([1982], 94 y lo mismo en 96-97); de que las tales *emparedadas* seguían siendo comunes por esos años testimonios tenemos; p. ej., el del notario de la *Lozana* cuando le dice: "quedaos vos aqui, que quiero que veays una *emparedada*." (229) con n. del editor que sospecha —creo que acertadamente— algo distinto de un motivo herético o una vocación religiosa, como quizá también pueda sospecharse de la Poncia de la *SegCel.*, que a lo dicho por Celestina —cf. cita arriba— replica: "Por cierto, madre, nunca tuve deseo de ser *emparedada*, que no me lo muestres." (*loc. cit.*) y valga como último ejemplo el de la *Comedia prodiga* de Miranda: "Esto es cosa aueriguada/ que son pocas o ninguna/ o por marauilla vna/ que no huelgue ser amada/ . . . / si [asi] fuesse la *emparedada*." (f.biir) Cov. no recoge el término y en *Aut.* se pueden ver las dos acepciones. c) y por fin, la del *conde*, primera que le viene a la memoria a Lázaro y que como hemos visto habrá sido ya mencionada en la *SegCel.* y en Venegas y aun antes en *Carón*: "dieronme a entender que rezando la *oracion del conde* no moriria en pecado mortal" (53), oración cuyo contenido, como con la de la *emparedada* ocurre, desconocemos. Se habrá observado, por otra parte, que las citas de estas dos últimas tienen como límite temporal último ése del '55, y no sin razón ya que desde el famoso *Cathalogus librorum, qui prohibentur* de Valdés de 1559 ambas se incluyeron en él; también lo fue la del *Justo Juez* pero ésta parcialmente —sólo "en quanto dize, despues del mundo redimido"—, lo que explica que siguiera recitándose aun a pesar de que todas ellas volvieran a prohibirse en el posterior *Indice* de Quiroga de 1583; cf., para todo ello, Reusch (pp. 237 y 438 respectivamente).

Para acabar de redondear la cuestión añadiré que en el "Entremés de vn ciego y vn moço y vn pobre muy gracioso" incluido en la *Turiana* de Timoneda, el ciego cita diversas oraciones pero entre ellas ninguna de las tres de Lázaro, y otro tanto de lo mismo ocurre con el ciego de la "Representación de la historia evangélica . . ."de Horozco (*Canc.*, 284) que aparecerá salmodiando oraciones pero sin citar ninguna específicamente; siendo la *Turiana* de 1563 sin duda que andaría ya el *Cathalogus librorum* de por medio y aun podría ser este mismo detalle una posible pista para la datación *ad quo* de la obra de Horozco ya que en el citado *Cathalogus*, como sabemos, no solo son esas tres oraciones las prohibidas.

[169] Podría sospecharse una cierta anfibología irónica con estos "peligros del *agua* en vez de "peligros del {mar}", es decir, una jocosa referencia a su declarada afición al vino que le hace ver más "peligros" en esa *agua* que en los de los piélagos oceánicos.

[170] con), quiso, BAE; acertada corrección de esta evidente mala lectura que mantienen todos —N, S, A y B— y que

adecuadamente rectifican así mismo, más o menos libremente, *et pour cause*, todos los traductores: "*wrought* in me a most maruellous . . . miracle", P; "*occuroit* en moy vn merveilleux miracle", V; "*wracht* Godt . . . een groot mirakel in my", Sa; "*hebbe* ad operar' in me vno stupendo miracolo", Ba; y "*heeft* d'Hemel in my een groot Mirakel *gewragt*", H. Algo quizá nos diga del talante religioso de este último Harvy el hecho de que haya convertido el "Godt" de su compatriota Sambix en un "Hemel". Un tanto extrañamente, nada dice Piñero de esta irregularidad.

[171] Conocida y proverbial locución de la que sin necesidad de citarlos aquí pueden verse casos en *LC*, 34; *Seraf.*, v.1945; *TerCel.*, 624 y Muñón, 37, p. ej. Para una interesante interpretación de la misma, véase Shepard ([1982], 52-55).

[172] Cov. no recoge la acepción; *Aut.* da: "*PERSECU-CION*. Se toma también por los trabajos, fatigas y molestias del cuerpo u del alma." Cf. "pues por su maldad me venian tantas *persecuciones*" (*Laz.*, 13r y otros ejs. en 19v y 34r; "desesperacion no posa/ antes torna poderosa/ en las mas *persecuciones*/" (*Prodiga*, bivb); "Como la noche de antes habia pasado tal *persequcion* por nosotros, imagine que ellos estarian alerta" (*Guitón*, 83) y "En tanto que no tuve determinacion —asi por la *persecucion* de la gota como por la desconfianza mia—" (Espinel, I, 78).

[173] "*Adesoras. Latine subito repente*. (Cov.) donde se dan las dos acepciones, una primera —"quando viene a tiempo desacomodado", es decir, nuestro actual "intempestiva-mente"— y una segunda —"súbitamente sin esperarla", aunque de los comentarios que hace se desprende lo difícil de determinar con exactitud cuando se trata de una acepción u otra o si, como ocurre en muchos casos, no van las dos imbricadas en una sola; para el caso de Lázaro parece obvia la segunda, pero cf. "tan elegante . . . estilo que diran . . . estar infundida *a deshora* ell anima de Homero" (*Theb.*, 180); "e como dieron *adesora* en ellos pusieron los en huyda" (*Clari.*, lvvb); "Amaro no dormia: y vio *a dessora* vna vision" (*Amaro*, Aiiiv); "dexa me dios no te praze/ que me llamas *a desora*" (Ranjel, vv.67-68); "veo *a deshora* al que me mataua de hambre" (*Laz.*, 18v); "o mal venido *a desora*/ no se triste por do vaya/" (*Prodiga*, aixvb); "Apenas habia andado una legua . . . cuando *a deshora* se siente llamar de un hombre" (Loyola, 18a); "vna noche, *a desora*, vino . . . a casa del Tribuno" (Patón, 109) y "los de vuestra merced [refranes] vendran a tiempo y los mios *a deshora* (*Quij.*, 1030[II, lxviii]) y véase Keniston (39.6).

[174] quiera), q/ era, S, por interlineación. Considerada la estructura sintáctica poco dudoso parece que ese quiera de N sea, simplemente, una mala lectura de un {que era} que pudo aparecer en el original como un {q/ era} interlineado según como, precisamente, lo presenta S. Así lo da por supuesto Rumeau en su cotejo de variantes ([1964], 267) transcribiendo "que era" para S frente al obligado "quiera" para N, y así, también lo entendieron los traductores que aun a pesar de tener como base a N dan: "I sodainly felt my selfe to be changed from the shape of a man (which I had been)", P; "je

senti q (ue) mon estre d'hom (m)e se cha (n)gea, & deuant q' i'y pensay", V, evitando la dificultad; "e quasi prima ch'io me n'auuedessi senti, che'l mio esser' huomo mutato s'era", Ba y "heel haastelijk gevoelde dat mijn menschelijk wezen veranderde en eer ik het gewaar worde bevand ik my geheel in een Visch", H. Por otra parte, en cuantos casos tengo recogidos de esa expresión ya lexicalizada "cuando no me cato" —y extraigo un ramillete de ejemplos como "Ques la vida sino flores/ . . . / que ya, quando no me cato/ tiene muertas las colores?" (Enci*OC*, II, 152) y "Echa, quando no me cato/ un mirar de travesia/" (III, 347); "quando no se cataron/ con el hurto los tomo/" (*Propa.*, Si*r*a); "mas no te cataras quando/ seras grande en tus poderes/" (GilV., 22); "y cuando no me cato, vila con su motila" (*SegCel.*, 260); "te lo pagaré cuando no te catares" (Muñón, 56); "y cuando no se cataron/ herederos son de gloria/" (Hur*Cortes*, 15b); "quando ne me cato veo en figura de panes" (*Laz.*, 18*r*); "despues, quando no me cato/ los pusimos a mejores/" (*Roua*, I, 104) y "y quando mas no me cato/ el mejor carnero apaña" (I, 326); "que quando menos me cate . . . le veo pasar a caballo." (*Viaje*189) y "Quando menos me cate vierais a . . . Dona Beatriz mudar el nombre" (452) y otros casos en 453 y 481; "cuando no me cato, me hallo tan lejos del" (Cerv*NE*, II, 332); "dandole vn sopapo cuando no se cata" (Salazar*Espejo*, 283) y, por fin, "Quando menos me cato, quando no pense" (Cov., s.v. *catar*)— se observa muy particularmente que en ningún caso se presenta forma alguna de *querer*; muy válido es suponer, por tanto, que la lectura correcta fuera {a desora senti mudarse mi ser de hombre que era (y) no me cate cuando me vi hecho pez}, es decir, que se trata de una mala lectura de N. Piñero se limita a señalar "*quiera no me cate*: esto es, 'cuando menos me cato'" (143, n.40), sin otro comentario, lo que resulta un tanto incongruente considerando que en el texto, y acto seguido, aparece el correspondiente "cuando".

[175] Sólo tres casos se dan de ese adjetivo en el texto —los otros en f.21*v* y 64*r*— y en ellos siempre con esa forma *propi*- lo que es de destacar ya que los 4 casos que se dan en el '54 para N y S, siempre se da la forma *propri*-, forma que, por cierto, no recoge Solà-Solé en su índice. De los datos que tengo recogidos se desprende que se simultaneaban ambas formas a lo largo del XVI sin poder advertirse un decidido predominio de ninguna de ellas, lo que destaca, una vez más, la tendencia "modernizante" de N.

[176] cerrado), cercado, S, más acertadamente, a mi juicio, ya que a lo largo de la relación continuamente se emplea *cercar*; así lo han interpretado también los traductores: "besieged", P; "assiegé", V; "assediato", Ba. De cualquier forma el *cerrado* de N puede ser aceptable y así lo supone Piñero (144, n.41) citando la acepción que de *cerrar* da *Aut.*: "Metaphoricamente: embestir, acometer un exercito a otro.", y cf. "que por basteme alla! *cerrase* con mis bienes y le dejase medio muerto a cozes" (Capón, 289) y "como habia sentido que reñiamos y topó con el *cerró* con sus bienes" (290); "Dios os libre de hombre//determinado que *cierra* como toro." (*Guitón*, 69-70); "Y *cerrando* con el, le asió

fuertemente de la capa" (Cerv*NE*, I, 199) y "Mi amo . . . *cerró* conmigo y diome . . . cien bofetadas" (*Estebanillo*, I, 199 y otros ejs. en 288, 292 y II, 464 y 466. No se debe desechar, por último, la posibilidad de un *cerrado* con sentido de "encerrado"; curiosamente, Cov. no da entrada particular para ese "encerrar" y sí, en cambio, lo incluye bajo ese *cerrar*.

[177] Curiosamente, y como ya comento en la introducción por lo que de importante tiene el detalle, hasta ese momento, en efecto, Lázaro los ha visto simplemente como "peces" o "pescados", sin jamás mencionar *Atunes*; para la mayúscula de *Atún*- el cómputo es 101 para N frente a 72 para S, con sólo 1 *a*tún para N contra 30 en S, no dándose un solo caso de *atún*-, *Atún*. En su recuento, Solà-Solé olvida los casos de las rúbricas.

[178] "*Entender en* algo, es trabajar." (Cov.) y más extensamente *Aut.*: ENTENDER. Significa tambien estar empleado y ocupado en hacer alguna cosa". Cf. "que no quereis entender*me*/ sino *entender en* matarme" (*Propa.*, Siiiv*a*); "no dizen ni *entienden* sino *en* como Berintho esta loco por amores" (*Theb.*, 13 y 19 *passim*; "Y vuestros maridos *en* que *entienden?*" (*Lozana*, 108); "harto tienen que *entender en* volverla (en si)" (*TerCel.*, 870); "no teniendo que hazer ni mas *en* que *entender*" (*Baldus*, 165); "pensando que yo estaua *entendiendo en* otras cosas" (*Laz.*, 8*r*) y "si Lazaro de Tormes no *entiende en* ello" (46*v*); "*entendamos en* tu remedio" (*Poli.*, 3b); "Dezi, niño, *en que entendeis*/ en tierra tan despoblada?" (Roua., III, 437); "*entiende en* que me den de comer luego" (*Florinea*, 168b) y "*en* que se *entiende* por alla?" (Villandrando, II, 109). Otros casos en texto en ff.29*r*, 37*r* y 38*v*[2].

[179] "*EXECUTIVAMENTE*. Con prontitud, con celeridad, aceleradamente." (*Aut.*). Cov. no recoge este adverbio, pero el anotador anónimo de S, no obstante, aclara al margen "como enemigo porfiado". Ambas acepciones, y como ocurre con *adesoras*, debían ser usuales y aun simultáneas, como en "maldicion de puta vieja/ que no es dios tan *secutivo*" (Badajoz, cxxviv*a*); "no hay fiera infernal tan *executiva* en su enojo." (*Capón*, 260) y "Teneis muy puntuales ganas y *ejecutivas*" (*Buscón*, 168). Cf. más adelante —f.35*v*— "El *executivo* verdugo".

[180] Cov. en su entrada "AVER" —curiosamente no da entrada para "HABER"— no recoge esa construcción *haberse con* así como tampoco *Aut.* que sólo da "HABERSE. Vale tanto como Portarse, proceder bien o mal." Como admisible puede verse esa acepción, pero en este caso parece que haya que entender más en especial la connotación de "pelear", "tener contienda con" como aquí, más adelante, en "con tal impetu y furor que . . . lo quisiera *auer con vn* Rey de Francia" (f.35*r*) y cf. "*Con* quien lo *ha* Galterio? (*Theb.*, 91) "a solas me parece que lo quiere *aver contigo*" (*Seraf.*, v.1659); "*Con* quien lo *habeis?*" (Rue*Com.*, 122); "Pero yo que digo? *con* quien lo *he?* yo no voy solo?" (*Florinea*, 178b) y "Si, señor, dixeras de las hermosas, pensara mi prima que lo *hauias con* ella" (262a); y con esa connotación parecen entenderlo los

traductores que dan: "hath made such an execution and slaughter", P, que quizá no ha entendido bien, sin embargo, el anterior *executiuamente*; "si executiuemet a l'encontre de nous depuis hier", V y "che tanto danno ha fatto in noi da hier", Ba. Para una evidente acepción de *haberse* por "portarse" cf. más adelante n.84 al Cap. V.

[181] possible), possiblo, A, B.

[182] *Passion.* Cov. da "*PASSION*. Tener *passion* de alguna cosa, tener pesadumbre." pero para este caso, quizá mejor "*PASSION*. El acto de padecer tormentos, penas, muerte, y otras cosas sensibles." (*Aut.*) con su acepción de "sufrimiento" de índole predominantemente física. Cf. "Litargia tiene. *Passion* es que a quien la sufre suele turbar la memoria." (Boecio, f.viv); "yo por tragar más ayna/ hincase me aqui vn espina/ jamas me faltan *pasiones*" (Badajoz, xxxva); "nadie le dezia padecer alguna *passion*, que luego no//le dezia hazed esto . . . cosed tal yerua" (*Laz.*, 7r-v); "Tenia quebrantadas las piernas . . . y herido todo el cuerpo . . . Y estando asi tan desbaratado con mi *passion* acordé . . . de probar a me libertar" (*Crot.*, 157); "siete ansias le auian dado/ todas de grande *passion*/" (Hill, 58).

[183] *dende.* "de ahi", o "desde entonces". Aunque a Valdés no le agrada, "tampoco usaré en prosa lo que algunos usan en verso, diziendo *dende* por *de ai*." (155) sus contemporáneos lo usarán sin reparo alguno; "Quitate presto *dende*" (*LC*, 216 y otros casos en 113 y 226); "*dende* a seis semanas" (*Carón*, 48); "*dende* a pocos dias llegaron otras ocho" (Girón, 30); "*Dende* a tres dias el Emperador toma la via de Sena" (Cardona, 102) por lo que parece que habrá que rectificar la nota de Keniston: "No examples were noted of *dende* alone after the work of Valdés." (39.6); y, por fin, "y *dende* en adelante mudo proposito" (*Laz.*, 8v) y "*dende* en adelante no dormia tan a sueño suelto" (22r) Cov. no lo recoge pero sí Correas (*Arte*, 188).

[184] Otro caso de condicional análogo al comentado en n.138.

[185] conuertido), conuertida, S más correctamente.

[186] "*CABO*. parte, sitio, lado o lugar." (*Aut.*) Cov. no recoge esa específica acepción. Para ejs., cf. "tu por tu *cabo* y yo por el mio" (SanPT, 83); "por el un *cabo* alegria/ por otro *cabo* tristura/" (*EnciOC*, I, 74); "el que esta en muchos *cabos*, esta en ninguno" (*LC*, 52); "derramas por un *cabo* lo que coges por otro" (OsunaTer., 286); "le absolvera del oficio, y le dara de comer en otro *cabo*" (GueEp., I, 331); "por vn *cabo* le he manzilla/ y por otro me consuelo" (Badajoz, xxxxrb); "aunque por otro *cabo* conozco ser muy al rreues" (Cardona, 142); "querra que lo compremos en otro *cabo*" (*Laz.*, 25v) y "mas yo de vn *cabo*, y mi señor de otro" (47v) "Por un *cabo* me combate el desseo de salirle al encuentro" (RueCom., 200); "Por do he d'echar?/ que a cada *cabo* esta un rrisco/" (Roua., II, 254); "Dios por un *cavo* castiga/ y por otro medicina." (HorozcoT, no.784); "Por un *cabo* tenia gran consuelo en los Sermones, por otro me atormentaba" (Teresa, I, 60).

[187] Para este régimen preposicional poco usual —Keniston no recoge ningún caso con *confianza*— cf. "sin ninguna confiança/ *de* quien pudo socorrerme" (*Theb.*, 54 citando a Garci-Sánchez) y "tus confianças que *de* todos tienes" (*Florinea*, 200b); "Hacía confianza *de* mi, enviábame solo" y "no se hacía *de* mí mucha confiança." (Guzmán, 281 y 290) aunque antes habrá dicho "encoméndandome a Dios y buenas gentes, *en* quien hice confianza."

[188] entre ellos), entrellos, S.

[189] Para la correcta lectura de todo el párrafo se impone aquí la necesaria inserción de un {no}, como Piñero hace.

[190] *ya que*, con valor actual de "aunque", como en "Porque *ya que* pequemos, poniendonos a los pies del sacerdote . . . quedamos assueltos" (*Theb.*, 264); "*Ya que* halleis en vuestra casa que corregir . . . no os aconsejo . . ." (GueEp., I, 198); "no sera buen acuerdo gastar el tiempo en libros que *ya que* no sean dañosos: no traygan mucho prouecho" (VenOrto., 66); "pues *ya que* comigo tenia poca caridad, consigo vsaua mas." (*Laz.*, 15v); "él de su naturaleza es bueno, *ya que* las malas circunstancias . . . le hacen vicioso." (Luque, I, 91) y para otros casos en texto, cf., p. ej., ff.49v, 54r y 56r, así como otros en Keniston (29.721).

[191] dellos), de ellos, S; curiosamente, tres líneas antes ha dado el contracto *entrellos*.

[192] *ser en*+ infin., con el sentido de "valer para" o "ser capaz de"; cf. "Yo no *soy/en* jugar juego tan ruin" (EnciT, 151); "tan notables personas *eran en* quitarle la vida" (GueEp., II, 208); "despues que *fui en* ofenderte" (Roua., II, 161) y más adelante en el texto, "antes causaria a su merced tristeza que *seria en* quitarsela." (f.27r) Otro ej. en "el mismo Rey *fue en* hazellas" (Keniston [37.541]). En la actualidad, se evita la perífrasis conjugando, simplemente, el verbo principal.

[193] pedirian), pidirian, S.

[194] poruentura), por ventura, S. En los diez casos registrados se repite el mismo rasgo de la separación en S, manteniéndose el enlace siempre en N. Para el '54, por el contrario, de 7 casos, ambos mantienen el enlace con una sola excepción para S, mientras que tanto en Burgos como en Alcalá siempre persisten en la separación.

Notas al Capítulo III

[1] CAP. III.), CAPITVLO TERCERO, S.

[2] Como se sabe ciertos sustantivos indicativos de profesión masculina aun llevaban en el XVI y el XVII, el artículo femenino, como "*la guardia*", "*la espia*", "*la guia*", etc. Aun Cov. recoge ese mismo "*la centinela*" (cf. s.v.).

[3] ante), antes, A, B.

[4] *. . .* Perisología de aire popular; cf. "*En llegando que llegamos/ nos recibio con tal gracia*" (EnciOC, II, 95) y "*Estando que estauan adonde agora estan*" (II, 219); "y *en llegando que llego* el cuerpo" (Girón, 310); "*yendo que*

fuimos a acompañar al rey" (Gue*Ep*., I, 287) y "*En acabando que acabe* de baptizar" (II, 251); "*Y en topetandole que//le topete*" (Rue*Pa*., 120-21). J. M. Lope Blanch, "El infinitivo temporal", *NRFH* 11 (1957): 285-311, da este último ejemplo de Rueda como el más antiguo de los que recoge (cf., en especial, pp. 294-97), pero los ejemplos que doy ya indican su anterior uso, y aun mucho antes en *El libro de Josep Abarimatia* se lee una construcción análoga: "*E de venida que venga* yo te prometo que creere en ese Dios" (cf. Pietsch, I, 54); para casos posteriores a Rueda, cf. "*en saltando que salte* de la cama" (*Capón*, 288) y "*en trayendo que le trujese* buen despacho" (*Quij*., 256[I, xxvi] y otros ejs. en 567[II, iv] y 1001[II, lxiii]. Se dan también casos de construcciones con infinitivo en función de gerundio como en "*Al volver que volvió* Monipodio" y "*al volver que vuelva* al Andalucia" (Cerv*NE*, I, 177 y 236).

[5] *luego*; "inmediatamente, al momento", y aun lo recoge así *Aut*.: "*LUEGO*. Al instante, sin dilación, prontamente." De uso tan común con esa exclusiva acepción, que bastarán dos ejemplos: "en viniendo el bodigo . . . por su mano era *luego* alli lançado" y "quando le pedia la llaue . . . me la daua, diziendo. Toma y bueluela *luego*" (*Laz*., 15r y 15*v*).

[6] Un tanto sorprendente resulta ese subjuntivo *viua*. Algún caso tengo recogido tras ese "quien" cuando la prótesis es impersonal como en "Ay quien *diga* que los actores son gente infame" (Pinc., III, 263) y ya en pleno XVII, "hai quien . . . se *ponga* a averigualle" (Fajardo, 122) pero no es este el caso aquí y más extraño resulta cuando, como parece, se trata de la voz castrense lexicalizada, "¿quien vive?". Hay la posibilidad de que se trate de una mala lectura pero nada puede afirmarse en concreto.

[7] *Señor* que un bastante anfibológico y equívoco resulta, tratándose, como se trata, de una respuesta a esos centinelas en plural; así, en singular, parece que deba dirigirse al narratario intratextual siguiendo la línea comenzada con el capítulo —"En saliendo, Señor, que sali"— y así lo entiende V que da "Seigneur"; en contra, no obstante, los demás con "Sirs", P; "herren", Sa; "Signori", Ba y "Heeren, H, que pueden hacer sospechar otra mala lectura de un {Señores} en el original, dirigido, claro está, a esos centinelas como así entienden y corrigen todos menos V.; la primera posibilidad pudiera verse confirmada por lo que sigue: "Señor yo les dixe me pusiessen" con un "Señor" que sin mucha duda ha de ir dirigido a ese narratario intratextual, pero sucede, curiosa y aun sospechosamente, que todos —incluso V, el más fiel de todos los traductores— omiten ese segundo "Señor": "I said they should bring me", P; "Ie leur disoye qu'ils me mettoyent", V; "Por risposta loro dissi, che me conducessero", Ba; "Brengt me zei ik", H. Cuestión de no fácil solución, pero que, al menos, confirma tanto lo deturpado del texto que conocemos cuanto la posibilidad de que existieran algunas otras versiones en ese lapso de unos cuarenta años entre esos '55 y sus primeras traducciones.

[8] Era usual esa forma paragógica *pece*; cf. "es menester qu'el *pece* pique" (*Theb*., 230); "pintan . . . a Venus de *pece*"

(*Schola*., 83); "el mar para habitacion del *pece*" (*Florinea*, 227a); "porque no se me vaya el *pece*" (Alemán*Orto*., 10) y "y mas si pica el *pece*" (Luque, I, 118) y aunque Cov. no la recoge, si lo hace aun *Aut*..

[9] Capitanes), capitanes, S. Para esta relación mayúscula-minúscula, las siguientes estadísticas: N y S coinciden en "*C*apitan-*C*apitan-" y derivados, 16 veces y en "*c*apitan-*c*apitan-", 37; "*C*apitan-*c*apitan-" se da 22 veces y "*c*apitan-*C*apitan-", 17. Se incluyen los otros derivados. Solà-Solé no recoge los casos de las rúbricas.

[10] Normal era el uso del artículo determinado ante numerales cardinales, en especial el singular; cf. "Quatro hombres que he topado, a *los* tres llaman y *los* dos son cornudos" (*LC*, 82); "e no fueron sino *los* quatro e *los* dos dellos se quedaron con el" (*Clari*., liii*r*a); "por *la* una oreja le entra" (*Theb*., 154); "en *la* una mano llevava" (*Carón*, 104); "En griego los diphthongos son doze: *los* seys se dizen proprios: . . . *los* seys improprios" (Ven*Orto*., bii*v*); "*el* uno de los dos" (Girón, 55); "en *la* una dicen . . . en *la* otra" (Gue*Ep*., I, 143); "que *la* una vez dellas" (Riberol, vi*r*); "dieciseis enfermos, *los* once oleados y los demás muy malos" (Cruz, IV, 421); "*el* un pie descalzo" (Loyola, 18a); "me preguntó *el* uno" (*Capón*, 246); "como de tres jornadas se hubiese acabado de leer *la* una" (Rufo, n.635); "Traia *el* uno montera verde" (Cerv*NE*, I, 134); "*El* un ojo tan grande" (Polo*Poesía*, 271).

[11] hizo), fizo, S; y, no obstante, inmediatamente después "hizo".

[12] *ya que*; "cuando"; cf. "*ya que* me venia encontre a mi primo" (*Theb*., 89); "*Ya que* la Emperatriz convalescio, S.M. partio de Barcelona" (Girón, 33); "*Ya que* . . . desperte a mi memoria . . . cai en la cuenta" (Gue*Ep*., I, 286); "*Ya que* estuue medio bueno de mi media trepa" (*Laz*., 9*r*); "y *ya que* estabamos determinados de seguir su parecer, nos avisaron" (Cerv*NE*, I, 93).

[13] A observar ese plural *llamauan* en vez de {llamaua} que repite la misma fórmula del "a mi *llaman*" del '54 y que en relación con el proceso de alienación onomástica del personaje ya comenté en mi trabajo de 1984 y últimamente en el de 1989. Cf., además, todo lo que a este respecto digo en el estudio crítico.

[14] Ese signo de interrogación, actualmente inusitado en interrogativas indirectas, aparece así tanto en N como en S.

[15] Alternaban las formas *bapt*- y *baut*- con variantes en *babt*- y baste señalar que, p. ej., en Gue*Ep*., II frente a una enorme mayoría de *bapt*- se dan 4 *baut*-, 1 *babt*- y otro *baupt*-, y en los cuatro vols. de Rouanet todas las formas se dan con mayoría, sin embargo, de *bapt*-; Cov. aun recoge la forma en *bapt*-, y, por fin, *Aut*. dirá: "BAUTIZAR. Lo mismo que Baptizar, aunque modernamente se usa mas mudada la *p* en *u*."

[16] Como ocurría con "también" —cf. n.58 del Cap. I— tampoco *tampoco* se había fijado ortográficamente; cf., p. ej., "*Tan poco* se esso" y "por que *tan poco* no me tengo por tal" (*Florinea*, 191b y 291a) y más adelante en texto "El Rey

con verme tan solicito en su seruicio,//*tan poco* era perezoso en las mercedes" (54*r-v*) o con enlace como en "*Tanpoco* es justo sean yguales" (Hermosilla, 43).   Conste que así mismo se daba paralelamente *tambien no* como en "Y *tambien* el Papa *no* entiende que sea descomulgado" y "y *tambien* el *no* ira a occupar las tierras" (*Roma*, 78 y 79); "Aunque *tambien no* va fuera de camino" (Mexia*Silva*, 533) y muchos años después "El pronombre *tambien no* constituye parte de la oracion" (Patón, 99), forma perifrástica que ni Gillet ni Keniston recogen y que, como sabemos, sigue manteniéndose en portugués. Señalaré, además, una variante: "Conosco, señora mia,/ que soy ciego/*ni tambien* puedo negar" (GilV., 184).

[17] *compañas*; "compañias" como término militar según lo da *Aut.*: "COMPAÑA. Número de soldados juntos debaxo de una bandera o Capitán: y lo mismo que modernamente se llama Compañía", y se sigue llamando en nuestros días. Cf., "No temamos las grandes *compañas* llegadas al real" (SanP*C*, 168); "aqui nos cunple hordenar/ que os partais en dos *conpañas*/" y "Sus, gente de mi apellido// . . . Veni, *conpaña* maldita./" (Roua., I, 188 y 458-59). A señalar, por otra parte, que, p. ej., en N13*r*-S14*r* y N23*r*-S25*r* se lee ya "compañia", y como úítimo detalle de esa fluctuación, N en f.43*v* dará *compaña* mientras que S para el mismo recoge "compañia" (f.47*r*) A cuento puede venir recordar la aun existente "Santa *Compaña*" de la superstición gallega.

[18] "*DISSIMULAR*. No darse por entendido de alguna cosa." (Cov.) o "pasar por alto" como en "si vee que de seguir el derecho . . . verna mas daño al pueblo que de *dissimularlo*, develo *dissimular*" (*Carón*, 24); "quanta multitud de animas se abran ido al infierno, y *dissimulamoslo*" (*Roma*, 27); "la ley de Solonino, en la cual se *disimulaba* el adulterio" (Gue*Ep.*, I, 64); "las cosas subtiles que estan apartadas del vulgo: a la ignorancia se *dissimulan*" (Ven*Orto.*, 6); "No tengo paciencia . . . para *disimular* un tan notable hierro" (*Schola.*, 171); "Mas *dissimulese*, que aquel page viene con el alguazil" (Rue*Pa.*, 195; "contando y tornando a contar los panes. Yo *dissimulaua* . . ." (*Laz.*, 18*v*); "el se fue a Segovia harto/ triste y yo me quede en la casa *disimulando* mi desventura." (*Buscón*, 90-91).

[19] *tu* mayestático del que se dará otro ejemplo en el *v.*: "no tema *tu* illustrissima excelencia". Cov. aduce la siguiente razón para tal uso: "acomodandonos con el uso de la lengua latina dezimos tu al mismo Dios y Señor nuestro" (s.v. *tu*) y se podía presentar delante de los diversos títulos; cf. "*tu* Magestad que haria,/ si mu muger fuesse suya?/" (*Aquilana*, 408); "Sanctissimo Padre, por que *tu*, diziendome esto" (Mexia*Silva*, 573); "Y assi vengo a visitar/*tu* Excelencia" (*Orosia*, 107) y "*tu* Alteza" (113 y *passim*); no obstante, en esa misma *Orosia* se lee "Que nos manda vuestra Alteza?" (120) y "su Alteza/ adonde las endereça?" (121) lo que indica un uso alternativo de los diversos tratamientos; "*Tu* Magestad a descansado?", "tanto que la rreverencia/ que deven a *tu* Escelencia", "Si *tu* Alteza se servia" (Roua., I, 396 y 406, y II, 459 respect.); "abaxe aca *tu* merced", "entre

tu merced si quiere" (*Prodiga*, axv a y biir b respect.); "Que me manda *tu* Alteza?" (Morales, 91); "Haré . . . lo que *tu* Alteza me manda" (*Guzmán*, 197[historia de Ozmin y Daraja]) y véanse otros ejs. en Keniston, 4.435, 4.462 y 4.475. Ese *tu* mayestático, sin embargo, bien puede suponerse que fuera sólo de uso literario por su sabor arcaizante cuando no irónico —como quizá en el caso de Lázaro— que ya dice Gracián Dantisco: "Y aunque en tiempo del Rey don Pedro de Aragon, el Almirante le llamasse muchas vezes 'tu Magestad', por ser costumbre de aquel tiempo, no por esso devemos nosotros llamar a nuestro Rey de aquella manera" (*Galateo*, 133).

[20] valeroso), valerosa, BAE; rectificación que parece equivocada ya que, en mi opinión, "grandeza" aparece ahí no tanto como atributo personal cuanto como título mayestático genérico del mismo modo que "Alteza" y "Magestad". Para ese adjetivo "valeroso" cf. más adelante, n.18 al Cap. V.

[21] *menos carnal*, evidente mala lectura que ya BAE como Piñero adecuadamente corrigen *menoscabar*. En el *Memorial* de Juan Serrano de Vargas de 1642, hablando del trato de los libros, dice éste que "agora esta mui *menos cavado* y a punto de perderse" —cito por J. M. Lasperas, *La nouvelle en Espagne au Siècle d'Or*; Montpellier, Univ. de Montpellier, 1987, p. 35; para la fecha del *Memorial* cf. p. 44— manteniendo la separación etimológica del vocablo; con tanta más razon hay que suponer que casi un siglo antes en el original se leyera {menos cauar}. Como ese {cauar} paso a *carnal* entra en el campo de las conjeturas, pero con mucha probabilidad hay que suponer que esa "u" —ya por mala lectura del manuscrito, ya por una inversión de tipo, ocurrencia bien corriente por entonces— se convirtió en "n", y partiendo de ese {canar} vino a darse el *carnal* que el texto presenta. Fuere esto como fuere, todo ello nos asegura que en cualquier caso el proceso de transmisión desde el original hasta los textos que conocemos hubo de ser algo más complejo de lo que a primera vista pudiera parecer, como ya señalo y propongo al hablar del estema. Por otra parte, lo interesante del asunto es que en ningún caso ese *carnal* aparece traducido como tal; P da: "so puissant and mightie an Armie: and the more, considering his weake estate and abilitie, and the great power of the Tonnies." V, que es el que más fielmente sigue a N, da: ". . . puissante armee, iaçoit que son estat & le grand pouuoir des Thons, fut beaucoup moindre"; Sa, y comprensiblemente puesto que a V traduce: ". . . machtighen Heyrleger ja het waert dat het zeldighe ende de macht der Tonninjen veel minder waer", y Ba: "e sarebbe vn dishonorar grande al tuo Stato & alla possanza inuincibile de' Tonni", mientras que H simplemente se limita a omitir la frase. Evidente parece que todos esos traductores vieron la errata y cada uno la arregló a su modo, a no ser que —y en especial V con ése su "beaucoup moindre"— estuvieran leyendo algún adáforo que no contuviera la tal errata.

[22] *Mandado* era forma usual que alternaba con "mandato"; en el mismo texto se lee más adelante "el portero que el *mandato* llevo" (f.44*v*). Para otros textos, cf. "en cumplir

tu *mandado* no fue perezoso" (SanP*T*, 57); "viene a cumplir tu *mandado*" (*LC*, 208); "por *mandado* de Cesar" (Gue*Ep.*, I, 48); "Soy venido a tu *mandado*" (Roua., II, 10) pero "por *mandatto* (*sic*) apedreado" (*ibid.*, 30); "por *mandado* de Dios" (*Capón*, 297) y "bajo una criada por su *mandado*" (Guitón, 103), y véase Rue*Pa.* (p. 107, n.83) donde se citan otros ejs. Cov. no lo recoge pero sí *Aut.*.

[23] S om. *tu*. Se observará que ese *tu* omitido en S es la primera palabra del correspondiente *v.* de folio de N; ubicación textual ésta cuya importancia ya he destacado al hablar del estema y que se repetirá para S en f.21*r*.

[24] *vandera*; "compañía" o "batallón". Cf., "Cuyos eran los capitanes? . . . Cuyas las *vanderas*?" (*Roma*, 49); "ciento y cincuenta hombres de armas y siete *vanderas* de infanteria" (Girón, 110); "recogeos a la *vandera* del capitan Lagunilla" (Roua., I, 418); "ya yo debaxo desta *vandera* era soldado viejo" (*Florinea*, 262a). Cov. no recoge esa acepción, aunque si *Aut.* (2ª acepción).

[25] "*PROFERIRSE*. Ofrecerse a hazer alguna cosa voluntariamente" (Cov.) Era más usual la construcción con indirecto en forma reflexiva como en "*proferiendome* a dalle la carta" (SanP*C*, 107); "Y ansi *me profiero* que lleuandole el collar, te traere mañana respuesta" (*Florinea*, 167b); "Yo *me proferi* ayer de te dezir" (*Crot.*, 224); "do tu buen seso/ que en cosas de tanto peso/ al fin osas *proferirte?*" (*Cueva*, *I*, 31), pero también se daba sin el como en "el ermitaño/ le *profiere* cuanto tiene" (*Propa.*, Eii*r*a) y "Yo *profiero*/ a fe de buen caballero" (*Radiana*, 47).

[26] Lazaro), lazaro, S; nótese hasta qué punto llega la arbitrariedad en el uso de letras iniciales.

[27] mal latin), el latin, S. "ser tomado en mal latin" que ha de entenderse como ser pillado en falta o desliz por lo que se dice, como, más o menos libremente, lo entienden los traductores; "lest I should bring a foole to bed", P; "a fin de n'estre tenu pour suspect", V; "dat sy my niet voor suspect en zounden houden", Sa; "per ne essere colto in barbarismo, od errore di lingua", Ba; y "ik hem Lazarus te leueren om dat hy daar mniet was", H; cf., además, "porque los sayones de vuestro pariente no nos acusen de *mal latin*" (Villa., *Obras*, 115); "me pudiera entrar acusando cualquier terminista de *mal latin*" (*Guzmán*, 105); "no diga cosa por donde le arguyan de *mal latin* y peor romance" (*Grandeza*, 600): "deseo coger a vuesa merced en un *mal latin* . . . y no puedo." (*Quij.*, 666[II, xviii]) y "Como sabe Gramatica el moço/ pensaba cogernos en un *mal Latin*" (*Verdores*, 136). Más adelante, en texto (f.54*r*) se repite la expresión.

[28] *. . .*), estoy determinado tener cercado, S; lectura que parece mejor pues se trata de un general que decide por su cuenta y riesgo, y que los traductores avalan; "I determined to holde a siege", P; "ie suis delibere de tenir assiege", V; "e stato determinato di tener assediato", B.

[29] Ese *hombre* que así aparece tanto en N como en S, es P el único que lo mantiene con "and to take the man"; V —que como ya he señalado acostumbra a seguir fielmente a N— da, no obstante, "le prendre par faim" y con él, tanto

Sa —"ende hem voor hongers noet te vanghen"— como H —"verloochen om hem uit te hongeren"—, mientras que Ba elide el problema traduciendo "tener assediato quel traditore e prenderlo"; BAE también, y comprensiblemente aun a pesar de basarse en N, lo rectifica en "hambre". Esas rectificaciones en "hambre" son muy lógicamente aceptables y bien se puede sospechar que originalmente se daba ese término, pero el problema sigue siendo intrigante pues que se trata aquí de la metamorfosis que ha sufrido Lázaro de hombre en atún, y siendo que la tal metamorfosis los atunes la desconocen por completo es perfectamente válido aceptar que es a ese *hombre* a quien se ha determinado cercar y apresar, *hombre* a quien, precisamente, se referirá más adelante Lázaro cuando dice tener "contienda con *hombre*" (f.15*r*); todo lo cual, además, se puede entender refrendado al considerar la función modal de "por" como "como", es decir, como hombre que es y no atún. Piñero se limita a reproducir el texto sin decir nada sobre esta cuestión.

[30] Futuro analítico que, como bien dice Keniston, "lasted throughout the sixteenth century, but with disminishing frequency." (32.64); véanse ahí sus comentarios a Valdés*Lengua* y la estadística que da y que en líneas generales veo confirmada con mis datos. Cf. también M. Pidal, 123 §3.

[31] Rey), rey, S. De 85 casos, el desglose es: *rey-rey*, 44; *Rey-rey*, 31; *Rey-Rey*, 10, no dándose ni un solo caso de *rey-Rey*, o sea, 41 *Rey* frente a 44 *rey* en N y 10 *Rey* frente a 75 *rey* para S.

[32] *mi*. Régimen preposicional de pronombre oblicuo que se repetirá en f.26*r*: "entre el y *mi* se platico"; era de uso frecuente a lo largo del XVI cuando se trataba de los actuales personales recíprocos directos de primera y segunda persona que aparecían como indirectos; cf. "Que esta sea la final enbaxada entre *ti* y *mi*" (SanP*T*, 79); "la amistad que entre *ti* y *mi* se affirma" (*LC*, 39 y otros casos en 52 y 65); "porque este negocio de entre *ti* y *mi*" (Gue*Ep.*, II, 314 y otros casos en 353, 377 y 418); "Entre *ti* y *mi* no son menester esos fieros" (*TerCel.*, 624); "pues permites tener quenta/ tan secreta entre *ti* y *mi*" (Roua., I, 381); "la disparidad tan grande como entre *mi* y mi señora" (*Poli.*, 4b) y "Haga las paces entre *mi* y *ti*" (*Florinea*, 186a). Aun aparece, tardíamente, en la *Relación* de Chaves con "meterse en trenidades entre *mi* y *ti*" (col.1364) pero de señalar es, por lo que al caso pueda importar, que se trata de la carta que una puta le escribe a su rufián.

[32bis] *Tomar*; "hallar" como en "que la *tomes* en casa" (*TerCel.*, 749). No veo recogida esa acepción ni en Cov. ni en *Aut.*.

[33] S om. *mis*.

[34] *Mover*; "desplazarse" en función intransitiva, como aquí tanto en "al exercito, el qual ya *mouia* en mi socorro" (15*v*) como en "Luego *mouimos* para la ciudad" (45*v*) y cf. "en abriendo las puertas *mouio* con su gente, y entrados . . . en la cibdad" (SanP*C*, 163); "e dicho esto *mouieron* los vnos contra los otros" (*Clari.*, xliiii*r*b); "los romanos . . . *mouieron*

contra ellos y en breue destruieron aquellos" (*Schola.*, 35); "llamale y *mouamos*, que son cerca de las diez" (*Florinea*, 183b y otros casos en 238b y 310b); "para lo tener todo presto quando el Cesar le mandase *mover*" (Cardona, 88) y, por fin, "cuando por los . . . gobernadores fue mandado *mover*" (*Crot.*, 163). No tengo registrado ningún caso posterior a este último y dado que Cov. no recoge tal acepción — tampoco *Aut.*—puede bien sospecharse que por esos sesenta comenzara a caer en desuso la misma.

[35] "*Campos* se llaman los exercitos en campaña" (Cov.) Cf. "Nuestro *campo* siempre caminava, y ellos siempre caminavan delante" (Girón, 178); "dio orden en ordenar los *campos*, repartir las batallas y hacer escuadrones" (*GueEp.*, I, 442); "el Cesar con todo su *campo* que serian mill de a cavallo" (Cardona, 93). Mas adelante en texto se repetirá: "en este tiempo nuestro *campo* se deshizo" (f.23r). Recuérdese, además, que *campo* significa así mismo la campaña o lugar mismo donde se pelea, como más adelante se ve también en texto: "pareciome assegurar el *campo*, y di al pecador . . . una estocada" (37r), y "Tu venciste y triunfaste/ y el *campo* por ti quedo" (*EnciT*, 56) y "no ha de escrevir el caballero . . . sino desde el *campo* peleando." (*GueEp.*, I, 53) así como Cov. s.v.

[36] *tener manera* con sentido actual de "arreglárselas"; cf. "*Ternemos manera* como a el no faga mal" y "*Touo manera* como gano mi querer" (*LC*, 158 y 291); "Y *tuvose tal manera* para esto que . . . hizose contra ellos pesquisa secreta" (*MexiaSilva*, 560); "e *tener manera* con el Señor Obispo para que se hiziese la dicha cofradia" (Christian, 281); "que *tengas manera* con esa moça que de esta carta" (*Poli.*, 8b). Ni Cov. ni *Aut.* ni Keniston recogen el modismo. Una variante con "modo" aparece en "Que *modo tenias* para entrar con amo?" (*CervNE*, II, 233) que, a su vez, en pag. sig. será "del *orden* que *tenia* para entrar con amo".

[37] Y Alicio), Ya Licio, S, correctamente y en contra de V y BAE que por seguir a N y reconocer la mala lectura rectifican en "Et Licio" y "Y Licio". Otra vez discrepa P que da "and to Captaine Licio", no leyendo, por tanto, ni "Y Alicio" ni "Y Licio" sino "Y a Licio"; sin duda, errata personal suya.

[38] *embiar a* + infin., perífrasis en la que puede sobreentenderse un emisario elíptico de uso frecuente en el XVI; cf. "Empero, mucho querria/ que lo *embies a llamar*" (GilV, 245); "le *embio a ofrecer* todo" (*Carón*, 57 y otros ejs. en 66 y 173); "y *enbiole a dezir* que no fuese a Bejar" (Girón, 173); "lo que el rrey me *embia a dezir*" (Roua., I, 307); "determino de *enviarle a llamar*" (*RueCom.*, 156) y "no osaua *embiarme a llamar* ni aun *embiar a llamar* a alguna vezina" (Pinc., III, 13). Otros ejs. en Keniston, 10.722 y 37.571.

[39] "*RETRAER*. Retraerse, recogerse;" (Cov.). Aquí con la más específica acepción de "retirar", como en "acordo de *retraer* sus reales poco mas de una milla" (*GueEp.*, I, 44). Se usaba más comúnmente como reflexivo; cf. "Crito, *retraete* ay. Mi primo viene" (*LC*, 36); "que alla en su estudio se *retraia*" (*Theb.*, 62); "con miedo . . . me *retraxe* al pauellon"

(*OlivaAnfi.*, 541); "A la fin . . . me *retruxe* en una abadia" (*Carón*, 220); "Como esto vieron los turcos, començaron a *retraerse*." (Girón, 35); "mi hija *retrayda* ha de estar" (*Poli.*, 23a); "donde suele haber tantos capeadores *retraidos*" (Espinel, I, 110), y, por fin, "al olor de los *retraidos* vinieron putas" (*Buscón*, 267).

[40] "*TENER*. Vale tambien mantener, y sostener." (*Aut.*) aunque Cov. no recoge esa acepción. Cf. "nunca Troya se pudiera *tener* diez años contra toda Grecia" (Castiglione, 283); "Fuele mandado que *tenga* secreto" (Bivar, 99 y *passim*); "segun *tiene* la santa madre Iglesia, comunica Dios su gracia" (*OsunaTer.*, 279); "el castillo siempre se *tenia*, con esperança de ser socorrido" (*Roma*, 142); "un hereje que *tenia* que se podian salvar en la ley de Cristo" (Girón, 177); "Los primeros que *tuvieron* que no fuesse por naturaleza el hablar" (*MexiaSilva*, 483); "y assi el tambien *tuuo* silencio" (*Laz.*, 42v) y "Lambino y otros *tienen* lo contrario, que no se deve llamar sino epistola" (*Tablas*, 21).

[41] "*ESPADAÑADA*. Golpe abundante y copioso de algun liquor, arrojado con fuerza por la boca o caño: como Espadañada de sangre, de vino, &c." (*Aut.*). Cov. da solamente "ESPADAÑA" y "ESPADAÑAR". Como ya señala AlonsoLex., s.v., corresponde a nuestra actual "bocanada"; cf. "Don Cleofás, que los vio palotear y echar *espadañadas* de vino y herejias" (Vélez, 145) y "Con el golpe arrrojó una *espadañada* de vino que espantó a las mulas." (*Justina*, I, 326 y otro ej. en II, 493).

[42] S om. *en hocico*, comprensible descuido dada la repetición del término.

[43] *argullo*. Variante de "orgullo", ya en Nebrija como señala Corom. (s.v. *orgullo*) y muy anteriormente en "quito de *argullo* e de toda braueza" (Pietsch, I, 35 y otros ejs. en II, 109-10); cf., además, "Con furor muy *argulloso/* y furioso" (*LucasF*, 119); "los godos, *argullosos* con victoria tan grande" (*MexiaSilva*, 422); "mas *argullosa* . . . en haber cumplido con tu vano interes!" (*Crot.*, 227). Cov. que da las dos formas, dice: "*ARGULLOSO*. El bullicioso, apresurado y muy solícito, del nombre latino *argutus*." que es, evidentemente, muy discutible, tanto como lo que dice Piñero de que se trate de un vulgarismo (149, n.8). A y B, por errata, dan *sus argulle* y BAE lo rectifica, desacertada aunque comprensiblemente, en "orgullo".

[44] Para una correcta lectura parece necesaria la inclusión de {las de} tras el "como" del texto; P resuelve el anacoluto con, "that the enemie thrust at me, as he had done at others"; Ba con "come si l'hauesi menate contra di loro" y V se limita a traducir literalmente: "comme celuy qui les auait iette", en lo que le sigue Sa, dando H un resumen ecléctico.

[45] *. . .*. Línea que enteramente omite S. Véanse mis comentarios en el planteamiento del estema. Piñero nada dice de esa omisión.

[46] *tenian*, plural colectivo para el singular "exercito", que no era raro; en el mismo texto, más adelante, se lee "mandamos a toda la compañia se *fuessen* a comer" (f.31r) y cf., además, "muy ante que *fuessen* lo uno era necessario

lo otro" (Boecio, lxviii*r*); "trabajavan con el pueblo que se *fuessen* a quexar al obispo" (*Roma*, 133); "*acordaron* el Ayuntamiento" (*Laz.*, 33*v*); "*hazian* esto una compañia de malos soldados"" (*Crot.*, 232); "*'estan* en el matadero gran cantidad de mujercillas y muchachos" (Cerv*NE*, II, 216). Para otros ejemplos, cf. Keniston, 36.223.

[47] *cura*. "Cuidado", "diligencia". Cov. con "Curar, a vezes vale tener cuydado en comun . . . No curar, no hazer caso ni estimar." no aclara explícitamente la acepción, pero sí *Aut.* con "Encarecer la *cura* . . . se dice translaticiamente de los que ponderan el mucho trabajo que han tenido en dar buen fin a algun negocio ajeno." No es siempre fácil precisar la exacta carga o dosis psíquica o física de la actividad que tal *cura* implica. Cf., p. ej., "*cura* alla de tu ganado" (Enci*T*, 94); "ni menos *curo* de tantas especulaciones" (*Theb.*, 62); "*Curemos* de bien biuir/ en quanto tiempo tenemos/" (*Setec.*, di*r*a); "no me *curo* de lo que manda Sanct Francisco" (*Roma*, 156); "no *cureis* sino de gozar la libertad" (Gue*Ep.*, I, 143); "vn hombre Moreno de aquellos que las bestias *curauan*" (*Laz.*, 4*v*); "no supe mas lo que Dios del hizo, ni *cure* de lo saber." (*Laz.*, 14*v*); "no me *cure* de saber como se llamava" (Rue*Pa.*, 94); "aunque tengais en casa la cosa, no digais que la teneis. Encareced la *cura*" (*Justina*, I, 197); "*Encarecieron* la *cura* arregostandome con buenas esperanzas" (Luna, 317) y "y otros tantos [embelecos] al capitan para *encarecerle* la *cura* y el trabajo" (*Estebanillo*, I, 215).

[48] *porque* con función final, "para que"; cf. "Demos nuestra hazienda a dulce successor . . . *porque* vamos descansados" (*LC*, 256); "que sepa ella que se sabe, *porque* no me importune" (*Theb.*, 95); "son como vasos de vidrio cerrados de paja o heno *por que* no se quiebren" (Osuna*Ter.*, 188); "requerimos . . . al Papa . . . *porque* ninguno . . . se pudiesse quexar" (*Carón*, 78); "ha de ser rica, *por que* tengas con que vivir; ha de ser generosa, *por que* tengas con que te honrrar; ha de ser moça, *por que* te pueda servir" (Gue*Ep.*, II, 287); "hezimos la sennal . . . *porque* nos oyesse" (*Baldus*, 199); "paresciome no tomalle por el medio, sino del principio, *porque* se tenga entera noticia" y "procuraua tenerlos propicios *porque* fauoreciessen su ne//gocio" (*Laz.*, 3*r* y 40*v*-41*r*); "rresucito, juri a nos/*porqu*'el demonio se asonbre" (Roua, IV, 103); "entrese . . . en esa celda *por que* estemos con más quietud." (*Capón*, 254). Véase, además, n.46 al Cap. IX. En muchos casos, no obstante, no es siempre fácil determinar claramente si se trata de una causal o de una final, ya que, por supuesto, a la base de todo ello está el problema de la confusión y/ o alternancia entre "por" y "para" tan frecuente ya desde el medievo (cf. Pietsch, II, 6, p. ej.).

[49] *puedas*), puedes, BAE, con indicativo como corresponde al uso actual cuando se da "pensar" en la principal, pero no parece que, al menos por esos años de los *Lazarillos* y con ese verbo, fuera normativo ya que en el mismo '54 se da "muy gran su priuado pienso que *fuesse*" y "yo pense la casa se *hundiera* con nosotros" (*Laz.*, 37*v* y 47*v*) y frente a estos casos aparecen "pienso que me sintio" y "pensó que alli . . . al

calor mio se auia venido." (8*v* y 23*v*). Para la información que sobre el subjuntivo se da en las gramáticas del XVI, cf. A. Ramajo Caño, *Las gramáticas de la lengua castellana desde Nebrija a Correas*; Salamanca: Univ. de Salamanca, 1986, pp. 152-66.

[50] Cov., *Aut.* y Corom. sólo dan *almohazar* en su normal acepción de limpiar con la almohaza, pero aquí, sin duda, con el sentido traslaticio de "halagar" como en "una moza honrada que se desvela en *almohazar* el gusto a los huespedes." (*Justina*, I, 203); "Las fregonas te alaban en el rio/ los mozos de caballos te *almohazan*". (Cerv*Ruf.*, 551b) y "honrandole el escudero tambien con los titulos de al//mohazador, de cobarde y vinolento." (Figueroa, I, 227-28) y ahí dice la editora: "En sentido figurado, se tildaba a la persona que se aprovechaba de alguien todo lo que podia." (n.41). Sólo Alonso*Encic.*, recoge esta acepción: "Halagar los sentidos." (s.v. *Almohazar*) y precisamente citando este texto. Los traductores, con más o menos precisión, dan "all to fill the eares", P; "pour estriller & esmouuoir les ouies", V; "allettar l'orecchi", Ba.

[51] "*Mandón*, termino barbaro, el que manda muchas cosas que hagan otros." (Cov. s.v. *Mandar*); y con más énfasis "MANDON. El que manda muchas cosas, con demasiado imperio y autoridad, y en mas de lo que le toca." (*Aut.*) y algo más en línea con el texto, "antiguamente, jefe de una tropa irregular." (Moliner y Alonso*Encic.*, s.v.). Cf. "Re-//gistrarante un alcaide y sotalcaide, *mandones* y oficiales" (*Guzmán*, 614-15) y "con aquella humildad, y sumision que si ella fuera la *mandomesa* (sic) y el un pobre cautivo." (*Justina*, II, 515); el editor en nota dice: "Probablemente errata por *mandonesa*, femenino de *mandón*, en su acepción —en sentido figurado— de 'capataz de mina en América', ya que el moçito es, ante ella, un *pobre cautivo*."); P, otra vez sospechosamente, da una traducción distinta —"all to fill the eares of the hearers thereby to encourage them"— en la que ese *mandon* se ve sustituido por el ejército en general, y V —poco seguro, al parecer, con el término— traduce "au crieur ou commandeur".

[52] "*Venir*. Es acercarse a un lugar saliendo de otro." (Cov.) frente a "VENIR. Caminar alguno desde la parte de alla acercandose a la de aca." (*Aut.*) ya con el exclusivo sentido unidireccional de la acepción actual. Más adelante vemos "y cuando a visitalla *venia*" (27*v*)[a la Capitana] siendo que Lázaro no vivía con ella, y "dimos . . . en el estrecho de Gibraltar, y aquel passado *venimos* a Conil" (57*r*) lo que bien indica hasta qué punto el valor bidireccional de ese *venir* era usual a lo largo del XVI; cf. "*veniendo* en Italia" (*Theb.*, 72); "el Emperador *venido* en Inglaterra" (*Carón*, 26) frente a "*Venido* el Emperador en España" poco después (29); "y *vinose* a biuir a la ciudad [Salamanca]" (*Laz.*, 4*v*) siendo que Lázaro lo relata desde Toledo; "De ahi *vine* en Roma", "tome la posta y *vine* en Viterbo" (*Viaje*, 341 y 349) frente a, p. ej., "luego fui en Florencia" (356); "Que d'estos montes en la excelsa cumbre/ ya sabes que de viva piedra tengo/ mil cuevas, do del sol la fuerza y lumbre/ no siento ni su ausencia,

si a ellas *vengo*." (*Angelica*, III, estr.81) y, por fin, "Benis, don Felis? DON FELIS. Principe, si *bengo*." (Morales, 91). Es de observar que esa función bidireccional aun persiste normalmente tanto en francés e italiano como en inglés. Cf., sobre el asunto, A. Badía Margarit, "Los demostrativos y los verbos de movimiento en iberorrománico", *Estudios dedicados a Menéndez Pidal*, 7 vols.; Madrid, CSIC, 1952, Vol.III.

[53] "*Finarse de risa*, quedar sin sentido de puro reir y algunos lo han hecho de veras, que se han quedado muertos riendose." (Cov. s.v. *fin*). Expresión que aun persiste si bien sustituido el obsoleto *finado* por "muerto". Cf., para esos años, "que me *fino* en ver tan mal gesto" (*LC*, 270); "yo me *fino*/ por saber quien es este hombre" (GilV., 219); "Mira que me *fino* en verte con pena" (*Theb.*, 87); "corre no me *fine* en tanto" (Badajoz, xviva); "que me *fino*, Adios, hermanos" (Roua., II, 132); "entre manos se me *finara*" (*Poli.*, 18a).

[54] Cov. sólo registra *rebentar* pero esa *a* protética era usual y corriente en verbos que hoy no la traen, como, p. ej., "*a*llegar" (*SegCel.*, 165; *TerCel.*, *passim*; GueMen, 130; *Crot.*, 152); "*a*lançar" (Palau*Farsa*, v.1921; *Crot.*, 347 frente a "lance" (271), "lançasse" (274); Riberol, *passim*); "*a*bastar" (GueMen, GueMar, *passim*; *TerCel.*, 773; Palau*Farsa*, v.208); "*a*tapar" (*Propa.*, Bivb; *Lozana*, 292; GueMar, 337; *Laz.*, 8v y 21r) y un largo etcétera innecesario de transcribir. Piñero, sin duda por apresurada lectura, transcribe "arrebatar" (150).

[55] "*FUERÇA*. El castillo fuerte." (Cov. s.v. *FUERÇA*). Cf. "machinas para combatir los muros y//castillos y otras *fuerças*" (Mexia*Silva*, 233-34); "Cuantas cosas se han errado, cuantas *fuerzas* perdido, cuantos ejércitos desbaratados" (*Guzmán*, 338); "un soldado, que hallandose cercado en alguna *fuerza*" (*Quij.*, 392[I, xxxviii]) y "ganar una *fuerza* trata/ inexpugnable" (Lope*Voc.*, p. 1252).

[56] Parece que ante este *mas* haya que incluir la copulativa "y", y respecto a ese *mas* habrá de entenderse como el reiterativo "ademas" como en "Tambien el mismo Dios dize al Profeta . . . //Dize *mas* el Rey y Señor" y "Señaló tambien el tiempo . . . Dioles *mas* la orden y methodo" (*Institución*, 13-14 y 74); "Poniaseles *mas* el pecado . . . contra natura" (Mexia*Silva*, 560); "le asigno un rico aposento, y *mas* seis criados" (Timo*P*, 120); "Y *mas* que no habra quien se ponga a averiguar si lo seguistes o no lo seguistes" y "Estoy yo obligado . . . a . . . saber cuales son de batan o no? Y *mas*, que podria ser, como es verdad, que no los he visto en mi vida." (*Quij.*, 24[I, Prol.] y 188[I, xx]); "No dixe que lo hizierades, sino que si lo hiziessedes, passaria por ello . . . Y//*mas* os digo . . . que aun de las personas humildes ay algunas que no las permite la comedia." (*Tablas*, 213-14).

[57] *eficacia*. Cov. no recoge ni el abstracto ni el adjetivo; *Aut.* da "Virtud, actividad, fuerza y poder para obrar." pero, a mi juicio, aquí debe entenderse específicamente en el sentido de "ansia", "ardor" como en "Por que dices . . . tanto mal de lo que todo el mundo, con tanta *efficacia*, gozar o ver dessea?" *LC*, 86); "El pensamiento *eficaz* siempre se a de

llebar//al cabo" (*Guitón*, 150-51) y "Y en estos obraba con *eficacia*, porque todos los aborrecian." (*Guzmán*, 519).

[58] *. . .* Párrafo confuso al que hay que suponerle mala lectura y/ o deturpada redacción. P da "and more, that thou beginnest to perswade our aduersarie by speach, which euerie one can doo as well as thou." siendo el más adecuado ajuste, ya que V sigue literalmente a N con "mais de te veoir tasche auec éfficace de persuader a nostre aduersaire ce qu'il doit faire quelconque" y así mismo Sa; Ba traduce "ma solo hauete cercato di persuadere con efficacia al nostro auuersario, quello ch'egli non puo scussare" que ligeramente distinto no aclara mucho más.

[59] Parece necesaria una preposición como {de} o {al} ante ese *ver*.

[60] "*NATURAL*. Todo aquello que es conforme a la naturaleza de cada uno." (Cov.). y cf. "y como ellas de su *natural* son deuotas" (SanP*C*, 188); "E si de su *natural* tiene qualquier hermosura" (*Boecio*, xxir); "dios . . . todo lo ace, que es obra suya sobre nuestro *natural*" (Teresa, III, 292); "Mi *natural* era bueno. Naci de nobles y honrados padres" (*Guzmán*, 309); "dado que los judios tuviessen peores *naturales* que los gentiles" (Salucio*Esta.*, 12v); "Pues es perro trifauce, que arremeta/ y al *natural* del perro en esto imite" (*Mosquea*, 602a). En f.55r se repetirá esa acepción.

[61] dixiste), dixisti, S, más acertado por más acorde con el texto evángelico en latín ya que de parodiarlo se trata aquí como comento en nota siguiente.

[62] Si su padre —según nos ha contado antes— "confeso y no nego" (*Laz.*, 4v) —parafraseando al Bautista (Juan, i, 20), Lázaro irá algo más allá, atreviéndose —en su fuero interno, claro está, por la cuenta que la trae— a parodiar a Cristo —cf. "y el pontífice le dijo . . . dí si eres tu el Mesias, el Hijo de Dios. Díjole Jesus: Tu lo has dicho . . . Entonces el pontífice rasgó sus vestiduras, diciendo: Ha blasfemado." (Mateo, xxvi, 63-65)—; cito por la BAC ya que Reina en su *Biblia* da, curiosamente "rompio" y no "rasgo". Parodia que su tanto dice de la irónica veta religiosa que, como en el '54, recorre la obra y que comento en el estudio introductorio.

[63] Giro de frecuente uso coloquial; cf. "El varon muy esforçado/ que la fortuna combate/ oy vn *xaque* cras vn *mate*/" (*Setec.*, bivb); "y es la x, si mirays/ diez mil *xaques* descubiertos//que son *mates* mas que muertos/ que con la vista me days/" (Enci*OC*, III, 10-11); "mas de tres *xaques* ha rescebido de mi . . . Vamos de camino por casa, que no se podra escapar de *mate*." (*LC*, 139); "lo qual me paresce que fue *xaque* y *mate*/ para Lucifer y toda su gente" (*Propa.*, Ziirb); "y al Rrey Negro, su contrario/*xaque* y *mate* dio con vos./" (Roua., I, 393); "porque la muerte le da/ todo junto *xaque* y *mate*" (Horozco*T*, 603a). En f.68r, Lázaro lo repetirá diciendo del Rector que "siempre, pensando dar buen *xaque*, recebia mal *mate*".

[64] "*REGAÑAR*. Es propio de los perros, quando muestran los dientes y, sin ladrar, hazen cierto sonido con que manifiestan su saña." (Cov.) y "*REGAÑAR* "Vale tambien dar muestras de enfado, con gestos y acciones, y algunas veces

con palabras dessabridas o mal pronunciadas." (*Aut.*). Cf. "Abren las bocas raviando/ de la sangre que han bevido;/ los colmillos *regañando*/ parece que no han comido." (*Mingo*, p. 210) y "no tiene sana intencion/ el perro quando *regaña/*" (*Juyzio*, 93b); de acuerdo con este sentido P da "I grinned"; V, "ie *rechinoye*"; Ba, "staua *arrabiando*."

[65] hombre), hombres, BAE. En relación con esta variante cf. n.29 de este cap.

[66] *con tanto* en sentido concesivo consecutivo, "asi que", "por tanto", "con ello"; Keniston sólo registra *con tanto* como concesiva condicional (29.781); cf., para su función según aparece en el texto, "y *con tanto*, de tu licencia yo voy a traer a Franquila" (*Theb.*, 30); "S. M. les mando hazer dos pagas y *con tanto* los despidió" (Girón, 31 y otro ej. en p. 336); "Y *con tanto* me subo arriba, que ya lleuan el manjar" (*Florinea*, 178a y otro ej. en 206a).

[67] Puede ser admisible esa paranomasia *acaeciome un acaecimiento*, pero teniendo en cuenta lo que inmediatamente sigue "y tornandome a retraer muy de presto" bien pudiera ser que en el original se leyera {acaeciome un descaecimiento} —cf. "Descaecer, desfallecer de fuerças . . . *Descaecimiento*, el tal accidente." (Cov. s.v. *CAYDA*)— como, si bien liberalmente, traduce P con "I made as though I had bene striken, and faining to retire"; V da "m'aduint vne adventure, & fut, que me retournant a retirer" que si bien reajusta también libremente la frase, no es dudoso que esté leyendo *acaecimiento*; de Ba poco podemos deducir pues es el que más libremente la traduce con "mi successe, ch'io hebbi a presto ritirarmi" desentendiéndose del problema.

[68] tome), come, A y B por obvia errata tipográfica.

[69] Régimen preposicional de *en* por "con" que en la actualidad, y con verbos de aprehensión, se utiliza prácticamente sólo cuando el sujeto es receptor pasivo. Para otro uso más específico en el XVI de ese *en* por "con", cf. n.65 al Cap. V.

[70] Zeugma por "espada". No sé hasta qué punto es pertinente la nota 17 de Piñero (152).

[71] {que} omitido quizá por errata o quizá por construcción conversacional en estilo directo.

[72] Aunque *Aut.* recoge ambas formas —"latrocinio" y "*ladronicio*"— Cov. sólo recoge ese *ladronicio*, forma que debía ser la más común —cf. "Turba el comun ejercicio/ quien hiciera *ladronicio*" (HurCortes, 30c); "Que *ladronicio* tan averiguado!" (Roua., IV, 121) y "habiendo visto la insolencia, *ladronicio* y deshonestidad" (CervNE, II, 256)— pero que coexistía con la correspondiente forma culta, "latrocinios" (*Schola.*, 228). A y B dan "ladrocinio" y Ba "latrocinio", rectificaciones que pueden resultar curiosas ya que en italiano por esos años existían tanto *ladroneccio* como *ladroneggio* (cf. Tomasseo, s.v.). Como sabemos, en la actualidad ese *ladronicio* es de uso común a nivel coloquial.

[73] Auella), auello, S, correctamente ya que se trata de Lázaro y acto seguido se confirma con "pues no auia de ser hallado", y así lo entienden tanto P con "I had eaten him" como V con "ie luy auroy mange" contra su acostumbrada

fidelidad a N, siendo el discrepante Ba con "ch'io l'hauessi trangugiata".

[74] sobre), sopre, A y B; evidentemente por error italianizante debido a "sopra".

[75] *esgremi* como antes *esgremir* en f.7*r* y despúes en f.16*v* y 19*v*; y vease n.111 del cap. II. De destacar aquí es la omisión del correspondiente pronombre de objeto directo; probablemente errata.

[76] como un), un como, S.

[77] *General*), *general*, S. Este es el único caso, dándose otro —y sólo otro— inverso de *general* en N frente a *General* en S; para los restantes se dan 34 *general-general* y 11 *General-General*.

[78] *De oy mas*: "desde ahora", "de hoy en adelante". Cf. "Yo te llevare comigo/ desque alla fuere, *d'hoy mas/* (Enci*T*, 180); "y *de hoy mas* . . . no espero mala nueva" (*Theb.*, 108); "*de oy mas* no te maravilles" (*Carón*, 19); "con su poderosa mano/ no te rremedia *de oy mas*" (Roua., II, 454); "Tu lo puedes disponer/*de oy mas*" (*Orosia*, 117); "para que quiero yo *de oy mas* la vida?" (*Poli.*, 3a); "Lazaro, *de oy mas* eres tuyo" (*Laz.*, 24*v*); "deue *de oy mas* . . . ser dicho heroyco" (Pinc., II, 231). Otros casos en texto en 21*v* y 46*v*.

[79] *Gualardon* y derivados aparecen siempre con *gua* en S en los 6 casos que se dan, mientras que N presenta un *ga-lardon* frente a los 5 restantes *gua-*; de cuanta estadística tengo recogida se deduce, no obstante, que *ga-* era, con mucho, la forma más favorecida a todo lo largo del XVI, como también ocurría con el caso análogo de "secaces" frente a los menos usados "secuaces" o "sequaces"; no obstante, y como sabemos, "galardon" ha persistido sin que, un tanto intrigantemente, no le haya ocurrido lo mismo a ese "secaces". Cf. Gillet, III, 171-72 para comentarios e información sobre esta cuestión.

[80] *de* como preposición regente en los casos en que ahora usamos "por" era de uso común; cf. "preguntado *de* la justicia" (Enci*OC*, I, 31); "*de* cuya causa que de tal demanda te dexes te aconsejo" (San*PT*, 66); "no han sido *de* mi visitadas" (*LC*, 82); "He lo buelto de latin en castellano no palabra *de* palabra mas sentencia *de* sentencia" (Boecio, iiii*r*); "la virtud no se alcançca *de* los mortales salvo con gan sudor" (*Theb.*, 162); "lo principal de nuestra disputa se queda aun *de* averiguar" (Gue*Ep.*, II, 340); "que los libros no se lean *de* la juventud" (*Baldus*, 150, n.); "Pugnando los unos *de* deffender, los otros *de* tomar la ciudad" (Mexia*Silva*, 272); "que blasfemaros dejais/ y abatir *de* una mujer?" (Roua., II, 92); "toda buena cena *del* buen beuer comiença" (*Florinea*, 185b); "desmayaron los hereges, y enfrenados *de* los nuestros" (Loyola, 73b); "halle muchos recados a cada rincon, *de* que luego di en la causa." (*Capón*, 248); "no me lo niega *de* respecto" (*Guitón*, 90); "y vos hablais *de* experiencia" (Luque, I, 198); "el nunca llegarle a ver/ el llamarse *de* mi nombre/" (Tirso*OD*, I, 1744a). Y véase Keniston, 35.251, 35.253, 35.261, 35.263, 35.265 y 35.27, donde se confirma que *de* era la preposición más usual cuando de construcciones de pasiva o similares se trataba; más adelante, y de modo más

general, afirmará que "*De* has the widest range of meaning of all the prepositions. It extends from the idea of source and separation to that of theme of interest. It is especially common with verbs of emotion. It competes with all the other prepositions and also with the direct infinitive to introduce a direct object of transitive verbs" (37.54). Para su uso específico con voz pasiva cf. más en concreto n.3 al Cap. IX, con otros ejs.

[81] *preferia*; aunque en ambos N y S aparece así parece que haya de leerse, mejor, *preferi a*. Ese *preferirse* con sentido de "ofrecerse a", como así lo entienden los traductores —"I profered my selfe to be", P; "Ie me preferoye d'estre", V; "Ick presenteerde d'eerste", Sa y "Io m'offersi d'essere", Ba— se presenta como variante de "proferir (se)" —cf.n.25 aquí— como, en efecto, hace suponer el "por lo qual *profiero* el casamiento de las donzellas" (Mexia*Silva*, 619) que nos obliga a aceptar la reciprocidad semántica de ambos, "*pro*ferir" y "*pre*ferir", que seguirá años más adelante como en "yo . . . me *prefiero* a hacer lo que ese caballero, y no le reconozco ventaja" (Hita, 570b); "Pues yo/ a curalle me *prefiero*" (Lope*Voc.*, p. 2213) y "no hallareis quien se *prefiera*/ a hacelle dar un suspiro/" (Tirso*OD*, I, 444b). Cov. da, por un lado, "PREFERIRSE. Anteponerse.", y después "PROFERIRSE. Ofrecerse a hazer alguna cosa voluntariamente", distinguiendo ambos sentidos, pero *Aut.* aun da "*PREFERIRSE*. Obligarse y ofrecerse voluntariamente a hacer alguna cosa." añadiendo "Covarr. dice Proferirse." y, después, "PROFERIRSE. Vease Preferirse." distinguiendo uno y otro de sus correspondientes transitivos "preferir" y "proferir" que para él ya tienen el sentido actual. BAE, por errata, da "prefiri", errata que directamente recoge Corom., s.v. *preferir*, al citar, precisamente, este ejemplo del '55.

[82] *escala* con artículo femenino cuando antes en el '54 se había dado el masculino: "el soldado que es primero *del escala*" (*Laz.*, 2v).

[83] "*FAVOR*. *Latine favor* . . . por favorecer alguno y darle aliento, ayuda y consejo" (Cov.) y aquí, más concretamente, en ese sentido de "darle aliento, ayuda" como en "con *fauor* que tuue de amigos" y "tengo en mi señor Arcipreste todo *fauor* y ayuda" (*Laz.*, 46v y 47r); "vuestra muger no tiene ningun *favor*? MENDRUGO.— Si, senor, tiene muchos braços." (Rue*Pa.*, 160 y véase n.14 ahí); "Aquel tiene por mejor/ que mas *favores* tuviere/ assi que siendo el peor/ tengame yo buen *favor*/ y lo demas quien quisiere." (Horozco*T*, n.2926).

[84] Para *haber* con pleno valor etimológico fuera de su función auxiliar, usual en el XVI, cf. "le *han* embidia" (*LC*, 87); "viste aquel animal . . . y *as* miedo?" (*Lozana*, 308); "procuran la paz y *auida* la guardan" (Oliva*Dial.*, 111); "no *he* yo pena" (*TerCel.*, 816); "y *auiale* miedo viendo el color" y "como aquel que lo *auia* gana" (*Laz.*, 4v y 32v); "las paredes que podian *auer* fasta tres millas" (*Amaro*, Aviiir); "podrian *haber* . . . hasta trece o catorce años" (Torq*Jardin*, 110) y otros ejs. en el mismo texto en ff.19r, 20v y 38r

Aunque Valdés dice: "*Aya* y *ayas* por *tenga* y *tengas* se dezia antiguamente, y aun lo dizen agora algunos, pero en muy pocas partes quadra" (*Lengua*, 152), mucho más tarde aun Correas observará que "Tanbien este verbo *aver* se usa por si solo, i entonzes sinifica *tener*" dando ejemplos (*Arte*, 162). Véase además, sobre esto, Lapesa*Hist.*, 255-56 y la bibliografía que ahí cita).

[85] "*SEGUNDAR*. Vale tambien ser segundo o seguirle al primero." (*Aut.*). Cov. lo cita —s.v. *SEGUNDO*— pero no lo comenta, y Fontecha (333) sólo lo recoge en su acepción de "repetir", como así mismo Alonso*Encic.* y Corom. s.v. *seguir*, tal como aparece en "Del que te burló primera/ guárdate la vez segunda/ y si en efecto *segunda*/ vélate bien la tercera./" (Rufo, 302, vv.337-40); "si por ventura yo alli *segundaba*, diera indicios de haber sido embeleco el pasado" y "pues el dia que *segundare* de matrimonio, perderá la hacienda" (*Guzmán*, 668 y 738); "dio con ella tan gran golpe al harriero . . . que si *segundara* con otro, no tuviera necesidad de maestro que le curara." (*Quij.*, 51[I, iii]). En "volvia a hacer halagos al que me apaleaba, que ninguno *segundaba*, viendo mi porfía y mi noble término." (Cerv*NE*, II, 235) no queda muy claro cuál de las dos acepciones ha de entenderse; "y *segundando* como pude, . . . la levante de manera" y "Calle por que no *segundase*" (Espinel, I, 293 y II, 113) y "quando van cantando dos pastores a competencia, el que *segunda* a de dezir mayor concepto que el primero" (*Tablas*, 175). Ejemplos todos ellos que parecen indicar que ese sentido de "apoyar", "ayudar" en vez de "repetir" es particular del '55, correspondiendo al uso de hoy en día del cultismo *secundar*.

[86] S inserta *y*.

[87] Bien dice Lapesa que "La repartición de usos entre *ser* y *estar* era mucho menos fija que en la lengua moderna." (256) hablando de esa época. Además de los ejs. ya citados en n.86 (Cap. II) para específicos casos con el adverbio "bien", añadiré, p. ej., "en tanto que ellos *eran* a las batallas" (*Lozana*, 328); "aun no *deue ser* en pie esta gente" (*Florinea*, 275a); "Vgo *era* ausente" (Pinc., II, 217); "el domingo *sera* aqui sin falta" (Cerv*NE*, I, 214 y otro caso en 228) y otros ejs. en Keniston, 35.3 y sigs. Correas aun dice de *ser* que "No sinifica *estar*, como en latin, i otras lenguas, aunque se dize pegado dellas o nuevo, *io sere alla con el mui presto: io sere alla para tal dia.*" (*Arte*, 166). De hecho ese uso aun persiste modernamente en algunos casos como en "En un momento soy contigo", etc.

[88] *cuando* en función concesiva —"aunque"; cf. "yo os prometo que *quando* el Papa quisiesse vivir como Vicario . . . no solamente no le quitaria nadie sus tierras, mas le darian muchas mas." (*Roma*, 31); "son cosas que se tratan secretamente, de manera que *quando* bengan en juizio no se pueden provar" (*Carón*, 109); "van caminando a ser reprehendidos/ i a despenarse *cuando* bien se amparen./" (Cueva*E*, vv.1159-60); "A mi *quando* me lo den de mala gana no me muestran mala cara" (*Guitón*, 90); "Y esta verdad es tan clara, que no a menester provacion *quando* nos faltara la

autoridad del Filosofo." (*Tablas*, 46). Un último ej. puede verse en texto en f.69*v*. Bien dice, no obstante, Keniston que "It is difficult to distinguish between *cuando* in a concessive and in a conditional force." (29.721) dando otros ejemplos. En nuestros días, como sabemos, se ha llegado a una solución ecléctica mediante el uso de "aun cuando".

[89] *estrañamente*. "*ESTRAÑO*. Algunas vezes llamamos estraño lo que es singular y extraordinario" (Cov.) si bien sin citar el adverbio, adverbio que con esa acepción, si recoge *Aut.*.

[90] conciencia), consciencia, S. De 3 casos en todos N mantiene *conciencia* frente a S, sólo en uno; en el '54, en cambio, se da siempre *consciencia* siguiendo con ello la tendencia general al menos para la primera mitad del siglo, de acuerdo con los datos que poseo en los que esa forma predomina sobre su contraria. De cualquier forma y respecto a esa *s* escrita pero no siempre pronunciada véanse las notas 11 y 12 al Cap. I.

[91] Para *caracol* como término comparativo de algo inexistente o de valor nulo ya lo señala *Aut.*: "No se le da, o no importa, o no vale un *caracol*, u dos *caracoles*. Phrases en que la voz Caracol equivale a lo mismo que nada". Cov. nada dice de esta expresión, pero cf. "todo ello no lo tengo en vn cabello/ ni me do tres *caracoles*" (*Propa.*, Mi*v*a); "No valiera/ si de este don careciera/ nuestra vida un *caracol*/" (Cast*Mujer*, 93); "pero no se me da de vosotros dos *caracoles*" (Vélez, 55). Keniston (40.96) recoge una serie de términos con la misma función pero no da éste. Para la acepción de *caracol* como término militar, cf. n.34 al Cap. XII.

[92] *ternan*. Formas con metátesis como ésta alternaban con las epentéticas en -ndr- tanto el futuro como en el condicional como bien se sabe, y abundantes ejs. hay en *Lozana*, 294, Gue*Men*, 200, Gue*Mar*, 339 *TerCel.*, 722, Doni, 77, 126, 127, 148, *Laz.*, 20*v*, Pinc., II, 381 y III, 177, etc., etc. Correas (*Arte*, 174) aun sigue dándolas como usuales. Véase para la cuestión M. Pidal, 59 §4 y 123 §2.

[93] "*SABIDOR*. El instruido, o noticioso de alguna cosa." (*Aut.*). Cov. no lo recoge, lo que puede hacer sospechar que ya estaba cayendo en desuso, si bien la cita de *Aut.* proviene de Gracián. De cualquier forma, en el siglo XVI era de uso común; cf. "aunque tu dello *sauidor* no seas" (SanP*T*, 60); "si de tal cosa fuesses *sabidora*" (*LC*, 239); "y no ser *sabidor*/ ado nacio el Salvador/" (GilV., 27); "de immensos secretos real *sabidora*" (Yanguas, 418); "me haga merced de me hazer *sabidor* de su salud" (Cardona, 140); "Vin, señores/ ha hazeros *sabidores*/" (Palau*Farsa*, vv.155-57); "y se *sabidor*/ que oy le son perdonados/ . . . / gran numero de pecados/" (Roua., II, 2); "nos haras merced en nos hazer *sabidores*" (*Florinea*, 254b).

[94] "*ESPACIOSAMENTE*. Despacio, con flema y dilación." (*Aut.*) Cov. no recoge el adverbio; cf. "Y en muchas jornadas, *espaciosamente* caminando, llegaron a Arévalo." (*Incompleta*, 191); "Hablaba un gentilhombre muy delgado y *espaciosamente*" (Rufo, n.409); no es frecuente el adverbio

ya que lo normal eran las construcciones adverbiales como "vistese me muy a su plazer *de espacio*" (*Laz.*, 18*v*) o análogas tomando *espacio* en sentido de "tiempo" como lo tengo comprobado en las abundantísimas citas que vengo recogiendo para el futuro trabajo que ya he citado en n.121 (Cap. II).

[95] lo), la, S.

[96] las), los, S.

[97] todas), todos, S.

[98] *desque*. Dice Valdés: "Algunos escriven *desque* por *quando*, diziendo *desque vais* por *quando vais*, pero es mal hablar" (*Lengua*, 155); no obstante, era de uso frecuente, como en "Por siquiera *desque* muerto/ ver aquel Verbo divino/" (Enci*T*, 30); "Que *desque* se descubren, assi pierden la verguença" (*LC*, 32); "*Desque* criados, hazeys/ por poneros en letijos/" (*Radiana*, 27); "que *desque* al mal esta ducho/ es muy rezio de boluer/" (Badajoz, lxxx*v*b); "nos haze dioses alla *desque* partimos de aqui" (*Schola.*, 208); "*Desque* fuymos entrados, quita de sobre si su capa" (*Laz.*, 26*r*) y otros ejs. en Keniston (28.56) donde además, contra la crítica valdesiana, asegura, con razón, que "it remains sporadically throughout the century." El problema consiste, claro está, en hasta qué punto, a pesar de esa crítica, el hablante del XVI no pensaba más en *desque* como "desde que" en vez de como "quando", siendo como son ambos perfectamente intercambiables. En cualquier caso, ni Cov. ni Correas recogen ya ese *desque*.

[99] "*ESFUERZO*. El animo, brio, valor." (Cov.); aquí con connotación más física que psíquica como en "traime alguna refecion/ que coma y este *esforçado*/ porque antes de ser finado/ te de mi bendicion./" (Badajoz, ciiii*v*b); "Es ayuda y da *esfuerço*" (Teresa, I, 169) y "Acavoseles el *esfuerço*, faltoles animo" (III, 272); "¡Oh señora de la fermosura, esfuerço y vigor del debilitado corazon mio!" (*Quij.*, 51[I, iii]). En el caso de líneas más arriba —"do esta vuestro *esfuerço* y osadia el dia de oy" (16*v*)— es más discutible esa acepción.

Notas al Capítulo IV

[1] CAP. IIII), CAPIT. IIII, S.

[2] entrado), entrando, A y B. Nótese, además, que tras la interpolación de adverbio entre auxiliar y participio antes recogida —cf. n.71 al Cap. I— aparece ahora la de una cláusula total, lo que tampoco era inusitado; cf. "os he yo entre todos mis subditos con tanto cuidado *escogido*" (*Carón*), 175; "habia todo cuanto tenia *jugado* y *perdido*" y "*he* con vuestras quistiones mucho *rabiado*" (Gue*Ep.*, I, 72 y II, 174); "les *fue*, a vista de todo el pueblo, *puesto* fuego" (Mexia*Silva*, 566); "y *fue*le alli por aquellas señoras *hechas* grandes fiestas" (Cardona, 129); "*he* con harto trabajo *criado*" (Rue*Com.*, 133).

[3] Para esta preposición *a* ante objeto directo no personal, cf. "Aquel que no sabe *a*l templo diuino" (*Setec.*, f.ivva); "Por muy . . . guardado que tenga el avaro *a* su dinero" y "y aun *a* nuestras barbas canas a mesar" (Gue*Ep.*, I, 315 y II, 253); "si conoces/*a*l estado de Ynocencia" (Roua., III, 352); "su cuidado sea no acomodar *a*l alma" (Cruz, IV, 71) y "en ellas no reina la avaricia, ni aun han conocido *a* la miseria." (*Estebanillo*, I, 238).

[4] *ahogar*, aquí con el sentido de "asfixiarse", "sofocarse" como en la primera acepción que da Nebrija: "*Ahogar*. Strangulo, Suffoco, extinguo." y véase la explicación que da Cov. s.v.; para su analogía con "anegarse", cf. "no entreis a nado, que se/ que os *ahogareis* sin fe/" (Roua., IV, 84); y en este '55, "mi mal logrado lleuo Dios y hundio en la mar . . . y . . . otros . . . lo vieron *ahogar*" (f.60r) frente a "sino vuiera verjas en medio de mi y dellos, *ahogaran* me sin falta."   (59r) con el sentido primero. Tras ello y recordando lo comentado en n.48 al Cap. II, evidente parece que "anegar" se podía emplear tanto para seres animados como inanimados y sólo *ahogar* para los primeros, a diferencia del uso moderno que delimita más claramente los campos semánticos de aplicación con "anegar (se)" para los inanimados y *ahogar (se)* para los otros.

[5] Adviértase que este *sola* aparece en función adverbial —"solamente"— y no como adjetivo, lo que era de uso absolutamente común; cf. "aqui, donde *solos* ha tres dias que se que moras" (*LC*, 52); "con *sola* la parte que de generoso teneis" (*Propa.*, Aiir); "que *sola* la vista de mi señora abasta" (*Theb.*, 137); "con *sola* la lumbre natural" (*Roma*, 101); "en *sola* Italia cinco exercitos" (*Carón*, 7); "vino con *sola* una galera" (Girón, 128); "*solas* veynte personas fallecieron" (*Laz.*, 17r); "se resolvera todo en *solos* truenos" (*Florinea*, 164b); "por satisfazer a *sola* su sensualidad" (*Crot.*, 161); "el fin también queda con *sola* otra" (Pinc., II, 277); "enseñavan *solas* veinte i dos letras" (Alemán*Orto.*, 43).

[6] huelgome), holgueme, S, más acertado.

[7] A diferencia del inmediato anterior —"cuando los vi *toda via*"— en este caso es más dudosa la acepción "aun", que mejor parece haya de entenderse como "siempre", sin que se pueda descartar, en absoluto, otra posibilidad, la de "sin embargo", ya que, de hecho, en muchos casos son imprecisos los límites entre uno u otro significado. En casos como "mas esto no es *toda uia* porque muchos nombres ai que tienen plural" (Neb*Gram.*, 178); "echa uino *todauia*/ nunca pares y anda alerta" (*Propa.*, Kivr; "viven con viento, navegan con el viento, *todavia* se les apega algo del viento" (Gue*Mar*, 362) y más adelante en texto, "pensando que no *todauia* puede suceder bien."   (f.69r) resulta evidente el actual "siempre"; en otros como "*Todavia*, Galterio, no quedo satisfecho . . . si no me dizes" (*Theb.*, 35); "*todavia*, si me lo pagas, decirtelo he" (*Carón*, 215); "le fue dicho . . . que no hiziese esta conbocacion . . . S. M. *todavia* determino de llamarlos" (Girón, 142); "puesto que se pusieron en deffensa tomando las armas quanto el breve tiempo dio lugar, *todavia* fueron vencidas" (Mexia*Silva*, 254), no es dudoso el "sin embargo";

pero, por fin, en otros como "*Todauia* con el humil deseo de aprender" (*Propa.*, Aiir) y "y aunque no lo mande el crego/ el lo guarda *todauia* [el disanto]" (Kiirb); "Aunque el condado . . . no tenga grandes rentas, *todavia* podeis hacer . . . algunas buenas obras" (Gue*Ep.*, I, 186); "Aunque los mas sucesos del juego penden de la buena o mala dicha, *toda via* el discurso y la experiencia alcanzan algunos lances" (Rufo, n.209) difícil es asegurar una u otra acepción.

[8] Violento régimen paratáctico el de ese gerundio *viendolas* que simultáneamente vale para un participio pasado y un infinitivo.   P da "my verie flesh . . . to be so iniuriously torne and plucked in pieces"; V, siguiendo literalmente a N, como acostumbra, "les voyant despiecées & engloutir" y Ba, "mie carni nel vederle dillacerare"; podría ser un anacoluto o una mala lectura, pero dos ejs.   tengo recogidos que parecen atestiguar el uso: "su cuidado sea no *acomodar* al alma a su modo y condicion . . . sino *mirando* si saben por donde Dios las lleva" (Cruz, IV, 71) y "i que parezca verdad, *dissimulando* el engaño i *disfrazar* los designios" (Fajardo, 33).

[9] La omisión del reflexivo, que actualmente es normativa para muchos verbos como este *diferenciar* era usual. Cov. no recoge ni el sustantivo ni el verbo, pero cf. "Quanto es dulce a los tristes quexar su passion"*LC*, 64); "Veras como no me escapa/ desde el conde hasta el papa" (*GilV*, 97); "acuerdas tu auer visto" (Oliva*Anfi.*, 553); "si ella te rruega que quedes" (*Lozana*, 370); "fue desseo de manifestar la justicia del Emperador . . . para lo qual me ocurrio esta invencion: de introducir a Caron" (*Carón*, 1); "Nunca vi tanto detener a Sigeril" y "no detengamos sin llamarla" (*TerCel.*, 722 y 814); "y convinome yr de alli huyendo" (*Baldus*, 181); "sin vender a si mismo" (Gue*Ep.*, I, 31); "a hablar y despedir/ de la triste de mi madre" (Roua., I, 30); "y como desmayas ansi" (*Florinea*, 229a); "a pasear y solazar en el entretanto" (*Crot.*, 202, pero acto seguido "por me solazar" (203); "Dejemos ahora de esos buenos comedimientos" (Torq*Jardin*, 103), y para la omisión del recíproco cf. la siguiente nota n.12.

[10] parte), parta, A y B.

[11] "*RECATARSE*. Andar con aviso y cuydado de alguna cosa que le puede suceder." (Cov.). Cf. "Y veniaste *recatando*/ si venia alguien tras ti!/" (Enci*T*, 236); "Los hombres cuerdos mas de si que no de otros han de andar sospechosos y *recatados*" (Gue*Men*, 130); "El Papa venia muy *rrecatado* del Cesar y con gente de fuerza" (Cardona, 132); "estan todos tan *recatados* . . . que la mayor atencion que tienen . . . es a mirar el respeto que se les tiene" (Torq*Coloq.*, 535b); "los quales exemplos deven imitar . . . los ministros de la yglesia . . . remirandandose muy *recatadamente* en ellos."   (*Institucion*, 42); "los estrangeros toman ocasion de nuestros estatutos para . . . llamar a los Españoles marranos . . ., y *recatarse* dellos."   (Salucio*Esta.*, 45r) y "me dijo una tarde que me *recatase* de entrar en su casa" (*Estebanillo*, II, 456).   De hecho, un eco de ese sentido aun subsiste tanto en el verbo como en la común expresión "ser muy *recatado*".

[12] Era usual la omisión del recíproco para este específico régimen *encontrar con*, como en "mas he *encontrado/con* su sierva Orosia" (*Propa.*, Eiiiiva); "*encuentra con* dos rufianes" (*Lozana*, 383); "cuando algun mancebo *encontraba con* algun viejo" (*GueEp.*, I, 33); "no *encuentre con* el" (*RueCom.*, 213); "*encontrando con* un labrador" (Doni, 104); "El negro gato *encontro con* nuestro aposento" (*Guitón*, 81); "entro en Madrid . . . y *encontro con* el paje" (*CervNE*, I, 48).

[13] *buscada*: "rebuscada", "registrada". Ni Cov. ni *Aut.* recogen esta acepción, pero cf. "Dime a *buscar* todo el meson, y . . . voy a parar a un trascorral" y "Luego a puñadas me apearon del . . . asno y . . . *buscaron* la recua creyendo hallar el hurto" (*Guzmán*, 179 y 190); "se habia escapado libre la despensa . . . cosa que la juzgo a milagro, segun fue lo que llevaron y *buscaron* los galeotes" y "Y *buscando* mas, halló un librillo de memoria" (*Quij.*, 214 y 216[I, xxiii]) y "Aviendo ya *buscado* el suelo bético/ hasta la margen de ía fértil Africa" y "La ropa quiero *buscalla*, para ver si algo me lleva." (*LopeVoc.*, p. 418). Así lo traduce P que da "searched"; V, como era de esperar, traduce literalmente "cherchée", y también Ba con "cercata".

[14] S inserta otro "que", lo que parece más correcto, aunque el anónimo anotador lo ha tachado.

[15] S inserta "a" quizá por ultracorrección y arrastrado por la particular construcción sintáctica de la frase.

[16] S inserta "y".

[17] S inserta "y".

[18] S, quizá por error visual, inserta "tan".

[19] *saco*. Cov. sólo recoge "*saco* mano", pero *saco* era común. Cf. "abrasamientos y *sacos* de casas y de lugares" (Castiglione, 323); "defender los pueblos, evitar los *sacos*" (*GueEp.*, I, 82); "o en robos o en *sacos* de estrañas prouincias" (*Schola.*, 125); "o esta puesto a *saco* el palacio?" (*Florinea*, 193a) "en el *saco* de la ciudad cogi el mal lucido cuartago" (Espinel, II, 138) y "la entraron a *saco* [la tienda]" (*Estebanillo*, II, 323).

[20] *que*), y, S; ¿quizá por influjo de la anáfora copulativa del párrafo? Ya ha hecho notar Solà-Solé (1979) la tendencia a la proliferación de esas anáforas —a la "enfadosa repetición de la partícula -y-," como dice— tanto para el '54 como para este '55 relacionándolos con el *Crotalón* (cf. pp. 319-21).

[21] *atocinados*, de claro sentido, y así lo recoge Alonso*Encic.*, : "poner varios cuerpos uno encima del otro.", citando, acto seguido, a Pineda en el dial. 8 de su *Agricultura cristiana*, sin mención de este '55. Lo más aproximado con esa acepción de "amontonar", es "ATOCINAR. También significa almacenar las canales de tocino en cantidad para los abastos, o para venderlas." (*Aut.*). En ningún léxico de la época aparece el término con ese específico sentido y Gili Gaya en su *Tesoro* lo único que dice es : STEVENS, 1706. made Bacon."

[22] S inserta "en" correctamente.

[23] La conservación de la doble vocal etimológica para esta forma verbal es constante a lo largo del XVI y baste con el ej. "porque no se *veen* a si mismos" (*Laz.*, 5r); aun para el XVII se puede ver en "los *vee* tan astrosos" (*CervNE*, I, 140) y *Guitón*, p. ej., da *vee*, *passim*.

[24] *cabe*: "junto a"; cf. "las tenerias, *cabe* el rio" (*LC*, 88); "Y asi, llorando *cabe* ellas" (*Theb.*, 63); "quiere tenerlo *cabe* si" (Carón, 60); "*Cabe* Monviedro hay un lugar" (*GueEp.*, I, 35); "Aman, *cabe* mi llegad." (Roua., I, 294); "Vsaba poner *cabe* si un jarrillo" y "auia *cabe* el fuego" (*Laz.*, 8v y 11v); "*cabe* un lugar que llaman Villanueva el Obispo" (*TorqJardin*, 203) y "dos peligros que hay en la mar *cabe* Sicilia" (Villandrando, II, 228). Aunque Correas aun lo recoge (*Arte*, 187) Cov. no, dando sólo la acepción de "golpe de bolos", quizá por que se le pasó por alto o porque ya empezara a resultar obsoleto.

[25] *nos*. Forma apocopada para régimen oblicuo que todavía recoge Correas como normal (*Arte*, 127) si bien señalando que "nosotros" es más usado. En la primera mitad del XVI, no obstante, era usual como en "que yo te le hare vno de *nos*" (*LC*, 46); "y tambien *nos* los pastores" (Ranjel, v.219); "quien somos *nos*?" y "fue rrogada por *nos*/ nos hiziese tanto bien" (Roua., I, 179 y 513); "Dios le guie . . . y a *nos* no oluide aca" (*Florinea*, 178a). En el texto se repetirá la misma forma pronominal en f.42r —"xij. de *nos*"—, en f.45r —"se boluio a *nos*—, y en f.57v —"sin recebir casi daño de *nos*".

[26] *peligrar*), peligro, BAE; corrección innecesaria a no ser que sea un error.

[27] Entiéndase "alrededor y cercandonos" como locución estratégica; cf. "*estando sobre* Marsella el Rey de Francia" (Carón, 29); "*estando* Juan Bayvoda . . . *sobre* ciertos cavalleros . . . que se le avian levantado" (Girón, 155); "*estando sobre* vna ciudad . . . los enemigos: dize que entro vn . . . capitan (con salvo conduto)" (Doni, 129). Ni Cov. ni *Aut.* la recogen.

[28] En la actualidad, pospondríamos el adverbio ya, fuera al final fuera tras "lugar" o "ser". Recuérdese, de cualquier forma, que la misma anteposición se da también con construcciones personales; cf. n.110 al Cap. II).

[29] S inserta "que".

[30] *. . .* No he podido encontrar esta locución en ninguna de las colecciones paremiológicas ni siquiera en tratados sobre el juego —a lo que parece referirse— como el *Remedio de jugadores* de Pedro de Cobarrubias (1519) o *Matraca de jugadores* (Badajoz, ff.vv. a ixv) o el *Fiel desengaño* de Luque. Lo más cercano es *guardar la cara*, como "Ocultarse, huir, procurar no ser visto." (*AlonsoLex.*, 419a) y lo mismo en Cab*Modismos* (651b), así como "*Guarda la gamba*; y es tanto como guardate." (Cov. s.v. *gamba*) y en la misma línea "por ser tan mal afortunado en sus amores, *guarda el rostro* a Venus." (Villandrando, II, 238); relaciónese todo con lo que dice el pastor de la *Farça moral*: "Si jugar con los de villa/ al trunfo y se barajar/ hasta sacar que robar/ hurtar el basto y malilla/ her [hacer] mil señas y guiñar/" (Badajoz, xliiiiva) donde aparece el *basto* como naipe de triunfo y algo se podrá entender de tal locución que, en cualquier caso, no es de fácil inteligencia. P da "it is good to saue the best and loose the worst"; V —como siempre el más literal— "garde

la face au gros"; Sa, "speart de groote hoofden", siguiéndole H, y Ba, por fin, "guardati di tutti gli altri". Piñero sugiere "ocultar el daño que se va a hacer" (157, n.5) con una genérica construcción en infinitivos que por no identificar al sujeto resulta un tanto confusa. Echando mi cuarto a espadas opto por una interpretación análoga a la de Ba.

[31] essos otros), essotros, S. De cuatro casos, S siempre mantiene la forma contracta y nunca N, a diferencia del '54 donde siempre aparece esta que, de todos modos, era tan usual o más que la contraria; señalaré, simplemente, el caso de "le dezia hazed esto, hareys *estotro*" (*Laz.*, 7v) que Pinciano, p. ej., sigue manteniendo *passim* y aun es válida para Correas (*Arte*, 129); y véase Keniston (17.1 y sigs.).

[32] S inserta "y" en vez de la coma, dando la lectura "quedays como poderoso y Señor", a mi juicio, más congruente. Si se acepta la lectura de N, la reiteración de "Señor" permite suponer que el primero no vaya dirigido al General sino al narratario V. M. como antes he comentado en n.7 al Cap. III.

[33] *a* por "en" como antes en f.3v —cf. n.74 al Cap. I) y del mismo modo puede interpretarse la inmediata siguiente.

[34] ellos), ello, BAE. Rectificación aceptable, aunque *ellos* puede muy bien referirse a los otros atunes como da V — "eux"— y Ba —"da essi"— y también entiende Piñero (157, n.6); no obstante, y por lo que el general dice acto seguido, la rectificación de BAE es perfectamente aceptable y así lo ve P que da "from all damage that may happen unto me".

[35] vendra), vendran, S, más correcto en mi opinión, por lo que sigue. Quizá N olvidó la tilde de abreviatura o en el texto que leía se había perdido ya, aunque también pudiera tratarse de otro caso de verbo en singular que rige objetos en plural —cf. n.34 al Cap. I— y que S rectifica.

[36] Recuérdense las análogas reflexiones del primer Lázaro: "dixe entre mi: Quantos deue de auer en el mundo, que huyen de otros, porque no se veen a si mismos." y "dixe entre mi. Quantas destas deuen de hazer estos burladores entre la inocente gente." (*Laz.*, 5r y 45v).

[37] oy), yo, A y B.

[38] latinos), Latinos, S.

[39] soño), sono, S, sin duda por perdida tipográfica de tilde.

[40] El artículo ante nombres propios era frecuente; cf. "la d*el* Scipion" (*Theb.*, 5); "*el* Ciceron" (Gue*Ep.*, I, 27 y *passim*); "*el* David" (*Schola.*, 80); "mira a*l* Petrarcha; escucha a*l* Ouidio" (*Florinea*, 175a); "la conuersacion d*el* Zaide" (*Laz.*, 5r) y Keniston (18.371 y sigs.).

[41] En algunos casos como éste y algún otro —cf. "haze y ordena cad*al* dia" (GilV., 56); "no llover *el* abril y tener *el* mucho trigo para *el* mayo" (Gue*Ep.*, I, 313) y "el tal *el* dia" (Gue*Men*, 148); "y nos llevara al amotazen (*sic*) cada*'l* dia?" (Rue*Pa.*, 180); "con que a *las* vezes tenga hombre vida descansada" (*Poli.*, 18b); "tambien a *las* vezes las dexa" (*Florinea*, 174a); "por *el* tanto, la lengua que él habló fue la mas perfecta." (Pinc., II, 116); el artículo determinado se ha perdido modernamente, al menos en la península ya que en Hispanoamérica aun se puede oir "andar a *los* golpes",

"ganar a *los* penaltis", y en otros, como p. ej., "escaparse por pelos" frente a "escaparse por *los* pelos", "En verano, llegan muchos turistas" frente a "En *el* verano, llegan muchos turistas" o "tanto para uno como para otro" frente a "tanto para uno como para *el* otro", alterna el uso. Cf., además, n.10 al Cap. III para su persistencia ante numeral. Para la cuestión en general véase A. Alonso, "Estilística y gramática del artículo español". *Estudios lingüísticos: Temas españoles*; Madrid, Gredos, 1967, pp. 125-60.

[42] Esa anécdota, como tantas otras, aparece recogida en el tan popularizado durante el siglo XVI *Valerio de las historias*; véase. p. ej., la ed. de Juan Varela de Salamanca (Sevilla, 1514), en Libro I, Cap. Septimo, f.xxxvi*r*.

[43] seguia), siguia, S.

[44] aparejo), aparescio, S. "*Aparejo* lo necessario para hazer alguna cosa." (Cov.); mucho mejor, para el caso, "tiempo algunas vezes quiere dezir el *aparejo* & oportunidad que ay para hazer alguna cosa" (Venero, clxxxvi*r*); "yo señor busco *aparejo*/ con que apartarte de engaños/" (*Propa.*, Eiiii*r*b); "la vejez, do en el hombre comiencan a hazerse los *aparejos* de la muerte." (Oliva*Dial.*, 90); "como el *aparejo* faltase y no hubiese oportunidad" (Muñón, 12); "puso me el demonio el *aparejo* delante de los ojos" (*Laz.*, 11v) y "puede vn hombre . . . ser fiel y el *aparejo* hazerle ladron" (Pinc., II, 358).

[45] *estrecho*. "Estar puesto en *estrecho*, estar puesto en necessidad y en peligro." (Cov.). Cf. también aquí en ff.30v y 37r y en "Oh, valame Dios del cielo/ en cuanto estrecho me vi!" (Enci*T*, 359); "e ordenando su batalla nos pusieren en *estrecho*" (Boecio, viii*r*); "pues que puesto en tanto *estrecho*/ con tu Dios te as conformado" (Badajoz, liv*a*); "el *estrecho* en que dejaba al preso" (*Guzmán*, 238).

[46] S om. "malos". Omisión análoga y paralela a la de f.13r; cf. n.23 al Cap. III.

[47] "*COMEDIDO*. El cortes y bien criado" (Cov.) Cf. "en la crianza muy *comedido*" (Gue*Men*, 156); "No siento con que pagar/ a hombre tan *comedido*" (Roua., I, 62); "aunque tu pediste como bien *comedida*" (*Poli.*, 36b); "si las habia dicho como enamorado o como *comedido*" (Cerv*NE*, I, 101).

[48] *respecto*, por supuesto, como sustantivo, como el actual respeto y según ya lo da Cov. y con esa forma. Cf. "no tener *respecto* sino a las cosas celestiales" (*Carón*, 12 y *passim*); "Todos te besan la ropa . . . solo por mi *respecto*" (Muñón, 100); "vnos los tenian lastima . . . teniendo//*respecto* a la piedad y seruicio del dios" (*Schola.*, 25-26); "Tené un poco de *respecto*, siquiera por quien esta en medio" (Rue*Com.*, 173); "tenemos *respecto* a Dios como primera causa" (*Florinea*, 174a); "con mucho *respecto*, mi sombrero en la mano" (*Guitón*, 103); "de los gitanos en todo extremo *respectados*" (Cerv*NE*, I, 99). Aunque en la actualidad, sustantivo y adverbio están bien diferenciados ortográficamente, en el XVI ambas formas alternaban tanto para uno como para otro; aquí mismo en el texto se lee más adelante "y no tuue *respeto* a los mas sabios" (f.30v). Proviniendo como provienen ambas formas, *respeto* como *respecto* de *respectus* con el

sentido de "consideración", "miramiento" (cf. Corom., s.v. *espectáculo*), se entiende bien la oscilación bisémica. Véase después n.41 al Cap. VIII para *respecto* en acepción de "con relación a", "en razón de".

[49] *Posada* con sentido de "casa", "morada". Cf. "llamamos *posada* a la casa propia de cada uno." (Cov.); "encontre a mi primo . . . y hizo que nos fuesemos a dormir a su *posada*" (*Theb.*, 89); "sea del maestro gravemente reprehendido y un mes entero en su *posada* encarcelado." (Gue*Ep.*, I, 253); "El Conde de Benavente . . . llevo a su *posada* al Marqués" (Girón, 18); "y aqui a casa a estar con nos/ . . . aqui, en mi misma *posada*" (Roua., I, 337); "La primera noche que dormi en su casa me dio a cenar un poco de pan . . . //diciendome: . . . bien es que tomeis amor con la *posada*." (*Capón*, 276-77); "fuime a la *posada*. Hallela desaliñada, de par en par abierta" (*Guzmán*, 286), y luego en texto se lee "la *posada* del señor Licio" (f.24r).

[50] Obsérvese que actualmente sería mejor la posposición, *id est*, "procuraron no entrar" —a no ser que se emplee su correlato "no se preocuparon por entrar"— y así se da ya, p. ej., en "*procuré de no* verme con el" (Cerv*NE*, I, 142), y nótese la omisión preposicional cuando lo más usual era el régimen con "de" —cf. n.59 al cap. II— si bien se daban también régimenes con "en" —"procura *en* acrecentar" y "procuro *en* buscar" (*Theb.*, 13 y 105)— y con "por" (Keniston, 37.541).

[51] S om. "y".

[52] *buelta*), envuelta, BAE, pero incorrectamente, a mi juicio, pues se trata de oración de pasiva aparente, lo que actualmente diríamos en construcción impersonal "se habia *vuelto* sangre"; ya antes en texto se lee "cuando en pez fue *buelto*" (f.18v) con ese sentido de "convertido en", y cf. "acuérdate que eres tierra/ y en tierra te has de *bolver*." (Horozco*T*, n.330) y aunque Cov. no recoge esa acepción, si *Aut.*: "*VOLVER*. Vale tambien mudar, trocar, o convertir una cosa en otra.", acepción que aun persiste especialmente para trastornos de carácter psíquico, como en "*volverse* loco", etc. Claramente P da "turned into" y Ba, "mutata".

[53] *tener compañia*: "acompañar", "hacer compañia", como "se quedaron con el por le *tener compañia*" (Clari., liiira); "Queda . . . tu, Mencieta, porque le *tengas compañia*" (Rue*Com.*, 123); "por *tenerla compañia* acordé venir con ella" (*Poli.*, 14a); "el mas del tiempo . . . asistí con el *teniendole compañia*" (Cruz, IV, 380).

[54] *haciendome nueuo*: "haciéndome el nuevo" con el sentido de la construcción adverbial actual de "haciéndome de nuevas"; la construcción con adjetivo o participio adjetival era muy común para esas locuciones con *hacer*, en muchos casos simplemente mediante la omisión del artículo ahora normativo, como en "no me *hago marauillada* (*TerCel.*, 824); "tengo pensamiento que te *hazes preñada*" (*Seraf.*, 39); "ni *hazerse espantado* de cosas que oyere" (*Schola.*, 169); "La buena vieia *hizose muerta*" (*Capón*, 290); "no te me *hagas bueno*" (*Guitón*, 179); "suelen *hacerse* al principio del juego *perdedizos*" (Luque, I, 232). Tan común o más

era la construcción *hacer del*, con análogo sentido, recogida después en n.18 al Cap. X. No parece que entendieran muy bien tal locución ni P, ya que traduce: "and yet it seemed newes unto me to handle them in that sort", ni Ba con "parendomi cosa nuova aquel cibo", ni H: "verzadende met die nieuwe spijze", aunque sí V con "me faisant nouueau de celle viande".

[55] *que* en función concesiva por "aunque" según entiendo y como lo ven P con "*although* I had eaten" y Ba con "*ancorche* in Toledo alcune volte io ne hauessi mangiato"; tanto V como Sa y H pasan por alto ese *que*. Cf.: "Todo esso es mi plazer, /*que* faltasse el galardon y soldada./" (GilV., 148 con nota del editor); "como lo auiamos de repartir con los vezinos, *que* a nosotros nos montaua poco" (*Florinea*, 251a) y el que recoge Keniston (29.721).

[56] *ay*), ya, BAE, como también los traductores que lo dan más o menos libremente como V, "ie la aouy *bien* mangé" y Ba, "io *ne* hauessi mangiato"; muy bien pudiera ser, sin embargo, que ese *ay* = "ahí" fuera un locativo pleonástico referido a Toledo, pues de la misma forma aparece ya ese adverbio en la *Silva* de Mexia: "por los obispos que *ay* se hallaron, fue elegido" (554) y "desde *ay* hasta el entrecejo; y, de *ay* a la raiz de los cabellos" (655).

[57] Para este *con* rigiendo infinitivo en función de gerundio, cf. "*con haber* yo auenturado" (*TerCel.*, 671); "*con dexarlos* en su libertad, se aprovecharon mucho tiempo de su ayuda" (Mexia*Silva*, 267); "*con ser* la misma auaricia", "aunque astuto *con faltalle* aquel preciado sentido" y "le he lastima *con pensar* si padece" (*Laz.*, 15r, 16r y 33r); "*con darle* a entender" (Rue*Com.*, 108) y "no le oi palabra de murmuracion, *con haber* mil ocasiones para ello" (Cruz, IV, 387). Otros ejs. en texto en ff.27v, 33r y 44r.

[58] Parece necesaria una "y" para una correcta lectura, a no ser que haya que aceptar un forzado estilo coloquial.

[59] "*PROVEER*. Significa tambien disponer, mandar o gobernar alguna dependencia o negocio." (*Aut.*), acepción que Cov. no recoge específicamente y para la cual era usual el régimen con *en* como en "que se . . . *proveyese en* aderezar las hornazas" (*Cartul.*, III, 67); "*proveyo* este obispado *en* un nieto suyo" (Girón, 61); "la calongia/*en* que ya estas proueydo" (Lope*Voc.*, 2.261).

[60] *. . .* S da "que en dicho ni en hecho fuessen contra el Atun estrangero o que muriessen por ello" para todo ese párrafo.

[61] "*Pasar* las leyes", 'quebrantarlas'" señala Fontecha, (272, s.v. *pasar*) y aquí habrá que entender hacer caso omiso de ese "mandamiento". Ni Cov. ni *Aut.* recogen esta acepción, pero resucitado parece que se ha visto ese particular sentido de *pasar* en la actual expresión de "pasar de todo" que tan de moda se ha puesto y tan común y profusamente —sobre todo entre la juventud— se ha introducido en el lenguaje de nuestros días. Cf., además, "que no hazya sino herrarle y *passar* sus mandamientos" (Cardona, 125). Con ese sentido, ciertamente, lo entienden P —"had *broken* the Commission"—, P, y Ba con "& il

comandamento . . . haueuan *transgredito*"; V da "aouyent *passe* le commandement", que poco aclara.

[62] *aun* aparece claramente como tal tanto en N como en S, si bien tanto BAE como Piñero prefieren leer "a un"; las dos lecturas son perfectamente posibles.

[63] "*Cumplimiento*, cortesia de palabras, que el otro dixo ser cumplo y miento." (Cov. s.v. *cumplir*, y en *Aut.*: "Se llama tambien la accion afectada y fingida, para cumplir con la apariencia." De todo ello y de lo que sigue en texto, "porque maldita la cosa en la cueua auia", habrá que deducir que ese *hecho cumplimiento* ha de entenderse como que a esos "Atunes comunes" se les invita al saco solo de boquilla, o por cortesía, a sabiendas de que no han de participar en el botín. Para todo el párrafo, P da "proclaimed openly, that eache one might enter who woulde, whiche the common sorte did some performe", V traduce literalmente "de quoy fut fait accomplissement de tous les Thons in common" y Ba, "del qual fu fatto complimento con tutti li tonni comuni", traducciones que bien indican lo difícil de la correspondiente interpretación.

[64] *puesto caso que* —como "puesto que"–- por "aunque", como en "No digo buelto, pudiendo dezir turvio, *puesto caso que* que el refran diga: 'A rio buelto, ganancia de pescadores'" (Valdés*Lengua*, 154); "*puesto caso que* al principio quisiese ir con S. M." (Girón, 25); "porque//*puesto caso que* yo no auia menester muchas salsas para comer" (*Laz.*, 211v-22r); "*puesto caso que* trabaje por cantar lo mas templado" (*Crot.*, 107); "porque *puesto caso que* lo que esta debajo sea algun minero" (Torq*Jardin*, 202); "*puesto caso que* supiese cierto que luego se habia de volver" (Loyola, 63a); "que *puesto caso que* en las historias no se escribia" (*Quij.*, 49[I, iii); en *TerCel.* se registra la variante "*pongo caso que*" en 678, 723 y 776).

[65] A ese *el* puede suponérsele como antecedente el *caso* de la concesiva anterior o mejor, en mi opinión, una función de neutro por "lo" como en "los tienen de lince [los ojos] para que *el* util no se pase" (*Guzmán*, 277); "con que aligerar *el* grave de sus culpas" (Luque, I, 123) y "las acciones se han de conseguir unas a otras en el poema, segun *el* necessario o *el* verisimil." (*Tablas*, 67).

[66] "*Fuerça*, la violencia que se haze a nuestra voluntad" (Cov.); cf. "yo quexando e resistiendo la *fuerça* que recebia" (Boecio, viiv); "A la segunda puerta por do suele entrar el miedo y padecer *fuerza*" (Osuna*Ter.*, 201); "como favorece a los que se hacen *fuerza* para servirle" (Teresa, I, 20); "Si en esto no te haces *fuerza* . . . en ninguna manera podras ser espiritual" (Cruz, IV, 222).

Notas al Capítulo V

[1] CAP. V), CAPITVLO QVINTO., S.
[2] ruyn), ruin, S.

[3] *otro dia*: "al dia siguiente"; cf. "A nueve de agosto, martes, *otro dia*" (Enci*OC*, II, 232) cuando en p. 226 ha dicho "De agosto a los ocho, ya lunes de dia."; "*Otro dia* siguiente en amaneciendo" (*Clari.*, iiiivb) y *passim*; "desembarco alli lunes . . . vino . . . a Barcelona, donde llego *otro dia* martes" (Girón, 30) y *passim*; "proponia de no ir a palacio y luego iba *otro dia*" (Gue*Men*, 269); "cato en la burla, mas assi lo dissimulo . . . y luego *otro dia* teniendo yo reçumando mi jarro" (*Laz.*, 9r); "Y asi, se partio con el Embajador luego *otro dia*" (Loyola, 52b); "le dijo que se confesasse, porque habia de morir *otro dia*." (Cerv*NE*, I, 124).

[4] aposento), aposente, A y B.

[5] Esforçado), Efforçado, S, por confusión de tipo análogo.

[6] Mientras que en el siguiente "con esto *me parece* no vas mal pagado" el sentido de ese *parece* es básicamente el de opinión o juicio, en este *me parece* ese verbo creo que presenta, por el contrario, un sentido algo distinto, más bien el de decisión; aunque no con excesiva claridad, Cov. recoge ambas acepciones: "*PARECER*. El voto que uno da en algun negocio que se le consulta, como *pareceres* de letrados.   Y *parecer* en general, lo que cada uno siente." y véase también *Aut.* en su primera acepción frente a la cuarta.   Para la acepción en cuestión, cf.   "*Pareceme* que tu y Menedemo os quedeis aqui comigo" (*Theb.*, 71 y otro caso análogo en p. 154); "S. M . . . despacho a D. Francisco de Borja . . . y despues . . . *le parescio* enbiar a don Alvaro de Baçan" (Girón, 73); "Don Luis, que noto su solicitud, *pareciole* servirse de el en ministerios de casa" y "Como una vez me levantase tarde y no bien dispuesto, *pareciome* no trabajar." (*Guzmán*, 203 y 266) y en el texto en otros ejs. se da "y *pareciome* preuenir el remedio" (f.26v), "como yo llegue *pareciome* assegurar el campo" (f.36v) y otros análogos en f.53v y f.60v En muchos casos, por supuesto, no es fácil diferenciar claramente los límites de una u otra acepción; en la actualidad, la función delimitativa la da, fundamentalmente, la aposición del adverbio "bien" o "mal" para casos de decisión frente a su ausencia en el caso contrario de opinión. Obsérvese, además, que el inmediato anterior *porque* más que como causal ha de entenderse como cláusula de relativo con omisión del neutro "lo", es decir, {por lo que}, y del mismo modo parece que haya de leerse el posterior *por que* de "veo el mal pago que . . . lleuas, y el gran peligro en que estas, *por que* quiero que sepas que muchos destos . . . //estan . . . concertando tu muerte . . . (22r-v).

[7] *hezistes*; de los 6 casos en que se da el pretérito de "tu" en el texto, éste es el único en que aparece esa forma irregular, en vez del normativo en *-iste*, y lo mismo en S. Véase, para ello, Lapesa (302) y correspondiente nota.

[8] Segundo y último caso de ese *propia* que persiste en la ausencia de la "r"; cf. n.175 al Cap. II.

[9] dixo), dexo, S; dejo, BAE, ambos correctamente como P que da "he left me."   Los otros traductores omiten, prudentemente, ese final.   Piñero lo corrige también en "dexo", pero nada dice de la mala lectura de N. Por lo menos,

y a título de curiosidad, señalaré que sesenta años más tarde para Cervantes todavía se produce el mismo tipo de errata y aun por partida doble; en la segunda parte del *Quijote* y al final del capítulo V —f.19*r* del original (uso facs. de la RAE [Madrid, 1976])— se lee: "por estas mesmas razones lo *dexo* el padre a la alteza [altura] de su prosperidad", *dexo* que, a todas luces, ha de leerse {dixo}; igual, aunque un tanto más grave, es la errata en la "ADIVUNTA AL PARNASO" del *Viage del Parnaso* donde en f.72*v* del original —cito por la ed. de M. Herrero García (Madrid, CSIC, 1983)— se lee: "Pero *dexeme* V. M. por su vida, de que suerte de menestra Poetica gasta, o gusta mas." siendo evidente que ha de leerse {digame}. No parece que tuviera mucha suerte Cervantes con sus impresores y sus fijaciones por lo menos respecto a ese específico verbo. Y otro tanto de lo mismo podrá decirse de un su contemporáneo ya que en el *Viaje* de Rojas Villandrando también se lee: "Y pues Dios . . . se dejo rogar de los de Ninive . . . no es mucho//que vosotros os dej*a*is rogar . . . y os dejeis servir" (II, 142-43) y ya nos asegura el editor que así aparece en la edición príncipe. Decididamente, parece que había ciertas fijaciones —¿o habrá que escribir "fexaciones"?— con ese verbo.

[10]Otra omisión de "que", probablemente, y como en otras ocasiones, por estilo coloquial.

[11]S, correctamente, como BAE, omite esa *a*, así como Piñero.

[12]La munificencia de Alejandro el Magno era tópico proverbial ya desde antiguo, como se ve, p. ej., en el *Libro de los enxiemplos*, XXXI; *Setec.*, f.vii*v* y en el cap. xii del *Mar de Historias* del mismo autor; Monzón*Espejo*, f.clxxxiv; Dueñas, *Espejo*, f.aiiir, y "era el ciego para con este un *Alexandre Magno*" (*Laz.*, 15*r*) y, por fin, el mismo Cov. con "Al que loamos de liberal y dadivoso dezimos que es un *Alexandro*"; y en tan proverbial se convirtió que en *Justina* se lee incluso "Perdonen las *Alejandras*" (II, 724) refiriéndose genérica e indirectamente a las derrochadoras. Puede verse también la bibliografía que cita Piñero (162, n.1).

[13]Cayo), Gayo, S.

[14]Esa característica condición de Cayo Fabricio aparece también— como antes la anécdota de Paulo Decio— en el *Valerio*, Libro I, cap. viii, f.xliiii*r*b-*v*a de la ed. citada. Alguna otra información da Cov., s.v. *Fabricio*.

[15]Hernandes), Hernandez, S.

[16]Evidente omisión de un "con" como se deduce del contexto total. Con esta irregularidad comienza la serie de otras tantas en todo el párrafo que sigue.

[17]El singular *le* por el normativo "les" era frecuente en el XVI; cf. "mugeres me han socorrido/ lo que nunca *le* he pagado" (*Propa.*, Xiii*r*a); "quierolos ir a llamar/ . . . / han*le* de messar las greñas") (GilV., 5); "este trabajo y desconsuelo çufrio*le* el patriarca Abraham" (Gue*Ep.*, II, 94); "allegandome aquella gente, dixe*le*: Señores" (*Baldus*, 194); "enfrente del Papa y cardenales . . . *le* hizo la oracion syguiente" (Cardona, 99); "Las mugeres *le* responden [a los acreedores]" (*Laz.*, 38*v*); "alojandose ella y otras cuatro

por los lugares que *le* venian a mano" (Cerv*NE*, II, 18) y, más llamativamente, "a los caballeros andantes no les toca . . . averiguar si los afligidos . . . van de aquella manera . . . solo *le* toca ayudarles" (*Quij.*, 301[I, xxx]); véase, además, Gillet, III, 105-06, Keniston, 7.311 y Caso [1967], 126, n.185, en concreto para los *Lazarillos*. En el texto se repite en "ver a mi muger y a mi niña, y da*lle* mil abraços" (60*r*). Conste que la inversa era también válida, como se ve, incluso en un mismo autor con "y si el pobre juez no los escucha y despacha . . . luego *les* maldicen . . . y *les* roen los huesos, y aun *les* deslindan de linajes" (*Quij.*, 887[II, xlix]).

[18]Del contexto se desprende que aquí *valerosos* no puede tener connotación moral o física, sino más bien social o estamental, como más tarde en "principal persona valerosa" (f.51*v*); en este sentido hay que entender la acepción que da *Aut.*: "VALER. Ser de naturaleza, u tener alguna calidad, que merezca aprecio, y estimacion.", si bien nada de ello se indica en la dos acepciones que da de *valeroso*. Curiosamente, Cov. no da ni verbo ni adjetivo, y Corom. sólo da la acepción de "esforzado, valiente" (s.v. VALER); cf., no obstante, "a vos, dama de *valer*,/ discreta, cuerda, sentida/" (Dutton*Canc.*, I, 172b); "si topase . . . en la calle con alguna señora que fuese generosa o *valerosa*, fuese obligado de se apear, y de la ir acompañar" (Gue*Ep.*, I, 255); "Agora conozco, Ambrosio, que debes tener principio de alguna *valerosa* sangre" (*Guzmán*, 209); "que tenga su lugar la nobleza, . . . y la onra se ponga en su punto, y sea medio para hazer a los ombres *valerosos*, y para animallos al seruicio de su Rey." (Salucio*Esta.*, 40*r*); "han de ser [los de las Ordenes de Santiago y Calatrava] . . . caballeros *valerosos*, valientes y bien nacidos" (*Quij.*, 498[I, xlix]); con esa bisemia es con la que creo que está jugando irónicamente el autor del '54 cuando —hablando de su escudero— pone en boca de Lázaro lo de "dandome relacion de su persona *valerosa*." (*Laz.*, 38*r*).

[19]*. . .* S da ese párrafo como "Todos los que te siruieron, y siguieron a quantos del poluo de la tierra leuantaste, y valerosos y ricos heziste", variante sintácticamente más correcta. Para la magnanimidad y largueza del Gran Capitán ya dice su anónimo historiador que "Todos se espantauan de su liberalidad, merescedora de ygualarse con la magestad real, porque el hauia dado a Capitanes, Ciudades y Villas, y entre Capitanes de Cauallos, & Infantes, hauia repartido, Casas, Villas, Possessiones, tenencias de fortalezas, y hauia dado comunmente a soldados . . . teniendo grande memoria en reconoscer los merescimientos de cada vno . . . los embidiosos atestiguan que no hauia dexado vn solo soldado, sin hazerle larga merced." (*Gran Capitan*, f.cxlv*r*a) y cf. anécdota en f.cvii*r*b); véase también la ed. de las *Crónicas* de A. Rodríguez Villa (*NBAE*, 10[1908], en especial p. lxix, a y 582a-583a).

[20]Algo evidentemente anómalo hubo en relación con este *Como*. S inserta ante el mismo un calderón y, por otro lado, para la correcta lectura de lo que sigue parece que haya que suponer un "No" ante el tal *Como* como así lo hacen P —"*not as this unworthy Tonny doth*"— y Ba —"E *non* como questo

mal considerato tonne", contra los otros que se limitan a la traducción literal, aunque no debe descartarse la posibilidad de que se trate simplemente de una exclamación interrogativa.

[21] Ahora nos enteramos del coste de esa su "espada de las viejas primeras de Cuéllar", e incluso de donde la compró. A título de curiosidad, añadiré que, a diferencia de los otros traductores, H da "4 realen".   ¿Leía en otro texto o, simplemente, quiso redondear la cifra?

[22] Parece necesaria una exclamación introductoria al estilo de "Ay de . . .", dada la construcción y el sentido plañidero de lo que sigue. Ninguno de los traductores hace rectificación alguna.

[23] "*PARTIR*. Es dividir, y algunas vezes mudarse de un lugar a otro." (Cov.), y "*PARTIR*. Vale tambien separar o apartar.   En este sentido es voz antiquada." (*Aut.*). De uso común, por supuesto, por ese entonces. Cf. "de sus dotrinas sagradas/ nunca la vieron *partir*." (Enci*OC*, I, 107); "Qual rrazon puede sufrir/ que yo me pueda *partir*/ de vos, mi hijo precioso?" (San*PT*, 159); "No te *partas* de ella, Sempronio" (*LC*, 64); "dende agora me *parto* de vuestra amistad" (Gue*Ep*., I, 310); "que no *partia* sus ojos de mis faldas" (*Laz.*, 31*v*) Corresponde, claro está, al actual "*apartar* (se)" sobre la misma base sustantival con prótesis preposicional.

[24] *de aqui*; como locución temporal ese *de aqui* se sigue empleando en la actualidad siempre que se dé la extensión adverbial "en adelante"; teniendo en cuenta que de acuerdo con *Aut.*, "*DE*. Vale algunas veces lo mismo que el adverbio Desde: como Vamos de Madrid a Toledo."   —otro ej. específico en "Vn reyno gobernara *de* su cozina" (Guitón, 65)— y "*AQUI*. Vale también ahora."   —Cov. ni siquiera recoge *aqui*— ese *de aqui* equivale al "desde ahora" que en nuestros días se puede emplear con o sin la extensión adverbial que exige *de aquí*.

[25] A no ser que se suponga un {dandole} desaparecido ante "grandes gracias", sin ese otro posible gerundio antecedente y siguiendo como sigue a formas verbales personales, esa copulativa *y* o es redundante o, más probablemente, es el adverbio locativo arcaico —compárense los actuales "y" francés y "vi" italiano— procedente del "ibi" latino y del cual aun aparecen suficientes reliquias en el XVI; cf. "fallo *y* a Melibea" (*LC*, 21); "E si mandas esperarle *y*, vendre con el" (*TerCel.*, 871); "escogendo media dozena de nabos grandes, *y* aparejasse para yr" (*Baldus*, 191) —a observar la construcción con gerundio análoga a la del texto—; "veys *i* armado vn gran ruydo" (Badajoz, cxliii*v*b); "Pero que priessa es essa, Felisino?   *y* espera que todos nos subiremos." (*Florinea*, 197b); "quisiere *y* [en ellas] mirar" (Torq*Manual*, 68). Para ese "y" arcaico véase Erica C. García, "Cambios cuantitativos en la distribución de formas: ¿causa y síntoma de cambio semántico?" en D. A. Kossoff *et al*, *Actas del VIII Congreso de la AIH* ; Madrid, Istmo, 1986, y la bibliografía que ahí proporciona.

[26] viuiesse), viniesse, A y B, sin duda por inversión de tipo.

[27] *hasta* en función de numeral indefinido —"unos-as"— era del todo usual; cf. "una muchacha de hasta doze años" (*Theb.*, 173); "que serien *hasta* veinte y cinco hombres" (Girón, 34); "las paredes que podian auer *fasta* tres millas" (*Amaro*, Aviiir); "vna viuda de *hasta* treynta y cuatro" (*Florinea*, 169a); "siendo yo de *hasta* ocho años" (*Capón*, 276); "dos mozos de *hasta* veinte años" (Cerv*NE*, I, 163). Otro caso aquí poco después: "*hasta* diez mil Atunes" (23*r*).

[28] Como antes H —cf. n.21— ahora es P el que varia la cantidad dando "fifteene hundred".

[29] Como ocurría antes —cf. n.55 al Cap. IV— parece que también este *que* haya de entenderse como "aunque"; los traductores lo resuelven dando "*for* there were not manie among them that hated me", P; "*car* il y aouyent bien peu de ceux-ci qui m'aouyent en haine", V, y "*benche* douessero piu tosto odiarmi", Ba.

[30] *. . .*, línea omitida por S como la anterior de f.13*v* Tampoco dice nada Piñero de esta omisión.

[31] *. . .*.   Este párrafo lo arreglan los traductores como "manie things touching the customes and manners of the inhabitants of the Seas, together with the names and prouinces, kingdomes and signiories of the same", P; "plusieurs choses & coutumes des habitants de la mer, les noms d'iceux, & beaucoup de prouinces, royaumes & seigneurs d'elle", V al que siguen las holandesas; "molte cose, & i costumi de gli habitatori del Mare, i loro nomi, e di molte Prouincie, Regnie e Dominii d'esso", Ba, lo que hace suponer ya sea una mala lectura de un hipotético {sus nombres y los de muchas prouincias} o, en su defecto, una omisión de un final {me dijo} en el original.

[32] *Prático* no lo recoge Cov.   aunque si *prática* y *praticar*. Si lo hace *Aut.* dando "*PRÁCTICO*. Vale tambien experimentado, versado y diestro en alguna cosa." Es de destacar, por otra parte, la pérdida de la "c" etimológica; véase para ello lo que dice Corom. s.v. *PRACTICA*.

[33] Cómputo temporal que ya comienza a indicar, más o menos crípticamente, algo de cuál sea el mundo representado por el de esos atunes, a saber, el de la media luna —cf., para ello, *Viaje*, 390-91, y mis comentarios en el estudio introductorio; mundo que, quizá, resultara un tanto ajeno para los traductores; P, p. ej., da "two months", y Ba adopta una postura ecléctica y más aclaradora proponiendo "due Lune, cio è, a due mesi", mientras que V —como era de esperar— da "deux lunes", sin más; los holandeses dan "twee Maenden" y "twee maanden" aun a pesar de que prácticamente casi siempre siguen a este V; ¿confusión personal y/ o tipográfica entre "maand" —mes— y "maan" —luna— o simplemente la misma reacción que P ante el término?

[34] No es fácil determinar si aquí se trata de un caso de un verbo regente "ser" por "estar" —cf. n.87 al Cap. III— y entonces habría que entender "estuviesen . . . en", o del distinto "ir en" por el actual "ir a", de uso común, como en "vamos *en* Roma" (*Propa.*, Ziir b); "yr *en* Italia" (*Clari.*, iiiira y *passim*); "fue *en* casa de Serafina" (*Seraf.*, lín.20); "por ir *en* Lombardia" (Girón, 200); "Quiero . . . yr *en* casa

de Marcelia" (*Florinea*, 274b), régimen preposicional que así mismo se daba con análogos verbos de movimiento como "venir", "pasar", etc.

[35] Apartamos nos), Apartamonos, S.

[36] *que* que en la actualidad sería "de", como en "si fueren mas los muertos *que* cuatro" (*Lozana*, 250) ; cf. en relación con ello lo comentado tanto en n.28, y en n.159 al Cap. II.

[37] Tampoco faltaban en este ejército atunesco las típicas soldaderas que ya aparecen mencionadas desde, por lo menos, las Cortes de Valladolid de 1258: "VI. Tiene por bien que a los yuglares e a las *soldaderas* que les haga el Rey algo una vez en el año . . ." (cit. por Sempere, I, 93) y era problema cotidiano por esos años del texto; ya en relación con la armada de Túnez en 1535, dice Sandoval: "Tratóse en consejo de guerra que no se consintiesen en la armada mujeres ni muchachos . . . pero no bastó este rigor, que si las sacaban de un navío las recogian en otro; y asi se hallaron en Túnez mas de cuatro mil mujeres enamoradas" (BAE, 81, 494b) y véase la relación del gallo transformado en "muchacha bonica" que de soldadera se va (*Crot.*, 215) así como los comentarios de Mata: "Decid . . . a un soldado de los nuestros . . . que dexe de comer gallinas y aun los viernes, y que no ande cargado de una puta." (*Viaje*, 421). Y de señalar es que frente a las "mas de cuatro mil" históricas de Sandoval, Lázaro sólo mencione "poco mas que diez hembras" siendo el ejército total de "hasta diez mil Atunes"; muy atosigadas y trajinadas tendrían que andar esas pobres "poco mas que diez hembras", a no ser que lo que realmente está haciendo el narrador es apuntar indirecta —y un bastante irónicamente, sin duda— al específico mundo turco, que ya contesta Pedro a la pregunta de Mata —"Llevan putas?"— con un "En todo el exercito de ochenta mill hombres que yo vi no habia ninguna. Es la verdad que, como son bujarrones y lleuan pajes hartos, no hazen caso de mugeres." (*Viaje*, *loc. cit.*), y con ello recuerdo lo que ya he hecho notar antes en el estudio introductorio.

[38] "*DERRAMARSE*. Esparcirse, desmandarse por varias partes sin orden ni concierto." (*Aut.*). Cov. no recoge esta acepción aunque era usual como en "No *derrames* el pensamiento en muchas partes" (*LC*, 38); "Como esta nueva se començo a *derramar*" (*Carón*, 72); "todo el dinero de la cristiandad . . . agora tornase a *derramar.*"   (*Roma*, 98); "demas de *derramar* . . . las haciendas de sus maridos" (Castiglione, 359); "mando que *derramassen* luego la gente que tenian" (Girón, 164); "Como se *derramasse* la fama de esta sibilla" (Gue*Ep.*, I, 101); "matador de mi innocencia . . . y *derramador* de mi fama" (*Florinea*, 224b); "algo con que se *derrame* nuestro secreto" (*Poli.*, 40a); "Esta es vna materia tan *derramada*" (Pinc., III, 68). Otro caso en texto en "los nuestros *derramados* andauan" (38*r*).

[39] toman), tomam, A.

[40] *Acaecer* sin régimen pronominal oblicuo no era inusitado; cf. "Que por una ventanilla/ la puedas ver y hablar/ que *acaece*/ cuando nadie no parece/ alli estarse a refrescar/" (Enci*T*, 278); "Quando los lobos *acaescen* venirse a entrar

por las casas" (Mexia*Silva*, 822); "de noche *acaescia* a estos animales . . . yrse a las cunas" (*Laz.*, 22*v*).

[41] Refrán variante del más común con "chico", como en "Los peces grandes comen a los chicos" (Horozco*T*, n.1671) y "El pece grande kome al chiko" (Corr*Voc.*) que actualmente se emplea.

[42] *. . .* Toda esta frase plantea un problema sintáctico con una doble posible solución; si se acepta la *y* con función copulativa, la causal *porque* es redundante para una correcta lectura; si, por lo contrario ese *porque* cumple una correspondiente función causal, esa *y* inicial o es superflua o sí alguna función cumple ha de ser, como la del anterior "*y* ofreciendome" —cf. aquí n.25—, la de modal por "asi".

[43] *Carta de guia*, la que saca el que va por tierra estraña, para que todos le encaminen y nadie le impida su viaje." (Cov.); cf. "De toda esta desventura tienen los pobres *carta de guia*, siendo señores de si mismos" (*Guzmán*, 392).

[44] "*BARAJA*. En lenguaje castellano antiguo vale contienda, pendencia." (Cov.).   Antes ya le parecía a Valdés antiguo el término, al afirmar "tampoco digo *barajar* pudiendo dezir contender; deziase bien antiguamente, como parece por el refrán que dize: 'Quando uno no quiere, dos no barajan" (*Lengua*, 154) pero sus contemporáneos —así como el autor— bien la usaban; cf. "ahora en cierta baraja/ te dejo muertos seis hombres" (Hur*Cortes*, 24c); "es muy braba e recia e que an habydo algunas *barajas*" (Medrano, 101); "los holgones/ que estan comiendo y holgando/ que suelen estar pensando?/*Barajas* y diuisiones/" (Badajoz, f.cxiiii*v*b); "por que nos *barajamos* el otro dia Ximena de Peñalosa y yo?" (Rue*Com.*, 78).

[45] Al contrario de lo que en algunas ocasiones anteriores se ha visto, es decir, la necesidad de un *que* para una más correcta lectura, aquí este *que* bien superfluo parece. Ya le molestaban a Valdés esas superfluidades diciendo: "Avisaríale mas que no curasse de un *que* superfluo que muchos ponen tan continuamente, que me obligaría quitar de algunas escrituras, de una hoja, media dozena de *qués* superfluos." (*Lengua*, 189). Pero como pasaba con el anterior *barajas*, cierto era que no escaseaban y aun en casos extremos como en "y les dixo a osadas . . . y aun *que* no se le pararon pajuelas en la boca" (*Theb.*, 248); "que vaya el abad luego . . . por*que* si fueren mas los muertos que quatro."   (*Lozana*, 250); "holgamos que maten al enemigo y aun *que* no nos pesa si se nos muere el amigo."   (Gue*Ep.*, II, 129); "aunque no por antiguo, pero *que* por maestro podras bien leer en esta escuela."   (*Florinea*, 200a) y, por fin, el concreto de los *Lazarillos* donde en el de Burgos se lee "que aun que no eran dadas las ocho cuando con Vuestra Merced encontre." mientras que los otros dos dan simplemente "aun" (*LazTri.*, 39).   Para más ejs. de ese *que* superfluo ya en y desde el medievo cf. Pietsch, I, 171-73 y Gillet, III, 127-28, y para lo opuesto —es decir, la superfluidad de "aun"en la misma conjunción, véase más adelante n.28 al Cap. XII. Por supuesto que en todos esos casos, ya por omisión, ya por

comisión, se ha de ver, a mi juicio, una base coloquial que se plasma en la escritura.

⁴⁶Algo más debía esconderse tras la aparente intrascendencia con que Lázaro deja caer ese *quien no trabaja, que no coma*; "dicho" afirma que es, —y no hay que dudarlo— pero mucho tenía también de axioma socio—económico hondamente representativo de un candente problema de por esos años y eco de él. Basado en la amonestación paulina a los tesalonicenses —"Sabeis bien como debeis imitarnos, pues no hemos vivido entre vosotros en ociosidad ni de balde comimos el pan de nadie . . . y . . . os advertiamos *el que no quiera trabajar no coma.*" (Pablo, II, *Tesalonicenses*, 3, 7-11. *sub. mío*)— tema era éste de la mendicidad fingida y la ociosa holgazanería de los que vivían de la sopa boba y del engaño que inquietaba a un gran sector social y religioso de la cuarta década del XVI; en esa doctrina paulina se fundamentaba Juan de Medina para afirmar "no hemos de dar de comer al que puede y no quiere trabajar" (*Orden*, f.A5*v*) y que más extensamente expone en su "Capitulo quarto: Que no se de limosna a gente ociosa y vagabunda, que pueda trabajar: antes estos deuen ser por las justicias corregidos y compelidos a que trabajen y ganen por si de comer." (ff.20*v*-22*v*); incluso los pobres legítimos tenían esa obligación como afirma Venegas: "los pobres legitimos . . . mientras estuuieren sanos pueden ganar de comer: y si les falta vn miembro o dos: pueden vsar de los otros: si estan locos a lunas: pueden trabajar en los interualos: en que estan cuerdos. Entonces todos estos son obligados a hazer lo que es en si: y no biuir en ociosidad." (*Dif.*, f.clv*r*); problema que, como se sabe, dio lugar a la conocida controversia entre Domingo de Soto y el citado Juan de Medina —cf. la exposición que de ella hace M. Cavillac en su introd. a *Amparo de pobres* de C. Pérez de Herrera (lxxix-cvi) y en su *Gueux et Marchands dans le Guzmán de Alfarache (1599-1604)*, pp. 210-22. y más en general J. A. Maravall, *Estado moderno y mentalidad social: siglos XV a XVII*, II, pp. 238 y sigs. y M. Andrés, *La teologia española en el siglo XVI*, II, pp. 502-07 con excelente bibliografía de las obras que surgieron en relación con esa polémica—. Para las leyes que se dieron en esta línea cf. *RECOPI*, I, Libro primero, Tit. xii, en especial leyes *vii* y *viii* que muy significativamente comienzan "Mandamos, que las personas que verdaderamente fueren pobres . . ." y "Porque se pueda saber las personas que verdaderamente son pobres . . .", así como Santa Cruz (*Crónica*, cap. XIX) en donde se recoge "La instrucción que el Cardenal de Toledo mando sobre la ejecución de las leyes que hablan sobre los pobres." Por todo ello, no parece demasiado pertinente la cita del refrán que recoge Piñero (165, n.14).

⁴⁷Aunque Cov. da: "*RESERVAR*. Eximir y sacar de la cuenta alguna cosa, guardándola para si", creo que aquí ha de entenderse con el sentido más restrictivo de "conservar", o "preservar", como parcialmente recoge *Aut.*: "*RESERVARSE*. Conservarse o irse deteniendo para mejor ocasion." y en "Que me ha *reservado*/ toda mi salud primera" y "el hijo

que *reseruo*/ la Reyna mal auisada." (Lope*Voc.*, 2398), así como en P que da "saued".

⁴⁸*rebuelto* por "enlazado", "envuelto". Cov. no recoge esa acepción de *revolver*, pero sí, en cambio, dice: "La espada, *rebuelta* en ella el ramo de la oliva" (s.v. *espada*). En *Aut.* sí aparece como "*REVOLVER*. Vale asimismo envolver una cosa en otra, o envolverse rebujándose en ella." Cf. "echole un lio de ropa con riquisimas joyas *revueltas* en el" (Timo*P*, 94); "envuelto y *revuelto* en una gran capa parda", "muchas veces se la conocistes *revuelta* [la cinta verde] en sus cabellos" y "en un manto *revuelta*, como si fuera una criada" (*Guzmán*, 379, 443 y 78) y "la capa/ en el braço *reboluiendo*" (Lope*Voc.*, 2423). Es de destacar, sin embargo, la falta de concordancia de ese *rebuelto*, ya que se trate bien sea de la espada —en cuyo caso habría que leer {rebuelta por los anillos [de] sus muchas colas} con un "de" omitido en el texto— o bien sea de la cola —y entonces habría que entender una construcción en ablativo absoluto— el femenino es necesario. Véase, no obstante, otra remota posibilidad en nota siguiente.

⁴⁹*Colas* no era, precisamente, la usual definición para los tentáculos del pulpo; Cov. usa "pies" (s.v. *pulpo*), pero ahí mismo, sin embargo, añade que "Quando alguno trae el manteo desharrapado por baxo y lleno de lodos, dezimos traer más rabos que un pulpo." "Pies" y "rabos" que ni siquiera, a su vez, recoge *Aut.* ya que da: "PULPO. Pescado de mar, que tiene ocho brazos o piernas . . ." La cuestión puede aclararse leyendo lo que dicen Cipión y Berganza; Cipión dirá: "sin que la hagas [la historia] que parezca pulpo, segun le vas añadiendo *colas*." a lo que Berganza responderá: "Habla con propiedad; que no se llaman *colas* las del pulpo." y Cipión replicará: "Ese es el error que tuvo el que dijo que no era torpedad ni vicio nombrar las cosas por sus propios nombres, como si no fuese mejor, ya que sea forzoso nombrarlas, decirlas por circunloquios y rodeos que templen la asquerosidad que causa el oirlas por sus mismos nombres." (Cerv*NE*, II, 251). En efecto, el propio nombre para el tentáculo —y como ya señala R. Marín en nota— es "rabo", pero dado que ese "rabo" significaba, además, tanto "culo" como "pija" —cf. Alonso*Lex.*, s.v. *rabo*— un tanto gazmoñamente se evitaba, sobre todo en lengua escrita, y bien pudiera ser, así, que esa misma gazmoñería hubiera actuado en el caso de las *colas* anteriores; es decir, que el autor hubiera originalmente escrito {rabos} —con lo que se resolvería perfectamente ese *rebuelto* en masculino—, y que un posterior amanuense o corrector lo hubiera rectificado en ese *colas*, olvidándose de aplicar la correspondiente concordancia. Ha de señalarse, y para redondear y/ o complicar la cuestión, que para esos tentáculos más adelante en texto aparecerá el término "faldas" (f.25*v*) que ni Cov. ni *Aut.* recogen.

⁵⁰Rumeau dice: "D'autres ont rétabli avec bonheur: 'ufanaba'" ([1964], 269), como así lo hacen los traductores; "jesting", P; "bragardoit", V; "brageerde", Sa; "si godeua", Ba, y "braggerde", H; adecuadas rectificaciones ya que ese

usaua mal viene a cuento y hay que suponerlo mala lectura por un anterior {vfaua} con confusión posterior de *s* por {f}, siendo tipos análogos —cf. n.5 aquí— y consecuente pérdida de tilde. Piñero, que se molesta, no se si necesariamente, en anotar "pompeaba" — (166, n.16)—, nada dice de esta mala lectura.

[51] ellas), ella, S y BAE, correctamente como Ba que da "e pompeggiaua con *quella*", pues que de la espada se trata. V, una vez más la voz de su amo, da: "& glorisoit auec *elles*." Es curioso que Rumeau, al comentar este trozo, no haya advertido esta variante. P sigue la mala lectura con "among the *rest*" y tanto Sa como H siguen a V.

[52] Frente al anterior cómputo temporal de las *dos lunas* — con el que Lázaro da por sobreentendido el mundo turco sin molestarse en más— aquí tras esos *ochos soles* sí se molesta en precisar la procedencia léxica —de jerga marinera— de la expresión. Muy discutible es lo que quiere Saludo —cf. p. 46— que esa precisión sea indicio de la autoría de Medina.

[53] *recebidos*. Cov. aun recoge *recebir* como única forma. La misma oscilaba ampliamente entre *recebir*, *recibir*, *rescebir* y *rescibir*; sin ir más lejos, aquí mismo, líneas más adelante se da "fuy della *recibido*" (24*v*), y aun después el *recebir* de N (f.49*v*) aparecerá como *recibir* en S (53*v*). En todo caso, la que se da con más frecuencia, de acuerdo con mis notas, es *re (s)ceb-*.

[54] *. . .* En este trozo volvemos a encontrarnos con otro dilema sintáctico; se puede entender el *de* de "*de* mucha autoridad" como "con", régimen preposicional usual como en "Suplicote que *de* tu habla . . . no me desesperes" (SanP*T*, 115); "No se deue ensañar el maestro *de* la ignorancia" (*LC*, 58); "te diese *del* cobdo" (*Theb.*, 30); "comenzaron a cargar *de*l y a rogalle" (Castiglione, 306); "lo que dicen *de* sus lenguas" (Gue*Ep.*, I, 372); "sellados *de* su anillo" (*Baldus*, 190); "dando *de* pie y mano" (*Laz.*, 43*v*); "hiere *de* una hacha" (*Crot.*, 190); "jugando *de* una y otra mano, y arqueando las cejas" (Espinel, I, 263) y en texto "con una espada que . . . traya, *de* la cual jugaua" (f.28*v*) y "del que *de* un tan verdadero amor os ama" (f.30*r*); o, por otro lado, suponer ese *de* con su valor actual y aceptar la omisión de otro {que} antes de "respondio"; dado el dilema me parece preferible la primera solución.

[55] *Por cierto*, con el valor de "ciertamente", también de uso común; cf. "*Por cierto* esso me parece la mas rezia cosa de quantas me haveis dicho" (*Roma*, 141); "piensa que esta ya la amistad . . . confirmada; lo cual no es, *por cierto*, asi" (Gue*Ep.*, II, 402); "*Por cierto*, la historia parece ser fabulosa para que autores tan graves la afirmen por verdadera." (Torq*Jardin*, 182); "Sabeis leer, Humillos?//HUMILLOS. No, *por cierto*,/ ni tal se probara . . . /" (Cerv*Ele.*, 558b-59a). Otro caso en texto en f.49*v*.

[56] vuiere), ouiere, S. En dos casos más —N, 32*r*—S, 34*v* y N, 36*v*—S, 39*v*— se da esa discrepancia y en todos ellos es S el arcaizante. En todo caso, y de acuerdo con los datos que tengo recogidos, a lo largo de la primera mitad del XVI se prefiere la raíz *ov-* o sus variantes *ou-* u *hob-*.

[57] *sino que*: "pero", como después en f.49*v*, "no les escusaran de pena, *sino que* el Rey mando . . ."; cf. "Algunas consolatorias palabras te diria . . . *sino que* ya la dañada memoria" (*LC*, 292); "ventura no te faltara, *sino que* estas ciega con este vizcayno" y "lo que mas de dos me an dicho, *sino que* no quiero que salga de mi" (*Lozana*, 266); "Era . . . Tiro puerto de mar, muy seguro . . . *sino que* despues vino . . . Alejandro . . . y saqueole." (Gue*Ep.*, II, 242); "no cabia en mi por echallo fuera, *sino que* el temor de mi astuto amo" (*Alcalá* [*LazTri.*, 74]); "me arrojo dos puntapies, *sino que* me quiso Dios librar, que matara me" (*Florinea*, 285b); "tienes en casa quien te desea seruir, *sino que* no te lo osa dezir" (*Poli.*, 8a); "Esta lengua Vulgar tiene su origen de la latina, *sino que* con el comercio . . ." (*Gram59*, 8); "que viven ciento y treinta años sin envejecer, *sino que* mueren como cuando estan en el medio de su edad." (Torq*Jardin*, 162) y "Harto mejor haria yo, *sino que* soy un barbaro, y no hare nada que bueno sea" (*Quij.*, 746 (II, xxviii]); se observará que ese "pero" puede también entenderse como "aunque" o "excepto que" y aun en algún caso como "menos mal que".

[58] *passo*: "Hablar *passo*, hablar quedo." (Cov.). Cf. "Anda *passo* . . . no nos sientan las vezinas" y "*Passo*, *passo* . . . No escandalizes la casa" (*LC*, 139 y 190); "Ta ta ta *passo* señor" (Badajoz, xix*r*b); "Tal te la de Dios, dezia yo *passo* entre mi." (*Laz.*, 16*r* y otro ej. en 17*v*); "Muy *passito* . . . porque no seamos sentidas" (*Poli.*, 41b); para casos en *Propa.* y nota correspondiente, cf. Gillet, III, 556.

[59] hecho), echo, BAE, correctamente.

[60] descuydo), descuido, S.

[61] medio), comedio, S. Cf. n.69 al Cap. I.

[62] *mostre*: "enseñé" con el sentido especial de indoctrinar o impartir una específica instrucción o técnica, como en "en muy pocos dias me *mostro* jerigonça" (*Laz.*, 6*v*); ni Cov., ni *Aut.* recogen esta particular acepción que sus ribetes de terminología académica debía tener; así como el ciego "mostro jerigonça" a Lázaro, con ese sentido aparece también en los Estatutos de la Universidad de Salamanca de 1538: "El catredatico (*sic*) de musica . . . *muestre* canto llano . . ." y "El catredatico de hebrayco *muestra* ["muestre a" con "a" haplológica] leer y escriuir en hebrayco" (Esperabe, I, 158); "tenia muy agudo ingenio; aprendia y tomava bien todo lo que le *mostravan*." y "dioles por discipulos a sus hijos, a los quales el *mostro*, como tenemos dicho." (Mexia*Silva*, 278 y 405).

[63] A y B om. y, sin duda por haplología.

[64] *auia nombre*, construcción de regusto arcaizante característica de los libros de caballería, pero de uso frecuente fuera de ellos, como en "un romano que *habia nombre* Dolobela" (Gue*Ep.*, I, 159 y *passim*); "Medor, que assi *habia nombre* el mochacho" (Rue*Com.*, 187); "vn gentil cauallero . . . que *ha nombre* Policiano" (*Poli.*, 9b).

[65] *en*; dado el siguiente verbo "pagar" actualmente usaríamos "con", pero esa sustitución preposicional era usual en el XVI; cf. "Yo fui y entre *en* tal pie en casa de Artemia que di la carta a Serafina" (*Seraf.*, 56); "las penas que se

aplicavan a mi fisco, *en* que yo solia hazer a ellos mercedes" (*Carón*, 95); "Quien hambre tiene *en* pan sueña" (*Guitón*, 94); "de buena gana sufriera tus oprobios, *en* tal que se castigara y tuviera remedio" (*Guzmán*, 115).

[66] *embiar* sin su correspondiente objeto directo. En n.38 al Cap. III he comentado con ejs. la construcción de este *embiar* que rige infinitivo sin necesidad de mencionar la persona sobre quien recae la acción, pero de este especial caso no tengo recogido ninguno excepto éste del texto; no parece errata, sin embargo, ya que ninguno de los traductores rectifica o añade nada. De interés es notar que poco más adelante se leerá normalmente "embio a su hermano Melo".

[67] su), mi, S; todos los traductores siguen a N: "*his*", P; "*sa*", V; "*sua*", Ba.

[68] Para este relativo *quien* con antecedente de cosa, cf. "aquella piedra, sobre *quien* la prision esta fundada" (SanP*C*, 94); "es solo vocablo sin cosa a *quien* este puesto." (Boecio, lx*r*); "un rretrato de Ysiana, ante *quien* . . . cada dia rreçaba sus devociones" (Cardona, 168); "obstinadas pendencias, de *quien* resultan nocturnos hurgonazos" (Figueroa, I, 260); "nos hallamos en una hermosa ciudad. —*Quien* es esta?— pregunte yo; . . . Esta ciudad que miras es Napoles." (Polo*Poesía*, 250).

[69] Yugo), Hugo, BAE, como también Solà-Solé, *Laz2* en su índice sin mención alguna de *Yugo*. Correcciones bien intencionadas pero sin mucha base real, ya que en *Gran Capitan*, p. ej., Hugo de Cardona aparece como "*Yugo* de Cardona", *passim*, lo que hace suponer que las dos formas debían ser usuales; P da "Luigo" quizá por contaminación con un "Luigi" italiano; "Vgo", Ba y "Jugo", H.

[70] "Este passo" es, por supuesto, el lugar que antes ha mencionado como el de "donde fue nuestro desastre", es decir, frente a Argel. En efecto, y en algún sentido, la historia se repitió. Si las fuerzas del Emperador fueron aniquiladas por una tormenta ante Argel en 1541 y causa mediata de ello fue el retraso del Duque de Alba —cf. cuanto digo en n.38 al Cap. I— del mismo modo las fuerzas de Hugo de Moncada se vieron destrozadas también por otra tormenta y en otro idéntico intento de conquista de Argel en agosto de 1518, y causa de ello fue, así mismo, el retraso impuesto por otro —en este caso, Gonzalo Marino de Rivera—, como así lo cuenta Sandoval: "Como don Hugo llegó . . . ganó luego la Serrezuela . . . y atrinchérose en ella con mil y quinientos soldados. Quiso batir y arremeter al lugar por no perder tiempo; mas Gonzalo Marino de Rivera, caballero gallego, sin cuyo parecer no se podia hacer, le aconsejo que esperase al rey de Tremecén, que vernia presto con muchos alárabes . . . cuya gente sería buena para contra los del campo de Argel . . . En esto y en otras cosas . . . se pasaron seis o siete dias . . . Levantose a ocho dias que llegaron un cierzo tan recio, que dio en tierra con veinte y seis navíos, sin otros bajeles. Anegáronse en esta tormenta, que fue día de San Bartolomé . . . cuatro mil hombres. Pérdida notable y lastimosa, que quebraba el corazón ver encontrarse las naos unas contra otras, y hacerse pedazos como si fueran delicados vidrios, y la gente sin entenderse, gritando y llorando tan miserable fin . . . Recogió don Hugo lo poco que le habia quedado . . . y lleno de dolor se retiró a Ibiza, donde invernó. Perdióse aquella empresa por no querer el Marino dar, luego que se ganó la Serrezuela, el asalto a la ciudad; que todos tenian por cierta la victoria." (BAE, 80, 138b) y con palabras análogas Salvá (74); cf., además, Gaspar de Baeza, *Vida de Don Hugo de Moncada* (CODOIN, 24) en donde en cap. XI —p. 46—, aclara la poca confianza que el Emperador debía tener en el de Moncada y que justificaba la presencia de ese Gonzalo Marino —Mariño para Salvá— "sin cuyo parecer no se podia hacer", según Sandoval. Tras este excurso histórico se entenderá que el botín que Melo se trae de "infinitas espadas y otras armas" participa tanto de los restos del fracaso del Emperador como los del de Moncada —esa "gran parte" de armas que "venian tomadas del orin"— fracasos ambos ante Argel y producidos por sendas tormentas. Poco aceptable es, pues, la hipótesis de Piñero (168, n.21) que, siguiendo a Saludo (11), supone sin mucha duda que es la bahía de Nápoles adonde Lázaro manda a recoger esas armas.

[71] en), entre, S, más adecuadamente.

[72] *era* superfluo dada la polisíndeton y el siguiente "entendiamos" regido por la misma, a no ser, claro está, que otra vez supongamos otro {que} omitido; los traductores resuelven la cuestión con "& I as the chiefe Master", P; "& moy *estoy* comme sur-maistre", V; "perch'io era come Capomaestro", Ba, y "iok *was* opper-Dril-meester", H.

[73] Como ocurría con el anterior vocablo *malsabrosa*, este compuesto *sobre maestro* tampoco lo he visto documentado en un ningún diccionario o vocabulario; ¿neologismo del autor?

[74] y a), ya, BAE.

[75] *parassen*: "pusiesen", ; cf. "con lo que me ha dado//entiendo *pararme* de gran gentileza" (Yanguas, 409-10); "Daniel . . . con solo comer manjares asperos . . . se *paró* gordo" y "pocas veces hemos visto ser un monje curioso que no *parase* en propietario" (Gue*Ep*., I, 86 y 89); "toma esta rropa del cielo/ con que te *pares* hermosa" (Roua., II, 222); "Cuando Sancho vio que no hallaba el libro, fuésele *parando* mortal el rostro" (*Quij*., 255[I, xxvi]) y "echando mil maldiciones a quien tal le habia *parado*" (Espinel, I, 101). Cov. no recoge esta acepción y la de *Aut.*: "reducirse o convertise una cosa en otra distinta de la que se juzgaba, o esperaba" (acepción n.11 s.v. *parar*), sólo parcialmente puede considerarse aplicable.

[76] *lucias*: Cov. no recoge el término, y *Aut.* da: "*LUCIO* Lo que reluce y brilla."; cf. "La muger sucia/ la casa por barrer/ y la cara *lucia.*/" (Horozco*T*, n.1462), las variantes *luciada* y *llucida* en Roua., IV, 23 y "que tiene el *lucio* nácar por arena." (*Angélica*, VIII, estr.119).

[77] No he conseguido documentar a este *Aguirre el diestro*; un tanto desconocido, también, les hubo de resultar a los traductores ya que algunos lo tomaron un poco como un espadachín por antonomasia. V lo repite, P y H no lo traducen y Sa lo transforma en "Hector ofte Achilles", así

como Ba en "vn altro Don Aghir il destro, o diciamo vn Orlando paladino".   Cabe la posibilidad de que fuera el histórico que Piñero sugiere (169, n.23).

[78] Respecto a este *de* se puede suponer,

a) que ante el mismo se haya omitido una copulativa {y};

b) que dentro de una construcción violenta el inicial "fue acordado" rija paratácticamente tanto "hiciesemos" como el posterior "se viniessen", en cuyo caso tendríamos un "acordar de" como otro ejemplo de los muchos que abundaban de infinitivos en régimen preposicional con *de* —cf., p. ej., "concertar *de*", "determinar *de*", "entender *de*","ordenar *de*", "procurar *de*", "proponer *de*", etc., etc.—, con un *de* que en la actualidad es superfluo;

c) que esté en función de "por" como en otras construcciones se da según he señalado en n.80 al Cap. III.

[79] *faldas* que, claro está, han de entenderse por los tentáculos, evidentemente por su semejanza como apéndices colgantes. Véase lo que acerca de esto comento en n.49 aquí.

[80] "*Talabarte*. La pretina de la qual cuelgan los tiros donde va la espada" (Cov.). Cf., sin más, "pusose su espada en el *talauarte*" y "y ciñosela y un sartal de cuentas gruessas del *talauarte*" (*Laz.*, 28v y 29r).

[81] En n.33 he comentado el uso de *en* por "a" con verbos de movimientos; aquí se trata del mismo uso pero en construcciones de tipo adverbial, tampoco inusitado; cf. "como estaua *en* tiempo de poder pagarme" (SanPC, 92); "le fiaban dos o tres arrobas *en* vezes" (*LC*, 73); "*en* cabo de los cuales vino el Emperador" (*Enríquez*, 100); "mis passos y tramas salen *en* luz" (*Florinea*, 178b).

[82] Locución con la que se reconoce obediencia y vasallaje; ya señala Felipe de la Torre que "La comun y más usada manera ["para professar amor y sujecion"] que para esto los hombres tienen es el beso del rostro y el de las manos. Con el del rostro manifestamos amor; con el de las manos, la obediencia y vassallaje." (*Institucion*, 74) y cf., además, *Aut.*, s.v. *besar*.

[83] todos), todo, S.

[84] hagoos), hasto os, A; B, que como ya he señalado reproduce a este A, por una vez, toma una iniciativa y ante lo incomprensible de ese *hasto os* decide rectificarlo en un perfectamente comprensible *has tu de*.

[85] *ayais*: "porteis"; *Aut.* da: "*HABERSE*. Vale tanto como Portarse, proceder bien o mal". y cf. "deveste con ella *aver/* como contigo te oviste/" (EnciOC, I, 122); "Y de aqui adelante veremos como *te has*, pues ya tienes tu escudilla" y "Si pensara que tan desmesuradamente te auias de *auer* comigo" (*LC*, 155 y 238); "Ella *se avia* tan bien, que natural leona parescia" (*Baldus* 199); "como el marido con la muger y la muger con el marido *se han de haber*" (GueEp., I, 363 (rúbr.); "Moyses tan bien se *uvo* en el cargo que Dios le dio" (*Institucion*, 55); "Andando hazia alla, te dire como me// pienso *auer*." (*Florinea*, 196b-197a); "y tanto se *ha* con nosotros mansa y suffridamente" (LeónNombres, I, 811); "*habiendose* en ella [la batalla] con . . . gran destreza"

(Luque, I, 74).   Para un sentido ligeramente distinto de la locución *haberse con* recuérdese n.180 al Cap. II.

[86] Cov. simplemente recoge "*Ser en cargo*" sin explicación alguna, y *Aut.* ni lo recoge. Ha de entenderse como "estar obligado a", "deberle a uno", como en "*En cargo soi* al amor" (*Propa.*, Ciiira); "vuestros hermanos os *eran en cargo* por lo que haziades" (*Roma*, 45); "tan *en cargo* le *serias*" (OlivaDial., 112); "conozco el *cargo en* que te *soy*" (*SegCel.*, 67); "*eres en* mas *cargo* al vino que a tu padre" (*Laz.*, 13v); "*son en cargo* a la memoria del Obispo" (ArgoteDisc., 32); y cf. la variante "en el primero *cargo en* que quiero *estaros* es en el de la confianza" (CervNE, I, 42), y véase la rectificación de R. Marín que no parece haber entendido la locución.

[87] A y B om. *su*.

[88] *. . .* Mala lectura en ambos N y S que BAE rectifica sólo parcialmente en "veria tan gran maldad", del mismo modo que Piñero; la correcta ha de ser {veria como tan gran maldad} o, de otro modo, {veria como gran maldad}; mala lectura que algún problema debió crear a sus traductores; no, por supuesto, a V que, como de costumbre, adopta la vía fácil dando "m'aueuglerai; que je ne voye ce que la mer varie si grande mauuastie"; pero si a P que se decide por "would blinde me so much, that I could not see how the sea doth abhorrs so great a wickedness.", a Ba que opta por "sia per aciecarmi, accioch'io non vegga quel che nel Mare sarebbe grande sceleratezza." y tanto a Sa como a H que resuelven dar solamente "dat de schoonheit van zijn Tonijn my verblinden zal", omitiendo prudentemente esa mala lectura en discordia.

[89] Otro {que} omitido.

[90] la), lla, A.

[91] Metátesis pronominal que aunque no la veo citada en Keniston, no resultaba desconocida; cf., p. ej., "agora yremos *yo e tu*" (Ranjel, v.344); "*Yo y mi compañero* . . . nos quedamos sin oir misa" y "Cuando a casa volvimos *yo y Sayavedra* (*Guzmán*, 182 y 656) y, así mismo, "estabamos hablando *yo y el señor don papel*" y "hubimos palabras *yo y mi madre*" (*Justina*, I, 129 y 222 y otros ejs. en 267 y 270); "*yo y este hombre* . . . venimos" (*Quij.*, 860[II, xlv]) e "Ibamos *yo y mis camaradas* media legua delante" (*Estebanillo*, I, 244).

[92] *tambien* que parece haya de entenderse con el sentido distributivo de "tanto" como en "mas antes oyereis tambien al pequeño como al grande" (*Institucion*, 59); "en los Aragoneses se empleara aquella onra *tambien* como en los Castellanos" (SalucioEsta., 9v).   Tras lo antes comentado —cf. n.58 al Cap. I— quizá en ambos casos la correcta ortografía debiera ser "tan bien".   En cualquier caso la redacción es confusa. Véase la nota siguiente.

[93] *. . .* Otro caso de anacoluto —o, quizá, mala lectura— que ha de leerse como {que tanto como a mi a ella se lo encubrio al tiempo que della se despidio}, admitiendo tanto el *tanto* de la nota anterior como un {que} por el *aunque* del texto, ya que así como hemos visto algún caso de *que* por "aunque" —cf. n.55 al Cap. IV— la inversa tampoco era inusitada, como en líneas más abajo "mayor cargo que el

cuydado que de mi auia de tener: *aun*que yo no pense lo que era" y mucho más adelante, "el cual seruia a dos señores, . . . y *aun*que eran de los mayores del Colegio." (f.65*v*) y "fue cena de Licencia aquella, *aun*que// bien vi, que la cena se aparejo a trueco de libros" (ff.68*v*-69*r*) donde esos *aun* iniciales pueden resultar superfluos por funcionar para nuestros actuales oidos como simple reiterativos ponderativos como en "y les dixo, a osadas, bien el sueño y la soltura, y *aun* que no se le pararon pajuelas en la boca." (*Theb.*, 248); "holgamos que maten al enemigo y aunque no nos pesa si se nos muere el amigo" (Gue*Ep.*, II, 129); "la ensombrerada es la amiga de Fulminato y *aun* que no le hiede el huelgo" (*Florinea*, 191b); "y *aun* que siempre vayan adelante, pues se llegaron a los buenos" (*Poli.*, 29a) y más claramente se ve en "han de saber el credo y el pater noster: *avn* por que estas oraciones son deuotas y especiales" (*Setec.*, dvi*v*a). De cualquier forma y dada la pésima redacción del trozo no es fácil asegurar nada en concreto.

[94] mal regozijado), malregozijado, S claramente como una sola palabra. "*Regozijado*, el que es alegre en la conversación." (Cov., s.v. *gozo*); con ese sentido de "alegrar" o "divertir", cf. "no las pueden *regozijar*" (Esperabe, I, 305); "cantemos/ en este dia soberano/ y con amor mas que humano/ tanbien le *rregocijemos*/" (Roua., III, 150) y "Las mozas son alegres de corazon y *regocijadas* en compañia" (Espinel, I, 130).

[95] "*Irle a la mano*, estorvarle y contradezirle." (Cov.) como después en "no *yendoles a la mano* a lo que quisiessen hazer, aunque no fuesse bueno." (54*v*) y cf. "*irle a la mano* a la ira, no me paresce . . . mal consejo" y "El padre que quiere criar bien a su hijo debele *ir* cada hora *a la mano*" (Gue*Ep.*, I, 135 y 475); "mas mi amo les *fue a la mano* y mando a todos que . . . no le estoruassen" (*Laz.*, 42*v*); "que siempre me *yua a la mano*/ en quanto queria hazer/" (*Prodiga*, bii*v*b); "Diré trecientas —dijo él— si no me *vas a la mano*" (*Guitón*, 122) y "mi amo, si no le *van a la mano*, hablará mas que treinta procuradores" (*Quij.*, 479[I, xlvii]).

[96] *. . .* Como en otros casos, no está muy claro el sentido de este párrafo ni su relación con el anterior y/ o posterior; P da "although I suspected not what the cause was: for our thoughts did rather disagree.", que algo más parece decir que la de V, "iaçoit que ie ne pensay pas ce qu'il estoit, ains (*sic*) differoyent nos pensamens" o que la de Ba, "quantumque io non pensaua in quello che faceua, che i nostri pensieri erano tra di loro tanto contrarii." Recuérdese, además, la nota anterior n.91 sobre la posible redundancia del *aun* también para este caso.

[97] Por fin sabemos el nombre de su mujer, como luego nos enteraremos también del del Arcipreste.

[98] "*ACABAR* . . . vale también . . . persuadir. Exemplo: No pude *acabar* con el que bolviesse." (Cov.) y cf. "jamas podia *acabar* con ella que me esperasse." (*LC*, 139); "nunca pudo *acabar* con el Emperador que lo hiziesse" (*Carón*, 85; "hemos hecho tanto que *acabamos* con ella . . . que obedeceria" (*TerCel.*, 912); "ni con su amiga lo puede *acabar*." (Gue*Ep.*,

I, 222); "pensava no poder *acabar* cosa con ella." (Cardona, 108); "*acabaron* comigo que le hizesse merced de la vida." (Rue*Com.*, 192); "Lo que se puede *acabar* con ruegos" (*Guitón*, 154); "aunque le suplique . . . no fue posible *acabarlo* con ella" (Cerv*NE*, II, 180).

[99] Por supuesto, esa frase se convertiría en la actualidad en "cuando a visitalla [iba] siempre le [llevaba] conmigo." Cuanto en n.52 al Cap. III he dicho sobre *venir*, hay que aplicarlo enteramente a este *traya*. Cov. nada dice de esa particularidad, comprensiblemente, pero ya *Aut.* da "*TRAHER*. Mover alguna cosa, que esta de la parte de allá, y ponerla de la parte de acá." y claro está que Lázaro, cuando esto dice, está en su "acá" de Toledo, que no en el de la capitana Atuna.

Notas al Capítulo VI

[1] CAP. VI.), CAPITV. VI., S.

[2] Para ese *se vuo comigo* cf. mis notas 180 al Cap. II y 85 al Cap. V.

[3] "*Apassionado*, el aficionado o el congoxado y afligido." (Cov.) aunque aquí más en concreto habrá que entender "enfadado" y/ o "quejoso", como en *Aut.* (2ª acepción), y cf. "procuraron de hechar fuera . . . a Durango por que estaua muy *apasionado* Guillen." (*Schola.*, 16); "Leydo que Ysiana ubo la carta, estava tan *apasionada* de Cristerno que todo el amor . . . se conbirtio en odio" (Cardona, 147); "al padre guardian . . . que esta muy *apassionado* . . . por que quieren . . . dar este Monesterio a la observancia." (Miranda, 108*v*) y "hombre bien nacido . . . *apasionado* porque sin razon le ofendian . . . hombres que por ningun camino podian correr parejas//con el" (Espinel, I, 256-57) Cf. también *passion* en n.182 al Cap. II.

[4] La definición que da Cov. no encaja adecuadamente para el específico caso de Lázaro aunque si la de *Aut.*: "*DESMANDARSE*. Vale tambien desordenarse, apartarse el soldado de su bandera u del orden de batalla." como aquí en "la pesca para bastecer la compañia porque no se *desmandassen*" (f.31*v*) y en "Con esto se han *desmandado*/ algunos que a nuestras tiendas/ con sus armas han baxado" y "Al retirarse Reynoso/ dos soldados se *desmandan*/ a comer alguna fruta." (Lope*Voc.*, p. 878).

[5] averiguado), averiguardo, A y B; para este *averiguado* es de suponer que se da en violenta construcción paratáctica con el anterior "como despues se supo", entendiéndose, así, "y se averiguo que". Otra solución —la única aceptable que he encontrado entre los traductores— es la de P que omite ese *averiguado* dando simplemente "they should presently killed me, and for no other cause more than . . ." De cualquier forma, la redacción es tan defectuosa como las inmediatas siguientes que veremos y que llenan todo este breve Cap. VI.

[6] S inserta *la* aquí.

[7]Contrariamente a todos los otros, BAE inserta un *no* aquí —"Dios no dio"— y con ese mismo sentido negativo lo traducen también P —"but God *preuented* this mischiefe"; V, un tanto extrañamente, da "Mais Dieu donna rèmede a cette mechanceté"; Sa, "Maer Godt schichte eenen raedt teghen syne schelmerijen"; Ba, "Ma Iddio da me terme lontano contanto male" y, por fin, H, "Maar d'Hemel schickte raad tegen zijn schelmerijen" como Sa pero con la curiosa variante a notar de un "Hemel" por el "Godt" de Sa, rasgo que H mantiene continuamente a lo largo de toda su traducción donde jamás se cita a Dios y cuya razón —indudablemente, de índole religiosa— no es fácil de conjeturar. A mi juicio, ese *no* no corresponde ya que debe entenderse —como de lo que luego viene se desprende— que el hecho de que Dios permitiera el favor que Licio hizo a Lázaro es la ocasión y causa para la maldad del general.

[8]*en* en función de "por" como uno más de los usuales intercambios preposicionales; cf. "locos enamorados, que, vencidos *en* su desordenado apetito" (*LC*, 18); "la fuerza que hacen *en* que sus passados fueron muy amigos de su honra" (Hermosilla, 38); "spero *en* la bondad de Dios, reducille." (*Capón*, 259).

[9]mejor), meyor, A.

[10]*. . .* Todo este confuso párrafo aparece traducido del siguiente modo; P, "This together with that which the god Captaine (and better than he) had donne unto me, caused him to procure this mischieve against him"; V, ". . . ensemble tout ce que le bon Capitaine m'aouit fait, & mieux que luy auec toutes ses meschants finesses procura de faire."; Ba, "Per tutto questo, e per cio che il buon Capitano haueua fatto in fauor mio machino nulle inuentioni, tutte maliziose"; Sa sigue a V y, por fin, H, "van gelijken ook al 't goet 'twelk my de Capitein gedaan had en meer dan hy met al zijn schelmerijen had weinen te doen." Yo lo entiendo como "Juntose todo alli [*y* locativo] lo que en mi habia hecho el buen Capitan, y mejor [con mas eficacia y malicia] que el [que el Capitan] procuro [el General] con todas sus malas mañas hazer". Se comprenderá, así, que no puedo estar muy de acuerdo con la transcripción y puntuación de Piñero que da ". . . y mejor que el. Procuró con todas sus malas mañas hacer," (174).

[11]*. . .* Dentro, otra vez, de lo confuso de todo ese párrafo, es evidente, lo deturpado de ese *por libralle de serla*. Para empezar, hay que sugerir que ese *de serla* bien pudiera haber sido en el original un {de hacerla}, y que en algún momento de la transmisión del original —ya por redacción al dictado y/o seseo— fue entendido como {de serla} tras embebimiento en la cadena fonética de la *a* inicial. Otra remota posibilidad es la de suponer un original {ser alla}, admitido el común *ser* por "estar" —cf. n.86 al Cap. III)—. Todo ello podría ayudar a entender la última mala lectura, pero la mala redacción persiste. Veamos como se las arreglaron los traductores ante tan confusa situación; P da "saying, that one night as the said Licio was Captaine of the guard, and held the neerest Centinell unto the caue, for a great summe of money which was given him by the enemie, that he might escape, he left

the watch." V, "disant qu'vne nuict (ayant le dit Capitaine Licio en charge la garde la plus proche sentinelle) il luy aouit baille beaucoup d'argent pour le deliurer d'estre la."; Sa, "zeghende dat op eenen nacht onsen vijant (hebbende den voor iz Licio de machte ende sentinelle) hem een goede somme ghelt ghegheben hadde op dat hy hem wt de Spellonck zonde verlossen."; Ba, "dicendo che una notte esso Capitan Licio stando a fare la guardia haueua liberato uno mediante denari, dal douer fare la più vicina sentinella all'inimico." y, por fin, H, "zeggende dat op een nacht onzen vyand (hebbende hy de wagt) hem een goede zom gelts gegeben had op dat hy hem uit de Spelunk zou verlossen". A todos estos traductores hay que suponerles una mínima dosis de imaginación en su intento de proponer un arreglo que hiciera comprensible esa confusa redacción, y de hecho, lo consiguieron más o menos libremente; pero lo que interesa al caso es la inclusión de ciertas traducciones comunes que en ningún momento aparecen ni en N ni en S; obsérvese que, por ejemplo, tanto P como ambos holandeses citan la cueva —"the caue", "de Spellonck" y "de Spelunk"— en donde se supone estaba defendiéndose Lázaro, y que, por otra parte, esos mismos tres así como Ba presentan un enemigo —"the enemie", "onsen vijant", "inimico" y "onzen vyand", que, por supuesto, ha de ser el Lázaro que se defendía en la cueva—; ahora bien, dado que esas variantes no se dan ni en N ni en S, si sólo uno hubiera introducido las mismas habría que entender, simplemente, una decisión personal sin más del tal, pero el hecho de que también los otros y cada uno por su parte coincida en ellas resulta más bien intrigante; bien se puede sospechar que H siguiera a Sa y que, a su vez, Sa —que sigue básicamente a V— sencillamente introdujera ambas variantes, pero aun con ello, hay que seguirse preguntando qué ocurre con Ba y sobre todo con P, que, por supuesto, no pudo conocer a ninguno de esos posteriores. ¿Habrá que suponer que leían en textos distintos al que leía N, ya fueran anteriores —en cuyo caso la deturpación se debería al arquetipo que leían éstos—, ya fueran posteriores, y entonces se tendría que postular alguna edición que o rectificó ese arquetipo o reprodujo un adáforo procedente del original y paralelo a ese arquetipo? A Piñero no le ha debido resultar insólita esa redacción ya que nada comenta sobre ella.

[12]S, A y B dan también *mucho* como N, así como Ba con *molto*, cuando, evidentemente, ese "esto dezian el, y otros" exige el plural, como así lo hacen P —"diuers witnesses"—; V, que con "beaucoup d'autres" —en uno de los pocos casos en que discrepa de N y que quizá refuerce lo sugerido en nota anterior—; Sa y H —"veel andere"— y asimismo BAE y Piñero que esta vez si ha parado mientes en la irregularidad. Obsérvese, no obstante, que bien puede aceptarse para el original un anacoluto por confusión de la función adverbial de mucho con la adjetival de "muchos".

[13]*. . .* Locución interjectiva *a contrario* de uso muy corriente y que aquí en texto se repite en f.35*v*: "eran muy suficientes, *y assi les ayude Dios*" y cf. "Mejor *el diablo te ayude* que en ello aciertas" (*Theb.*, 46); "*assi Dios me*

salve que yo no le conozco" (*Roma*, 67); "*Mejor me ayude Dios . . .* que yo se por quien dices" (*SegCel.*, 308); "Y *mejor les ayude Dios* que ellos dizen la verdad" (*Laz.*, 47r —tan análoga a la de su posterior—; "*Mejor me ayude Dios* que dormia" (*Florinea*, 283a); "No me la ireis a pagar en el otro mundo, *ansi Dios me ayude*."; "*Mejor me ayude Dios*, que yo los tengo por cristianos." (*Viaje*, 100 y 102 y otros casos *passim* así como, por fin, la variante "*que tal salud les de Dios* como ellos dicen la verdad." (*Quij.*, 942[II, lv]).

[14] Ese *dellos* no es, en ningún caso, una contracción de "de ellos", sino, simplemente, un error tipográfico sobre un original {*de los*}; cf. "a number of *their* heads", P; "*de ceux* qu'il", V; "di *quelli* molti d'egli", Ba; "veel hoofden van de geen *dien*", Sa y H.

[15] A observar lo ambiguo de este posesivo *sus*, ya que bien puede referirse a Lázaro —más improbable— tanto como al general o, incluso, al rey a quien el general se dirige; en cualquier caso, el párrafo —una vez más en todo este capítulo— adolece de oscuridad y no es fácil adivinar cuál sea su último sentido siendo como es un inciso sin claro referente y aun innecesario para la inteligencia de los propósitos de ese general.

[16] Aunque su sentido es suficientemente inteligible, ese *dispuso* —teniendo en cuenta lo que sigue— no encaja plenamente en ninguna de las acepciones conocidas recogidas en los diversos diccionarios y vocabularios. La más aproximada acepción que he podido encontrar es la 4ª de *Aut.*: "DISPONER. Significa asimismo ordenar lo que se ha de hacer de alguna cosa . . . en cuya acepción siempre es seguido de la preposición De". P da una traducción totalmente libre con "And going on with his falsehood, sayd"; V traduce literalmente: "disposa de luy"; también libre es Ba con "e rinfacciandoglielo diceua" y H con "en zei voorts van hem", arreglos de esos traductores que bien indican, otra vez, lo un tanto oscuro de la construcción. Mucho se parece ese *dispuso del* a la acepción del actual inglés "to dispose of" con el sentido de "deshacerse de".

[17] "*Jugar las armas*, exercitallas." (Cov. s.v. *JUEGO DE MASECORAL*) Cf. "y, tomando su bordon, comiença a *iugar* del, dando saltos" (*Baldus*, 183); "*Jugaba* de rebenque floridamente" (*Justina*, I, 329) y "*jugaba* la negra [espada], escupia en corro." (*Lugo*, 132) y "que era muy diestra como [ya que] habia [hacia] tanto que *jugaba las armas*" (*VélezDiablo*, 235). Para el anterior *de* por "con", cf. n.54 al Cap. V.

[18] No se inventaba nada el general; recuérdese que Lázaro ya lo ha sugerido antes —"yo pienso este no ser hombre, sino algun demonio que tomo su forma"— cuando se descubren solamente sus vestidos (f.17*v*).

[19] destrucion), destruycion, S.

[20] lo), le, BAE rectificando el loismo.

[21] auian), habia, BAE corrigiendo acertadamente el plural ya que se refiere a Licio.

[22] deuia), deuida, S.

[23] hecha), hecho, S.

[24] peor), peyor, B.

[25] consejado), conseyado, A y B. Ese *consejado* aun lo recoge así BAE; era forma usual y, por supuesto, ya alternaba con *aconsejar* —véase, p. ej., Gillet, III, 345 para el caso de *Propa.*— y "mirar . . . con quien os *consejais*" (*GueEp.*, I, 198) frente a *aconsejar* en p. 226—; para este uso, cf. "que sepa *consejar* a los otros" (*Theb.*, 146); "me *consejeys* y digays" (*Clari.*, f.xiirb); "*consejarle* an bien" (*Roma*, 20); "no se yo a quien *consejase* (*Cardona*, 66); "te puedo *consejar* . . . que pongas este negocio" (*Poli.*, 12b). Cov. no da ni una ni otra forma y *Aut.* ya da ese *consejar* como forma anticuada.

[26] Legalismos que poca explicación necesitan —de no ser así puede verse lo que anota Piñero (175, n.5)— pero que quizá algo indiquen de la personalidad y formación profesional del autor.

[27] deuida), de vida, A, que puede explicarse ya que en N ese *de/uida* aparece dividido así por interlineación.

[28] Dada la brevedad de este cap. —es con mucho el más corto de todos tras el brevisimo XV— bien se puede sospechar que así como la de ese posterior XV, la de éste también se deba a haber sido extractado y mutilado —léase cuanto acerca de ello digo en la sección de avatares— y que la abundancia de irregularidades que, según se ha venido viendo, en él se dan, haya sido producida por mor de esas extractación y/ o mutilación.

Notas al Capítulo VII

[1] CAP. VII. C*omo*), CAPITVLO SEPTIMO como, S.

[2] "*Estar a derecho*, parecer por si o por su procurador en juyzio y passar por lo que el juez sentenciare." (Cov., s.v. *derecho*). Otro legalismo como los vistos en n.26 del cap. anterior.

[3] de rota), derrota, S. *Rota* era el término en el XVI para nuestro actual "derrota"; cf. "los pusieron en *rota* e los desbarataron" (*Clari.*, lvira); "Luego que el Papa supo la *rota* y prisión del Rey" (*Carón*, 44); "a la hora que el buen Obdenato supo la *rota* y perdición de Valeriano" (*GueEp.*, II, 307); "la . . . lastima de la . . . *rota* de Eneas" (*Pinc.*, III, 159); "Don Hugo de Moncada, despues de la *rota* que padecio en Argel" (*Sandoval*, I, 138b); "despues de la *rota* de Troia" (*Tablas*, 166); *rota* resultado de una nominalización del participio pasado irregular de "romper" que tenía, precisamente y entre otras acepciones bélicas, la de "derrotar", como, p. ej., en "Ver esta gente era cosa hermossisima . . . hasta ser *rotos*" (*Girón*, 179); "con ser muchas vezes *rompidos* por los emperadores . . . y muertos tantos millares dellos, siempre fueron temidos" (*MexiaSilva*, 419); "Salildos a conbatir/ y provaldos a *rronper*" y "an *rronpido* y despojado/ a todos sus enemigos" (*Roua.*, I, 385 y 387); "lo desbarató y *rompió*, ganándole la mayor vitoria

que se vió hasta entonces." (*Guzmán*, 463); "los inven-//cibles españoles . . . lo *rompieron* y pusieron en huida." (*Estebanillo*, I, 292-93) y, por fin, cf. la 4ª acepción de "ROMPER" en *Aut.*, datos que obligan a adelantar la fecha de hacia 1580 que Corom. propone para este vocablo citando a Cejador (s.v. ROMPER). Cov. no recoge esta acepción; sí, en cambio, *derrota*, pero como "El viaje que hazen los navios por la mar." (s.v.), acepción ésta que parece ser la única —según también señala Corom.—, como en "no sabia la *derrota* que llevaba ni a la parte que caminaba" (*Guzmán*, 149); "que no corriese nuestra suerte por una misma *derrota*: segui otro camino" (Cerv*NE*, I, 94); "comenzó a seguir esta *derrota*, atreviéndose al grave peso de milicia" (Luque, I, 48) y "¡Cuan extrañas *derrotas* siguen los viciosos!" (II, 165); paralelamente se mantenía el sintagma adverbial de *rota* con el sentido actual de "de vencida" —cf. "pues desta manera/ ansi de *rrota* abatida/ tan sin duelo me matais/" (*Propa.*, Tiiiiv); "Quien no gime y se alborota/ . . . / ver la cosa tan de *rota*/" (Hur*Cortes*, 28b) y años después en boca del Alcaide del *Entremes famoso de la Cárcel de Sevilla*: "Esto va muy *de rota* (Cotarelo, I, 101b)— y que es la usada por el autor. Evidentemente la cuestión es más bien compleja, pero muy bien pudiera ser que tanto el continuo uso de *de rota* en la cadena fonética así como incorrectos enlaces tipográficos como el *derrota* de S, coadyuvaran a la acepción actual de ese *derrota* como ya aparece en *Aut.* donde se recogen ambas acepciones, *rota* y *derrota* con el mismo sentido, sin descartar, por supuesto y paralelamente, la influencia del préstamo francés *déroute* que ya apunta Corom. Hay que señalar, por fin, respecto a lo que afirma Corom.: "*derrota* 'revés militar', podria derivar del antiguo *derromper*, pero como no conozco ejs. medievales ni parece haberlos anteriores a *Aut.*, ni de *derrotar* 'vencer' los hay anteriores a 1683 . . .", que ya en *Estebanillo*, por lo menos, aparece tanto "adonde por ir *derrotados*, y no de batallas ni encuentros" como "porque al tiempo de la *derrota*, que ya la tenia por cierta" (I, 278 y 292).

⁴ A y B om. *muy*; curiosamente también lo omite BAE.

⁵ claros), Claros, S.

⁶ Si en el inmediato caso anterior de "decian el y otros *mucho* mas" —cf. f.28r y n.12 al Cap. VI— podía ser aceptable ese *mucho* no parece que aquí lo sea tanto; V da *beaucoup plus* que nada soluciona como tampoco el *veel meer* de Sa y H, pero sí el "*many* more" de P y el "*più altre*" de Ba.

⁷ Como bien dice Piñero —cf.p. 176, n.2—: "Este fragmento . . . no se ha podido, hasta ahora, documentar." En vano lo he intentado yo también entre todos los romances del Conde Claros y sus variantes que he podido consultar; quizá haya existido y se haya perdido, pero un tanto dudoso me parece que así haya sido dado que, y para empezar, esos "mil desastres" "en la tierra" y sobre todo los "mucho (s) mas" "en las mares", muy poco parecen condecir con los rasgos que del tal Conde nos presentan el episodio y tragedia que de él nos han transmitido los romances, y sospechoso es

también que el autor nos hable de *aquel dicho* y no, como fuera más logico, de "aquel romance". En *dicho* ciertamente se había convertido ya, por lo menos, en la primera mitad del XVI, uno de los versos del romance original como se ve, p. ej., en "que a muchas d'estas podria hombre quedarse como Juan Alonso en la playa y cantando *pesame de vos el conde*" (*Seraf.*, 1353-55) y en "a mi paparme han duelos. y . . . mofareys de mi desnudo, diziendo: *pesa me de vos el conde*" (*Florinea*, 184b), y del mismo modo que en tales obras se cita el conocido verso, bien pudiera el autor haber elegido un trozo del original romance si citar quería a ese tradicional Conde como prototipo de desventuras.

Bien puede sospecharse, por tanto, que esa cuarteta sea una chusca elaboración personal del autor, e incluso que tras esa elaboración se esconda una deliberada burla contra un personaje histórico contemporáneo, otro Conde Claros que si que padeció más de una desventura en su vida real y que bien conocido era por lo mismo en la sociedad de por esos años. Me refiero a quien Pedro de Medina en su *Crónica de los Duques de Medina Sidonia* describe como "Juan Claros de Guzmán Conde de Niebla, hijo primogénito de los . . . señores D. Juan Alonso de Guzmán y Da. Ana de Aragón, duques de Medinasidonia" (CODOIN, 39, p. 355) —el resto de la biografía de este Juan Claros que muere en enero de 1556 a los treinta y siete años de edad puede verse ahí desde esa p. 355 a p. 365—; de este personaje dice, además, Barrantes en la continuación de sus *Ilustraciones* que "llamóse Don Juan Claros . . . porque nació dia de Sancta Clara" y poco después que "Estando el Duque su padre el año 1538 en la ciudad de Toledo le dio su Magestad del (*sic*) Emperador, e a peticion del Duque su padre titulo de Conde de Niebla" (BN, MS 3272, f.362r). En ese año de 1538 —claro está, el de las Cortes que sin mucha duda pueden ya suponerse las mencionadas en el '54— se le concedió el título y no antes porque, en el entretanto, algo muy serio les ocurría a estos Duques de Medinasidonia y, por supuesto, a su hijo Juan Claros; a saber, el pleito sobre la casa de Medinasidonia y, más en concreto, el de su sucesión, originado por la condición de bobo e impotente del primogénito de la misma Alonso Pérez de Guzmán; pleito y proceso que discreta y lealmente callan tanto Barrantes como Medina, —pero que bien expone Girón en su *Cronica*, 74-76) y que resumo: Ana de Aragón, nieta del rey Don Fernando, casó con Alonso, pero vistas su imbecilidad e impotencia desposó después a su hermano Juan Alonso segundogénito e inmediato sucesor al ducado, "dañado ayuntamiento" —son palabras de Girón (75)— del que nació Juan Claros en 1518 ó 1519 —la información de Medina permite la duda y en Barrantes sólo se lee "150 . . ." apareciendo en blanco la última cifra—; nacimiento ilegítimo que como tal persistió hasta el último día de octubre de 1536 cuando tras más de un año de litigio —cf. las notas con que Girón va salpicando su *Crónica* desde la p. 61 en adelante— se declaró definitivamente válido el segundo matrimonio y, consecuentemente, se reconoció la legítima condición de Juan Claros como verdadero hijo de Juan Alonso y no de su tío, el bobo Alonso como, y para cubrir las apariencias, se venía aceptando oficialmente.   Si todo ello fue —y otra vez en palabras de Girón— "Una cosa tan grande y tan nueva" que "espanto a todo el reino" (*loc. cit.*)— a más de uno, más que espantarle le resultaría excelente motivo de regocijo y burla, y entre ellos muy probable es que estuviera nuestro autor que, fuera por el motivo que fuera, bien interesado parecía en los asuntos y vidas de esos Duques de Medinasidonia como lo demuestra, al menos, la importancia que dentro del texto tienen los tales Duques como personajes que acogen, visten y favorecen a Lázaro en los caps. XVI y XVII; en cualquier caso, y aun a sabiendas de que todo ello entra en el campo de las conjeturas, a este autor, y si así lo decidió, no le debió resultar demasiado difícil convertir a ese asendereado Juan Claros conde de Niebla —a cuestas con sus desastres de veinte años de ilegitimidad— en el tradicional Conde Claros y sus desventuras del romance.

Para cerrar la nota, y pasando a otra cuestión dentro de esta línea, esta mención del Conde Claros por parte del '55, bien podría ser que estuviera relacionada con la que suscitó Morel-Fatio sugiriendo una lectura *Conde Claros* en vez de la de la "Conde de Arcos" para el '54, y que Menéndez Pidal adoptó contra otra crítica.   Cuestión ésta ya suficientemente comentada por Rumeau ([1959], 491-93) y Caso González en su ed. crítica (109, n.54) y que Rico ([1987], 82, n.50) resume dando pertinente bibliografía para el caso. Sin entrar ni salir en ello, ahí dejo el dato para el interés de algún posterior estudioso del asunto.

[8] A y B om. *y.*

[9] No era raro el régimen preposicional de *a* por "por"; cf. "quien tiene dentro del pecho aguijones, paz, guerra, . . . todo *a* vna causa?"   (*LC*, 26); "Pues *a* tu causa esta penando" (*Seraf.*, lín.1102); "del celo que tenias *a* me salvar" (Gue*Ep.*, II, 207); "*A* esta causa avn que no haga mucho a nuestro proposito . . . desembolueremos" (Ven*Orto.*, 8); "si las miran [a las mujeres] *a* de fuera . . . parescen unas senadoras" (*Florinea*, 175a); "Alborotose *a* mis palabras, desentono la voz con juramentos" (*Guzmán*, 879); obsérvese, no obstante, que también puede tratarse de una omisión del reflexivo: "{me} lloraua a mi".

[10] en), el, A y B.

[11] os), vos, S.

[12] dexandonos), alejándonos, BAE, incorrectamente.

[13] hemos), emos, S.

[14] BAE, sin duda por comprensible inadvertencia, om. un *es.*

[15] pensando), pensado, BAE, más correctamente, como P, "wayed (*sic*) and considered" y Sa, "wel overlepdt ende bedacht"; Ba y H lo solucionan dando solamente un participio —"questo considerato" y "wel overleit hebbende"— y como es casi de rigor V sigue a N con "& ce pensant & veu"; es más lógico suponer una errata que admitir tan violenta parataxis de gerundio y participio, aunque quizá no resultara inusitada por esos años ya que dos casos análogos tengo recogidos: "animalias . . . que auian muerto y comiendo los moradores"

(*Amaro*, Aiiiir) y "habiendo por desventura peregrinando y llegado que fue" (Rue*Com.*, 142) en el supuesto que éstos no sean también erratas.

[16] S inserta un "que", que parece innecesario, pues el pertinente relativo "los cuales" viene luego.

[17] Ambos textos dan el enlace *hazerlo*; Piñero, por contra, prefiere dar "a hacerlo, de ponerme" (178); yo, por mi parte, creo mejor la disyunción que recojo, dando el neutro *lo* como antecedente de toda la cláusula siguiente.   Los traductores optan por sustituir *de* por la copulativa.

[18] En la actualidad se emplearía el condicional en esa construcción, pero ese imperfecto de subjuntivo no era raro como más adelante en texto, "quisiera hablar algo en lengua Atunesa, sino que no me *entendieran.*" (f.69r) y, p. ej., ya en el mismo '54 aparece; "que *hiziera* si fuera verdad?" y "pensando que *fuesse* otra cosa" (*Laz.*, 2v y 34v) o en "No *fuera* bien . . . irse poco a poco, . . . estudiando lo que deban hacer para ello?" (*Guzmán*, 280). Y cf. Criado*Verbo*, 166) para lo mismo aun en Cervantes, así como Luquet, *op. cit.*

[19] *dentro en* contra lo que afirma Keniston: "*Dentro en* does not refer to expressions of time."   (41.32, p. 648). Por otra parte, el uso de en por el "de" actual era normal en construcciones de diferente tipo como en "diziendome *en* esta manera" (San*PT*, 53); "Cien monedas *en* oro" (*LC*, 59); "el Papa se fiaba *en* la nueva liga" (*Roma*, 77); "almorzar *en* pie" (Gue*Ep.*, I, 426); "dormir *en* pie" (Rue*Com.*, 124); "no *en* solo pan vive el hombre" (*Guitón*, 133); "que si *en* mi sospechasen" (*Guzmán*, 286), régimen con *en* que es el preferido de Valdés (*Lengua*, 148). Caso más particular es el de "hablar" en régimen preposicional con su correspondiente objeto que con enorme frecuencia lleva *en* cuando en la actualidad utilizamos ya sea "de", ya sea "sobre"; cf. "me hablo *en* amor" (*LC*, 190); "el rey y la reyna hablauan tambien *en* este cauallero" (*Clari.*, xviiira); "ternemos tiempo de hablar *en* la una cosa y *en* la otra" (Castiglione, 219); "no me hableis *en* ello" (Girón, 78); "le dire como hable *en* ello a Su Magestad" (Gue*Ep.*, I, 246); "hablando *en* cosas que me preguntaua" (*Laz.*, 17v); "hablemos *en* otra cosa" (*Viaje*, 111) y "Pues si hablas *en* el mal de ojo" (*Dorotea*, 77) y notas de Fontecha.   Obsérvese, por fin, que ese *dentro en* que en nuestros días se da, claro está, como "dentro de", asimismo en nuestros días tiende a usarse sólo con referencia a un futuro real, no para un futuro dentro de un contexto pasado absoluto como ocurre en el texto.

[20] "*Dar con la carga en el suelo*, echar a perder el negocio." (Cov., s.v. *carga*). El comentario de Correas que recoge Piñero (179, n.3) no se adecua a este caso, aunque si el de *Aut..* y cf. "como el cielo es enemigo de soberbios (y tanto que por no sufrirlos *dio con la carga en el suelo* y aun en el infierno)" (*Justina*, 110).

[21] Para la importancia que esos *vestidos de seda* tenían como signo externo de ostentación y categoría sociales basta comprobar la minuciosidad de detalles con que, para esos años, se trata el uso de ese tejido —prohibiciones, licitudes, quiénes podían llevarlo y quiénes no, etc., etc.— en la

Recopilacion (*Libro septimo*, Tit. XII). Recuérdese, además, y como dato social de peso, que ya desde las *Instrucciones de Torquemada* de 1484 los condenados por la Inquisición no podían *vestir seda* —cf. Monteserín*Inq.*, 90, y Beinart*Rec.*, II, 121) para casos particulares— así como tampoco los moriscos —cf. Cardaillac*Mor.*, 46 y Lea*Mor.*, 49—. Más en particular, los Estatutos de la Universidad de Salamanca de 1538 (Tit. lxij) prohibían a los estudiantes, "que los sayos no sean de color ni chamelote ni ningun genero de *seda*."; ". . . que no puedan traer jubones de *seda*" (Esperabé, 204) y asimismo los posteriores de 1561, "mandamos que . . . ninguna persona desta vniuersidad . . . trayga *seda* alguna . . . (347) si bien se añade, acto seguido, "Y mandamos que este estatuto no se entienda con el Rector, ni Maestrescuela, Doctores, Maestros y Licenciados graduados en esa vniuersidad" (348), discriminaciones ambas que a buen seguro tenía el autor en mente cuando hace esa crítica; no se olvide la que en concreto hace dirigida contra la Universidad de Salamanca y su claustro en el cap. XVIII con que cierra la obra, y sin duda que en más de uno de esa institución estaría pensando cuando habla de ésos que andan *vestidos de seda, no de saber*.

[22]tierra), terra, S. Curioso es que Lázaro diga que el seso de esa "señora capitana" sea "cosa . . . muy//clara en tierra y en mar." Que lo sea "en mar" poco lo podemos poner en duda, pero lo contrario —que también lo sea "en tierra"— algo más dificil se hace de aceptar por obvias razones. Lo que tras ello puede haber, sí algo, lo comento en el estudio introductorio.

[23]Más bien irónica parece tanta precisión estadística a no ser que tras ella se de algún propósito cabalístico que se me esconde.

[24]*sin*: "ademas de", "sin contar (con)"; cf. "De ocho criados que fueron con el/*sin* seis que quedaron en Padua" (Enci*OC*, II, 239); "Y de cada casa, *sin* lo que me pagan los amos, me vale mas" (*Lozana*, 132); "*Sin* estas maneras, hay otras" (Osuna*Ter.*, 382); "ivan veinte pajes, *sin* los otros que iban con el" (Girón, 24); "y *sin* esto no perdonaua el ratonar del bodigo" (*Laz.*, 22r); "Otras dos cruces estan/*sin* la que avemos hallado" (Roua., II, 38); "Tuvo otro hijo, *sin* este?" (Rue*Com.*, 180); "y que, *sin* esos, habra habido otros muchos casos" (Torq*Jardin*, 111); "sus damas, que le sirven, principales, /*sin* otras mil esclavas que mantiene" (*Angélica*), IX, estr.102) y "las grandezas de aquellas gradas . . . y *sin* esto, el arzobispo, dignidades . . ." (Villandrando, I, 50 y otros ejs. en pp. 62 y 63).

[25]Quizá sea otra mala lectura la ausencia de la normativa repetición del indefinido distributivo "cual . . . cual"; todos los ejemplos que recoge Keniston (13.1) dan la repetición, y yo tampoco he encontrado ninguno que no la contenga; P da "some with Swordes, other with Launces, Ponyardes, and kniues"; V da una variante un tanto inesperada: "*comme* d'espée, poignard, lance & couteaux"; Ba "chi di spada o pugnale, chi di lancia, o coltello", y H, "zijnde vijf

duizent gewapent mit Rapieren Pongiardeen en Spiessen", muy libremente.

[26]Con ese gesto ritual *a la usança de alla*, el autor identifica claramente el ámbito cultural en que se mueven esos supuestos atunes: el islámico. Ya en el *Viaje* se anota ese poner algo sobre la cabeza como uso y señal característicos de reverencia y acatamiento entre los turcos: "si topan acaso un po//co de papel en suelo, con gran reberencia lo alcan . . . besándolo y *poniéndolo sobre su cabeza*." (388-89) y antes, hablando Pedro de su amo Zinán Bajá habrá comentado "el grande amor que me tenia, y que estubiese cierto que el *me tenia sobre su cabeza*." (195) y ya antes lo había descrito Pigafetta en su *Primer viaje alrededor del mundo* donde dice: "Hizo traer entonces su Alcorán y . . . poniéndoselo . . . cuatro o cinco veces *encima de la cabeza* . . . protestó . . . que juraba por Ala." (p. 140). Ha de señalarse aquí, y por lo que pueda interesar a la historia de la cultura hispánica, que ese gesto no era privativo de esos turcos, ya que el tal llegó a insertarse plenamente dentro del ceremonial hispánico, sin duda por procedencia árabe, como se testimonia tanto en la historia real como en su reflejo literario; en carta de 1503, Perafán de Ribera dice : "esta carta de su alteza yo he recebido con mucha reverencia . . . e beso e *pongo sobre mi cabeza*. (*Cartul.*, II, 354); "el cauallero hinco la rodilla . . . e beso el anillo y *pusole encima de la cabeça*" (*Clari.*, xra); "El que veia seguir muy de veras la doctrina cristiana *ponia yo sobre mi cabeza*" (*Carón*, 173); Guevara —hablando de Jesucristo— dirá: "lo que ellos [los israeliticos] pusieron so los pies, *ponemos nosotros sobre las cabeças*" (*Ep.*, II, 152); el Comendador en carta de 1546 a Zurita: "lo de [el libro] al señor Merles para que lo traya, que yo lo *terne encima de mi cabeza* y lo tratare como cosa propia" (*Cartul.*, III, 518); y lo mismo hará el buldero con la bula; "mando traer la bulla, y *pusose la en la cabeça*" (*Laz.*, 44v); "cosa digna . . . de ser tomada en las manos de los angeles . . . y con reuerencia y aprecio la *pongan en la cabeza*" (Cruz, IV, 259); "En ser de Vm. lo *pondra sobre su cabeza* como si fuera Prouision Real." (Guitón, 109); "si . . . habla en otra lengua que la suya, no le guardare respeto alguno; pero si habla en su idioma, le *pondre sobre mi cabeza*." dirá el cura; "cuando le diste mi carta, ¿besola? ¿*Pusosela sobre la cabeza*?", don Quijote, y, por fin, Sancho, con "a los médicos sabios . . . y discretos los *pondré sobre mi cabeza*" (*Quij.*, 70[I, vi], 311[I, xxxi] y 872[II, xlvii]) y, por fin, "concibio la dama. Y viendola su marido preñada, //perdia el juyzio . . . acariciándola y *poniéndola sobre su cabeça* (Avellaneda, II, 58-59). Volviendo a ese *a usança de alla* otra indirecta y zumbona intención puede haber escondida tras ello como de lo que inmediatamente dice Lázaro se puede deducir y que veremos confirmada más adelante —f.46r-v— cuando de besar esa cola se trata.

[27]reyme), reyrme, A y B.

[28]Con la misma ortografía aparece en Roua —"con las viejas ceri*monias*" (III, 303)—, en Teresa de Avila, *passim* así como en *Galateo* —"Cap. NONO. DE LAS

CER*I*MONIAS"— y *passim* en todo el cap. (pp. 130 y sigs.); aun así la recoge Cov. si bien acto seguido da "CEREMONIATICO", y de tales oscilaciones buenos testigos son tanto la Duquesa cuando a Sancho le responde: "la flor de las ceremonias, o cir*i*monias, como vos decis" (*Quij.*, 781[II, xxxii]) como Lope que da "ceremonia" (*Voc.*, 552) junto a "cer*i*monia" (553).

²⁹pornian), ponian, BAE, incorrectamente pues se trata claramente del condicional; sin duda, una errata producida por no reparar en la metátesis consonántica.

³⁰nos), no, A y B.

Notas al Capítulo VIII

¹CAP. VIII. D*e*), CAPIT*V*LO OCTAVO de, S.

²*bastecer* con aféresis respecto a la forma actual; del mismo modo en *bastecida* (*Baldus*, 197; "*bastece* nuestra corriente" (Roua., II, 527); "*bastecio*" (Medina*Medina*, 338) y aun así lo recoge Cov., s.v. *basto* y aparece en Lope (*Voc.*, 338).

³supiesse), supusiesse, S, que puede ser aceptable.

⁴acordose), ocordose, A.

⁵*la* que debiera ser {lo} por *auiso*; si no es anacoluto habrá que suponer una referencia un tanto violenta a la anterior *triste nueua*, como así entiende Piñero (181, n.1).

⁶*derecho camino*: "directamente, todo recto" ¿italianismo por calco de "diritta via"? Sea como sea está documentado ya en "cuando por *derecho camino* envian sus rayos a los ojos de la persona amada" (Castiglione, 300) y "ni menos la honrilla ciega/ me saca y desasosiega,/ de mi *derecho camino/*" (Roua., III, 519), y "me halle arrepentido de haber vuelto . . . de mi *derecho camino*" (*Estebanillo*, I, 234), dándose también la construcción inversa como en "Barbarroja vino su *camino derecho* a la ciudad de Túnez" (Girón, 47) o una variante como en "dejamos nuestro *derecho viaje*, y acordamos de venir a ver" (*Quij.*, 124[I, xiii]).

⁷Mejor el subjuntivo "supieran" actualmente, dado ese "suplicassen" en la prótasis, pero cf. n.49 al Cap. II; no obstante, pudiera también tratarse de un "como bien sabian {hacerlo}" con elisión del objeto verbal.

⁸"*Justicia*, se toma también por el derecho que tiene el litigante" (*Aut.*) como así lo entiende latamente P que da *cause* y cf. "su pensamiento castigan por delitos, su *justicia* no se guarda, de sus agravios apelan para la otra vida." (*Guzmán*, 354 y otro ej. en 611); "Pero escucha mi disculpa, que luego oiras de tu *justicia*" (Villandrando, I, 28); "que mi *justicia/* los ojos cegara de su malicia" (Lope*Voc.*, n.1589); "Por Dios . . . que le hagais guardar su *justicia*" (Cerv*NE*, I, 112); "sin mujer ni sin rey que los defienda./ REY. Yo bere su *justicia*." (Clara*D*, vv.2604-05) y "Respondiome . . . que se veria mi *justicia* y se daría traslado a la parte." (*Estebanillo*, II, 354). Al final de f.32*v* se puede observar claramente la bisemia de ese *justicia*.

⁹*yua a monte*: "iba de caza"; cf. "*andando* un dia *a monte*, pensando de matar un oso" (Gue*Ep.*, I, 283); "quando andaban a caça o monte" (EG. 578, 52*v*); "y quando *yva a monte*, lo servia de lebrel" (Mexia*Silva*, 546). Es locución antigua que ya aparece en *Cifar*: "quando *va de monte o a caça*" (201) y otro ej. en p. 415. Típica variante quevedesca es la de "salimos de casa *a monteria* de corchetes" (*Buscón*, 267). Adecuadamente lo traducen V, "alloir . . . *a la chasse*" y Sa, "ter *hacht* ging"; P quizá no lo entendió ya que da "went to sollace himself" y Ba y H lo omiten. Cov. no la recoge —dando sólo "MONTERIA"— y otro tanto *Aut.* que sólo da "MONTEAR".

¹⁰El antecedente remoto de estos *los cuales* es, por supuesto, ésos que van al Rey.

¹¹Más apropiado sería el plural por tratarse de los pescados más que de ese bosque antecedente, y así lo dan, en particular, V, "de poissons siluains, desquels nous nous engraissames", y Ba, "di pesci di montagna, e di quei ne facciamo le buone corpacciate". Sa y H siguen a V, y P con "with great store of fishes, upon which we fed" no sirve para el caso.

¹²"*lança en cuxa*, quando el hombre de armas no la lleva en el ristre sino arrimada al muslo." (Cov., s.v. *coxin*, es decir, y dentro del texto, preparados para entrar en liza en cualquier momento.

¹³leuantado), euantado, A.

¹⁴Para la estadística de esta mayúscula señalaré que de 28 casos se dan 5 variantes "*a*lteza-Alteza", no dándose ninguno de la inversa. Cf. el estema.

¹⁵*sintio*: "entendio". Ya dice Cov. que "muchas vezes *sentir* se pone por entender." y cf. "Muchos doctores . . . quieren *sentir* que la lengua hebrea desciende de Heber" (Gue*Ep.*, II, 339); "como lo *sienten* las autoridades" (Riberol, cxix*v*); "tengo de hallarme presente/ a narrar su espedicion/ como quien mejor la *siente*." (Roua., I, 284); "si el tanto *sintiesse* de mugeres y supiesse tanto de ser enamorado" (*Florinea*, 166b); "nos basta la autoridad de nuestro padre Ignacio que *siente* esto" (Loyola, 69b) y "algunos han querido *sentir* que tenemos un natural distinto" (Cerv*NE*, II, 210). Es de observar, no obstante, que resulta prácticamente imposible trazar una divisoria clara entre "entender" y "pensar" para muchos de esos usos de *sentir*, siendo la viceversa también válida como en "solo el coraçon es el que nunca acaba de pensar" (Gue*Ep.*, II, 39 y tres casos más análogos en 132, 137 y 138).

¹⁶dos), los, S, aceptable. Todos los traductores siguen a N en el numeral.

¹⁷S om. *se* incorrectamente ya que *suplico* va en singular y exige, por tanto, la construcción impersonal.

¹⁸Los *alcaldes de crimen* eran los jueces a quienes correspondían las causas criminales; para su jurisdicción, número, competencias, atribuciones, etc., cf. *Recopi.*, Libro segundo, Tit. VII.

¹⁹*de que*, a diferencia del uso actual, ante ese *antes* no resultaba superfluo para entonces; cf. "estauamos como *de antes*" (*Roma*, 86); "se quedaron como *de antes* perdidos"

(Gue*Ep.*, I, 423) y "mas clara//que *de* antes" (Torq*Jardin*, 200-01).

[20] Nótese que este gerundio *diziendo* viene regido, tras todo el largo inciso explanatorio, por la petición anterior.

[21] joyel), yoyel, A.

[22] "*Fatiga*, la solicitud, la congoxa, la priessa." (Cov.). "En lugar de *cuita* dezimos *fatiga*" y "*Duelo* y *duelos* estan tenidos por feos vocablos, y por ello usamos *fatiga* y *fatigas*." (Valdés*Lengua*, 154 y 155) y cf. "Toda me deshacia en lagrimas, con gran aflecion y *fatiga*" (Teresa, I, 66); "lleno de mortal *fatiga*/ i con dolor herido i cuita" (Herrera*Voc.*, 128b); "Pues soñaste y con *fatiga*, no tenias quieto el ánimo." (Lope*Voc.*, 1205).

[23] *poco* como adjetivo en pura función cualitativa que modifica directamente a *galardon* con el sentido de "pequeño", "mínimo", como en "viendo mi fe tan mucha y tu agradescimiento tan *poco*" (SanP*T*, 116); "le rogava una cosa tan *poca*" (*Baldus*, 196); "Voy de mañana a vn *poco*" (*Florinea*, 19lb) y otros ejs. en 195b y 275b.; "si no tuuieran sus metros algunos//lenguajes *pocos*" (Pinc., III, 234-35); "hacer con caudal *poco* mucha hacienda" (*Guzmán*, 259) y otros ejs. en pp. 248 y 314, 668 y 704); "muertos de . . . hambre, según es la cena *poca*" (Avellaneda, I, 226); "porque con los amigos no se ha de mirar en *pocas* cosas" (*Quij.*, 304[I, xxx]) y "quando no es cosa *poca* y necessariamente derivada de la principal." (*Tablas*, 71), y así lo entienden todos los traductores dando P, "the *smal* gift"; V, "*petit don*"; Sa, "de *Kleinhept* der gifte" y H, "*Klein* . . . gifte." Actualmente, como sabemos, ese *poco* —y sus correspondientes derivados, claro está— ha quedado reducido a su estricta función cuantitativa, como también su opuesto "mucho" e, incluso, se observa que, a diferencia de otros adjetivos semánticamente análogos como "mínimo", "escaso", no admite la forma adverbial {pocamente}, como tampoco lo hace ese su opuesto "mucho". Interesante cuestion lingüística que habrá que dejar para otra ocasión.

[24] del la), della la, S, correctamente, contra la errata por haplología de N. Excepto P que da "take her petition", los demás traductores siguen la incorrección, así como BAE y Piñero que sigue a éste incluso en la acentuación de "del" sin siquiera reparar en la correcta redacción de S.

[25] *boca llena de oro*, metáfora por el regalo de *oro* que ha recibido y que con tanta fluidez y abundancia le hace hablar a ese portero que muy bien puede ser una culta y académica referencia tanto a la elocuencia de Juan Crisóstomo cuanto, y sobre todo, a la etimología griega sobre la que se basa el sobrenombre que el mismo recibió. Respecto al sobreentendido cohecho que ese *oro* supone, ya Guevara —y para estos casos palaciegos— los señalará y criticará tanto en su *Menosprecio* —"desventurado del cortesano el cual antes que comience a medrar ha de servir al principe, seguir a los privados, *cohechar a los porteros*" (196)— como en el cap. IX de su *Despertador*. Mucho más comunes, y muy comprensiblemente, eran los cohechos carcelarios en toda su escala desde alcaydes hasta esos porteros; ya lo hace ver

así *a contrario* la *Recopilación*: "Otrosi mandamos, que el Alcayde, carcelero, y guardas de los presos, ni alguno dellos, no sea ossado de tomar dadiuas de dineros, ni presentes, ni joyas, ni viandas, ni otras cosas algunas, de las personas que estuuiessen presas" (Libro quarto, Tit. XXIII, Ley *v*), ley que, por supuesto, se obedecía pero raramente se cumplía, y buena documentación tenemos de todo ello tanto en la *Relación* de Chaves —"A la primera [puerta] llama la jente mordedora la *puerta de oro*, por el aprovechamiento que tiene el que la guarda: que como es la primera, recibe mujeres y hombres, y de alli se reparten a el lugar que merecen sus culpas, o el mucho o poco dinero que da." y "No se desencierra preso ni quita prisiones sin propina, la cual lleva el portero que llaman de *plata*" (1343 y 1344)— como en textos literarios y basten señalar el *Guzmán* —"te pondrán en las manos de un portero [de la cárcel] . . . que, como si su esclavo fueras, te acomodara de la manera que quisiere o mejor se lo pagares." y "Luego como lo entregan al primer portero . . . le hacen el tratamiento que su bolsa merece; que aquel portero hace como el que compra, que nunca repara en la calidad que tiene quien vende, sino en lo que vale la cosa que le venden." (614 y 867)— y para carceleros en general en el *Buscón* en su Cap. XVII, y no peores ejs. tenemos en este mismo texto en ff.62*r* y 63*v*. Y véase n.28 siguiente.

[26] N da "alteza. Iuntamente"; corrijo punto y mayúscula pero transcribo esa "i" por bastante inusitada. S presenta "juntamente".

[27] naralle), narralle, BAE que, como Piñero, corrige adecuadamente.

[28] Para el cargo de portero Cov. sólo da "Portero, el que tiene cargo de la puerta." (s.v. *PUERTA*), pero, por supuesto, algunas otras atribuciones tenían, como del texto se desprende, que siguieron persistiendo según acabo de apuntar en la n.25 y a la que añadiré lo que Carlos García en su *La desordenada codicia de los bienes ajenos*, un tanto irónica y metafóricamente, dice: "Otros demonios hay, que se precian de mas nobles y corteses, cuyo oficio es intimar penas, requestas y comisiones, abonar por el alma y cargarse de ella, respondiendo por su causa siempre y cuando que el juez la pidiere. Y aunque esta en su guarda de ellos, le dan siempre tiempo y lugar para solicitar sus negocios, visitar sus jueces y litigar su causa . . . Y estos llama el vulgo *porteros*." (29). Esa función de mensajero, emisario o comisionado era también característica de los de la Inquisición, como, p. ej., se lee en el proceso de Bivar, "Gaspar Martinez, *portero* del Sancto Officio, traxo una provision cuyo traslado es este" (*Bivar*, 155).

[29] "*ALBRICIAS* . . . lo que se da al que nos trae algunas buenas nuevas." (Cov.). Término bien conocido, pero del que, no obstante, me permitiré algún ejemplo como "a pedirme por sus alegres nuebas *albricias*" (SanP*T*, 119); "yo quiero ganar *albricias*/ de tal bien tan acabado/" (Enci*OC*, I, 84); ". . . *albricias*!/ Cler.—Yo te las mando" (*Radiana*, 41); "que *albricias* me aveis de dar." (Roua., I, 421);

"Dame *albricias*, hermana; que Carrizales duerme mas que un muerto." (Cerv*NE*, II, 141).

[30] las), los, S, incorrectamente.

[31] *inuentor*: "promotor", "urdidor". Cov. sólo da "*Inventor*, el autor de la cosa nueva." (s.v. INVENIAR) y de las tres acepciones que *Aut*. proporciona ninguna se adapta adecuadamente a este sentido de "promotor" o "urdidor", pero cf., "los otros cavalleros presos . . . *inventores* de este negocio todo" (Mexia*Silva*, 567) y en texto, "fuesse della . . . justicia hecha, como de *inuentora* de falsedad" (f.43*r*) y después al final en "*inuentor* de una nueua lengua" (f.69*v*); con una ligera variante semántica que añade el matiz de "creador" lo usará también Cervantes cuando se autodefine por boca de Mercurio en su *Viage del Parnaso*: "Y se que aquel instinto sobre humano,/ que de raro *inuentor* tu pecho encierra,/ no te lo ha dado el Padre Apolo en vano." y más adelante "Passa raro *inuentor*, passa adelante/" (Cerv*VP*, f.5*v*).

[32] Dado el contexto, ese gerundio es una mala lectura; ha de ser {interrogole} a no ser que se suprima el siguiente "el cual"; V da "l'interroga" como corresponde, y asimismo Sa, "ende ondervraechde hem" y H, "en vraaghde hem"; P y Ba usan el gerundio —"asking him" y "demandandogli"— pero construyen sus traducciones de modo que éstas lo admitan correctamente. Con este *interrogandole* comienza una serie de anomalías sintácticas que salpican el texto según iremos viendo.

[33] S om. *bien*.

[34] Para este condicional analítico véase la n.30 al Cap. III en relación con el futuro del mismo tipo.

[35] manda), mando, S. Nótese que desde "en mi posada" hasta este "manda" todo el parlamento aparece en estilo directo tras el indirecto anterior sin el correspondiente y obligado nexo {dixo} u otro análogo, como hace P añadiendo "saying further", siendo, por otra parte, el único que lo hace.

[36] *a la hora*: "Al punto, inmediatamente." como da *Aut*. Cov. no lo registra, pero cf. "*a la hora* ella e toda su parentela . . . salen de su posada" (San*PT*, 140); "En tomando el habito . . . *A la hora* me dio un tan gran contento" y "llegando el Sacramento, luego *a la hora* quedaba tan buena" (Teresa, I, 20 y 244); "conviene que *a la hora* os vengais a poner en manos del Rey" (Mariana*Hist*.[BAE, 31], 332a).

[37] Era costumbre, como se sabe, sacar a los delincuentes a la vergüenza pública paseándolos por unas determinadas calles para las cuales siempre se seguía un itinerario fijo; eran las llamadas "acostumbradas" como más adelante se lee en el mismo texto "no le truxeron como se suele hazer por las *acostumbradas* calles" (f.44*v*); cf., "que . . . saquen a Celestina açotando . . . y los açotes sean por las calles *acostumbradas*." (Ter*Cel*., 890); "lo paseo la justicia por las calles *acostumbradas*" (Timo*Corn*., 124); "Llevandolos, pues, por las calles *acostumbradas* [a dos presos]" (Chaves, 1362); "Este hombre honrado va por cuatro años a galeras, habiendo paseado las *acostumbradas*" (*Quij*., 205[I, xxii] y otro ej. en p. 731[II, xxvi]); "sin que me faltase . . . sino solo un pregonero . . . y como por calles *acostumbradas*

segui el camino real" (*Estebanillo*, II, 348) y Alonso*Lex*., s.v. *CALLES ACOSTUMBRADAS*). Más documentación sobre estas *acostumbradas* calles puede verse en los casos que refiere Ariño en sus *Sucesos*.

[38] *. . .* Mucho más sorprendente que el anterior de n.34, es este párrafo con ese *detengo* en puro estilo directo dentro de una construcción que forzosamente ha de aparecer en indirecto; más tarde Lázaro nos hará saber —justificando así el autor la verosimilitud contextual— como ha logrado toda esa información; serán los emisarios a la ciudad que vuelven con la alarma los que "cuentan todo lo que lo he contado" (34*v*), pero éstos que cuentan lo que un criado —que ha oido a don Pauer diciéndoselo a su paje— ha contado a la Capitana, no han oido, por supuesto, lo que ese don Pauer ha dicho directa y personalmente a ese paje, y Lázaro, claro está, mucho menos; por todo ello hay que suponer una omisión o mutilación del texto original —otra veremos después— con su correspondiente mal reajuste. P, V y Sa mantienen el anacoluto, H lo omite y solamente Ba lo resuelve dando "mentr'egli tratterebbe il portinaio". BAE sigue con él, y Piñero —sin otro comentario— se limita a incluirlo entre comillas (185).

[39] cuñada), cuñado, S, erróneamente.

[40] al), a, S.

[41] Parece que debiera ser {aplacalla} por la Capitana; P, libremente, da "to fauour her request", V, "l'appaiser" y Ba "poterlo placare", omitiéndolo los holandeses. Poco dudoso es que esa confusión se relaciona, a su vez, tanto con las anomalías anteriores como con la siguiente.

[42] *. . .* Cuando se considera lo que inmediatamente sigue tras este párrafo bien se observa que enlaza directamente con el anterior al mismo. De no insertarse este párrafo, con sólo una rectificación de "Y cuando" —como, p. ej., la que propone P con "For when"— por {ya que cuando} u otro similar, se daría una perfecta secuencia textual como la que reconstruyo: {la desuenturada fue auisada de la gran traycion y mayor crueldad del gran Capitan, ya que cuando el malauenturado y traydor llamo al paje . . .}, etc. etc. La inserción de ese párrafo tan desacorde con el desarrollo del texto hace sospechar, una vez más, otro caso de deturpación del original por mutilación o supresión como la del Cap. XV y el anteriormente sugerido así como el más anterior Cap. VI —cf. n.28—, que dio lugar a un desmañado reajuste para el que no es fácil encontrar plausible y recta explicación, sino es, como digo al comentar el estema, el apresuramiento. En relación, por otra parte, con ese *respecto*, y como anteriormente —cf. n.48 al Cap. IV— creo que el mismo ha de entenderse con el sentido actual de "respeto", a no ser que haya que aceptarlo como tal *respecto* con sentido actual y con régimen preposicional "por" como en "y *por ese respecto*, nadie se debe subir a el [el pulpito] para decir descuidos." (Gue*Ep*., II, 400) o "Pues el callar yo *por este respecto* da ocasion" (*Florinea*, 171a). De todas formas, es de observar tanto en estos casos como en el del texto lo difícil

de determinar para el término un sentido u otro, como digo en citada nota.

[43] de el), del, S, en contra del raro caso de disyunción de N.

[44] *del* que quizá deba leerse como {de lo}, y así lo entienden P que da "which the wicked generall perceiued not", Ba con "senza ch'il traditore se n'accorgesse" y H con "(waar op den Verrader niet eens lette)", siguiendo V y Sa a N, y en tal caso sería otro ejemplo de artículo determinado por neutro como el anterior comentado en n.65 al Cap. IV.; otra posibilidad es entenderlo como un *del* referido al remoto antecedente "uno de sus criados".

[45] *. . .* Un caso más de forzado estilo directo por elipsis de un verbo que rija ese "por tanto que" u otro nexo introductorio, a no ser que se trate de otro desajuste más. P lo arregla, como antes ha hecho, con un "declaring the whole proceedings, to the end that as good and valiant souldiers . . .", siendo, una vez más, el único en hacerlo.

[46] Con "a valiant captain", P interrumpe su traducción a la letra, resumiendo el texto hasta la mitad del Cap. XI en nueve líneas, como ya hago ver en la discusión del estema.

[47] *"un Rey de Francia"* tan indeterminado —obsérvese ese *un*— que confirma, si necesario fuera, la condición de personaje proverbial que esa figura tenía en el XVI, lejos de ser el concreto Francisco I que se ha querido ver para justificar una redacción temprana del '54. A cuantos datos han alegado y documentado, p. ej., R. O. Jones ([1963], xv), Blecua ([1972], 9, n.3) y Rico ([1987], 63, n.77) añadiré un último; hablando de la volubilidad que el rey francés tenía para desatar guerras o no, a su gusto y necesidad, Jiménez Quesada en su *Antijovio* dice: ". . . que salio d'ello el refran que anda ya como tal por el mundo, quando alguna cosa se haze y deshaze a voluntad de otro, dezirle y compararle al rrey de Francia, que quando quiere paz, da paz, y quando guerra, guerra." (529). Váyase a saber por que razón, contra V, "vn *Roy de France*", Sa y H, "den *Konningk von Vrankrijk*", Ba traduce "*Re de Calicut*."

[48] *sabian*: "conocian", como en "essos pocos amigos . . . no me *saben* otra morada" (*LC*, 254); "sino soy griego *sé* muy bien a grecia" (*Clari.*, lxv*a*); "mas que dixe del christiano/ que *sabe* a dios soberano" (Badajoz, viii*b*); "muestrame tu casa que la quiero *saber*" (*Viaje*, 412); "tu *sabes* la casa de Philomena?" (*Poli.*, 8b); "como los que *sabian* la tierra" (*Guzmán*, 200 y otros dos casos en p. 398); "que no *sabe* nadie el alma de nadie" y "que *se* muy bien a Miguel Turra [pueblo]" (*Quij.*, 635[II, xiv] y 875[II, xlvii]); acepción que aun persiste en locuciones como "saberse el camino".

[49] Una omisión más de "que", supuesto que no se trate de una plena nominalización de esa locución adverbial *sin culpa*.

Notas al Capítulo IX

[1] CAP. IX. *Que*). CAPITVLO NONO. QVE, S.

[2] Cipion), Scipion, S. La fama de Escipión el Africano era ya proverbial e incluso arquetípica desde el Medievo. Jorge Manrique lo recordará al ensalzar las virtudes de su padre: "en la virtud, *Africano*; Hanibal en el saber/" (Copla XXVII), p. 227 en la ed. de su *Cancionero* de A. Cortina (Madrid, Clas. Cast., 1931), donde pueden verse en nota sus comentarios sobre las fuentes del poeta. También en *Setec.*, donde Pérez de Guzmán dice: "*Cipion* y Hanibal/ que tantas tierras ganaron/ . . . / quel muy claro *scipion*/ por sobre nombre africano/" (f.viii*v* y "si yo venco la question/ que fue mejor *scipion*/ que anibal el guerrero."/ y cf. nota posterior sobre la anécdota de Escipión en n.2 al Cap. X.

[3] Para *de* como preposición rigiendo agente en voz pasiva, cf. "compelida *de* las fuerças" (*Theb.*, 7); "maltratado *de* los pastores" (*Baldus*, 171); "Sagunto fue fundada *de* los griegos y Numancia *de* los romanos" y "vendido *de* sus hermanos" (Gue*Ep.*, I, 39 y 430); "mas fuerte era Troya y fue pisada *de* los griegos" (*Poli.*, 4a). Ya señala Keniston que "The agent of a passive action . . . is introduced by the prepositions *de* and *por*. In general, the former predominates in the prose of the sixteenth century." (35.24) y véase también antes mi n.80 al Cap. III.

[4] Para Hannibal cf. nota anterior, núm.2.

[5] corrimos), socorrimos, S, más acertadamente a mi juicio.

[6] supo), sopo, A y B.

[7] dixesse), dixe, S, erróneamente, pues se trata en cualquier caso de una tercera persona ya sea ésta el Rey o el mismo Pauer, asunto que no aparece claro dada la construcción; V da "s'esjouirent de contenter celuy (jaçoit que meschant) grande seigneur & prince de Roy, à fin qu'autre jour il luy dist, qu'il tenoit fort bonne justice", donde la duda persiste, pero no en Ba que da "accioche il seguente giorno egli dicesse à Sua Maestà, che si sarebbe buona giustizia".

[8] suficientes), suficiente, B. "*Suficiente*. Vale también apto, o idóneo." (*Aut.*) como en "plega a Dios para este efetto/ me de gracia y *suficencia* (sic)." (Roua., I, 168), y "Si soy *suficiente* yo/ para que a Laura me den" (Lope*Voc.*, p. 2588) y con este sentido lo traducen V, "estoyent fort *suffisans*, y más perifrásticamente Ba con "erano tonni *sinceri, e giusti*".

[9] Como ya señala Cov., "Suele algunas vezes sinificar *repostero* un paño quadrado, con las armas del señor, que se pone sobre las acemilas" (s.v.) pero aquí debe entenderse con la función más concreta de paño o alfombra donde ha de recostarse el reo a quien van a ejecutar, como se ve en las citas que proporciona Piñero (188, n.3) y las correspondientes traducciones de V con "vn *eschafaut* y Ba con "vn *catafalco*".

[10] la), le, B.

[11] Tanto BAE como Piñero insertan acertadamente *de*, ya que Melo no puede, obviamente ser ese "velocissimo socorro." Y lo mismo los traductores con "*de* nostre tres subit secours", V; "*van* onse haestighe konste", Sa y más libremente, BA con "quando vi giunse il nostro velocissimo, & brauo soccorso."

[12] Evidentemente aun no se había lexicalizado el término "bocacalle"; la primera noticia que de ello hay se da —según

AlonsoEncic.— en el XVII, en F. Dauila, *Política militar*, advertencia 15. Corom. cita el vocablo pero no da fecha concreta, y *Aut.* no lo recoge aun.

[13] Para esos "cincuenta mil Atunes", H da "500000".

[14] Para el específico significado de este adjetivo cf. n.178 al Cap. II.

[15] prissa), priessa, S. De los siete casos registrados para este *priessa*, S lo recoge siempre así, frente a N que da seis *priessa* junto a este *prissa*; igualmente en los '54 siempre *priessa* para ambos N y S, en línea con el uso abiertamente predominante, de acuerdo con mis datos. Para evitar una larga estadística sirva, simplemente, señalar que Cov. da "*Priessa*" añadiendo: "Otros dizen *prisa*, que es lo mesmo que *priessa*." y que *Aut.* aun recoge *priesa* diciendo acto seguido: "dicese igualmente *prissa*."

[16] Otra de las abundantes omisiones; aquí, la de un {para que} que sería lo adecuado.

[17] del), de, S.

[18] A notar la forma arcaica *hijos dalgo*. Es muy probable que sea acertada la cita que de Joly hace Piñero (189, n.4) acerca de este uso penal, pero ha de observarse, sin embargo, que en este caso no se trata de cortarle la cabeza a Licio —lo que bien pudiera haber hecho el verdugo pues que, al menos, espadas tenían abundantes— sino de atravesársela con la espina o aun de destrozársela si hemos de hacer caso a lo que Lázaro dirá después: "ten, ten tu maço". Sin que se pueda negar que a la base de ese *assi mueren los que son hijos dalgo* esté esa particular costumbre penal, bien puede que tras ella más se esconda un tanto de chusca ironía sobre la misma.

[19] y que resulta del todo innecesario y redundante, a no ser que, con bastante probabilidad, sea otra vez el locativo arcaico "y" por "ibi" ya comentado en n.25 al Cap. V.

[20] Era acostumbrada cortesía de los verdugos pedir perdon a quienes iban a ajusticiar como se lee en el *Auto del Rey Assuero*: "VERDUGO. Hermano Aman, perdonarme/ manda, y dezir aora credo." (Roua., I, 300). Persistió, desde luego, la tal cortesía y en el "Romance de la vida y muerte de Maladros" (Hidalgo, F2v se lee, cuando va a morir el jaque: "No garla, mas ruega al Coime/ le perdone sus pecados./ Pidele perdon Ganzua, cual es uso en este paso." así como "y como suelen los verdugos, llegose al oido y dijole que si le perdonaba, que el era mandado" (*Grandeza*, 430) y aun "al verdugo cruel . . . que . . . le benda los ojos, le pide perdon, y asiendole de los cabos de la benda, le derriba la cabeça de los hombros." (*Tablas*, 39).

[21] S om. *anda*, presente este *anda* que, por otra parte, resulta un tanto inusitado dentro de todos los imperfectos que le rodean. Véase para el asunto la n.103 al Cap. II.

[22] BAE inserta *su* acertadamente, a mi parecer.

[23] y), a, A y B.

[24] Otro arcaismo que también recoge S. Tras ese *fazer* S intercala *a*.

[25] dever), deuer, S. Caso único ese grafema *v* en N ya que, sin excepción, el mismo mantiene a lo largo de todo el texto —como lo hace S— el de *u* para la semiconsonante, y más raro aun cuando se observa que en el correspondiente reclamo de fin de folio se lee claramente "uer". Difícil resulta entender que pudo suceder para esa irregularidad, pero una explicación podría ser que habiendo interrumpido el cajista su labor, por la razón que fuere, al retomarla el mismo solamente se fijara en el tal reclamo y dada su tendencia a la "modernización" lo rectificara en el vuelto tomándolo por {ver}.

[26] La mayúscula con que N presenta ese vocablo sugirió a la un tanto desatinada imaginación de Saludo el personaje histórico Miguel de Gurrea —cf. p. 34—, pero la minúscula "*gurrea*" que da S pone la cuestión en sus justos términos; se trata, en efecto, de un sustantivo que equivalía a "verdugo"; del mismo conozco tres variantes:

a) *burrea* como en "executese por mano del *burrea* o verdugo." (*Aut.*, s.v. BURREA), donde dice: "Lo mismo que Verdugo. Es voz antiquada, y al parecer formada del nombre Burro, por ser este animal el destinado para los reos, que conduce al suplicio el verdugo."; "depositado en manos del *burrea* que me cortasse la cabeça" (*Crot.*, 269);

b) *gurrea* como —y además del texto— en "si no me atacan las calças de color con algun jubon . . . pespuntado por algun *gurrea*" (*Florinea*, 178b); "Los señores enviaron por un *gurrea* a Gales" y "Le derrocó el *gurrea* la cabeza" (*Mir, Rebusco*, 401), citando a Pineda, y ahí dice: "El sentido de *gurrea* es verdugo, matador. Tal vez procede del verbo ingles *worry*, matar, despedazar. Cierto, no se descubre este nombre entre los clasicos."; "preguntadselo al *gurrea*,/ músico de grande fama;/ pues para cantar mi historia/ . . . / puso pies en que le diera/ los pasos de mi garganta./" (AlonsoLex., 425a, donde da el vocablo como de germanía);

c) *correa* como en "cuando le cortejaron doscientos cardenales que el papa *Correa* le envio el dia de su mayor lucimiento . . ." (AlonsoLex., 230b). Ni CejadorVoc., ni Cov. recogen ninguna de las variantes; tampoco Corom. que, no obstante, da "BORRERO, ant.; 'verdugo' del fr. *bourreau* id., y este quiza derivado de *bourrer* 'atiborrar' 'dar muchos golpes, maltratar' (derivado de BURRA 'borra') 1ª doc.: S. XV, traduccion castellana del *De las ilustres Mujeres* boccaccesco, Zaragoza, 1494, fols. 37ra," etc. etc. AlonsoEncic. da BURREA citando a Corom. Por fin, aunque éste da "BORRERO" como anticuado, no lo era, por lo menos, para el XVII ya que así aparece recogido en el texto de Luna: "Oyo mi soliloquio uno de aquellos *borreros*" (Luna, 295), *borreros* a quienes en pág. anterior los cita como "verdugos".

Dejando aparte las inaceptables etimologías de *Aut.* y Mir, la de Corom. es, sin duda, la más aceptable; lo que, teniendo en cuenta las tres variantes que he recogido, hace suponer que partiendo de la inicial *b* de "burrea" se dio una velarización por atracción de la siguiente *u* que dio paso a un posterior "gurrea" —recuérdese, p. ej., el conocido vulgarismo "*g*üeno" por "*b*ueno", (véase para ello Lapesa [301]) y el fenómeno inverso como en "*re*bueldo" por "*re*güeldo" (*Justina*, I, 257 y *passim*), "bellaco, alca*b*uete"

(Luna, 368), y más modernamente para este caso, el apellido "*B*urruchaga" argentino por el "*G*urruchaga" vasco peninsular—, "*g*urrea" que, a su vez, y por ensordecimiento de la velar, dio el último "*C*orrea". Sin duda por desconocimiento del vocablo, V da "vilain, coquin"; Ba, "infame Manigoldo" y los holandeses lo omiten. Digno es de notar, para acabar estos comentarios, que Saludo, sin duda enredado y enfrascado en sus aparatosas elucubraciones genealógicas, dice que "es curioso notar las palabras del atun Licio a punto de morir" poniendo en boca de éste ese "Vil Gurrea, ten, ten tu maço" cuando éstas son palabras que habrá proferido Lázaro.

[27] voz), boz, S, variante que más que nada señalo porque acto seguido se observa que ese mismo N da "*boz*".

[28] Piñero supone que ese *Cegoñino* se refiere despectivamente al verdugo (190, n.9). No lo entendieron así ninguno de los traductores ya que V da "aveugle"; Sa, "verblinden", siguiendo a V, y H simplemente "Licio" y Ba, libremente, "briconaccio"; de los primeros se deduce que se trata de una irónica paronomasia del autor con el verbo "cegar" en la línea tan frecuente en el Siglo de Oro como la de ser de Capadocia por estar capado o ser de Cornualla por cornudo; en efecto, ese *Cegoñino* es el Licio que recoge H, un Licio que, como antes se ha dicho, "ha cerrado para siempre sus ojos" ante la muerte.

[29] "*Ser parte*. Phrase que vale tener accion en alguna cosa, autoridad o poder para executarla." (*Aut.*). Cov. da el ejemplo: "No *soy parte*. no puedo en esse negocio." (s.v. PARTE). Ese sentido de "servir para", "ser capaz de" aparece claro en "no *siendo parte* para poder valerse contra sus enemigos" (Castiglione., 258); "yo querria *ser parte* para su rremedio" (Cardona, 147); "no *eran parte* para apartalle de su diuina contemplacion" (*Laz.*, 43*v*); "como no *fuesse parte* el dia para exceder de la dieta" (Rufo, n.111); "y no *eran parte* los crueles castigos que en ellos hacia la justicia" (Hita, 590a); "que una raça antigua no *sea parte* para hazer incapaz de abitos y colegios" (Salucio*Esta.*, 18*v*); "por ver si pudiera *ser parte* que le entregara la ciudad sin mas daños" (*Guzmán*, 197) y "no *fueran parte* para despertarle, si su amo no lo llamara, los rayos del sol." (*Quij.*, 84[I, viii]).

[30] S om. *y*.

[31] *do* con función de relativo: "lo que", "lo cual" y correspondientes femeninos, que aun persiste en algún uso de "donde" como en "de donde se deduce", p. ej.; cf. para lo anterior "fue muy contento . . . por *do* les hizo honroso recibimiento" (Timo*P*, 160 y otro caso en p. 195); "*Do* los que no perdonaron/ nunca seran perdonados/" (*Prodiga*, B*xir*b) y "señal por *do* se conocio" (Cerv*NE*, I, 310).

[32] Otra omisión de un {que} necesario para una adecuada lectura.

[33] pensar), pesar, S, que a Piñero (191, n.11) le parece más correcta; ambas formas pueden ser aceptables y se puede sospechar que en el caso de S se trata, simplemente, de un {pe(n)sar} con omisión tipográfica del diacrítico de abreviatura.

[34] S om. *le*.

[35] ojos), oyos, S.

[36] S om. *me*.

[37] sobra), sopra, A.

[38] cortole), cortele, S, así como BAE. Piñero prefiere el presente "cortole" de N, quizá por no haberse fijado en el pasado que da S, pasado que a pesar de ese N, también dan tanto V —"luy coupay"— como Ba —"giegla tagliai". Ambas variantes son aceptables admitiendo un caso más de irrupción de un presente entre pasados como en anteriores ocasiones.

[39] "*Guindaleta*. Cuerda de canamo gruessa para subir en alto algun peso" (Cov.). Con esa incorrecta forma *gindaleta* aparece también en S, sin duda por error tipográfico.

[40] pueda), puedo, S. Más bien insólita es esta forma de presente indicativo cuando en la principal aparece el futuro *hare*; casos hay como "sera bien que nos *vamos* (*Propa.*, Si*i*va); "Bien sera que *vamos*" (*Theb.*, 50) y "mejor sera que nos *vamos*" (*Viaje*, 117) pero sin duda se trata de formas sincopadas de "vayamos" de frecuente uso como en el actual imperativo "Vamos"; otros en que se repite el futuro en la subordinada como en "Pagara bien el servicio que a el y a Robusto le *haran*" (*Lozana*, 412); "esto se hara y cumplira cuando les *ayudaremos* a salvar las animas" (Gue*Ep*., II, 59); "lo vereis adelante quando *trataremos*" (Torq*Manual*, 101) pero no tengo registrado ningún otro caso con presente, por lo que muy bien puede sospecharse que se trate, simplemente, de una errata.

[41] señor), Señores, B.

[42] toma), tomo, B por error. Ese *toma* es, claro está, forma de imperativo "toma"con "d" final elidida, elisión, como sabemos, muy frecuente contra el criterio de Valdés: "dezidnos por que . . . poneis algunas vezes una *d* al fin de las segundas personas de los imperativos, y otros siempre la dexais, escriviendo unas vezes *toma*, otras *tomad* . . . VALDES. A los que no la ponen querria que demandassedes por que la dexan" (*Lengua*, 125). Aquí, sin más y acto seguido, tenemos otra forma *mirá* —que adecuadamente acentúa Piñero (192) aunque, curiosamente, no lo hace con el primer toma—, y como buen ejemplo de esa oscilación puede proponerse el de "*come* y olgad que vuestro es el mundo" (*Capón*, 272) y recuérdese, por fin, que precisamente esa elisión es la que permite el equívoco, en especial para un lector actual, de entender el *ole* final del primer Tratado del '54 —"y oliste la longaniza y no el poste, *ole*, le dixe yo." (*Laz.*, 14*v*) ya como un imperativo, y/ o como una interjección.

[43] una), un, S.

[44] B om. *arma*.

[45] essas otras), essotras, S.

[46] *lleuamos* también en S, que, si no es errata, debiera ser subjuntivo como lo exige ese "porque" en función final —para "por que" por "para que" cf. n.48 al Cap. III— y lo atestigua el siguiente "ayamos". No obstante, no debía ser del todo inusitado ese empleo del indicativo según testimonian

construcciones como "grandissima razon para que los señores no *debian* llevar los diezmos" (*Crot.*, 127) y "dejemosla para cuando otra vez nos *juntaremos*" (Torq*Jardin*, 160) y véanse otros ejs. en Keniston, 28.52. Era frecuente, en especial, cuando en la subordinada el verbo es "ir", pero para ello cf. lo que digo en n.40 anterior.

[47] Otra omisión de un normativo "que".

[48] Para Piñero este *tuuimos* ha de entenderse como "detenerse o pararse" (192, n.13) pero dado el siguiente "y nos metimos" prefiero el sentido de "persistir" o "mantenerse en" como ya aparece antes y comento en n.40 al Cap. III.

[49] Como bien apunta Keniston, "The use of *el* before feminine nouns beginning with an unstressed *a*- is . . . the prevailing practice of the sixteenth century." (18.123) y así lo confirman mis datos; para casos como este "*el* alegria" cf., p. ej., *Carón* (202), *TerCel.* (812), Roua., I (41 y 86).

[50] la), las, S.

[51] suelen), suelem, A y B.

[52] Este simil de los lobos carniceros que destrozan a las flacas ovejas con que acaba el capítulo, era de rancia prosapia en la literatura hispánica, en especial en la apologética, por supuesto sirviendo en los más de los casos como expresión de críticas sociales y/ o religiosas de una u otra casta; sin remontarnos más que a mediados del XV, ya Alonso de Espina en su *Fortalitium fidei* de 1459 dirá: "Nadie inquiere los errores de los herejes: y entraron ¡Oh Senor! en tu rebaño los lobos rapaces: . . . porque pocos son los verdaderos pastores y muchos los mercenarios, y porque los que mercenarios son, no curan de apacentar sus ovejas, sino de trasquilarlas." (cito por A. Sicroff, *Estatutos* 101, n.49); como se sabe, no es otro el simil que recorre y vertebra todas las *Coplas de Mingo Revulgo* así como, y más particularmente, sus contemporáneas y menos conocidas *Coplas del Tabefe* —una transcripción incompleta puede verse en Gallardo, *Ensayo*, I, cols.638-40 y una edición crítica en Paola Elia, *Le 'Coplas del Tabefe' una satira del XV secolo spagnolo*; L'Aquila, Universita' dell'Aquila, 1983 (Estratto da: *Studi e ricerche*, n.2), con completa información y bibliografía, y también en mi artículo "Sobre las *Coplas del Tabefe* y su fecha", *ACTAS del VII. Congreso de la AIH*, 2 vols.; Madrid, Istmo, 1986, Vol. I, 519-26—; de los más contemporáneos al texto basten tres citas; Juan Maldonado en su *Somnium* de 1541 dirá: "Los obispos son, de palabra y de nombre, custodios y pastores del rebaño. En realidad, muchos de ellos son lobos que trasquilan y desuellan a sus ovejas con su descuido." (texto en M. Avilés, *Sueños ficticios y lucha ideológica en el Siglo de Oro*; Madrid, Ed. Nacional, 1981, p. 171), y alrededor de ese año "el sapateiro de Trancoso" Goncalo Anes Bandarra en sus mesiánicas *Trovas* describirá "os cuidados e tormentos do Pastor-Mor (=o Papa), que, vendo perseguidas as suas ovelhas pelos lobos (=os Turcos), alerta os seus pegureiros (=os principes catolicos)" (cito por Jose van den Besselaar, *O Sebastianismo—História sumária*; Lisboa, Inst. de Cultura e Lingua Portuguesa, 1987, p. 56), y algo más tarde, en su *Sanctae Inquisitionis Hispanicae*

artes publicada en 1567 en Heidelberg, González de Montes, trasladando el papel de los lobos a los pastores, se preguntará: "¿Era, así, por cierto, como debía proveerse al nuevo aumento de la grei Cristiana, de piadosos pastores, que apazentasen el rebaño; que ni devorasen la leche hasta ordenar sangre; ni se cubriesen con la lana, i aun con las mismas pieles cruelmente arrancadas?" (cf. la trad. de Usoz, *Artes de la Inquisizion espanola*; Madrid, Impr. de M. Alegria, 1851, p. 11).

Notas al Capítulo X

[1] CAP. X. C*omo reco*), CAPIT. X. COMO RECO, S.

[2] *Demasiada* en exclusiva función adjetiva con sentido de "excesiva", "sobrada" —cf. "adonde puso *de sobra*, por *sobrado* o *demasiado*" (Valdés*Lengua*, 199)—, régimen que se daba ya anteponiendo el adjetivo al nombre como en el texto y en "sus tan *demasiadas* pasiones" y "prospera y *demasiada* fortuna" (*Theb.*, 41 y 200), ya posponiéndolo como en "que de mal *demasiado*/ se tenga mala esperança" (*Propa.*, Giiiva); "moderando las cosas *demasiadas*" (Castiglione, 358); "mis palabras *demasiadas* y mis obras desaforadas" (Gue*Ep.*, II, 216); "el vino *demasiado*" (*Crot.*, 383); "alguna libertad *demasiada*" (Pinc., I, 147); "alguna cosa que beban *demasiada*" (Cerv*NE*, I, 224).

[3] "*PANIAGUADO*. El allegado de una casa; antiguamente era pan y agua la racion de los allegados a una casa, y oy dia se llama pan y agua la que se da a los cavalleros militares por racion." (Cov.). Es de notar la peculiar ortografía —que también recoge S— del texto, y que ni Cov. ni *Aut.* ni Corom. (s.v. *pan*) dan; yo no he encontrado sino *apaniaguados* (Carta de 1475 en Ustarroz, 107), *apaniguado* y *apaniaguado* (*Crot.*, 398 y 415) y el más común *paniaguado* (Roua., III, 6, y Rufo, n.478, p. ej.). V traduce directamente por "serviteurs & pain, & eaue"; Sa y H como "Broot-ratten" y Ba, con sentido mas genérico, "famigliari. e domestici".

[4] le), lo, S.

[5] BAE om. un *que*.

[6] S om. *me*.

[7] nos), no, A y B.

[8] S om. *los enemigos*.

[9] Conocido proverbio ya citado en *LC* y recogido en las varias colecciones paremiológicas.

[10] El autor recuerda la *Farsalia* de Lucano tan conocida y leída a lo largo del XVI. Baste observar el abundante uso que de ella hace el *Crotalón* en Cantos VI, IX, X y XV.

[11] *libraremos* sin la correspondiente forma pronominal, construcción común a la época; cf. "nunca de muerta o encoroçada falto, a bien *librar*." (*LC*, 80); "si quieres bien *librar*, concierta tu vida" (*Seraf.*, p. 31); "Señora . . . *librays*? LOC.— Señor, que quiero yr" (*Lozana*, 211); "el que mas acerca de tu Cruz se halla, mucho mejor que los otros *libra*" (Gue*Ep.*, II, 36); por bien que *libremos* . . . no escaparemos"

(Muñón, 96); "Las uvas partidas . . . en un plato pequeño, donde quien mejor *libraba*, sacaba seis." (*Guzmán*, 807); "el habia de preguntar por quien *libraba* peor en el infierno" (*Justina*, II, 655) y "Solo *libro* bien . . . un soldado español llamado tal de Saavedra" (*Quij.*, 407[I, xl]); actualmente es normativa la forma pronominal aunque la construcción en liza aun persiste entre y para personal de servicio, como en *librar* por tocarle a uno el día libre, de asueto.

[12] "*Dar sobre uno*. Es acometer con furia y superioridad de fuerzas, cargándole con resolución." (*Aut.*) sin que lo recoja Cov. Cf. "tracto . . . con un capitan que . . . el *diesse sobre* ellos y matasse los que pudiesse" (Mexia*Silva*, 427); "cuando habia de *dar sobre* nosotros la caballeria de la costa" (*Quij.*, 431[I, xli]); "de quitarte a Toro agora/ para *dar sobre* Zamora" y "donde llegando tres hombres/ . . . /*dieron sobre* un caballero" (Lope*Voc.*, p. 795); "*Dan sobre* ellos . . . //y . . . cautivando y matando, se escaparon muy pocos" (Espinel, II, 231—2); "los demas *dieron sobre mi*, me estropearon" (Vélez*Diablo*, 73) y "pensando . . . //que toda la justicia *daba sobre* nosotros" (*Estebanillo*, 161-62); por los años del texto, no obstante, parece que era más usual el verbo "venir" con análogo sentido como en "vino el magno Alexandre *sobre el* [el puerto de Tiro] . . . y saqueole" (Gue*Ep.*, II, 242) y "aviendo destruydo a Civita Vieja, *vinieron sobre* Roma y la tuvieron cercada" (Mexia*Silva*, 440); "por venir con ocasion/*sobre mi* con mano armada" (Roua., I, 307).

[13] "*Ordenança* . . . la buena orden en las personas y los estatutos" (Cov.). Específicamente para el ejército, cf. "la gran *ordenança* de la infanteria" (*Propa.*, Yiiiiv a); "A la mañana en nuestra *hordenança* caminamos la buelta de Tunez" (Girón, 180); y "Aqui se van en *hordenança*" [acotación teatral por los soldados] (Roua., I, 420).

[14] "*LEVANTAR* . . . levantar falso testimonio" (Cov.) y cf, "ni Dios lo mande que yo tal cosa *leuante*" (*LC*, 177); "Tengo miedo que me *leuanten* . . . que rabio" (*Carón*, 215); "os *leuantan* que teneis una esclava lora" (Gue*Ep.*, I, 322); "me *levanto* eso para mal meterme contigo" (*SegCel.*, 52); "es el mayor *levantamiento* del mundo. Ni la conozco ni la vi en mi vida." (Rue*Com.*, 114). Cardona presenta el verbo ya con su correspondiente objeto: "que tal testimonio no se me *lebante*" (151) y asimismo el '54: "pues *leuantaua* tan falso testimonio" (43v) y para posteriores años —y de acuerdo con mis datos— esa parece ser ya la forma más usual, aunque, no obstante, persistiera la primera como en "Porfiaba el mercader . . . diciendo con . . . juramentos . . . que se lo levantaba" y poco después "daba gritos que todo era mentira. que se lo *levantaban*" si bien también más tarde "Desta manera se les han *levantado* millares de testimonios." (*Guzmán*, 663 y 664 y 733).

[15] quererlo), querer le, S.

[16] *pusilanimo* alternaba con "pusilánime"; en *LC* aparece la primera forma (30) así como en *Poli.* (4a), y *passim* en el *Libro de la buena educación* de Montoya de 1595, pero ya la segunda en Cardona (80) y en Pinciano (II, 315) y como

ej. final Luque da esta segunda (I, 46, 209 y 246) frente a la primera (II, 191). En *Guzmán* como en *Justina* aparece "pusilánime" *passim*, pero en Cov. aun se lee "*Pusilanimo*, cobarde.*" (s.v. ANIMAL). Evidentemente, la oscilación persistía aun para el XVII pero *Aut.* sólo recoge ya la moderna actual, y véase Corom. también para el asunto.

[17] *Riseta*. "Risadas" es frecuente —cf. "El, risadas, en oyllo" (*Mingo*, 119); "dar grandes risadas" (Gue*Ep.*, I, 482); "aquellas risadas" (Muñón, 123); "entre las malicias, risadas, plazeres" (*Florinea*, 158); "Di . . . una gran risada" (*Buscón*, 95) y "di una gran risada" (*Justina*, II, 502 y otro ej. en 514); véase, por fin, Gillet, III, 550-51 y sus citas. *Riseta*, no obstante, sólo lo he encontrado aquí, por lo que hay que suponer que ese sufijo diminutivo "-eta" es una particular creación del autor en correspondencia psicológica con esa "bozez*ita*" que denota la condición de afeminado cobarde que a ese don Pauer le atribuye.

[18] *hazer del*: "hacerse el"; régimen éste que de hacer caso a Terlingen (365) es un italianismo, pero que de ser así, ciertamente muy arraigado estaba; aparece, por lo menos, desde *Propa.*: "tu conosces a Guzman/ que *haze del* cauallero" (Miira) hasta el *Capón*: "hicieron *de* los honrados" y la variante —punto de enlace para la construcción actual— "se *hizo del* dormido" (247 y 288), pasando por *Theb.*, *Seraf.*, Gue*Men*, *Doni*, *Poli.*, etc., etc., y para acabar el '54 del que extraigo dos últimos ejs.: "Yo . . . *hazia del* dormido" y "yo por *hazer del* continente" (22v y 27v), por lo que muy bien puede aceptarse la interpretación de Gillet (III, 409-10) que ve ese *del* como un partitivo. Y véase, además, mi n.54 al Cap. IV.

[19] *sin consentir . . . algun*; omitir la doble negación, actualmente normativa en estos casos, era de uso absolutamente común aun contra la opinión de Valdés que dice: "Muchos ay que porque saben . . . que en lengua latina dos negaciones afirman . . . hazen lo mesmo en la castellana . . . porque, si an de dezir: 'No diga ninguno: destagua no bevere', dizen 'No diga alguno'. Esta . . . es grande inadvertencia" (*Lengua*, 191); cf., p. ej., "*sin auer algun* contrario" (*Propa.*, Xiva); "no admite en su compañia *algun* bueno" (*Carón*, 60); "ni digas *alguna* palabra" (Gue*Ep.*, I, 123); "lo quiera reprobar *sin alguna* razon" (*Schola.*, 6); "mi prima, que *no* sabe suffrir *algo*" (*Florinea*, 283a); "*sin alguna* pena" (*Crot.*, 218); "*no* se reduze . . . bien a *alguno* de los quatro" (*Pinc.*, III, 251); "que *alguna* cosa *no* hazian" (Alemán*Orto.*, 6); "tropelias que son . . . *sin algun* daño" (*Guzmán*, 511); "*no* nos oye y escucha *alguno*" (*Quij.*, 989[II, lxii]); "*no* se jugaba *algun* otro juego" (*Luque*, II, 216) y, por fin, "que tenga las ausencias *sin alguna* calumnia" (Espinel, I, 92).

[20] A y B om. *de*.

[21] *trauar*: "agarrar", "asir". Cf. Alonso*Lex.* (s.v.) que la da como voz de germanía pero que puede que no lo fuera exclusivamente, apareciendo como aparece en este texto sin connotación especial y con el inmediato sentido que también da Horozco en sus refranes: "Can con ravia/ de su dueño

trava" y su variante "El perro con ravia/ de su dueño *trava*."
(nos.520 y 988) y que asimismo recoge *Aut.*: "Vale tambien
prender, agarrar o asir. Oy se usa en Andalucia, y otras
partes." Ni Cov. ni Corom. recogen esa acepción.

²²Además de por sus proverbiales virtud y valor a que ya
he aludido en n.2 al Cap. anterior, Escipión pareció ser muy
bien recordado en la primera mitad del XVI, al menos, por
esta específica anécdota recogida ya en el *Valerio maximo
delas hystorias* (Sevilla, Juan Varela de Salamanca, 1514,
f.xcvi, a-b); más tarde la recogió Reyna en su *Dechado*
de 1549 (f.xxiiiir y también Valtanas en su *Compendio de
sentencias morales* de 1555 (Sevilla, Martin de Montesdoca,
f.xiv); no obstante, ninguno de ellos, cuando resumen la
respuesta de Escipión, informan nada sobre que éste mostrara
sus heridas al Senado; para ello hay que acudir a la versión
que de esta anécdota propagó el "Romance de Cipion",
popularizándola; consta ese romance, por lo menos, en el
MS 5602 de la BNM (ff.29*r* a-b), en *Flor de enamorados* de
1562 y en la *Primera parte de la Sylua de varios Romances*
de Iuan de Mendaño de 1588 con suficientes variantes entre
todos ellos como para asegurarnos de las muchas versiones
que del tal romance debieron correr, romance que, claro está,
es lo más probable que sirviera de fuente para la cita del
autor. En el MS de la BNM se lee: "q a roma nada
deuo/ juro lo por q he jurado/ sino solo lo q de herencia/ mis
padres me auien dexado/ y solas estas heridas/ y mi cuerpo
amancillado/" (f.29*r*b).

²³Correctamente S inserta aquí "el", así como BAE y
Piñero.

²⁴*rompido* era el correspondiente y regular participio
pasado aun en el XVII como puede verse tanto en Cov. (s.v.
ROMPER), en los diversos casos de Lope*Voc.* (p. 2447) y
aun en *Aut.* que da los dos participios sin nada decir de que
rompido sea voz anticuada.

²⁵a manera), a fuer, S.

²⁶No era inusitado este cambio de timbre vocálico; tengo
registrado, por lo menos, un caso en *Theb.* (206) y "*ques*i-
stes" se dan en *Propa.*, Ciiirb; *Lozana*, 289; *Roma*, 82; y
otros textos de entre los cuales señalaré en concreto el de
Carón que presenta seis *ques*- frente a un solo *quis*-.

²⁷*recorrieron*; como, evidentemente, no puede ser un
recorrieron con el sentido actual, habrá que suponerlo
como una variante por timbre vocálico de {recurrrieron} —
cf. "Recurso, acogida y remedio, y *recurrir*" (Cov. s.v.
curso)—, aunque puede ser, simplemente, el verbo basado en
la original etimología latina de "recurrere", "volver a correr"
—cf. Corom. s.v. *correr*—, es decir "correr" con el prefijo
reiterativo que comenta Valdés*Lengua*, 150. Alonso*Encic.*
presenta ese "recurrir" en la acepción moderna citando al
Padre Mariana, con lo que, si no es un reiterativo y es válido
ese cambio por timbre vocálico, habría que adelantar la fecha
para el término.

²⁸"*Retraymiento*, recogimiento" (Cov. s.v. *retraer*) que
resulta demasiado genérico para el caso; aunque pueda ser
perfectamente válida la cita de *Aut.* que da Piñero (198, n.12),

me parece mucho más probable que su sentido sea el más
concreto de sala o habitáculo privado como en "fallome . . . en
el *retraymiento* mio" (San*PT*, 112); "No oyes bullicio en el
retraymiento de tu fija?" (*LC*, 216); "Entra madre, en este
retraymiento" (*Poli.*, 23b y otros ejs. en 41b y 47a); "tu
dormias en tu *retraymiento*" (Rue*Com.*, 137).

²⁹*. . .* El proverbio es "Guardeos Dios de piedra y dardo
y de hombre denodado" —ya recogido, por lo menos, desde
Horozco (*T*, n.1236)—, modificado, claro está, por el autor
para su propósito. Obsérvese, por otra parte, la omisión de
un más adecuado {lo de} ante "que Dios" así como la de una
copulativa {y} que enlazará lo que sigue.

³⁰Podría entenderse este *estarian* con valor impersonal,
—"habria"— como en "y en toda la casa no habia ninguna
cosa de comer//como suele *estar* en otras" (*Laz.*, 5*r-v*). Otro
ejemplo posterior en este '55 es "os hago merced de las casas,
y de lo que en ellas *esta*" (f.46*v*), y "si el camino donde *estan*
malvas, y no otra cosa" (*Justina*, 88), parece confirmarlo.

³¹Parece faltar un "los" referido a los anteriores atunes
derrotados, y así lo corrigen V con "comme les autres", Sa
con "als d'andere" y Ba con "de gli altri".

³²Aire tiene la sentencia de aforismo jurídico sobre una
base paremiológica de larga tradición y abundantes variantes;
"los que mueren por la ley/ mueren con dulce vitoria;/ por su
ley y por su rey,/ solo con memento mei/ son sus animas en
gloria." (Gil*V.*, 131); "Por tu ley y por tu rey y por tu tierra
moriras" (Arceo, f.b4*r*); "qu'el refran se a de cunplir:/ 'Por
la ley y por tu rrey,/ por lo tuyo as de morir.'" (Roua., III,
402); "Ni contra tu rey/ ni contra tu ley" y "Por tu ley/ y por
tu rey" (Horozco*T*, nos.2003 y 2379); "Por muy bien guardar
tu ley/ por ser leal al tu rey/ & por defender tu grey/ dues
(*sic*) morir" (Verague*Espejo*, f.aviv); "Por tu ley, y por tu
rey, y por tu grei moriras." (Cov. s.v. *GREI* [2ª acepción])
dándolo como "dicho antiguo", y, por fin, "Por tu lei, i por
tu rei, i por tu tierra. (Entiende moriras)" y "Por tu lei, i por
tu rei, i por tu grei, i por lo tuyo moriras." (Corr*Voc.*).

³³S om. *por*.

³⁴S om. *no*.

³⁵yuan), huian, BAE, por mala lectura.

³⁶Ya señala Cov. que "*ciento* se toma número determinado,
por infinito." (s.v.), como se ve también en los conocidos
proverbios "un loco hace *ciento*" o el otro "mas vale pajaro
en mano, que *ciento* volando" y cf., p. ej., "teniase a gran
desdicha topar con un malo entre *cien* buenos y agora es gran
dicha topar un bueno entre *cien* malos" (Gue*Men*, 225); "Si
un buen proposito llega, desbaratanlo *ciento* malos" y "si uno
se riere del agravio . . . *ciento* se reiran despues" (*Guzmán*,
599 y 617).

³⁷Para este *caracol* cf. n.91 al Cap. III.

Notas al Capítulo XI

¹CAP. XI.), CAPITVLO VNDECI-/ mo., S.

[2] *como*), luego, BAE.

[3] bien), buen, A y B.

[4] *contratar*; *Aut.* da la acepción usual de "Comerciar, traficar, ajustar, convenir" y Cov. ni siquiera recoge el infinitivo. Pudiera, no obstante, entenderse aquí simplemente como "tratar" con prefijo de refuerzo, como en "es un angel en su condicion . . . y *contratacion*" (*Cartul.*, III, 523); "no entres en *contrataciones* ni afinidades con ellos" (*Carón*, 183); "como si nunca me hubieras *contratado*" (*TerCel.*, 621); "No ay quien *contrate* verdad/ ni aun apenas quien la diga" (Roua., III, 277) y "la poca *contractacion* que tengo fuera de con mi gente" (*Florinea*, 296b).

[5] S inserta "que".

[6] *parecer*), parecel, A y B.

[7] "*Naturaleza* se toma por la casta y por la patria o nación." (Cov., s.v.) y cf. "Mi *naturaleza* es este reyno de estas" (SanPC, 93); "me vine a Sevilla, mi *naturaleza*" (Enríquez, 336) y "E salidos, alunbrados del Espiritu Santo . . . acordamos de nos venir a nuestra *naturaleza* con nuestras mugeres e fijos e domicilio." (Torres*Estampas*, 19).

[8] Cuando se ha concluido de leer todo este párrafo resulta obvio lo superfluo de esta condicional *si* que inserta N. S y BAE la suprimen, acertadamente, contra Piñero que la mantiene (201) así como V —una vez más buena voz de su amo— y Sa; Ba y H dan traducciones libres.

[9] sobre ser), sobre seer, S, correctamente, así como BAE y Piñero que aunque hace la oportuna corrección nada dice de la de S.

[10] maldad), mando, BAE.

[11] Para un mejor comprensión del texto y más correcta construcción del resto parece que debiera eliminarse esta copulativa y, sustituyéndola por un {comprenderia}, p. ej.

[12] No tengo documentado ningún otro caso de este régimen preposicional de *con* con ese verbo *arrimarse* —el usual es "a" y buen ejemplo es el '54 con "determino arrimarse a los buenos" y "determine de arrimarme a los buenos" (4*v* y 47*v*)—, pero sí para otros verbos como en "No hay quien *con* Placida iguale" (Enci*OC*, I, 280); "que priua al que tengo [amor] *con* los biuos" (*LC*, 289); "tampoco se parecieron los unos *con* los otros" (Castiglione, 77); "ni tengamos odio *con* nuestro projimo" (Torq*Coloq.*, 534a); "terrible, aunque era igual *con* la primera." (*Angélica*, IV, estr.127); "bien es que tomeis amor *con* la posada" (*Capón*, 277) y "no quedando breton *con* quien no embistiese" (Cerv*NE*, II, 262), verbos para los que actualmente el régimen es el de "a".

[13] *a* superflua en nuestros días, pero el régimen se daba; cf. "me impide *a* reyr" (*LC*, 96); "por poneros en letijos/ por *a* donde rebolueys" (*Radiana*, 27) "no podemos sufrir *a* que nos llamen pecadores" y "no es de creer que perdonara a lo que vee" (Gue*Ep.*, I, 217 y 373); "perdon te pido *a* mill vezes" (*Guitón*, 113) y "escrita en letras goticas, *a* medio borradas" (Espinel, I, 80).

[14] *parasse*: "saliese", "se acercase", "se asomase"; era uso corriente como en "dile que se *pare* al pie desta torre"*LC*, 288); "y de mucho se *parar*/ a la ventana" (Norton, 94a);

"yo me *parare* a la ventanilla" (Muñón, 57 y otro ej. en 91); "que se *pare* a la ventana, que le quiero hablar" (Rue*Com.*, 158) y "*parandome* . . . a la ventana" (*Crot.*, 217). Ni Cov. ni *Aut.* ni Corom. veo que recojan esta acepción.

[15] El arcaismo *finiestra* quizá no lo fuera tanto aun; Valdés afirma que "Si puedo dezir *fenestra* no digo ventana" (*Lengua*, 185), y posteriormente aparece usado por Muñón (90), en *Baldus* (168), en Medina*Arte* (f.xiiiv b), en Rue*Com.*, (208) aunque en ellos pueda sospecharse un mucho de intención arcaizante y/ o retórica como en el ej. que cita Piñero (201, n.4) o, por fin, el caso del Pinciano que usa ese *finiestra* (III, 119) pero en una traducción de Petrarca.

[16] *. . .*, x. o xij. de nos: otros), diez o doze de nosotros, otros, S. El apócope pronominal *nos* de N y todos los demás que le siguen, incluso Piñero (201) que no parece haber reparado en la variante de S, puede muy bien ser una haplología debida al siguiente *otros* como podría suponerse partiendo de la ausencia de la misma en S, o bien ese N pudo seguir el uso ya comentado en n.25 al Cap. IV. A señalar, además, que esa diferencia entre romanos y numerales en palabras se da también —como se viene comprobando— en la numeración de los capítulos. Para lo que pueda haber tras esto cf. Rumeau ([1979], 476) y mi estema.

[17] Sólo esta forma en *trax*- y otra en f.44*v* —en *rúb.*— se dan frente al resto —16 casos— en *trux*-, sin variación para ninguno de ambos textos. Frente a ello, en el '54 de los 4 casos que se dan, dos —8*v* y 16*v*— aparecen como *trax*- y los dos restantes —19*r* y 29*v*— en *trux*-. Esos radicales *trux*-, *trax*- fluctuaban indiscriminadamente a lo largo del XVI; simplemente recordaré, p. ej., que en la *Lozana* en un mismo párrafo da "*trax*eron" y "*trux*eron" (399 y 400), que aunque Valdés prefiere *truxo*, su interlocutor Marcio opta por *traxo* (*Lengua*, 112) y, por fin, que aun Correas da tanto "*trax*e" y "*trux*e" hablando de los pretéritos (*Arte*, 182). Para la cuestión y su historia cf. Y. Malkiel, "Range of Variation as a Clue to Dating (I)", *RPhil* 21.4 (1968): 493-98. Solà—Solé, *Laz2* sólo recoge indiscriminadamente la forma *traj*- persistiendo en esa práctica modernizante que no parece excesivamente acertada para una obra de ese tipo.

[18] Es el conocido apólogo que más tarde inmortalizarán en España como fábula Iriarte y Samaniego. Procede de las *Fábulas* de Odón de Cheritón que después fueron recogidas parcialmente en el llamado *Libro de los gatos*, donde aparece con el n.LV (cf. la ed. de B. Darbord [Paris, Klincksieck, 1984], p. 138 para texto y p. 34 para referencia de origen); como no aparece recogida en la más popular y editada de las colecciones de apólogos de esos tiempos, el llamado *Ysopete* —he consultado para cerciorarme las eds. de 1489, 1520 y la de Amberes (1550?)—, hay que conjeturar que el autor o lo leyó en algún manuscrito de ese *Libro de los gatos* —que se sepa, no fue impreso— o, más simplemente, que lo conocía por transmisión popular, si no es que —que todo pudo ser— lo vio en el original del clérigo inglés; sea esto como fuere, lo cierto es que, como otros tantos cuentos, fábulas o apólogos, éste debió estar bastante vulgarizado; Pineda lo cita: "Tal

fue el consejo que tomaron los ratones de echar un cascabel al gato . . ." (Dial. XXlX., Cap. xxxix [BAE, 170, 82a] y más tarde lo recogerá Mey en su *Fabulario* de 1613 (ed .de C. Bravo Vilasante [Madrid, FUE, 1975], 54-55). Nótese, a este respecto, que Odón de Cheritón dice "campanella", el *Libro de los gatos* traduce "esquila" y Mey —volviendo a las fuentes— "campanilla", mientras que el autor del '55 así como después Pineda son los que traducen ese adminículo clave como "cascabel", término que, por otra parte, será el que pase a la posteridad, lo que puede hacer sospechar que más que a una lectura del inglés o del *Libro* haya sido la segunda posibilidad —la transmisión oral— la fuente para el autor, aunque nada puede pontificarse sobre ello en absoluto.

[19] Hasta ahora esta locución adverbial *a la fin* ha aparecido en masculino —*al fin* en ff.4r y 14v—; éste *a la fin* confirma el carácter epiceno de *fin* —ya en función adverbial, ya nominal— como ocurría con "mar"; de mis datos se deduce un mayor uso, a lo largo del XVI, de la forma masculina. En el texto se dan 6 *al fin* frente a 3 *a la fin*, sin variantes entre N y S. *Fin* como sustantivo lo comentaré más adelante.

[20] tambien), tan bien, S, más correctamente como BAE.

[21] S om. *y*.

[22] *alli* con el sentido temporal de "entonces", como antes —cf. n.24 al Cap. V— ocurría paralelamente con *aqui* por "ahora"; cf. "el mal tratamiento que el mal ciego desde *alli* delante me hazia." (*Laz.*, 10r) y después en texto "y dezia *alli* el como" (f.54v) y véase lo que en la citada nota digo sobre todo esto.

[23] Creo, con Piñero (203, n.7), que debe entenderse este *entre las alas* como un "entre las manos", pero no he podido encontrar documentación que lo justifique.   V lo traduce literalmente: "d'entre les ailes", mientras que tanto los holandeses con "al heel goet werck" y Ba con "c'habbia fatto bene" lo hacen genéricamente.

[24] *atentadamente*:   "prudentemente".   Ya Cov.   da: "*Atentado*, el que va con mucho tiento y procede despacio y con mucha consideración." (s.v.   *atentar*) y cf.   "era hombre muy *atentado* en lo que hablaba y muy cuerdo en lo que aconsejaba." (Gue*Men*, 258); "es un hidalgo muy *atentado*, . . . y en todo cuanto trata y aconseja procede como muy buen soldado" (*Quij.*, 743[II, xxvii]); "no hay gustar de hombre compuesto, *atentado*, prudente" (*Luque*, I, 221); "Caminamos tanto y tan *atentadamente*" (Espinel, II, 248 y cf. n. de la editora) y "pensando que me habia hecho pedazos a mi y a mi caballo, me deje caer del tan *desatentadamente*" (*Estebanillo*, II, 363).   Piñero, por comprensible confusión, transcribe "atentamente" (203).

[25] le), la, BAE.

[26] A y B om. *y*.

[27] Otro obligado "que" omitido, a no ser que lo omitido corresponda a un signo de admiración. Piñero (203) opta por unos puntos suspensivos.

[28] Desde aquí P retoma el texto a la letra.

[29] darase), darse ha, S. Piñero no recoge esta variante.

[30] compaña), compañia, S. Piñero rectifica a N insertando una "[i]" sin nada decir de la variante de S ni recordar su propia nota anterior —n.1— en p. 146.

[31] *hacer menos*:   "quitar", "desposeer".   (Cov.); *Aut.*, Corom. e incluso Alonso*Encic.* lo desconocen, pero cf. "no bastara todo//el mundo en *hazerle menos* una migaja" (*Laz.*, 7v-8r); "*haziendole menos* quanto le agarraba" (*Guitón*, 94) y "aunque dejara el arca del dinero abierta, no me atreviera a *hacerle de menos* un comino" (*Justina*, II, 659).

[32] Actualmente "esperar" exige ya sea futuro de indicativo o subjuntivo cuando rige a una subordinada verbal como objeto, e, indirectamente, así lo declara también Valdés para su tiempo: "digo: 'Aspero que se *haga* hora de comer' y digo: 'Espero que este año no *avra* guerra'" (*Lengua*, 136) cuando habla de las dos acepciones —"*asperar* en cosas ciertas, y *esperar* en cosas inciertas"— que él percibe en ese verbo. Keniston señala que "*Esperar* in the sense of 'hope' is always followed by the indicative in sixteenth-century prose" (28.265) y recoge ejemplos que lo confirman, uno de ellos, precisamente, el del '54: "*Espero* en Dios, que está en la gloria" (f.4v). Ocurre, no obstante, que el *esperando* del texto no tiene ese sentido moral y/ o psicológico de "to hope", sino el físico y material de "aguardar" —el inglés "to wait for"—, y en ese sentido material que como tal siempre presupone una acción subordinada futura —no se puede aguardar algo que ya ha pasado o a alguien que ya ha llegado— esperada como "cierta" —sigo a Valdés— este presente indicativo del texto resulta más bien inusitado a no ser, claro está, que se trate simplemente de una errata tipográfica.

[33] "*Mesura* es un genero de reverencia que se haze a la persona venerable." (Cov.). Cf. "aperciuiendo el caballo para me//jor la *mesura* fazer" (San*PT*, 74-75); "fue . . . donde estava la Emperatriz y alli hizo su *mesura*" (Girón, 103); "la misma *mesura* que le hacian les hacia" (Gue*Ep.*, I, 89); "que no dixe dios mantenga/ ni an vos hize la *mesura*" (Badajoz, xxxviivb); "Levantose la reina . . . y haciendole una *mesura* se volvio a sentar" (Hita, 539b) y "haciendo *mesura* con la cabeza al visorrey" (*Quij.*, 1013[II, lxiv]).

[34] *dar en*: "atacar", "cargar sobre"; Cov. no lo recoge y *Aut.* sólo lo da en locuciones adverbiales. Cf., no obstante, "acordo que . . . *diessen en* una estancia . . . lo qual se hizo con tan firme osadia, que . . . mataron muchos" (San*PC*, 171); "e como *dieron* adesora *en* ellos pusieron los en huyda" (*Clari.*, lvvb) y "Viendo . . . la resistencia de los moros . . . *dieron en* ellos valerosamente" (Hita, 603a).

[35] pecado), pecada, A; peceda, B.

[36] Frase de claro aire proverbial popular cuyo origen desconozco ni he podido documentar.   P da "those that liue of the spoile wished no other thing of God, than that euery eight daies, there might happen te like among them, light upon whom it would"; V la traduce literalmente, así como Sa sigue a V; Ba resuelve el problema más libre y desenfadadamente con "e a pregare Iddio, che ogni otto di mandasse in quel luogo simile gente." y H, "'t was groote zonde datze d'Hemel niet baden dat het hem geliende alle

agt dagen zulken regen te zenden" omitiendo el problemático final y cambiando —como hemos visto antes— a Dios por "Hemel".

[37] A y B om. *a*.

[38] S inserta "que".

[39] *cautelosamente*: "engañosamente, con trampas". "*Cautela*. El engaño que uno haze a otro ingeniosamente" (Cov.) y cf. "mil generos de *cautelas*, mil maneras de asechanzas" (*Theb.*, 85); "Es la intencion del autor manifestar las *cautelas* del MUNDO" (*Yanguas*, 398); "Asi hace el demonio, *cauteloso* . . . cubriendoles el anzuelo de su engaño" (Osuna*Ter.*, 325); "con *cautelas* que han hurdido" (Roua., II, 265); "cuantos ardides y *cautelas* hay en la guerra" (*Viaje*, 428); "Siempre procure aprovecharme de todas cuantas trampas y *cautelas* pude" (*Guzmán*, 429); "que si Dios le sacaba de aquel peligro sano y salvo y sin *cautela*" (*Quij.*, 187[I, xx]); "algunos podran jugar bien, sin *cautelas* ni enganos" (*Luque*, I, 200) y "viendo los criados que me abundaba el vino . . . dieron cuenta a mi amo, recelosos de la *cautela*" (*Estebanillo*, I, 286). Y véase algo más adelante, y en relación con lo mismo, "la *cautela* que el *cauteloso* con el auia usado." (44v).

[40] S inserta "de".

[41] *culpado*, con el sentido actual de "culpable". Cf. *Aut.*: "El que ha cometido algun delito, o falta en su obligacion." (s.v.) y "auiendo por *culpado* su pensamiento, aunque no lo//fuesse su intencion" (SanP*C*, 134-35); "aora veome tan *culpada* delante de vuestros ojos" (Teresa, III, 331) y "Quantas son *culpadas*?/ Rep.— Tres./ Alm.— Los nombres?" (Lope*Voc.*, p. 762).

[42] Para este mandato como excepción frente a "mandado" que el autor usa *passim*, cf. n.22 al Cap. III.

[43] truxeron), trujeran, BAE.

[44] Para estas *acostumbradas calles*, cf. n.36 al Cap. VIII.

Notas al Capítulo XII

[1] CAP. XII. *Como*), CAPITVLO DVODECI-/ mo, como, S.

[2] *tuuimos*: "pasamos", "estuvimos"; cf. "viniendo a *tener* el inuierno a mi pobre reposo" (SanP*C*, 86); "se vino alli a *tener* el invierno" y "La emperatriz *tuuo* el dia de Nuestra Senora . . . en . . . Monserrate" (Girón, 26 y otros ejs. en pp. 30, 44 y 51) y "Aquella noche *tuve* en Orgaz, y en Malagon la siguiente" (*Guzmán*, 330).

[3] "*Bienandante*, vale dichoso." (Cov., s.v. *ANDAMIO* ya que debido a un error tipográfico, el vocablo *andante* no tiene entrada aparte). Cf. "de la *byenandante* castidad Dios . . . es principio" (*Corbacho*, 65); "hombre . . . mas *bienandante* que todos los del mundo" (*Theb.*, 136 y otros ejs. en 136, 212 y 216); "Pues que Dios tan *buenadante* te a hecho" (Roua., I, 375); "En ser prendado tuyo me contare por *bienandante*" (*Florinea*, 164a); "Al hombre *bien andante*/ la hija le nace delante" (Horozco*T*, n.171) y "en una sola cosa es *bienandante*/ que de aves ni de toros no es herido" (*Angélica*, VII, estr.74).

[4] *secaces*), sequaces, S. Las dos formas se daban alternativamente; p. ej., *secaces* en *Lozana* (422), Muñón (154), *Schola.*, *passim* y *Crot.* (366 y 419), pero Riberol, *sequaces* (lxxxviiv) y Roua., I (233 y 496); III (517) junto a *secaces* en II (523).

[5] "*DESGRACIA*. Vale tambien enemistad." (*Aut.*), como en "una cosa que habeis luego de cumplir so pena de mi *desgracia*" (*Guzmán*, 885) y "Murio mi padre/ . . . / en *desgracia* del rey" (Lope*Voc.*, 869). En la actualidad, como sabemos, se usa solamente la perífrasis "caer en *desgracia*."

[6] dezidle), dezilde, S.

[7] "Anda *sobre su palabra* cuando a una persona se le da la ciudad por cárcel o la casa por cárcel." (Salazar*Espejo*, 380) y "*Sobre su palabra*. Phrase adverb. que vale, sin otra seguridad que la palabra que se da de hacer alguna cosa." (*Aut.*) sin dar la locución "bajo palabra" —de uso único actual—, aunque en Lope ya aparecen las dos locuciones, "debaxo/ de mi palabra bien seguro" y "Que olanda o que cambray/ te dio *sobre* esa palabra?" (*Voc.*, pp. 2004 y 2582); cf., además, "los pelos que . . . traigo . . . andan mas *sobre su palabra* que sobre mi cabeza" (*Justina*, 93).

[8] *mañosamente*: "En otra sinificacion *maña* valc ardid, astucia y engaño." (Cov.), como en "solicito con *mañas* muy encubiertas a los godos, . . . unas vezes . . . provocandolos a guerra, otras vezes echando personas secretas" (Mexia*Silva*, 426); "Con maldades y argumentos/ lo hacen todo maraña/ . . . / armando torres de viento/ es hacer el juego *maña*." (Horozco*T*, n.1276); "El demonio parece a ynuentado poner estos miedos, y ansi a sido *mañoso* a acer caer alguno" (Teresa, III, 282) y quizá con ese sentido haya que entender las *mañas* que después aparecen en el texto —"y por mis *mañas* supe, como y de que manera la sentencia de Licio se auia dado" (f.48v)—, aunque, por supuesto, y como ocurre con estos mismos ejemplos, nunca es fácil determinar el exacto campo semántico del término.

[9] ahincando), afincando, S.

[10] Parece que sería más adecuado el uso del reflexivo con ese *buelue*, pero véase n.100 al Cap. II.

[11] Tal como lo transcribe el autor no he podido dar con ese dicho. Puede ser una traducción liberal de Ovidio: "Donec eris felix, multos numerabis amicos./ Tempora si fuerint nubila, solus eris." (*Tristia*, I, ix, 5-6) o una elaboración más liberal todavía del *Eclesiástico*: "El amigo no puede ser conocido en la prosperidad ni el enemigo se puede esconder en la adversidad." (Reina, XII, 8), ya que de haberlo tomado de *Proverbios*: "La riqueza allega muchos amigos, pero al pobre sus amigos le abandonan." (19, 4), sería exceso de liberalidad en la adaptación. Para otras posibles y remotas fuentes cf. Piñero (208, n.5).

[12] Fuymos), Fuymonos, S.

[13] embaraço), embarazos, BAE.

[14] *sin vida hezimos*, construcción perifrástica por verbo activo único, "matamos", nada rara; cf. "*hagote cierta* que" (SanPT, 41); "que me *haras espantado*" y "*az* tus mercedes *escriptas*" (*Propa.*, Iiiiira. y "A la Veronica," v.21 —para esta última Gillet (III, 36) sugiere que sea un italianismo—; "estoy *hecha loca*" (*Theb.*, 154); "no os *hagays* tan *espantosa* [no os espanteis tanto]" (PalauFarsa, v.2434); "mas estaras tu en contarle que yo en *hacerte* vengada" (CervNE, I, 186) y véanse otras construcciones con este *hacer* en n.54 al Cap. III y n.18 al Cap. X).

[15] *parecer*: "mostrar", "demostrar". Las acepciones que da Cov. valen sólo como "aparecer" o "ser semejante a", sin recoger esta específicamente; más se aproxima *Aut.* con "Vale también dar alguna cosa muestra o señales de lo que es o incluye." Cf., para el caso, "aquella carne humana, con que Dios nos quiso *parecer*" (OlivaDial., 116); "lo cual se *parescio* muy bien en los grandes dones que le dio" y "lo cual se *parescio* bien en que fue cobarde" (GueEp., II, 132 y 306); "los ojos que casi nada se le *parecia* [parecian?] sino un poco de blanco" (*Laz.*, 44*v*) y "Que sea ocasion de enflaquecer las virtudes, bien claro se *parece*" (Luque, II, 166).

[16] *medio*), comedio, S. Cf. n.69 al Cap. I.

[17] lo), la, S y BAE. Los traductores fluctuan; P da "with whom she became a great friend", V, "auec laquelle il print" —disintiendo, un poco raramente, de N—, Sa sigue a V, Ba —como P— invierte los papeles dando "co'l quale ella face una stretta amicizia" y H, "met welke hy grote Kennis maakte".

[18] *agua limpia*: "claro y sin maldad" como acertadamente, en mi opinión, propone Piñero (209, n.6) siguiendo a *contrario* la definición de Cov.: "No ser una cosa *agua limpia*, tener de secreto algun inconveniente." (s.v. *limpio*) y cf. "Plegue a Dios Gerarda que sea *agua limpia*". (*Dorotea*, 373), así como en "Plega a dios ke sea *agua limpia*." (CorrVoc.). Más adelante se recoge en el texto el modismo en su forma negativa: "supo se como no fue *agua limpia* la mucha breuedad que se tuuo" (f.49*v*).

[19] Bastante amplio era el campo semántico de este término *estación*. Una de sus comunes acepciones era la actual relacionada con la vida religiosa como la define *Aut.*: "Se llama la devoción Christiana de los Fieles, quando van a visitar los Templos . . . principalmente en los dias de Jueves y Viernes Santo" y que se refleja en, p. ej., "a do pensais que pueden ir: a tener novenas o a ganar las *estaciones* . . . ? (GueEp., I, 474) y "Y habiendo andado la *estacion* de las siete iglesias" (CervNE, II, 27); en la misma línea religiosa *estaciones* eran también los lugares de peregrinación como ya señala Sigüenza hablando del santuario de Loreto: "una de las celebres *estaciones* que la Virgen tiene" (Sigüenza, I, 88a), y "lo que no se hace . . . ni en los templos, ni en las . . . *estaciones*" (*Quij.*, 329[I, xxxiii]) y Lope, "de mis peregrinaciones,/ las//mayores *estaciones*/ he visto que ver podia/" (*Voc.*, pp. 1138-39); a caballo entre esas acepciones y la otra que también aporta *Aut.* —"Ir a andar, o venir de andar las *estaciones*. Figuradamente es ir a negociar o venir de negociar"—, puede estar la que se lee en el *Guzmán*, "el hermano sardesco era el regalo de las damas, en que iban a sus *estaciones* y visitas" (404) y para ese "negociar" más en concreto y en este mismo *Guzmán*, "Aquella noche me mandó mi amo continuar la *estación*" (539) y "Dejele señalada la puerta y pase con mi *estación* adelante" (751); pero también podían estar cargadas esas *estaciones* de un sentido un tanto más peyorativo como en "Parescete, hermana, que me traes por buenas *estaciones*, y que es cosa justa venir de bisperas y entrarnos a ver un desuellacaras que ay está?" (*LC*, 270), "y las nuevas invinciones/ que se hallan y *estaciones*/ te dijese, y ramerias/" (HurCortes, 30b) y aun "Porque ju-//ventud, hermosura, riqueza y libertad nunca la podran llevar por buenas *estaciones*." (Guzmán, 737-38). Partiendo de todo ello, habrá que entender que "aquellas estaciones" a que iban la capitana y su hermana Luna han de verse básicamente en el sentido de personales asuntos o "negocios" pero con su granito de sarcasmo peyorativo mezclado con un tanto de dosis religiosa de acuerdo con la primera acepción ya que algo de metafórico e irónico Via Crucis hay en la personal y sacrificada entrega final de la bella Luna como más abajo se nos informará. Y véase, además, la inmediata n.21.

[20] *de*), en, BAE.

[21] Bien conocido y popular refrán que más aun que el anterior término *estaciones* su peculiar y vulgarizada connotación tenía por esos años; valga para el caso una breve reseña; ya en *Seraf.* aparece como "quales son las romerias tales son las veneras" (lín. 857-58); más matizará Guevara en alguna que otra ocasión: "pensad, señor, que de tales romerias no podeis sacar sino tales veneras" y, en especial, "de tales romerias, o ramerias, que podia sacar sino semejantes veneras?" (*Ep.*, I, 71 y 474 y véanse también pp. 226 y 471), así como "se traen las veneras segun do son las romerias" (*Florinea*, 177b y otra variante en 216b); con un sentido más moralizante y doctrinal lo usará Horozco en su *Teatro* diciendo: "Si se emplea en burlerias/ hallarse a despues burlado/ y de tales romerías/ salen tales venerías/ segun cada qual ha obrado." (n.747), pero más importante para el caso son otras dos estrofas del mismo en su *Cancionero* que ya Alonso cita en su *Léxico* (s.v. *veneras*) —léanse ahí— y que acertadamente comenta señalando el específico sentido que de bubas de sífilis tenían esas *veneras*, como años después lo hará ver Cov.: "Proverbio: 'De tales romerias, se sacan tales veneras', quando de las ramerias y conversaciones de ruines mugeres se hinchen los hombres de buvas." (s.v. *veneras*). Sin que, por supuesto, deba pensarse que el autor esté refiriéndose a esas bubas, lo que si resulta evidente, y dado el caso a que se aplica el refrán, es la particular connotación sexual con que el mismo se ve cargado en el contexto. En relación con las anteriores *estaciones* y su sentido de desgracias genéricas, Guzmán dirá —hablando de su último matrimonio—: "mis pecados me llevaron un domingo por la tarde a Santa Maria del Val. *Romerías* hay a veces, que valiera mucho mas tener quebrada una pierna en casa. Esta *estación* fue causa y principio de toda mi

perdicion." (816), comentario que enlazando directamente ambos vocablos, da muy claro el sentido y funciones que los mismos tenían por esos años. Y respecto a todo ello y para acabar la nota apuntaré, por fin, que poco dudoso parece que la anterior interpretación de *veneras* como bubas sifilíticas tenga un origen primero en el núcleo semántico proporcionado por la etimología de Venus, su imagen y su alegoría; baste recordar sucintamente que de una concha —y no debe ser pura casualidad que aunque en la península no sea así, en los países del Sur de Hispanoamérica ese término tenga la peculiar acepción que tiene— nació Venus —a la memoria hay que traer el famoso cuadro de "La nascita di Venere" de Botticelli—, una Venus, no se olvide, diosa del amor; y que de "Venus, veneris" —ya lo sabemos (cf., p. ej., Corom. s.v. *viernes*)— procederan tanto "venéreo-a" por un lado, como *venera* o concha de peregrinos o romeros —también lo señala Cov.— por otro. La fácil paronomasia "romería"-"ramería" acabaría por redondear el proceso semántico.

[22] *deliberacion*: "liberacion", "perdon", como se deduce de las líneas siguientes y aparece en las traducciones: P, *libertie*; V, *deliuerance*; Sa y H. *verlossing* y Ba, *liberation* (*sic*), y cf. "*delibrad* vuestra hazienda/ que sabed que nos tardamos" (Enci*OC*, II, 141); "si el rey no me salua, espero la muerte; si tu me *delibras*, la de ti (San*PC*, 144) y "una flor que de todo esto te *delibre*" (*LC*, 189). Cov. no lo recoge pero *Aut.* aun da "*Deliberar*. Significa asimismo librar de alguna opresion o servidumbre." añadiendo "En esta acepcion es voz antiquada." Se trata, claro está, de uno de los abundantes casos de verbo arcaico —cf. Corom. s.v. *deliberar*— que acabó perdiendo su prefijo, y hasta es posible, de acuerdo con los datos anteriores, que ésta del texto fuera una de las últimas veces en que parece usado el término.

[23] Piñero (210, n.8) supone que ese *carcelaje* es lo que pagaban por su custodia los presos al salir de la cárcel citando a Chaves y a *Aut.*, pero teniendo en cuenta que Licio no está en ningún momento en la cárcel —ya antes se nos ha informado de que el rey le manda que "tenga su posada por cárcel"— creo que es preferible entender el tal *carcelaje* simplemente como "encarcelamiento".

[24] Tras ese "beso en tal lugar" de no muy dudosa localización, y dada la implícita connotación —como tal "beso" y en "tal lugar"— que de caricia homosexual tiene —aun que reluctantemente y "de mala gana" lo de Lázaro—, bien puede esconderse la intención del autor de sugerirnos —un tanto jocosamente— un mundo de bujarronería, el mundo en el que esas prácticas sexuales eran comunes y normales, es decir, el de los turcos, como ya señalo en el estudio introductorio.

[25] S om. *nos*, creo que muy acertadamente ya que en realidad el rey se dirige solamente a Licio.

[26] *asistir en*: "servir". Cov. no da esa específica acepción, pero sí *Aut.*: *Assistir*. Significa tambien servir: como Pedro//*assiste en* casa de Fulano: esto es, le sirve." y cf., p. ej., "y *assistiesse en* aquellas partes asta que otra cosa le fuesse mandado." (Cardona, 76); "Pues como Calimedes *asistiese* por Rey de Escocia" (Timo*P*, 197); "El de ordinario *asistia en* la tienda" (*Guzmán*, 717); "que *asistia en* las casas del Cabildo" (Lope*Voc.*, p. 261) y "asegurando a su Rey toda su monarquia *en* aquel promontorio donde *asiste*." (Vélez*Diablo*, 184). Para este último caso los editores dan "vive, reside", también aceptable como así mismo se ve en "la parte de las Cuevas, donde *asisten* mis parientes y se mantienen quietos." (Hita, 622b); "*Asisti en* mi pupilaje; sufrilo, por no sufrirlas." (*Guzmán*, 813) y en "Preguntóme mi padre que donde habia *asistido* el tiempo que habia faltado" (*Estebanillo*, I, 192).

[27] tuuiesse), vuiesse, S.

[28] Si bien este *aunque* puede ser aceptable, más bien parece un caso de *aun* superfluo, como ocurrirá con el posterior en f. siguiente. Cf., además, n.45 al Cap. V para el caso contrario.

[29] "*invención*, la cosa inventada o nuevamente hallada." (Cov. s.v. *inventar*). Ya en Nebrija, "*invencion*. Repertioonis." y cf. "Si . . . las nuevas *invinciones*/ que se hallan y estaciones, te dijese . . . /" (Hur*Cortes*, 30b); "La primera fiesta que se mandó guardar . . . fue la *Invencion* de la Cruz" (Cov. s.v. **INVENCION*); "solicitó en buscar *invenciones* con que . . . .ganarle la gracia" (*Guzmán*, 890); "hizo que le sacasen de *invención*, echado en un pelambre, con un mote que decia . . ." (*Justina*, 92); "No le parecio mal al barbero la *invencion* del cura" (*Quij.*, 258[I, xxvii]) y "tengo pensada una *invención* para hundir la mar" (*Buscón*, 95). Y cf. VIII, 31 aquí.

[30] mejor), meyor, A.

[31] pensare), pensar, S.

[32] acordose), acordole, A y B.

[33] Otro *aun* aparentemente superfluo como el inmediato anterior.

[34] "*CARACOL*. En el arte de andar a caballo, y en la guerra se llaman los tornos que se hacen con los caballos, andando al rededor, corriendo, o a passo, segun conviene." (*Aut.*). Cf. "Buen ordenar de *caracol* es ese" (*Theb.*, 174); "cada hora ordenan *caracoles*, cada hora hay escaramuzas" (Gue*Ep.*, I, 240); "entraron en la plaza . . . y juntos hicieron un *caracol* y escaramuza" (Hita, 526b); "comenzaron a hacer un revuelto *caracol* en derredor de don Quijote" (*Quij.*, 987[II, lxi]) y "haciendo un buen formado *caracol* o escaramuza a caballo." (Luque, I, 81).

[35] El coronel Cristóbal Villalba fue uno de los capitanes que acompañó al Gran Capitán en sus campañas de Italia, "uomo di terribile ingegno" y no menor "crudeltà" según refiere Paulo Giovio en su *Le vite del Gran Capitano e del marchese di Pescara* (Bari, Laterza, 1931) hablando de la defensa que del presidio de Roccasecca hizo (p. 129); algunas de sus hazañas en esas campañas pueden leerse en *Gran Capitan* ([1559], ff.xxxixr, lxiir-v, xcir, cxvir, cxliv, cxliir y cxliiir, o en la *Crónica manuscrita* de 1584 (ed. de Rodríguez Villa [NBAE, 10] en caps. VIII, XIII y XV). Más tarde, de vuelta en España, y por mandato del rey Fernando, tuvo a cargo la demolición del castillo de Montilla —bastión que fue de

su jefe en Italia— tras haber arrasado Niebla y Santa Cruz, posesiones del Duque de Medina Sidonia, y aun haber colgado de los pies a sus defensores como ominosa advertencia a los de Montilla si intentaban resistir, actividades que justifican el juicio de Giovio y que recoge Mary Purcel en su obra *The Great Captain: Gonzalo Fernández de Córdoba*; London, Alvin Redman, 1963, p. 219.

[36] auian), habia, BAE, sin duda arrastrado por el antecedente "alteza".

[37] hize), hizo, B.

[38] Mele), Melo S correctamente como A, B, BAE y Piñero aunque no señala la errata de N.

[39] BAE como Piñero insertan "de" así como P, "he commeth from God", y Ba, si bien traducido activamente, "che Iddio l'habbia mandato"; Sa, "ick en gheloof ve niet oft Godt heest hem wt den Hemel hier" —el más explícito y redundante— y H, "ik geloof niet of d'Hemel heest hem . . ." con su habitual cambio de "Godt" en "Hemel", con la excepción, nada extraña, de V que da "sinon que Dieu vient". Adviértase, no obstante, que la omisión de ese "de" bien pudo no ser una errata si se acepta que la intención del autor fue hacer pasar irónicamente a ese Lázaro por una especie de celestial enviado evangelizador para unos atunes que, de este modo, se verían, a su vez, reforzados, en su representación como infieles mahometanos; de ser así poco importa que fuera un enviado de Dios o su simbólica proyección, digamos otro Jesucristo. Véase, además, la siguiente nota n.41.

[40] "*PRO*. Palabra antigua que vale provecho y assi dize el pregonero, quando remata en almoneda alguna cosa: Que buena *pro* le haga." (Cov.); "buena *pro*" usual en esa época, como puede verse en *LC* (175 y 177), Muñón (32), *Florinea* (186a, 203a y 232a), p. ej., y su opuesto "mala *pro* me hiziesse" (*LC*, 170) y "en mala *pro* les entre a solas" (*Florinea*, 219a). Común era también la locución atributiva con *pro* como en "hombres de *pro*" (*Propa.*, Uiiir, a), "honbre de *pro*" y "muger de *pro*" (Roua., II, 227 y III, 17) y "segadores de buen *pro*" (Lope*Voc.*, p. 2237) y que aun se conserva; y, por supuesto, como puro sustantivo, como en "que *pro* o que honor espero" (*Setec.*, bvir b), "que esta confradia nos trayga a nosotros *pro*" (*Florinea*, 202a), "palabras ociosas que *pro* no an tenido." (Roua., IV, 125), "paz y *pro* de la republica" (Salucio*Esta.*, 16r) y "el *pro* de su ganado" (Lope*Voc.*, p. 2237). Corom. ya dice que "El genero es ora masculino, ora femenino (s.v.).

[41] En relacion con n.39, nótese que este *sus* muy poco se compadece con el "vuestra alteza" inmediato anterior y el "vuestra grandeza" posterior, y si mucho más con un posible "Dios"; los traductores discrepan ya que P da *your*, V, *ses*, siguiéndole Sa; Ba da *suoi* y H, *u*; de lo que puede haber tras lo dicho en n.39 y aquí ya he hablado en el estudio introductorio.

[42] *partio*: "repartió", "compartió". Cov. para ese verbo sólo dice: "Es dividir, y algunas veces mudarse de un lugar a otro." (s.v. *partir*). Aut. sí recoge esa acepción: "*PARTIR*. Vale tambien repartir u distribuir alguna cosa entre varios." Cf., además, "cuyos frutos enduran no *partiendo* con los pobres" (Osuna*Ter.*, 266); "teniendo guerras y discordias con los godos (porque *partian*, con ellos, terminos)" (Mexia*Silva*, 420); "con quantas barajas *parten/* y espera que se descarten/" (Badajoz, cxlrb); "que son muy *partidos* y buenos compañeros" (*Capón*, 275) y "*partimos* entre los dos la pena" (Lope*Voc.*, p. 2042); más adelante en texto "y *partio* con el muy largo, hizo mercedes muy cumplidas" (f.51v); y con ese sentido parece que haya que entender los refranes que recoge Horozco: "En burlas ni en veras, con tu señor no *partas* peras" y "*Parte* Nicolas, para si lo mas." (nos. 1065 y 2277) y en el estribillo "Con amor, nino rapaz/ ni burlando ni de veras/ con el nunca *partais* peras/ si quereys la fiesta en paz." (Morán, p. 76a, vv.1-4).

Notas al Capítulo XIII

[1] CAP. XIII.), CAPITVLO DECIMO/ tercio, S.

[2] Aunque con este *veis aqui* puede aceptarse que el autor deliberadamente está dirigiéndose a unos explícitos narratarios —como con "V.M." lo hace— creo que en este caso se trata de un tranquillo expositivo con valor de "He aqui", análogo al de su contemporáneo "*veis i* armado vn gran ruydo" (Badajoz, cxliiiv). Las variantes *vees aqui*, *veste aqui*, *vee aqui*, *Aqui vees*, *Pues*, *veras*, etc. que se dan, p. ej., en el *Corbacho* (104, 106, 107 y *passim*) permiten suponer que al menos a mediados del XV no estaba todavía lexicalizado ese tranquillo. Para Gillet —lexicalizado o no— el mismo estaba ya desapareciendo en tiempo de Valdés (III, 385-86) pero lo cierto es que aun aparece frecuentemente usado a principios del XVII —ya lexicalizado— como en "*Veis aqui*, cuando a mediodia estaba comiendo . . . donde veo entrar . . . un alguacil", "*Veis aqui* como de confiarse uno de si hace que se olvide de Dios" y "Hermana, yo no se de vuestra hija. *Veis aqui* esos ocho reales. Decidlos de misas a San Antonio . . . que os la depare." (*Guzmán*, 758, 778 y 842; "*Veis aqui* una loa que no es buena" (Villandrando, I, 113) y "dadme . . . la mano de ser mio, y *veis aqui* os doy la de ser vuestra" (Cerv*Dos*.[*OC*], 966a). Se daba, también, la construcción análoga con "ahi" como en "trajo tres bacines y dijo: '*Ve ahi* para cada uno el suyo'" (*Buscón*, 127 y cf. n. de Castro).

[3] *. . .* Cov. no da esa locución interjectiva, pero si la análoga "*andaos a dezir gracias*, de uno que por mostrarse gracioso, dixo en lugar de gracia una lástima, y lastimáronle con darle una cuchillada por la cara.", precisamente s.v. *DONAIRE*; curiosamente, y entre las once locuciones que Correas recoge desde "Andaos a enamorar . . ." hasta "Andaos tras el . . .", tampoco aparece la misma, siendo el caso que sí la recoge, en cambio, *Aut.*: "*Andaos a decir donaires*. Phrase que da a entender que a no todos les sale bien el decir chistes, pues algunos se ofenden de oirlos." (s.v. DONAIRE), sin citar, no obstante, ninguna autoridad.

¿Estaria sufriendo un entredicho la tal locución por esos años de finales del XVI y principios del XVII? En cualquier caso, claro parece que ese *donayres* haya que entenderlo con el sentido de "burlas" como más adelante se observa en "A cabo de tres o quatro años que al mi mal logrado lleuo Dios . . . venis agora a dezir *donayres*" (60r) y, así mismo, en "puede estar seguro que . . . no despliegue mis labios para hacer *donaire* de las cosas de vuestra merced" (*Quij.*, 190[I, xx]). A observar, por otra parte, que el hecho de que esa locución cierre todo el párrafo ayuda a corroborar la índole del anterior tranquillo lexicalizado *Veys aqui*.

[4] Zeugma de ese "lo era yo" por "rey".

[5] *presumio* es evidente errata que BAE corrige adecuadamente así como V: "je presumay"; libremente lo traducen P y Ba, y H lo omite. Me parece muy poco plausible la sugerencia de Piñero de que "pudiera tratarse, como otras veces, del cambio al empleo de la tercera persona." (214, n.5) ya que cuando esto ocurre siempre ese cambio viene invariablemente acompañado del nombre; precisamente esta característica es el fundamento del sintagma y por ella es por la que podemos percibir esa alienación onomástica.

[6] *las campanas*), los campanos, S. Ese {*presumi*} *de repicar las campanas* —a mi juicio de claro sentido por "hacerse el muy importante"— no he podido hallarlo en ninguna colección paremiológica; P da "it entred into my minde to ring the bells againe"; V, "de sonner les cloches", simplemente como Sa, "de Kloeken te doen luyden"; Ba, "volsi far del quanquam con replicare, e duplicare" —siendo el único que le da un sentido a la locución— y H lo omite. Sigo discrepando de Piñero especialmente cuando dice que "puede entenderse como . . . 'meter la pata' . . . como se vera mas adelante . . .".

[7] Para la interpretación de ese *abrir puerta a la justicia* las más próximas explicaciones son las de Correas, "*Abrir puerta*. Dar prinzipio i okasion a kosas no devidas." y "Es *abrir puerta . . . la puerta*. A otros inkonvenientes." (Cf. "FRASES") ya que Cov. con "*Abrir puerta*, dar ocasión, aver concedido o hecho alguna cosa por alguno, que sea ocasión de no poderla negar a otros." (s.v. *ABRIR*) o Lope con "con que envidiosa de ti, /abrirá puerta a desvelos." (*LopeVoc.*, p. 2270) más facilitan un sentido positivo de la locución que para este caso haría entender "dar paso a la justicia" más que lo contrario; convengo, por tanto, con lo genérico del juicio de Piñero de "comprometer a la justicia a hacer lo no debido" (214, n.6). ¿Errata, quizá, por "{in} justicia."?

[8] "*Cometer* vale dar uno sus vezes a otro, poner a su cargo y cuidado la execución de alguna cosa." (Cov.) y cf. "*cometieron* sus vezes a los doctores . . . para que . . . ficiessen el contrato" (*Cartul.*, III, 33); "despues que le *cometieron* la gobernación del reino" (*GueEp.*, II, 98); "*cometiólo* S. M. al Cardenal de Toledo" (Girón, 40); "el capitan Villalba *cometió* el hecho a las armas" (*Gran Capitan* [1559], f.lxiir) y "*Cometió* el Papa la causa al gobernador de Roma" (Loyola, 66a).

[9] *cometi*: "acometi"; es obvia la intención paronomásica respecto al anterior *Cometiólo*, que se pierde, claro está, en las traducciones que, a título de curiosidad, recojo. P da "Which his Highnes presently *commited* unto me . . . and . . . I *caused* all the partakers . . . *to be apprehended*"; V, "Sa Mageste le *commit* a moy . . . & je les *chastiay* de telle sorte" y Ba, "sua Maesta cio *commise* a me . . . & io *ordinai* di tal maniera il negotio", mientras que Sa sigue a V y H lo da como Sa. Diferentes traducciones que bien indican lo inusitado y/o intraducible, para ellos, del término, al que hay que suponer que se trata de un arcaismo de acuerdo con lo que, s.v. METER, recoge Corom.: "*Cometer* [*Cid*; ant. 'acometer', *Gr. Conq. de Ultramar*." Cierto es que pudiera tratarse de una descuidada aféresis preposicional de "acometer" que sí aparece normalmente recogido con el correspondiente sentido.

[10] Ya dice Cov.: "*QUESTION*. Vale pregunta . . .", y en este exclusivo sentido —que no en el actual más difundido de "asunto", "problema"— ha de entenderse *ese cuestion de tormento* como a renglón seguido sigue el mismo Cov.: "*Question de tormento*, la pregunta que se haze en el tormento al que fue condenado a el, y esto se dize poner a uno a *question de tormento*."

[11] "*Dicho*. A vezes sinifica la deposición del testigo." (Cov., s.v.) y "*Dicho*, la testificación que uno haze ante el juez." (s.v. *DECIR*), y así se ve en "entre otras que dixo en su *dicho*, dixo que es de hedad . . ." (*Bivar*, 19 y *passim*; "nos tomaron nuestros *dichos*; ellos confesaron . . . Yo dije la verdad" y "me tomaron mi *dicho*; confese de pe a pa" (*Luna*, 308 y 364) y "tomarles sus *dichos* por ante dos escribanos" (Navarrete, [BAE, 76], 528b).

[12] Debe suponerse otra omisión aquí, la de un {nada} que los traductores oportunamente añaden; P, "nor promised them anie thing"; V, "ne leur auoit rien donne ni promis"; Sa, "hy haer niet gegeven of belooft", como H, y Ba, "ne promesso cosa alcuna".

[13] os), as, A y B.

[14] *. . .* Trozo que así como está redactado es de difícil inteligencia; algo falta —como en el caso anterior— o se ha alterado; P da "or else they wer his friends or acquaintance befor that time, for whom he promised to do the like"; V, "& etans par deuant ses amis, pour lesquels un autre jour il en fit autant"; Ba, "o per essere amico di chi il giorno dopo l'era a lui". y H omite el trozo.

[15] BAE inserta "a" tras *mas* correctamente.

[16] Probable es que ese *infieles* esté incluido con contenido bisémico: a) desleales a sus amigos o a la comunidad atunesca; b) no cristianos, dándonos, con ello, el autor un indicio más de la condición de turcos que tras ese disfraz de atunes se esconde.

[17] Excesivamente brusca transición entre esa perorata que acaba en "dignos de gran castigo" y el simple aserto que sigue, lo que hace sospechar otro corte o alteración del original.

[18] Para la recta comprensión del trozo que sigue recuérdese que *por cierto* está por "ciertamente" —cf. n.55 al Cap. V— y *ya que* por "aunque" — n.189 al Cap. II—.

[19] Otro trozo difícil para cuya recta lectura habría que suponer un {bien se entenderia} o inciso verbal análogo en sustitución de ese *ya que*; para copar con tal dificultad los traductores dan lo siguiente: P, "that the Clearkes be fauourable, yet with more honestie they take the writings, although they put them not into the Court, but rather say they be lost"; V, "pour certain ja que l'escriuain eut este fauorable, & eut fait le rest honestement, prenant les escritures, & qu'apres ne les eut mis au proces; ains (*sic*) les eut fait perdre?"; Ba, "E benche il Notaro fauoreuole fusse, & hauesse fatto il tuttto con qualche modo, c'hauesse dell'honesto, riceuendo quelle Scritture, & poi non le hauesse poste per seruire al processo, ma dicesse, che fussero perdute"; Sa sigue a V y H da "voorwaar had de Griffiewr hun gunstig gewwest en voorts de rest behendelijk aangeleidt outfangende hun schristen in de zelf de niet olverleuerende zo had hy betoont noch listig geweest te zijn". A notar que sólo P da "Clearkes . . . they" en plural contra los otros y el texto.

[20] ese otro), essotro, S.

[21] En *Aut.* : "Este o esse es el *diablo*. Phrase que explica en que consiste el punto de la dificultad en algun negocio." (s.v. *diablo*). Viene a ser una interjectiva de aire familiar con sentido comparativo peyorativo como, p. ej., la actual "Eso es la repera!" o análoga, como en "Aun si fuese peor de sacar una mancha de las carnes que de los vestidos, *seria el diablo*." (*Justina*, I, 108).

[22] culpe), culpo, S.

[23] *determinare*, así en todos los textos incluso en BAE y Piñero, siendo que ha de leerse {determinareys}, dado el contexto y el siguiente *deshaceys*, y así lo han entendido los traductores; V, "vous ne le determinerez", Sa y H, "zult gy . . . eindegen", Ba, "voi non decidete" y P, muy de acuerdo con la estructura idiomática inglesa lo da en impersonal pasiva, "is not . . . ended".

[24] noble), doble, S.

[25] Aquí acaba todo el alegato de carácter tan forense de Lázaro que ha comenzado líneas arriba con "O, desalmados pecadores . . .", y sigue con "O, desverguença . . ."; alegato para el que, textualmente, faltan los correspondientes incisos como el último "diciendo les" que debieran separar claramente esa indiscriminada mezcla de estilos directo e indirecto.

[26] "*Gracioso*, lo que se da debalde y sin deverse." (Cov.). Cf. "Dame tu gracia *graciosa*/ gracia de *gracia* de Dios"/ (Enci*OC*, I, 102); "aquel cuidado dalo el Señor *gracioso*, sin precio" y "gracia *graciosamente* dada" (Osuna*Ter.*, 138 y 347); "que se las da *graciosamente* el desposado" (Cruz, IV, 61) y "Por vos somos justificados *graciosamente*" (Lope*Voc.*, p. 1343).

[27] S inserta "a". Para esa aceptable preposición ante objeto, cf. n.3 al Cap. IIII.

[28] *. . .* Es el caso más flagrante de mala lectura en que ambos, N y S, coinciden seguidos por A y B. BAE rectifica adecuadamente en "haciendole desollar, y teniendo tendida la piel", sin duda por conocer la anécdota. No es, por cierto, el caso de Piñero que, un bastante inexplicablemente, no sólo recoge íntegra toda esa mala lectura sino que aun se permite sugerir un más bien incongruente arreglo (216, n.11). Es la anécdota recogida por Heródoto en su *Historia* (Libro V, 25) y que cito según la da el más coetáneo a este '55: "Cambises rey de los persas, fue tan seuero que a vn juez que herido con yra y livor de animo, condeno injustamente vn emulo, o contrario suyo, hizo que le desollassen bibo, y hizo cubrir la silla en que se assentauan (*sic*) a juzgar del cuero deste. y a vn su hijo que se sentasse sobre ella porque el hijo temiesse juzgar injustamente espantandose de la justicia y de la pena de su padre." (Reina*Dechado* [1549], f.xiij*r*). Era anécdota muy popularizada que ya aparece, p. ej., en el anónimo *Tratado de las Excelencias de la fe* de 1537 (f.bvii*r*), en Costa, *Regidor* de 1578, (ff.70*v*-71*r*), en el *Diálogo* de Espinosa de 1580 (p. 68), en la *Philosophia moral* de Torres de 1596 (pp. 320b-321a) así como en Cov. (s.v. *DESOLLAR*) y en las *Obras* de Ribadeneira (BAE, 60, 541b). De los traductores, P da "and after flean, whose skin hee nayled by ouer the seate of Justice"; V sigue ciegamente el texto errado así como Sa; Ba da "facendolo scorticare viuo, e cuoprire della sua pella la sedia giustiziale" y, por fin, H, "een onregtveerdigen Regter levendig doen villen in de huit over den Regten stoel doen spannen".

[29] Ese "otro" es, evidentemente, el típico pronombre que como "Fulano", "Zutano", etc., representa a la persona genérica no identificable.

[30] otro que do), oltro queuedo, A y B.; respecto al aforismo que sigue es clara variante del más conocido "Aficion ciega raçon" ya recogido tanto por Horozco (*T*, n.67) como por Correas (64a).

[31] peruertidos), preuertidos, S.

[32] La cita proviene concreta y exactamente de *Exodo*, 23, 8. Saludo asegura en p. 15 que la misma "refiere textualmente el (*sic*) Eclesiastes (XX, 31)", sin duda citando —aunque no lo nombra— a Bataillon que así lo hace ([1968], 87, n.74) equivocadamente —*aliquando bonus dormitat Homerus*—; Piñero (217, n.13) persiste en adjudicársela al *Eclesiastes* no sé si por cuenta propia o, mucho más probablemente, por tomar la información ya de Saludo, ya de Bataillon.

[33] leyes), leys, A y B.

[34] *Bartolo* era el famoso jurisconsulto boloñés Bartolo de Sassoferrato del XIV cuyas obras jurídicas eran textos imprescindibles para los estudiantes de Derecho; jurista profusamente citado a lo largo de los posteriores XV y XVI, y tan citado y conocido que dio lugar, p. ej., no sólo a locuciones como "Sabe muchas *bartolinas*. Por: bachillerias." ya recogido por Correas (Sec.FRASES) sino también a la muy popular y aun totalmente vigente —si bien con olvido de su procedencia— de "coger, agarrar o llevarse uno los *bártulos*" con el sentido, como sabemos, de

llevarse uno las mínimas pertenencias o enseres personales —cf. Corom. s.v. *bártulo* así como Alonso*Encic.*—, dado que esos tratados de Bartolo, y por sinécdoque algún que otro texto, eran los pocos que conservaban y solían transportar los estudiantes cuando se mudaban o viajaban. Como bien explica García Mercadal: "Solian llevar a las aulas, liados con cintas o correas, los libros, vademecums y cartapacios . . . De esa costumbre y del nombre de Bartulo . . . nacio el que se dijera . . . *liar o arreglar los bártulos*, para asi significar que uno se preparaba a irse a alguna parte." (*Estudiantes*, 56).

[35] Ahora nos enteramos de que este ciego además de ser un experto en jerigonza, oraciones, ensalmos y pronósticos, lo era también en el campo forense y aun clásico.

[36] *Un* actualmente omitido; cf., para entonces, "cada *un* arguyente" (Esperabe, II, 165 y otro ej. en 170); "cada *un* nombre" (*Lozana*, 426); "cada *un* dia destos" (Girón, 57); "En cada *un* año" (Loyola, 95b); "pensé que en cada *una* silla habian de estar . . . un canonigo y una cantadera" (*Justina*, II, 400) y "les dava cien donzellas nobles . . . cada *vn* año" (Cov., s.v. *donzella*).

[37] Paródica reconstrucción del famoso tributo de las cien doncellas que Mauregato estaba obligado a entregar como parias a Abderramán. Hablando de ello, Ximénez de Rada en su *Crónica* no da números concretos, limitándose a decir que Mauregato ". . . tomaua donzellas fijasdalgo, e aun de las otras del pueblo, e daualas a los moros por mugeres, e esto non lo fizo una vez, mas cada año avia de dar mugeres cristianas a los moros para facer con ellas sus voluntades, como por renta." (Cf. CODOIN, 105, p. 258); pero ya el Tudense en su *Crónica* habla de ésas cien —véase la ed. de J. Puyol (Madrid, RABM, 1926[pp. 282 y 293])— y así pasará a los posteriores fastos esa leyenda que bien se difundirá en el XVI y XVII; la recoge Florián de Ocampo en su *Crónica General* de 1553 —cf. ed. M. Pidal, 2 vols. (Madrid, Gredos, 1977 [II, pp. 359-60])—; también Pedro de Medina —cf. Medina*Medina*, pp. 29 y 31— que curiosamente atribuye a Aurelio ser el urdidor del legendario pacto antes que Mauregato, así como Garibay (Libro XII, Cap. xx) y, por fin, tanto Cov. como el P. Mariana; por cierto que, y a título de curiosidad, no deja de ser recomendable lo que de elegíacamente chistoso por triunfalista hay en el modo en que tanto uno como otro comentan esa leyenda; Cov. dirá: "Mauregato, les dava cien donzellas nobles en parias, cada un año" añadiendo jeremíacamente, "cosa lastimosissima" (s.v. *DONZELLA*) y Mariana tras su "alcanzolo con asentar dalles cada un año por parias cincuenta doncellas nobles y otras tantas del pueblo," apostillará, tan quejumbrosamente o más, "infame concierto." (BAE, 30, 200b). Por otra parte, si divergencias parecía haber acerca tanto de quien fuera el autor del "infame concierto", como de si todas esas doncellas eran nobles o no, también las debió haber, al parecer, sobre el número de las mismas; al menos en el MS EG.578 ya se lee: "Reynando en leon mauregato . . . se passo a moros y pidioles ayuda para Reynar y prometio . . . que le daria cada año dozientas donzellas virgenes cient nobles y ciento

de otras" aunque un poco después dirá "cada año daua cient donzellas" (f.59*v*), y ese mismo primer dato numérico es, como vemos, el que recoge y elabora nuestro autor; ahora bien, independientemente de que fueran cien o doscientas, lo interesante del asunto, en cualquier caso, es que para este autor en esa acrecida diferencia la anterior división entre nobles y plebeyas pasara a ser otra entre hembras y machos, también por partes iguales. Recordando, además, que la índole de las parias de Mauregato consistía en ser un tributo de cristianos a moros se entiende muy bien que haya decidido insertar esta leyenda aplicando a ella la fácil y simple sustitución de moros de Abderramán por atunes-turcos, y bastante obvio parece que esa inclusión de los machos —antes inexistente, claro— fuera otra solapada referencia a la afición que por ellos tenían los musulmanes como buenos bujarrones que eran.

[38] Si ese rey se comía a los sollos por su preciado sabor —y ya he señalado en nota anterior lo que tras ese comérselos puede ocultarse— aquí con esta otra imagen de un buen nutrido harén regio —en donde no es dudosa la función a que estaban destinadas las sollas— se reitera, una vez más, la visión que viene dando de una específica civilización donde ese uso del harén es lo cotidiano: la de los turcos. No debe pasarse por alto, no obstante, la posibilidad de que en ese no comerse las sollas haya también una reminiscencia imitativa del Orco del Ariosto; como ya dice en su *Orlando furioso*, "che mai femina l'Orco non divora." (Canto XVII, estr.40) y "Le donne non temer che sieno ucisse" (estr.42), aunque tampoco, bien es verdad, pueda decirse que este Orco las tuviera "para su pasatiempo"; a lo más que llega el mismo, por fin, —y esto ya en manos de Barahona de Soto— es a usarlas como terapeútico regurgitivo —"y purgase con tres cada verano" (*Angélica*, Canto Segundo, estr.55)—, que tampoco era, precisamente, lo que hacía el Rey atunesco.

[39] Aunque Cov. defina a esas *toninas* como "El atun fresco." (s.v. y cf. también s.v. *ATUN*), está claro que el autor habla de otro tipo de peces, en este caso los delfines; véase para ello el documentado trabajo de M. Alvar, "Datos para la etimología de tollo, 'cazón' y *toñina* 'delfín'", en *STUDIA HISPANICA IN HONOREM de Rafael Lapesa*, 2 vols.; Madrid, Gredos, 1973; Vol. II, 21-28).

[40] "*Armar* absolutamente sinifica, algunas vezes, apercibir navios, como armar contra el Turco" (Cov. s.v.) y "*Armar*. Equivale a lo mismo que armarse." (*Aut.*); cf. "los siracusanos habian mandado contra el *armar*" (Gue*Mar*, 315) y "aunque *armaba* contra cristianos, haciendo grandisimos daños" (Espinel, II, 77). Para otra acepción de *armar* cf. n.8 al Cap. XVI.

[41] apremiados), apretados, S.

[42] buena), auena, A y B.

[43] mar), Mar, S.

[44] diez), dies, A.

[45] *largo*: "largamente", "abundantemente", con función adverbial como más adelante en "mercedes . . . muy contentas y largas" (54*v*) y cf. "No escriuo tan *largo* como quisiera"

(SanP*C*, 142); "Vivir *largo* sin enmienda/ antes acrecienta culpa" (Hur*Cortes*, 9); "el me hablo un dia muy *largo*" (*Laz.*, 47*r*); "Ata corto y piensa *largo/ . . . / si* quieres yr cavallero." (Horozco*T*, n.365); "ganar y gastar *largo*, diese donde diese" (*Guzmán*, 114) y "Pues auiendo yo escrito, y *largo*" (Lope*Voc.*, p. 1612).

[46] tenia), ternia, S, como corresponde sintácticamente.

[47] Desconozco de dónde haya podido sacar el autor este singular uso cultural si es que de algún lugar lo ha hecho. En el caso de que fuera aplicable al mundo turco, en *Viaje* no aparece ni se recoge en "DE/ TVRCARVM/ MORIBVS/ EPITOME/*Bartholomeo Georgieuiz*/ Peregrino Au-/ tore./ LVGDVNI./ APVD IOAN TORNAESIVM./ M.D.LIII." ni en "I CINQVE LIBRI/ DELLA LEGE./ RELIGIONE, ET VITA/ DE TURCHI ET DELLA/ Corte . . . / DI GIOVAN ANTONIO MENDAVINO . . . IN VINEGIA (*sic*),/ APPRESSO VINCENTI VALGRISI:/ MDLXVIII." He visto también las *Paradoxas* de Juan de Horozco, en cuya "Paradoxa I. Que no se han de llorar los muertos sino los viuos" cita buen número de diversas costumbres respecto a la forma de llevar o usar el luto pero nada dice de ese dejar de hablar. Algo se dice también en el onzeno Canto del *Crot.*, en especial pp. 282 a 285, de los exagerados arreos y lutos, pero nada del silencio en cuestión. Por fin, Horozco en su "El auctor a un amigo suyo que traya luto por un cuñado suyo cura." (*Canc.*, n.32), dirá: "Hasta agora no es locura, aver andado enlutado,/ pero si el luto mas dura/ ya no sera por el cura./ Mas sera por el curado./ En fin hablando verdad,/ yo concluyo en este punto,/ ser muy grande vanidad,/ y no digo necedad/ tanto luto por defunto." Esos abusos del luto que más tenían, por supuesto, de vanidad si no de signos de riqueza, que de congoja o pena, serán, precisamente, los que intenten corregir y/ o restringir varias premáticas a lo largo de la segunda mitad del XVI. En una de ellas, de rúbrica: "La pragmatica nueua de los lutos" de 1565, se lee: "auiendo nos entendido el gran excesso y desorden que en estos nuestros reynos ha auido, y ay en lo de los lutos que se traen, y ponen por los defunctos . . ." (cf. MS Add.9932 de la BL[f.310] —el volumen lleva en lomo el título "Coleccion de Cortes") y otra del mismo tenor de 1588 (*loc. cit.*, ff.348*r*-350*r*). Por todo ello, poco dudoso me parece que toda esto y lo que sigue sobre esos lutos —y con todo lo que de jocoso tiene— no sea más que una zumbona crítica por parte del autor de esos abusos y excesos, del mismo modo que más adelante lo hará arremetiendo contra el uso y abuso de los "dones".

[48] *bastante*, con función verbal activa de participio de presente; cf. "le fueron dados entendimiento y manos para esto *bastantes*." (Oliva*Dial.*, 102); "cosas . . . muy dignas de sentir y *bastantes* para llorar" (Gue*Ep.*, II, 179); "Don Françisco de Çúniga . . . hombre *bastante* y conviniente para el cargo" (Girón, 69); "personas tan *bastantes*" (*Schola.*, 43) y "Parte ni fuerça tiene tan *bastante* (Cueva*E*, v.223).

[49] *a* por "para" como en "abasta *a* comprehender" (*Theb.*, 202); "irnos a la mano *a* que no pequemos" (Gue*Ep.*, II, 54);

"es muy apropiada *a* qualquier enfermedad" (Cardona, 82) y "por ser tan necesario *a* el" (*Florinea*, 168a).

[50] S om. *que* correctamente, como BAE. Piñero lo mantiene.

[51] quitallo), aquitallo, A y B.

[52] "*DESPARTIR*. Meterse de por medio de los que riñen, para ponerlos en paz" (Cov.). Cf. "el rey se apeo . . . y los *despartio*" (*Clari.*, xxxiiva); "consolarme he con que el tiempo nos *despartira*" (*Schola.*, 7); "Señor Casandro, *desparta* vuessa merced esta brega" (Rue*Com.*, 203); "Diego Moreno reñia/ con su muger tu por tu/ y una boz los *despartia/* que dezia: cu, cu, cu." (Rojas*Canc.*, p. 186, vv.1-4); "Ellos . . . se metian de por medio, en son de meter paz, ayudandonos a *despartir*" (*Guzmán*, 641) y "entren a *despartir* la pelea, o a ayudar a mi amo" (*Quij.*, 363[I, xxxv]).

[53] molestas), molestos, S. También BAE y Piñero aunque nada dice de S.

[54] Otro párrafo más escasamente inteligible. P da "and he that will be wise, let him flie the companie of these fooles, because like requireth like, for their paines, I wish they were uassals unto this Barron: and that during their abroad with him, his friend might die, that I might be reuenged on them."; V, "car de la part d'estre sage il fuiroit de ces fols, d'autant que chacun semblable cherche son semblable. Dieu veuille que je les voye vassaux de ces Barones, & que leur amie meure, a fin que je me venge d'eux."; Ba, "pero e da sauio allontanarsi da questi sciochi. E perche ogni simile cerca il suo simile; il sudditi gli veggaio di questi Signorotti, a cui se lor muore la Dama, affinche vendicatto io sia di loro." y H, "ook ik agte den baarlijken St. Hemens d'Hemel geve cdatze alle onderzaten moeten worden van de Baron en dat hun lieffsten sterven mogen op dat ik my over haar alzo wreke." A señalar que esos *varones* en plural se presentan en singular en P y H.

Notas al Capítulo XIIII

[1] CAP. XIIII. C*o*), CAPITVLO XIIII. CO-, S.

[2] complazer), con plazer, A y B.

[3] A y B om. *lo*.

[4] Luna), luna, S.

[5] *clavo* como término comparativo para algo sin valor alguno —cf. Cov.: "No vale un *clavo*, no vale nada." (s.v.)— y en la misma línea que antes *caracol* —cf. n.91 al Cap. III— y que "higo" y "pelo" en las locuciones "No vale un higo", "No vale un pelo" registradas por Correas (Sec.FRASES). Recuérdese que aun se dice coloquialmente "no tener un *clavo*" por no tener un céntimo.

[6] "*BOLEO*. Se dixo de bolar, y es el golpe que se da a la pelota quando viene en el aire, como bolando, antes que haga bote en el suelo." (Cov.). Es, claro está, la actual "bolea" en pelota o tenis, y para el término, cf. "Dispara carnal desseo/ . . . / baterias tan arreo/ que lo lleua de *boleo*"/

(Badajoz*r*a) y "y fue que al primer *voleo* no quedaba pelota en pie." (*Quij*., 1043[II, lxx]). Nótese que *voleo* con ese sentido de golpe rápido aun persiste en nuestros días en la expresión "dar un *voleo*" por dar una bofetada. Acertado me parece el comentario de Piñero sobre la connotación de carácter erótico que la frase tiene, al decir: "Es el destino de Lázaro: alcanzar al voleo, 'de segundo bote', a su mujer, pero es preferible que el bote venga del rey que no de un arcipreste" (222-23, n.2).

[7] "*A pesar de gallegos*. A pesar de rruines. A de ser, se a de hazer." (Correas [Sec.FRASES]) y cf. "vivir todo lo que Dios quisiese y yo pudiese, *a pesar de gallegos* y de la adversa fortuna" (Luna, 306). Esa mala fama de los gallegos —según y como la presenta Correas— era tópica, y ya la señala Herrero García, *Ideas* (pp. 202-25).

[8] BAE om. y.

[9] enojo), yenoyo, A; y enoyo, B.

[10] Alexandro), Alexandre, S, variante que se repetirá posteriormente en N, 54*v*; S, 59*r*—; no obstante, y en el primer caso de los tres que se dan, N ha dado también "Alexandre" (f.21*v*), oscilación que se observa a lo largo de todos lòs textos en el XVI, si bien la forma preferida es la con -*e*, y sólo a finales del siglo comienza a imponerse la otra de acuerdo con mis datos.

[11] Plutarco aunque en sus *Vidas* recoge ese episodio de Calístenes y habla de la muerte que Alejandro le dio, lo hace genéricamente limitándose a señalar las versiones de otros autores sin decir nada de ese "tratamiento" —uso la ed. Class. Loeb, *Lives*, VII, cap. xv—; Quinto Curcio, tras mencionar el complot contra Alejandro y la prisión, tormentos y muerte de los involucrados en el mismo, sólo añade: "Calistenes assi mismo despues de muy atormentado fue muerto." (cito por la ed. de Cromberger [Sevilla, 1534] en Libro octavo, cap. xii, f.cl*v*b); Thamara en sus *Apotegmas* —cito por la ed. de Nucio de 1549— se limita a decir: "Calisthenes discipulo de Aristotiles era muy libre y desmandado en el hablar, por lo qual le auiso vna vez con vn verso de Homero, diziendo. Hijo si has assi de hablar poco te quieres lograr. Y no fue en esto mal adeuino porque al fin esta libertad fue causa de su muerte despues cerca de Alexandre magno." (f.286*r*). Lo más probable es que para el tal "tratamiento" nuestro autor estuviera citando al *Justino clarissimo* —tratado abreviado de la historia de Trogo Pompeyo— donde sí se expone el mismo con suficiente detalle: "Alexandro mando que en penitencia del atreuimiento le quitassen y destroncassen con gran crueldad algunos de sus miembros. Los quales fueron las orejas, las narizes y los beços: por manera que despues era cosa muy fea y miserable de ver y sobre todo fue metido en vna jaula con vn perro y traydo por donde todos lo viessen" (ed. de Juan de Brocar [Alcalá, M.D.x.l.], f.l*r*) o, quizá, a Mexia que en su *Silva* habla de "Calisthenes, philosopoho; al qual, por cierta reprehension que le hizo como hombre libre y sabio, Alexandre lo tractava muy mal y lo traya metido en una jaula con los perros." (550).

[12] nada), nado, A y B.

[13] Otro presente insólito ese *tiene* y que muy poco sentido presenta como tal dado que todo lo referido pertenece a un absoluto pasado y basta observar el siguiente subordinado "tuuiesse"; en n.103 al Cap. II. he señalado otro tipo de anomalía análoga que recorre el texto, pero en todos esos demás casos —especialmente con el verbo "comenzar" que ahí comento en concreto— se trata de verbos de pura acción incoativa que si permiten un presente de tipo histórico dentro de la narración, pero éste, evidentemente, no es el caso aquí. Más correctamente, P da "hee *bare* the burthen"; H, "hy den hoostzweer in arbeidt *had*".

[14] Quizá ese concreto señalar una *guerra justa* sea veraz eco de la polémica que sobre el tema se había desatado por esos años; recuérdese que Francisco de Vitoria, y precisamente en la Universidad de Salamanca —donde acabará Lázaro disputando con el claustro— discutió las reglas jurídicas a que debía estar sometida toda guerra justa, en especial en sus lecciones "De indis" —curso de 1537-38— y "De iure belli" —curso de 1538-39—, y que, además, el tema era uno de los más candentes tanto por las discusiones entre misioneros y conquistadores, respaldados los primeros por teólogos y los segundos por los miembros del Consejo, cuanto por el giro que a su política imperial iba dando Carlos V. (cf., para ello, M. Andrés, *La teología española en el siglo XVI*, 2 vols.; Madrid, BAC, 1977 [Vol.II, 360-61] y la bibliografía que ahí da al respecto).

[15] los), llos, A.

[16] "*IMPONER*. Significa tambien instruir a alguno, o noticiarle, y prevenirle de lo que no sabia." (*Aut*.). Cov. no recoge esa acepción, pero cf. "Mire, padre, que le encargo este mochacho . . . para que le *imponga*. No sepa cosa buena que no se la enseñe." (*Justina*, 215) y "No es menester que *impongas* a Telemo en lo que tiene . . . a cargo" (Lope*Voc*., p. 1486).

[17] *. . .* buenos y ruynes, baxos y altos, todos dones), buenas y ruynes, baxas y altas todas dones, S; quizá más acertadamente porque a pesar de que habla de la "desvergüenza de los pescados", acto seguido la crítica va dirigida exclusivamente contra las mujeres; a pesar de ello, tanto V —"que bons & mauvais, bas & hauts"— como Ba — "buoni, o cattiui, alti o bassi"— siguen a N, no siendo posible comprobarlo en las otras lenguas por razones obvias de su estructura morfo-léxica, aunque sí quiero dejar constancia de que para los posteriores "doña nada y doña nonada" P traduce, un tanto peculiarmente, "Don when, and Don where".

[18] Para toda esta aviesa crítica de los que durante ese siglo XVI se autoadjudicaban esos títulos indebidamente, y las razones y causas que tras todo ello podia haber, cf. mis artículos "El factor judeo-converso en el proceso de consolidación del título 'Don'", *Sefarad* 45 (1985): 131-73, y parcialmente "El 'Don' peyorativo en el teatro del siglo XVI", en M. Gosman *et al*, eds., *España, teatro y mujeres: Estudios dedicados a Henk Oostendorp*; Amsterdam, Rodopi, 1989, pp. 1-11.

[19] mesonera), mesonero, BAE; corrección que puede ser acertada si, como hace este BAE, sólo se tiene en cuenta a N. V rectifica a ese N con "tavernier"; P da "honest householder" que no sirve para el caso; Ba resume todo el párrafo muy libremente y tanto Sa como H dan "Schoonlapper".

[20] honrrado), hortado, A y B; honrrada, S, acertadamente en su caso puesto que antes ha dado el femenino mesonera. Piñero transcribe simplemente *mesonero honrado* (225) sin hacer comentario alguno sobre esas divergencias entre N y S.

[21] *habacera*: "tendera" actual. Cov. no recoge el término, pero si *Aut.*: ABACERO, RA. La persona que se obliga en las Villas, o Lugares a mantener la tienda de Abaceria . . ."; el término aparece ya atestiguado desde el s.XIII (cf. Corom.) y para el XVI, cf., p. ej., "havacera" (*Lozana*, 101) y "abacera" (Muñón, 160); BAE da *abacera* así como Piñero (225) lo que, tras el caso anterior y otros, hace sospechar que éste a veces está viendo más a BAE que a N y, por supuesto, que a S.

[22] Como ya señala *Aut.* por oficial ha de entenderse "el que trata o exerce algun oficio de mano" (s.v.), es decir, el dedicado a las llamadas artes mecánicas que tan deshonrosas resultaban por esa época.   Ya Mercado en sus *Diálogos* de 1558 dirá que "todos se tienen por afrentados en vsar de oficios mecanicos.   Porque les parece que no biuiran tan honrrados como ellos dessean. Y como las letras suelen suplir en muchos las faltas que ay en ellos: no ay ya en España ninguno que no pretenda hazer su hijo letrado . . . los padres dexan sus oficios, a contemplacion de los hijos . . . Y el trabajo corporal que se tiene por vituperio, lo dan los médicos por consejo" (Diálogo séptimo; ff.Yvv-Yvir), por lo que no es extraño que el contador Luis de Ortiz en su *Memorial* de 1558 suplicara a Felipe II como primera cosa que "derroguen las leyes del Reyno por las quales estan los oficiales mecánicos anichilados y despreciados, y se promulguen y agan otras en fauor dellos, dandoles onrras" (cf. M. Fernández Alvarez, *Economía, sociedad y corona*; Madrid, Ed.   Cultura Hispánica, 1963, p. 383).   Una lista de cuáles sean esos oficios la da Reyna en su *Dechado* en la rúbrica a su "Tercer tratado" (f.xxvr) y ahí se ve la multitud de los que, por tanto, quedaban excluidos de las honras, como ya señala Sarauia en su *Instruccion de mercaderes* de 1547, hablando de la condición de mercader —uno de esos oficios—, "por ser la mercaderia de officio tan vil se cuenta por vna delas siete artes mechanicas. E si algun cauallero publicamente la vsasse por si mismo pierde la honra . . ." (f.ixv). Así se entiende bien el irónico distingo que el autor hace con ese casarse "con quien no sea *oficial*" y que permitirá a esas "hijas de habacera" ponerse ese título y presumir de él en tan breve tiempo.

[23] lo), le. S.

[24] Parece omitido aquí un {por} ya que de lo que sigue se desprende que va a ser, precisamente, ponerse ese *Don* la causa de que les investiguen sus antecesores y con ello su correspondiente infamia y risas de vecinos, y así lo entienden V con "& que ne l'ayant point, plusieurs d'elles seroyent par aduenture plus estimees" y Ba con "& il non hauerlo le donne di questa sorte . . . che sarebbon hauute in piu stima";

es dudoso que P lo haya entendido bien porque da "and as though many of them should not been ashamed, least they give cause . . .", siguiendo Sa a V y omitiendo H mediante un resumen de todo el párrafo.

[25] Si a primera vista poco sentido puede parecer tener para nosotros ese "desenterrar sus padres" y ese traer "a la memoria lo oluidado", no era lo mismo, ni mucho menos, para los coetáneos de quien lo escribía, que bien debían entender con todo ello no muy solapadas referencias a las usuales prácticas legales inquisitoriales de investigar los antecesores de quienes solicitaban títulos o cargos, descubriéndose, en muchos casos, antecedentes familiares judíos o moros por los cuales, así, se veían inhabilitados para los mismos, y aun pudiera ser que algo peor se sugiriera como, por ejemplo, las prácticas de la material exhumación de esos antecesores para llevarlos al quemadero junto con la correspondiente renovación de sambenitos —ese traer "a lo memoria lo oluidado"— para los familiares en cuestión. Algo de todo esto recojo y comento en mi artículo de 1984, y algo de eso también nos recuerda Alemán, cuando hablando de cierta disputa entre alcaldes y escribanos, dice con análogas palabras que "los unos a los otros *desenterraron los abuelos*, diciendo quienes fueron sus madres, no perdonando a sus mujeres proprias y las devociones que habian tenido." (*Guzmán*, 181), así como en la pelea que Luna describe de las dos mujeres que se disputan a Lázaro: ". . . escuchaban a las dos damas, que *desenterraban sus abuelos*." (Luna, 360).

[26] Conviene preguntarse quién sea ese *su merced*.   Muy difícil resulta admitir que sea el "Vuestra Merced" a quien Lázaro dirige toda su información siquiera por aquello de que poco tiene que ver el mismo con estas atunas, y aun en el caso de que hubiera que tomar a éstas como simbólica representación de las mujeres terrenas, poco poder tendría para impedir que se autoadjudicaran esos *dones*, siendo como era materia reservada a más altas esferas.

Podria pensarse, por ello, que con el rey de los atunes nos las habemos pues de él y con él trata Lázaro, pero, entonces, *ipso facto*, se nos plantean dos problemas:

a) ese tratamiento de *merced* no corresponde en absoluto a tal rey, un rey a quien, y como ha de ser, se le viene tratando de "alteza";

b) por otra parte, dentro de la línea textual, Lázaro ha venido usando todo el rato el estilo indirecto desde "diziendole", "seria bien", y más adelante "le impuse en que le pechassen", con lo que esa directa amonestación "ni su merced que se lo consiente poner" resulta completamente incongruente, y más cuando se observa que la misma irrumpe inesperadamente tras esa serie de reflexiones y críticas que para sí mismo está haciéndose el personaje, y que a éstas sigue de inmediato una última información en tercera persona: "Parecio bien al Rey . . . .

Es evidente, pues, que alguna anomalía más se está dando, y para descubrirla quizá algo nos puedan ayudar los traductores; no V que, una vez más buena voz de su amo, dará "ni de sa Seigneurie, que le leur consente poser", como tampoco Sa que, como de costumbre, sigue a V, ni H que —ya lo he señalado antes— resume en pocas líneas toda esa tirada sobre los *dones*; no mucho más aclara P con su libre "their neghbors (*sic*) might laugh at them, and at their worshippes, which they take upon them, knowing it not to be verie sounde" aunque evidente es que algo muy irregular vio en todo ello; bastante más nos dice, sin embargo, Ba con su "ne da ridere d'esse, ne de i lor mariti che lor permettono di dare in questa pazza vanità"; estuviera ese Ba leyendo en otro texto con una más correcta lectura o, simplemente, arreglara por su cuenta el confuso párrafo, creo que ese "lor mariti" es la solución del problema; dada la base consonántica que presenta ese "*merced*, resultado de un posible {*maridos*}, bien se puede conjeturar un original "ni reyrian dellas, ni de {sus maridos} que se lo consienten poner" con lo cual, además, encaja mucho mejor el párrafo siguiente donde se hace una comparación entre "ellas" y "ellos, párrafo que, de otro modo y como aparece en el texto, no resulta del todo aceptable. Fuere esto como fuere, lo que no parece muy dudoso es que *su merced* no constaba en el original.

[27] *y a*), *ya*, S; más correctamente dado el contexto y según se viene a confirmar más adelante donde N —en relación con ciertos doblones desaparecidos de que se lamenta Lázaro— da "y assi aca no anda *y a* ninguno" (f.55*v*) y otra vez S da, como corresponde, "y assi aca no anda *ya* ninguno" (f.60*r*). Curiosamente, ni BAE ni Piñero rectifican este primer *y a* y sí, en cambio, lo hacen con el segundo dando ambos *ya*.

[28] Puede que algo se oculte tras ese *maciças* y que con él, además de las obvias solidez e integridad físicas, irónica y aviesamente —y dentro del subterráneo tono general de la tirada que vengo comentando— se esté sugiriendo la endeblez castiza, la carencia de condición de cristianas viejas de esas mujeres.

[29] Alguna contradicción parece haber entre *brauos* y *liuianos*; ¿podría tratarse de otra deturpación? Los traductores lo repiten a la línea sin aportar nada sugerente o nuevo.

[30] Conste que no fue nuestro autor el único en sugerir esa jocosa imposición tributaria; más o menos por esos mismos años, Horozco ya lo había hecho: "Si su magestad quisiera/ poner termino a los dones/ porque licencia les diera/ aber abido pudiera/ del caso quatro millones./ Porque se autorizar/ son tan grandes sus deseos,/ que abiendoles de costar,/ preciaran más se endonar/ que bulas de jubileos./" (*Canc.*, 228b), detalle de interés que dentro de la línea de la tesis que propuso Márquez Villanueva —recuérdese su trabajo "Sebastián de Horozco y el Lazarillo de Tormes" (*RFE* 41 [1957]: 253-339)— presentaría a este autor relacionado fuera como fuese con la creación tanto de uno como de otro Lazarillo. Y para alguna otra sugerencia del mismo carácter tributario respecto a esos *dones* cf. mi trabajo en *Sefarat* citado en n.18. Añadiré, por fin, en relación con esos tributos, que no estoy demasiado de acuerdo con Piñero cuando afirma que Lázaro "se esforzara por mejorar la vida y costumbres de los súbditos." (51). Puede que ciertamente intentara mejorar las costumbres de esos súbditos, pero dudoso es que lo hiciera con sus vidas, que bien reconoce inmediatamente después que esas "nueuas imposiciones" eran "mas prouechosas al rey que al reyno".

[31] *Destas*), *destos*, S. Nótese que dado lo que sigue, ambas lecturas son válidas y posibles, tanto el "pocos dones de hallauan. Destas y de otras cosillas" de N, como el "pocos dones se hallauan destos; y de otras cosillas" de S, aunque preferible la primera, como lo hacen todos los traductores.

[32] "*AVISAR*. Advertir." (Cov.) y en este caso más bien con sentido de "aleccionar", como en "Aun si quisiesses *auisar* a Celestina en su oficio" (*LC*, 76) y "el buen desseo de servirte me *auisara*" (*Florinea*, 177b). A notar que líneas más arriba se lee la perífrasis "*di auiso* al rey diziendole" (f.53*v*) con en ese mismo sentido.

[33] Para ese *tan poco* por "tampoco", véase n.16 al Cap. III.

[34] *contentas* quizá con el sentido de "suficientes", es decir, bastantes para lo que se necesita y pide como puede deducirse de la definición de Cov.: "*Contento*. el que se contiene en si y no va a buscar otra cosa, como el que está contenido en su casa con lo que ha menester, y no sale fuera della a buscar nada." (s.v.) y también Corom. con "*contento*, 'satisfecho'" (s.v.). De cualquier forma, no tengo registrado ningún otro ejemplo de este uso especialmente referido a objeto, y un poco traida por los pelos me parece la interpretación de Piñero cuando da "'alegres', que las daba el rey muy alegre y generosamente." (226, n.14).

[35] Si lecciones ha aprendido del ciego —como antes nos ha informado— tampoco habrá echado en saco roto las oidas a este escudero (cf. el '54 en ff.37*v*-38*r*).

[36] BAE om. *me*.

[37] "*Grangear*, negociar con diligencia alguna cosa de provecho y adelantamiento." (Cov., s.v. *GRANJA*) y cf. "y assi andare *granjeando* que ella quede contenta y yo bien pagado" (*Seraf.*, p. 45); "alguna simiente de locura, la cual, si se *granjea*, puede multiplicarse casi en infinito" (Castiglione, 35); "tener cuydado de la *granjeria* de la huerta" (*Guitón.*, 159); "Por aqui se *granjean* tesoros celestiales" (*Luque*, II, 75); "habre venido a . . . *granjear* la muerte" (Cerv*NE*, II, 81) y "los caminos que los poetas antiguos tenian para *grangear* la variedad." (*Tablas*, 155).

[38] *del* que ha de entenderse, como en casos anteriores por "de lo" (cf. n.65 al Cap. IV).

[39] Intrigante redacción ésa de *un capitulo della*, ya que puede entenderse en el sentido general que aporta Cov.: "Dar *capitulos*, especificar condiciones y advertencias para algun trato o concierto." (s.v.) pero entonces queda ese *della* como rabo por desollar, pues debiendo concertar, como el texto lo requiere, con "sagaces dichos", debiera propiamente ser {*dellos*}. Hay que preguntarse, pues, si no se trata de un *lapsus calami* del autor que pensando en la obra escrita, el '54, se entiende, inadvertidamente cuela ese *della* por la misma, saltándose, así, a la torera toda la convención literaria en que se mueve, o quizá haya que entender la preterición de un término como "conversación" o análogo pensado pero no

escrito. P da "one pointe therein" que poco ayuda; V, "un chapitre d'iceluy" y Ba, libremente, "specialment il ricordo di non deuer dire".

[40] fue), fuy, S. Aunque ese *fue* con sujeto neutro, impersonal, podría aceptarse siempre que se supusiera superfluo el siguiente "en", con toda probabilidad ese *fue* de N se ha de deber a otro caso de fluctuación de timbre vocálico, como, p. ej., el flagrante de la rima en "Pues que vos la causa *fue*stes/ que a vuestra casa viniesse/ y aun por señas me dixistes/" (*Pliegos Lisboa*, 134a). Nebrija da, precisamente, las formas en *fue-* (*Gram.*, 238) y en *Baldus* las formas *fue* para primera —tanto singular como plural— aparecen *passim* así como también *Crot.* ya para "ser "como para "ir" y, por citar un caso bastante más tardío, en el *Guzmán* se dan 17 casos de *fue* y *fuemos* para 1 [as] personas. Adecuadamente, tanto P —"I was"— y V —"Je fu"— dan la primera persona, y también los otros aunque con diferentes construcciones. Por otra parte, la inversa, *fuy*, N (60r) frente a *fue*, S (65r) se dará más adelante. Cf., por fin, M. Pidal, 120.5.

[41] Comparando todo este párrafo con las admoniciones del escudero —"nunca dezille cosa con que le pesasse, aunque mucho le cumpliesse, ser muy diligente en su persona . . . // . . . ser malicioso mofador, malsinar a los de casa y a los de fuera . . ." (*Laz.*, 37v-38r)— y observando que, p. ej., las primeras líneas se reproducen literalmente, se puede sospechar que no sólo el autor estaba pensando en esa obra escrita —cf. n.39— cuando escribía la suya, sino, efectivamente, incluso copiándola.

[42] Volviendo a Calístenes, ya he señalado en n.11 que tanto Plutarco como Quinto Curcio y Thamara mencionan su muerte, pero nada dicen de que fuera "cruelissima"; Justino será otra vez él que nos refiera que Lisimaco "dio le vn poco de ponçoña con que se matasse por vltimo remedio de sus trabajos y penas" (*loc. cit.*) como asimismo Mexia con "escogio antes muerte voluntaria que suffrirla; para lo qual fue socorrido con cierta ponçoña por el Lisimaco" (*loc. cit.*); otro tipo de muerte señala Flavio Arriano citando, a su vez, a Ptolomeo: "Ptolommaeus illum tortum ac deinde crucifixum victam (*sic*) finisse ait." (Cito por Arriani, *De expedit. Alex. Magni. Historiarum Libri VIII*/ Amstelodami: Joannes Jansonnium. Anno 1669. [272a.])

[43] Una vez más parece que debiera aparecer un "que"ante el imprevisto y breve inciso moralizante que sigue.

[44] çopa), sopa, S, y copa, BAE, sin duda engañado tanto por la inusitada ortografía de N como por desconocimiento de la frase proverbial.

[45] Correas ya recoge esta frase proverbial dando, además, una variante con "pan" en vez de *sopa*, explicándola como "Kuando una kose suzede mui a pedir de boka." Podía usarse incluso dentro de un contexto desligada de su condición de frase hecha, como en "ques Jesus nacido ya/ . . . / O hermano *sopa de miel*/" (Badajoz, lxvir a) y "agora que bulle la ganancia, todos hazen *sopas en la miel* del modorro" (*Florinea*, 219b) y "que bien sabe el *don* donde esta, que se te ha caido en el Cleofas como la *sopa en la miel*."

(*Vélez*Diablo, 110). La *sopa* era el "pedazo de pan empapado en un liquido" (Cov. y *Aut.*) que, por extensión, ha dado el actual significado.

[46] S inserta "se".

[47] lo), le, S, leísmo excesivo.

[48] Respecto a esos *golphos del leon y del yerro* no parecen necesarios comentarios sobre el *del leon*, pero difícil es determinar cuál sea ese *del yerro* que BAE da como Hierro; Piñero (228, n.19) sugiere que se trate "de Yeres, en la misma zona cerca de Tolón." añadiendo, "Navagero sufrió alli un peligroso temporal." Ahora bien, en el texto de Navagero (ed. de Madrid, Turner, 1983) exactamente se lee "navegamos muy despacio . . . hasta las islas de *Eres*" (p. 14) siendo ese *Yeres* una innovación del editor en nota al pie donde dice: "Las Islas *Yeres*, cerca de Marsella." (n.3), y no lo que realmente ha escrito Navagero; de todos modos, consultadas geografías y diccionarios lo más que he podido encontrar son tres ríos con ese mismo nombre *Yeres* y una región en relación con uno de ellos denominada *Yerres* y en cualquier caso ninguno de ellos, ni por mucho, se localiza en esa zona del Golfo de León, por todo lo cual no parece muy plausible esa sugerencia; P da "and Yerro", Ba y H lo omiten —sin duda por lo desconocido que les resultaba— citando sólo el de León, y V lo traduce por "de l'etratic (*sic*)", extraña denominación que poco sentido tiene —ni en el *Dictionnaire de l'ancienne langue francaise* de Godefroy, ni en el *Dictionnaire da la langue Francaise du seizième siecle* de Huguet la he podido encontrar— y que de ser algo habría que tomarlo como una deturpación por "atlantique", y entonces habría que sospechar que el autor aludía al Golfo de Vizcaya, famoso como era por su intensa actividad minera y su explotación y exportación del tal mineral. Otra posibilidad hay, la de que el autor hubiera citado originalmente al entonces llamado "golfo de las *Ye*guas"; de él dice Fernández de Oviedo en su *Historia general y natural de las Indias*: "Aquel espacio e golfo de mar que hay desde Castilla a estas islas [las Canarias] se llama el golfo de las Yeguas, a causa de las muchas dellas que alli se han echado. Porque . . . todas las mas dellas se quedaron en aquel golfo, por tormentas, o por se morir en el viaje; y de ser tan dificultoso pasarlas, comenzaron los hombres de la mar a llamarle el golfo de las Yeguas." (cf. libro segundo, cap. IX en BAE, 117, 37a); más tarde lo cita Cov.: "el golfo de las Yeguas, en el océano, en la carrera de las Indias." (s.v. GOLFO) y así se le seguía llamando años después como testimonia Estebanillo González: "Partió la flota al golfo y yo al puerto, pues en el inter que ella pasó el de las Yeguas, yo senté plaza en el de Santa María (*Estebanillo*, I, 244); partiendo de todo esto, pudo darse un desconocimiento del toponímico con una correspondiente mala lectura y arreglo en "yerro" en la cadena de transmisión, un poco a modo de lo que sucede con el Sant Amaro que, como hemos visto antes en el Cap. II, ha acabado en "Sant Amador".

[49] Ya señala Cov. —s.v. BANCO— que los "*Bancos de Flandes* son unos . . . ribazos de arena que las olas

de la mar van formando como poyos largos . . . y muy peligrosos a los que navegan, si se desvian de la canal." Siendo que acto seguido el autor añade que en ellos "se perdian naos de gentes" bien parece que, en principio, a ese escenario marítimo de los Paises Bajos esté aludiendo; y digo en principio porque probabilísimo es que además, y jugando con la bisemia que el término *banco* le permite, nos esté dando un segundo nivel de interpretación en el que esos *bancos de Flandes* sean las entidades bancarias flamencas tan florecientes por esos años, que si en esos *bancos* "se perdian naos de gentes", cierto es también que de ellos le "truxeron grande cantidad de oro".

De cualquier forma, un poco extraño puede resultar que a tan largo periplo obligue Lázaro a sus atunes. Se entiende que los mande al golfo de León pues en el ámbito mediterráneo —el mismo de esos atunes— está éste, pero no tan bien lo anterior. Cierto es que hay que aceptarle al autor su tanto de ironía y su mucho de licencia poética, pero si a ironía y a licencia poética vamos, otra puede sugerirse cuando se considera que para las gentes de esos años —y por supuesto para el autor— los tales *bancos de Flandes* no eran simple y exclusivamente esos particulares ribazos arenosos flamencos. En efecto, otros dos lugares —uno geográfico y otro metafórico— existían con ese mismo nombre por esos años.

El primero es él recogido por Pedro de Villuga en su *Reportorio de todos los caminos de España* de 1546 — especie de guía turística de esos tiempos— y que cita como acostumbrado lugar de parada para los viajeros, ubicándolo entre Iznalloz y Baza, a seis leguas del primero y a ocho de la segunda (ff.miiv-miiir); como Madoz no lo recoge en su *Diccionario geográfico* podría suponerse que el tal lugar había desaparecido ya bastante antes de comenzar éste a recopilar su magna obra, pero mucho más plausible es aceptar que se tratara, simplemente, de una venta de tránsito o lugar análogo —entre la venta de Arramia a dos millas y la de Gor a tres está—, venta que, como quiere Rodríguez Marín, hubo de adquirir ese nombre "por probable alusión a lo peligroso de transitar por alli, bien por la escabrosidad del terreno, bien por el riesgo de caer en manos de malhechores, o . . . por entrambas cosas." (cf. n.12 al cap. XXI de la 2ª parte de su ed. del *Quijote* [Vol.6, p. 53]).

El segundo —el metafórico— es al que, con una particular connotación aluden ciertos personajes en un par de textos contemporáneos.

En la *Policiana* impresa en 1547, el rufián Piçarro, hablando de las putas Orosia y Cornelia, dirá: "estas dueñas quieren hazer de las marquesas, despues de auer *trotado los bancos de Flandes*, el potro de Cordoua y el aduana de Seuilla." (29b, *sub. mío.*).

Por ese mismo entonces, en la *Eufrosina* de Ferreira de Vasconcelos impresa en 1555 se da el siguiente diálogo:

CARIOPHILO: . . . Dizeime Heitor Tristão como anda com a sua?

GALINDO: Dizem que sam casados secretamente . . .

CARIOPHILO: A isso auia de vir esse paruo, e assentay que nenhua inueja lhe ey porque a senhora passou ja polos *bancos de Frandes*, e mais crede que nao muda agora os dentes.

GALINDO: Oo tudo isso he nada, elles queremse bem de muyto tempo, e ja sabeis quam sesudas e mansas saem daquelle *touril, e casam naquela casa ao galarim*. (*subs. míos*)

bancos de Flandes como *touril* y como *casa en que casam . . . ao galarim* —la traducción al castellano "y que palacio haze milagros." (cf. *Orígenes*, III, 132b) pierde todo el sentido de ese casarse al gallariín— en el segundo caso; *bancos de Flandes* asimilados al "potro de Cordoua y el aduana de Seuilla" y *trotados* por Orosia y Cornelia —cf. mi trabajo de 1981 (pp. 261-62) para ese "trotar"— en el primero, que bien se presentan dentro de la jerga rufianesca como eufemismo por lugares de prostitución y más cuando se considera la índole personal tanto de Orosia y Cornelia como de la mujer de ese infeliz —"esse paruo"— Etor Tristan; eufemismo que, por otra parte, aun se seguirá empleando años después como puede verse en el socarrón comentario de Sancho sobre Quiteria cuando dice "Juro por mi ánima que ella es una chapada moza, que puede pasar por *los bancos de Flandes*." (*Quij.*, 688[II, xxi]), si bien aquí ya puede entenderse con la variante connotativa más genérica que más tarde recogerá *Aut.*: "Passar por los *bancos* de Flandes. Phrase con que se expressa que alguno emprendio, o executo alguna cosa ardua, dificultosa y peligrosa." y que ya es la que aparece en "y en prueba de mi paciencia,/ pase los *bancos de Flandes*,/ haciendolas villancicos/ a todas festividades." (Polo*Poesía*, 132). Ver, además, Rodríguez Marín (*loc. cit.*, con una interpretación, a mi ver, un tanto insuficiente, si no pacata y gazmoña.

Evidente es, tras todo ello, que a la base de ese eufemismo *bancos de Flandes* por sitios o casas de mancebía —en su primera fase semántica— subyace el semantema extenso de zona de peligro y perdición, así como que el soporte físico, el sustrato material para la creación del correspondiente lexema lo proporcionan los citados ribazos flamencos; ahora bien, si ese semantema es válido para el término metafórico no hay mucha razón para no suponer que no lo sea también para el geográfico, es decir que si esa venta entre Iznalloz y Baza vino a llamarse *Bancos de Flandes* así lo sería por "lo peligroso de transitar por alli" tanto "por la escabrosidad del terreno" como por "el riesgo de caer en manos de malhechores" como quiere Rodríguez Marín, pero no menos porque tal venta fuera famosa como casa de lenocinio; no se olvide que pocas, si alguna, de las ventas de por esos tiempos dejaban de proveer esos particulares servicios al caminante, y baste recordar a la Tolosa y la Molinera de la primera venta en que recala don Quijote tanto como la Maritornes de la siguiente; cabe, incluso, dentro de lo posible que hubiera ocurrido lo contrario, o sea que, precisamente, la fama de esa venta respecto a esa especial actividad hubiera facilitado la fijación, si no la creación, del lexema popular para esos lugares.

En cualquier caso, volviendo ahora al texto y dado que en él leemos, por un lado, que en esos *bancos de Flandes* "se perdian naos de gentes" y, por otro, los mismos son fuente de "grande cantidad de oro", la bisemia anterior de ribazos arenosos y entidades bancarias puede resolverse en otra, sin que por ello ésta haya de invalidar en absoluto la anterior. Para el primer caso, el de esa multitud de gentes que se pierden, el autor nos estaría presentando esa venta *Bancos de Flandes* como mancebía, mancebía en la que, claro está, "se perdian naos de gentes", es decir, cuántos en tales casas casas perdían su salud y sus dineros.

Para el segundo —el de las riquezas que de esos *bancos* le traen a Lázaro —hay que considerar la específica ubicación geográfica de esa venta; situada en plena zona de moriscos en directo y continuo contacto con sus correligionarios — recuérdese la posterior rebelión de las Alpujarras— todo ese área era escenario continuo de ataques, desembarcos y correrías de corsarios turcos con los consiguientes saqueos y depredaciones; poca imaginación pudo necesitar el autor para convertir a algunos de esos corsarios en los literarios atunes de su Lázaro.

⁵⁰ *do* por "de donde" como en "*do* nasce despues la desobediencia" (Oliva*Anfi*., 543) y "*do* los que no perdonaron, nunca seran perdonados" (*Prodiga*, bxir*b*).

⁵¹ solo), solos, S.

⁵² Para el valor monetario de este *doblón*, "Ninguna persona . . . sea osado de pedir, ni demandar, ni recibir por ningun *doblón* mas de 750.   marauedis." (*Recopi*., Libro sexto, tit.   18, ley vi).   Es ley de 1550 y la misma indica a contrario la especulación y el estraperlo que con esas monedas se llevaba a cabo precisamente por lo solicitados que estaban debido a la abundante saca que de ellos se hacía — ilegalmente, claro— del país. Cf. n.59 para más detalles. Quien quiera hacer cálculos puede ver con provecho n.21 al Cap. I.

⁵³ "NONADA . . . llamamos *nonada* lo que es de poco momento (Cov.). Cf. "Por *nonada* de seruicio/ me han hecho mercedes mil/" (Enci*T*, 1090); "que a *nonada* soy venido" (Badajoz, civr*a*); "desta *nonada* que en este grossero estilo escriuo" (*Laz*., 2*v*); "que haces señor? *no nada* (*Prodiga*, aviir*b*); "todo se me hacia *nonada*" (Teresa, I, 36); "ha puesto su todo en *nonada* y en nada" (Cruz, IV, 277); "se hacen algo de *nonada*" (Cerv*NE*, II, 219); "Con Matusalen no apuesta/ que es vividor de *nonada*" (Polo, 123). Y cf. Pietsch (II, 70-71) con otros ejs. y comentarios.

⁵⁴ "Traher. Significa tambien usar actualmente de alguna cosa: úsase frequentemente hablando del vestido, y sus adornos, y otros dixes." (*Aut*., 10ª acepción), como muy anteriormente se recoge ya en el *Corbacho*: "non ay moça nin vieja desonesta que en sus *traeres* no se conoscan sus vanaglorias, sobervias, e ynflaciones de arrogancia." (157). Cov. no

recoge esta acepción del infinitivo pero sí la del correspondiente sustantivo derivado de él, según dice: "TRAJE. Modo de vestido, y dixose de traer, porque este verbo algunas vezes haze essa sinificacion, y assi dezimos Fulano se trae bien." Y cf. también Corom., "traje." s.v. TRAER.

⁵⁵ preguntarias), preguntaras, S.

⁵⁶ "Contador.   Los hombres de hazienda, tienen sus *contadores*, dichos *calculatores* o *computatores*, porque antiguamente contavan con tantos, como agora, al uso de Borgoña, con ciertos guitones, como quartillos de los de Segovia, y a estos llaman *contadores*." (Cov.). Cf. "Mas, al fin, fago esta cuenta,/ por sumas, sin *contador*:" ya en una composición a mediados del XV de Fernando de la Torre (cito por Ma. Jesús Díez Garretas, *La obra literaria de Fernando de la Torre*; Valladolid, Univ. de Valladolid, 1983, p. 229).

⁵⁷ Para este uso de *de* por "con" cf. n.54 al Cap. V, pero aquí sin duda hay contaminación de la construcción "llorar *de* los ojos" ya documentada desde los tiempos del *Mio Cid* —"*De* los sos ojos tan fuertemientre llorando" y *passim*— y que sigue manteniéndose en el XVI como en "lloro *de* sus ojos muchas lágrimas" (Gue*Ep*., II, 128); "llorando *de* sus ojos se entró" (*Crot*., 310); "llorando *de* los sus ojos/ de la su boca dezia" *Pliegos Lisboa*, 65a) y "Llorara *de* sus ojos, mas en su coraçon deliberara" (Reina*Bibl*., [Eclesiastes, XII, 17]).   Puede observarse, por otra parte, la omisión de un "que" delante de ese *de*.

⁵⁸ y a), ya, S. Cf. n.27 en este mismo capítulo.

⁵⁹ La aparente broma de Lázaro de suponer que en tierra no habia doblón alguno por que todos se los habían llevado al mar, no lo es tanto cuando se recuerda la situación real de entonces, y cito a J. Vicens Vives: "En el primer tercio del siglo XVI, la escasez de oro en los distintos estados europeos habia obligado a reducir la ley de sus monedas respectivas a 22 quilates. Ello explica que los ducados españoles ofrecieran ventaja para la codicia de los extranjeros. Con razon observa Mateu y Llopis que la conocida frase 'Salveos Dios, ducado de a dos, que *monsieur* de Chevres no topo con vos', con que el pueblo aludía a la retención de oro por los flamencos que vinieron acompañando al emperador Carlos V, confirma la extracción del metal amarillo por parte de los demas paises que, teniendo el escudo por unidad monetaria, hallaban granjeria en sacar de España los ducados". (*Historia*, III, pp. 43-44). Véanse, además, en *Cartul*. (III, 55 y 57) los pareceres de la Casa de la moneda de Cuenca, así como la de Sevilla —ambas de 1524— sobre esa saca de moneda, dirigidas al Emperador.   La fuga de doblones, no obstante, siguió ininterrumpidamente; en su *Memorial* de 1535, Marina Cabra dirá: "indios somos de los franceses porque . . . nos sangran el doblón por siete o ocho puertos . . . Y como ya nos han sacado las doblas de Castilla y los florines de Aragón, rabian por el doblón" (ibid., III, 65); una de las peticiones que se le hizo a Carlos en las Cortes de Toledo 1538-39 — y que se repetirá— fue: "Que no permita sacar de estos reinos oro, ni plata, ni moneda" (Sandoval, 80, 129b); es la petición n.16) y para ese año de 1538 también puede verse

en Girón un largo "Parecer anonimo" sobre el mismo asunto (pp. 295-303); para jugosos comentarios populares sobre la cuestión valgan estos dos ejemplos: "Huyen tanto ya de nos [los doblones]/ que viendo alguno decimos/ señor ducado de a dos/ por aca estays, salveos Dios/ mucho tiempo a que no os vimos./" (HorozcoT, n.837) y el bravucón Fulminato dirá: "doblones . . . que no son ya buenos de auer, que paresce que ellos y los virgos han aborrescido ya el reyno." (*Florinea*, 206a).

⁶⁰ Se entiende bien la preocupación de Lázaro por dotar bien a su hija teniendo ésta un padre con tal oficio; no se olvide la infamia que tal cargo de pregonero conllevaba; cf. "Y el primer hombre que topo fue a este bellaco que era un pregonero, . . . que es el//oficio mas infame que hay." (Villalba, I, pp. 390-91) y véanse los comentarios de Bataillon ([1962], 67); incluso en la *Recopilacion* el pregonero se ve aunado legalmente —u aun postergado en la redacción— al verdugo como se ve en Libro quarto, tit. xxxij. "De los verdugos de Corte y Chancilleria y de las justicias del Reyno, y de los pregoneros, y sus derechos".

Independientemente, además, del cargo de su padre, ha de tenerse en cuenta la bajísima condición social de la moza y lo mal que la sociedad veía los matrimonios desiguales; ya recomendaba Guevara "que la mujer elija tal hombre y el hombre tal mujer que sean ambos iguales en sangre y en estado" (*Ep.*, I, 368 y cf. todo el apartado bajo rúb. "Que nadie se case sino con su igual" (pp. 367-70); unos años más tarde Pedro de Luxán en su *Colloquios matrimoniales* de 1550 repetirá a Guevara diciendo que: "Mejor seria que cada uno casase con su igual, Caballero con hija de caballero. Mercader con hija de mercader. Y labrador con hija de labrador." y un poco más adelante, "El mercader que casa a su hija con caballero y el rico labrador que consuegra con hidalgo, no hicieron otra cosa sino meter en su casa un pregonero de su infamia, una polilla de su hacienda y un atormentador de su persona." (18) y medio siglo después aún Cerda en su *Vida política* de 1599 recogerá prácticamente al pie de la letra lo de Luxán en ff.276v-277r.

⁶¹ ymaginarian), maginarian, S; puede ser simple haplología por la repetición de esa y pero también no serlo ya que *maginar* está documentado hasta, por lo menos, muy finales del XV (cf. CejadorVoc., 256) y a los ejs. que ahí aporta añadiré los de Fernando de la Torre que escribe *maginacion* por "imaginacion" (cf. Díez Garretas, *op. cit.*, pp. 131 y 150), formas de las que todavía persiste la reliquia del coloquial "magín". *Imaginar* que, por otra parte, ha de entenderse con sentido de "pensar", "considerar" o "reflexionar"; Cov. da: "*Imaginar*, pensar." (s.v. *imaginacion*, y cf. "sey atenta y *ymagina* en lo que te dixere" (*LC*, 38); "lo haz como liberal/ y *emagina*/ que aquel que se determina/ a hazer algo prestamente/ si es quien vna ve atina/ otras treynta se arrepiente/ !" (*Radiana*, 37) y "me sali al campo donde *imaginando* en mi calamidad" (*Guitón*, 183). Todos los traductores usan el mismo correspondiente

verbo con la particularidad de P que da un añadido "imagine my thinking".

⁶² S om. *el*.
⁶³ henchir), hinchir, S.
⁶⁴ passaua), passada, A y B.

Notas al Capítulo XV

¹ CAP. XV.), CAPITVLO DECIMO-/ quinto., S.
² Para las particularidades de este brevísimo capítulo y cuestiones que plantea atiéndase a cuanto comento aparte en la sección "Avatares".
³ *Como* por "cuando"; cf. n.119 al Cap. II.
⁴ S om. *a*.
⁵ Entiéndase este *estados* no el sentido actual, sino en el de "estamentos sociales" como lo da Cov.: "*ESTADO*. En la republica ay diversos estados, unos seglares, y otros eclesiasticos y destos, unos clerigos y otros religiosos; en la republica, unos cavalleros, otros ciudadanos; unos oficiales, otros labradores, etc." (s.v.).
⁶ *ya que* por "aunque"; cf. n.189 al Cap. II.
⁷ *rebuelto*: "enemistado"; cf. "*REVOLVER*. Es ir con chismerias de una parte a otra y causar enemistades y quistiones" (Cov. s.v.), como en "Mira quel diablo es tan presto/ os querra mal *reboluer*/" (*Radiana*, 49); "Por Ala! que si no fuera/ por no *revolver* las Cortes" (HurCortes, 35); "mira si supo el muchacho/*reboluelles* bien el caldo/ hala hala/ dense dense noramali (*sic*)" (Badajoz, xxxiiʳa); "me *reboluio* el demonio una batalla espiritual" (Teresa, I, 307) y "Es un Rugero maldito/ que *revuelve* este palacio" (LopeVoc., p. 2423).
⁸ Tanto en el *Libro de Lázaro de Tormes* como en el *Crotalón* —ya lo señalo en mis comentarios a ese Cap. XV— esa despreciada y atribulada Verdad también desciende al mar buscando refugio lejos de los humanos pero en el primero nada se dice de cuál sea ese refugio y en el segundo, como sabemos, será la enorme ballena-isla; a diferencia de estos contemporáneos nuestro autor le da una roca como tal refugio a su Verdad; es probable que fuera, sin más, una simple ocurrencia por su parte, pero también puede ser que algo más haya tras esa decisión;

a) que con ello esté siguiendo una tradición —si bien reciente— de la emblemática de entonces; en la obra que Knoblouch publicó en Estrasburgo en 1521 y en la que reunió textos de Lutero, Melanchton y Erasmo, se imprime un grabado en donde, efectivamente, se representa a la Verdad saliendo desnuda de una roca en busca de amparo; poco más tarde en el *Goodly Prymer in Englyshe* de W. Marshall de 1535, otro grabado repite idéntica escena de una Verdad que también aparece enmarcada por una roca y emergiendo de ella —cf. los grabados que reproduce F. Saxl en su artículo "Veritas filia temporis", en R. Klibansky *et al*, eds.,

Philosophy and History: Essays presented to Ernst Cassirer, Oxford, Clarendon Press, 1936 (pp. 203 y 205)— con su correspondiente información;

b) que, además, estuviera teniendo en cuenta el Viejo Testamento, ya que en él será la roca la representación simbólica de Dios como refugio y amparo según se lee en el *Cántico* de David: "Yavé es mi *roca*, mi fortaleza, mi refugio. Mi Dios, la *roca* en que me amparo." (II *Samuel*, 22, 2-3) repetido en *Salmos*, 18, 3 y 47; 27, 5 y 28, 1, p. ej., simbolismo que se mantiene posteriormente, al menos entre los judíos, como nos lo confirma Carrete Parrondo en su *Fontes Iudeorum Regni Castillae: II: El Tribunal de la Inquisicion en el Obispado de Soria (1486-1502)* (Salamanca, Univ. Pont. de Salamanca, 1985), donde en n.6 a la p. 77 dice: "Tetragramaton es el conjunto de las cuatro letras hebreas YMWH que cualquier judío religioso evita . . . y . . . lo sustituye por apelativos: Adonay, Nombre, *Roca*, etc.", constando que también se llama *roca* al paso procesional que representaba a Jesucristo como ya recoge M. Pidal en su *Poesía juglaresca* (Madrid. Inst. de Est. Políticos, 1957[6]) citando a J. Gestoso; teniendo en cuenta, ahora, que la versión más común era considerar a esa Verdad como "hija de Dios" —por lo menos así lo es en el caso del autor— bien podemos conjeturar su intento de suponer para esa Verdad una vuelta a su origen tras sus poco afortunadas experiencias entre los humanos, sin que se pueda descartar que, además, con todo ello se hubiera inducido —más o menos solapadamente— cierta carga religiosa no precisamente muy católica —recuérdese que las obras de Knoblouch y Marshall eran protestantes y el término *roca* tenía su más frecuente uso entre la casta judía—.

[9] Curioso plural que igualmente recogen S, A y B, pero no los traductores en absoluto; P da "what had passed between me and the Truth"; V, "ce que j'aouy passe"; Sa, "hat my met de waerhept wedervaten was"; B —más impersonal— "le raccontai tutto il succedito" y H, "van al 't geen ik met haar gehandelt heb." BAE como Piñero lo corrigen al singular, si bien éste último dice: "en el texto de 1555, Martin Nucio, *habian*, por errata." (231, n.2), olvidándose, al parecer, que también existe S.

[10] Con este Cap. XV. acaba la traducción de H; para el reajuste que hace con la *Segunda* de Luna, véase la información que doy en "Avatares".

Notas al Capítulo XVI

[1] CAP. XVI. *Como de*), CAPIT. XVI. COMO DE-, S.
[2] medio), comedio, S.
[3] En la actualidad sustituiríamos ese *fuesse* por "hiciese" como inmediatamente después lo hace el autor —"que hiziera este camino"— pero la construcción con *ir* no era inusitada; cf. "el que huye de tu herror/ y *va* mi via soberana." (Roua., II, 498); "tal flujo de sangre, que se *iba* su camino." (Rufo,

n.624); "y con esto *ire* mi camino y el se quedara en su casa." (*Justina*, II, 437) y "cuando *vayan* su camino a los pesares eternos." (Luque, I, 135).

[4] Ni Cov. ni *Aut.* recogen esa locución *jornadas contadas*, pero este último la da para *pasos contados* diciendo: "Phrase adverbial, que expressa el modo de proceder alguna cosa por su curso natural, y a fin cierto." que aplicable es en este caso; cf. "caminaron por sus *jornadas contadas*" (*Eg.578*, f.22v); "por sus *jornadas contadas* allego a la ciudad de Antioquia" (Timo*P*, 131) y "Llegamos, pues, por nuestras *jornadas contadas* a Montilla" (Cerv*NE*, II, 283). P da "our journey", simplemente, mientras que V traduce "nous journees estant contees" y Ba "a giornate mesurate".

[5] A y B om. *el*.

[6] *venimos* que recogen todos; quizá otra inserción de un presente entre pasados, pero más me parece un "vinimos" con cambio de timbre vocálico, instancias del cual pueden verse, p. ej., en *Lozana*, 107, 255, 263, 316; en *Baldus*, 148, 186; en *Crot.*, 100, 137, 429.

[7] En efecto, Conil y Vejer —y en especial, la primera— eran el centro de las almadrabas para la pesca anual del atún, según ya lo describe Pedro de Medina: "Pasado el Cabo de Trafalgar, cuanto tres leguas la via de poniente, es la villa de Conil, que también se llama la Torre de Guzmán, que es junto a la ribera de la mar. Aqui se hace almadraba, que es una pesquería de grandes peces que se llaman Atunes. Péscanse solamente en los meses de Mayo y Junio. Estos vienen por la mar a manadas como puercos, de mil juntos y de dos mil y de mas y menos. Vienen a desovar al estrecho por la muy gran corriente de aguas que alli hay y de alli tornan con su crias y generacion al mar océano, donde vinieron, sin faltar ningun año que no lo hagan." (Medina*Obras*, 59a-b), dando a continuación una detallada descripción de cómo se pescan. Prácticamente con las mismas palabras —sin duda copia a Medina— lo relata Palmireno, (*Vocab.*, 65-66). Estos lugares además de ser importantes por su intensa actividad industrial, no lo eran menos, por supuesto, como focos de otra sociológicamente más importante, la de la picaresca, como ya nos recuerda Cervantes al hablar de su Carriazo, diciendo que "Paso por todos los grados de pícaro, hasta que se graduó de maestro en las almadrabas// de Zahara, donde es el *finibusterrae* de la picaresca." (*NE*, I, 224-25). A la breve descripción que acto seguido nos proporciona de este mundo ha de añadirse la mucha más amplia que para esas almadrabas da Pedro de León en su *Grandeza* en caps. 11 a 14, en especial el primero con rúb.: "En que se trata del fruto que se hizo en las almadrabas del Duque de Medina con aquellos pícaros y gente de mar y tierra." Como es sabido, y León señala, estas almadrabas eran monopolio de los Duques de Medina Sidonia ya desde antes del XV — cf. M. Ladero Quesada, coord., *En la España medieval (Estudios en memoria del profesor D. Salvador de Moxo)*, 2 vols.; Madrid, Univ. Complutense, 1982, I, (pp. 560-61). Tan famosas se hicieron estas almadrabas y su posesión por el Duque que llegó a acuñarse una locución proverbial ya

recogida por Correas: "Por atun i a ver al Duke . . . tomose de los ke van a konprar atunes a la almadravas del Duke de Medina, i dizen ke a el van a ver, komo sus allegados, i lo del atun, de kamino, en ke esta su vanidad." y *Aut.*: ". . . se dice quando uno con motivo de ir a hacer una diligencia, quiere lograr otra que le importa." (s.v. *atun*). Por esos años de la obra el Duque era don Juan Alonso de Guzmán, quinto de ese nombre, sexto Duque de Medina Sidonia y octavo Conde de Niebla, casado con doña Ana de Aragón, nieta de Fernando el Católico (cf. Medina*Medina*, 343) y de cuyo hijo Juan Claros alguna información he dado en n.7 al Cap. VII. El Duque murió el 26/ 11/ 1558 (p. 367). En esa misma crónica de Medina, en pp. 276-81, puede verse, también, la misma descripción de Conil, la Torre de Guzmán, etc., que antes el mismo habrá dado en *Obras*. Véanse, también, P. Antón Solé, *Los pícaros de Conil y Zahara. Estudio histórico sobre los jesuitas y las almadrabas del Duque de Medina Sidonia en la segunda mitad del siglo XVI*; Jérez de la Frontera, Jérez Industrial, 1965; y el más reciente trabajo de A. Guillaume, "Autour des confreres de marginaux: les *almadrabas* au Siècle d'Or", en *Les parentés fictives en Espagne: XVIe-XVIIe siècles*; CRES, Public. de la Sorbonne, 1988, 135-43.

[8] *armar*: "preparar trampas"; "*Armamos* a los pajaros, a los conejos, a las zorras, etc." (Cov. s.v. *armar*); cf. "Veremos esto en que para/ aunque ella se declara/ por tan cara/ que ha de ser dura d'*armar*." (GilV, 53); "el de Artabano [pasatiempo] era *armar* ratones" (Gue*Ep.*, I, 20); "*armare* por de dentro a estos ratones" y "contino estaba el gato *armado* dentro del arca" (*Laz.*, 21*v*) y "y cayendo en las *armadas* este oso fue muerto." (Torq*Jardin*, 181).

[9] *como* en función puramente modal, "de que modo", no concesiva.

[10] aparejada), aparejda, S, por puro error tipográfico.

[11] "*APAÑAR*. Vale arrebatar súbitamente de alguna cosa." (Cov.). Cf. "quanto roban tanto espienden/ tanto esparzen cuanto *apañan*." (Setec., biiir*b*); "Andais de aldea en aldea/ . . . / Quien mas puede mas *apaña/*" (Lucas, 106); "El con aqueste despecho/*apaño*uos vn garrote/" (Badajoz, xiir*b*); "el señor . . . *apaño* una gallina por aquel pescueço" (Rue*Pa.*, 142) y "viendo que ninguno le podia ver, *apaño* de vuestro niño" (Timo*P*, 29).

[12] Otro normativo "que" omitido.

[13] del), de, S.

[14] Cov. da simplemente "Encargarle la conciencia" sin otra explicación; *Aut.*, sin embargo, aclara largamente: "Phrase mui usada en los despachos que dimanan de la Jurisdiccion y Tribunales Eclesiasticos . . . y da entender que se ponga especial cuidado, y debaxo de obligacion de conciencia se cuide del cumplimiento de lo que se manda y encarga." (s.v. *ENCARGAR*) y más concretamente para el caso: "Encargar la *conciencia* a uno. Es apercibirle y mandarle que obre y proceda con conocimiento, con rectitud y sin dolo ni malicia ni fraude." (s.v. *CONCIENCIA*), y cf. "e dijo . . . a la dicha moza *encargandole la conciencia*, e mucho//amonestandole que dijiese la verdad" (Christian, 226-27); "porque no

encarguemos nuestras conciencias confesando una cosa por nosotros jamas vista ni oida" (*Quij.*, 60[I, iv]) y "Y no *encargais la conciencia* —dijo Florino— por que pasa asi" (Luque, II, 151).

[15] *ca*: "porque". Valdés la considera ya arcaica —"*Ca*, por *porque* ha recibido injuria del// tiempo, siendo injustamente desechado" (*Lengua*, 154-55) y para Keniston, "The latest example noted is *Alo* [por el *Libro de la vida y costumbres* de Alonso Enriquez] in a legal document" (28.421). Siendo el documento de 1538 —cf. CODOIN, 85, p. 313— contra ello cf. en la ed. de Burgos del '54 —y sólo en Burgos—: "*Ca* en pocos dias y noches" (*LazTri.*, 32) y bastante más tarde, "*Ca* rompiéndose y deshaciéndose las olas" (Loyola, 24a y otros ejs. en 28a y 94a) y aún en *Justina*, "*ca* asi como el uso de la razon . . . es mas temprano . . ." y "*ca* siempre fue verdadero aquel dicho" (I, 326 y II, 414).

[16] jauega), juega, A y B. Para ese término ya da Cov.: "*XÁVEGA*. La red de pescadores en el mar, con la qual van trayendo poco a poco el pescado hasta la orilla a donde estan esperando unos pícaros para tirar la cuerda, a los quales llaman los de la *xávega*". Por supuesto que, por extensión, pronto pasó a ser el conjunto y lugar de pícaros (cf. Alonso*Lex.*, s.v.).

[17] Puesto que dudoso es que Lázaro esperara retornar al mundo atuncsco, un tanto dc ironía parccc quc haya cn cstc más bien jocoso ruego, que, en último término, claro está, mucho tiene de retórica imitación de una común fórmula social.

[18] me dar), dar la, S.

[19] "*Lengua del agua*, vale orilla del mar" (Cov. s.v. LENGUA, 2ª) y "Llegaron los barcos a la *lengua del agua*" (Luna, 291).

[20] ceniza), cecina, BAE y lo mismo Piñero que añade, sin sombra de duda, "en el texto de Nucio, 1555, *ceniza*, por errata." (236, n.13) por cierto, sin mencionar para nada a S. Bien puede verse como tal errata, pero afirmar tan tajantemente que sólo de ello se trata, quizá sea resultado, a mi juicio, de no ver más allá del puro texto ni considerar que alguna enigmática intención puede ocultarse tras ese hacerle *ceniza*. Ninguno de los traductores, por supuesto, lo vio como errata; P da "they would burne me"; V, "s'ils m'auoyent de mettre en cendre" y Ba, "che m'abbruciassero", entendiendo así, y simplemente, el temor de Lázaro a ser quemado vivo; muy probable es, pues, que ciertamente algo más críptico se esconda tras ese temor, algo más críptico que en el estudio introductorio comento.

[21] España), españa, S.

[22] Como con respecto al término "ceniza" ocurre, para cuanto se puede ocultar tras esta "conversión" véanse también mis comentarios a la misma en el mismo estudio introductorio.

[23] *. . .* Para toda esta frase, P da "my conuersion, which should bee done upon a scaffold set up in an open market place before his lodging"; "V, "ma conversion, & en vne place, qui est deuant leur maison, estoit fait vn theatre" y Ba,

"la mia conuersione & in vn campo dauanti il loro palazzo fusse fatte vn gran palco, sopra del quale posto io", lo que bien puede indicar una mala lectura de un original "y en una plaza, que ante su casa esta, {fue} hecho un cadahalso.", si bien también es aceptable la lectura de Piñero: "en una plaça que ante su casa está, hecho un cadahalso, porque . . ." (237) siempre que se admita la distinta puntuación que propone.

²⁴hinchio), hincho, S.

²⁵mucho), muy, BAE, innecesariamente porque el uso de *mucho* por "muy" era absolutamente frecuente y normal; cf. "tu *mucho* moço eres" (*LC*, 54); "*mucho* discretos" (*Propa.*, Biirb); "danço con ella y *mucho* bien" (*Clari.*, xxirb); "*mucho* cargada" (Hur*Cortes*, 12b); "*mucho* necesario" (*TerCel.*, 871); "*mucho* bien vestido" (Palau*Farsa*, v.436); "*mucho* bien" (*Viaje*, 468); tal uso es común aun en la Rioja, Aragón y Navarra en la zona de la Ribera; véase, además, Pietsch, II, 10-11 y 91-93 para más antiguos ejs. y comentarios sobre la cuestión.

Notas al Capítulo XVII

¹CAP. XVII. *Que cuen*), CAPIT. XVII. QVE CVEN, S.

²De esto y de lo que más adelante le dirá el alguacil: "a fe que esse sayo no se deuio cortar a vuestra medida" (f.61*r*) y "que si para vos se corto, a fe que os hurto el sastre mas de tres varas." (61*v*) ha de deducirse que el Duque "era pequeño de cuerpo" como Saludo (44) lo hace citando a Barrante (*sic*) Maldonado, si bien no da documentación para ello. Consultado, no obstante, el citado MS 3272 de las *Ilustraciones* y su continuación no he podido dar con el dato.

³dexauan de me), dejabanme de, BAE.

⁴Cov. no recoge esa acepción, y *Aut.* da "hacer el efecto que se necesita", que tampoco se ajusta exactamente; está claro que ha de entenderse "sentarle a uno mal" como, p. ej., traduce P, "the earth did alter me"; V con "que la terre me proua", y Ba con "perche la Terra mi prouaua" no aclaran mucho; cf., no obstante, "te diran que no es nada, sino que te *prueba* la mar, estando tu para expirar" (Gue*Mar*, 344) y "habia caido su mujer enferma, porque le habia *probado* la tierra." (Cerv*NE*, II, 74).

⁵"*Glossar* las palabras; vulgarmente es darles otro sentido del que suena y a vezes del que pretendio el que las dixo." (Cov. s.v.); cf. "a quien cuanto escucha *glosa*/ y trueca en mal todo el bien." (Lope*Voc.*, p. 1331).

⁶camino), camina, A.

⁷toledo), Toledo, S; A persiste en la minúscula.

⁸*. . .*: el mas desseo/ soy hombre del mundo), el mas desseoso hombre/ soy del mundo, S; A y B siguen literalmente a N, mientras que BAE da, correctamente "el mas deseoso hombre del mundo" así como Piñero; también los traductores con P, "the most desirous man in the world" y Ba, "il piu bramoso huomo dil mondo", siendo V el único que traduce ese intrigante *soy* si bien lo arregla en pasado,

"& *estoy* le plus desireux homme du monde". Respecto a esas irregularidades de N y S, cf. mis comentarios al tratar del estema.

⁹Otro caso de indirecto *le* en singular frente al normativo "les". Véase n.17 al Cap. V.

¹⁰Recuérdese que, en efecto, *casilla* es, y no otra cosa lo que el Arcipreste le hace alquilar (*Laz.*, 47*r*).

¹¹fuy), fue, S. Véase n.40 al Cap. XIIII para la inversa.

¹²asperamente), aspertamente, A y B.

¹³"Andad *para* beodo"; la construcción con ese *para* en giros siempre de carácter insultante, es de frecuentísimo uso a lo largo del Siglo de Oro; cf. "¡vaya el diablo *para* ruyn!" (*LC*, 157); "Anda vete *para* cesto", "embiallos *para* ruines"; "vayan *para* hides rruines" y "dexalde *para* quien es" (*Propa.*, Eivra; Miirb; Nivva, y Yiva); "y el diablo se fue *para* ruin" (*Theb.*, 248); "alli podreys mostrar *para* lo que soys" (*Clari.*, viva); "anda *para* puta, zagala" (*Lozana*, 281); "Anda *para* loco" (*Radiana*, 13); "Quedaos *para* loco" (*Yanguas*, 421); "vayan *para* majaderos" (Hur*Cortes*, 25c); "enviale *para* bisoño" y "no sera falso testimonio decir a uno: 'andad *para* viento' pues vivis con el viento" (Gue*Men*, 239 y *Mar*, 327); "vaya *para* rroyn" y "anda *para* burlador" (Badajoz, xlviivb y lxvva); "dejaron le *para* el que era" (*Laz.*, 30*v*) —por cierto, que un tanto desconcertante resulta lo que respecto a este ejemplo dice Blecua: "Es frase que no he podido documentar." en su edición (p. 138, n.220)— "; "dexadlo *para* quien es" (Rue*Pa.*, 209); "Vayan *para* bellacos" (*Poli.*, 10b. y otro ej. igual en 15a); "anda *para* majadero" (*Prodiga*, biivb); "Vaya *para* charlatana" (Roua., II, 235); "Vaya el diablo *para* ruin" (*Guitón*, 71); "y se fue el diablo *para* ruin" y "Andad *para* burdion" (*Justina*, II, 500 y 516); "Yd *para* pobre" (Clara*D*, v.1054) y "Quedate *para* quien eres, maldita" (Polo*Poesía*, 272). Para la cuestión, véase en especial, F. González Olle, "Interpretación y posible origen agustiniano de una frase del Lazarillo (III): *dejaronle para el que era*", *RFE* 59 (1977): 289-95) y su nota a la cita en Rue*Pa.*

¹⁴Aunque en la actualidad en la subordinada tras indefinido es normativo el subjuntivo, no era desusado el indicativo entonces; cf. "Dile a ese hombre que venga, quien quiera que es" (Oliva*Anfi.*, 569); "qualquiera que lo *sabra*" (Palau*Farsa*, v.2467) y "No hay nadie que lo *sabra*" (Roua., II, 33).

¹⁵S om. *a*.

¹⁶Habrá que suponer que el Arcipreste está usando ese *hombre de bien* en el sentido positivo y encomiástico que básicamente le correspondía en ese siglo XVI, pero no se olvide, no obstante, que ya desde principios del mismo podía usarse y se usaba de modo más laxo y genérico como, p. ej., en "Ph (ebea) . . . casemos a mi doresta/ con vno destos galanes/ mar (ques) y con quien?/ ph. con el mas *hombre de bien*./ Yme (neo) Cada qual lo piensa ser." (*propa*, Uivb) en donde los "galanes" resultan ser Boreas y Turpedio, criados de no muy sobresalientes virtudes y condición o, incluso, como antífrasis irónica aplicada a quienes en absoluto les corresponde como en la *Thebaida* donde a cada paso

Galterio el fanfarrón usa de ese título para sí mismo (44), o se lo da a los rufianes y facinerosos amigos suyos (36, 95, 115 y 204) o éstos se lo adjudican, uso que siguió hasta prácticamente lexicalizarse (cf. Alonso*Lex.*, s.v.). Más en concreto, recuérdese lo que Lázaro dirá, tras su estancia con el capellán: "Desque me vi en habito de *hombre de bien*" (46*r*) descripción de la que algo han dicho ya Morris (1964), Collard (1968) y Bell (1973) y a los que remito.

[17] S no recoge el paréntesis.

[18] tambien), tan bien, S.

[19] guijarro), guijaro, A y B.

[20] Actualmente este *un* resulta superfluo a no ser, como sabemos, que los sustantivos vayan calificados adjetivamente. Y véase n.36 al Cap. XIII.

[21] lo que, claro está, debiera ser {los} dado el antecedente *los* a su vez referido al remoto *los cuales*. P lo omite dando sólo "the streete, for that it was paued"; V sigue a N con "ce" simplemente, y Ba, por fin, lo pluraliza correctamente en "quelli"; tanto BAE como Piñero siguen dando *lo*.

[22] hazia), hazian, S, como corresponde; sin duda omisión de tilde en N, pero, no obstante, ni BAE ni Piñero rectifican.

[23] S om. ese *a* que N añade superfluamente, y así lo entiende BAE que no lo da, pero no Piñero que sigue recogiéndolo sin, al parecer, haberse fijado en la correcta variante de S.

[24] Ese *ante los ojos* habrá que entenderlo como "en toda su anchura y largura" como P lo hace con "that lay before me"; V da "deuant mes ieux (*sic*)" y Ba lo omite.

[25] Correas recoge "*Echar* xuizio —o *seso*— a monton." Xuzgar 'a Dios i a ventura' en kosas ke estan distintas ni klaras, a 'salga bien o mal'" (Sec.FRASES). Giro análogo, p. ej., da *Theb.*: "Esto es lo que yo desseaua, que no estar *haziendo mucho del seso*" (109); P da, simplemente, "I remembered my selfe"; V, literalmente. "je jettay le sens a mont", y Ba, "All'hora debbi da ostinarme piu", lo que bien indica lo inusitado que les debió resultar el giro.

[26] *. . .* Confusa resulta esa redacción; parece que debiera haber un {no} ante ese *tornar* de acuerdo con lo que sigue, aunque ninguno de los traductores lo haya entendido así, ya que P da "and thought to haue turned backe, and once againe to proue the aduenture, because I was not desirous to discouer my selfe unto anie other. But because it was verie late, I determined"; V, "& me sembla de vouloir returner a prouer l'aduenture, car je ne me vouloy pas descouurir a personne, & d'autant que c'estoit ja grande nuit, je determinay", y Ba, "e mi risolsi di ritornare a prouar la ventura, perche non volsi farme conoscere che tutti mi sentissero, e per esser gia hora tarda di notte, determinai"; por otra parte ha de señalarse que aunque S no da otra redacción, si, en cambio, desplaza la copulativa dando "pareciome tornar a prouar la ventura y porque yo no me queria descubrir por ser ya muy noche determine . . ."

[27] *. . .* trozo que A da entre paréntesis y BAE omite.

[28] "*PORQUERON*. El ministro de justicia que prende los delinquentes y los lleva agarrados a la cárcel." (Cov.)

Dudo que sea muy válida la etimología que acto seguido da: "Dixose a perquirendo, porque estos andan siempre buscando delinquentes que denuncian a la justicia.", y más teniendo en cuenta la curiosa variante que da Palau*Farsa*: "que nos vendran a prender/*puercos* del corregidor." (vv.2784-85), y véase (Corom. s.v. *puerco*). No es extraño, por otra parte, que Lázaro conozca a esos *porquerones*, que también él, como sabemos, desempeñó tal oficio, según nos ha dicho: "asente por hombre de justicia con un alguacil." (f.46*r*). Curiosamente, por fin, Corom. da 1555 como fecha para ese vocablo, lo que hace suponer que lo toma de este texto.

[29] lo), le, S.

[30] BAE om. *y*. ¿Quizá otro locativo ese *y*?

[31] "*Holgar la fiesta*, vacar a la missa y los demas oficios divinos." (Cov., s.v. *HOLGAR*). La fiesta es, por supuesto, la de la Asunción que antes ha citado.

[32] *. . .*; otro posible anacoluto ya que, dada la anáfora de gerundios, parece que debiera leerse {que todo fue uno, dijo} o {todo fue uno diciendo}, como lo hacen los traductores con "put me into the house where the racke stood, saying", P; "me mit en la maison du tourment, disant", V; se observará que ninguno de éstos traduce ese *todo fue uno*, mientras que, por el contrario, sí lo hace Ba con "fù tutta una cosa", pero sin añadir nada más ya que lo que sigue aparece tras punto aparte.

[33] Recuérdese que ya antes nos había informado que el Duque le había dado "un vestido suyo de camino, el cual aunque no me arrastraua me vesti" (f.59*v*).

[34] vuestro), vro., S.

[35] "El *açumbre* dividimos en quatros medidas. que llamamos quartillos." (Cov.), e inmediatamente antes ha dicho: "Devia ser la racion de una persona." En un presupuesto militar recogido por Borghese en su *Relacion* de 1594 se lee: "La racion de vino es un *açumbre* a cada soldado para tres dias." (A. Morel-Fatio, *L'Espagne au XVI*e *et au XVII*e *siècle*; Paris-Madrid, Heilbronn, 1878, p. 225), y siendo que el *açumbre* tiene "cuatro cuartillos equivalentes a 2 litros y 16 mililitros" (*DRAE* [1984 20]), no parece que Lázaro se hubiera sentido muy cómodo en el ejército. Por otra parte, esa laudatoria tirada sobre la capacidad alcohólica de Lázaro —"hombre era para pasar dos *açumbres* de vino de una casa a otra sin vasija"— quizá estuviera ya lexicalizada o, por lo menos, en trance de ello ya que en *Justina* otra aparece prácticamente idéntica: "estando el . . . para pasar dos azumbres de vino de un aposento a otro, no habia menester bota, ni jarro, ni cuero." (II, 699).

[36] *como*: "ya que", "puesto que"; cf. "Dios . . . no puede recibir de nosotros honra, *como* no tenga necesidad de nuestros bienes." (Osuna*Ter.*, 283); "si no, ha de auer sangre, *como* yendo yo no faltara" (*Florinea*, 178a y otro ej. en 200a); "es tan alto que le parecen azules todas las cosas, *como* las mira desde lejos" (Polo*Poesía*, 273) y "que era muy diestra, *como* habia tanto que jugaba las armas." (Vélez*Diablo*, 235); es de interés observar en estos simples ejs. el cambio de subjuntivo a indicativo en la subordinada que es el normativo en la actualidad.

[37] Con las mismas palabras —"que es la cosa del mundo que yo mas quiero" (*Laz.*, 48r)— lo habrá dicho en el '54.

[38] Para ese cohecho y el sig. de f.63v véase n.25 al Cap. VIII.

[39] juego), luego, BAE, sin duda por errata.

[40] veras), ver, S. Para ese giro "no traya *juego de veras* Piñero opta por "jugar sucio" (243, n.8) pero considerando que P da, "that I was not in earnest", y Ba, "ch'io non dicessi il vero" —V, una vez más, sigue a N con "que je ne portoy jeu de vray", que poco nos dice— quizá sea mejor entenderlo como "no ir en serio" o simplemente "querer engañar" sin la fuerte connotación moral de ese "jugar sucio".

[41] lo), le, S.

[42] A y B om. *fue*.

[43] mejor), meyor, A y B.

[44] Recuérdese que las dos funciones de Lázaro como pregonero eran, además de "pregonar los vinos", "acompañar los que padecen persecuciones por justicia y declarar a bozes sus delitos" (*Laz.*, 46v). No es mala descripción de ese "acompañar los azotados" la de Alonso Ramplón en el *Buscón* (130-31).

[45] via), vi a, B. Para esta mala lección *le via hablar*, P da "and when I heard him speake in the place where I was"; V, "or quand je luy parleroye, & qu'il le mena ou i'estoye", y Ba, simplemente, "e quand'io lo viddi, a lume di candela"; BAE da "le iba a hablar" corrección que puede aceptarse dado que sólo tenía a la vista N, pero que no se entiende tanto en Piñero que la repite aun a pesar de hacer constar en nota: "*iba*: en el texto de 1555, *via*." (244, n.9). Válida como puede ser esa corrección, no puede descartarse la que traduce P suponiendo un hipotético original {oi hablar} —recuérdese que es una celda sin luz a la que luego traerán la candela— o, posiblemente, un {oia hablar}, contra V y Ba, especialmente contra V con ese extraño "parleroye" que hace sospechar que está leyendo un {le ia hablar} que entiende como un "hablar le (h)ia". Aceptar, por último, ese *via* por un {veia}, redacción común a lo largo del XVI y aun del XVII —aun para el *Estebanillo* sus eds. ya anotan que "la primera edición oscila entre 'veia' y 'via', mientras que persisten dichas variantes en los varios ejemplares de la *princeps*." (193, n.314)— no nos resuelve tampoco demasiado, porque, en cualquier caso, la mala lectura persiste.

[46] Antes nos hemos enterado de cómo se llamaba su mujer; ahora, por fin, sabemos cómo se llama este Arcipreste; a diferencia, no obstante, de su mujer —de quien sólo da nombre— y análogamente a lo que hace con sus padres en el '54 de quienes dará nombres y apellidos —cf. mis artículos de 1984 y 1989 para la importancia y sentido que esa completa nominación pueda tener— lo mismo hará con éste presentándolo como Rodrigo de Yepes. ¿Es ese nombre caprichosa elección al azar o algo se esconde tras el? Lo cierto es que los Yepes no era precisamente que escasearan por esos años y en Toledo; de Yepes en Toledo —y Yepes con cargos eclesiásticos, además— da una buena lista J. Gómez-Menor Fuentes en su *El linaje familiar de Santa Teresa y*

de San Juan de la Cruz; Toledo, Graf. Cervantes, 1970, en pp. 46 a 52, y en las sigs. 52 a 54 otra de Yepes clérigos o frailes para ese entonces; para el nombre, sin ir más lejos, Rodrigo —Rodrigo Maldonado— se llamaba quien tenía el curato de, precisamente, esa parroquía de San Salvador, al menos en 1529 (cf. A. Redondo [1988], 508 y n. correspondiente). Evidentemente, no tuvo que hacer muchos esfuerzos nuestro autor para adjudicar un específico nombre a su personaje, y aun pudo muy bien ser que estuviera pensando en alguna persona históricamente real, en un concreto Rodrigo de Yepes, monje jerónimo del que alguna noticia tenemos; ya en 1568 aparece firmando la "Aprobacion" de la obra de Fray Jaime de Alcalá, *Cavalleria Christiana* (Alcalá, Juan de Villanueua, 1570) — la "Aprobacion" en f.A5— y posteriormente será el autor de la *Historia de la muerte y glorioso martyrio del Sancto Innocente, que llaman de la Guardia* de 1583 —ejemplar de la BNM, R/ 30279—, así como de otras obras de por esos años cuya descripción puede verse en Palau, 28, pp. 266-67; ¿sería este Rodrigo de Yepes, en sus años mozos, un joven que ya destacara —o quisiera destacar, fuera por las razones que fueren— allá por los años 50 y del que quiso burlarse el autor? No lo sabemos, ni creo que lo podamos saber nunca, pero es muy probable que, dada la ironía y solapada crítica que recorren tanto el '54 como este '55, tras ese nombre se esconda y ridiculice a alguien que realmente existió.

[47] Arcipreste de S. Saluador), arcipreste de Santsaluador, S.

[48] *cual*: "como"; cf. "en tal afliccion, *qual* plega al señor librar della a todo fiel Chistiano" (*Laz.*, 17v); "algunas *cual* oreades que bailauan,/ y algunas *cual* nereidas que cantauan." (*Angélica*, IX, estr.24); "*qual* si, del lenguaje latino . . . hiziessemos alguno castellano" (Pinc., II, 128); "*cual* otra Melisendra, durmio con su consorte" (*Guzmán*, 135) y "otros del fuego, *cual* de la salamandra se dice" (Luque, II, 167), y, por fin, la anáfora, en las octavas de *Justina*, II, 661.

[49] pelegrinas), peregrinas, S. Tanto Teresa de Avila como Lope*Voc.*, p. ej., dan la segunda forma ya, pero Cov. aun recoge las dos.

[50] Otra parodia del *Génesis*: "Y llegose Iacob a su padre Issac, y el lo atento, y dixo. La boz, la boz es de Iacob, mas las manos, las manos de Esau." (Reina, XXVII, 22), en la que, claro está, el autor ha debido sustituir "manos" por *cara*; ya Sánchez de Badajoz tiene una *Farsa en gue se trata de como el patriarcha jacob hurto la bendicion a su hermano esau* (ff.ciiir-cviir) y era cita muy traida y llevada; cf. "bien veran por puntos llanos/ que de Jacob es la boz,/ aunque de Esau las manos./" (Enci*OP*, I, 27); "los de la comunidad, ni me quieren creer ni se quieren convertir, de manera que tienen la voz de Jacob y las manos de Esau" (Gue*Ep.*, I, 240); "La voz de Jacob/ y las manos de Esau" lo da ya como proverbio Horozco*T* (n.1544); "que llevan la voz de Jacob y las manos de Esau y a tiro de escopeta descubren el engaño." (*Guzmán*, 112) y, por fin, "apenas sabreis

determinaros si es todo un mismo hombre, como acullá voz de Jacob y manos de Esau, etc." (Luque, II, 159) con un "etc." suficientemente significativo de la lexicalización que, sin duda, ya había sufrido la tal cita.

[51] pareceys), *peceys*, S. Recojo esta abreviatura por lo inusitada.

[52] Para este *gesto* y el siguiente en f.63r —"y mudado el *gesto*"— cf. n.72 al Cap. I.

[53] *gualda*: "amarillo", como aun se conserva para los colores de la bandera española. "Cara de *gualda*. Apodo que se aplica al que esta muy descolorido y palido." (*Aut.*), que además señala el error en que incurrió Nebrija y que repitió Cov. —s.v. *gualda*—, tomando ese *gualda* por azul. Para la planta, sus usos y color, cf. Alonso de Herrera, *Agricultura*, I, Cap. IX. P da "as the *yealow* of the shell"; V, "la mesme *guedde*" y Ba, "che'l medesimo *guado*".

[54] Cov. da "Y el talle y forma de qualquier cosa llamamos *figura*" tanto como "Tomase *figura* principalmente por el rostro" (s.v.), segunda definición que es también la que recoge *Aut.*, pero apareciendo en el texto en plural, creo con Piñero (244, n.14) que hay que entender mejor, "facciones, rasgos" como en "la hermosura que vi en Nuestra Señora, aunque por *figuras* no determine ninguna particular, sino toda junta la hechura del rostro" (Teresa, I, 281); "como si dixessemos, de las colores y *figuras* del padre." (León*OC*, I, 696). "Estos asturianos encontre en diversas tropas o piaras, con tales *figuras* que parecian soldados del rey Longaniza" (*Justina*, II, 615); P da *countenance*; V, *forme*, y Ba, *fatezze*.

[55] Este inciso *. . .* aparece en S entre paréntesis.

[56] Ceugma por el *merced* inmediato anterior.

[57] Alcalde), *alcayde*, S, correctamente, pues que se trata de la cárcel. Para "alcalde" y su distinta función de la del *alcayde* cf. RECOPI., Libro segundo, Tit. VI., así como *Aut.* ss. vv. *ALCAIDE* y "ALCALDE" —Cov. sólo da *alcaide* como "castellano de un castillo o fuerça con gente de guarnición" sin mencionar la cárcel para nada—; cf., además, ". . . cuando bivio con el *alcaide* de la carcel?" (*Theb.*, 44) y "esta es la carcel sin duda/ a *alcayde* a carcelero"/ (*Prodiga*, a x*r*a), y, por supuesto, Chaves, *passim*.

[58] *despues*: "desde"; cf. "quantas personas seran muertas *despues* quel Papa comiença esta guerra?" (*Roma*, 30); "tenemos media vida *despues* que los señores . . . quitaron los derechos" (Hermosilla, 18) y "No vi tal mozo/*despues* que siruo en este meson." (Lope*Voc.*, p. 894).

[59] *. . .* A y B lo omiten.

[60] esto otro), *estotro*, S.

[61] *notorio* en función adverbial, "notoriamente".

[62] *. . .* Formularia locución de cortesía —¿más o menos equivalente a las actuales "con perdón de la palabra" o "sin intención de molestar"?— de frecuente uso; cf. "Y que quiere decir rufianas? . . . BALIGERO.— Alcahuetas, *si no lo aveys por enojo*." Lozana, 189); "Pardiez —*si no lo han por enojo*— viendo que una dellas traia aguja" y "Ya que vino el dia de mi casamiento, *si no lo han por enojo*, amaneció" (*Justina*, II, 468 y 730); "Y eran —*si no lo has*,

¡oh lector! *por pesa//dumbre y enojo*— seis mazos de batán" (*Quij.*187-88 [I, xx] y dos ejs. más en pp. 297 y 816); "yo, que entendia salir de mala vida con no ser farsante, *si no lo ha vuesa merced por enojo*, di en amante de red" (*Buscón*, 246); "Yo, señor, para servir a V. m., *si no lo ha por enojo*, soy el diablo." (Polo*Poesía*, 249) y "Prometote . . . que, *si no lo has por enojo*, solo se de mi naci//miento" (*Estebanillo*, I, 144-45).

[63] Es el conocido instrumento inquisitorial como ya informa Cov.: "*POTRO*. Cierto instrumento de madera para dar tormento." y véase también Alonso*Lex.* (s.v.).

[64] Para esa forma *sospiros* cf. n.74 al Cap. II.

[65] Entiéndase "atormentado" por ceugma.

[66] lo), *le*, S.

[67] disposicion), *dispusicion*, S.

[68] hemos), *emos*, S.

[69] real), *rea*, A y B.

[70] A lo largo de todo Rouanet, p. ej., aparecen "recabdo" y *recaudo* pero no "recado"; aun en Rufo (no.1), *Guzmán* (198) y Cov. (s.v. *RECAUDAR*) persiste *recaudo* pero en Lope*Voc.* ya oscila el término dándose "recado" (p. 2232) frente a *recaudo* (p. 2334) y en Vélez*Diablo* (210) ya "recado" si es que los editores no lo han modernizado.

[71] Verdad), *verdad*, S.

[72] "*CASTIGAR*. Vale emendar" (Cov.) Cf. "Asi, don villano vil!/ Porque *castiguen* cient mill/ en ti tal castigo doy/" (Enci*T*, 168); "Toda su casa mandava/ y *castigava*/ sin de nadie ser oida./" (GilV, 128) y "y a falta de escarmentaros/ en las cabeças agenas/ en la propria con setenas/ debeys señor *castigaros*."/ (*Prodiga*, a xiii*r*b); "y acusarle e de ladron/ y ansi se *castigara*." (Roua., II, 116). Recuérdese, no obstante, que ese *castigar* tenía dos acepciones más:

a) "aconsejar", "amonestar" como en "si el malo consejaste/ pierdes tu propusicion/ e si el viejo *castigaste*/ espulga tu çamarron"/ (*Setec.*, b vii*r*b); "dexadme hablar mis hijos/ y quierolos *castigar*" (Enci*OC*, II, 141); "La doctrina razonable/ cuyo aviso nos *castiga*/" (Hur*Cortes*, 28c); "si algun vasallo//hiciere lo que no debe, os determineis de *castigarle*, y no de lastimarle" (Gue*Men*, 214-15); "habla palabras muy graues a Florinarda su muger sobre el descuydo que tiene en el *castigo* de Philomena" (*rúb.*) (*Poli.*, 46a) y "Era yo muchacho vicioso y regalado, criado en Sevilla sin *castigo* de padre" (*Guzmán*, 146);

b) "reprender" o castigar físicamente con el único sentido que actualmente tiene, como en Cov. —1ª acepción— y en el anterior ej. de Enci*T*, "en ti tal *castigo* doy"; "con la justicia que tengo para *castigaros* seays/ punido vos" (*Clari.*, liiiiva-b) y aquí mismo en texto, acto seguido "Por lo cual la diuina justicia te ha querido *castigar*" (64*r*) y quizá también en *Guzmán* —cita anterior— si admitimos una bisemia. Se observará que, de cualquier modo, en algunos de esos ejs. no es fácil discernir el límite semántico exacto. Los dos distintos sentidos del texto los recogen bien tanto P con "to amend . . .to punish" y Ba con "*castigarti . . .punirti*, frente a V que para ambos casos da *chastier*.

[73] apartar), epartar, A y B.

[74] "*Hazer libro nuevo*, rematar cuentas passadas. Dizese algunas vezes de la emienda de la vida." (Cov., s.v. *LIBRO*) y Correas: "*Hazer libro nuevo*. Enmendar la vida y prozeder en mexor." (Sec.FRASES) que viene a ser nuestro actual "borrón y cuenta nueva". Cf. "haz cuenta que hoy te naciste y procura de *hacer libro de nuevo*." (*Theb.*, 159); "llevando propuesto de alli adelante *hacer libro nuevo* lavando con virtudes las manchas que me causo el vicio." (*Guzmán*, 562) y "Despues que reposé en mi casa y se me asentó la cosera, *hice libro nuevo*." y "comencé a *hacer libro nuevo* y trazar una buena vida" (*Justina*, I, 334 y II, 662), y, por fin, la variante "hasta llegar a tierra mas segura, donde *empezando libro nuevo*, se diesen a conocer por diferente estilo." (Salas*Hija*, 93). No le debió resultar muy fácil tal locución a P ya que no la traduce; difícil es asegurar si la entendió o no V pues da literalmente "d'huy en auant fay libre nouueau", y fácil le fue a Ba que presenta "e per l'innanzi pensa di mutar vita."

[75] "Al *presente*, u (*sic*) *de presente*. Modos adverbiales que significan Ahora, quando se esta diciendo o tratando." (*Aut.* s.v. *PRESENTE*). Cf., "Eso fuera, si *de presente* la salud de nuestro amo . . . //no dependiera de la voluntad . . . de Franquila." y "conforme a lo que *de presente* te parece." (*Theb.*, 36-37 y 196 y otro ej. en 236); "y *de presente* les dieron dineros bastantes para sus vestidos y atauio y cotidiano mantenimiento" (*Schola.*, 18); "Halleme dos dias antes con carro . . . y en que *de presente* me hallaba" y "que *de presente* hay racionero de . . . Granada que hubiera trocado su racion por la mia." (*Estebanillo*, II, 324 y 498). Conste, por otra parte, que en *Theb.* los ejs. dados alternan con "al presente" (cf. pp. 62 y 69). Keniston no recoge ni uno ni otro, pero de acuerdo con mis datos era más frecuente este último; sin ir más lejos, en el '54 se dan un "al presente" (5*v*) y un "por el presente" (18*r*) frente a ningún *de presente*.

[76] *. . .* Aire tiene toda esta frase de proposición confesional; recuérdese que las dos finales condiciones para obtener la penitencia son, canónicamente, propósito de enmienda y contrición de corazón. Véase lo que digo en el estudio introductorio sobre ello.

[77] fuy), fue, S; otro caso de cambio por timbre vocálico como los vistos anteriormente.

[78] Mal entendió Ch. Ph. Wagner este "para ayudar a criar otra." pues que le hizo suponer la existencia de dos hijos: "he is recognized and returns home to his wife and two children." ([1917], p. xxx).

[79] Ese centramiento final del texto aparece también en S, pero con una ligera variante:

> en breue tiempo fuy tornado en
> mi propio gesto, y a mi
> buena vida.

Véase lo que comento tanto en los avatares particulares como en el planteamiento del estema acerca de lo que se puede ocultar tras esta peculiar disposición, única —con la final del Cap. XVIII— entre todos los demás capítulos.

Notas al Capítulo XVIII

[1] CAP. XVIII.), CAPITVLO DECIMO-/ octauo, S.

[2] Último capítulo que retomará Strozzi si bien con el amplio inciso del encuentro de Lázaro con la Verdad en camino a Salamanca; hay, además, toda la probabilidad de que este XVIII sea un añadido posterior a la redacción original según hago ver en mis comentarios respecto a los avatares.

[3] Era común el uso de *a* ante nombres propios de lugar, aun no tratándose de verbos de movimiento; cf. "si no soy griego se muy bien *a* grecia y crieme en ella" (*Clari.*, lxv a); "ganando y conquistando *a* Castilla" (Valdés*Lengua*, 95); "no haueis visto *a* Roma" (*Schola.*, 167); "le tomare *a* toda Francia" (Santa Cruz, II, 18); "Dejaron, pues, *a* Extremadura" y "vio *a* Palermo y despues *a* Mesina" (Cerv*NE*, I, 99 y II, 29).

[4] "*Sombrio*, el lugar que no alcança sol." (Cov. s.v. *SOMBRA*). Cf. "no querria yo ver mi libertad tan al *sombrio* entre paredes" (*Florinea*, 209a) y "Ha visto ninguno de bosotros buena fruta de *sombrio* donde nunca alcança el sol?" (*Viaje*, 330).

[5] Con ese *segun dizen* comienza el autor toda la irónica burla con que tratará y criticará a la Universidad, su ambiente y cuanta gente pululaba por ella. De la verdadera situación de la misma por esos años recogeré, p. ej., las amargas quejas de Martín de Azpilcueta en 1544: "oxala lo agora procurasse algun otro que la manera de proueer las Cathedras de aquella vniuersidad [Salamanca, claro] a votos de estudiantes se mudasse en alguna otra mejor. Porque allende que guardandose ella, ningun estrangero aun que fuesse el mas erudito del mundo lleuara la primera Cathedra a que se opusiesse, que es cerrar la puerta a los doctos estrangeros, que suelen illustrar las vniuersidades, y allende que la mayor parte de la justicia segun aquella en el mayor soborno consiste, y cada dia los mas doctos, y los que son mas para escuelas a los otros se postponen, y que muchos pareceres se dan mal estudiados y peor pensados, por agradar a los estudiantes que los piden, y que ellos desde niños se auezan a ser injustos y a corromper la justicia por amistad, deleyte, interesse, aborrecimiento . . . Quasi ninguna cathedra de propriedad vaca en Salamanca sobre la qual el demonio no tenga vn millon de peccados mortales de censo por lo menos, contando los malos y deliberados desseos, con los malos dichos y hechos de los oppositores y sus amigos con los perjurios y encorrimientos de descomuniones." (*Commento*, 29) y la otra de Enríquez recordando en 1582 sus antiguas experiencias en esa Universidad: "Cuando yo leya en Salamanca tenia gran pena en ver, que con seys meses cursados en Artes mal y negligentemente muchos se hazian bachilleres, y entrauan a oyr la medicina, que tales podian aquellos salir?" (*Retrato*, 280), todo lo cual refrenda Beltrán de Heredia: "un fallo harto sensible que se echaba de ver en Salamanca, donde lo mismo los canonistas que los legistas se matriculaban

en sus respectivas facultades sin mas preparacion que unos cursos de//gramática hechos a veces sin suficiente control académico." (*Cartul.*, III, 412-13). No cambiaron mucho las cosas con el paso de los años. Saavedra Fajardo aun dice en su *República* que "En algunas destas Universidades [cita entre ellas a Salamanca] no corresponden el fruto al tiempo i al trabajo. Mayor era la presuncion que la sciencia." (46). Véase, además, J. García Mercadal, *Estudiantes* (en especial pp. 74-75) y, asimismo, la visión general pero suficiente de la desastrosa situación sobre todo para los estudios humanísticos que da L. Gil Fernández, *Panorama social del humanismo español (1500-1800)*; Madrid, Alhambra, 1981). En notas sigs. se irá redondeando la visión de esta tan poco encomiable situación.

⁶*Mantilargo*, que no he visto recogido en ninguna obra lexicográfica, por lo que quizá haya que suponer otro neologismo del autor. P traduce "long gowned fellowes"; V, "long-manteaux"; St, "pannilunghi" y Ba, "togati". Piñero (248, n., 2) dice: "*Mantilargos*: tambien llamados *manteistas*." sin dar otra explicación o documentación.

⁷Strozzi, además de ese deseo de Lázaro "de engañar alguno de aquellos Abades o Mantilargos", añade el de "per udir nuoua di mia Madre, et di mio fratello." Cf. mis comentarios en los avatares.

⁸BAE inserta "del" tras ese *aunque*, inserción perfectamente admisible que bien puede indicar una omisión real en el texto como también parecen entenderlo los traductores; para toda la frase P da "And as the towne is full of them. so the smell and sauour of them stretched farre and noere, although I pray God keepe them from my house in the night time."; V, "l'odeur aussi s'en sent de loing jaçoit que de leurs nuicts Dieu garde ma maison"; St, "di lontano ancora si sente la puzza de' fatti loro, da' quali il Sig.r Iddio per sua misericordia liberi pur la notte la mia pouera casa." y Ba, "cosi l'odore da lontano si sente; ma non vorrei gia che di notte tempo non lo permetta Dio, che s'accostassero a casa mia". Piñero (249, n.4) entiende que esas "noches" hacen referencia a las ruidosas de los estudiantes, lo que me parece un tanto dudoso dado el contexto.

⁹"ABEZAR. Vale enseñar y acostumbrar:" (Cov.). Aunque a Valdés le parecía ordinario el vocablo —"Dizese entre gente baxa *vezo*, por *costumbre*, y *vezado*, por acostumbrado" (*Lengua*, 165)— lo cierto es que su uso era absolutamente común tanto entre "gente baxa" como la que no lo era; cf. "Ciertas maneras de gentes/ mal*vezadas*" (*Propa.*, I iivb); "Pues deveisos d'*avezar*/ a bivir entre la gente" (GilV, 204); "en Corte *avezamos* nos a querer lo que podemos" y "si una vez se *abezan* o acostumbran a thesorar" (Gue*Ep.*, I, 132 y 315 y otros ejs. en II, 3, 159 y 442); "*vezandonos* a pedir otros lo que . . . El solo nos puede dar" (*Roma*, 139); "te *vezas* a ser virtuoso" (Muñón, 94); "y es vicio el pedir a quien se *aueza* a el" (*Florinea*, 170b); "los dias que no auia muerto, por quedar bien *vezado* de la hartura, . . . mas lo sentia." (*Laz.*, 17r) y "y a muertes y a robos contino *vezada*" (Polo*Diana*, 232 y otro ej. en 235). De destacar es que en

estos y otros ejs. que tengo recogidos —como también en Keniston (37.541)— el régimen preposicional es siempre "a" mientras que, curiosamente, tanto en el caso que cito del '54 como el del texto, ese régimen es *de*.

¹⁰Por error de numeración, N da 53 en vez de 65.

¹¹Sólo he podido encontrar este *guiñoso*" en Corom. y aun citando a Oudin; Cov. s.v. GUIÑAR. solamente da la acepción conocida que no ayuda mucho en este caso, y *Aut.*, además de ésa, da una segunda: "En la náutica es mover la proa del navio, apartándola hacia una u otra parte del rumbo que lleva cuando navega, lo qual se hace moviendo el timón." que encaja mejor para este caso con el sentido de irse de un lado para otro; V da "guigneux" que nada nos resuelve, St, "restio", que con su sentido de "desasosegado", "terco", "mañoso" (cf.Tommaseo s.v.) algo más dice; y Ba lo omite; cito aparte la traducción de P ya que, como en otros casos —y especialmente para este Cap. XVIII— la misma es completamente libre y aun hace a Lázaro el sujeto y no al asno: "I was somewhat small eyed and wearie", lo que alguna justificación tiene ya que inmediatamente después, y de un modo un tanto ambivalente, Lázaro se presentará como el tal sujeto —"con esto no me moui yo, aunque pense en boluerme"— confundiéndose con el asno y así, incluso, confundiendo al lector. Más adelante —cf. n.16 y su correspondiente texto— algo más se verá que permite pensar que estamos ante un texto ciertamente deturpado.

¹²Escena análoga se recoge en la *Farsa* de Palau (vv.2055-2104), donde Beltrán, pastor bobo, anima a su renuente cabalgadura diciéndole: "Ea, señor bachiller,/ caminad aun rebenteys/", y aunque lo suyo le cuesta —a punto está de morir el animal— acaba consiguiendo que camine a base de pan y vino, a diferencia de lo que ocurre con el asno del texto, el cual, ni aun llamándole Licenciado y aguijándole —como se lee acto seguido— tiene su amo éxito. En esa *Farsa*, por otra parte, ya antes Beltrán habrá tratado de "señor bachiller" (v.1306) a su montura. Cf., además, n.15 a continuación.

¹³*con esto*, que juzgo ha de entenderse, "a pesar de ello", con un "aun" antecedente omitido, como en "estava en muy peligroso estado con afecion y trato con una mujer del mesmo lugar; y *con esto* decia misa" (Teresa, I, 29) aunque no pueda descartarse —y dado que la redacción no es todo lo clara que debiera— una interpretación más corriente, la de "debido a esto" como en "*Con esto* andauase todo el mundo tras el" (*Laz.*, 7v); P lo omite; V da "Auec cela", St, "a questo titolo" y Ba, "per questo".

¹⁴todos), tods, S.

¹⁵Esta jocosa prosopopeya de hacer pasar a un asno por Licenciado o, al menos, atribuirle condiciones y funciones impropias del mismo, se remonta al conocido *Asno de oro*; ya se lee ahí que, hablando de su amo, dice Apuleyo: "porque fuesse cossa marauilosa, me enseñó a responder a las palabras por señales. En tal manera que quando no queria meneaua la cabeca, y quando algo queria mostraua que me plazia abaxandola" y poco después se comentará su fama diciéndose de ése su amo: "Este es el que tiene vn asno que . . . entiende

las hablas de los hombres, y exprime el sentido con señales que haze." (cf. M. Menéndez y Pelayo, *Orígenes*, 4 [NBAE, 21], p. 87a y b); poco más tarde —la edición del *Asno* de Diego López de Cortegana es de 1513— Delicado recogerá en su *Lozana* el caso de Robusto, "asnico que entiende como una persona" (412) y "que no sabe leer, no porque le falte ingenio, mas porque no lo puede expremir por los mismos impedimentos que Lucio Apuleyo, quando divento asno y rretuvo siempre el yntelecto de hombre racional" (414; Mamotreto LXV), según aclara su amo Porfirio. A pesar de esta directa referencia a Apuleyo, sus editores —cf. p. 413, n.2— se limitan a apuntar como fuente directa el *Till Ulenspiegel* y ahí la correspondiente historieta n.29. Que Delicado se conocía su *Asno de Oro*, poco dudoso parece; que hubiera leido el *Ulenspiegel* más dudoso es; de lo que no se puede dudar, sin embargo, es de que el autor del '55 lo conociera, que bien utilizará la "Die XXVIII. histori" —es decir, la facecia inmediata anterior— como base literalmente copiada para las preguntas que el Rector le hará a Lázaro en esa universidad de Salamanca —luego lo veremos—, porque lo que es probable que algo tuviera en cuenta esa XXIX. para ese su asno Licenciado. Claro está que atribuyendo a ese asno condiciones, primero de bachiller, luego de licenciado, el autor, a mi juicio, persiste en su solapada e irónica crítica acerca de cuál era, en verdad, la índole intelectual de esos universitarios salmantinos de carne y hueso, como bien se ve en las siguientes líneas donde, olvidado ya del asno, pasa a comentar personas reales; todo ello respaldado, además, por el dato de que en el *Ulenspiegel* ambas facecias XXVIII y XXIX se resuelven, como sabemos, en francas victorias de la gramática parda del personaje frente tanto al Rector de Praga como frente a los profesores de Erfurt, victoria que se repetirá igualmente en el caso de Lázaro.

[16]Es evidente la desmañada y confusa redacción de toda esa anécdota que comienza con "Quiero contar una cosa . . ."; en un intento de penetrar en cuál pudo ser la original y correcta redacción recojo aquí las traducciones; P da "I will tell you, specially of one thing that happened unto me therein. I going along in one of the greatest streets, met a man riding upon an asse, (and because as then I was somewhat small eyed and wearie, I could not goe anie further, not yet turne back ward without great paine) the man began to crie out and say, Out of the way Signior Batchelor. I stird not, but giuing him a more honorable name, cride, Out of the way Signior *Licenciado*, out of the way in the diuells name: and there with began to lay upon him with a staffe that I bare in my hand. Whereat you might presently haue soone him kicke forwards and backwards: so that what with master *Licenciado* on one side, and the Cauallero on the other, I neuer in my life saw better sport, nor a *Licenciado* of his qualitie, vnto whom all men gaue place, or that had so manie people to behold him. But then I knew him presently to bee one that caused himself to be honoured with great names, as I had done in the sea, because of my force and valor, among the Tonnies."; V, "Je veux raconter vne chose qui m'y advint. allant para vne rue

des plus principales: Il y venoit vn homme cheuachant vn asne, & comme l'asne estoit guigneux, & deuoit estre las, il ne pouuoit cheminer auant, ni aussi retourner par derriere, sinon auec grand trauail, commence l'homme a s'escrier: Auant monsieur bachelier. Auec cela il ne s'esmeut//pas, jacoit qu'il sembla qu'il se voulut retourner. Mais luy pensant qu'auec plus honorable nom l'asne se mouueroit plus tost, commence de dire: Auant Monsieur Licentie, auant de par tous les diables; il le picque auec vn aguillon qu'il portoit. Vous eussiez alors la veu jetter coups de talon par derriere & par deuant, & le Licentie a vne part, & le Chevalier a autre: iamais ne vey en ma vie, ni en la segneurie de la mer, ni en celle de la terre Licentie de telle qualite, que tous luy fissent autant de lieu qui qu'autant de gens sortissent pour le veoir. Ie cogneu alors qu'il deuoit estre des seruiteurs de quelcun de nom, & qu'ils se faisoyent aussi honorer auec leurs noms, comme je m'aouy fait pour mon valoir & forces en la mer entre les thons:"; St, "Mi posi subito à paseggiare per la Città, et à cercar nuoua di mia Madre, et di mio fratello, quando dà una strada delle più principali ueniua un galant'huomo soura un Asino, il quale com'era di natura restio, et doueua à caso essere stracco, s'era incapriccito di non uoler più auanti, ne indietro caminare. Il pouero huomo incomincia à dargli animo dicendogli. Arri la Sig:r Baccilliero, à questo titolo io non risposi, ancor ch'io dubitassi, che egli dicesse à me, ma egli pensando che l'Asino pretendesse titolo più honorato per muouersi più presto gli replicò dicendo. Arri la Sig:r licentiato. Arri che l' Diauol te ne porti et si pose à frugarlo col bastone, che egli haueua. Haurestelo ueduto all'hora sparar coppie di calci e zampare, et il licenciato da una parte, et il Caualiero dall'altra, che non uidi a' miei giorni licentiato di tal qualità, ne persona cui tanto luogo dessero tutti, et tanta gente uscisse per uederla."; Ba, "Voglio raccontar' vna cosa che iui mi sucedette, caminando per vna strada di quelle principali. Veniua vn huomo à cauallo sopra vn' Asino. e perche era stracco, più caminar innanzi non poteua, ne anche tornar' indietro, se non con gran fatica; all'hora cominciò quel caualcante a darle grida alla sua bestia, dicendole: Arri, arri quà Signor Bacelliere; per questo essa non si mosse d'vn passo; da questo egli intendendo che con più honorato nome si mouerebbe più prestamente ricominciò à dire, Arri, arri, signor Licenziato, arri in tua mal'hora, e lo stimulaua con vn pungolo, che eglo portaua. All'hora haureste veduto trar calci da tutte le bande, & il Licenziato da vna & il caualcante dall'altra; mai viddi in vita mia nel Dominio del Mare, nè in quel della Terra Licenziato di quella qualità, cui tutti facessero si largo, ne per' il qual vedere vscisse tanta gente. All'hora connobi che cosa doueua essere di quelli che si son'alleuati con persone di conto e che per farzi honorare s'acquistanano titoli, como io haueua fatte co'l valor mio frà il toni.", traducciones que tanto pueden indicar que cada uno se las ingenió como pudo ante tan confuso texto como la posibilidad de que alguno de ellos —en especial P— estuviera leyendo en texto diferente.

[17] Según Gil Fernández, "la de Salamanca contaba en 1551 con cinco mil ochocientos cincuenta y siete" (*Panorama*, 473).

[18] mas), mar, A y B.

[19] *. . .* Este inciso "como el que arriba mouio el ruydo", y como es casi de rigor, sólo lo traduce V; ninguno de los otros lo recoge sin duda por no tener sentido para ellos; de tener alguno sería si apareciera inserto inmediatamente después de "amigo mio de los de Toledo" o, como mucho, tras el siguiente "conocido del buen tiempo". No acabo de entender que pudo ocurrir para esta incoherente redacción, a no ser que haya que interpretarlo en plural como {como los que arriba mouieron el ruydo}; en cualquier caso parece que nos encontramos con otra de las malas lecturas que su tanto abundan en este Cap. en particular. Respecto a ese *aunque* siguiente creo que ha de entenderse, una vez más, como un relativo que afecta a esos "dos señores" con un "aun" superfluo como ya hemos visto en otros casos —cf. n.93 al Cap. V—.

[20] Para ese "criado de . . . mesa" puede ser válido lo que dice Cov.: "muchos señores. quando van de camino o cenan solos, suelen mandar a uno de sus criados honrados que se sienten a su mesa, y los demas le sirven con mucho gusto" (s.v. *MESA*) o, simplemente, criado que sirve en especial a la mesa.

[21] *. . .* Todo este párrafo, por trastrueque de líneas en la caja, aparece en A y B como "como el/ mayores de Colegio. Y como era criado de con/ sejo, y de mesa, hablo con sus amos de mi de tal/ que arriba mouio el ruydo, y aunque eran de los/ manera, que".

[22] Omisión de un "que" necesario ante el siguiente *quedo*, sin duda por haplología.

[23] Excelente descripción de las no tan excelentes comidas de esos estudiantes salmantinos de por entonces, la da el de la *Farsa* de Palau: "Del comer,/ nos hago, hermano saber;/ pan a secas es contino;/ si vn dia beueys vino,/ trezientos no aueys de beuer./ El cozinado,/ yos juro, por Dios sagrado,/ que hos podeys en el lauar/ y, en caso muy necessitado,/ podeys muy baptizar,/ muy de vero./" (vv.474-84) y todo lo que sigue hasta el v.534; no es peor la que presenta Horozco en su *Cancionero* (p. 48a-b) y tampoco es mala toda la larga descripción de esas hambres estudiantiles expuesta en *La vida del estudiante, compuesta por premio de seda* recogida en "Huit petits poèmes" (ed. de R. Foulché-Delbosc, *RHi* 9 [1902]: 272-94; texto en pp. 272-77) —R. Menéndez Pidal da esa composición como *Vida del estudiante pobre* (*Romancero hispánico*, II, 97) y que es la misma se puede comprobar por la estrofa que recoge y que aparece en "Huit poèmes" en p. 274a-b— aunque, por supuesto, ninguna pueda superar la quimérica del *Buscón* en casa del Dómine Cabra. Mejor parece que les trataban a los regentes y vicerrectores si es que los Estatutos de 1561 se cumplían al pie de la letra (Esperabe, I, 345-46).

[24] Otro caso de régimen preposicional distinto al actual, ese "con" por {a}, aunque, sin duda, se trata aquí de una diferente acepción de ese "replicar" que tiene el sentido que da Cov.: "Comunmente sinifica arguir segunda vez contra la respuesta del argumento". Para otros casos, cf. n.12 al Cap. XI.

[25] *ambos*, se sobreentiende por esos "dos señores" de su amigo, y así lo proponen todos los traductores.

[26] "*ACORDAR*. Reduzir y traer a la memoria alguna cosa." (Cov.) y cf. "Que *acordarme* su belleza,/ su beldad, su perfecion/ . . . / quebrantame el coraçon." y "Señora, no soy *acordado*/ si lo se." (GilV., 128 y 192); "sino que le *acordemos* lo que queremos" (Gue*Ep.*, II, 43); "nunca Lauro de mi tuvo *acuerdo*" (Rue*Com.*, 155) y "O Bernaldo no me lo *acuerdes*" (*Prodiga*, f.19*v*). En la actualidad la construcción es, como sabemos, "acordarse de" o, como mucho, "acordarle a uno". No se olvide que "recordar" aun tenía a principios del XVII, por lo menos, el sentido de "despertarse", como se ve, p. ej., en el *Guzmán*, *passim*, en Cervantes (*NE*, II, 307) y en Lope (*Voc.*, s.v.).

[27] Para este giro, Cov. da, por un lado, "*Tomar la mano en razonar.*" (s.v. *MANO*) sin otro comentario, y, por otro, "*Tomar la mano*, se dize el que se adelanta a los demas, para hazer algun razonamiento." (s.v. *TOMAR*); de lo que se sigue bien se desprende que es, específicamente, dominar la conversación o la situación como en "Yo quiero *tomar la mano*/ y entrarla luego a hablar/" (Hur*Cortes*, 33c); "si yo os ouiera *tomado la mano* no os quedara en que mostrar vra. diligencia" (EG. 578, f.93*r*); "el embajador . . . con su mucha prudencia, *tomo la mano* en meter el bastón, haciéndolo . . . chacota." (*Guzmán*, 522) y "El que *toma la mano* en hacer paces, o de otra cualquer manera compone los desavenidos." (Luque, II, 236).

[28] ¿Un {con} anterior elidido, por estructura coloquial o por errata?

[29] "*CONCLUSIONES*. Puntos o proposiciones Theologicas, Juristas, Canonistas, Philosophicas o Medicas que se defienden públicamente en las Escuelas." (*Aut.*). A los ejs. que ahí se aportan, añadase "una plaza en el colegio de San Pelayo . . . donde teniamos *conclusiones* todos los sábados" (Espinel, I, 210 y vease n.), y "metido mano a nuestras lenguas de acero . . . le hice una *conclusion*, y . . . le di tal cuchillada . . . que como quien rebana hongos, di con su cabeza en tierra" (*Estebanillo*, I, 207) que metafórica e irónicamente, bien concuerda con lo que anota Cov.: "Razon concluyente, la que satisfaze al entendimiento, sin que le quede ninguna duda en el caso." (s.v.). Para esas prácticas escolásticas y toda su regulación, cf. Esperabe, I, 159 y sigs. (tit. xx. a xxxiii). Véase también para esas disputas académicas, y de modo más informal entre sólo estudiantes, la exposición que hace Villalba en su *Pelegrino curioso* (286 y sigs.) donde, además, se presenta un buen reflejo de la vida estudiantil en esa línea.

[30] Cov. no recoge este término *romancista*, pero sí *Aut.*: "El autor que escribe en Lengua vulgar la materia que regularmente se escribe en la Latina" y "El que no sabe mas que Romance. Aplicase a los facultativos como Cirujanos,

&c., que no han estudiado en Latin." (s.v.) Corom. cita a ese *Aut.* para su datación dándola a principios del XVII, fecha que, evidentemente, hay que adelantar y con mucho ya que incluso antes de este '55 aparece en la traducción de Boscán: "acordándome del mal que he dicho muchas veces de estos *romancistas* (aunque traducir este libro no es propriamente romanzalle, sino mudalle de una lengua vulgar en otra quiza tan buena)" (Castiglione, 5), y en la obra de Rufo —como sabemos de 1596— ya aparece como usual —"Loaba de que sabia latinidad cierto hombre a un amigo suyo, mero *romancista*" (n.302)—. La ironía y burla del autor tachando a todos de *Romancistas* reside, precisamente, en que el conocimiento del latín estaba obligatoriamente prescrito sin que se permitiera la lengua romance, como se lee en los Estatutos de 1538: "Tendrase especial y principal cuydado en los tales colegios de que hablen siempre latin los estudiantes en tanto grado que en ninguna manera se permita a ninguno por nueuo o ydiota que sea hablar sino latin o griego como mejor pudiere; y en cada general y classe aura proprios acusadores que a los que hablaren castellano los acusen y apunten" (Esperabe, I, 202), ordenanza que se repetirá en 1561 y aun referida a los catedráticos: "Yten estatuimos y ordenamos que todos los lectores de la vniuersidad assi de cathedratico de propiedad como de cathedrillas sean obligados a leer en latin, y no hablen en la cathedra en romance." (I, 345); En el *Cartulario* dos de la actas tratan específicamente de este problema: "617. El Arzobispo de Toledo . . . lamenta que algunos catedraticos de Salamanca no esten habituados a hablar latin." y "618. Se requiere a los catedraticos que den sus lecciones en latin como mandan las constituciones . . . y que el bedel pueda multar a los infractores", actas ambas de 1527. (II, 560-61), y si poco latín sabían esos históricos catedráticos mucho menos los personajes que rodean a Lázaro como indirectamente ha acabado de decirnos con ese: "si Dios me dexara acordar alguna palabra en Latin los espantara". Y cf. Gil Fernández, *Panorama*, en particular pp. 128-35, así como Beltrán de Heredia, (*Cartul.*, III, 412-13).

[31] vuestra), vra., S.

[32] Nótese que con estas *primicias* y el anterior *diezmo*, el autor está parodiando la prescripción canónica de "Pagar *diezmos* y *primicias* a la iglesia de Dios."

[33] No será ésta la única queja del problema socio-económico que representaba esa cáfila de manos improductivas que en gran parte eran ésos estudiantes y letrados; no demasiados años después Sabuco de Nantes en su *Coloquio de las cosas que mejoran este mundo y sus republicas*, clamará: "¡Que Babilonia es que entren quinientos estudiantes en una aula y seiscientos en otra, a oir leyes . . . tantos estudiantes, que mejor estuvieran en su tierra algunos arando, y hallárase trigo." y "Ahora vemos lo que pasa, y cuan pocos son los que echan mano a la esteva del arado, y cuan muchas las contiendas, marañas y pleitos, y muchos los letrados, y muchos los zánganos . . ." (BAE, 65, Tit. I, 372a y Tit. II, 372b) y el problema, por supuesto, habrá

seguido agravándose, según lo denuncia algo después Pedro de Valencia que en su *Discurso sobre la ociosidad* de 1608 dirá: "Aviase de ordenar los estudios . . . y el num° de estudiantes que avia de poder oir en cada uno. Aora cada labrador i sastre i capat° . . . que todos aman a sus hijos . . . quieren quitarlo del trabajo i le buscan off° de mas fantasia . . . En siendo estudiantes, aunque no salgan con los estudios adelante se hazen regalados i toman presuncion i se quedan sin off° o hechos sacristanes o escrivanos." (Cito por el MS 13348 de la BN [ff.13*v* y 14*r*]; hay edición modernizada de C. Viñas Rey, *Pedro de Valencia. Escritos sociales*; Madrid, Esc. Social de Madrid, 1945). St, fiel a su tendencia religiosa e inquisitorial, omite ese contestatario párrafo.

[34] tantas), tantos, S.

[35] Aceptablemente BAE corrige ese *manera* en "mesura", pero hay que tener en cuenta que antes el autor ha empleado ese término "mesura" con el exclusivo sentido de cortes reverencia —"haziendo su deuida mesura" (f.43*v*)— y ésa parecía ser la acepción más usual —cf. n.33 al Cap. XI— por lo que parece que haya que entender este *manera* más bien como forma general de proceder, presentarse o manifestarse, es decir, "compostura", como más adelante se lee: "Viera vuestra merced mi gargajear a mis tiempos con mucha *manera*" (f.68*r*), que BAE, curiosamente, no rectifica. P da "in such order and so graue"; V, "tant de grauite & de telle *maniere*"; St, "tanta grauità, et tanta maniera" y Ba, "con tanta grauita.", simplemente. Como, por otra parte, ni Cov. ni *Aut.* ni Corom. recogen esa acepción específica es posible suponer un italianismo —Tommaseo así lo da, "*Maniera*. Qualità o Modo di procedere conversando, trattando."— o, quizá, galicismo. De cualquier forma, el tal *manera* aun persiste, siquiera genéricamente, en el "buenas *maneras*" actual, como también en inglés, "good *manners*". El problema, no obstante, se puede ver complicado por el hecho de que más adelante —cf. n.42— en el texto aparecerá "mesurar" por "medir", y véase lo que ahí añado.

[36] Aunque pudiera aceptarse este *tambien* como modal, y así lo hacen BAE y Piñero, creo que es mejor interpretarlo como el cuantitativo comparativo "tan bien", según lo hacen P, "how gravely"; V, "si bien" y St, "così ben"; Ba da "e ch'anche io sapeua stare" discrepando de los otros. Cf., de todos modos, n.58 al Cap. I.

[37] Como cada año la Universidad cambiaba de Rector, no es fácil conjeturar a quién —si a alguien en concreto— estaba recordando el autor; puede verse la lista de todos ellos, para esos años, en Esperabe, II, 8 y 9; recordando, no obstante, que Hernán Núñez de Guzmán tuvo la cátedra de Griego desde 1523 a 1553 y la de Retórica desde 1527 a 1553 (Esperabe, II, 310 y 315) y dado lo famoso y controvertido que fue este llamado Comendador Griego, bien pudiera ser que a él se estuviera refiriendo, y aun a pesar de no ser el Rector.

[38] En efecto, en los títulos ya señalados de los Estatutos —cf. n.30— y en los xx. al xxiij. inclusive, nada se dice de la intervención del Rector en esas disputas; sí sólo de su

eventual presencia y lo que por la misma ha de cobrar; con mucha probabilidad lo que está haciendo el autor es copiar lo que a Ulenspiegel le ocurre —recuérdese lo comentado en n.15— ya que ahí se lee "vnd concordieren vnd//ordinieren daz also, daz der rector die frag thun solt." (Lappenberg, 38-39).

[39] *pidiendome*: "preguntandome". Cov. ni siquiera define el verbo, dando, simple e imprecisamente, "Petición, la demanda o por palabra o por escrito." (s.v. PEDIR); sí *Aut.* con "PEDIR. Vale tambien preguntar, o informarse de otro de alguna cosa." Aunque en la actualidad los campos semánticos de *pedir* y "preguntar" están bien diferenciados en castellano, no era así en el XVI, y aun a pesar de que Valdés diga: "Antes digo . . . demandar que *pedir*" (*Lengua*, 185), el uso era corriente; cf. para ello, "me *pedis* algunas cuestiones que me desvelan" (Gue*Ep*., I, 200); "un hombre . . . me *pidio* por ti" (Rue*Com*., 106; "al cabo de un hora que pide Floriano por ti" y "Pero si . . . me *piden* que quiero?" (*Florinea*, 166b y 161b), y aun se usaba indiscriminadamente en un único parlamento como en "preguntando me muy por extenso de donde era . . . yo le di mas larga cuenta que quisiera . . . de lo que me *pedia*" (*Laz*., 26r); "Acudio el Orco . . . / . . . *pidiendo* por la dama" (*Angélica*, IV, estr.97); "Por tanto pregunta, y *pide*,/ Porque en toda tu pregunta/ Satisfaré sin repunta/" (Hita, 515a); "Preguntó a los criados . . . por ella; pero nadie le supo dar razón de lo que *pedía*" (*Quij*., 368[I, xxxv]) y "se levantó . . . y *pidiéndola* de su salud" (Avellaneda, II, 91). Estos casos de *pedir*, no obstante, eran más la excepción que la regla. Existía, sin embargo, un campo en que lo característico parecía ser ese uso de *pedir* por "preguntar"; me refiero al de los cuestionarios o interrogatorios de índole legal o doctrinal; cf. p. ej., el *Libro de la Verdad* de Medina (1555) donde en el diálogo entre el noble y la Verdad, si bien en el proemio y en el "Dialogo primero" se lee "El hombre pregunta" —dos veces en p. 266—, a lo largo de todas las rúbricas de las 2ª y 3ª partes —163 diálogos— aparece, sin excepción, "El hombre *pide*"; asimismo en el *Tratado* de Fray Antonio de Cordoua —ligeramente posterior a ese *Libro* pues la licencia y tasa son de 1562 (ff.iiir-ivv en la ed. de 1578 que he visto)— en las "questiones" alternan indistintamente "Preguntase si . . ." junto a "*Pidese* si", con mayoría de las últimas; ahora bien, en el caso de este '55 se observa que sólo en ese Cap. XVIII, y para esa especial *disputatio*, se emplean *pidiendome*, *pideme*, etc., con lo que muy bien puede ser que con ello el autor no sólo esté reflejando el supuesto ambiente doctoral de Salamanca sino que, igualmente, esté dejando escapar un mucho de su formación universitaria y aun, probablemente, profesional, en esa misma Salamanca.

[40] Con esta pregunta comienzan las cuatro que el Rector le hará a Lázaro y que bien sabrá contestar éste; claro está que el autor ningún esfuerzo tuvo que hacer ni mucho se tuvo que inventar para que su protagonista defendiera tan airosa y sabiamente esas *conclusiones*; de "Die XXVIII histori" de *Till Ulenspiegel* se limitó a tomarlas —ya lo he señalado en n.15— prácticamente al pie de la letra. Ya Bataillon hizo ver acertadamente la fuente cuando al comentar todo este episodio dijo que "evidentemente está inspirado en la 28ª historieta del *Ulenspiegel*" ([1962], 88); Piñero, un tanto extrañamente, se limita a decir que "nuestro continuador podía haberla tomado directamente de la vigésima octava historieta de *Ulenspiegel*, como piensa Bataillon." (p. 62), sin haber querido tomarse la molestia de verificarlo. De cualquier modo, lo interesante para el caso es que según Lappenberg, poco dudoso de ser buen conocedor de la materia, durante esa primera mitad del XVI no se dio ninguna traducción al castellano de la obra en cuestión, conociéndose, sin embargo, una edición holandesa de 1512, varias alemanas desde 1519, dos del flamenco al francés de 1532 y 1539 y una inglesa ca.1550 —cf. pp. 161 en adelante de su edición—. El hecho de que, como arriba en n.15 he citado, Delicado incluya en su *Lozana* el episodio del asno Robusto, y de que éste, con bastante probabilidad, sea imitación de la historieta XXIX de ese *Ulenspiegel*, puede hacer suponer que esta colección de facecias perteneciera ya al acervo folklórico popular y que este andaluz no tuviera necesidad, por tanto, de conocer ninguna de esas traducciones; éste no es, sin embargo, el caso del anónimo del '55 ya que dado lo literalmente que copia y traduce las distintas preguntas y respuestas como iré señalando —para empezar, tanto la primera pregunta que le hacen a Ulenspiegel como la correspondiente respuesta que da (Lappenberg, 39) se reproducen exactamente en el '55 y así lo recogen todos los traductores— tuvo por fuerza que tener delante un texto, ya fuera éste el de alguna de las traducciones flamencas o, quizá y más probablemente, el de alguna de las francesas, que leería en el mismo Amberes donde ese '55 se publicó. De ser así, esto vendría a reforzar la conjetura de Caso González cuando, hablando del erasmismo o anticlericalismo del *Lazarillo*, dice que él mismo se puede entender "sobre todo si el *Libro de Lázaro de Tormes* nació en Flandes y en contacto con la literatura del tipo del *Ulenspiegel*." ([1971], 195). Con todo ello y por ello, además, se podría aceptar fácilmente que todos esos autores relacionados ya con el *Libro*, ya con los *Lazarillos* vivían en un mundo de, digamos, cenáculos literarios que por ese ambiente de Amberes proliferaban y que algo pudieran tener con esa "literatura española semiclandestina entre 1550 y 1555." que el mismo Bataillon sugiere (*ibid.*, 87) y aun también "con el mundo de los marranos." que ahí mismo apunta en relación con lo suscitado por A. Castro; detalle que, por su parte, también ha sospechado Macaya Lahmann, el cual, hablando de nuestro autor, dice que "El hecho de contener un capítulo imitado del Tyl Eulenspiegel, nos hace pensar que su autor fuera quizá, un español emigrado a Flandes, establecido en Amberes.//Este hispano —acaso un judío y hombre de pocas letras ya que el carácter de la obra no reclamaba pretensiones de gran literatura sabia y erudita— debió de escribir su novela, bajo la petición directa de Nucio." ([1935], 19-20, y véase la correspondiente n.); sobre ese juicio de "hombre de pocas letras" acerca del autor es mejor correr un tupido velo. Y en esa

misma línea, asimismo sugirió J. E. Gillet ([1940], 131-32) la posibilidad de que el Tratado quinto, siempre visto como tomado del *Novellino* de Masuccio, lo hubiera sido, de hecho, de un texto anterior alemán sobre mendigos y vagabundos y cuyos avatares bibliográficos tienen por escenario ese mundo antuerpiense, añadiendo un dato más a esa hipótesis de una posible localización de toda la constelación lazarillesca en esa ciudad belga.

Sea esto como fuere, lo cierto es que si este autor del '55 se conocía bien su *Till Ulenspiegel* — y no hay dudar en ello— tras todo lo dicho tanta más razón hay para asegurarnos de que también lo tuvo que conocer el del '54. Si así fue, poco uso hizo de acuerdo con M. Rosa Lida ya que según ella "Los motivos . . . funcionan todos como elementos formales para marcar interrelación y graduación del relato . . . con arte diametralmente opuesta a la mera serie, a la manera del *Till Eulenspiegel*, mientras, por otra parte, ninguno de los probables motivos folklóricos coincide con los del *Till Eulenspiegel*." ([1964], 358). Ligeramente distinta es la opinión de Francisco Ayala, para el cual los episodios del *Lazarillo* están "dispuestos según el antecedente literario que siempre se menciona: el *Till Eulenspiegel*." diciendo más adelante que el autor "hubiera producido algo por el estilo del antecedente alemán . . . *Till Eulenspiegel*." ([1971], 36 y 75). Para el que resulta menos dudosa la deuda del *Lazarillo* para con ese *Ulenspiegel* es para Bataillon que ya en p. 35 de su trabajo de 1962 dirá: "Teniendo en cuenta el parentesco entre el *Lazarillo* y *Ulenspiegel* . . . no es arbitrario pensar que el autor español conociera la obra de su antecesor alemán, bien la versión flamenca, bien el librito francés redactado según aquélla —[cf. lo que yo también sugiero arriba]—, y que tomó de allí la idea de asociar Lázaro a un buldero que vivía de explotar la credulidad pública. La historia 31ª del *Ulenspiegel* nos cuenta que éste, habiéndose disfrazado de cura, exhibía un cráneo que hacía pasar por una reliquia de San Brandán, y que recogía mucho dinero . . ."etc., etc. — relaciónese esto con el art. de Gillet antes citado—, y más adelante "La fugitiva alusión al pintor servido por Lázaro nos intriga menos cuando recordamos que el pillo de *Till Ulenspiegel* engañó al landgrave de Hesse haciéndose pasar por pintor, y que se dio la gran vida a sus expensas con los compañeros que teóricamente deberían haberle preparado los colores." (p. 67); contra ello, M. Asensio no cree "que tenga justificación posible, el que Bataillon utilice la historia en que se finge pintor [Till Ulenspiegel] para engañar al Señor de Hesse, para explicar la aparición en el *Lazarillo* del maestro de pintar panderos." ([1960], 249) y a A. Blecua tampoco le parece muy decisiva la conjetura ([1974], 170, n.320), si bien, y por fin, G. A. Shipley, comentando a todos ellos, considera perfectamente aceptable la sugerencia de Bataillon (*MLN* [1982]: 228-29). Cada uno de esos críticos tiene perfecto derecho a hacer su capa de un sayo y opinar a su gusto y discreción, ya positiva, ya negativamente, pero mucho me temo que la segunda postura es más bien resultado de no haber tenido en cuenta —por haberlo soslayado u olvidado—

el indiscutible dato que proporciona el '55, y que debieran haberlo recordado tras la lectura de lo que Bataillon dice en su p. 88 y que arriba he citado.

Lo que simplemente ocurrió, en mi opinión, es que el autor del '54 quiso y supo incorporar orgánicamente dentro de su texto esas huellas recogidas del *Ulenspiegel*, mientras que, por su parte, el del '55 no se molestó en hacerlo así, insertándolas, en cambio, de una manera artificiosa y mecánica, artificio y mecanicidad que mucho dice de hasta qué punto este último capítulo es un posterior añadido postizo que no había sido concebido como orgánicamente perteneciente al *corpus* original.

Véase, por fin, la, un tanto peregrina pero no desechable, sugerencia de Solà-Solé de que toda esa *disputatio* de Lázaro fuera "un trasunto de las evidentes dificultades que Villalón experimentó . . . en particular, en la famosa Salamanca, en la que, por misteriosas razones, nunca llegó a conseguir el título de licenciado en Teología, que tanto codiciara." ([1979], 320).

[41] Por error, 65 en texto.

[42] *mesuraria*: "mediria", por supuesto, como dan los traductores; P, "to *measure* it"; V, "je le *mesureroye*"; St, "io . . . le *misurerei*", y Ba, *misurar*". Ni Cov. ni *Aut.* recogen ese verbo y para *mesura* ya señala Corom. haber quedado reducido a sus acepciones figuradas; arcaismo es, por supuesto —cf. Cejador, s.v.— pero en este caso, ¿no será, más bien, italianismo o, quizá más seguramente, galicismo? No se olvide que, como he señalado antes, muy probable es que el autor estuviera leyendo en la traducción francesa del *Ulenspiegel* para todas estas preguntas y respuestas, y recuérdese también lo curioso de que haya empleado líneas arriba —cf. n.35— "manera" en vez del *mesura* que da BAE, y que inmediatamente después repetirá el mismo verbo.

[43] Otra clara omisión de un necesario "que".

[44] Sin duda que, dada la construcción, el original debió leer {viendose en trabajo y en trabajo pensando ponerme} y que por haplología extensa se dio la omisión, y así parece que lo entendieron los traductores; St da: "uedendosi egli aggirato mentre pensaua d'aggirarmi"; por su parte, P, "and being at a staie, for that he thought to haue posed mee"; V, "se voyant en trauail, pensant de me mettre en route", y Ba, "& veggendo di non potere opormi contra, e farme star di sotto".

[45] echa), hecha, A y B.

[46] "*RESOLUCION*. Significa assimismo decissión o solución de alguna dificultad." (*Aut.*).

[47] Segunda pregunta que asimismo traduce prácticamente a la línea la del *Ulenspiegel*, "wie wil tag seind vergangen, von Adams zeiten bis vf diesen tag?" (Lappenberg, *loc. cit.*, como también la respuesta, si bien en el texto aparece un poco más elaborada ya que en alemán se lee: "nue VII tag, vnd so die vmbhin kummen, so heben VII ander tag an, das wert bis zu end der welt." Los traductores siguen a N con muy ligeras variantes.

[48] Para esa "péndola", Piñero (254, n.19) da la segunda acepción de *Aut.* que corresponde al actual péndulo sin tener

en cuenta la primera: "*PENDOLA*. Lo mismo que Pluma." que es, por otra parte, la única que recoge Cov.: "PÉNDOLA o péñola. Vale pluma con que se escribe." y que muy bien pudiera ser aplicable en este caso, como así lo vieron los traductores ya que P da "with a *penne* in my hand keeping account of them" y St, "nouerandogli (*sic*) colla *penna* in mano".

⁴⁹ Este "la fin" en función nominal aparecerá más abajo como "el fin" en este mismo f. y más adelante —f.69r— aparece un "a *la* fin" que puede entenderse tanto adverbial como nominalmente; esa condición de epiceno se da en otros textos, pero, y como ocurre con "fin" en funcion adverbial —cf. n.19 al Cap. XI— en general, predomina la forma masculina; p. ej., Gue*Ep.*, I, Gue*Men, Florinea*, Torquemada y el Pinciano dan "el fin" *passim*, no habiendo encontrado ningún texto que contenga "la fin" en exclusividad. En cualquier caso, y como ocurre con el adverbio, no se dan variantes entre N y S.

⁵⁰ tambien), tan bien, BAE y Piñero.

⁵¹ enlodara), enlodora, S. *Enlodar* o poner de lodo tenía más de una acepción en el XVI; desde la puramente sexual como en "Sus, dalde, maestro, *enloda*" que le dice la *Lozana* a Rampín durante el coito (*Lozana*, 142) hasta el castizo-social —"*Enlodarse* sinifica algunas vezes casarse mal, de manera que manche uno la limpieza de su linage" (Cov., s.v. *enlodar*), pasando por el más material como "*Ponerlo de lodo*, estragar o errar el negocio." (Cov., s.v. *lodo*) y "tan mal fortunados, que todo en lo que entienden se les torna *lodo*" (Gue*Ep.*, I, 409) o, por fin, "calumniar"o "insultar" o "insultar" como en "los moços parleros . . . *enlodaros* han la fama" (Gue*Ep.*, I, 197) y "y asi me *ponian de lodo* con sus lenguas" *Guzmán*, 505). Aquí, en concreto, ha de entenderse como poner a uno en un aprieto o dificultad, como en "Qu'el mundo se pierde todo!/ ANTON. Todos *estamos con llodo*/ no hay ninguno bien librado/" (Enci*T*, 141); "Ceso . . . de mas altercar, porque no me digas que el que *esta en el lodo* trabaja por meter all otro" (*Theb.*, 150); "Ella te *pondra del lodo*; al fin, no hay peor saber que no querer." (Muñón, 151); "Es hacernos tanto mal/ qu'es *ponernos bien de lodo*" (Hur*Cortes*, 8a); "se perdieron unos y otros fueron *puestos del lodo* por su amor" (*Florinea*, 175b) y "*ponenlas del duelo y del lodo*, pues lo uno pierden y en lo otro sin provecho penan." (Cruz, IV, 76).

⁵² Cov. no recoge *tamaño* como "chico" o "pequeño" pero si *Aut.* y aun con este específico diminutivo: "*TAMAÑITO, TA*. Lo mismo que Pequeñito." y cf. "tan poderoso y diuino/ herse niño *tamañino*" (Badajoz., xxxxrb); "Que está *tamañita* de miedo que venga su madre" (*Florinea*, 258a) y "Desde *tamañito* comence a ser trabieso" (*Guitón*, 49).

⁵³ *prompto*: "resuelto", "dispuesto", con valor adjetivo, por supuesto, ya que el adverbio es muy posterior como señala Corom. Cf. "*prompta* a quanto yo dezia" (GilV, 128); "Muy en *prompto* esta la causa" (Boecio., xxxvr); "Layda . . . *prompta* en el responder" y "tengo . . . la eloquencia tan *prompta*" (Gue*Ep.*, II, 244 y 286), y aun

bastante más tarde, y "Alli esta la suciedad limpia . . ., la hambre *prompta*" y "con *prompta* voluntad" (Cerv*NE*, I, 225 y II, 100); "se hallara mas facil y *prompto* para semejantes acciones" (Espinel, II, 235) y "estando la vena *prompta*, por estar en ayunas" (*Estebanillo*, II, 388). Nótese, además, la ortografía latinizante que Alemán también recoge, si bien criticando ya la pronunciación: "las afectaciones de algunos, que se precian mucho de pronunciar, una *m* antes de la p . . . *prompto*" (*Orto.*, 65). Cov. no recoge ese adjetivo aunque, sin embargo, da *prontitud* (s.v. *PRONTUARIO*).

⁵⁴ Esta adversativa *pero* en la apódosis en vez de "sino" es tan común a lo largo de todo el Siglo de Oro que me limitaré, simplemente, a dejar constancia del caso.

⁵⁵ Hay que sobreentender una elipsis de "haciendo preguntas", como, p. ej., lo reconoce P añadiendo "but to as many he would propounde betweene that and the next day."

⁵⁶ La tercera pregunta que le hace el Rector a Ulenspiegel es: "sag mir bold, wie oder woran sich das mittel in der welt halt?" que, como se ve, no es exactamente, la que reproduce este '55 y P, V y Ba; St omite ésta tercera y caso curioso es el de Sa que, a pesar de que V da "ou estoit la fin du monde", y siendo que prácticamente siempre le sigue, da, no obstante, y como en el original alemán, "Mittel". Como difícil resulta suponer que leyera en otro texto, habrá que suponer, simplemente, que conociendo el original, decidió, sin más, llevar a cabo la rectificación. Ha de señalarse, además, que aunque Ba recoge ésta tercera como "ou'era il fine del Mondo" en su Cap. LIII, acto seguido en el Cap. LIIII con *rúb*. "Lazariglio si fa conoscere Historiografo . . . narrando vn fatto ilustre dil Signore Sinan Bassa Generale del Turco contra i Persiani, simile alli Quesiti del Signore Rettore di Salamanca." da otra serie de preguntas hechas por Sinan al señor del palacio que ha conquistado y que son, "la prima qual sia il mezo del Mondo. La seconda, quanta vi sia dalla terra al Cielo. E la terza, quello, ch'io penso", en donde la tercera del *Ulenspiegel* — y tercera también del '55— aparece como primera y aun con "mezo" en vez de "fine", y la cuarta del *Ulenspiegel* y del '55 como segunda. Y, por fin, ésa última "quello, ch'io penso", que no aparece ni en el *Ulenspiegel* ni, por supuesto, en el '55, sí, en cambio, se recoge en el "Diálogo del nacimiento" en *Propa.* (Z iiii*r*) y ahí incluso se lee también la de "quanto ay del cielo a la tierra" (Z iii*v*b) con la respuesta de "a la fe no ay más de un salto", amén de otras en número de ocho. Del mismo modo, se puede ver en Roua., I, 477-79, otro preguntorio análogo a todos éstos, y, por fin, la "Patraña catorcena" recogida por Timoneda en donde las preguntas son "la primera . . . es que me digais, yo cuanto valgo; y la segunda, que a donde esta el medio del mundo; y la tercera, ques lo que yo pienso." (Timo*P*, 165) y ya expone su editor Ruiz Morcuende la trayectoria histórica de la misma que originada en el cuento *El rey Juan y el Abad de Canterbury* de Chaucer llega hasta el canto VIII del Orlandino de Folengo pasando por la *novela cuarta* de Sacchetti, si bien para él "Timoneda se inspiro . . . en el cuento popularísimo en Cataluña" (cf. p. xxiv de la "Introducción"); para más

información y ejs. en esta línea puede verse Gillet, III, 212-13. Todo ello indica claramente hasta qué punto este tipo de *disputatio* pertenecía a un folklore tradicional ampliamente difundido por entonces.

[57] A notar que, a diferencia de las restantes respuestas, en esta la victoria de Lázaro se apoya en un resorte distinto; en el original, Ulenspiegel derrota al Rector contestando: "das ist das hie, das stot recht mitten in der welt, vnd daz es war sei, so lond es messen mit einer schnur, vnd wa es felt vmb ein strohalm, so wil ich vnrecht hon.", basando, así, su razón en una mera imposibilidad física acto seguido reconocida por el Rector (p. 39), mientras que Lázaro recurre al factor psicológico ensalzando sutilmente las supuestas condiciones únicas de superioridad y fama de la Universidad, aunque, por supuesto, con su correspondiente carga irónica. Todos los traductores siguen al '55.

[58] siempre), sempre, A.

[59] Para esta frase proverbial cf. lo ya dicho en n.63 al Cap. III.

[60] echame), hecha me, A y B.

[61] Tanto esta cuarta pregunta como su correspondiente respuesta reproducen las del *Ulenspiegel*. St, que ha omitido la anterior, da ésta cuarta como tercera. Por fin, el *Ulenspiegel* recoge una quinta pregunta "wie weit der hymmel wer?" con su pertinente respuesta, que no aparecen ni en el '55 ni en sus traductores, omisión que difícil es conjeturar si se debió a que el autor leía una versión distinta que ya la omitía o, simplemente, fue un capricho personal suyo.

[62] gargajear a), garga j cara, A; gargajeara, B.

[63] *. . .*), podia el muy bien, BAE.

[64] prometo), prometto, A y B. *Prometer* con el sentido actual de "asegurar" era uso normal en el XVI. Tengo recogidos casos desde *Propa.*: "yo os *prometo*/ que pobreza es gran defeto/ para ser el hombre franco" (M iiivb) hasta el *Estebanillo*: "*Prometo*te . . . que . . . solo se de mi naci-//miento que me llamo Estebanillo Gonzalez" (144-45), y basten para el caso "Ella entra muy a tu honrra y suya y esto te lo *prometo*" (*Laz.*, 47r) y el caso extremo más en litigio de "mas yo te *prometo*, acabado el mes no quede en ella" (31v) que muestra a las claras la indeterminación semántica del verbo que aquí puede tomarse tanto en una como o en otra acepción, indeterminación que, por otra parte, sigue siendo perfectamente común en nuestros días. Cov., como en otros casos, recoge el término pero no lo explica, y lo mismo ocurre con "asegurar" que cita s.v. *Seguro*, sin más. *Aut.* da las dos acepciones. Véase, por fin, Fontecha, 285.

[65] *ponerse en ello*, probablemente con el sentido más enfático de "empeñarse en" como en "y un capitan Montalbo . . . *pusose* en no recibir a . . . Cardenas" (Girón, 54).

[66] *agradesco*, que no parece sea errata tipográfica ya que S lo da igual; sin duda indeterminación fonética de por esos años ya que en *Theb.*, p. ej., se da "agradeçço" (71) junto a "agredesca" (151) y "agradesca" (242) y en Guevara se

presenta un ej. máximo de "puede ser que meresca uno mucho . . . y otro merezca poco" (*Ep.*, I, 242) y otros casos con s en II, 81, 97, 194; así como "agradesco" e incluso "parezca" en *Florinea*, 172b, y 238b. Véase Alonso*Pronun.*, II, Cap. V, en especial p. 65, n.16 y pp. 79-89 para otros ejs. y comentarios sobre la cuestión.

[67] *haldilargos* de tan claro sentido como antes *mantilargos*, pero que como éste tampoco lo he visto recogido en ninguna parte; *Aut.* y Corom. lo más que dan es "haldudo"; P repite "long gowned"; V da "pands-larges"; St lo omite por la referencia al Duque y a los Atunes con sus correspondientes episodios que, como ya digo en los avatares, nunca transcribe, y Ba, "Togati Ignoranti". Piñero da "*haldilargos*: 'asonatados' (*sic*) . . . De halda, 'falda'" (257, n.25) sin otro comentario. Probablemente, otro neologismo del autor.

[68] Inusitado *combidados* éste, y más cuando poco después se lee correctamente la única acepción admisible y conocida del término, "fingiendo ser por otros *combidado*". Justamente perplejos ante tal término, los traductores optan por rectificarlo adecuadamente dando P, "hostes"; V, "hostes"; St, "hospiti", y, por fin, Ba, "convocati", con una diferente solución que no mucho más sentido tiene. No conociéndose en absoluto un doble sentido —activo y pasivo— para ese *combidados*, como si lo tenía el "huesped" por el que se deciden los tres primeros traductores, habrá que suponer otra mala lectura o algún tipo de deturpación en la redacción que difícil resulta de explicar, ya que la solución que propone Piñero citando a *Aut.*, s.v. *convidar* (257, n.27) tampoco viene a ser suficiente.

[69] Reacción ésta de Lázaro bien comprensible y humana siquiera por aquello que ya Castiglione aconsejaba diciendo: "seria yo de opinión que el hombre . . . no fuese muy fácil en acetar los favores que se le ofreciesen, sino que mostrase rehusallos templadamente . . . Porque vemos por experiencia . . . que si . . . el favor . . . le rehusamos un poco, como a cosa que nos viene ancha, luego le parece a quien nos lo hace que tenemos en mucho su autoridad . . ." (132).

[70] *aunque* como otro caso de los que hemos venido viendo de *aun* superfluo. Cf. n.93 al Cap. V.

[71] Por error de foliación 67 en el texto.

[72] Aunque las llamadas *cenas de Licencia* solían ser algo más abundantes, según puede verse en Esperabe (I, 197), de las que normalmente proveían los pupilajes —cf. n.23 aquí sobre esa penuria alimenticia— la reticencia de ese "Cenamos, no quiero dezir que" de Lázaro, hace suponer que la que recibe no fue, precisamente, muy copiosa, y más si se tiene en cuenta que redondea su información asegurándonos con irónica aminoración que "se aparejo a trueco de libros, y assi fue tan noble", y si hemos de hacer caso al estudiante de la *Farsa* de Palau que vengo citando, no eran muchos los libros que acostumbraban a tener esos estudiantes; ya se queja el tal de que "ni, ay, pelleja. ni tengo en la oreja./ Libros? pues vos lo veed;/ vna celestina vieja/ y vn Phelipe de ayer." (vv.199-203) aparte de las tradicionales y conocidas

pignoraciones de los mismos que ya se dan por consabidas como lo hace ver Alcocer en su *Tratado* de 1558 cuando hablando, precisamente, de esos estudiantes de Salamanca se queja de que "jueguen los dineros que sus padres . . . les dan para su mantenimiento y despues jueguen los libros y camas y andan enfrascados en veynte mohatras como muchos suelen hazer . . ." (p. 200).

[73] "*COLACION*. La confitura o bocado que se da para bever . . ." (Cov.) y ahí mismo, y más en concreto para este caso, "Los antiguos tambien solian dar despues de la cena, antes de irse a acostar, una *colacion* de confitura para bever." y cf. "despues que la cena touo cabo . . . la *colacion* fue . . . venida." (SanP*T*, 40); "Cenaremos/ y antes que nos echemos/ tomaremos *colacion*." (GilV., 195); "esa noche despues de cenar pusieron se a jugar la *colacion* el y el Alguazil" (*Laz.*, 41*v*) "una muy buena cena, *colacion* y vino admirable" (*Guzmán*, 566).

[74] Y eso, por supuesto, contra toda prohibición como la que se lee en los citados Estatutos: "Los bachilleres de pupilos no consientan ni juego de naypes ni dados en su casa, y si lo consintiere sea priuado del pupillaje que assi tuuiere y inabil para tenello de ay adelante" (Esperabe, I, 209) —García Mercadal ([1934], 84) también la recoge—; por supuesto, esas prohibiciones eran papel mojado como bien lo muestra el caso de Lázaro y así se entiende de cuanto se lee en el *Tratado* del citado Alcocer en cap. xxxvij cuya rúbrica reza: "Los estudiantes de la vniuersidad de Salamanca . . . si pecan y son obligados a restituyr lo que ganan en los juegos." (pp. 198-206).

[75] "*TRAMPANTOJO*. La trampa y engaño que alguno nos haze en nuestra presencia y delante de nuestros ojos." (Cov.) y cf. "que delante delos ojos/ te hare mil *trapantojos/*" (*Propa.*, E iiii*v*b); "si quitasen aquel velo/ de marañas, *trampantojos/*" (Hur*Cortes*, 29c); "para poder hazerle algo *trampantojos*" (Guitón, 96); "y hagan *trampantojos*, desacreditandose a si mismos" (*Guzmán*, 518) y "y hacen *trampantojos* un celemin de cebada" (Cerv*NE*, I, 252).

[76] tambien), tan bien, S.

[77] *todauia* en función de "siempre" —cf. n.7 al Cap. IV— y así lo traducen todos; P, "I could not *always* haue good fortune"; V, "que pas *tous-jours* ne peut succeder bien"; Ba, "che non *sempre* succedono bene tutte le cose"; St no traduce este trozo. Por otra parte, parece evidente en esa frase una mala lectura, porque para ella se exige, como P y Ba lo muestran, un {todo} ante ese *todauia*, es decir, una lección original {no siempre todo puede suceder bien}.

[78] "*Darse un verde*, holgarse en vanquetes y placeres." (Cov. s.v. VERDE) y cf. "irme a *dar un verde* con mi Carmisa" (Muñón, 107); "Señora. do haueys estado/ . . . / gentil *verde os haueys dado*?" (Timo*Filo.*, cxr b); "*demonos un verde* de música" (Cerv*NE*, II, 143); "Cuantos . . . dejaron los estudios, sus// casas, . . . solo por *darse un verde*, como dicen." (Luque, I, 130); "Si me adoras, *daraste lindos verdes/* . . . / dejarete salir mañana y tarde/" (Polo*Poesía*, 225)

y "con que me *daba un verde* de confituras" (*Estebanillo*, I, 240).

[79] Que pudo ser ese "algo mas, que por honrra dellos" calla Lázaro, no lo sabemos, pero ese reticente silencio sobre lo deshonroso que pudo ser todo ello, mucho recuerda esas "otras cosillas" que callándolas también, habrán obligado al Lázaro anterior a abandonar a su cuarto amo, el fraile de la Merced, "cosillas" que cuan deshonrosas fueron para el mozo ya he estudiado en mi trabajo de 1983, si bien con la diferencia de que en este último caso Lázaro será el sujeto activo y victorioso.

[80] tambien), tan bien, S.

[81] Según anota C. Mª Ajo en *Historia de las Universidades hispánicas*, una bula de 19 de enero de 1553 de Julio III "dio lugar a un nuevo aumento de cátedras hasta un total de veintidós" en el Colegio-Universidad de Toledo (II, p. 71) y con algo más de detalle dice V. Beltrán de Heredia: "El . . . maestrescuela era D. Bernardino de Alcaraz . . . a quien . . . autorizó Julio III, por bula de 19 de enero de 1553, para anexionar algunos beneficios destinados a dotación de catedras de teología, de ambos derechos, de medicina y de artes, en forma que bastasen a la categoría de Universidad de que gozaba ya el Colegio de Santa Catalina." (Cf. "La Facultad de Teología en la Universidad de Toledo", *Rev. Española de Teología* 3 [Julio-Sept., 1943]: 201-47; cita en p. 214 y véanse también pp. 209-10). Muy bien podemos preguntarnos si con ese fantástico proyecto de Lázaro no estaría el autor aprovechando la circunstancia para ironizar sobre esa proliferación de cátedras.

[82] lo sabra), le sobra, A. y B.

[83] FINIS), FIN, S.

Avatares generales

a) Ediciones en castellano

Las dos primeras ediciones conocidas de *La segunda parte de Lazarillo de Tormes, y de sus fortunas y adversidades* se publicaron el mismo año, 1555, y en el mismo lugar, Amberes.

1. Una es de Martin Nucio en 12º y comprende seis pliegos con 72 folios. Su disposición material[1] es como sigue: Portada en f.1r; extracto del privilegio firmado por Facuwez en f.1v;[2] comienza el texto en f.2r y sigue hasta f.69v dejando los tres últimos ff. en blanco; la foliación contiene las siguientes erratas: 53 por 65, 65 por 67 y 67 por 69; el encabezamiento corrido general lee "II. PARTE" en vtos. y "DE LAZARILLO" en rectos; la caja es de 29 líneas y todas las páginas llevan correspondientes reclamos. Todos los ejemplares que he consultado[3] aparecen encuadernados con su primera parte.

2. La otra es de Guillermo Simon también en 12º y con seis pliegos y medio que comprenden 78 ff. Disposición material: Portada en f.1r, f.1v en blanco ya que no lleva extracto de privilegio alguno; empieza el texto en f.2r que sigue con foliación correcta hasta el f.73; tras éste los cinco últimos siguientes van numerados 75, 77, 79, 81, 73 como si se tratara de paginación en vez de foliación. El texto acaba en f.75r (77 por error) y los ff. siguientes contienen tres fábulas bajo la rúbrica "SIGVENSE ALGVNAS//FABVLAS MVY GRACIOSAS, //las quales no son de la obra, pero//añadieron se a ella por//no vender al Lector//papel blanco."[4] terminando el texto total en f.78v (83 por error); el encabezamiento corrido por páginas es "SEGVNDA PARTE" en vtos. y "DE LAZARILLO" en rectos; la caja es de 28 líneas y todas las páginas llevan reclamos.[5] Por fin, y a diferencia de las primeras partes, ambas ediciones dividen el texto por capítulos en vez de por tratados y presentan, así mismo, tres puntos y aparte —dos en el capítulo II y uno en el XVIII— contra ninguno en esas primeras.

3. Tras estas iniciales de Nucio y Simon, la siguiente edición conocida que contiene ambas partes es la de Antono de Antoni (Milan, 1587)[6]. Antoni sigue en todo a Nucio para su edición y ahí mantiene para toda la primera parte los encabezamientos en páginas de "TRACTADO" en vtos. y los correspondientes ordinales en rectos, y sigue para toda la *Segunda* con "II PARTE" en vtos. y "DE LAZARILLO" en rectos, pero a diferencia de su predecesor además de no presentar portada alguna para esta *Segunda*, la numeración de ff. corre sin interrupción para ambas partes comenzando en f.30v (L)A SEGVNDA PARTE//DE LAZARILLO//DE TORMES.//*y de sus fortunas y aduersidades*. A notar que tras la dedicatoria en f.2r la "Tabla" que va de 2v a 3r comienza con "Tractado primiero" (*sic*), siguen solamente las rúbricas correspondientes sin mención ninguna de "Tractados" y tras ellas continúa "Segunda parte" con solamente rúbricas, sin señalar división por capítulos; algo así, es decir, como si para esa "Tabla" la mención "Segunda parte" indicara como una segunda parte del "Tractado primiero" o, de otro modo, como un tratado segundo.

Como se habrá observado, he insertado la "L" inicial entre paréntesis y esto por una razón muy simple que considero de interés exponer.

De los seis ejemplares que he visto, sólo el R-12036 (1587) de Madrid presenta esa "L" total; en el 1074.d.1. de la BL la misma aparece caída con respecto a la "A", y tanto en los otros de 1587 como en los posteriores de 1597 —si es que lo son, editorialmente hablando— esa "L" ha desaparecido por completo. Hay que suponer, pues, que esa "L" quizá floja ya en principio en el R-12036, se fue desprendiendo —caída en 1074.d.1— a medida que se iban imprimiendo ejemplares, para acabar perdiéndose en los cuatro restantes; negligencia del impresor Meda que con otros errores produjeron las consecuencias que luego apunto. Esos errores y otras irregularidades, que ya recogió Rumeau ([1964], 288-90) se repiten invariablemente en ambas impresiones —1587 y 1597— y a ellos hay que agregar dos más que el citado crítico no vio; para el f.38, el "8" se omite sin excepción en todos esos seis ejemplares y también todos ellos, en la numeración de las rúbricas de los capítulos en la "Tabla", se saltan el n.16 apareciendo el orden como 15, 17, 18, 19, siendo, como son, dieciocho capítulos. Todas esas irregularidades y esos errores invariable y automáticamente repetidos, esa "L" paulatinamente desaparecida sin haber sido repuesta en un supuesto lapso de diez años, junto con las pertinentes consideraciones que para esas dos supuestas distintas ediciones hizo Rumeau, confirman, a mi juicio, lo acertado de su tesis de que "Il n'y a pas d'édition du *Lazarillo* de Bergame, 1597. En dix ans, Antonio de Antoni n'a pas écoulé son édition de 1587." ([1964], 290) con su conclusión de que le quedó un buen remanente por vender de ese 1587 y que lindamente quiso revender mediante el subterfugio de una falsa distinta edición posterior; remanente que, como añade Rumeau —"Il faut croire que la quantité des invendus justifiait les nouveaux frais engagés"—, no debió ser escaso y para explicar el cual sugeriré una muy probable razón que el francés no pudo aducir por no haber visto los ejemplares de la BL.

Frente a todos los demás ejemplares, el 1074.d.1. de esa BL discrepa totalmente en cuanto al orden de numeración de folios; comenzando correctamente del 1 al 8 sigue del modo siguiente: 12-11-10-9-16-15-14-13-26-25-28-27-30-29-32-31-17-18-19-20-21-22-23-24-33-34, continuando ya de manera regular con sólo la alteración en numeración de 50 por 49, 56 por 51 y 54 por 53; desorden que se explica fácilmente en cuanto se considera el procedimiento mécanico de pliegue y disposición de cuadernos ya que el error consistió en que Meda, o quien a cargo estuviere de la tarea, por un lado dio la vuelta al pliego total y/o lo invirtió incorrectamente, y, por otro, no dispuso esos pliegos en la sucesión requerida.[7] Ahora bien, como esa irregularidad no se da en ninguno de los otros —y recuérdese que son tres para la edición de 1587 y los dos restantes de la supuesta de 1597— es obvio que Meda dándose cuenta de la garrafal anomalía la rectificó en estos últimos pero no con la suficiente premura como para evitar que bastantes ejemplares del primero —prueba ese aberrante 1074.d.1. que obra en la BL —corrieran públicamente; con ello, bien puede colegirse que esa edición de 1587 adquiriera una merecida mala prensa —digámoslo en términos modernos— con el lógico desprestigio tanto para la misma como para su editor Antoni. Ante tal desbarajuste, sin duda que Antoni se tendría que quedar con ese citado remanente y esperar diez años para relanzarlos en 1597 sin ni siquiera molestarse en corregir los otros errores, pero eso sí, acordándose bien de suprimir el nombre del inicial impresor Meda en el colofón —en ninguna de 1597 aparece— sin duda como justo castigo a la desidia y negligencia de éste. Dudosísimo es, pues, que ésa de 1597 pueda considerarse como otra reedición.

4. Tras ésa de Antoni viene la de Juan Baptista Bidelo (Milan, 1615).[8] Va juntamente con la de 1554 y no pasa de ser una reproducción de la de Antoni, como ya señaló también Rumeau ([1964], 290-2); difiere, no obstante, de ella en que frente a la numeración por folios de Antoni, Bidelo la da por páginas, corriendo el texto del '54 de pp. 1 a 72 y comenzando en p. 73 la *Segunda parte* que desde ahí sigue hasta p. 178 donde acaba, manteniéndose, así, la continuidad formal para ambos textos que había iniciado Antoni.

Después de estas ediciones, si tanto "fortunas" como "adversidades" caracterizaron a su personaje central, la obra en que se relatan no tardará mucho en comprobar que su posible futura "fortuna" ha de verse preterida y anulada por sus "adversidades". Acostumbrados y hechos al gusto —hay que suponer— de lo humano y realista del '54, los lectores del resto del XVI y principios del XVII, y si hemos de juzgar por el material que hasta nuestros días ha llegado, no parece que alentaran excesivamente una más continuada publicación de esa *Segunda parte*[9] y cuando uno de entre esos lectores —hablo de Juan de Luna— decidió sacar a la luz la suya de 1620 retomando el realismo, la crítica social y religiosa, las mordaces y/o picantes aventuras iniciadas con la primera parte, vino a dar, prácticamente, el golpe de gracia a su anterior homónimo al menos en cuanto a éxito editorial y en castellano se refiere, ya que desde entonces —o, mejor aun, tras Bidelo— no sabemos que fuera publicado ese '55 en su original hasta la edición preparada por Benito Maestre en 1844 para la imprenta de Mora y Soler en donde ya aparece integrada en un solo volumen con la de 1554 y la de Luna, como así mismo ocurre en las inmediatas siguientes de 1846, 1847, 1881, etc., etc.,[10] "adversidad" esta que se mantendrá hasta nuestros días como puede comprobarse en la bibliografía que adjunto.

Algo ligeramente distinto será lo que ocurra cuando de traducciones se trata, ya que éstas, compitiendo con la de Luna, consiguieron prolongar la existencia de su predecesora hasta bastante entrado el XVII como paso a hacer ver.

b) Traducciones

1. La primera traducción de esa *Segunda parte* es, que yo sepa, la inglesa de W. P[histon] impresa en Londres en 1596,[11] y que debió ser inducida, con toda probabilidad, por el éxito de la traducción de Rowland del '54 y sus subsiguientes reediciones, la última, precisamente, en ese mismo año.[12] Desde el mismo principio se presenta esta edición con carácter plenamente independiente de la de Rowland, teniendo sólo en común año y lugar de publicación. En efecto, la de Phiston lleva portada propia, y su editor es Iohn Oxenbridge frente a Abell Ieffes para Rowland; ambas presentan epístolas dedicatorias pero nada tiene que ver una con otra ya que mientras Rowland es el firmante de la suya dirigida a Gresham, en la de Phiston será el editor Oxenbridge quien la dirija a Ionas Tirill of Burstow; la foliación de textos es independiente —f.A3*r* a H3*v* en Rowland y A2*r* a I4*v* para Phiston— y, por último, mientras que para la de Rowland el encabezamiento corrido general lee "The Spaniardes life" tantos en vtos. como en rectos, Phiston da "Lazarillo de Tormes," para los vtos. y "The Spanyardes life." de A4 a B2 y "The Spanyards Life." en los restantes, para los rectos, y sin mención ninguna a una segunda parte como ocurría en los textos en castellano.

Sin embargo, en algo sigue esta segunda parte a la de Rowland y depende de ella, ya que Rowland acaba su traducción del '54 con el capítulo I del '55 y, consiguientemente,

Phiston comenzará la suya haciendo del II de ese '55 su primero. A esta discrepancia respecto al original —más adelante, cuando hable de los avatares particulares, trataré el asunto con más detalle— ha de añadirse otra de bastante más envergadura en esa línea de supresiones. Para todo el texto que en la edición de Nucio va desde la cuarta línea del f.35r hasta la primera del 43v, Phiston da un resumen de nueve líneas;[13] con ello desaparecen del texto original el final del capítulo VIII —16 líneas—, los caps. IX y X y algo más de la mitad del XI; se da, por fin, otra breve y última omision de 4 líneas, la del párrafo del capítulo XVIII que en f.67v de Nucio comienza con "aunque Dios sabe . . ." hasta "tamañito." Omitido por el inglés el primer capítulo del original y tenidas en cuenta esas otras supresiones, el orden y número de capítulos de esa traducción es el siguiente —doy en parentesis la numeración correspondiente al original—: I[14] (II), II (III), III (IIII), IIII (V), V (VI), VI (VII), VII (VIII, IX, X y XI), VIII (XII), IX (XIII), X (XIIII), XI (XV), XII (XVI), XIII (XVII) y XIIII (XVIII). Ese capítulo VII que resume a los cuatro mantiene, no obstante, la rúbrica del VIII del original sin añadir nada referente al material textual omitido. Innovaciones estas que con toda probabilidad han de atribuirse al mismo traductor pues no se hallan en N y poco dudoso resulta que éste era el texto en que leía para su traducción. En efecto, Phiston traduce adecuadamente dos líneas que recogidas en el texto de N en ff.13v y 22v se encuentran omitidas en un S que se las salta, y confirmación, además, de que a N leía es el hecho de que dos de las malas lecturas exclusivas de N las reproduce literalmente; una es la de "porque Dios no crio tal oficio" (N, 3v) —que, como correctamente da S, debe ser "porque Dios lo creo para tal oficio" (11r)— traducida como " (for that God made no such office)", y otra la del "ellas" de "pompeaua con *ellas*" (N, 23v) —debiera ser "ella", como bien recoge S (25v), pues se trata de la espada— y que traduce "bragging among *the rest*".

Y en esa línea de innovaciones, y corroborando las anteriores, se halla, así mismo, la abundantísima profusión de otros aumentos, correcciones y personalizaciones que se observan a lo largo de toda esa traducción, y baste como excelente ejemplo y sumario de todo ello la labor que este traductor inglés acometió al tratar el último de los capítulos de la obra y que se observan en cuantos comentarios aduzco en las notas que acompañan al mismo en mi presentación del texto.

2. En 1598 aparecerá la traducción francesa hecha por Iean Van de Meeren e impresa en Amberes por Guislain Iansens en un mismo volumen con la primera parte, reedición de la misma en 1594.[15]

Traducción que, como la inglesa, formalmente difiere bastante del original, aunque las diferencias sean de distinta índole; como Phiston, Van de Meeren omite también el primer capítulo del '55 pero en su caso es más explicable y está más justificada esa omisión puesto que el mismo va ya añadido a la del '54 con el que —ya he dicho— esa *Segunda parte* forma volumen conjunto; tampoco sigue la división por capítulos del original pero no por resumen de algunos como hizo el inglés sino por distinto fraccionamiento del texto ya que Van de Meeren recoge todos los restantes diecisiete del '55 pero, por su parte, los divide en 25 del siguiente modo —doy en paréntesis los del original—: I-II (II), III (III), IIII (IIII), V-VI-VII (V), VIII (VI), IX (VII), X (VIII), XI (IX), XII (X), XIII (XI), XIIII-XV (XII), XVI-XVII (XIII), XVIII-XIX-XX (XIIII), XXI (XV), XXII (XVI), XXIII-XXIIII (XVII) y XXV (XVIII). Es de señalar que en cualquier caso y para todos los capítulos, V da rúbricas que corresponden perfecta y adecuadamente al material textual que encierran y que, por otra parte, aunque las divisiones materiales no son nada uniformes —el capítulo XXIII, p. ej., contiene sólo 26 líneas de todo el original XVII— las mismas siempre siguen a la línea el texto del '55.

Como la inglesa, esta francesa lleva portada propia y distinta pero a diferencia de la primera, la numeración de las paginas en V corre sin interrupción de pp. 7 a 126 para el '54 y tras esa portada en p. 127 con la 128 en blanco, el texto de la *Segunda* va desde p. 129 hasta p. 308 donde acaba; así mismo, el encabezamiento corrido es "LES FAITS MERVEIL." —vtos.— "DV LAZAR. DE TORM." —rectos— para la primera parte y "II. PARTIE DV" —vtos.— "LAZARE DE TORM." —rectos— para la *Segunda* proveyendo, por tanto, una mayor continuidad textual que la de P. Por fin, de p. 309 a 311 va una "APPROBATION" a la que sigue en p. 312 un "EXTRACT DU PRIVILEGE." si bien estas últimas páginas no aparecen numeradas.

La iniciativa y dedicación que he atribuído a Phiston serán las últimas diferencias respecto a Van der Meeren ya que en ningún caso se observan en éste, mucho más despreocupado respecto a su traducción o, si se quiere, más decidido a seguir al pie de la letra el texto que esta viendo; baste, por ejemplo, señalar —y como ya hago ver en las notas al texto— que de entre todas las malas lecturas corrige algunas de las más obvias —algo era de esperar— pero otras igualmente obvias las traduce literalmente y aun algunas de ellas las enmienda pero para peor, como, por ejemplo, dando "car Dieu n'augmenta point tel office" para el "porque Dios no crio tal oficio", y otro tanto de lo mismo ocurre con todas las irregularidades como —repito— puede observarse en las notas al texto. Las mismas, en fin, dejan claro que del mismo modo que Phiston, Van der Meeren, para su traducción, sigue a N.

3. Si fiel es V a N, fiel copia y traducción literal de esa *Segunda parte* francesa de 1598, es la edición holandesa que en la ciudad de Delft imprimió Felix Van Sambix en 1609; ya dice en la portada "Nieuwelicjk wt den Francoysche//in onse Nederduystche tale overgheset."[16] y, en efecto, en todo la sigue; en la omisión del primer capítulo, en su conversión de los restantes diecisiete en veinticinco, en las rúbricas de los mismos literalmente traducidas, en los encabezamientos corridos que ahí aparecerán como "Het tweede Boecks" para los vtos. y "van Lazarus van Tormes" y, claro está, en el texto, aunque con ciertas variantes de escaso relieve que señalo en las pertinentes notas al mismo. Añadiré, por fin y de pasada, que si la omisión del primer capítulo estaba perfectamente justificada pues que ya aparecía suprimido en la francesa, ello pudo también verse reforzado por el hecho de que en ese mismo año 1609 y en esa misma ciudad Delft —caso análogo al de Phiston respecto a Rowland—, publicó Schinckel su traducción del '54[17] con, por supuesto, ese apéndice del octavo capítulo ya que este impresor se limitó, simplemente, a reeditar la anterior y primera traducción holandesa de ese '54 de 1579, lo que, por otra parte, y valga esto para la historia de esa traducción, muy bien pudo ser razón —como a Phiston pudo ocurrirle y como, en último término, ocurrió con el '55— para impulsar a van Sambix a sacar a la luz esa *Segunda parte*.

4. La siguiente cronológicamente es la italiana de Barezzo Barezzi editada en Venecia en 1635; ya en 1622 el mismo había publicado la traducción de la primera parte —reeditada más tarde en 1626 y en 1632—[18] pero sin adjuntar *Segunda parte* alguna, fuera ésta la anónima o la de Luna; será en 1635 cuando junto con nueva reedición de esa primera,[19] añada la traducción de la de 1555.[20]

Si libertades se tomaron Phiston y Van der Meeren con el texto original, no menos —más bien más— se las tomará Barezzi, y tanto que más que traducción bien puede llamarse su labor innovadora reelaboración, siquiera por lo mucho que de acrecimiento personal agrega a su trabajo de traductor.[21] En efecto, desaparecido el primer capítulo del '55 que, siguiendo ya tradicional práctica, lo incorpora al '54 desde su edición de 1622, el material de los restantes diecisiete lo dividirá nada menos que en cincuenta y cinco, de los cuales, a su vez, sólo se ajustaran al original veinte de los veinticuatro últimos del volumen total y aun con abundantes salvedades y de modo bastante libre, como paso a exponer.

De esos 55, los 31 primeros (pp. 1 a 235) le sirven como ocasión para volcar una extensísima y monótonamente repetitiva cantidad de consideraciones sobre muy diversos temas: el honor, la gloria, la virtud, la justicia, la gentileza, la ingratitud, etc., etc., todos ellos salpicados y refrendados por una colación de hechos y episodios de famosos personajes junto con una no menor profusión de citas bíblicas y clásicas, reflexiones morales y sentencias apotegmáticas; todo ello puesto en boca de Lazarillo pero sin relación directa ninguna con el texto del '55.[22]

Con la rúbrica del capítulo VIII —"Della partenza che fece Lazariglio dalla città di Toledo per gire ad imbarcarsi, & di quello, che auuene." (p. 49)— parece que, por fin, el mismo, Barezzi, va a embarcarse en la tarea de su traducción directa, pero tras unas generalidades básicas que siguen al capítulo II del '55 vagamente, vuelve a sus morosas disquisiciones.

Es, en realidad, en p. 235 y con el título en máyusculas "LO STVPORE, //DELLE STRAVAGANZE CAPRICCIOSE" cuando se nos anuncia la verdadera traducción —y no es mal umbral el título, que desde cierta perspectiva bien puede interpretarse como caprichosa extravagancia literaria el conjunto de las fantásticas aventuras de Lazaro— y con la rúbrica en minúsculas "Lazariglio di Tormes, col suo Signor Caualiere, & loro soldati s'imbarcanno, & del naufragio, che seguí in Mare; & di quello succedete a Lazariglio, sotto le acque del Mare" del capítulo XXXII cuando comienza la misma.

Pero ni siquiera los 24 caps. de esa última parte corresponden propiamente al texto original; los caps. XLIX, L, LI y LII (pp. 341-85) relatan las amonestaciones de la Verdad a Lazarillo enseñándole cómo se debe vivir según Razón y no según Naturaleza y cómo se deben aborrecer los vicios si se ha de evitarse acabar en el Infierno; material que, claro está, no se da en el '55. Ahora bien, que tal material no aparezca en ese '55 no tiene por que entenderse que el mismo haya de ser absolutamente ajeno al original aunque, como he dicho, en principio no corresponda propiamente al mismo; ya se verá al tratar de los avatares particulares en la sección siguiente cómo el capítulo XV no era originalmente tal como lo conocemos, y así mismo que algo fue suprimido de él y aun que ese algo tuvo que corresponder, precisamente, a las palabras de amonestación y consejo por parte de esa Verdad a Lázaro, y para entonces dejo por ahora la cuestión.

Los veinte capítulos restantes, si bien con las libertades que acostumbra Barezzi a tomarse, siguen al original, pero como otra libertad más —que era de esperar— no hay correspondencia en la división respecto a los del '55; la misma es como sigue y doy en paréntesis los de ese '55: XXXII, XXXIII y XXXIV (II); XXXV (III); XXXVI (IIII); XXXVII, XXXVIII (V); XXXIX (VI y VII); paralela y respectivamente se corresponden los XL a XLVI a los VIII a XIV; XLVII (XV y XVI); XLVIII (XVII) y, por fin, LIII, LIIII y LV (XVIII) acabando esa "SECONDA PARTE" en p. 400.

Dentro del volumen total ambas partes tienen portadas y tablas claramente diferenciadas y así mismo la paginación es independiente para ambas: pp. 1 a 367 para la

"PRIMA PARTE", pp. 1 a 400 para la "SECONDA PARTE", siendo los encabezamientos "Vita di Lazariglio" —vtos.— y "di Tormes. Cap. I.", etc., etc., —rectos— para la primera y "Vita di Lazariglio di Tormes" —vtos.—; "Parte Seconda. Cap. I." etc., etc., —rectos— para la continuación.

Nada más ajeno, no obstante, a Barezzi sería suponerle una intención de discontinuidad. Si algún editor y/o traductor ha aceptado *ab initio* y plenamente la secuencia de personaje y texto, éste ha sido uno, y bien sentado lo deja tanto en sus portadas —véanse en la bibliografía— como ya dentro del texto en las líneas iniciales que abren la "SECONDA PARTE" y que rezan:

> Cosí io Lazariglio in quel tempo mi ritrouaua con grande
> felicità, & nel colmo d'ogni buona fortuna; come io ti
> dissi nel fine della Prima Parte di questa mia Vita, &
> diroti in questa Seconda: . . . (p. 2)

Respecto a que texto pudo tener Barezzi a la vista difícil es aventurar nada. Ni siquiera las pistas de las malas lecturas que antes han podido servir, son útiles en este caso; algunos de los casos más críticos no los traduce;, da "fu tutta vna cosa, & in vm' istesso tempo" por "todo fue vino", "quella" por "ellas" —siendo, cierto es, en ambos casos el único que difiere— y para el resto, da traducciones libres o correcciones adecuadas que poco ayudan, y menos tratándose —como en este caso se trata— de un "rifacimento barroco" como bien, y según he citado, lo ha definido Bertini.

Será, por fin, y de acuerdo con los datos bibliográficos que a mi alcance tengo, otro traductor —este otro también holandés— el que lleve a su último extremo, si bien de modo un tanto *sui generis*, la condición de continuidad —o inseparabilidad— de los *Lazarillos*.

5. Es la traducción de D. D. Harvy publicada por Simon de Vries en Utrecht en 1653.[23] En ella no solamente no hay portada, tablas ni paginación distintas para el '55, sino que incluso éste aparece inserto dentro del texto de la *Segunda parte* de Luna —también ahí recogida— formando un cuerpo único con ella como si de una sola se tratara.[24] Inserción y consiguiente enmascaramiento que han conseguido engañar incluso a catalogadores tan expertos como los de la British Library y, consecuentemente, a Laurenti a quien supongo haber tomado la información de ahí ya que Simón Díaz (XII, p. 725, n.6244) la cita pero no menciona la de Luna.[25]

De haber examinado el ejemplar con más atención estos catalogadores, los mismos hubieran descubierto que el texto total, con un encabezamiento corrido para todo el de "LAZARUS" —vtos.— y "VAN TORMES" —rectos—, se divide internamente en tres partes con la siguiente disposición:

a) Una primera bajo el título general "EERSTE DEEL//VAN//LAZARUS van TORMES" con 31 episodios numerados correlativamente desde p. 3 a p. 98, sin rúbrica ninguna para ninguno de ellos y todos, además, a renglón seguido con una única división proporcionada por el correspondiente número; primera parte que traduce todo el '54 siendo el episodio n.31, que la cierra, el primer capítulo del '55, con lo que reproduce, así, la disposición y división ya iniciada por la francesa de 1561 y continuada por las otras holandesas de 1579 y 1609; de notar es, sin embargo, que Harvy introduce una modificación en ese episodio final ya que, a diferencia de las anteriores, omite las lacrimosas y elegíacas líneas finales del '55 que comienzan con "O, gran Dios . . ." etc., etc.

b) Una segunda con título "TWEEDE DEEL.//VSAN LAZARUS van TORMES." que va de p. 99 a p. 215 con 23 episodios así mismo numerados; a su vez la disposición de esta "TWEEDE DEEL" es como sigue: el episodio n.1 —pp. 99 a 107— es traducción del primer capítulo de la obra de Luna de 1620; el segundo, n.2, comienza también correspondiendo al segundo de Luna y a éste sigue hasta llegar al relato de la matanza de atunes que Lázaro hace en su defensa —p. 111 holandesa—, y ahí es donde Harvy da el giro y sin pararse en barras introduce directamente el texto del '55 que comienza a traducir acto seguido, y transcribo los tres correspondientes trozos para que mejor se observe el arreglo en H.

Dice el de Luna:

Silbando me decían: "No queremos hacerte mal, solo saber si tienes buen gusto." Tanto hice, que en menos de un cuarto de hora maté más de quinientos atunes, que eran los que querian hacer *gaudeamus* con estas carnes pecadoras. Los pescados vivos se cebaron en los muertos y dejaron la compañía de Lazaro, que no les era provechosa.
Vime señor de la mar sin contradicción ninguna.[26]

En el anónimo del '55 se lee:

. . . se començaron a ocupar en se ceuar de aquellos de su misma nación a quien yo defendiendome auia dado la muerte . . .; en mi mano era matar quantos queria y a cabo de vn gran rato que dellos me aparte yendome//siempre baxando, y tan derecho como si lleuara mi cuerpo y pies fixados sobre alguna cosa, llegue a vna gran roca que en medio del hondo mar estaua . . . (N7*r-v*)

Párrafos que Harvy funde en el siguiente, y doy la traducción:

Me decian bostezando y soplando: No queremos hacerle mal pero nos gustaria saber si tiene buen gusto; pero yo en menos de un cuarto de hora maté a más de 500 atunes, que asi era como les llamaban y que con mi carne habian estado intentando hacerse una buena comida. Los que todavía estaban vivos huyeron enloquecidos de mi presencia que tan dañosa les habia sido. Me fui hundiendo todo el rato y finalmente di cerca de una gran roca que estaba en medio del mar . . . (p. 112)[27]

Provocada una posible confusión textual[28] por esa común matanza en ambos textos, el de Luna se interrumpe y, dejándolo de lado, Harvy sigue, sin más, el del capítulo II del '55. No quiere decir ello, no obstante, que con ese episodio n.2 siga todo el resto de ese II, ya que el mismo lo acaba con ". . . 't perijkel des Waters." traducción de ". . . los peligros del agua." de la línea sexta de N10*r*.

Con esto tenemos que dicho episodio n.2 se compone de todo el capítulo segundo de Luna exceptuado el último párrafo —luego veremos como reaparece éste— más unos dos ff. aproximadamente del II.

El episodio n.3 corresponderá al resto de ese II y de ahí en adelante todos los demás hasta el n.21 traducirán, sin intromisión ninguna del texto de Luna, todo el material correspondiente a los caps. III a XIV inclusive del '55 —pp. 102 a 207 en H—. En esa p. 207 comienza el episodio n.22 que sera traducción del breve XV del original pero con alguna variante; por un lado, Harvy omite las dos últimas líneas "buelto a mi Rey le conte lo que con la verdad auian passado", y por el otro agrega un párrafo conectivo que le servirá para retomar el último del capítulo segundo de Luna donde antes lo había dejado, y que retraduzco:

. . . si le agrada a V. M. le enviaré una relación de todo lo que con ella pasé. Habiendo vuelto a mi lugar y reflexionando conmigo mismo que feliz seria estando de nuevo en la tierra me tumbé a dormir y al despertar me encontré de nuevo cambiado en mi antigua forma humana; me sentí más contento que sorprendido. Luego, asi, me encontre total dueño y señor del mar y lo recorrí de parte a parte y encontre alli cosas increibles . . . (p. 209)

que corresponderá ya al "Víme señor de la mar . . . Discurri de unas a otras partes, donde vi cosas increibles;" con que comienza el párrafo final del capítulo segundo de Luna. Y traduciendo el resto de ese de Luna acabará, así mismo, el episodio n.22. El n.23 —pp. 210 a 215— corresponde ya totalmente al capítulo tercero de Luna y con él, a su vez, terminará toda esa "TWEEDE DEEL" de H.

c) Una tercera parte, por fin, con título "LAASTE DEEL: //VAN//LAZARUS van TORMES" con catorce episodios que van de p. 216 a p. 312 y que traducen los trece restantes capítulos de Luna, si bien con alguna variante, ya que si la división se ajusta en general, de episodio a capítulo, el último de Luna lo divide Harvy en dos episodios y, por otra parte, omite los dos últimos párrafos del mismo.

Recapitulando ahora las particularidades de este H, tenemos que a semejanza de todas las anteriores traducciones contiene el primer capítulo del '55 como último del '54; a diferencia de ellas —y por supuesto, ya que siendo la *Segunda parte* de Luna de 1620 sólo Barezzi pudiera haberlo hecho— recoge las dos *Segundas*, dividiéndose, así, el texto en tres, pero de la primera de esas *Segundas* solamente traduce hasta el capítulo XV inclusive y, por otra parte, toda esa traducción la inserta totalmente dentro de la *Segunda* de Luna formando un cuerpo único de ambas.

Es, por fin, de destacar que todo el material textual recogido en esa inserción se refiere a las aventuras submarinas de Lázaro y solamente a ellas; incorporado el capítulo I del '55 al '54, del II nada recoge Harvy ni de su embarcamiento ni de la truculenta tormenta que lo arrastra a lo hondo de los piélagos mediterráneos, como tampoco recogerá cuanto tras su encuentro con la Verdad y vuelto a su ser de hombre le sucede a ese Lázaro; para ello preferirá retomar el texto de Luna. Siendo, pues, que sólo traduce esas prodigiosas aventuras atunescas hay que suponer en este holandés una particular selectividad respecto a ese '55 en la que sólo lo fantástico, lo irreal y lo más exclusivamente lúdico tenían cabida.

Respecto a qué texto estuviera viendo Harvy para su traducción del '55 algo compleja puede presentarse, en principio, la cuestión. En la portada se lee "Nieuwelijcks uit Spaans in beknopt Duits . . . vertaalt" Ahora bien, como ya he dicho, para todo el material que traduce, Harvy no sigue la división por caps. del '55 sino que, por el contrario, da otra en 21 episodios y con ello cuestionable resulta ese "uit Spaans . . . vertaalt" puesto que, que sepamos, no ha existido nunca una versión española con esa específica división. Si, en cambio, sabemos de otras que sí la presentan; en efecto, esa división es la que comenzó Van der Meeren en 1598 y la que siguió a rajatabla el compatriota de Harvy, van Sambix, en 1609. Cuando, por otra parte, se hace un mero cotejo de los textos de esos dos holandeses pronto se advierte que H no sólo sigue esa general división de 21 capítulos de Sambix sino que, incluso, comienza y acaba cada uno de ellos donde y como lo hace éste. Si se recuerda, además, que su traducción del '54 consta de 31 caps. siguiendo con ello la pauta que, sentada ya por otros, se daba en su inmediato antecesor Schinckel, parece forzoso concluir que Harvy tomó como modelos esas dos ediciones de 1609 en su lengua, y que ese "uit Spaans . . . vertaalt" tenga mucho de genérico en el sentido de haber sido traducida la obra del español pero no específicamente por él.

Hay que preguntarse, no obstante, si no es cierto que haya un tanto de verdad en ese "uit Spaans . . . vertaalt". Muy lícito es cuestionar que Harvy haya traducido su '54 de un original en castellano, como lícito es dudar que haya hecho otro tanto con el '55, pero mucho más difícil es negarle lo mismo cuando de la *Segunda parte* de Luna se trata ya que bien a mano tenía el original de no muchos años antes y no hay constancia de que otro se le hubiera anticipado en esa traducción, con todo lo cual bien justificada quedaría tal afirmación al menos parcialmente. Por otra parte, todo cuanto Harvy hace con las dos *Segundas partes*, y según he expuesto, es insertar la enorme porción del '55 dentro de la obra total de Luna incorporándola a ésta de tal modo que a simple vista muy bien puede admitirse —como hasta ahora se ha venido haciendo— que, simple y exclusivamente, se limitó a traducir la *Segunda* de ese Luna. Ahora bien, habiendo decidido enmascarar cucamente todo ese '55 dentro del de Luna, bien podemos aceptar, así mismo, que ese autor considerara muy aceptable —tras su operación y por ella— aplicar de modo extensivo ese "uit Spaans . . . vertaalt" a la totalidad de su obra sin demasiados tiquismiquis ni escrúpulos.

Sea esto cómo fuere, lo cierto es que no debieron parecer mal las tales innovaciones textuales de Harvy y su éxito editorial debieron conseguir, ya que dos reediciones más, que yo sepa, se dieron de su obra en un lapso de dieciséis años.

6. La primera de ellas fue la publicada en 1662 en Amsterdam por Baltes Boenholt;[29] reedición que sigue absolutamente a la de 1653 tanto en su división en tres partes como en el número de caps. de cada una de ellas, diferenciándose solamente en los preliminares, más amplios en la que trato; las dos hojas de guarda en blanco y la p. 3 con la portada de la edición de Simon de Vries han pasado a ser diez páginas en Boenholt con la siguiente distribución: p. 1 con título y datos editoriales; p. 2 en blanco; p. 3 que repite la p. 1; p. 4 en blanco; pp. 5 a 8 con un proemio del librero bajo iniciales M. D. G. intitulado "Boek-verkooper tot den leeser" —"Del vendedor al lector"— en que justifica su publicación y pp. 9 y 10 con una dedicatoria rimada con el título "Aen de koddige Geestjes deser tegenwoordige eeuw" —"A los finos ingenios jocosos del siglo" más o menos libremente— en que da un breve resumen del contenido; sigue el texto que va de pp. 11 a 103 para la primera parte, pp. 104 a 216 para la segunda y pp. 217 a 320 para la tercera y última.

7. La segunda es la siguiente reedición en 1669 del mismo Boenholt y en el mismo Amsterdam.[30] Con la misma división en tres partes e igual número de episodios para cada una, se diferencia en que reduce el título a sólo 'T LEVEN VAN LAZARUS van TORMES, sin más; no recoge la p. 3 de la anterior y al final de la primera parte en p. 103 figura un dibujo con frutas, yugo y cordón que no se daba en la de 1662.[31]

c) Un caso especial: el de Strozzi.

En 1608 el italiano Giulio Strozzi acabó una traducción del *Lazarillo* del '54[32]. Lo interesante del caso es que este Strozzi no sólo tradujo ese '54 sino que, así mismo, optó también por traducir ciertos capítulos del '55, capítulos que, además, añadió a ese '54 como si al mismo pertenecieran, o, por lo menos, eso ha de deducirse, en principio, de la portada en la que sólo se lee "Vita di//Lazzariglio del Torme" (p. 41). Son esos capítulos los nos.I., XV y XVIII; menguado material ciertamente de entre todos los dieciocho que componen la obra y al que, por lo mismo, parece que no hubiera de dársele excesiva importancia, pero, no obstante, así hay que hacerlo, aunque sólo sea por la intención que puede esconderse tras la decisión de ese Strozzi de incluir tan escaso material cuando muy bien pudiera haberse limitado simplemente a traducir el '54.

De rigor es empezar a preguntarse qué texto tenía a la vista Strozzi para poder llegar a una conclusión de hasta qué punto y cómo fueron originales esas innovaciones.

En esa misma portada se lee "dallo spagnuolo//Tradotta . . ., y a este respecto lo más que dicen los Brancaforte en su introducción es que "no es posible saber con certeza cuál fue la edición del Lazarillo usada por Strozzi." (p. 14) Un detalle hay, no obstante, que permite afirmar con suficiente certeza que ésta fuera la de su compatriota Antoni. En efecto, en su estudio de esa edición Rumeau ya hizo ver ([1964], 286) que el milanés en el paso de f.8*v* a 9*r* se salta la línea que debiera leer /"ra. Los sabados comense en esta tierra cabezas de car-"/; pues bien, para el texto completo

> y pluguiera a Dios que me demediara. Los Sabados comense en esta tierra cabeças de carnero, y embiauame me por vna que costaua tres marauedis . . . (N16*r*)

Strozzi traduce

> che piacesse a Dio, che mi fusse stato tanto per uiuere. Mi faceua egli alle uolte comprare una testiccioula da tre quattrini . . . (p. 60)

sin referencia alguna a esa característica costumbre de los sábados y con el consiguiente arreglo de "alle uolte" y de una "testicciuola" sugerida por la morosa descripción que inmediatamente sigue.[33] Omisión que no parece que fuera personal decisión de Strozzi si se tiene en cuenta que, como apuntan los editores, "La tendencia hacia la amplificación es . . . lo que aparta la traducción del estilo lacónico . . . del *Lazarillo* (p. 17). Añádase a ello que, por otra parte, lógico parece que tratándose de una edición en castellano, publicada en Italia y sólo unos pocos años antes, fuera la de ese Antoni la que más a mano tuviera.

Sentado esto habrá que admitir que cuantas divergencias se dan en esa traducción respecto a los originales reproducidos por Antoni son producto de la manipulación de Strozzi. Veamos cuáles y cómo son éstas.

La primera de ellas es la modificación tanto formal como textual que sufre el capítulo I de ese '55. A pesar de que siguiendo ortodoxamente a N, Antoni lo da como tal inicial capítulo de una *Segunda parte* material y evidentemente distinta de la primera, Strozzi lo adjunta al '54. Como esa práctica ya tenía precedentes tanto en traducciones anteriores como en las dos de Plantin de 1595 y 1602 en castellano, podría suponerse que alguna conocía y se limitaba a seguir esa pauta; pero no es así, porque si todos esos anteriores adicionaban ese apéndice, en todo caso lo hacían presentándolo como un correspondiente capítulo octavo y Strozzi no sólo lo adjunta sino que, a diferencia de ellos, agrega ese capítulo I a renglón seguido del séptimo del '54, integrándolo y fundiéndolo con el en uno sólo y único mediante el simple siguiente arreglo:

> . . . nel qual tempo uiueua io felicissimo, et nel colmo della mia buona fortuna: Et come aueua io sempre apresso di me un panierino delle più belle frutta che fussero nel Paese . . . (109)

a lo que seguirá, sin más, todo el resto del capítulo I del '55 que, como tal, habrá desaparecido. Difícil es llegar a un extremo mayor en la convicción —en los otros ya supuesta— de que ese primer capítulo del '55 pertenecía de hecho y derecho al *corpus* del '54, y no será fácil tampoco hallar mejor ejemplo de que el realismo, la verosimilitud y la continuidad textual del mismo ayudaban a suponerlo así y abiertamente incitaban a conculcar la disposición material presentada por los originales que conocemos.

Caso único, que yo sepa, en esa innovación, Strozzi se decidirá por otras ya dentro del texto, otras que algo nos dejan entrever de su peculiar interés en remodelar —mejor habría que decir, aniquilar— esa *Segunda parte* de acuerdo con sus propósitos.

En todas las otras ediciones y traducciones se nos informa de que los amigos extranjeros de Lázaro son alemanes sólo mediante la mención de los tudescos en la rúbrica y las posteriores palabras "Nite, nite, Asticot, lanz"; Strozzi, por el contrario, los especificará de modo explícito dando el "tuuiera en aquellos mis señores todo fauor y socorro, mas yo nunca los dexaua boquisecos" del original, como

> haurei trouato in quei miei Padroni tutti quei fauori, che hauessi desiderato. Presi frà gl'altri stretta pratica d'alcuni Baroni Tedeschi della Guardia di S.M.: ta, i quali non lasciaua mai a bocca asciutta (p. 109)

Claro está que al no haber mencionado a esos tudescos en la rúbrica —al fundir este capítulo I con el último del '54 la misma ha desaparecido— ha podido empujar a su conciencia de traductor a dejar constancia de ello en el texto, pero también es muy probable que tan redondeada presentación se deba tanto o más a su interés en aclarar cuán selecta es la gente con que Lázaro se codea. Y si este interés puede ser discutible no es lo en ningún caso el de presentar cierta preocupación de ese Lázaro que tampoco aparece recogida nunca en textos anteriores.

A punto de mudarse "la gran corte como hacer suele", sus amigos tudescos le instarán a que les acompañe, pero algo le retendrá; como dice: "si casado no fuera no dexara su compañia"; suficiente rémora esa para el Lázaro del '55, no se lo parece así a Strozzi que algo más añadirá:

> Et certo che s'io non hauessi hauuto il freno della moglie, *oltre il ritrouarmi senza legittima successione*, non haurei lasciata questa lor buona compagnia: (p. 110, *sub. mío.*)

Ahora nos enteramos de que a este Lázaro no sólo le preocupa tener descendencia, sino lo que es más, tenerla legítima; algo ha cambiado este personaje en manos del italiano, cambio que, además, se reafirmará con otro posterior.

Tras los encendidos elogios a esos tudescos, el Lázaro del '55 persistirá en justificar su decisión en nombre de la mujer y la patria —"Mas el amor de la muger y de la patria . . . tiraron por mi"—; el de Strozzi, no obstante, tendrá aun un ulterior motivo: "l'amor della moglie, *il desiderio della prole, et l'obligo ch'io haueua* alla Patria," (*loc. cit.*, *sub. mío*).

Decididamente, este Lázaro tan deseoso de prole —y de prole legítima, recuérdese— y tan patriótico, amén de tan amante de la familia, poco tiene que ver con un anterior del que difícilmente hubiéramos sospechado esas tendencias; cierto es que desde su adquisición del "habito de hombre de bien", la obtención de su "oficio real" y su definitivo asentamiento doméstico en Toledo algunos humillos de burgués iba dejando descolgar pero estos, sin mucha duda, debidos más a sus particulares intereses que a tan genéricos y encomiables impulsos.

Y aun alguna otra metamorfosis llevará a cabo Strozzi tras la que ha venido operando, porque ese deseo de prole que, como sabemos, acabará realizándose para el del '55 con la "muy hermosa niña" que le parirá su mujer, se convertirá, por obra y gracia del italiano, en "un figliuol maschio"; evidentemente, el poco disimulado y consabido oprobio que para esos tiempos representaba la descendencia femenina, escasamente condecía con la índole más bien machista, digámoslo en términos modernos, con que Strozzi quiere revestir a su Lázaro, con su propósito, en último término, de presentar a un personaje decididamente menos apicarado, más de acuerdo con una típica línea burguesa; más dentro, en fin, de las rutinarias convenciones y los establecidos valores de una característica sociedad postridentina y contrarreformista en la que abiertamente operaba una oficial religiosidad con todo su trasfondo de cripto-semíticos preceptos.[34]

Pasando ahora al plano de las omisiones que para ese capítulo I se dan, se observa que todo el párrafo final de ese I del '55 que comienza con "hasta que la fortuna . . .", etc., etc., se ha perdido, si bien para esta modificación lo que está operando es, obviamente, una razón de puro ajuste formal; en efecto, siendo ese párrafo a un modo de proemio introductorio de cuanto Lázaro nos ha de relatar desde el capítulo II en adelante, y habida cuenta de que Strozzi deliberadamente elimina todo ese material, así había de ser.

Del mismo modo —y aunque, como veremos, la razón no sea, por supuesto, estrictamente formal— eliminará Strozzi ciertos trozos del original en el octavo y último capítulo de su traducción, octavo y último capítulo que con incrustaciones del correspondiente XV y aun un tanto del XVII, rinde el texto del XVIII, último a su vez, de ese original.

En el párrafo inicial de ese XVIII se lee:

> . . . quise me salir de alli . . . y solearme vn poco, pues estaua harto del sombrio del agua. Determinando a do yria . . .

que Strozzi traducirá,

> . . . mi monto capriccio d'uscir un poco . . . per isciorinarmi un tratto. Ma pensando al uiaggio ch'io farei . . . (p. 111)

Inmediatamente se advierte que lo suprimido —"pues estaua harto del sombrio del agua"— hace referencia a las aventuras subacuáticas de Lázaro, y de esa misma índole son las otras tantas supresiones —nueve en total sin que haga falta detallarlas— que el italiano se permite, y esto sin que se le escape ni una sola —buen cuidado pone en ello— de las menciones que en ese capítulo XVIII, de un modo u otro, remiten a esas atunescas aventuras; índice todo ello de la contumacia y meticulosidad con que el mismo hace desaparecer de su texto cuanto rastro se relacione con el Lázaro-atún del '55, y bien se entiende que así lo haga pues que ese fantástico personaje nada puede tener que ver con el burgués, paternal y patriótico que ha decidido presentarnos.

Ahora en el plano de las adiciones para ese octavo y final capítulo de Strozzi, nos encontramos con que el Lázaro del '55 y para explicar la razón de su ida a Salamanca aduce:

> Y era lo que auia muchas vezes desseado por prouar de engañar alguno de aquellos Abades o Mantilargos . . . (N64*v*)

razón a la cual una segunda añadirá ese traductor con

> et di questo uiaggio molte uolte m'era uenuto uoglia *et per udir nuoua di mia Madre, et di mio fratello*, et per prouare d'ingannare alcuno di quegli Abati, et pannilunghi . . . (p. 111., *sub. mío*)

Poco más adelante, el comienzo de la paseata de Lázaro —"Fuyme luego a passear por la villa"— tendrá un ulterior propósito para Strozzi que traducirá "Mi posi subito a passeggiare per la Citta, *et a cercar nuoua di mia Madre. et de mio fratello . . .*" (p. 113., *sub. mío*) y, por fin, cuando Lázaro da por terminada su visita a Salamanca informándonos simplemente que "Assi determine boluerme . . ." (N69*r*) algo más antepondrá ese traductor de su cosecha diciendo:

> Cosí riueduta la Città, . . . *fatta ma indarno ogni diligenza possibile per udir'alcuna nuoua di mia Madre, e di mio fratello,* . . . determinai di tornarmene a casa . . . (p. 117)

Por si no fuera bastante la presentación anterior que de Lázaro ha hecho, Strozzi nos lo configura ahora, obsesivamente, como amorosísimo hijo y hermano, como fiel miembro de una familia que ciertamente merece todas sus atenciones y preocupaciones, rasgos que más bien poco compaginan con el básico Lázaro que en el '54 se nos dio.

De interés y de relieve como son todas estas modificaciones no lo son menos las que Strozzi lleva a cabo al enfrentarse con el capítulo XV del original, capítulo que en su traducción incrustará en su octavo y último como si de una parte del XVIII original se tratara, y todo ello del siguiente modo: creando un paréntesis entre las líneas "aunque de sus noches Dios guarde mi casa." y "Fuyme luego a passear por la villa," del principio de ese XVIII, en él intercala un extenso trozo —54 líneas del texto editado— que empieza con "Vscito dunque di Toledo . . . diedi . . . in una Matrona uenera'da" (p. 111), "Matrona uenera'da" que tras unas palabras de reconvención que vienen a traducir libremente lo que en sueños le habrá amonestado la Verdad al final del capítulo XVII, y con las que le acusa a Lázaro de nunca haber dicho la verdad en su oficio de pregonero, le dirá acto seguido:

> Sappi ch'io sono la ueritá figliuola di Dio scesa di Cielo//in Terra solo per utilità di uiuenti, la quale ho prouato ogn'arte per uiuere, et conuersar frà le genti, ma uisitate tutte le persone cosí di grande stato, come di humile fortuna, et non trouando alloggio alcuno nelle case loro me ne uo per lo mondo raminga, e peregrinando, cacciatta dalle Corti de Principi. et consortio de Mortali, ed altro ricouro non trouo, che ne conuenti de Religiosi, et nelle caritatiue Case de Preti . . . (pp. 111-12)

tirada que inmediatamente se reconoce como la traducción prácticamente literal de lo que en el capítulo XV aparece, con sólo las diferencias —notables, por otra parte— de que esa Verdad de Strozzi, por un lado, no encuentra alojamiento en ninguna parte —al menos en el XV lo había encontrado, siquiera transitorio, en casa de los principales— y, por otro, que su último refugio —la "roca en el mar" del XV— pasara a ser los "conuenti de Religiosi" y las "caritatiue Case de Preti".

Conmovido ante todo ese lástimoso alegato, Lazaro se arrodillará

> chiedendole perdono delle passate offese, et promettendole con giuramento di non offender più la Maestá sua . . . (p. 112)

como más concisamente lo habrá hecho el del '55 —"Propuse la enmienda y llore la culpa."— tras su segundo encuentro en sueños con esa Verdad al final del capítulo XVII. Obtenido el perdón, y ya en camino hacia Salamanca, Lázaro dirá que para aliviar el fastidio del largo viaje esa Verdad,

. . . mi raccontaua . . . cose marauigliose, che l'erano con tutti gli stati degl'huomini accadute, le quali cose a raccontarle partorirebbono più tosto a V.S. per la lunghezza noia, et disgusto, che utilitá, o piacere alcuno. (p. 112)

líneas que definitivamente completan la traducción de ese capítulo XV del que muy lógicamente se omitirán las últimas —"buelto a mi Rey le conte lo que con la uerdad auian passado"— por pertenecer ya a las marítimas peripecias del protagonista.

Tras algunos elogios más a los religiosos y la duda por parte de Lázaro si todo ello no ha sido un sueño —duda que rechaza— Strozzi seguirá el resto del XVII con ciertas ligeras variantes y con ello finalizará su traducción.

Con todo lo cual, Strozzi viene a presentársenos —formalmente, al menos— como una especie de anti-Harvy; si este holandés para su traducción de 1653 decidió únicamente recoger el texto que va desde el capítulo II al XV inclusive, es decir, todo el material irreal y fabuloso de las vicisitudes atunescas, el italiano, por el contrario, se limitará a los inicial y final de evidente carácter realista; ahora bien, como, no obstante, muy bien se cuida de incluir en ese final el XV —y lo relacionado con el del XVII— que con la intervención de la alegórica figura de la Verdad poco de realista tienen, es de sospechar que no fuera ese criterio de realismo el que le impulsó a esas inclusiones. Para el capítulo I, su fusión con el séptimo del '54 es claro índice —como antes he apuntado— de que para él el mismo venía a ser un apéndice natural de su antecesor; será en su decisión de mantener el XVIII con sus inserciones del XV y XVII como su último en donde más evidentemente aparecen sus propósitos, según los hemos venido viendo.

Comparados los tres últimos caps. del '55 —los XVI, XVII y XVIII— sólo en el final XVIII es donde surge un Lázaro triunfante y enaltecido, un Lázaro maestro y dominador en el campo académico —supera y apabulla al Rector en todas las preguntas— como dominador y maestro en el de la vida cotidiana con toda su gramática parda —engaña y vence a sus compañeros estudiantes llevándoseles el dinero—; pero como esto pudiera resultar insuficiente e insastisfactorio —en último término, no hay demasiado de noble y moral en esas actividades— Strozzi recurre ingeniosamente a la otra posibilidad que le ofrece el breve texto del capítulo XV, la de esa figura de la Verdad que le proporciona una excelente oportunidad para elaborar toda una tirada de didáctica moralizante impregnada de ortodoxa religiosidad tanto como para poder desarrollar la imagen de un Lázaro que si astuto y victorioso es en las lides mundanas, humilde y respetuoso sabe ser con los valores de ese otro mundo, de ese otro mundo en el que, para su bien o para su mal, hipócritamente o no, ya ha ingresado tras el proceso de aprendizaje e indoctrinación a que se vio sometido en la primera parte de su vida, como alguna vez he expuesto —cf., en especial, mis dos trabajos de 1980—.

Consciente de esto último debió ser Strozzi de algún modo, ya que es interesante observar, en esa línea, que las señaladas metamorfosis de carácter y mentalidad que a ese Lázaro atribuye sólo afectan al de la segunda época, al del '55, y particular ejemplo de esa su peculiar recreación del personaje es que cuantas variantes que por motivos religiosos introduce Strozzi en el '54 —y pueden verse para ello las notas de los editores— se dan en expresiones cotidianas o reflexiones rutinarias que lo mismo se encuentran en Lázaro como en los otros personajes sin que ninguna pueda decirse que denote cambio alguno en la personalidad del primero.

Notas a avatares generales

[1] Para su descripción editorial, cf. la bibliografía al final, y lo mismo para todas las otras ediciones.

[2] Para un par de diferencias en ese extracto en el ejemplar de Viena, cf. pp. 263-64 de A. Rumeau, "Notes au "Lazarillo". Les éditions d'Anvers, 1554-55 de *La vida de Lazarillo et de La segunda parte*", BHi LXVI (1964): 257-93. De la importancia que puedan tener ya he hablado al tratar del estema.

[3] R.8401, U.746 de la BNM y G.10133 de la BL.

[4] Véase lo que en el estudio del estema digo sobre este añadido.

[5] He usado fotocopia del ejemplar de la Hispanic Society de Nueva York, a cuyo director, Theodore S. Beardsley, agradezco sus buenos oficios; el ejemplar aparece profusamente esmaltado con notas marginales y subrayados de la mano de un anotador anónimo.

[6] He consultado los ejemplares 1074.d.1., 1075.e.20. de la BL y R.1575 y R.12036 de la BNM; para la de 1597, que luego cito, los G.10134 de la BL y R.10173 de la BNM. No he visto para 1587, BNP. Res. Y2-3581, Mazarine, 46098, pero Rumeau ([1964], 292, n.24) no señala variante alguna al respecto.

[7] Cf. Ph. Gaskell, *A New Introduction to Bibliography*, Oxford, Clarendon Press, 1972, p. 108 para el aspecto técnico de esa cuestión.

[8] He visto los ejemplares R.13595 de BNM y 1074.d.32 de BL. J. L. Laurenti en su *Bibliografía de la literatura picaresca*, Metuchen, N. J., The Scarecrow Press, 1973, recoge la edición pero no parece haber visto el ejemplar ya que no señala, como con Nucio, Simon y Antoni ha hecho, esa *Segunda parte*.

[9] Al menos en lo que respecta a lectores en castellano y en general a los de los reinos de la corona española, algo tuvo que influir en ello, además, tanto la inclusión de esa *Segunda parte* en los *Indices* de 1559 y siguientes como el dicterio que le propinó López de Velasco en su *castigado* de 1573, donde dice que "se le quito toda la segunda parte, que por no ser del autor de la primera, era muy impertinente y desgraciada." (f.374*r*) Cito por el ejemplar de la *Propalladia* de la BL con sign. 12491.a.15.

[10] Todas ellas con muy ligeras variantes y correcciones siguen la edición de Nucio.

[11] A. W. Pollard *et al*, *A Short-Title Catalogue of Books Printed in England, Scotland & Ireland . . . 1475-1640*, London, The Bibliographical Society, 1926, p. 53a. dan el nombre completo de ese traductor; cf., además, D. B. J. Randall, *The Golden Tapestry: A Critical Survey of*

Non-chivalric Spanish Fiction in English Translation (1543-1657), Durham (N. Carolina), DUP, 1963, pp. 65-6 y n.85. Utilizo para mis comentarios fotocopia del ejemplar que obra en Harvard University agradeciendo aquí la cortesía del Prof. Márquez Villanueva que me la facilitó muy amable y rápidamente.

[12] Cf., para todo ello, Julio-César Santoyo, *Ediciones y traducciones inglesas del "Lazarillo de Tormes" (1586-1977)*, Vitoria, Colegio Univ. de Alava, 1978.

[13] Transcribo el resumen: "To conclude, we entred into the towne ande besieged the kings palace, and by force take *Licio* out of their hands, slaying great numbers of them. which the king perceiuing, willed *Licioes* wife who was then at the court, to sue to the king for *Licio*, to returne unto her husband and tell him, that if he thinke good, I would haue him to dissolue his siege from about the palace, and suffer his subjects quietly to go home to their houses, and to morowe to come hither againe, and deliuer her message unto the councell, and then she should haue Justice." A observar que con ello en ese resumen nada se dice de la muerte de Pauer a manos de Licio.

[14] Doy aquí el romano por necesidad expositiva ya que en el texto no aparece; es este el único capítulo que sólo contiene rúbrica sin numeración.

[15] He visto el ejemplar 1163.a.45 de BL.

[16] He visto el ejemplar de la Biblioteca Universitaria de Amsterdam con sign. 196.G.16.   J. G. C. A. Briels, *Zuidnederlandse boekdrukkers en boekverkopers in de Republick der Verenidge Nederlanden omstreeks: 1570-1630*, Nieuwkoop, B. de Graaf, 1974, reproduce en p. 40 la portada con alguna información. Ni Laurenti ni Simón Díaz en su *Bibliografía de la literatura hispánica*, 14 vols.; Madrid, CSIC, 1960—84 la recogen.

[17] Simón no la recoge y Laurenti (p. 81, no.775) da una descripción inexacta por lo que la doy aquí en su totalidad siquiera por lo que pueda servir a futuros investigadores. Portada (f.A*i*r). De//Gheneuchlijcke en-//de cluchtighe Historie van//Lazarus van Tormes wt//Spaignien.//In de welcke ghy eensdeels meucht sien ende//leeren Kennen de maniere: condicien: zeden ende schalckhept der Spaignaerden.//Nv eerst nieuwelicjk int licht ghebrocht, ende//overgheset in onse tale.//TOT DELF, //By Bruyn Harmannsz Schinckel, //Anno 1609.// F.A*ivto*. dos cuartetos endecasílabos (1er. verso: "Aristotelez verclaert beminde leser net, / . . ."; ult. verso: "Materie van lachen salt u brenghen wten hoeck."). Prol. en ff.A*iir.-vto*; f.A*iiir*. repite el título de la portada y comienza el texto dividido en 31 caps. acabando en p. 102 —"FINIS"—; sigue "Tafel deses Boeck" y dos págs. sin numerar. 12°. De hecho, Schinckel se limita a reeditar la primera traducción de Niclaes Pieterssen de 1579 publicada en esa misma ciudad ya que en todo —portada, endecasílabos, etc., etc.— la sigue. Obra el ejemplar en la citada Biblioteca Universitaria de Amsterdam encuadernada con la *Segunda* de van Sambix bajo la misma signatura.

[18] Laurenti da descripción de esas eds. en p. 86, nos. 811, 814 y 815, pero no menciona la de 1632 recogida por Simón (XII, p. 723, no.6227) citando a Toda.

[19] Primera que, por otra parte, aparece aumentada ya que frente a los 34 caps. con 263 págs. de 1622, la de 1635 consta dc 43 en 367 pp.

[20] Para esa ed. de 1635 he visto 244.i.31.32. de BL y R.9727 y R.11541 de BNM. Laurenti la cita en no.815 pero a pesar de que en la portada que de ella recoge se lee: "Aggiuntoui la Seconda parte" no cita esta "Seconda parte" en la correspondiente sección, sin duda debido a que por no haber visto el ejemplar supone ser esa "Seconda parte" la de Luna, como así lo recoge en la bibliografía de su ed. de 1979 en p. LXXXVII.

[21] Acrecimiento y reelaboración que en ningún caso oculta Barezzi según se lee en la portada, "Hora accre-//sciuta di Spiritosi, e Nobilissimi Pensieri"; ya G. M. Bertini lo llamó "rifacimento barroco" en "Un 'Lazarillo de Tormes' in italiano inedito", *QIA* 1 (1946): 3.

[22] Para una exposición de todo ese material y sus fuentes, cf. E. R. Sims, "An Italian Translation of Lazarillo de Tormes", *HR* 3 (1935): 331-37. El título del artículo es, no obstante, equívoco ya que sugiere la primera parte.

[23] He visto el ejemplar 12491.a.14. de la BL.

[24] No fue exclusivo de Harvy, no obstante, este procedimiento. Ya en la traducción al latín del *Guzmán de Alfarache* por Caspar Ens de 1652 —quizá también en la de 1623 y otra posterior— éste inserta su traducción libre, también en latín, del *Lazarillo* como capítulo séptimo de su obra. Cf. J. Fitzmaurice-Kelly, "Caspar Ens' translation of Lazarillo de Tormes", *RH* 15 (1906): 771—95.

[25] En efecto, Laurenti (p. 81, no.776) se limita a añadir "Con la *Segunda parte* de Juan de Luna.", *Segunda parte* que, por cierto, se olvida de incluir en la bibliografía de su edición. Por su parte, en el *General Catalogue* de la BL (Vol. 132, col.210) se lee, simplemente, "-'t Wonderlijk Leven, klugtige Daden, en dappe Schimp-ernst van Lazarus Van Tormes . . . (With Luna's continuation) . . ." sin referencia alguna a la *Segunda parte* de 1555.

[26] Cito por la ed. de Pedro M. Piñero, *Anónimo y Juan de Luna: Segunda Parte del Lazarillo*; Madrid, Cátedra, 1988; la cita en p. 287.

[27] Por obvias razones he preferido omitir el original y dar una retraducción. Conste aquí todo mi agradecimiento a mi amigo el Prof. Hub Hermans del Dpto. de Español de la Universidad de Gröningen por lo mucho que me ha ayudado en las traducciones tanto de este trozo como de los restantes.

[28] Digo "posible confusión" y no simplemente "confusión" porque sospecho que Harvy se aprovechó deliberadamente de ese paralelismo textual para su propósito de insertar de modo plausible todo el material del '55 que recoge en su traducción. El hecho de que con esa matanza ingresemos de lleno en la parte fantástica de la obra y que, además, Harvy sólo recoja precisamente esa parte parece corroborar la sospecha. Algo más comentaré sobre esto en líneas posteriores.

[29] Ni Simón ni Laurenti la recogen. He visto el ejemplar 752.G.22 de la Biblioteca Universitaria de Amsterdam.

[30] Cito por el ejemplar de la Biblioteca Universitaria de Utrecht con sign. Woltzer 6.E.5 (rariora) y agradezco aquí los buenos oficios de mi amigo el Prof. Fermín Sierra de la Universidad de Amsterdam que me ha proporcionado los correspondientes datos. Simón (p. 725b., no.6245), citando un ejemplar en Cornell University, y Laurenti (p. 81, no.777) recogen esa edición pero refiriéndose sólo a la primera parte.

[31] Joseph Vles, *Le roman picaresque hollandais des XVIIe et XVIIIe siècles et ses modéles espagnols et français*, 'S-Gravenhage, Papier-Centrale Triplaar, 1926, cita esa edición —cf. pp. 57-60— pero nada comenta de las dos *Segundas partes*.

[32] Permaneció manuscrita hasta que la publicaron B. Brancaforte y Ch. Lang Brancaforte, *La primera traducción italiana del "Lazarillo de Tormes" por Giulio Strozzi*, Ravena, A. Longo Editore, 1977. Hay que aceptar en principio que fue Strozzi el traductor, aunque ya dicen los Brancaforte, hablando del cambio en el estilo al final del texto, que "Estos rasgos podrían atribuirse a otro traductor . . ." (p. 12).

[33] Omisión de Antoni que, por cierto, Caso González no recoge en su ed. crítica.

[34] Para confirmación de que hasta que punto la presión y la mentalidad religiosas de Strozzi pervaden su traducción basta ver el capítulo "Cambios en la traducción efectuados per (*sic*) motivos religiosos" (pp. 20-26) así como las correspondientes notas finales en pp. 119 a 181 de la edición.

Avatares particulares

a) Del capítulo I

En la sección anterior se habrá podido observar una interesante característica común que, sin excepción, afecta a todas las traducciones conocidas: todas ellas comienzan por el capítulo II del original.

Para el ingente número de lectores que leían esas traducciones no era en absoluto dudoso que *La segunda parte de Lazarillo de Tormes* comenzaba ya fuera con la rúbrica "Howe Lazarillo de Tormes. at the importunate requests of his friends, Imbarked himselfe, to goe in the Voyage with the King of *Spaine*, made vnto *Argel, and what happened vnto him in the same.*, ya con la de "*COMME LAZARE, PAR/ l' importunite de ses amis s' embarqua pour/ aller a la guerre d' Argiers, & ce qu' a/ luy y advint.* o, para acabar con los ejemplos, con la de "Hoe det Lazarus, door het quellen van syne vrienden, tschepe ghingh, om na den Krijch van Argiers te gaen, ende vvat hem ghebeurde." es decir, que para esos lectores la obra que se disponían a leer se iniciaba con el susodicho capítulo II del original conocido. Si además habían leído la correspondiente primera parte, con un poco de memoria, recordarían tanto que el principio de ese Capítulo II repetía el de esa primera —"Pues sepa Vuestra Merced . . ."— siguiendo así muy respetuosamente la pauta impuesta por ella, como que ese Lázaro con su ida a Argel comenzaba un nuevo y distinto período en su vida lejos ya de su habitual Toledo.

Pero no todos los lectores de esa *Segunda parte* llegarían a tales conclusiones. A otro ingente número no se les dio esa oportunidad; a saber, a todos aquellos que, españoles o no, la leyeron en ediciones en castellano y sólo en castellano, ya que éstas, a diferencia de las correspondientes traducciones —y como antes he hecho notar, — comenzaban con otro capítulo, el que en las dos ediciones de 1555 aparecía como primero. En efecto, como tal primer capítulo de una *Segunda parte* solamente aparecerá en las citadas ediciones en castellano, desde las dos de 1555 hasta la de Bidelo de 1615, ya que no existe —que yo sepa, al menos— ni una sola edición en esta lengua que comience con el capítulo segundo. No quiere decir esto, claro está, que el tal capítulo haya desaparecido en otras ediciones, sino, simplemente, que el mismo en todas estas otras aparece ni más ni menos que como un apéndice que se presenta como último y octavo capítulo de tales reproducciones y traducciones de ese '54.

Comenzado ese añadido en la traducción francesa del '54 de 1560,[1] llevará ese apéndice la también francesa del año siguiente;[2] lo llevarán la holandesa de 1579,[3] las inglesas de 1586 y 1596,[4] la del *castigado* francés de 1594 y su correspondiente reedición de 1598 con la *Segunda parte*; lo recogerá Plantin en sus ediciones en castellano de 1595 y 1602,[5] el *castigado* de Fachetto de 1600,[6] las bilingües de Bonfons de 1601 y 1609,[7] la traducción manuscrita de Strozzi de 1608 —con la interesante peculiaridad ya comentada—, la holandesa de Schinckel ya citada, la alemana de 1614,[8] las francesas de Corrozet (Paris, 1615) y Tiffaine (Paris, 1616),[9] el *castigado* alemán de 1617;[10] incluso Juan de Luna, que aunque sólo fuera por haber publicado una edición corregida del '54 y una original *Segunda parte* tenía que conocer bien ambos textos, lo inscrta como último de esa su edición del '54 que en 1620 publicará juntamente con esa su personal *Segunda parte*;[11] así mismo aparecerá en la correspondiente traducción francesa de las mismas que Boutonne imprimió el mismo año tanto como en la reedición que más tarde, en 1637, hará de ellas Coulon;[12] seguirán esa línea las de 1622 y 1635 de Barezzi ya citadas, las dos de Boutonne de 1623 y 1628,[13] la inglesa de 1624,[14] las alemanas de 1624 y 1627[15] y un más largo *item* que ya sería excesivamente prolijo enumerar[16] y que se comprenderá perfectamente si añado, para acabar, que incluso Morel-Fatio en su traducción de 1886 aun lo recoge así.

Tras toda esta información una consideración final se impone; del mismo modo, y como antes he apuntado, que no parece que exista una sola edición en castellano de la *Segunda parte* que comience con el segundo capítulo, así mismo, y en paralela contraposición, tampoco se sabe que exista —al menos que yo sepa, y estoy sujeto a corrección— ninguna traducción del '54 con sólo siete tratados.

Tras aportar una adecuada historiografía del *Lazarillo*, Claudio Guillén concluyó que

> La versión del *Lazarillo* que se leyó durante el Siglo de Oro en España y en Europa, la que realmente llegó a "existir", fue, íntegra o truncada, la de Amberes.[17]

Con cuanto vengo diciendo, un corolario se puede apostillar a esa conclusión, modificándola: la versión del *Lazarillo* que se leyó durante el Siglo de Oro, especialmente en Europa —ya en traducciones, ya en castellano—, fue, abrumadoramente, la de un *Lazarillo* con ocho tratados. Cómo pudo ser esto o que hay —o hubo— detrás de todo ello, un tanto de enigmático tiene. Quizá el examen de la historia y trayectoría del avatar que afecta a ese capítulo, de la movilidad que le caracteriza, pueda ayudar a entender algo de la cuestión.

La primera vez que ese inicial capítulo del '55 se presenta como apéndice y capítulo último del '54 —entiéndase, la primera vez de que tenemos prueba documental— es cuando Jean Gaspard de Lambert lo incluye en su traducción que en 1560 había de imprimir Saugrain en Lyon,[18] dando así origen tanto a un *Lazarillo* con ocho tratados como a una innovación que van a seguir todos los demás traductores y aun algunos que no lo fueron.

Rumeau en su citado artículo de 1980 se dedicó a analizar esta traducción partiendo de las variantes del texto de Simon respecto al de Nucio del '54 y descubrió que la particular omisión en el primero de la línea "y dauame todos los huessos roydos" se daba también en Lambert lo que hace suponer, claro está, que el francés leía en Simon como así ya lo señala el crítico.[19] No llevando Simon el tal octavo tratado como apéndice ni conociéndose ediciones entre 1555 y 1560 que lo contuvieran, la conclusión que se desprende de su hallazgo es obvia: hubo de ser Lambert el autor de tal novedad.

Aceptada tal conclusión, ¿qué es lo que le pudo impulsar a llevarla a cabo? La respuesta no es difícil inmediatamente que uno considera tanto la evidente continuidad textual que ese Capítulo I presenta respecto al séptimo tratado cuanto los rasgos de realismo y verosimilitud que así mismo los unen frente a todo el resto de ese '55.

A lo que hay que añadir otra razón más particular y personal de Lambert en cuanto que francés, ya que cuando a su traducción vamos se observa que la misma se caracteriza —y como rasgo peculiarmente divergente de la de Simon que como modelo tiene— en llevar una serie de notas marginales tales como "Lon larde les Mores en

Espagne . . .", "Les aveugles en Espagne aprennent en vers Espagnolz les vies des saincts, & les recitent . . .", etc., etc., a lo largo de todo el texto. Lambert, pues, no sólo vio en el *Lazarillo* un libro de aventuras y facecias —de "terribles auantures" y "propos facecieux" habla en su portada— sino también un curioso muestrario de los usos y costumbres de la España de entonces, aspecto éste que si ahí no se apunta abiertamente ya se habrá entendido así en la reedición de Longis y le Mangnier del año siguiente de 1561 en cuya portada se lee "L'HISTOIRE||PLAISANTE ET||FACETIEVSE DV||Lazare de Tormes||Espagnol.||*EN LAQVELLE ON PEVLT*||*Recongnoistre bonne partie des meurs, vie*||*& conditions des Espagnolz*. Partiendo de esa diferente perspectiva interpretativa, bien se entiende que para este traductor el Lázaro atunesco del resto del '55, ese Lázaro exótico y fantástico que tan poco tenía ya que ver con las condiciones y maneras del cotidiano español, le reforzara y confirmara su convicción de que ese primer capítulo y solamente ése era el que encajaba por propio derecho en su innovación.

Y acabo de decir "su innovación" siguiendo lo que por razones de exposición he venido suponiendo de acuerdo con la personal conclusión de Rumeau, pero quizá haya que tomar la misma *cum grano salis* y sea ya hora de no aceptarla tan a rajatabla, que puede ocurrir que otro avatar —distinto y/o anejo— sea el de este Capítulo I en cuanto a esta innovación concierne.

Cuando a las posteriores traducciones atendemos nada se encuentra en ellas que permita poner en tela de juicio la originalidad innovadora de Lambert. El siguiente traductor que se ocuparía de ese '54, es el inglés Rowland que en 1576 —como arriba he señalado— publica su traducción[20] presentando también ese primer capítulo del '55 como octavo y último de su predecesor, pero poco dudoso es que siguiera a Lambert para ello. Mantiene algunos ligeros cambios que el mismo había hecho —como ya lo señaló Randall ([1963], 59)—, continúa así mismo la novedad de incorporar notas marginales de la misma índole[21] y, por fin, e incluso, recoge también la omisión de "y dauame todos los huessos roydos" de Simon que Lambert repite, así como también lo hace la de 1561.

Por lo que a las siguientes toca —la traducción holandesa de 1579 y la francesa de 1594— tampoco las mismas aportan nada nuevo en cuanto a su inclusión de ese capítulo octavo, siendo como son una traducción y la otra reproducción de la francesa de 1561.

Pero algo más perplejos nos podemos quedar y un tanto más controvertibles pueden comenzar a resultar las cosas cuando nos encontramos con que no sólo en esas traducciones sino también en un texto en castellano se da la misma novedad que hasta ahora hemos venido atribuyendo a Lambert. Porque, en efecto y como arriba ya he señalado, la edición de los Plantines de 1595, aun estando impresa en esa lengua, se presenta así mismo con esos ocho capítulos, contiene ese apéndice como normal último tratado del '54. Ahora bien, ocurre que, como sabemos, estos Plantines no solo vivían en Amberes sino que, además, y también lo sabemos, ahí desempeñaban su menester de impresores, en un Amberes en donde unos cuantos años antes se habían publicado tanto las ediciones de un *Lazarillo* con sólo siete tratados como las de la *Segunda Parte* con dieciocho y aun con toda probabilidad —como señalo al exponer el estema— otras dos más sin el último capítulo. ¿Cómo puede entenderse, pues, que, sin embargo, un nada respetuosos con las mismas, cuando en 1595 sacan de sus prensas su *Lazarillo* en castellano, lo saquen con ese primer capítulo del '55 como octavo del '54?

Una primera posibilidad sería aceptar, en principio, que como editores más dado a sus negocios que proclives a veleidosas innovaciones, se limitaran, sencillamente, a seguir la pauta ya establecida por el francés; pero aun admitiendo que fue Lambert el autor de la innovación si se tiene en cuenta que la misma había sido implantada por un texto en otro idioma y que sólo en otros idiomas persistió y aun incluso que la misma fue obra de un individuo que no sólo era un simple traductor sino, y por lo mismo, alguien, en último término, lo suficientemente ajeno a la mentalidad y cultura en que la obra se creó, no puede menos de resultar un tanto insólito que, en efecto, estos Plantines siguieran al francés para esa innovación, y así le pareció ya a Claudio Guillén, que en relación con el asunto dice: "Sería extraño que los impresores flamencos hubieran decidido copiar la innovación del traductor francés" (*loc. cit.*).

Otra posibilidad, claro está, sería que, simplemente, y sin necesidad de tener que seguir al francés, decidieran, sin más, acomodarse a una pauta que algunos visos tenía ya de tradicional —en último término, las traducciones inglesa, holandesa y francesa ya habían aparecido con sus ocho capítulos y poco dudoso es que las conocieran, sobre todo la última impresa en Amberes y sólo un año antes de la suya—, pero aun con todo y esa segunda posibilidad, sigue presentándose como muy sospechosa esa personal y heterodoxa decisión editorial de los Plantines —si es que lo fue— de no continuar el modelo de las anteriores ediciones en castellano con sólo siete tratados.

¿No será más bien —y como otra y última posibilidad— que lo que ocurrió fue algo más sencillo y lógico, es decir, que esos Plantines ni necesitaron seguir pauta alguna —fuera la de Lambert o la tradicional— ni decidieron por su cuenta la innovación porque, simplemente y sin más, tenían ante sí —y para su edición— una con ocho tratados actualmente perdida?

En el estema que hace algunos años propuso Caso González en su edición crítica de 1967 —p. 53— y que en 1972 reelaboró y amplió —p. 205— claramente hace ver que la edición de esos Plantines no deriva directamente de la de Nucio de 1554.[22] Para él, tras sus pertinentes análisis, poco dudosa es la conclusión de que

> Plantin sigue un texto// muy cercano a *C*, pero que no es *C*, y en el cual estaban probablemente las variantes particulares que parecen correcciones de *Plantin*. ([1967], 47-48)

Un texto distinto con esas "variantes particulares" a las que habrá que añadir las otras que Caso, por haberse dedicado exclusivamente al '54, se entiende que no recogiera. Son éstas las siguientes:

a) *Plantin* presenta los siguientes encabezamientos corridos: "LA VIDA" (vtos.) y "DE LAZAR. DE TORM." (rectos) frente a "TRACTADO" (vs.) y "PRIMERO", "SEGUNDO", etc. (rs.) en N y "TRACTADO" (vs.) y "PRIMERO" (rs.) sin variación a lo largo de todos los folios en S.

b) La rúbrica del primer capítulo del '55 que en N y S comienza con "En que da cuenta Lazaro . . .", *Plantin* la da más escuetamente como "Da cuenta Lazaro . . .".

c) La frase "no me la depare Dios peor . . ." en N y S, aparece en *Plantin* como "no me la de Dios peor . . .".

¿Fueron todas esas particulares variantes producto de una decisión personal de los Plantines? No parece que pueda ser así según sigue exponiendo Caso. Comentando las lecciones particulares de esa edición, y dado que mejoran el texto, supone que "pueden considerarse como correcciones" y acto seguido se pregunta: "¿pero suyas o de un texto anterior desconocido?" ([1967], 47).

Inmediatamente después se detiene en otras dos que frente a todos los demás textos son compartidas solamente por el *castigado* de Velasco y *Plantin*; una es la de "*donos* traidores ratones" que en Velasco aparece como *d'unos* y en *Plantin* como *dunos* y para la que supone como única solución que "*Plantin* la encuentra así y no corrige", y la siguiente la de *esperanza* que así aparece en ambos frente a *experiencia* que recogen todos los otros y que, comentándola, deduce que no se trata "de una corrección de Velasco aceptada por *Plantin*" sino que es "más acertado considerar que . . . procede de un texto desconocido" del que, claro está, *Plantin* la ha tomado. (cf. *loc. cit.*). Los Plantines, pues, para su edición, tendrían a la vista un texto hoy perdido, texto que, además, era anterior a 1573, fecha del *castigado*.

Y si esos editores no fueron quienes introdujeron todas esas variantes que en su '54 campean, lógico parece que tampoco lo fueran para las otras que he apuntado y menos para esa extensísima variante —digámoslo así por seguir con la terminología expositiva— que supone el añadido de todo ese Capítulo I del '55.

Lícito es, pues, suponer que en esa década de los cincuenta, así como respecto a los otros '54 se dio un discrepante Alcalá con todas sus interpolaciones que, afortunadamente, no se nos ha perdido y sí conocemos, del mismo modo se hubo de dar otro que, por el contrario, sí se ha perdido y no conocemos, y cuya discrepancia más destacable consistió en contener el primer capítulo del '55 como último del '54.

¿Cómo pudo producirse y establecerse ese texto discrepante?

Al primero —que yo sepa— que le comenzó a inquietar la cuestión fue a Laplane según se ve en su citado trabajo de 1939. Hablando de ese añadido octavo capítulo, ya empieza por comentar lo "plus surprenant" que resulta que "certaines éditions espagnoles . . . ajoutent, elles aussi, ce chapître: . . . les deux éditions de l'officine plantinienne", y más porque las mismas "paraissent . . . de simples réimpressions." (148). De haber tenido en cuenta las variantes particulares arriba apuntadas que hacen de estas ediciones un texto único frente a los otros '54, quizá hubiera llegado a postular una solución distinta de la que propone de

> . . . une source commune, à la traduction de Saugrain, et aux éditions anversoises. Nous croyons donc à l'existence d'une édition espagnole, encore inconnue, des deux parties réunies, dans laquelle l'éditeur avait rattaché par erreur à la première//partie, le premier chapître de la seconde. Elle aurait été publiée entre 1555 et 1560, probablement a Anvers. (148-49)

Rumeau, destacando el hecho de que Laplane no tuvo en cuenta la edición de Simon que es la que traduce Lambert, considera innecesaria esa hipotética fuente común que él primero propuso ([1980], 377-78). La refutación es válida, no obstante, siempre y sólo en cuanto se tengan presentes exclusivamente los textos que han llegado a nuestras manos. Aceptado que existió un texto que desconocemos, ése que reprodujo la plantiniana, las cosas toman otro cariz y de reconocer es que, de algún modo y siquiera parcialmente, Laplane se encontró en la verdadera pista al postular esa edición intermedia, y digo parcialmente porque la génesis de la innovación no debió ser exactamente como él la supuso. Quiero decir con ello que lo innecesario en Laplane no sería, como quiere Rumeau, la edición, sino más bien suponer que el añadido vino a darse por error y no por deliberada iniciativa —tan deliberada iniciativa como la de Lambert— de ese editor o quien fuere el que la llevó a cabo. Si algún error pudo haberse dado este sería el de las dos variantes que para ese Capítulo I hemos señalado en la plantiniana, y he dicho que pudo haberse dado porque sin mucho escrúpulo se puede admitir que las mismas fueran producto de ese editor o quien fuere, que, como bien recuerda Caso, "también el editor se permite corregir el texto base" ([1972], 193).

Con todo ello también habrá que aceptar, por último, que este avatar del Capítulo I se dio por partida doble, que ambas iniciativas se produjeron paralela pero independientemente, y un dato hay que así nos permite inferirlo, el de la diferencia que se da en el nexo conectivo que articula el capítulo octavo a los siete anteriores en una y otra innovación.

Como sabemos, tanto en N como en S el párrafo final que cierra el tratado séptimo, último de sus '54, reza: "Pues en este tiempo estaua en mi prosperidad, y en la cumbre de toda buena fortuna.", y al comenzar el primer capítulo de su '55 el mismo se repetirá exactamente igual con la sola excepción del inicial "Pues . . ." que se omite. Pues bien, Lambert —siguiendo como sigue a Simon— reproducirá esa repetición en su traducción convirtiendo, así, uno de los dos párrafos en superfluo, y esa misma superfluidad se mantendrá en todas las traducciones que le siguen —las francesas de 1561, 1594, 1598, la inglesa de 1586, las holandesas de 1579 y 1609, etc., etc.— sin que a ninguno de esos traductores —fieles reproductores ellos— se les ocurrá modificar lo que de innecesario e incongruente hay en esa repetición.

No será ése el caso de la otra y paralela innovación. Cuando se va a la *Plantin* se observa que el séptimo capítulo se cierra con "y se hizieron grandes regozijos y fiestas como v. m. aura oydo." y que el siguiente octavo comienza, como fielmente corresponde, con "En este tiempo . . ." etc., etc. Quienquiera que fuese el que decidió esa omisión, obvio es que actuó más lógicamente que Lambert al evitar tal innecesaria repetición. Omisión del citado párrafo final que siguiendo a esa plantiniana presentarán las traducciones de Strozzi y Barezzi con las particularidades ya señaladas, las francesas bilingües de Bonfons de 1601 y 1609, la de Corrozet de 1615 y las dos de Boutonne de 1620 y 1623, la alemana de 1614 y, por fin, la castellana de Luna de 1620, por no citar más.

Repetición por un lado, omisión por el otro que confirman los distintos orígenes para una y otra innovación; en un caso el de la rama transmitida por Lambert partiendo del texto de S y en el otro el de la que, transferido por la *Plantin*, procede del texto desconocido.

Elucubrar, ahora, si alguna relación o influencia pudo darse entre ambas — o, mejor, entre sus autores— ejercicio es que puede lindar en la categoría de inútil. Habida cuenta de que las iniciales razones que he aducido líneas arriba como motivos que indujeron a Lambert para su decisión son tan obvias que perfectamente pueden suponérsele a cualquier otro, poco hay que se oponga a aceptar la poligénesis. Lo contrario, por supuesto, también puede conjeturarse, pero ninguna respuesta definitiva se puede dar mientras no tengamos más datos que los que actualmente poseemos. En realidad, lo que en último término importa no es tanto cómo se produjeron esas innovaciones cuanto sus resultados, es decir, la difusión e importancia que ese *Lazarillo* con ocho tratados tuvo.

Y buen exponente de ello —habrá que acabar por decir— es el significativo caso de Luna, de un Luna que cuando editó su '54 en 1620 lo presentó, así mismo, con esos ocho capítulos. Caso que un tanto insólito resulta por lo menos teniendo en cuenta que habiéndose dedicado a recrear con su tanto de empeño y originalidad su personal *Segunda parte*, a pesar de que en esa *Segunda parte* de 1555 que él reelabora —y que, claro está, tuvo que tener delante de sus propios ojos—, el llamado capítulo de los "tudescos" figura claramente como el primero de todos, en absoluto dude, no obstante, en presentarlo como último y perteneciente al '54 en su edición; e igualmente insólita, pero comprensible como lógica consecuencia, que comience esa *Segunda* suya con un primer capítulo rubricado "Donde Lázaro cuenta la partida de Toledo para ir a la guerra de Argel", directa réplica del que tuvo que estar viendo como segundo en ese '55. Cierto es, y todo hay que decirlo, que para esas sus decisiones mucho tuvo que influir en él el texto plantiniano,[23] pero no menos lo evidente que resulta lo convencidísimo que estaba de que a ese '54 le pertenecía de pleno derecho ese primer capítulo del '55 y que sólo en él encajaba plenamente.

Y ¿cómo nos puede extrañar que así le ocurriera, y no sólo a él sino a tantos otros desde Lambert —digamos— hasta el último lector de las dos partes? Más bien lo contrario sería lo insospechable cuando se examina el material textual que constituye ese Capítulo I.

Ni al más superficial lector se le pueden pasar por alto los genéricos rasgos de realismo y verosimilitud que ese Capítulo I detenta frente a todo el resto de la obra, rasgos que inmediatamente no sólo concitan la idea de la directa y evidente conexión del mismo con el último tratado del '54 sino también la posibilidad de que ambos hayan sido redactados por el mismo autor, como ya lo ha apuntado alguna crítica y sirvan como ejemplo Piñero ([1988], 14 y n. en p. 125) y antes Bataillon ([1968], 81).

Considerado en concreto y con más detalle el material textual de ese primer capítulo se observa que el mismo tiene mucho más en común —por no decir, todo— con el del '54 que con el resto del '55 o, dicho de otro modo, que tal material, en realidad, es más una directa e inmediata secuela de la primera parte que un principio de la segunda. Ciertamente todo lo que ahi nos cuenta este Lázaro no es ni más ni menos que una elaboración de lo que de modo más sucinto y resumido nos ha expuesto anteriormente, una especie de codicilo, diríamos, en el que se nos informa con bastante más detalle en que consistían la "prosperidad" y la "buena fortuna" con que se ha cerrado el séptimo tratado. Que las tales "prosperidad" y "buena fortuna" bastante tengan que ver con el favor que de amigos y señores consigue, con el matrimonio y con las mercedes del Arcipreste, de admitir es, pero también que las mismas se relacionen mucho más directamente con la llegada del Emperador, con su estancia y con todo lo que las tales han acarreado a Toledo y, más particularmente, a Lázaro.

Los anteriores "amigos y señores" del séptimo tratado con cuyo favor alcanzará su oficio de pregonero serán nada más que una inicial parte de los "tantos amigos y señores asi naturales como estrangeros" del '55 que sabrá ganarse con y mediante ese oficio yendo como iba siempre "acompañado de una buena galleta de unos buenos frutos . . . para muestra de lo que pregonaba"; "naturales" los de Toledo, esos "estrangeros" son, claro está, los alemanes que han llegado a esa ciudad en el séquito que acompaña a la Corte del Emperador para la general asistencia de las Cortes mencionadas en el conocido párrafo; con estos tudescos será con quienes se dedique a esa gloriosa teoría de francachelas y borracheras que tan animadamente describe —su personalísima "buena fortuna" cuando se recuerda lo aficionado que le es al vino, y más cuando para ellas no tiene que pagar ni "maldita la blanca"—; y estos tudescos serán, así mismo, los que con tanta abundancia y larguesa le surtan la casa con "perniles de tocinos, pedaços de piernas de carnero . . . pan . . ."etc., etc., con los cuales en su casa entrara toda la "prosperidad" que representa tener "hasta hartar una semana entera."

Francachelas, borracheras y abundancias, todo ello inmediato resultado de esas llegada y estancia del Emperador a su Toledo, directa consecuencia de los repetidos meses que con el motivo principal de esas Cortes toledanas permanecieron los tudescos con el Emperador y en su séquito en Toledo.[24]

Rasgos de clara continuidad y directo enlace entre el último párrafo del '54 y ese primer capítulo del '55, a los que hay que añadir otro —éste de carácter formal— que a un lector mínimamente atento y perspicaz puede inducirle a atribuir a ese Capítulo I su pertenencia al *corpus* lazarillesco anterior. Hablo de la primera línea del siguiente segundo capítulo con lo que de más o menos velada función divisoria tiene.

Como sabemos, en la misma se lee: "Sepa vuestra merced que . . .", fórmula introductoria que, por supuesto, inmediatamente nos recuerda y remite a la análoga con que se abre todo el '54: "Pues sepa V. M. ante todas cosas que . . .". Si en el '54 ese "sepa V. M." sirve como pórtico inicial que da paso a toda la posterior confesión anunciándola, lo mismo parece que haya de ser para un '55 que, así, habría de seguir religiosamente la pauta impuesta por su antecesor.

En ambos casos, además se observa que, como tiene que ser y corresponde, esos dos "sepa V. M." del primer capítulo del '54 y del segundo del '55 —van claramente dirigidos a un destinatario concreto e individual, a ese personaje al que así como el Lázaro del '54 le habrá de informar de cuanto le ha sucedido en un primer período de su vida, así mismo el del '55 le contará lo que le ha acaecido en su nueva y siguiente etapa.

Frente a esto, no obstante, llama la atención el hecho perfecta y directamente comprobable de que a lo largo de todo el primer capítulo del '55 no se hace alusión ni mención alguna de ningún Vuestra Merced, y mucho menos en su principio donde parece que debiera presentarse si siguiendo la pauta normal a alguien había que dirigir la información; por el contrario, se observa que si a alguien va enderezada la misma es, un tanto extrañamente, a un destinatario absolutamente genérico y colectivo, tan absolutamente colectivo y genérico que mejor será decir que no va dirigido a nadie, y quizá sea que no vaya dirigido a nadie en particular y en concreto porque hacerlo así sería superfluo e innecesario; ciertamente, si el lector en vez de tener un '54 con siete tratados y un '55 con dieciocho capítulos —como nos ocurre en la actualidad— tuviera en sus manos una edición con sólo ocho tratados —los siete del '54 y el primero del '55 conjuntamente —como desde mil quinientos cincuenta y pico en adelante a tantos les ocurrió— no tendría que hacer ningún esfuerzo para entender que a quién se dirige ese último capítulo es, así mismo y claro está, el sobreentendido V. M. a quien ya desde el mismo principio va dirigida toda esa confesión; y no sólo no le costaría ningún esfuerzo sino que ya lo habría dado por supuesto de antemano; si no era necesario que el narrador fuera repitiendo al comienzo de cada tratado del '54 ese "sepa V. M." poca más razón habría para que lo repitiera en el último, ya que ese narrador lo que está haciendo es, simple y llanamente, contarle, tras sus primeras "fortunas y adversidades", sus últimas "prosperidad" y "buena fortuna" —esos sus prestigio y fama en Toledo, esas borracheras y francachelas, ese tener bien abastecida su casa, etc., etc.— al tal sobreentendido V. M. Verdaderamente, ni el desconocido manipulador —al que reprodujo la plantiniana— ni Lambert andaban muy errados cuando decidieron sus respectivas innovaciones como particular avatar de ese Capítulo I. Por otra parte, ¿no resulta intrigante, si bien se mira, que el autor de ese '55 no haya colocado ese "sepa V. M." esa directa fórmula de acercamiento al personaje concreto a quien se dirige la narración toda, justo al principio del dicho capítulo como necesaria y comprensiblemente ocurre en el '54? Poco sentido tiene, ciertamente, relegarlo al comienzo del segundo si ese primero ha de ser el que abra la narración total. Lo que suscita una interesante cuestión: la posibilidad de que ese Capítulo I —aunque no necesariamente en la actual forma, por supuesto— hubiera sido concebido en su origen como verdadero último capítulo del '54.

Lo cierto es que, aparte de las diferencias que en texto he hecho notar, otra entre ese primer capítulo y los restantes diecisiete me ha llamado la atención. Como ya expongo en el estema y repetidamente comento en las notas, si algo caracteriza al texto material, formal de este '55 es la exorbitante profusión de malas lecturas, anacolutos, erratas, etc., etc., con que uno se encuentra ya desde el mismo comienzo del Capítulo II y que continuarán persistentemente hasta el último momento —en el Capítulo XVIII son particularmente notorias y abundantes—, y todo ello frente a la perfección y nitidez del '54 donde difícilmente podrá descubrirse ninguna de tan obvias irregularidades. Pues bien, examinando ese Capítulo I del '55 se comprueba que en el mismo, y contra los demás, tampoco se da ni una sola de esas irregularidades sean éstas del tipo que sean. Bien puede ser que esto se deba a la no excesiva extensión del tal capítulo, pero también que aceptando, como lógico parece aceptar, que el cuidado y la regularidad que frente al '55 presenta el '54 se debe a su condición de texto mucho más trabajado y pulido siquiera sea por su más larga trayectoria editorial, lo mismo pueda aplicarse a esa distintiva característica de ese primero.[25]

b) Del capítulo XV

Evidente resulta que si por algo destaca este capítulo XV es por su brevedad. Frente a los demás, sus veintiún líneas de texto no llegan ni siquiera a la cuarta parte de los dos menores —I y VI— de entre todos ellos. Pocas líneas esas para un solo capítulo y así lo vio ya Barezzi que en su traducción decidió insertarlo como principio del XVI haciendo de ambos uno solo, el XLVII suyo. Brevedad, además que como es lógico ha tenido que llamar la atención y ha hecho suponer, también con suficiente razón, una más amplia redacción primitiva del mismo.[26]

Cuando, por otra parte, y como ya lo hicieron esos críticos citados en la nota, se observan las incongruencias que en el texto aparecen, esa suposición llega a convertirse en certeza.

A riesgo de reiterar lo que ya William comentó, recogeré aquí las mismas con algún pormenor.

a) La rúbrica de ese capítulo XV lee: "Como andando Lazaro a caza en un bosque perdido de los suyos hallo la verdad." y, no obstante, del hecho de que Lázaro vaya a caza solamente nos enteramos por esa rúbrica ya que en el texto si ciertamente se dice que Lázaro se perdió, nada, por el contrario, de que lo hiciera cuando andaba "a caza"; obvia anomalía que presupone un texto más amplio donde de esa "caza" se hubo de hablar, y conscientes fueron de ello tanto Sa como Ba y H que, muy adecuadamente, subsanaron la cuestión comenzando sus respectivas traducciones con "ter jacht ghaende", "Nell'andar'io a caccia" y "Ter Jagt gaande".

b) La existencia de esa omitida caza, por otra parte, puede verse refrendada y entenderse mejor en cuanto se interpreta, como creo que debe interpretarse, el "Como" inicial textual de "Como yo me perdi de los mios halle la verdad . . ." —tan distinto sintácticamente del "Como" de la rúbrica— no como modal causal sino como un temporal "cuando",[27] "cuando" que, de ese modo, presupone un texto anterior donde debían aparecer como sujetos en acción de esa caza tanto Lázaro como sus compañeros, esos "mios" que sólo aparecen ahí en ese principio sorprendentemente abrupto e incongruente para simplemente decirnos que de ellos se pierde sin que se nos diga en absoluto en que circunstancias se pierde o qué hacían todos ellos antes de ese perderse de Lázaro.

c) El capítulo XVI comienza su rúbrica con "Como despedido Lazaro de la verdad . . ." y el texto con "Yendome a la corte consolado con estas palabras . . ."; tanto una como otro, y en especial el segundo, serían justas continuaciones del anterior XV si este XV acabara definitiva y absolutamente con "le embiare la relación de lo que con ella passe" en vez de que a esta frase le siga esa "buelto a mi Rey le conte lo que con la verdad auian (*sic*)[28] passado." con que ese XV termina de hecho. Teniendo en cuenta que ese "le embiare la relación de la que con ella passe" sería un muy adecuado cierre de capítulo —obsérvese que la narración total acaba con "lo de más con el tiempo lo sabra vuestra merced" y recuérdese así mismo el "de lo que de aqui adelante me sucediere avisare a Vuestra Merced" del Alcalá— ese añadido "buelto a mi Rey . . .", etc. viene a resultar —como quiere Williams (230-31)— una precipitada y descuidada improvisación que intenta arreglar el hueco producido por todo un trozo suprimido; añadido que, por supuesto, muy mal concierta con el principio del XVI.

d) Ese principio del XVI, además da ese "consolado con estas palabras", pero cuando bien se examina la sucinta exposición informativa de las andanzas y desgracias de esa Verdad que las cuenta, más motivo son las mismas de tristeza y compasión por parte de Lázaro que no de consolación, por lo que tenemos que seguir sospechando que las tales palabras de consuelo si existieron, tuvieron que existir en un texto que se nos ha perdido.

e) Tenemos, por fin, una prueba que parece la más concluyente para suponer esa omisión. En el capítulo XVII, la Verdad volverá a aparecérsele a Lázaro —si bien esta vez en sueños— para recriminarle con las siguientes palabras: "prometiste en la mar de no me apartar//de ti, y desque saliste casi nunca mas me miraste." (ff.63*v*-64*r*), pero de que Lázaro haya hecho esta promesa no hay constancia ningùna en el capítulo XV. Todo lo cual bien atestigua una supresión parcial que confirma, ya sin ninguna duda, la existencia de un más amplio texto anterior.

Cuál pudiera ser el contenido de ese texto ha inquietado especialmente a los citados William y Caso González.

Tras el hallazgo de un trozo "De una parte del libro llamado Lazaro de Tormes" en el *Liber facetiarum* de Pinedo[29] ninguno de los dos dudó mucho, y menos Williams, en suponerlo el suprimido del capítulo XV. Ambos dan por supuesto que así ha de ser ya que al final del mismo, el narrador —Lázaro para Caso— o narradora —la Verdad para Williams— desconsolado/a de su estancia entre los hombres donde no halla remedio, refrigerio ni amparo, decide irse "a la mar entre los pescados" del mismo modo como lo habrá hecho la Verdad del '55 que "por verse con tan poco favor se habia retraido a una roca en la mar." Si se acepta esto, se puede ver como más verosímil la interpretación de Williams que supone ser la Verdad la narradora; no tanto la de Caso que prefiere entender a un Lázaro convertido en mujer, ya que —transformado o no— si ese Lázaro del '55 baja a la mar en ningún caso —y a diferencia de la Verdad— lo hace despechado y frustrado por los humanos y sí —*velis nolis*— arrastrado por el naufragio.

Aun admitiendo la tesis de Williams sigue resultando pueril, en mi opinión, ese intento de querer ver en el trozo del *Liber facetiarum* el omitido en el '55, ya que sabiendo, como sabemos, que esa omisión ha de contener las palabras de consolación y la promesa de Lázaro a la Verdad si válida y directamente ha de relacionarse con el texto, nada hay en absoluto en ese trozo del *Liber* que haga la más mínima referencia a ellas o que algo tenga que ver con las mismas. Lo mismo opina, aunque por distintas razones —las de tono y estilo—, Macaya Lahmann que acertadamente, a mi juicio, afirma:

> Que hubiera mutilación del capítulo, lo admitimos, lo que nos parece difícil es que el fragmento del "Liber facetiarum" sea justamente la parte suprimida . . . hay tanta diferencia en el estilo y en el tono de ambas obras, que considerarlas como fruto de un mismo ingenio, resulta del todo imposible.[30]

No es dudoso en absoluto que el trozo del *Liber* pertenezca a un "Libro llamado Lazaro de Tormes" ni tampoco que existiera el tal "Libro"; que ese trozo, no obstante, sea el omitido en el '55 es muchísimo más cuestionable. A mi juicio, tanto Williams como Caso se han dejado arrastrar por una cómoda y superficial semejanza inicial —especialmente propiciada por ese irse "a la mar entre los pescados" del personaje— sin tener en cuenta lo debatido y común que por esos años era el tema de la Verdad y hasta qué punto se prodigaba esa Verdad como tópico para tratados, alegorías y referencias tanto en el plano del arte como en los de la religión y la política.[31]

Muy en concreto, en directa relación con esa Verdad del '55 y sus "fortunas y adversidades", los citados críticos no han podido menos de recordar la análoga anécdota recogida en *El Crotalón* en la que esta Verdad con su madre la Bondad, engendrada por Dios, son enviadas por el mismo del cielo al mundo y tras haber sido muy bien tratadas inicialmente entre los reyes y príncipes, son, por fin, derrotadas por la riqueza, la mentira y la codicia —en la misma línea del "tan poco favor" de la Verdad del '55— para acabar embarcándose hacia las Indias siendo finalmente tragadas por la ballena y viviendo en ella.[32]

Otra directa referencia se recoge en el mismo *Liber facetiarum* y que, si bien sólo de pasada, ya citó Williams en p. 233.

Es la que aparece s.v. *Veritas* y en la que se lee:

> tractan q la uerdad no halla posada en todo el mundo y q andouo en habito de psona bientractada y honrrada y no hallo en casa de principes prelados señores seglares congregationes de clerigos religiosos/ despedido (*sic*) de todas estas casas fue casa de vna uieja diole posada en ausenª de su marido venida la mañana y el marido uenido a casa preguntaron al (*sic*) huesped q le parescia de aquella compañia/ Rpº q bien aunq a lo q hauia visto en todos tres los q estauan presentes no hauia sino tres ojos porq eran tuertos el marido y la muger y vn gato fue tan grande el enojo del viejo y de la vieja q se leuantaron con sendos palos a echar al (*sic*) huesped de casa diziendo q era muy mal mirado y atreuido. (f.132)

Se vuelve a repetir en esta breve facecia el tópico de la Verdad que deambula por el mundo sin poder hallar posada, despedida como se ve por todos los principales, si bien con dos variantes a señalar respecto al '55 y al *Crotalón*, ya que, por un lado, ni siquiera al principio —como a las otras ocurre— encuentra alojamiento esta Verdad y, por otro, entre esos principales aparecen insertos incluso los prelados y clérigos que en los otros textos no aparecen en ningún caso específicamente mencionados.[33]

Hace ya varios años que López Estrada publicó, acompañándolo de un estudio, el "Diálogo de Cillenia y Selanio sobre la vida del campo", "Diálogo" que dató entre 1555 y 1565,[34] y que según supone "parece fue sacado de borradores, pues al fin se dice: 'sacado en limpio" (161). Su tema central viene a ser una suerte de "menosprecio de corte y alabanza de aldea", pero lo que importa para lo que trato es que el diálogo tiene como inicial punto de partida el hallazgo y acogimiento por parte de Cillenia de una verdad desfavorecida y maltratada de todos según dice Selanio:

> Con grandissimo deseo e biuido . . . de saber como os aueis hallado con la uerdad . . . y que os aura mouido a compasion y lastima ver la persecucion que de todo el mundo a tenido y quan desfauorecida y maltratada se a la pobre verdad visto, sin hallar cabida ni a acoximiento en nadie." (185)

Malos tratos y disfavores que repetirá Cillenia en su respuesta:

> ame hecho grandissima lastima la narracion de sus persecuciones y malos tratamientos que el mundo y los que en el biuen la an hecho, auiendo baxado del cielo para guiarlos a ellos alla, sin consideracion de quien es. (186)

Repetición del tópico que no necesita particular comentario.[35]

También de por ese entonces es el "Aucto de la Verdad y la Mentira" recogido por Rouanet[36] en que la Verdad, hija de Dios —"siendo yo hija de Dios" (v.28)— luchará contra la Malicia, la Mentira y el Demonio que dominan a las gentes, y dirá de sí misma:

> De muy pocos soy amada
> porque no me an conoscido;
> estoy alla en lo escondido
> bivo sola y despreciada.
> En las plazas y mercados
> no me consienten parar,
> tanpoco tengo lugar
> en las audiencias y estrados,
> ni en el vender y comprar.
> De casa de los señores
> me an echado con desden/ . . . (vv.84-95)

Y si contra la Malicia, la Mentira y el Demonio habrá tenido que luchar la Verdad en ese "Aucto", contra la codicia le tocará hacerlo en un soneto que se recoge también —y no debe ser pura coincidencia— en el mismo *Liber Facetiarum* en f.49v:

> Soneto a la Justicia, a la verdad y codicia.
>
> Andandose la codicia buscando a la berdad
> Paradossa (*sic*) muerte y toda perdicion
> & contraronse las dos en un meson
> y comiençance a mostrar la enemistad
> y andando se hiriendo con crueldad
> a oydo la justicia la question
> la qual vino luego en conclusion
> con gran prisa y mayor ferocidad
> Como abysan a las dos se van huyendo
> la verdad por el campo y despoblado
> La codicia en sagrado se a lanzado
> La justicia a la verdad yba siguiendo
> y hasta agora ningun alcance la a dado

la codicia se esta en sagrado temiendo.

Y mucho de todo esto, especialmente la huída y ocultación de esa Verdad por desprecio y abandono por parte del mundo y sus criaturas, será lo que muy escuetamente resuma en breve y filosófica consideración Juan de Dueñas en su *Espejo de consolación* de 1551, diciendo: "Anda agora la verdad como hombre enemistado a sombra de tejados: que no osa parescer en publico."[37] Citas todas que son buen índice de hasta qué punto era de consenso general ese tópico de la visión de la Verdad despreciada y humillada.

Todos estos datos textuales y en especial los primeros ejemplos recogidos que presentaban una imagen de la Verdad con algunas de sus características análogas a las de la del '55, atestiguan, sin dejar lugar a mucha duda, que allá por esa década de los 50 —por lo menos— se dio un singular núcleo temático que bastante debió interesar a más de un autor de por ese entonces y que bien puede resumirse así: la Verdad, hija de Dios[38] —'55, *Crotalón*, "Aucto", "Dialogo"— desciende del Cielo para aleccionar y aprovechar a los humanos —'55, *Crotalón*, "Dialogo"—; es en un principio —pero solamente en '55 y *Crotalón*— bien acogida y tratada por los mismos y en especial por príncipes y señores, para más tarde, mediante insidias, cizañas y malos tratos —soneto *Liber Facetiarum*, '55, Crotalón, "Aucto", "Dialogo"— verse despreciada y expulsada —'55, *Crotalón*, "Aucto", "Dialogo"— y no teniendo posada donde poder acogerse —*Libro llamado Lazaro de Tormes*, facecia y soneto del *Liber facetiarum*, *Crotalón*, "Aucto", "Dialogo"— acabar buscando refugio en la mar —*Libro llamado Lazaro de Tormes*, '55 y *Crotalón*—.

Resumen que bien deja ver hasta que punto un original y primitivo núcleo temático vino a ser una especie de árbol del que todos hacían leña, un asunto literario en el que ciertos anónimos autores —cada uno con sus variantes, quitando o poniendo— participaban, y que lo mismo daba —respecto a lo que aquí interesa— para el trozo del *Liber facetiarum* que para el capítulo XV del '55 o el *Crotalón*, o etc., etc.[39]

Cuál fuera el origen o tronco común —y uno hay que reconocer que tuvo que haber—[40] del que todos esos parciales textos procedieron y se desgajaron, no creo que podamos nunca llegarlo a saber, pero respecto al concreto de la omisión del del '55, y no pareciendo que lo sea el del trozo recogido en el *Liber facetiarum*, algo habrá que arriesgarse a conjeturar.

Como he recordado poco antes en nota, en 1555 publicó Pedro de Medina su *Libro de la Verdad*; en él, el protagonista —mejor diremos el dialogante— "teniendo a Dios olvidado y a sus mandamientos, . . . estando en un su vergel, vido cerca de si una Divina doncella llamada Verdad." (*op. cit.*, 266a), y en los abundantes diálogos que subsiguientemente se establecen, ésta le amonesta enseñándole largamente el desprecio de las honras, riquezas, placeres, etc., etc. Un ejemplo más, esta obra, de la obsesión en esos años por este tema, en esa misma línea de amonestaciones y consejos de la Verdad dirigidos a un personaje entregado de lleno a esas mundanas ansias y sus devaneos, habrá que entender que estuviera redactado —si bien, claro está, de modo más sucinto y breve— el trozo omitido del '55, que palabras de admonición y consejo tuvieron que ser las que oiría de boca de la Verdad ese Lázaro obsesionado para ese entonces —el entonces del capítulo XIV— por los honores palaciegos y las opulentas riquezas; y aun puede sospecharse que entre ambos textos hubo directa relación si no un calco si aceptamos que, y como algún crítico ha sugerido, ese mismo Pedro de Medina es el autor de la *Segunda parte*.[41]

Ignoro si ese *Libro de la Verdad* de Pedro de Medina fue conocido —traducido o no— por Barezzo Barezzi; si sé, sin embargo, que este italiano en su traducción de 1635 —y como he hecho ver al tratar de ella en la sección anterior— inserta una larga tirada de amonestaciones de la Verdad a Lázaro —son las que componen sus caps. XLIX, L, LI y parte del LII— que bastante tienen en común con esas de Medina, y que pueden ser de interés considerar. La traducción que de ese capítulo XV hace Barezzi no es literal; el último párrafo "cuando sea v. m. seruido . . . lo que con la uerdad auian passado." lo da como

> ma quando voi vorrete vi manderò la Relatione di quanto tra la Verità, & la Natura Humana e passato; e perche veggo che la bramate, nel fine di miei maritime travaglii sarà lui posta; & da essa relatione vedrete, che a noi conviene fare riuerenda stima della Verità; . . . & molte altre sentenze, e infinite, che per breuità le traslacio. Et collà t'aspetto. A riuedersi. Ritornai dal mio Re, e le raccontai tutto il succeduto, il che sommamente li piacque.

Y como lo prometido, según se dice, es deuda —y así debió pensar Barezzi— toda esa "Relatione" se recogerá más adelante, aunque no exactamente "nel fine de miei maritime travaglii", y no exactamente porque este Barezzi debió considerar momento más oportuno y lógico esperar a la segunda aparición de la Verdad al final del capítulo XVII para insertar toda esa sarta de admoniciones y consejos; en efecto, esos cuatro capítulos que la contienen se hallan insertos entre el XLVIII que corresponde a ese XVII y el LIII con el que se comienza el XVIII y último de ese '55. Difícil es, repito, y aun probablemente superfluo, conjeturar que pudo mover a Barezzi a emplazar toda esa larga inserción ahí en vez de hacerlo en el capítulo XV, pero la cuestión, ahora, es si todas esas parrafadas de la Verdad las vio así en un texto que desconocemos y que se limitaría a traducir o, simplemente, aprovechó la oportunidad que ese breve capítulo XV le ofrecía para endilgar al lector una serie más de esas largas disquisiciones a que tan proclive era. Con mucha probabilidad fue lo segundo, pero, fuere esto como fuere, lo que importa aquí es que si tales amonestaciones no estaban en el texto que traducía, supliéndolas por su cuenta y riesgo Barezzi fue consciente testigo de que ese capítulo XV no pudo ser tan breve originalmente, como también lo fue —antes lo hemos visto— su compatriota Strozzi, ambos, por otra parte, en la misma línea de moralización y adoctrinamiento religiosos.

Y con todo ello se puede llegar a la conclusión de que para ese trozo omitido es válido aquello de que en el pecado se lleva la penitencia; en efecto, si el autor o editor del texto, fuera este quién fuera, se vio en la tesitura de llevar a cabo un corte en el mismo —por las razones que fueren— bien se puede entender que no dudara mucho en elegir para tal corte esos párrafos de carácter moralizante y adoctrinador siquiera porque su índole temática los haría menos atractivos, más farragosos y monótonos frente al resto de los otros; en último término, si la obra había de ser formalmente lo más fiel posible a su predecesora más debía pretender ser una narración de las "fortunas y adversidades" de su protagonista que no un tratado doctrinal como el de Medina; farragosidad y monotonía que, a su vez y paralelamente, ya empezarían por darnos una de las posibles razones que tuvo que haber para justificar la supresión, sabido que hubo de producirse esa supresión. Otras pudo haber y se han apuntado y en buena crítica creo que deben citarse.

Wagner sugirió como posible una "confusion resulting from manuscript transmission" (xxxiii) pero ya Williams se encargó de refutar esa hipotesis (230). A su vez, Williams dando por supuesto, claro está, que el trozo omitido era el del *Liber facetiarum*, propuso una razón de autocensura por parte de un autor un tanto medroso de las autoridades eclesiásticas (231), pero no siendo en absoluto probable que ese episodio de las monjas fuera lo suprimido tal sugerencia se ve invalidada, y aun admitiendo que sí que lo fuera como también lo quiere Caso, éste mismo ya hizo ver ([1971], 182-4) la escasa consistencia del argumento de Williams.

Otra posible solución es la que el mismo Williams dio —aun sin concederle ningún peso como tal quizá por demasiado preocupado con su personal explicación— al hacer notar que "either the author or the printer must have made a hasty redaction of Chapter XV on the eve of publication." (230), apresurada redacción que como posible razón también fue postulada por Rumeau al señalar que

> Rédaction, transcription et composition donnent une impression de hâte. Tous les lecteurs s'arrêtent au chapître XV et supposent qu'une coupure a été faite sans qu'on ait pris la peine ou le temps d'éffacer la solution de continuité. ([1964], 270)

Sea esto como fuere lo que cierto parece es la intención por parte de ese quien fuera, de mantener, en todo caso, ese breve trozo que compone el XV. Bien podemos suponer que dado el reconocido y evidente interés que suscitaba por esos años el tema de la Verdad, como también he hecho ver, ese autor o editor culpable del corte no pudiera resistirse al impulso de que, al menos, persistieran esas breves líneas donde la misma entra en escena;[42] pero, en mi opinión, y sin menoscabo de las anteriores, otra razón más imperiosa y definitiva debió darse para que el autor decidiera mantener ese Capítulo XV aun a pesar de su brevedad. Antes, en el apartado f) del estudio crítico he postulado mi tesis de que ese autor concibió la conversión y reconversión de Lázaro como dándose entre dos polos de carácter sobrenatural configurados, por un lado, por un Jesucristo inicial y, por el otro, por una Verdad final; ahora bien, si su propósito de cerrar de ese modo el proceso había de cumplirse, evidentemente le era imprescindible la presencia de esa Verdad en el Capítulo XVII; haberla hecho aparecer, no obstante, de súbito, en un inesperado *impromptu* sin referencia anterior, quizá hubiera resultado excesivamente forzado y desmañado. Así, mantener ese Capítulo XV mediante el cual el lector se entera del previo conocimiento y trato de Lázaro con la Verdad, se le impuso ineludiblemente como la solución más adecuada y recta, aun a riesgo, ciencia y conciencia de que su disonante brevedad —repito— provocara su tanto de extrañeza en el lector.

c) De los capítulos XVII y XVIII

Aunque no exactamente análogo al del Capítulo I, paralelo parece que fue el avatar del XVIII y último del texto que conocemos. Si, como antes se ha visto, el Capítulo I se vio adjuntado al '54 en multitud de ediciones, lo mismo parece que ocurrió con este XVIII si bien, como paso a examinar, no mediante un proceso de desgaje de un texto anterior.

Bastantes años ha ya empezó a extrañarle a Aribau cierta discrepancia entre éste y el anterior; al comentarlos en su introducción ya señaló que "Lázaro . . . recobra su gracejo al contar lo que le sucedió en Toledo; pero lo pierde de repente en la defensa de las ridículas conclusiones" (cf. *BAE* 3, p. xxiii) y mucho después, mencionando directa y concretamente ese XVIII, Caso González dice de él "que parece un pegote inútil" ([1971], 177), afirmación que, de haberse fijado con más detalle en cualquiera de los dos originales que conocemos, la hubiera visto confirmada. En efecto, y como ya hago ver en la transcripción del texto, en ambas ediciones el capítulo anterior número XVII se cierra con una especial disposición triangular que conviene recoger aquí:

-me a mi taça y jarro, con lo qual en
breue tiempo fuy tornado en mi
propio gesto, y a mi
buena vida.

Muy significativo es, por otra parte, que, en el caso de N, sea con esa forma triangular que cierra el tal capítulo con la que exactamente se acabe la página, lo que bien parece indicar que N, ante un texto total que terminaba con ese "a mi buena vida.", fue ajustando las cajas de tal manera que el mismo se viera encuadrado perfectamente, así como, por supuesto, habrá de hacerlo con el final XVIII.

Disposición formal que también recogerá S, y que, como corresponde y debe ser, será con la que, así mismo, se cierren tanto esos capítulos XVIII de ambos como el cierre totalmente final de S tras su añadidura de las "FABVLAS MVY GRACIOSAS". Y es que, como bien se sabe, con esa particular disposición formal era como se acostumbraba a rematar los textos y ella era la que indicaba el fin definitivo de los mismos. Siendo esto así, algo de gran interés puede que se nos revele con todo ello.

Qué pudo ocurrir para que tanto Nucio como Simon persistieran en mantener esa peculiar formalidad sujeto es de conjetura si bien fácil es sospechar prisa o negligencia, siendo lo más plausible lo primero. En cualquier caso, ese olvidarse de rectificar tal disposición formal en sus ediciones, bien afortunado fue, pues con él se nos proporciona una mejor inteligencia de la historia editorial de esa *Segunda parte*.

Aparte de las consideraciones que ya he expuesto en la discusión del esquema así como en el estudio crítico, para lo que aquí interesa, esa negligencia buen testimonio es tanto de la existencia de un texto anterior que acababa en ese capítulo XVII como de que, y en justa consecuencia, fue a ese texto anterior al que se le adicionó ese "pegote" del capítulo XVIII en las reediciones posteriores, únicas que hemos llegado a conocer.

El examen de la información que en ese XVII se recoge, nos proporciona, además, una inicial certeza de que el tal fue un primitivo capítulo final, como su rúbrica parece indicarlo. En ella se lee: "Que cuenta la conuersion hecha en Seuilla, en un cadahalso de Lazaro Atun." Habiéndose convertido primeramente de hombre en atún, justo y adecuadísimo final es que Lázaro cierre su peripecia, como lo hace, reconvirtiéndose a su primigenia naturaleza; justo y adecuado será también como final el último encuentro con la Verdad y su consecuente arrepentimiento de toda la atunesca vida pasada con su "propuse la enmienda: y llore la culpa", propósito y contrición que le renovarán disponiéndole para su reinserción en la anterior vida, y no menos su reconocimiento definitivo por parte del Arcipreste y de su mujer —"Y la mañana venida . . . de mi Señor y de mi muger fuy conocido"— a modo de nuevo hijo pródigo que a sus lares vuelve, como así lo hace, y en los cuales, por fin, recuperará su inicial ser y aún con él sus primeras buenas mañas según sus últimas palabras nos lo confirman: "torneme a mi taça y jarro, con lo qual en breue tiempo fuy tornado en mi propio gesto, y a mi buena vida."; buena taza, buen jarro y buena vida que todas las características tienen de arbitrar y constituir un perfecto y feliz final.

Si de la evidencia textual que ese XVII nos imparte podemos deducir su condición de ser un final remate primitivo, de la que nos proporciona el XVIII algo análogo se puede también inferir. De observar es, respecto a esa su aleatoria condición de añadido posterior, que el nada disimulado calco del *Eulenspiegel* que en ese capítulo inserta el autor, es una copia tan exacta de su fuente literaria original —como ya expongo con detalle en las notas al texto— que puesto así, directamente y sin ninguna elaboración en boca de su personaje, poco le cuesta a un lector mínimamente consciente y suspicaz llegar a la convicción de que todas esas sabihondas respuestas no encajan demasiado naturalmente en el Lázaro que ha venido conociendo, o dicho de otro modo y más genéricamente, que toda esa componenda textual resulta una artificiosa añadidura demasiado visible en cuanto tal como para que pueda pasar inadvertida, según y como ya les ocurrió tanto a Aribau como a Caso González.

A las claras salta, por otra parte, que todo ese capítulo XVIII, de principio a fin, es una abierta y acerba crítica del mundo universitario salmantino, incluidos ahí desde el Rector hasta el último de los estudiantes, todos ellos burlados de un modo u otro por Lázaro, y lo curioso respecto a ello es que nada se nos ha venido informando a lo largo de los capítulos anteriores que haga sospechar que en ese Lázaro se haya ido engendrando ninguna particular razón para esa personal y acendrada animadversión a tal ciudad y su mundo académico; como más bien habría que suponer lo contrario —en último término, en ella ha vivido su infancia, y, precisamente, todas sus fortunas y adversidades le han sobrevenido al abandonarla— más acertado parece ver en esa caústica crítica simplemente una proyección personal —con su mucho de burlona e irónica— de la enconada actitud y negativa pasión de su autor, un autor que aprovechándose un tanto artificialmente del personaje la expone a través del mismo; y conste en esta línea —todo hay que sugerirlo— que muy bien cabe la sospecha, tras lo que digo, de que ese autor, el del XVIII, no fuera exactamente el mismo que concibió los anteriores capítulos.

En relación con toda esa crítica del mundo universitario, añadiré, por otra parte, que si de acuerdo estoy con Caso cuando atribuye a ese XVIII la condición de "pegote", no lo estoy tanto en que además sea "inútil" como él quiere, porque, a mi juicio, alguna y nada desdeñable función cumple, ya que si con su presencia el tal XVIII por un lado nos reafirma la existencia de un previo texto en el que originalmente no constaba, por otro un bastante nos dice de la oculta personalidad de su anónimo autor, de su condición de hombre de letras, de individuo que bien al corriente está del ambiente y mundillos académicos de su tiempo, fuera o no —según acabo de sugerir— el mismo que redactó todo el texto previo.

Movilidad del I, supresiones del XV, añadido de todo el XVIII, ciertamente se puede decir que *La segunda parte de Lazarillo de Tormes* que nosotros leemos un bastante se distancia del que originalmente se compuso y/o del que se conoció y leyó durante años.

Notas a avatares particulares

[1] No he podido ver el ejemplar pero cf.   L. Loviot, "La première traduction française du *Lazarillo de Tormes* (1560)", *Revue des livres anciens*, Fasc. 2 (1916): 163-69, y A. Rumeau, "La première traduction du "Lazarillo": Les éditions de 1560 y 1561", *BHi* 82 (1980): 362-79.

[2] Ejemplar de la B. Arsenal, B.L.29642; en el vto. de la guarda se da distinta sign.: B.L.17696. 7. A notar que frente a los ocho capítulos de la de Lambert, ésta de 1561 da una división distinta en treinta y uno, siendo ese treinta y uno el primero del '55, claro está. Para la descripción de esta edición y las siguientes cf. las bibliografías citadas.

[3] Cito por fotocopia del ejemplar de la Biblioteca Real de la Haya, fotocopia que agradezco a mi querido amigo Diego Ma. Sánchez Bustamente, Agregado Cultural de la Embajada en esa ciudad. El ejemplar carece del cuadernillo H que corresponde a pp. 109 a 124. Esta holandesa sigue a la francesa de 1561 en la división en treinta y un capítulos.

[4] A su anterior de 1576 hay que suponérselo si bien no puede asegurarse por no existir ejemplar (cf. Santoyo, 123). He visto los ejemplares de BL, sign. C.57.aa.2 y G.10136 respectivamente.

[5] He visto para 1595 los ejemplares sign. 1074.d.33 de BL y R-1481 de BNM, y para 1602, sign.12490.a.11. de BL y R-14338 de BNM.

[6] Cito por el ejemplar de la Biblioteca de Catalunya, sign. TODA 6-II-7. Agradezco aquí los buenos oficios de mi amigo el Prof. Javier Pérez Escohotado y su ayuda al respecto.

[7] Para la de 1601, cf. M. Lambert, "Filiation des éditions françaises du "Lazarille de Tormes" (1560-1820)", *Revue des sciences humaines*, Fasc. n.120 (Oct.-Dec., 1965): 587-603. Cita en p. 592 y para la de 1609 he visto el ejemplar sign. U-724 de la BNM.

[8] Cf. H. Tiemann, ed., LEBEN UND WANDEL LAZARIL VON TORMES . . . VERDEUTZSCHT 1614/Nach der Handschrift hrsg. und mit Nachwort. Bibliographie und Glossar. Hamburg, M. Gesselschaft, 1951.

[9] Para la de 1615 cf. G. Laplane, "Les anciennes traductions françaises du "Larillo (*sic*) de Tormes" (1560-1700)", HOMMAGE a Ernest Martinenche; Paris, Ed. d'Artrey, 1939, pp. 143-55; cita en p. 150, n.17 y Lambert (593); para la de 1616 he consultado BL, sign.12490.a.30.

[10] Cf. Ch. Lang Brancaforte, *Fredericus Berghius' Partial Latin Translation of Lazarillo de Tormes and its Relationship to the Early Lazarillo Translations in Germany*; Madison, The Hispanic Seminary of Med. Studies, 1983, xxviii, n.51 y así mismo la entrada no.2 de la bibliografía que aporta Tiemann en su citada edición (p. 143).

[11] He visto ejs. 687.d.10 de la BL y R-7038 de la BNM.

[12] Para la de 1620 he visto BL, sign.245.c.31 y para la de 1637, BL, 12403.ccc.17.

[13] Cf. Laplane, *loc. cit.*.

[14] Es, simplemente, otra reedición de Rowland y he visto el ej. de BL, sign. C.62.aa.18. (1).

[15] Para la de 1624 cf. no.3 de Tiemann en su bibliografía (*loc. cit.*), y para la de 1627 he visto BL, sign.1081.c.28. (2) y creo de interés señalar que su final difiere del original; todo el párrafo último que en el '55 va desde "hasta q a la fortuna . . ." hasta su fin ". . . la pluma a los ojos." lo omite dando, en cambio, "Also habt ihr vernommen wie ich nach aussgestandennen vielem Elend zu einem Herren und Koniglichen Amptman auch einem Heusslichen Eheman wordens Jetezt warte ich auff nicht anders dann dass man mich auch in den Stadtraatueme (darinnen wol so grosse Gecken sitzen als ich bin) und wann ich etwas reicher werde gar zum Burgermeister mache. Was sich ferners mit mir begiebet (dann einmahl saget mir mein Hertz ich werde noch zu grosser *Dignitat* kommen) wil ich auch zu rechter Zeit schon wissen lassen." ENDE." No se podrá decir que este traductor no le hace progresar a Lázaro, o, al menos, algo más que Strozzi cuando por distintas razones también elimina el mismo final párrafo como ya he hecho ver en los avatares generales.

[16] Prolijo y aun innecesario puesto que gran parte de todas las editadas a lo largo del XVII son simplemente reediciones o reimpresiones de las anteriores, como a su vez lo han sido bastantes de las enumeradas.

[17] Cf. C. Guillén, "Luis Sánchez, Ginés de Pasamonte y los inventores del género picaresco" en *Homenaje a don Antonio Rodríguez-Moñino*, 2 vols.; Madrid, Castalia, 1966, I, 221-31; cita en p. 223.

[18] Doy por supuesto que tras las iniciales I. G. de L., y como quiere Loviot (167-68) se esconde ese Jean Gaspard de Lambert. Véase, no obstante, lo que sobre ello dice Laplane (145-46).

[19] A. Rumeau ([1980], 378). La omisión de S corresponde a línea 6 de la p. 29. Por comprensible descuido, dado el tipo de tarea, Caso no recoge la misma en su ed. crítica.

[20] Incluso para 1568-69 ya existía la misma, si hemos de atender a lo que nos asegura Randall ([1963], p. 57).

[21] J. E. V. Croft en la introducción a su edición de 1924 (Oxford, B. Blackwell) ya dice que "even the marginal notes explaining Spanish customs are in more than a dozen cases derived from the same source." —la de Lambert, claro— (p. viii). Por supuesto que también Rowland, como Lambert, vio en ese *Lazarillo* un buen sumario de la naturaleza y costumbres españolas; ya dice que la obra "is also a true discription of the nature & disposition of sundrie Spaniards" y con ella el lector entenderá "much of the manners & customs of that countrey" en f.Aii.

[22] Cf. J. M. Caso González, ed. crit., *La vida de Lazarillo de Tormes*; Madrid, RAE, 1967, y "La primera edición del *Lazarillo de Tormes* y su relación con los textos de 1554",

Studia Hispanica in Honorem R. Lapesa; Madrid, Gredos, 1972; I, 189-206; A. Blecua, ed., *La vida de Lazarillo de Tormes*; Madrid, Castalia, 1972, cree irrelevante ese estema propuesto por Caso —cf.p. 62— pero lo que posteriormente comento puede revalidarlo. Cf., además, el comentario y n. de F. Rico, *Problemas del "Lazarillo"*; Madrid, Cátedra, 1988, en p. 36.

[23] De hecho, se puede afirmar con casi absoluta seguridad que Luna tenía esa plantiniana a la vista para su '54. A pesar de lo decididamente "corregida, y emendada" —como según en la portada ya nos lo anuncia— resulta esta edición, se observa que, no obstante, cuántas variantes de importancia se dan en la de Amberes —y no sólo para el Cap. I sino también para todo los tratados anteriores— aparecen repetidas en ésa de Luna. En relación con ese añadido caso análogo al de Luna viene a ser el de la edición de Facchetto del '54. La misma difiere de todas las otras conocidas en que omite tanto el tratado 4° como el 6°, y no obstante Pedro de Robles, autor de esa reproducción, persiste en recoger ese Cap. I del '55 presentándolo como sexto de ese su '54 con sólo las mismas variantes del Plantin que también se dan en Luna.

[24] Para el principio de esas Cortes, "jueves primero de noviembre se hizo la proposicion al Estado de Grandes" según B. Sandoval, *Historia del Emperador Carlos V* (BAE, 83, p. 61) y la estancia en Toledo de Carlos por lo menos duró hasta primeros de mayo del año siguiente según carta fechada en tal ciudad el 4/5/1539 (cf. M. Fernández Alvarez, *Corpus documental de Carlos V*, 4 vols.; Salamanca, Univ. de Salamanca, 1973-79, I, p. 552), fechas que bien se pueden hacer extensivas a un más largo período para su séquito tudesco, al menos si no históricamente, sí para el guasón del autor.

[25] Intrigante cuestión toda ésta que otra ocasión pienso examinar con más detalle.

[26] Ya desde 1917 Ch. Ph. Wagner lo señalaba en su introducción a la traducción de Louis How (cf. *The Life of Lazarillo de Tormes and his fortunes and adversities*, N. York, M. Kennerly, 1917, p. xxxiv). Ocho años después acometería el problema con más profundidad R. H. Williams, "Notes on the Anonymous continuation of Lazarillo de Tormes", *Romanic Review* 16 (1925): 222-35; muchos años después también para Caso González que algo se ha suprimido de ese capítulo XV. "es la evidencia misma" (cf. "La génesis del *Lazarillo de Tormes*", *Historia y estructura de la obra literaria*, Madrid, CSIC, 1971, 175-96; cita en p. 83) y, por fin, para Piñero "El capítulo tiene toda la pinta de haber sido recortado de mala manera y a última hora, o por el autor o por el editor" (p. 29).

[27] Viene a ser simple calco de la fórmula sintáctica del latín "cum . . . -isse" que además de por ese "cuando" con forma verbal personal puede también presentarse, como se sabe, mediante gerundio rigiendo participio pasado: "Habiéndome perdido . . ." . Véase para otro ejemplo el de f.13*r* y la correspondiente nota al texto —Cap. II, n.119— con otros que atestiguan ese uso.

[28] Curioso ese anómalo plural que recogen también tanto Simon como Antoni y Bidelo; no así los traductores que, sin excepción, lo corrigen lógicamente. Piñero (231, n.2) lo supone simple errata de Nucio, y así hay que admitirlo. Para su origen podría sugerirse un "auiame" sin cuadratín de separación y un imperfecto posterior reajuste.

[29] El texto se puede ver tanto en R. Foulché-Delbosc, "Remarques sur *Lazarille de Tormes*", *Revue Hispanique* 7 ([1900]): 81-97 (texto en 95-97) como en Caso ([1971], 178-80). Para un estudio detallado de ese *Liber facetiarum* E. Miralles, "Anotaciones al 'Liber Facetiarum' de Luis de Piñedo", en A. Torres Alcalá, ed., *Josep María Solà-Solé: Homage, Homenaje, Homenatge*, 2 vols., Barcelona, Puvill, 1984; Vol.II, 147-57. Ahi da las fechas de 1552 ó 1553 a lo sumo, para su recopilación.

[30] E. Macaya Lahmann, *Bibliografía del Lazarillo de Tormes*, San José (Costa Rica), Ed. Convivio, 1935; cita en p. 23.

[31] Cf., p. ej., el citado trabajo de F. Saxl.

[32] Cito por la ed. de Asunción Rallo (Madrid, Cátedra, 1982); cita en pp. 405-08 y véanse ahí los comentarios de la editora; cf. también J. M. Solà-Solé, "Villalón y los orígenes de la picaresca", en M. Criado de Val, ed., *La picaresca: orígenes, textos y estructura*, Madrid, FUE, 1979, 317-25.

[33] Curiosamente, si en esas "congregationes de clerigos religiosos" no halla posada esa Verdad, será ahí y sólo ahí donde la encuentre en el texto de Strozzi: "cacciata dalle Corti de Principi. et dal consortio de Mortali, ed altro ricouro non trouo, che ne conuenti di Religiosi, et nelle caritatiue Case de Preti . . ." (112). Se habrá observado, así mismo, que esa "uerdad" que, y como corresponde, en principio aparece con su género femenino, en el resto del texto, y en todos los casos, se presenta bajo género masculino; mucha repetición de ese género es para que pueda atribuirse a un descuido o error del copista y, sin embargo, bien claro está que la "uerdad" es el sujeto de la anécdota. Difícil es conjeturar que hay detrás de todo ello pero si que bastante debe tener que ver con el otro trozo del *Liber facetiarum* en donde no acaba de resultar claro si el sujeto del mismo es la Verdad o Lázaro. Quede aquí, por lo menos, constancia de esta singular anomalía para posible provecho de futuros investigadores.

[34] F. López Estrada, "Estudio del 'Dialogo de Cillenia y Selenio," *RFE* 57 (1974-75): 159-94. Para su datación véanse pp. 161 y 184.

[35] No obstante, uno, por lo menos, se impone. Daniel Eisenberg ha publicado recientemente su *Las 'Semanas del jardin' de Miguel de Cervantes* (Salamanca, Ed. Diputación, 1988) y una base en que se apoya para la restitución de ese texto es, precisamente, la atribución de este "Dialogo" al autor del *Quijote*. En su reseña crítica de la obra, F. López Estrada, "Las fronteras de Cervantes: ¿*Las Semanas del jardin* restituidas?", *Insula*, 516 (Dic., 1989): 4, ya ha puesto suficientemente en duda que ello sea así. Sin ser conocidos, al parecer, por Eisenberg, la existencia de todos estos textos que vengo presentando —y alguno más que sigue— los mismos

no sólo reiteran esa duda sino que incluso impugnan dicha atribución.

[36]Cf. el "Aucto" en II, 421-37.

[37]ESPEJO DE CONSOLACION . . . | . . . |Compuesto por Fray Juan de duenas . . . | . . . | Ano M.D.li.| . . . | (Colofón) . . . impresso enla muy noble villa|de Valladolid por juan de villaquiran| . . . |; cita en f.lv*ir*. Con idénticas palabras Fray Diego de Estella repetirá el juicio muy poco después en su *Libro de la vanidad del mundo* que tenía ya la aprobación en 1560 (cf. la moderna ed. de Madrid, Dip. Foral de Navarra, 1980; cita en p. 415 y para aprobación p. 522). Por otra parte —y quizá tampoco sea coincidencia— ese andar "a sombra de tejados" es exactamente la misma imagen que se ve en el *Crotalón* para la Bondad y la Verdad: "Ya, desdichadas de nosotras, no teniamos donde nos acoger . . . y ansi andabamos *a sombra de texados* . . ." (p. 407).

[38]Característica única para esos textos esa atribución filial, la misma no era, no obstante, fija; ya en la *Segunda Celestina* de Feliciano de Silva se lee: "la verdad quieren los sabios que sea hija del tiempo" (p. 268) y B. Riberol en su *Libro . . . llamado alabanza de la pobreza*, también la da así en f.xxv; otros, por su parte, seguían recogiendo el lema "Veritas de terra orta est" como, por ejemplo, Pedro Hernández de Villaumbrales en el colofón de su LIBRO INTITULADO| PEREGRINACION DE LA VI—| da del hombre, . . . | de 1552 y así mismo Pedro de Medina en la portada de su *Libro de la Verdad* de 1555 aunque más adelante en el texto presente a esa Verdad como hija de Dios (cf.273b-274a).

[39]Ciertos anónimos autores, añadiré, que muy probablemente fueran los de esa "literatura española semiclandestina entre 1550 y 1555" que, a mi juicio, acertadamente propuso Bataillon ([1968], 87).   Su condición de anónimos, exceptuando y aun *cum grano salis* el del *Crotalón* —aun sigue la polémica de si lo es Villalón o no—, la carga de crítica social y religiosa que conllevaba el tema, la manera dispersa y parcial en que hemos recibido esos trozos algo parecen testimoniarlo.   Ciertos posibles anónimos autores que ya he citado, aunque por otras razones, en el desarrollo de mi estudio introductorio.

[40]Una rama mayor de ese tronco común puede que sea, así mismo, el episodio de las monjas y sus trifulcas nobiliarias en el *Liber facetiarum* y que de modo análogo a los del '55 en cuanto a su repetición, Núñez de Reinoso, con leves variantes, insertará en el "Capitulo Postrero" de su *Historia de los amores de Clareo y Florisea* de 1552.   Cf., además cuanto sobre ello dice Caso ([1971], 184-86).

[41]Así lo hizo Charles V. Aubrun en "La dispute de l'eau et du vin", *BHi* 58 (1956), 453—6; Bataillon ([1968], 84, n.71) ve difícil, no obstante, que así sea.

[42]Del interés que parecía seguir suscitando ese tema de la Verdad aun algunos años después y/o, por lo menos, de lo destacable que pudo resultar que el mismo se incluyera en el '55, un significativo eco tenemos en el caso de Juan de Pineda; en sus *Diálogos familiares de la agricultura cristiana* cuatro veces recordará a ese segundo Lázaro; pues bien, de ellas en tres lo hará exclusivamente para traer a cuento su encuentro con la Verdad. Cf., para ellas, n.4 al estudio crítico y texto.

Bibliografía

Advertencias

Para la bibliografía me atengo a las obras citadas y/o comentadas a lo largo del texto.

En las siguientes listas bibliográficas las obras citadas con un mínimo de frecuencia van provistas de la correspondiente abreviatura utilizada según ésta aparece en texto y notas. En los restantes casos la identificación de la obra es suficientemente clara dentro del texto.

a) Ediciones del '55

i) En castellano

LA SEGVN-// DA PARTE DE LAZA-// RILLO DE TORMES: Y// de sus fortunas y ad-// uersidades.// EN ANVERS// En casa de Martin Nucio, a la en-// seña de las dos Cigueñas.// M. D. LV.// *Con Preuilegio Imperial*. 12º, 69ff. [por error 67] 3ff. en blanco. Aparece encuadernada tras la Primera Parte. **N**.

LA SEGVN-// DA PARTE DE LAZA-// RILLO DE TORMES, Y// de sus fortunas, y ad-// uersidades.// EN ANVERS, // En el Vnicornio dorado, en// casa de Guillermo Simon// M. D. L. V.// *Con Priuilegio Imperial*. 12º. 78 ff. [por error 83] Desde f.75*v* se añade "SIGVENSE ALGVNAS// FABVLAS MVY GRACIOSAS, // las quales no son de la obra, pero// añadieron se a ella por// no vender al Lector// papel blanco." Aparece encuadernada tras la Primera Parte. **S**.

LA VIDA// DE LAZARILLO// DE TORMES, // Y *de sus fortunas y aduersidades*, // En Milan, Ad instanza de Antoño de Antoni.// M. D. LXXXVII. (Colofón) En Milan, por Iacobo Maria Meda.// M. D. LXXXVII// Con licença (*sic*) de los superiores. 8º menor. 75 ff. En f.30*v* comienza LA SEGVNDA PARTE// DE LAZARILLO DE// TORMES.// y de sus fortunas y aduersidades. **A**.

LA VIDA// DE// LAZARILLO// DE TORMES// *y de sus fortunas y aduersidades*.// EN BERGEMO. M. D. XCVII.// A instanza de Antoño de Antoni// 8º menor, 75 ff. En f.30*v* comienza A (*sic*) SEGVNDA PARTE// DE LAZARILLO DE// TORMES// y *de sus fortunas y aduersidades*.

Para hasta que punto es lícito considerar esta edición como tal, véase lo que al respecto comento en los avatares.

LA VIDA// DE LAZARILLO// DE TORMES// y de sus fortunas y aduersidades.// En MILAN// A costa de Juan Baptista Bidelo// Librero.// MDCXV, 8º menor, 178 págs. En p. 73 comienza LA SEGVNDA// PARTE// DE LAZARILLO// DE TORMES, // *y de sus fortunas y adversidades*. **B**.

Segunda parte de Lazarillo de Tormes y sus fortunas y adversidades. Madrid, Imprenta de D. Pedro Mora y Soler, 1844, pp. 121 a 258, en *La vida de Lazarillo de Tormes, y sus fortunas y adversidades por Diego Hurtado de Mendoza*. Nueva edición de lujo aumentada con dos segundas partes anónimas, y con grabados por artistas Españoles. Madrid. Imprenta de D. Pedro Omar (*sic*) y Soler, 1844, 382 pp.

Segunda parte de Lazarillo de Tormes, y de sus fortunas y adversidades, por incierto autor, ed. de B. C. Aribau en BAE, III (Madrid, Rivadeneyra, 1846), págs. 91-109. **BAE.**

Segunda parte de Lazarillo de Tormes en *Tesoro de novelistas españoles, antiguos y modernos*, ed. de Eugenio de Ochoa; Paris, Baudry, 1847, pp. 35-80.

Segunda parte de Lazarillo de Tormes y de sus fortunas y adversidades en Diego Hurtado de Mendoza, *Obras en prosa*; Madrid, Vda. de Hernando, 1881 (Bibl. Clásica, tomo XLI), pp. 245-332. Hay subsiguientes reimpresiones de 1888, 1907, 1911, 1922, etc.

Segunda parte de Lazarillo de Tormes y de sus fortunas y adversidades en F. Guerrero Pérez, ed., *El Lazarillo de Tormes*; Santiago de Chile, Ed. Universitaria, 1955, 243 pp.

Segunda parte de Lazarillo de Tormes y de sus fortunas y adversidades en A. Escarpizo, ed., *La vida del Lazarillo de Tormes y de sus fortunas y adversidades*; Barcelona, Ed. Lorenzana, 1967, pp. 73-160.

La segunda parte de Lazarillo de Tormes, y de sus fortunas y adversidades en Josep M. Solà-Solé, ed., *Los tres Lazarillos*, Vol. I; Barcelona, Puvill Libros, 1987 (Ed. Analítico-Cuantitativas, 4), pp. 103-205. *Laz2*.

La segvnda parte de Lazarillo de Tormes y de sus fortunas y aduersidades en *Anónimo y Juan de Luna: Segunda parte del Lazarillo*, ed. de Pedro M. Piñero; Madrid, Ed. Cátedra, 1988, pp. 125-259. **Piñero.**

ii) Traducciones

THE// MOST PLEA-// saunt and delectable// Historie of Lazarillo de// Tormes, a Spanyard: // AND OF HIS MARVELLOVS// Fortunes and Aduersities.// The second part.// Translated out of Spanish into English, // By W. P.// Printed at London by T. C. for *Iohn Oxenbridge*, dwelling// in Paules Church-yard at the signe of the// Parrot. 1596. 4º, ff.A1*r* a I4*v*. **P.**

La II. Partie// des Faicts// Merveilleux// du Lazare de// Tormes: // Et de ses fortunes & aduersitez// *Nouvellement traduite de l'Espagnol// en François*: // Par Iean vander meeren, d'Anvers.// Chez Guislain Iansens.// 1598.; desde p. 127 en Histoire// Plaisante, // Facetieuse, et Re-// creative; du Laza-// re de Tormes Espagnol: // *En laquelle l'esprit melancolique se peut re-// creer & prendre plaisir: // Augmentee de la seconde partie*, nou-// vellement traduite de l'Espagnol// en François.// A ANVERS, // Chez Guislain Iansens.// 1598. 16º, 308 págs. + 4 págs. **V.**

HET TWEEDE DEEL// van de wonderlijcke// daden ende wercken van// Lazarus van Tormes: // ende van syn avonturen// ende teghens poeden.// Nieuwelijck wt den Francoysche// in onse Nederduytsche tale// overgheset.// TOT DELF, // By Felix van Sambix.// Anno 1609. 12º, ff.1*r* a 61*r*. **Sa.**

IL// PICARIGLIO// CASTIGLIANO, // SECONDA PARTE, // Che continua la Narratione della VITA del Cattiuello// LAZARIGLIO di TORMES// tradotta del Spagnuolo nell'Italiano, & Hora accre-// sciuta di Spiritosi. e Nobilissimi Pensieri da// BAREZZO BAREZZI.// *Que con vivace, e leggiadra maniera s'apprende ad abbrac-// ciare le Virtudi, e a prudentemente fuggire// i Vitti; Sentiero vero d'innalzarsi al// colmo de gli Honori*.// Et narransi le non mai più vdite Disauuenture, &// Auuenture succedute gli sotto l'Acque del// Mare in Guerra, & in Pace.// Adornate di Due copiosissime Tauole.// IN VENETIA, Presso il Barezzi, MDCXXXV.// Con Licenza de' Superiori, & Priuilegi. 8°. 16 ff.+ 400 págs. **Ba.**

'T WONDERLYCK// Leven, kluchtige Daden, en// dappre schimp-ernst// VAN// LAZARUS van TORMES.// Nieuwelijcks uit Spaans in beknopt Duits, // Door D D. HARVY vertaalt.// tot VTRECHT// uit de Boek-winkel van Simon de Vries ANNO M. DC. LIII. 12°, 312 págs. Desde p. 112 hasta p. 207 se insertan en la traducción de Luna 13 caps. y medio —de la mitad del 2° hasta el 15 inclusive— de la *Segunda parte* del de 1555. **H.**

'T WONDERLYCK// Leven . . . // Door// D. D. HARVY vertaalt.// Desen laasten Druck van veel mis-// stellingen en fouten gesuyvert.// T' AMSTERDAM// Uyt de Boek-winkel van BALTES// BOENHOLT, Boeck-verkooper op 't Rockin, // op de hoek van da Hal-poort, 1662 12°, 10 págs. + 310 págs. Reedición de la anterior.

'T LEVEN// VAN// LAZARUS VAN TORMES. 1669. Es reedición de la anterior de 1662.

b) Obras de consulta

i) Bibliografías

British Museum. *General Catalogue of Printed Books*. 263 vols. London: Trustees of the British Museum, 1965-66.

Gruys, J. A. *et al*. *Typographi & Bibliopholae Neerlandici usque ad annum MDCC, THESAVRUS Nederlandse boekdrukkers en boekverkopers tot 1700*. Nieuwkoop: B. de Graaf, 1980.

Laurenti, J. L. *Bibliografía de la literatura picaresca*. Metuchen, N.J.: The Scarecrow Press, 1973. **Laurenti.**

———. *Suplemento* . . . New York: AMS Press, 1981.

Macaya Lahmann, E. *Bibliografía de* Lazarillo de Tormes. San José, Costa Rica: Ed. Convivio, 1935. **Macaya.**

Peeter-Fontainas, J. *Bibliographie des impressions espagnoles du Pays-Bas meridionale*. 2 vols. Nieuwkoop: B. de Graaf, 1965.

Pollard, A. W. *et al*. *A Short-Title Catalogue of Books Printed in England, Scotland & Ireland . . . 1475-1640*. London: The Bibliographical Society, 1976.

Reusch, Heinrich, ed. *Die Indices Librorum Prohibitorum des Sechzehnten Jahrhunderts*. Nieuwkoop: B. de Graaf, 1970.

Santoyo, Julio César. *Ediciones y traducciones inglesas del "Lazarillo de Tormes" (1586-1977)*. Vitoria, España: Colegio Univ. de Alava, 1978. **Santoyo.**

Simón Díaz, J. *Bibliografía de la literatura hispánica*. 14 vols. Madrid: CSIC, 1960-84. **Simón.**

ii) Diccionarios, léxicos, etc.

Alonso, Martín. *Enciclopedia del idioma*. 3 vols. Madrid: Aguilar, 1982. **Alonso***Encic*.

Alonso Hernández, J. Luis. *Léxico del marginalismo del Siglo de Oro*. Salamanca, Universidad de Salamanca, 1977. **Alonso***Lex*.

Baudrillart, A. *et al*. *Dictionnaire d'Histoire et de Geographie Ecclesiastiques*. 23 vols. (en cont.). Paris: Letouzey et Ane. 1912-88.

Caballero, Ramón. *Diccionario de modismos*.   Madrid: A. Romero, 1898-1900. **Cab***Modismos*.

Casares, Julio *et al*, coord. *Diccionario histórico de la lengua española*. Madrid: RAE, 1960. *DHLE*.

Cejador, Julio. *Fraseología o estilística castellana*. 2 vols. Madrid: Rev. Arch. y Bibl., 1921-24.

————. *Vocabulario medieval castellano*. Madrid: Hernando, 1929. **Cejador***Voc*.

Corominas, J y J. A. Pascual. *Diccionario crítico etimológico castellano e hispánico*. 5 vols. Madrid: Gredos, 1980-83. **Corom**.

Covarrubias, Sebastián de. *Tesoro de la Lengua Castellana o Española* (facs.); Madrid: Ed. Turner, 1979. **Cov**.

Fernández Gómez, C. *Vocabulario completo de Lope de Vega*.   Madrid: RAE, 1971. **Lope***Voc*.

Fontecha, Carmen. *Glosario de voces comentadas en ediciones de textos clásicos*. Madrid: CSIC, 1941. **Fontecha**.

Gili Gaya, S. *Tesoro lexicográfico (1492-1726)*. Madrid: CSIC, 1947. **Gili**.

Godefroy, F. *Dictionnaire de l'ancienne langue française et de tous ses dialects du IXe au XVe siècles*. 10 vols. Paris: Vieweg, 1881-1902.

Huguet, E. *Dictionnaire de la langue Française du seizieme siècle*. 7 vols. Paris: Libr. A. Champion, 1925-67.

Kossoff, A. D. *Vocabulario de la obra poética de Herrera*.   Madrid: RAE, 1966. **Herrera***Voc*.

Madoz, Pascual. *Diccionario geográfico-estadístico-histórico de España y sus posesiones de ultramar*. Madrid, 1845-50.

Mir y Noguera, J. *Rebusco de voces castizas*. Madrid: Saenz de Jubera, 1907. **Mir**.

Moliner, María. *Diccionario de uso del español*.   2 vols.   Madrid: Gredos, 1970. **Moliner**.

Nebrija, Antonio de. *Vocabulario de romance en latín*. Transcr. de G. J. MacDonald. Madrid: Castalia, 1973. **Nebrija***Voc*.

Real Academia Española. *Diccionario de Autoridades* (facs.). 3 vols. Madrid: Gredos, 1969. *Aut*.

————. *Diccionario de la lengua española*. 2 vols. Madrid: RAE, 1984[20]. *DRAE*.

Terlingen, J. H. *Los italianismos en español desde la formación del idioma hasta principios del siglo XVII*. Amsterdam: N. V. Noord-Hollandsche, 1943.

Tommaseo, Nicolo *et al*. *Dizionario della Lingua Italiana*. 20 vols. Pres. di G. Folena. Milano: Rizzoli, 1977. **Tommaseo**.

iii) Gramáticas, historias de la lengua, etc.

Aldrete, Bernardo J. de. *Del origen y principio de la lengua castellana o romance que oi se usa en España* (En Roma, por Carlo Vulliet, M.DC.VI). Ed. facs., y estudio de L. Nieto Jiménez. Madrid: VCSIC, 1972. **Aldrete**.

Alemán, Mateo. *ORTOGRAFIA CASTELLANA . . . POR MATEO ALEMAN . . . En la emprenta de Ieronimo Balli. Ano 1609. Por Cornelio Adriano Cesar*. Ed. de J. Rojas Garcidueñas. México: El Colegio de México, 1950. **Alemán***Orto*.

Alonso, A. *De la pronunciación medieval a la moderna en español*. 2 vols. Madrid: Gredos, 1967-69. **Alonso***Pronun*.

Alvar, M. *et al*. *Enciclopedia lingüística hispánica*. 2 vols. y Supl. Madrid: CSIC, 1960-67 y 1972. **ELH**.

Correas, Gonzalo. *Arte kastellana* (1627). Introd., ed. y notas de M. Taboada Cid. Santiago: Univ. de Santiago de Compostela, 1984. **Arte**.

Corro, Antonio de. *The Spanish Grammar . . . with a Dictionary of all the Spanish wordes cited in this Booke . . .* Imprinted at London by Iohn Wolfe. 1590. Ed. facs. Menston, Eng.: Scholar Press Ltd., 1967. **CorroDic**.

Criado de Val, M. *El verbo español*. Madrid: S.A.E.T.A., 1969.

GRAMATICA de la Lengua Vulgar de España. Impresso en LOVAINA, por Bartholome Gravio. M. D. LIX. Con Gracia i Privilegio del Rei. Ed. facs. y estudio de R. Balbín. Madrid: CSIC, 1966. **Gram59**.

Jiménez Patón, B. *Epitome de la ortografia latina y castellana. Instituciones de la gramatica española* (1614). Ed. A. Quilis *et al*. Madrid: CSIC, 1965. **Epitome**.

Keniston, H. *The Spanish Syntax of Castilian Prose: The sixteenth Century*. Chicago, The Univ. of Chicago Press, 1937. **Keniston**.

Lapesa, R. *Historia de la lengua española*. Madrid: Escelicer, 1959[5]. **LapesaHist**.

Madariaga, Pedro de. *LIBRO SVBTILISSI-//MO INTITVLADO HONRA DE Escriuanos*, Compuesto y experimentado por Pedro de Madariaga Vizcayno.// (Colofón). Fue impressa la presente obra . . . en la coronada Ciudad de Valencia, en casa de Iuan de Mey, año de 1565. El postrero de Agosto. **MadHonra**.

Menéndez Pidal, R. *Manual de gramática histórica española*. Madrid, Espasa-Calpe, 1968[13]. **M.Pidal**.

Nebrija, Antonio de. *Gramática de la lengua castellana*. Ed. A. Quilis. Madrid: Ed. Nacional, 1980. **NebGram**.

Salazar, Ambrosio de. *Espexo general de la gramatica en dialogos, para usar la pronunciacion de la lengua castellana*. Rouen: H. Morront, 1615. **SalazarEspejo**.

VTIL Y BREVE INSTITVTION PARA aprender los principios y fundamentos de la lengua Hespañola. LOVANII. Ex officina Bartholome Graulj. Anno, 1555. Ed. facs. de A. Roldán. Madrid: CSIC, 1977. **Util**.

Valdés, Juan de. *Diálogo de la lengua*. Ed. A. Quilis. Barcelona: Plaza & Janes, 1984. **ValdésLengua**.

Villalón, Cristóbal de. *Gramática castellana* (1558). Ed. facs. C. García. Madrid: CSIC, 1971. **VillalónGram**.

iv) Refraneros

Arceo Beneventano, F. *Fernandi Arcaei Beneuentani adagiorum ex verna-// cula id est hispana lingua . . .* s.l., 1533. **Arceo**.

Correas, Gustavo. *Vocabulario de refranes y frases proverbiales* (1627). Ed. L. Combet, Bordeaux, Inst. d'Etudes Iberiques et Ibero-Americaines, Bordeaux, 1967. **CorrVoc**.

Horozco, Sebastián de. *Teatro universal de proverbios*. Ed. J. L. Alonso Hernández. Salamanca: Univ. de Salamanca-Groningen, 1986. **HorozcoT**.

Rosal, Francisco del. *La razon de algunos refranes: Alfabetos tercero y cuarto de origen y etymologia de todos los vocablos de la lengua castellana*. Introd. y ed. de B. Bussell Thompson. London: Támesis, 1976. **Rosal**.

Sbarbi, José Mª. *El refranero general español*. 10 vols. Madrid, 1874-78 (Repr. Madrid: Atlas, 1980). **Sbarbi**.

Vallés, Pedro. *Libro de refranes Compilados por el orden del A.B.C.* En Zaragoza (Colofón) . . . en casa de Juana Millan biuda de Diego Hernandez Acosta . . . Acabose a XIIII de Setiembre año de mil y quinientos y quarenta, y nueue. **Vallés.**

c) Fuentes y crítica

i) Fuentes

Abencerraje, El. Ed. de F. López Estrada. Madrid: Cátedra, 1980. **Aben.**

Alcalá, Fray Jaime de. *CAVALLERIA christiana compuesta por* . . . Con licencia impresso en Alcala en casa de Juan de Villanueua. Año de 1570.

Alcocer, Fray Francisco de. *TRATADO DEL Iuego, en el que se trata . . . quando los jugadores pecan: y son obligados a restituyr* (Colofón) Impresso en Salamanca en casa de Andrea de Portonarijs. Impresor de su Magestad. Año 1558.

Alemán, Mateo. *Guzmán de Alfarache.* Ed. de F. Rico. Barcelona: Planeta, 1983. **Guzmán.**

Alonso de Herrera, G. *Agricultura general* (1513). 2 vols. Ed. Real Soc. Económica Matritense. Madrid, Imprenta Real, 1818.

Argote de Molina, G. *Discurso sobre la poesía castellana* (1575). Ed. de E. Tiscornia. Madrid: V. Suárez, 1926. **ArgoteDisc.**

Ariño, Francisco de. *Sucesos de Sevilla de 1592 a 1604, recojidos por* . . . . Ed. A. M. Fabie: Sevilla: Soc. Bibl. Andaluces, 1873.

Avila, Teresa de. *Obras.* 9 vols. Burgos: Bibl. Mística Carmelitana. 1915-24. **Teresa.**

Azpilcueta, Martín de. *COMMENTO EN ROMANCE A MANERA DE REPETICION LATINA y Scholastica de Iuristas* . . . Conimbricae Pridie Idus Aprilis. M. D. XLIIII. Ex officina Iohanis Barrerij. Et Iohanis Alvari.

Baeza, Gaspar de. *Vida de el famoso caballero Hugo de Moncada* (1564). En CODOIN, 24, pp. 15-78.

Baldus, texto según A. Blecua, "Libros de caballerías, latín macarrónico y novela picaresca: la adaptación castellana del *Baldus* (Sevilla, 1542)". *Boletín de la Real Academia de buenas letras de Barcelona* 34 (1971-72): 147-239. **Baldus.**

Balbuena, Bernardo de. *El Bernardo o victoria de Roncesvalles.* BAE, 17, pp. 139-399. **Balbuena.**

Barahona y Soto, Luis. *Las lágrimas de Angélica.* Ed. de J. Lara Garrido. Madrid: Cátedra, 1981. **Angélica.**

Barrantes Maldonado, Pedro. *Ilustraciones de la Casa de Niebla.* Cito por el MS 3272 de la BNM. Ed. moderna en 2 vols. en *Memorial histórico español*, tomos IX y X. Madrid: Impr. Nacional, 1857.

Boecio, Severino. *Consolacion de la philosophia.* Trad. de Fray Alberto de Aguayo (Sevilla, Jacobo Cronemberg, 1518). Facs. de A. Pérez y Gómez. Cieza, 1966. **Boecio.**

Brancaforte, B. y Ch. Lang Brancaforte. *La primera traducción italiana del "Lazarillo de Tormes" por Giulio Strozzi.* Ravenna: Longo Ed., 1977. **St.**

British Library. MS Eg.578. **EG.578.**

Cabranes, Diego de. *ABITO y armadura espiritual: compuesta por el maestro* . . . (Colofón) Fue impressa la presente obra . . . en la nombrada puebla de Gualupe (*sic*): por Francisco Diaz Romano. Acabose en la antigua ciudad de Merida: a diezinueue dias del Mes de Agosto. Año. de Mil. D. XXXXV.

Cabrera de Córdoba, Luis. *De Historia: para entenderla y escribirla* (Madrid, Luis Sánchez, 1611). Ed. de S. Montero Díaz. Madrid: Inst. de Est. políticos, 1948.

Calvete de Estrella, Iuan Ch. *EL FELICISSIMO VIAJE D'EL MVY ALTO Y MUY Poderoso Principe don Phelippe . . . a sus tierras de la baxa Alemana*. En Anuers, en casa de Martin Nucio. Año de M. D. LII. 2 vols. Madrid: Soc. de Bibl. Españoles, 1930.

Cancionero del siglo XV, c.1360-1520. 2 vols. Ed. de B. Dutton. Salamanca: Univ. de Salamanca, 1990. **Dutton***Canc*.

Cancionero Musical de Palacio (siglos XV-XVI). Vol. 3-B de J. Romeu Figueras, ed., *La música en la Corte de los Reyes Católicos*. Barcelona: CSIC (Inst. de Musicología), 1965.

Cardona, Juan de. *Tratado Notable de Amor* (ca.1546). Ed. de J. Fernández Giménez. Madrid: Ed. Alcalá, 1982. **Cardona**.

Cartulario de la Universidad de Salamanca. Ed. V. Beltrán de Heredia. 4 vols. Salamanca: Univ. de Salamanca. 1970-71. ***Cartul***.

Cascales, Francisco. *Tablas poeticas*. Ed. B. Brancaforte. Madrid: Espasa-Calpe, 1975. ***Tablas***.

Castañega, Martín de. *Tratado de las supersticiones y hechicerias* (1529). Madrid: Soc. Bibl. Españoles, 1956.

Castiglione, Baltasar de. *Los quatro libros: del cortesano: compuestos en italiano por el conde Balthasar castellon y agora nueuamente traduzidos en lengua castellana por Boscan*. (Barcelona: Pedro Monpezat, 1534). Ed. de A. González Palencia. Madrid: CSIC, 1942. **Castiglione**.

Castillejo, Cristóbal de. *Dialogo de mujeres*. Ed. de R. Reyes Cano. Madrid: Castalia, 1986. **Cast***Mujer*.

Castro, Miguel de. *Libro que comenzo en Malta . . . de su nacimiento y demas razones de su familia . . .* BAE, 90: 487-627.

Cerda, Juan de la. *LIBRO INTITVLADO, VIDA POLITICA DE TODOS LOS ES-tados de mugeres . . .* Impresso en Alcala de Henares, en casa Iuan Gracian que sea en gloria. Año. M.D.XC.IX. **Cerda***Vida*.

Cervantes, Miguel de. *Las dos donçellas, OC*. Madrid: Aguilar, 1967[15]. **Cerv***Dos*.

———. *La eleccion de los alcaldes de Daganzo, OC*. Madrid: Aguilar, 1967[15]. **Cerv***Ele*.

———. *El ingenioso hidalgo don Quijote de la Mancha*. Ed. de Martín de Riquer. Barcelona: Ed. Juventud, 1965. *Quij*.

———. *Novelas ejemplares*. 2 vols. Ed. de F. Rodríguez Marín. Madrid: Espasa-Calpe [Clas. Cast.], 1969. **Cerv***NE*, I, II.

———. *El rufian viudo llamado Trampagos, OC*. Madrid, Aguilar, 1967[15]. **Cerv***Ruf*.

———. *Viaje del Parnaso*. Ed. facs. de M. Herrero García. Madrid: CSIC, 1983. **Cerv***VP*.

Claramonte, Andrés del. *La infelice Dorotea* (1620). Ed. de Ch. Ganelin. London: Támesis, 1987. **Clara***D*.

———. *Pusoseme el sol, saliome la luna* (ca.1620). Ed. de A. Rodríguez López-Vázquez. Kassel: Ed. Reichenberger, 1985. **Clara***P*.

La Comedia llamada Seraphina (1521). Ed. G. F. Dille. SIUP: Feffer & Simmons Inc., 1979. **Seraf**.

La Comedia Thebaida. Ed. G. D. Trotter and K. Whinnom. London: Támesis, 1969. **Theb**.

Coplas de Mingo Revulgo. Ed. Marcella Ciceri. En *Cultura Neolatina* 37 (1977): 75-266. **Mingo**.

Las Coplas del Provincial. Ed. Marcella Ciceri. En *Cultura Neolatina* 35 (1975): 39-210. **Provincial**.

Coplas del Tabefe. En Paola Elia, "Le 'Coplas del Tabefe' una satira del XV secolo spagnolo", *Studi e Ricerche (Univ. dell' Aquila)* 2 (1983): 137-83.

Cordoua, Fray Antonio de. *TRATADO de casos de consciencia* . . . Impresso en Toledo con licencia de los Señores del Consejo Real. En casa de Diego de Ayala. Año. del 1578.

Cortés de Tolosa, Juan. *El Lazarillo de Manzanares*. Ed. de Miguel Zugasti. Barcelona: PPU, 1990. **CortésLaz**.

Costa, Ioan. *EL REGIDOR O CIVDADANO* DEL LICENCIADO . . . EN SALAMANCA. En casa de Antonio de Lorençana. A costa de Simon de Portonarys. M. D. LXXVIII.

Coronica llamada Las dos Conquistas del Reyno de Napoles, donde se cuentan los hechos y hazañas que . . . hizo el Gran Capitan Gonçalo Hernandez & Aguilar y de Cordoba. (Colofón) Çaragoça en casa de Agostin Millan . . . acabose a . . . mil y quinientos y cinquenta y nueue años.

    Hay edición moderna de A. Rodríguez Villa, *Crónicas del Gran Capitán*. Madrid: Bailly y Baillière, 1908 [NBAE, 10]. **Gran Capitan**.

Cotarelo y Mori, E., ed. *Colección de entremeses, loas, bailes, jácaras y mojigangas desde fines del siglo XVI a mediados del XVII*. 2 vols. Madrid: Bailly Baillière, 1911 (NBAE, 17).

Crónica incompleta de los Reyes Católicos (1469-76). Ed. J. Puyol. Madrid: Acad. de la Hist., 1934. **Incompleta**.

Cruz, Juan de la. *Obras*. 5 vols. Ed. del P. Silverio de Santa Teresa. Burgos: Bibl. Mística Carmelitana, 1929-31. **Cruz**.

Cueva, Juan de la. *Exemplar poetico* (1606). Ed. J. M. Reyes Cano. Madrid: Alfar, 1986. **Cueva*E***.

————. *El infamador*. Madrid: Espasa-Calpe [Clas. Cast.], 1941. **Cueva*I***.

Chaves, Cristóbal de. *Relacion de la cárcel de Sevilla*. En B. J. Gallardo, *Ensayo de una biblioteca de libros raros y curiosos*. 4 vols. Madrid: Gredos, 1968; Vol.I, cols. 1341-70. **ChavesRelacion**.

Delicado, Francisco. *La lozana andaluza*. Ed. Bruno Damiani *et al*. Madrid: Porrúa-Turanzas, 1975. **Lozana**.

Diálogo intitulado el Capón. Ed. Lucas de Torre. *RHi* 38 (1916): 243-321. **Capón**.

Doni. *La Zucca del Doni* (Venetia, 1551). Ed. facs. con prol. de M. Chevalier. Barcelona: Puvill, 1981. **Doni**.

Dueñas, Fray Juan de. *Espejo de consolacion* . . . Fue impresso en . . . Valladolid, por juan de villaquiran . . . Acabose a qtro dias del mes de Julio. Año de mil y quinientos y cinquenta y vn Años.

Encina, Juan del. *Obras completas*. 3 vols. Ed. A. Mª Rambaldo. Madrid: Espasa-Calpe, 1978. **Enci*OC*, I, II, III**.

————. *Teatro completo*. Ed. F. Asenjo Barbieri. Madrid: 1893 (reimpr. New York: Greenwood Press, 1969). **Enci*T***.

Enríquez, Enrique Jorge. *Retrato del perfecto medico* (1582). Facs. Salamanca, Real Acad. de Medicina de Salamanca, 1981. **Enríquez*Retrato***.

Enríquez de Guzmán, Alonso. *Libro de la vida y costumbres de* . . . CODOIN 85: 1-425. **Enríquez*Vida***.

Espinel, Vicente. *Vida del escudero Marcos de Obregón*. 2 vols. Ed. Mª Soledad Carrasco Urgoiti. Madrid: Castalia, 1980. **Espinel**.

Espinosa, Juan de. *Dialogo en laude de las mujeres* (1580). Ed. Angela González Simón. Madrid: CSIC, 1946.

Estella, Fray Diego de. *Libro de la vanidad del mundo*. Ed. e introd. de Pio Sagüés. Madrid: Diput. Foral de Navarra, 1980.

Eymerich, Nicolau. *Manual de inquisidores*. Madrid: Fontamara, 1982[2].

Fernández, Lucas. *Farsas y églogas*. Madrid: Impr. Nacional, 1867. **Lucas*F***.

Fernández, Sebastián. *Tragedia Policiana*. Ed. Menéndez Pelayo, *Orígenes*, III, (NBAE, 14), pp. 1-59. ***Poli***.

Fernández de Avellaneda, A. *Segundo tomo del ingenioso hidalgo don Quijote de la Mancha*. Ed. Martín de Riquer. 3 vols. Madrid: Espasa-Calpe, 1972. **Avellaneda**.

Fernández de Madrid, Alonso. *Silva palentina*. Ed. Jesús San Martín Payo. Palencia: Diput. Prov., 1976.

Fernández de Navarrete, M. *Colección de los viajes y descubrimientos que hicieron por mar los españoles desde fines del siglo XV*. 3 vols. (BAE, 75, 76 y 77). **Navarrete*Colección***.

Fernández de Oviedo, G. *Historia general y natural de las Indias*. 5 vols. BAE, 117 a 121.

————. *Libro del muy esforçado e invencible caballero Don Claribalte* (1519). Facs. Madrid: RAE, 1956. ***Clari***.

Ferreira de Vasconcelos, Jorge. *Comedia Eufrosina* (1555). Ed. E. Asensio. Madrid, CSIC [Bibl. Hisp.-Lusitana], 1951. En *Orígenes*, III, pp. 60-156, puede leerse la traducción española de Fernando de Ballesteros.

Floreto de anécdotas y noticias diversas que recopiló un fraile dominico . . . a mediados del siglo XVI. Ed. F. J. Sánchez Cantón. Memorial Hist. Español, T. XLVIII. Madrid: Maestre, 1948. ***Floreto***.

Frias, Damasio de. *Diálogos de diferente materias*. Madrid: Col. Escr. Castellanos, 1929. **Frias**.

García, Carlos. *La desordenada codicia de los bienes ajenos* (1620). Barcelona: Fontamara, 1974.

García Cereceda, M. *Tratado de las campañas . . . del Emperador Carlos V . . . desde 1521 hasta 1545*. 3 vols. Madrid: Soc. Bibl. españoles, 1873-76. **Cereceda**.

Garci-Rodríguez de Montalvo. *Los quatro libros del Uirtuoso cauallero Amadis de Gaula*. Ed. E. B. Place. Madrid: CSIC, 1959. ***Amadis***.

Garibay, Esteban de. *Los XL. libros d'el Compendio Historial De las Chronicas y vniuersal Historia de todos los reynos de España*. Impresso en Anveres por Cristophoro Plantino. M. D. LXXI.

Gil Polo, Gaspar. *Diana enamorada*. Ed. R. Ferreres. Madrid: Espasa-Calpe, 1962.

Gil Vicente. *Obras dramáticas castellanas*. Ed. Th. R. Hart. Madrid: Espasa-Calpe, 1962. **GilV**.

Giovio, P. *Le vite del Gran Capitano e del Marchese de Pescara*. Bari: Laterza & Figli, 1931.

Girón, Pedro. *Crónica del Emperador Carlos V*. Ed. J. Sánchez Montés: Madrid: CSIC, 1964. **Girón**.

Gómez de Toledo, Gaspar. *Tercera parte de la Tragicomedia de Celestina*. En M. Criado de Val, ed., *Las Celestinas*. Barcelona: Planeta, 1976. **TerCel**.

González, Estebanillo. *Vida y hechos de Estebanillo González, hombre de buen humor*. Ed. N. Spadaccini y A. Zahareas. 2 vols. Madrid: Castalia, 1978. **Estebanillo**.

González, Gregorio. *El Guiton Honofre*. Ed. H. Geneveux-Carrasco. Univ. of N. Carolina: Estudios de Hispanófila, 1973. **Guitón**.

Gracián Dantisco, L. *Galateo español*. Ed. M. Morreale. Madrid: CSIC, 1968. **Galateo**.

Guevara, Antonio de. *Epístolas familiares*. Ed. José Mª Cossio. 2 vols. Madrid: RAE, 1950-52. **Gue*Ep***, I, II.

———. *Menosprecio de Corte y Alabanza de Aldea y Arte de Marear*. Ed. de A. Rallo; Madrid: Cátedra, 1984. **Gue*Men*** y **Gue*Mar***.

Guillén de Segovia, Pero. *La Gaya Ciencia*. 2 vols. Madrid: CSIC, 1962.

Gutiérrez de Torres, Alvar. *El Sumario de las marauillosas y espantables cosas que en el mundo han acontescido . . .* Fue impresso en . . . Toledo por Remon de Petras . . . Acabose a veynte dias del mes de Deziembre. Año de mil e quinientos e veynte y quatro. Facs.; Madrid: RAE, 1952.

Hermosilla, Diego de. *Diálogo de la vida de los pajes de palacio*. Ed. D. Mackenzie. Pennsylvania: Publ. of the Univ. Pennsylvania, 1916. **Hermosilla**.

Hidalgo, Juan. *ROMANCES DE GERMANIA, DE VARIOS AUTOres, con el Vocabulario al cabo por la orden del a, b, c, . . . Compuesto por Iuan Hidalgo.*, EN ÇARAGOÇA// Por Iuan de Larumbe// Año 1644. **Hidalgo**.

Horozco, Juan de. *PARADOXAS CHRISTIANAS CON-tra las falsas opiniones del mundo . . .* En Segovia. Por Marcos de Ortega. Año de 1592.

Horozco, Sebastián de. *El Cancionero de . . .* Ed. Jack Weiner (Utah, Studies in Literature and Linguistics, n.3). Bern und Frankfurt: H. Lang, 1975. **Horozco*Canc***.

Huit petits poèmes. Ed. R. Foulché-Delbosc. *RHi* 9 (1902): 272-94. **Huit**.

Hurtado de Toledo, Luis. *Las Cortes de la Muerte*. BAE 35: 3-41. **Hur*Cortes***.

Jiménez de Quesada, G. *El Antijovio*. Ed. R. Torres Quintero. Bogotá: Inst. Caro y Cuervo, 1952.

Juyzio hallado y trobado. En F. J. Norton *et al*, eds., *Two Spanish Verse Chap-Books*. Facs. Cambridge: CUP, 1969. **Juyzio**.

Justino clarissi-//mo abreuiador de la historia general del famoso y excellente historiador Trogo Pompeyo . . . (Colofón) Fue impresa y acabada la presente obra . . . en la florentissima vniuersidad de Alcala de Henares en casa de Juan de Brocar: a ocho dias del mes de abril del año. M.D.xl.

Lazarillo de Tormes. Amberes: Nucio, 1554. **Laz**.

———. *Tri-linear edition*. Ed. J. V. Ricapito. Madison: Hispanic Seminary of Medieval Studies, 1987. **LazTri**.

León, Luis de. *Los nombres de Cristo*. Madrid: BAC, 1957, Vol. I. **León*Nombres***.

León, Pedro de. *Grandeza y miseria en Andalucía: Testimonio de una encrucijada histórica* (1578-1616). Ed. P. Herrera Puga. Granada: Facultad de Teología, 1981. **Grandeza**.

Libro de los Gatos. Ed. B. Darbord. Paris: Kleincksieck, 1984.

Libro del Caballero Zifar. Ed. Cristina González. Madrid: Cátedra, 1983. **Cifar**.

Lope de Vega, F. *Obras dramáticas*. 13 vols. Madrid: RAE, 1916-30. **LopeO**.

———. *El niño inocente de La Guardia*. En OE. Madrid: Aguilar, 1962, Vol. II, 384-413.

———. *La Dorotea*. Ed. E. S. Morby. Madrid: Castalia, 1968[2]. **Dorotea**.

López de Montoya, Pedro. *Libro de la buena educacion y enseñança de los nobles* (1595). Ed. E. Hernández Rodríguez. Madrid: CSIC, 1947.

López de Ubeda, F. *La pícara Justina*. Ed. A. Rey Hazas. 2 vols. Madrid: Ed. Nacional, 1977. **Justina**.

López de Villalobos, F. *Algunas obras del doctor Francisco López de Villalobos*. Ed. A. Fabie. Madrid: Soc. Bibl. Esp., 1886. **VillaObras**.

López de Yanguas, Fernán. *Farsa del mundo y moral del autor de la real*. En Rouanet, IV, pp. 398-433.

López Pinciano, Alonso. *Philosophia antigua poetica*. Ed. A. Carballo Picazo, 3 vols. Madrid: CSIC, 1973. **Pinc., I, II, III**.

López Ranjel, Pero. *Farsa a honor e reuerencia del glorioso nascimiento*. Ed. J. E. Gillet. *PMLA* 41 (1926): 860-90. **Ranjel**.

Luna, Juan de. *Segunda parte de la vida de Lazarillo de Tormes*. Ed. Pedro M. Piñero. Madrid: Cátedra, 1988. **Luna**.

Luque Faxardo, F. de. *Fiel desengaño contra la ociosidad y los juegos*. Ed. de M. de Riquer. 2 vols. Madrid: RAE, 1955. **Luque**.

Luxan, Pedro de. *Colloquios matrimoniales*. Madrid: Atlas, 1943. **LuxanColloquios**.

Maldonado, Alonso de. *Hechos de D. Alonso de Monroy, clavero y maestre de Alcantara*. En *Memorial histórico español*. Madrid: RAH, 1853. **Memorial**.

Manrique, Jorge. *Cancionero*. Ed. A. Cortina. Madrid: "La lectura", 1929.

Manuscrito miscelaneo 774 de la BNP: Leyendas, itinerarios de viajes, profecias . . . Ed. Mercedes Sánchez Alvarez. Madrid: Gredos, 1982. **MS 774**.

Mariana, Juan de. *Historia de España*. BAE, Vols. 30 y 31. **MarianaHist**.

———. *Tratado y discurso sobre la moneda de vellon*. BAE, 31: 577-93. **MarianaTrat**.

Martínez de Toledo, Alfonso. *Arcipreste de Talavera o Corbacho*. Ed. de J. González Muela. Madrid: Castalia, 1984.

Medina, Juan de. *DE LA ORDEN QVE en algvnos pueblos de España se ha puesto en la limosna: para remedio de los verdaderos pobres* . . . De Salamanca. viii. de Marco de mil y quinientos y quarenta y cinco.

Medina, Pedro de. *Arte de nauegar en que se contienen todas las reglas, Declaraciones, Secretos y Auisos q a la buena nauegacion son neccessarios* . . . (Colofón) Imprimiose en la dicha villa [Valladolid] en casa de Francisco Fernandez de Cordoua impresor. Acabose primero dia del mes de Octubre. Año . . . de mil y quinientos y quarenta y cinco años. **MedinaArte**.

———. *Cronica de los Duques de Medina Sidonia*. En CODOIN, 39: 5-371. **MedinaMedina**.

————. *Libro de grandezas y cosas memorables de España* (1548). En *Obras*. Ed. A. González Palencia. Madrid: CSIC, 1944.

————. *Libro de la Verdad* (1555). Ed. citada.

Mercado, Pedro de. *Dialogos de Philosophia natural y moral* . . . (Colofón) Fue impressa esta obra en la . . . ciudad de Granada. En casa de Hugo de Mena y Rene Rabut . . . Acabose a diez y ocho del mes de Febrero. Año de M.D.L.VIII.

Mexia, Pedro. *Silva de varia leccion*. Ed. A. Castro. Madrid: Cátedra, 1989. **Mexia***Silva*.

Mey, Sebastián. *Fabulario*. Ed. facs. de C. Bravo Vilasante. Madrid: FUE, 1975.

Miranda, Luys de. *COMEDIA PRODIGA* . . . *Compuesta y Moralizada por* . . . En Seuilla. Año de M.D.L.iiij. (Colofón) Impressa en Seuilla en casa de Martin de Montesdoca. Acabose a diez dias de Diziembre. Año de M.D.L.iiij. *Prodiga*.

Miranda Villafañe, Francisco. *DIALOGOS DE LA PHANTASTICA PHILOSOPHIA, DE los tres en vn Compuesto, y de las Letras, y Armas, y del Honor* . . . EN SALAMANCA Por los herederos de Mathias Gast. 1582. **Miranda***Dial*.

Molina, Tirso de. *Obras dramáticas completas*. 3 vols. Madrid: Aguilar, 1946. **Tirso***OD*.

Mondragon, Hieronymo de. *CENSVRA, DE LA LOCURA HUMANA, I EXCELENCIAS DELLA* . . . En Lerida, por Antonio de Robles, Impressor de la Vniversidad, año de M.D.XCVIII. *Censura*.

Montemayor, Jorge de. *Los siete libros de la Diana*. Ed. F. López Estrada. Madrid: Espasa-Calpe, 1962.

Monzon, Francisco de. *Libro primero del espejo del principe christiano: que trata como se ha de criar vn principe o niño generoso desde su tierna niñez* . . . (Colofón) . . . fue impresso en lisboa en casa de Luis Rodriguez librero . . acabose a los. xxviii. dias del mes de Julio de M. D. xl.iiii. años. **Monzon***Espejo*.

Morales, Alonso de. *Comedia de los amores y locuras del Conde loco*. Ed. J. Canavaggio. Paris: Centre de Recherches Hispaniques, 1969. **Morales**.

Morán de la Estrella, Francisco. *Cartapacio de* . . . Ed. R. A. Di Franco *et al*. Madrid: Ed. Patrimonio Nacional, 1989. **Morán**.

Muñón, Sancho de. *La tercera Celestina (Tragicomedia de Lisandro y Roselia)*. Ed. J. López Barbadillo (1921). Reprod. Madrid: Akal, 1977. **Muñón**.

Navarra, Pedro de. *DIALOGOS* . . . *Dictados por* . . . *don Pedro de Nauarra* . . . *obispo de Comenge* . . . (Colofón) Fue impresso el presente libro en . . . Çaragoça, en casa de Iuan Millan, a la Cuchilleria, a costa de Miguel de Sueluas . . . Acabose a. xxv. de agosto, del año 1567.

Negueruela, Diego de. *Farsa llamada Ardamisa*. Ed. L. Rouanet. Barcelona: "L'Avenc", 1900. *Ardamisa*.

Núñez de Reinoso, A. *Historia de los amores de Clareo y Florisea* (1552). BAE, 3.

Obra nueuamente compuesta sobre el gran naufragio que a la armada del Inuictissimo y catolico señor Emperador rey y señor nro le succedio en la conquista de Argel en el mes de Setiembre del año M. D. xxxxijx[os]. BNM, MS 7075, ff47r-52r). **MS 7075**.

Ocampo, Florián de. *Primera Crónica general de España*. Ed. M. Pidal. 2 vols. Madrid: Gredos, 1977.

Ortiz, Agustín. *Comedia intitulada Radiana*. Ed. R. E. House. *MPhil* 7 (1909-10 [April, 1910]): 1-50. *Radiana*.

Osuna, Francisco de. *Tercer abecedario espiritual*. Ed. M. Andrés. Madrid: BAC, 1972. **Osuna***Ter*.

Palau, Bartolomé. *Farsa llamada Salmantina*. Ed. A. Morel-Fatio. *BHi* 2 (1900): 242-304. **Palau***Farsa*.

———. *Historia de la gloriosa Santa Orosia*. Ed. O. Mazur. Madrid: Playor, 1986. **Palau***Orosia*.

Palencia, Alonso de. *Crónica de Enrique IV [Décadas]*. BAE, 258.

Palmireno, Lorenzo. *SEGVNDA PARTE DEL VOCABULARIO del Humanista . . . que trata de las Monedas, Metales y Piedras . . . Preciosas*. Valentia ex typographia Petri a Huete in platea Herbaria. 1569. **Palmireno***Voc*.

Pérez de Guzmán, F. *Las sietecientas*. (Sevilla: Cronemberg, 1506). Ed. facs. de A. Pérez y Gómez. Cieza, 1965. *Setec*.

Pérez de Herrera, C. *Amparo de pobres*. Ed. M. Cavillac. Madrid: Espasa-Calpe, 1975.

Pérez de Hita, Ginés. *Guerras civiles de Granada*. BAE, 3: 513-686. **Hita**.

Pérez de Moya, Juan. *Filosofia secreta*. Ed. E. Gómez de Baquero. Madrid: Cia. Ibero-americana de publ., 1928. **Moya***Phil*.

Pérez de Oliva, H. *Diálogo de la dignidad del hombre*. Ed. Mª Luisa Cerrón Puga. Madrid: Ed. Nacional, 1982. **Oliva***Dial*.

———. *Teatro*. Ed. W. Atkinson. Extrait de la *RHi* 69. New York-Paris: 1927. **Oliva***Anfi*.

Pigafetta, A. *Primer viaje alrededor del mundo*. Ed. L. Cabrero. Madrid: Historia 16, 1985.

Pineda, Juan de. *Diálogos familiares de la agricultura cristiana*. 5 vols. BAE, 161, 162, 163, 169 y 170. **Pineda**.

Pinedo, Luis de. *Liber facetiarum* Similitu-//dinum// Ne quid nimis// de Luduuici de Pinedo & Amicorum. BNM, MS 6960.

Pliegos poéticos españoles de la Biblioteca Nacional de Lisboa. Ed. Mª Cruz García de Enterría. Madrid: Joyas bibliográficas, 1975. Lisboa.

Plutarch's Lives. Transl. by B. Perrin. 11 vols. (The Loeb Classical Library). London: W. Heinemann, 1971.

Poesías germanescas del siglo XVI. Ed. J. M. Hill. Bloomington: Indiana Univ., 1945.

Polo de Medina, Jacinto. *Poesía y Hospital de incurables*. Ed. F. J. Díez de Revenga. Madrid: Cátedra, 1987. **Polo***Poesía*.

Proceso de Rodrigo de Bivar (1539). Ed. A. Hamilton. Madrid: FUE, 1979. *Bivar*.

Proceso inquisitorial contra el Bachiller Antonio de Medrano (Logroño, 1526-, Calahorra, 1527). Ed. J. Pérez Escohotado. Logroño: Inst. Estudios Riojanos, 1988. *Medrano*.

Quevedo, Francisco de. *El Buscón*. Ed. A. Castro. Madrid: Espasa-Calpe, 1960. *Buscón*.

Quinto Curcio de los hechos del magno Alexandre rey de macedonia; nueuamente traduzido: y suplidos los libros q del falta de otros autores. M. D. XXXIII. (Colofón) Impressa en la . . . ciudad de Seuilla en casa Juan Cromberger en el mes de Enero. Año de Mil e quinientos a treynta y quatro.

RECOPILACION DE LAS LEYES DESTOS REYNOS, HECHA POR MANDADO DE LA Magestad Catolica del Rey don Felipe Segundo nuestro señor . . . con las leyes que despues de la vltima impresion se han publicado, por la Magestad Catolica del Rey don Felipe Quarto el Grande nuestro señor. Año 1640. En Madrid. Por Catalina de Barrio y Angulo. Y Diego Diaz de la Carrera. **RECOPI**.

Records of the Trials of the Spanish Inquisition in Ciudad Real. Ed. H. Beinart. 2 vols. Jerusalem: The Israel Nat. Academy of Sciences and Humanities, 1974-77.

Reina, Casiodoro de. *La BIBLIA QVE ES, LOS SACROS LIBROS DEL VIEJO Y NVEVO TESIAMENTO Trasladada en Español*. M.D. LXIX. Ed. facs. Sociedades Bíblicas Unidas, 1970. **Reina***Bibl*.

Reina, Martín de. *Dechado de la vida humana. Moralmente sacado del Juego del Axedrez . . .* por el Licenciado Reyna. Vezino de la villa de Aranda del Duero. En este año. M. D. xlix. Ed. facs. de Mª Amparo y Vicente Soler. Valencia: Castalia, 1952. **Reina***Dechado*.

Relaciones de solemnidades y fiestas públicas de España. Ed. J. Alenda y Mira. Madrid: Suc. de Rivadeneyra, 1903. **Alenda**.

Relazioni di Ambasciatori Veneti al Senato, a cura de Luigi Firpo. Vol. VIII, Spagna (1497-1598). Torino: Bottega d'Erasmo, 1981.

Ribadeneyra, Pedro de. *Vida de Ignacio de Loyola*. BAE 60: 13-118. *Loyola*.

Riberol, Bernardino de. *Libro contra la ambicion y codicia desordenada de aqueste tiempo: llamado alabanza de la pobreza*. Imprimiose en Seuilla en casa de Martin de Montesdoca. Acabose a seys dias de Septiebre de mil y quinientos y cincuenta y seys años. Ed. facs. Las Palmas: Excma. Mancomunidad de Cabildos de Las Palmas, 1980. **Riberol**.

Rodríguez de Almela, Diego. *Cartas*. Ed. D. Mackenzie. Exeter: Univ. of Exeter, 1980.

Rodríguez Florián, Juan. *Comedia llamada Florinea*. Ed. Menéndez Pelayo. *Orígenes*, 3 (NBAE, 14): 157-311. *Florinea*.

Rojas, Fernando de. *Tragicomedia de Calixto y Melibea, libro también llamado La Celestina*. Ed. M. Criado de Val y G. D. Trotter. Madrid: CSIC, 1984. *LC*.

Rojas, Pedro de. *Cancionero*. Ed. J. J. Labrador *et al*. Cleveland: Cleveland State Univ., 1988. **Rojas***Canc*.

Rojas Villandrando, Agustín de. *El viaje entretenido*. Ed. J. Joset. 2 vols. Madrid: Espasa-Calpe, 1977. **Villandrando**.

Romancero general. Ed. A. Durán. BAE, 10 y 16.

Rouanet, L., ed. *Colección de autos, farsas y coloquios del siglo XVI*. 4 vols. Hildesheim-New York: Georg Olms Verlag, 1979. **Roua, I, II, III y IV**.

Rueda, Lope de. *Las cuatro comedias: Eufemia, Armelina, Los engañados, Medora*. Ed. A Hermenegildo. Madrid: Taurus, 1985. **Rue***Com*.

————. *Pasos*. Ed. F. González Olle *et al*. Madrid: Cátedra, 1981. **Rue***Pa*.

Rufo, Juan. *Las seiscientas apotegmas y otras obras en verso*. Ed. A. Blecua. Madrid: Espasa-Calpe, 1972. **Rufo**.

Saavedra Fajardo, Diego. *Republica literaria*. Madrid: Espasa-Calpe, 1942. **Fajardo**.

Sabuco de Nantes, Oliva. *Coloquio de las cosas que mejoran este mundo y sus repúblicas*. BAE, 65: 372-76.

Salas Barbadillo, Alonso J. de. *La hija de Celestina y La ingeniosa Elena*. Ed. J. Fradejas Lebrero. Madrid: Inst. de Est. Madrileños, 1983. **Salas***Hija*.

Salazar, Eugenio de. *Cartas* en *Epistolario español*. BAE, 62: 283-305. **Salazar***Cartas*.

Salinas, Martín de. *Cartas*. En A. Rodríguez Villa, ed., *El Emperador Carlos V y su corte según las cartas de Martín de Salinas: 1522-39*. Madrid: BRAH, 1903.

Salucio, Agustín de. *Discurso sobre los estatutos de limpieza de sangre*. Facs. Cieza: Antonio Pérez y Gómez, 1975. **Salucio***Esta*.

San Pedro, Diego de. *Cárcel de amor*. Ed. Ivy A. Corfis. London: Támesis, 1987. **SanPC**.

―――. *Tractado de amores de Arnalte y Lucenda*. Ed. Ivy A. Corfis. London: Támesis, 1985. **SanPT**.

Sánchez de Badajoz, Diego. *Recopilación en metro del Bachiller . . . en la qual por gracioso Cortesano y Pastoril estilo se cuentan y declaran muchas figuras y autoridades de la sagrada escriptura*. Ed. facs. Madrid: RAE, 1929. **Badajoz**.

Sandoval, Prudencio de. *Historia del emperador Carlos V*. BAE, 80, 81 y 82. **Sandoval**.

Santa Cruz, Alonso de. *Crónica del Emperador Carlos V*. 5 vols. Madrid: Impr. Patronato de Huérfanos, 1920. **Santa Cruz**.

Santa Cruz, Melchor de. *Floresta española*. Ed. R. Benítez Claros. Madrid: Soc. Bibliof. Españoles, 1953. *Floresta*.

Sarauia, Dr. *Instruccion de mercaderes muy prouechosa. En la qual se enseña como deuen los mercaderes tractar . . .* Año. M. D. XLVII . . . (Colofón) Fue impressa la presente obra . . . en la muy noble villa de Medina del Campo: por Pedro de Castro impressor de Libros. A costa de Antonio de vruena mercader de libros. Acabose a tres dias del mes de enero. Año de mil quinientos e quarenta e siete años.

Sempere y Guarinos, Juan. *Historia del Luxo, y de las leyes suntuarias de España*. 2 vols. Madrid: Impr. Real, 1788.

Siguenza, José de. *Historia de la Orden de San Jerónimo*. 2 vols. Madrid: Bailly & Baillière e hijos, 1907-09 (NBAE, 8 y 12).

Silva, Feliciano de. *Segunda comedia de Celestina*. Madrid: Impr. de Miguel Ginesta, 1874. *SegCel*.

Simancas, Diego de. *Defensio Statuti Toletani a sede apostolica saepe confirmati, pro his, qui bono & incontaminato genere nati sunt*. Antverpiae: 1575.

Spanish Grail fragments: El libro de Josep Abarimatia, La Estoria de Merlin, Lançarote. Ed. K. Pietsch. Chicago: Univ. Chicago Press, 1924. **Pietsch**.

Suárez de Figueroa, Cristóbal. *El pasajero*. Ed. Mª I. López Bascuñana. 2 vols. Barcelona: PPU, 1988. **Figueroa**.

Thamara, Francisco de. *APOTHEGMAS QVE SON DICHOS GRACIOSOS y notables de muchos reyes y principes illustres, y de algunos philosophos illustres . . .* En Envers en la enseña del vnicornio dorado en casa de Martin Nucio: 1549.

Timoneda, Juan de. *Comedia llamada Aurelia* en *TURIANA. Coleccion de comedias y farsas que saco a la luz . . .* Repr. en facs. Madrid: RAE, 1936. **Timo***Aure*.

―――. *Comedia llamada Cornelia* en *Las tres comedias de . . .* Repr. en facs. Madrid: RAE, 1936. **Timo***Corn*.

―――. *El patrañuelo*. Ed. F. Ruiz Morcuende. Madrid: Ed. "La lectura", 1930. **Timo***P*.

―――. *Tragicomedia llamada Filomena* en *TURIANA*. **Timo***Filo*.

Tolosa, Juan de. *DISCVRSOS PREDICABLES, A MODO DE DIALOGOS . . .* EN MEDINA DEL CAMPO. Por Francisco del Canto. M.D.LXXXIX.

Torquemada, Antonio de. *Colloquios satíricos*. Ed. Menéndez Pelayo, *Origenes* 2 (NBAE, 7). **Torq***Coloq*.

————. *Jardin de flores curiosas*. Ed. G. Allegra. Madrid: Castalia, 1983. **Torq***Jardin*.

————. *Manual de escribientes*. Ed. A. Zamora Vicente. Madrid: RAE, 1970. **Torq***Manual*.

Torre, Felipe de la. *Institucion de un rey christiano*. Ed. R. W. Truman. Exeter: Univ. of Exeter, 1979. *Institucion*.

Torres, Juan de. *PHILOSOPHIA MORAL DE PRINCIPES, PARA SV BVENA CRIANÇA y gouierno: y para personas de todos estados* . . . EN BVRGOS. Por Philippe de Iunta y Iuan Baptista Vareno. Año de 1596.

Torres Naharro, Bartolomé. *PROPALLADIA// de* . . . *.Diri// gida al Illustrissimo Señor: el S. Don// Fernando Daualos de Aquino* . . . (Colofón) Estampada en Napoles. Por Ioan pasqueto de Sallo . . . Acabosse. Iueues. XVI de Marco. M. D.XVII. Ed. facs. Madrid: RAE, 1936. *Propa*.

————. *Comedia Aquilana*. En *Teatro selecto*, ed. H. López Morales. Madrid: Escelicer, 1970. 331-431. *Aquilana*.

Tratado llamado Excelencias dela Fe: ayuntado de muchas flores delos Libros delos excelentes varones: assi santos como paganos colegido por vn religioso dela orde de los menores . . . 1537. (Colofón) . . . compuesto en Sant Francisco de Toro. fue impresso en la . . . ciudad de Burgos. En casa de Jua de Junta. Acabose a. xxvi. dias del mes de Junio. Año de mil y quinientos y treynta y siete.

Tuy, Lucas de. *Crónica de España*. Ed. J. Puyol. Madrid: RABM, 1926.

Ulloa, Alfonso de. *LA VITA DELL' INVITISSIMO IMPERATOR CARLO QVINTO; DESCRITTA DA* . . . In Venetia, APRESSO VINCENZO VALGRISI. M D LX.

Urrea, Jerónimo de. *Primera parte del libro del invencible caballero don Clarisel de las flores y de Austrasia*. Ed. J. M. Asensio. Sevilla: Soc. de Bibl. Andaluces, 1879. *Clarisel*.

Usque, Samuel. *Consolaçam as tribulaçoens de Israel*. Ed. Mendes dos Remedios. Coimbra: Franca Amado, 1906.

Ustarroz, J. F. Andrés de. *Progreso de la Historia en Aragón*. Ed. J. Dormer. Zaragoza: Diput. Prov., 1878.

Valdés, Alfonso de. *Diálogo de las cosas ocurridas en Roma*. Ed. J. F. Montesinos. Madrid: Espasa-Calpe, 1969. *Roma*.

————. *Diálogo de Mercurio y Carón*. Ed. J. F. Montesinos. Madrid: Espasa-Calpe, 1965. *Carón*.

Valencia, Pedro de. *Discurso sobre la ociosidad*. BNM, MS 13348. Ed. moderna de C. Viñas Mey, *Escritos sociales de* . . . Madrid: Escuela Social de Madrid: 1945.

Valerio maximo delas hystorias . . . lo translado en el romance castellano mosen Vgo de Vrries . . . // Seuilla: Iuan varella de Salamanca. BL. M. D. Xiiij.

Vélez de Guevara, L. *El diablo cojuelo*. Ed. A. R. Fernéndez *et al*. Madrid: Castalia, 1988. **Vélez***Diablo*.

Venegas, Alexo de. *Primera parte de las diferencias de libros que ay en el universo* (1540). Ed. facs. D. Eisenberg. Barcelona: Puvill Libros, S.A., 1983. **Ven***Dif*.

————. *Tractado de Ortographia y accentos en las tres lenguas principales* (1531). Ed. facs., L. Nieto. Madrid: Arco/Libros, 1986. **Ven***Orto*.

Venero, Alonso. *Enchiridion de los tiempos.//* Añadido y emendado en esta segunda edicion.// Año M. D. XLIII . . . Salamanca por Iuan de Junta . . . xx dias. mes de agosto.

Verague, Pedro de. *Aqui comiença// este tratado llama// do espejo de dotri// na compuesto por// . . . //* Nueuamente impre// so. 1520? [BMCat.].

Verdores del parnaso (1668). Ed. R. Benítez Claros Madrid: CSIC, 1969. *Verdores*.

Viaje de Turquia. Ed. F. García Salinero. Madrid: Cátedra, 1980. *Viaje*.

(La) vida del// bienauenturado sant// Amaro y de los// peligros que passo// hasta que llego// al Parayso terrenal.// (Colofón). Fue impressa la presente// . . . //en la . . . ciu// dad de Burgos// En casa de Juan de Junta a// veynte dias del// mes de febre// ro de mil qui// nientos y L. ij.// annos.// *Amaro*.

Villalba y Estaña, B. *El pelegrino curioso y grandezas de España* (1577). 2 vols. Madrid: Soc. Bibl. Españoles, 1886-89.

Villalón, Cristóbal de. *El Crotalón.* Ed. A. Rallo. Madrid: Cátedra, 1982. *Crot*.

———. *El Scholastico.* Ed. R. J. A. Kerr. Madrid: CSIC, 1967. *Schola*.

———. *Tragedia de Myrrha.* Madrid: Impr. Clásica, 1926. *Mirra*.

Villaviciosa, José de. *La Mosquea.* BAE 17: 571-624.

Villegas, Alonso de. *Comedia llamada Selvagia* (1554). Madrid: Rivadeneyra, 1873 [Col. de Libros españoles raros o curiosos, Tomo V.]. *Selvagia*.

Villuga, P. Juan de. *Reportorio de todos los caminos de España* (1546). Facs. New York: Kraus, 1967.

Ximénez de Rada, Rodrigo. *Crónica de España.* CODOIN, 105.

Yepes, Rodrigo de. *Historia de la muerte y glorioso mar// tyrio del Sancto Innocente, que llaman de la Guardia, na—//tural de la ciudad de Toledo . . . .//* . . . Impresso con priuilegio, en Madrid: en S. Hyeronimo// el Real, por Iuan Iniguez de Lequerica.// Año 1583.

Yllescas, Gonzalo de. *Historia Pontifical y Catholica* . . . Madrid: Imprenta real, 1613.

Zuniga, Francesillo de. *Crónica burlesca del Emperador Carlos V.* Ed. Diane Pamp de Avalle-Arce. Barcelona: Ed. Crítica, 1981.

ii) Crítica

Ajo, Carlos M[a] *et al. Historia de las universidades hispánicas.* 11 vols. Avila: CSIC, 1957-79.

Alfaro, G. "Los *Lazarillos* y la Inquisición". *Hispanófila* 78 (Mayo, 1983): 11-19.

Alonso, A. "Estilística y gramática del artículo español". *Estudios lingüísticos: Temas españoles.* Madrid: Gredos, 1967. 125-60.

Alvar, M. "Datos para las etimologías de tollo 'cazón' y toñina 'delfín'". En *STUDIA HISPANICA IN HONOREM DE RAFAEL LAPESA.* 2 vols. Madrid: Gredos, 1973. II, 21-8.

Andrés, M. *La teología española en el siglo XVI.* 2 vols. Madrid: BAC, 1977.

Araluce Cuenca, J. R. *El Libro de los Estados: Don Juan Manuel y la sociedad de su tiempo.* Madrid: Porrúa-Turanzas, 1976.

Asensio, E. "Dos obras dialogadas con influencias del *Lazarillo de Tormes: Colloquios*, de Collazos, y anónimo *Diálogo del Capón*". *CuH* 94 (1973): 385-98.

———. "El erasmismo y las corrientes espirituales afines". *RFE* 36 (1952): 31-99.

Asensio, M. J. "Más sobre el *Lazarillo de Tormes*". *HR* 28 (1960): 245-50.

Aubrun, Ch. "La dispute de l'eau et du vin". *BHi* 58 (1956): 453-56.

Ayala, F. *El "Lazarillo": nuevo examen de algunos aspectos*. Madrid: Taurus, 1971.

Badía Margarit, A. M. "Los demostrativos y los verbos de movimiento en iberorrománico". En *Estudios dedicados a Menéndez Pidal*. 7 vols. Madrid: CSIC, 1952. Vol. III.

Bataillon, M. *Erasmo y España, estudios sobre la historia espiritual del siglo XVI*. México: FCE, 1966[2].

————. *Novedad y fecundidad del "Lazarillo de Tormes"*. Salamanca: Anaya, 1968.

————. *Varia lección de clásicos españoles*. Madrid: Gredos, 1966.

————. "Alonso Núñez de Reinoso et les marranes portugais en Italie". En *Miscelanea de estudos em honra do Prof. Hernani Cidade*. Lisboa: Univ. de Lisboa, 1957. 1-21.

Beckman, Pierina E. *El valor literario del Lázaro de 1555: género, evolución y metamorfosis*. N. York: Peter Lang, 1991.

Beltrán de Heredia, V. "La Facultad de Teología en la Universidad de Toledo". *Rev. Esp. de Teología* 3 (Julio-Sept., 1943): 201-47.

Bell, A. "The Rethoric of Self-Defence of 'Lázaro de Tormes". *MLR* 58 (Jan., 1973): 84-93.

Bertini, G. M. "Un 'Lazarillo de Tormes' in italiano inedito". *QIA* 1 (1946): 3-4.

Besselaar, Jose van den. *O Sebastianismo: História sumária*. Lisboa: Inst. de Cultura e Lingua Portuguesa, 1987.

Besso, H. "A further contribution to the *refranero judeo-español*". *BHi* 37 (1935): 209-19.

Blecua, A. *La vida de Lazarillo de Tormes*. Ed. crit. Madrid: Castalia, 1974.

Braudel, F. *La Meditérranée et le monde meditérranéen*. 2 vols. Paris: Armand Colin, 1976[3].

Briels, J. G. *Zuidnederlandse boekdrukkers en boekverkopers in de Republick der Verenidge Nederlanden omstreeks: 1570-1630*. Nieuwkoop: B. de Graaf, 1974.

Cantera Montenegro, E. "Judíos y conversos en Torrelaguna (Madrid) en tiempos de la expulsión". En M. Ladero Quesada, coord., *En la España medieval. (Estudios en memoria del Prof. D. Salvador de Moxo)*. 2 vols. Madrid: Univ. Complutense, 1982. I, 233-51.

Carande, Ramón de. *Carlos V y sus banqueros*. 3 vols. Madrid: Soc. de Est. y Publ., 1967.

Cardaillac, L. *Morisques et chrétiens: un affrontement polémique (1492-1640)*. Paris: Kleincksieck, 1977.

Caro Baroja, J. *Los judíos en la España moderna y contemporánea*. 3 vols. Madrid: Arión, 1961.

Carrete Parrondo, C. *Fontes Iudaeorum Regni Castillae; II: El Tribunal de la Inquisición en el Obispado de Soria (1486-1502)*. Salamanca: Univ. Pontificia de Salamanca, 1985.

Caso González, J. *La vida de Lazarillo de Tormes*. Ed. crit. Madrid: RAE, 1967.

————. "La génesis del *Lazarillo de Tormes*". *Historia y estructura de la obra literaria*. Madrid: CSIC, 1971. 175-96. Antes en *Archivum* 16 (1966): 129-55.

————. "La primera edición del *Lazarillo de Tormes* y su relación con los textos de 1554". *STUDIA HISPANICA IN HONOREM R. LAPESA*. 2 vols. Madrid: Gredos, 1972. I, 189-206.

Cavillac, M. *Gueux et marchands dans le Guzmán de Alfarache* (1599-1604). Bordeaux: Inst. d'Ètudes Ibériques, 1983.

Cavero Domínguez, G. "Emparedamiento en Astorga" *Yermo* (Sta. María del Paular) 16.1-2 (1978): 21-44.

Collard, A. "The Unity of *Lazarillo de Tormes*". *MLN* 82 (1968): 262-67.

Christian, W. A. *Apparitions in Late Medieval and Renaissance Spain*. Princeton: PUP, 1981.

Deyermond, A. *Lazarillo de Tormes: A Critical Guide*. London: Grant & Cutler, 1975.

Díaz Jimeno, F. *Hado y fortuna en la España del siglo XVI*. Madrid: FUE, 1987.

Díez Garretas, Mª Jesús. *La obra literaria de Fernando de la Torre*. Valladolid: Univ. de Valladolid, 1983.

Echeverría Bravo, P. *Cancionero de los peregrinos de Santiago*. Madrid: Centro de Est. Jacobeos, 1967.

Eisenberg, D. *Las 'Semanas del jardín' de Miguel de Cervantes*. Salamanca: Ed. de la Diputación, 1988.

Esperabe Arteaga, E. *Historia pragmática e interna de la Universidad de Salamanca*. 2 vols. Salamanca: Impr. Núñez Izquierdo, 1914.

Fernández Alvarez, M. *Corpus documental de Carlos V*. 4 vols. Salamanca: Univ. de Salamanca, 1973-79.

————. *Economía, sociedad y corona*. Madrid: Ed. Cultura hispánica, 1963.

Ferrer-Chivite, M. "Lázaro de Tormes, personaje anónimo (una aproximación psico-sociológica)". En *ACTAS VI Cong. Intern. de Hispanistas*. Ed. A. M. Gordon *et al.* Toronto: Univ. de Toronto, 1980. 235-38.

————. "Proceso dialéctico de interiorización psicológica de Lázaro de Tormes". En *ACTAS I Symposium Intern. del Dpto. de Español de la Univ. de Groningen*. Ed. J. L. Alonso Hernández. Groningen: Univ. de Groningen, 1980. 135-59.

————. "Lazarillo de Tormes y sus zapatos: interpretación del Tratado IV a través de la literatura y el folklore". En *ACTAS II Symposium del Dpto. de Español de la Univ. de Groningen*. Ed. J. L. Alonso Hernández. Salamanca-Groningen: Univ. de Salamanca, 1983. 243-69.

————. "Sustratos conversos en la creación de Lázaro de Tormes". *NRFH* 33.2 (1984): 352-79.

————. "El factor judeo-converso en el proceso de consolidación del título 'Don'". *Sefarad* 45 (1985): 131-73.

————. "Sobre las *Coplas del Tabefe* y su fecha". En *ACTAS del VIII Cong. Intern. de Hispanistas*. Ed. A. D. Kossoff *et al.* 2 vols. Madrid: Ed. Istmo, 1986. I, 519-26.

————. "Sobre quiénes sean los 'buenos' en el *Lazarillo*". *Canente* (Málaga) 3 (Abril, 1988): 15-37.

————. "Lázaro de Tormes y los 'godos'". En *ACTAS del IX Cong. Intern. de Hispanistas*. Ed. S. Neumeister. 2 vols. Frankfurt: Vervuert Verlag, 1989. I, 449-56.

————. "El 'Don' peyorativo en el teatro del siglo XVI". En *España, teatro y mujeres (Estudios dedicados a Henk Oostendorp)*. Ed. M. Gosman *et al*. Amsterdam: Rodopi, 1989. 1-9.

Fitzmaurice-Kelly, J. "Caspar Ens' translation of *Lazarillo de Tormes*". *RHi* 15 (1906): 771-95.

Foulché-Delbosc, R. "Remarques sur *Lazarillo de Tormes*". *RHi* 7 (1900): 81-97.

García, Erica C. "Cambios cuantitativos en la distribución de formas: ¿causa y síntoma de cambio semántico?". En *ACTAS del VIII Cong. Intern. de Hispanistas*. Ed. A .D. Kossoff *et al*. 2 vols. Madrid: Ed. Istmo, 1986. I, 557-66.

García Cárcel, R. *Las Germanías de Valencia*. Barcelona: Ed. Península, 1975.

García Mercadal, J. *Estudiantes, sopistas y pícaros*. Madrid: Ed. Plutarco, 1934.

Gil Fernández, L. *Panorama social del humanismo español (1500-1800)*. Madrid: Alhambra, 1981.

Gillet, J. E., ed. *Propalladia and other works of Batholome de Torres Naharro*. 3 vols. Byrn Mawr, Pa.: G. Banta, 1943.

————. "A Note on the *Lazarillo de Tormes*". *MLN* 60 (1940): 130-34.

Gomes Pereira, A. "Tradicões populares e Linguagem de Villa Real". *Revista Lusitana* 9 (1906): 221-31.

Gómez-Menor Fuentes, J. *El linaje familiar de Santa Teresa y de San Juan de la Cruz*. Toledo: Graf. Cervantes, 1970.

Green, Otis H. "Sobre las dos Fortunas: de tejas arriba y tejas abajo". *STUDIA PHILOLOGICA: Homenaje a Dámaso Alonso*. 3 vols. Madrid: Gredos, 1960. II, 143-54.

Griffin, C. "Un curioso inventario de libros de 1528". En *El libro antiguo español*. Eds. Mª Luisa López-Vidriero *et al*. Salamanca: Univ. Salamanca, 1988. 189-224.

Guillén, C. "Luis Sánchez, Ginés de Pasamonte y los inventores del género picaresco" En *Homenaje a A. Rodríguez Moñino*. 2 vols. Madrid: Castalia, 1966. I, 221-31.

Herrero, J. "The Ending of Lazarillo: The Wine against the Water". *MLN* 93 (1978): 313-19.

Herrero García, M. *Ideas de los españoles del siglo XVII*. Madrid: Gredos, 1966.

Jiménez Monteserín, M. *Introducción a la Inquisición española: Documentos básicos para el estudio del Santo Oficio*. Madrid: Ed. Nacional, 1980.

Jones, R. O. *La vida de Lazarillo de Tormes*. Ed. crit. Manchester: MUP, 1963.

Keller, E. *Motif-Index of Medieval Spanish Exempla*. Knoxville, Tenn.: UTP, 1949.

Ladero Quesada, M. "Los señorios medievales en el ámbito de Cádiz y Jérez de la Frontera". En *En la España medieval (Estudios en memoria del Prof. Salvador de Moxo)*. M. Ladero Quesada, coord. 2 vols. Madrid: Univ. Complutense, 1982. I, 543-72.

Lambert, M. "Filiation des éditions françaises du 'Lazarille de Tormes' (1560-1820)". *Revue des Sciences Humaines* 120 (Oct.-Dec., 1965): 587-603.

Laplane, G. "Les anciennes traductions françaises du 'Larillo (*sic*) de Tormes' (1560-1700)". En *Hommage à Ernest Martinenche*. Paris: Ed. d'Artrey, 1939. 143-55.

Lasperas, J. M. *La nouvelle en Espagne au Siècle d'Or*. Montpellier: Univ. de Montpellier, 1987.

Lázaro Mora, F. A. "RL > LL en la lengua literaria". *RFE* 60 (1978-80): 267-83.

Lea, Ch. H. *The Moriscos of Spain: their conversion and expulsion*. New York: Haskell House, 1968.

L'Hermite-Leclercq, P. "La réclusion volontaire au moyen âge: une institution réligieuse specialement féminine". En *La condición de la mujer en la Edad Media*. Eds. Y. R. Fonquerne *et al*. Madrid: Univ. Complutense, 1986. 135-54.

Lida de Malkiel, Mª R. "Función del cuento popular en el *Lazarillo de Tormes*". En *ACTAS I Congr. Intern. de Hispanistas*. Ed. F. Pierce *et al*. Oxford: Dolphin Book, 1964. 349-59.

Lope Blanch, J. M. "El infinitivo temporal". *NRHE* 11 (1957): 285-311.

López Estrada, F. "Estudio del 'Diálogo de Cillenia y Silenio". *RFE* 57 (1974-75): 159-94.

———. "Las fronteras de Cervantes: ¿Las *Semanas del Jardín* restituidas?". *Insula* 516 (Dic., 1989): 4.

Loviot, L. "La prémière traduction française du *Lazarille de Tormes* (1560)". *Revue des livres anciens* 2 (1916): 163-69.

Luquet, G. *Systématique historique du mode subjonctif espagnol*. Paris: Kleincksieck, 1988.

Llorente, J. A. *Historia crítica de la Inquisición en España*. 4 vols. Madrid: Ed. Hiperion, 1980.

Malkiel, Y. "Range of Variation as a Clue of Dating (I)". *RPhil* 21.4 (1968): 493-98.

Maravall, J. A. *Estado moderno y mentalidad social: siglos XV a XVII*. 2 vols. Madrid: Rev. de Occidente, 1972.

Martz, Linda *et al*. *Toledo y los toledanos en 1561*. Toledo: Inst. Prov. de Investig. y Estudios Toledanos, 1974.

Mendoza Negrillo, Juan de D. *Fortuna y providencia en la literatura castellana del siglo XV*. Madrid: CSIC, 1973.

Menéndez Pidal, R. *Romancero hispánico*. Madrid: Espasa-Calpe, 1953.

Michalski, A. "El pan, el vino y la carne en el *Lazarillo de Tormes*". En *La picaresca: orígenes, textos y estructuras*. Ed. M. Criado de Val. Madrid: FUE, 1979. 413-20.

Morel-Fatio, A. *L'Espagne au XVIe et au XVIIe siècle: documents historiques et littéraires*. Heilbronn: Henninger Frères, 1878.

Miralles, E. "Anotaciones al 'Liber Facetiarum' de Luis de Pinedo". En *Josep María Solà-Solé: Homage, Homenaje, Homenatge*. Ed. A. Torres Alcalá. 2 vols. Barcelona: Puvill, 1984. II, 147-57.

Mitre Fernández, E. *Evolución de la nobleza en Castilla bajo Enrique III (1396-1406)*. Valladolid: Univ. de Valladolid, 1968.

Morris, C. B. "Lázaro and the Squire: Hombres de bien". *BHS* 41 (1964): 238-41.

Nácar Fuster, E. *et al*. *Sagrada Biblia*. Madrid: BAC, 1964[15].

Place, E. B. "Causes of the failure of Old Spanish *y* and *en* to survive". *Romanic Review* 21 (1930): 223-28.

Purcel, Mary. *The Great Captain*. London: Alvin Redman, 1963.

Ramajo Caño, A. *Las gramáticas de la lengua castellana desde Nebrija a Correas*. Salamanca: Univ. de Salamanca, 1986.

Randall, D. B. J. *The Golden Tapestry: A Critical Survey of Non-Chivalric Spanish Fiction in English Translation (1543-1657)*. Durham, N. Carolina: DUP, 1963.

Redondo, A. "A propos des chapîtres VI et VII du *Lazarillo de Tormes*: quelques données nouvelles". En *Mélanges offerts a Maurice Molho*. Paris: Editions Hispaniques, 1988. 491-514.

Rico, F. *La novela picaresca y el punto de vista*. Barcelona: Seix Barral, 1970.

————. *La vida de Lazarillo de Tormes*. Ed. crit. Madrid: Cátedra, 1987.

————. *Problemas del "Lazarillo"*. Madrid: Cátedra, 1988.

Roth, C. *The House of Nasi: The Duke of Naxos*. New York: Greenwood Press, 1948.

————. *The House of Nasi: Doña Gracia*. New York: Greenwood Press. 1969.

Rumeau, A. "Notes au LAZARILLO: Contóme su hacienda". *Les langues néo-latines* 166 (1963): 19-31.

————. "Notes au 'Lazarillo': Les éditions d'Anvers, 1554-1555 de *La vida de Lazarillo* et de *La segunda parte*". *BHi* 66 (1964): 257-93.

————. "Sur les 'Lazarillo" de 1554: Problèmes de filiation". *BHi* 71 (1969): 476-501.

————. "La prémière traduction du 'Lazarillo': Les éditions de 1560 et 1561". *BHi* 82 (1980): 362-79.

Sainéan, L. *Les sources de l'argot ancien*. 2 vols. Paris: H. et E. Champion, 1912.

Saludo Stephan, M. *Misteriosas andanzas atunescas de Lázaro de Tormes*. San Sebastián: Izarra, 1969.

Salvá, J. *La Orden de Malta y las acciones navales españolas contra turcos y berberiscos en los siglos XVI y XVII*. Madrid: Inst. Hist. de Marina, 1944.

Sánchez Herrero, J. *Las diócesis del Reino de León: Siglos XIV y XV*. León: Centro de Est. e Investig. San Isidoro, 1978.

Saxl, F. "Veritas filia temporis". En *Philosophy and History: Essays presented to Ernst Cassirer*. Ed. R. Klibansky *et al*. Oxford: Clarendon Press, 1936. 197-222.

Scholem, G. G. *Major Trends in Jewish Mysticism*. London: Thames & Hudson, 1955[3].

Shipley, G. "A Case of Functional Obscurity: the Master Tambourine-Painter of *Lazarillo, Tratado VI*". *MLN* 97 (1982): 225-53.

Sicroff, A. A. *Los estatutos de limpieza de sangre: Controversias entre los siglos XV y XVII*. Madrid: Taurus, 1985.

Siebermann, G. *Uber Sprache und Stil im Lazarillo de Tormes*. Bern: Francke Ag., 1953.

Sims, E. R. "An Italian Translation of *Lazarillo de Tormes*". *HR* 3 (1935): 331-37.

Solà-Solé, J. M. "Villalón y los orígenes de la picaresca". En *La picaresca: orígenes, texto y estructura*. Ed. M. Criado de Val. Madrid: FUE, 1979. 317-25.

Suárez Beltrán, S. "Las 'emparedadas' de Oviedo. Una aportación al estudio de la religiosidad popular en la Baja Edad Media". *Anuario de estudios medievales* (Barcelona) 15 (1985): 467-74.

Torres Fontes. J. *Estampas de la vida murciana en la época de los Reyes Católicos*. Murcia: Acad. Alfonso X el Sabio, 1984.

Valbuena Prat, A. *La novela picaresca española*. Madrid: Aguilar, 1956.

Vega, C. A. "The Early Texts of the St. Amaro Legend". *La Corónica* 15.1 (1986-87): 29-37.

Vicens Vices, J. *Historia de España y América*. 5 vols. Barcelona: Ed. Voicens Vives, 1971[2].

Vles, J., *Le roman picaresque hollandais des XVIIe et XVIIIe siècles et ses modéles espagnols et français*. 'S-Gravenhage: Papier-Centrale Triplaar, 1926.

Wagner, Ch. Ph. *The life of Lazarillo de Tormes and his fortunes and adversities*. Trans. by L. How. New York: M. Kennerly, 1917.

Weiner, J. *El ciego y las dos hambres de Lázaro de Tormes*. Valparaíso (Chile): Univ. Católica de Valparaíso, 1971.

Williams, R. H. "Notes on the Anonymous Continuation of *Lazarillo de Tormes*". *Romanic Review* 16 (1925): 222-35.

Woodward, L. J. "Author-Reader Relationship in the *Lazarillo de Tormes*". *Forum for Modern Language Studies* 1 (1965): 43-53.

Yerushalmi, Y. H. *From Spanish Court to Italian Ghetto: Isaac Cardoso; A Study in Seventeenth-Century Marranism and Jewish Apologetics*. New York-London: CUP, 1971.

Zwez, R. *Hacia la revalorización de la Segunda Parte del Lazarillo (1555)*. Valencia: Albatros Eds., 1970.

Indices

Contienen vocablos, sintagmas, modismos, etc., comentados en notas. Las referencias son a capítulos (en romanos) y notas (en arábigos) según van apareciendo en el texto. Se da siempre un ejemplo base al que, en su caso, han de remitirse los demás posteriores.

i) Vocablos

acabar; V, 98.
acaecedera; II, 68.
acaecer; V, 40.
acordar; XVIII, 26.
ahogarse; IIII, 4 .
albricias; VIII, 29.
alcaide; XVII, 57.
alcalde del crimen; VIII, 18.
alhaja; II, 6.
almohaçar; III, 50.
allende; II, 89.
alli; XI, 22.
anegarse; II, 48.
apañar; XVI, 11.
aparejo; IIII, 44.
apasionado; VI, 3.
aprobar; II, 78.
aqui; V, 24.
argullo; III, 43.
armar (armarse); XIII, 40.
armar (trampas); XVI, 8.
arrebentar; III, 54.
asistir; XII, 26.
assi; I, 40.
atentado, -amente; XI, 24.
atocinado; IIII, 21.
avezado; XVIII, 9.
avisar; XIIII, 32.
açumbre; XVII, 35.
bandera; III, 24.
baptizar; III, 15.
baraja; V, 44.
barco; II, 58.
bastante; XIII, 48.
bastecer; VIII, 2.
bienandante; XII, 3.
blanca; I, 21.
boleo; XIIII, 6.
buscar; IIII, 13.
ca; XVI, 15.
cabe; IIII, 24.

cabo; II, 186.
campo; III, 35.
caracol (nonada); III, 91.
caracol (maniobra); XII, 34.
carcelaje; XII, 23.
casi; II, 90.
castigar; XVII, 72.
cautela; XI, 39.
caxco; II, 55.
cegoñino; XI, 28.
cerca; II, 127.
cerimonia; VII, 28.
cerrar; II, 176.
cient; II, 72.
ciento; X, 36.
cinta; II, 93.
clavo; XIIII, 5.
codicia; II, 17.
cola; V, 49.
colacion; XVIII, 73.
color (epiceno); XVIII, 34.
comedio; I, 69.
comedido; III, 47.
cometer (acometer); XIII, 9.
cometer (encargar); XIII, 8.
comigo; I, 17.
compaña; III, 17.
conciencia; III, 90.
conclusión; XVIII, 29.
conocimiento; II, 30.
consejar; VI, 25.
contador; XIIII, 56.
contenta; XIIII, 34.
contino; II, 9.
contratar; XI, 4.
conversación; II, 106.
convidado; XVIII, 68.
cordial; I, 32.
costa; II, 34.
cuerpo; II, 67.
culpado; XI, 41.
cumplimiento; IIII, 63.
cura; III, 47.
deliberar; XII, 22.
demasiado; X, 2.
dende; II, 183.
deprender; II, 131.
derramarse; V, 38.
derrota; VII, 3.
desamparar; II, 112.
desgracia; XII, 5.
desmandado; VI, 4.
despartir; XIII, 52.
desviar; II, 25.
dicho; XIII, 11.

digerir; II, 158.
disimular; III, 18.
disponer; VI, 16.
dizque; II, 61.
doblón; XIIII, 52.
eficacia; III, 57.
engullir; II, 87.
enlodar; XVIII, 51.
entrar; II, 145.
enviar; V, 65.
escrebir; I, 74.
esfuerço; III, 99.
esgremir; II, 111.
espaciosamente; III, 94.
espadañada; III, 41.
essotro -a (s); IIII, 31.
estaciones; XII, 19.
estados; XV, 5.
estar = haber; X, 30.
estar sobre; IIII, 27.
estrecho; IIII, 45.
executivo, -amente; II, 179.
extraño, -amente; III, 89.
falda; V, 79.
fantastigo; I, 53.
fatiga; VIII, 22.
favor; III, 83.
figura; VII, 54.
fin (adv. epiceno); XI, 19.
fin (sust. epiceno); XVIII, 49.
finarse; III, 53.
finiestra; XI, 15.
fortuna (desdicha); II, 27.
fortuna (tempestad); II, 41.
frutos; I, 8.
fuerça (fortaleza); III, 55.
fuerça (violencia); IIII, 66.
galardón; III, 79.
galleta; I, 7.
gesto; I, 72.
gimir; II, 161.
glosar; II, 135.
gracioso; XIII, 26.
granada; II, 57.
grande; II, 109.
granjear; XIIII, 37.
gualda; XVII, 53.
guindaleta; IX, 39.
guiñoso; XVIII, 11.
gurrea; IX, 26.
habacera; XIIII, 21.
haber (hacer) [temp.]; II, 42.
haber (tener); III, 84.
haberse; V, 85.
hacer; II, 187.

hacerse; IIII, 54.
haldilargos; XVIII, 67.
hasta [num. indef.]; V, 27.
hez-, hiz-; II, 44.
hombre [pron. indef.]; II, 128.
homenaje; II, 142.
honra; I, 56.
imaginar; XIIII, 61.
imponer; XIIII, 16.
invencion; XII, 29.
inventor; VIII, 31.
jábega; XVI, 16.
jornada; II, 33.
jugar; VI, 17.
justicia; VIII, 8.
ladronicio; IIII, 72.
largo; XIII, 45.
le; V, 17.
levantar; X, 14.
librar; X, 11.
ligeramente; II, 97.
linaje; II, 67.
lucia; V, 76.
luego; III, 5.
lugar; II, 121.
maginar; XIV, 61.
malsabrosa; II, 81.
mandado; III, 22.
mandón; III, 51.
manera; XVIII, 35.
mantilargo; XVIII, 6.
mañosamente; XII, 8.
mar (epiceno); II, 43.
medios; I, 69.
mejorarse; II, 60.
mesura; XI, 33.
mism-, mesm-; II, 47.
mostrar; V, 62.
mover; III, 34.
mucho; XVI, 25.
nación; II, 115.
natural; III, 60.
naturaleza; XI, 7.
nonada; XIIII, 53.
nos; IIII, 25.
notorio (adv.); XVII, 61.
nueva; II, 13.
ofender; II, 126.
oficial; XIIII, 22.
ordenança; X, 13.
otro dia; V, 3.
paniaguado; X, 3.
pararse (ponerse); V, 75.
pararse (salir, asomarse); XI, 14.
parecer (juzgar, decidir); V, 6.

parecer (mostrar[se]); XII, 15.
partido; II, 114.
partir (compartir); XII, 42.
partir (separar); V, 23.
pasar; IIII, 61.
pasión; II, 182.
paso (adv.); V, 58.
patria; I, 62.
pece; III, 8.
pedir; XVIII, 39.
pena; II, 116.
péndola; XVIII, 48.
persecución; II, 172.
pescado; II, 96.
poco; VIII, 23.
ponerse en; XVIII, 65.
porquerón; XVII, 28.
posada; IIII, 49.
potro; XVII, 63.
prático; V, 32.
preferirse; III, 81.
presumptuoso; I, 54.
priessa; IX, 15.
primero; II, 77.
pro; XII, 40.
proferir (se); III, 25.
prometer; XVIII, 64.
prompto (adj.); XVIII, 53.
proveer; IIII, 59.
puerta; II, 141.
pusilanimo; X, 16.
real; II, 10.
recatarse; III, 11.
recaudo; XVII, 70.
recebir; V, 53,
recorrer; X, 27.
refeción; II, 156.
regañar; III, 64.
regocijar; V, 94.
repostero; IX, 9.
reprehender; I, 29.
reservar; V, 47.
resolución; XVIII, 46.
respecto; IIII, 48.
retraer; III, 39.
retraimiento; X, 28.
revuelto (enemistado); XV, 7.
revuelto (envuelto); V, 48.
rifar; II, 125.
riseta; X, 17.
riça; II, 113.
romancista; XVIII, 30.
rompido; X, 24.
rota; VII, 3.
ruido; II, 107.

saber; VIII.48.
sabidor; III, 93.
saco; IIII, 19.
santa; II, 163.
secaces; XII, 4.
segundar; III, 85.
sentir; VIII, 15.
ser = estar; II, 86.
sobremaestro; V, 73.
sobreponer; II, 5.
solo, -a (adv.); IIII, 5.
sombrío; XVIII, 4.
sospirar; II, 74.
suficiente; IX, 8.
talabarte; V, 80.
tamañito (adj.); XVIII, 52.
también; I, 58.
tener (hacer); IIII, 53.
tener (mantener); III, 40.
tener (pasar [temp.]); XII, 2.
tocino; I, 31.
toñinas; XIII, 39.
trabar; X, 21.
traer; XIIII, 54.
traer = llevar; V, 98.
trampantojos; XVIII, 75.
trax-, trux-; XI, 17.
tripolinas; II, 20.
tu [mayestático]; III, 19.
valeroso; V, 18.
veer; IIII, 23.
veinticuatría; II, 4.
venir = ir; III, 52.
vivir; I, 52.
y; V, 25.
ymaginar; XIV, 61.
xira; I, 19.
zahenas; II, 21.

ii) Estructuras sintagmáticas

a ante lugar; XVIII, 3.
a ante objeto; IIII, 3.
a om. ante persona; I, 13.
a om. ante título; II, 165.
a superflua; XI, 3.
a = en; I, 75,
a = para; XIII, 49.
a =por; VII, 9.
-ades; -edes [desinencias arcaicas]; II, 19.
Adverbio ante gerundio; II, 97.
 interpolado entre aux. y part. pasado; I, 71.
Artículo ante nombre propio; IIII, 40.
 ante numeral; III, 10.
 posesivo; I, 36.
 determinado por neutro; IIII, 65,

indeterminado redundante; XIII, 36.
fem. ante sust. masc.; III, 2.
masc. ante "a" átona (sust. fem.); IX, 49.
masc. ante "e" átona (sust. fem.); II, 160.
Cláusula interpolada entre aux. y part. pasado; IIII, 2.
como [expletivo]; II, 79.
como = cuando; II, 119.
como = ya que; XVII, 36.
con = a; XI, 12.
con = por; III, 66.
con = a pesar de; XVII, 13.
con + infin. = gerundio; IIII, 57.
Condicional analítico; VIII, 34.
tras *si*; II, 138.
cual = como; XVII, 48.
cuando = aunque [si]; III, 88.
Dativo de interés; II, 23.
de = a; II, 15.
de = con; V, 54.
de = desde; II, 140.
de = en; II, 187.
de = para; II, 31.
de = por; III, 80.
de = que; II, 28.
de superfluo; II, 59.
del = de el (pron.); II, 123.
despues = desde; XVII, 58.
desque = cuando; III, 98.
do = donde; I, 10.
do =de donde; XIIII, 50.
do = lo que; IX, 31.
en = a; V, 81.
en = con; III, 69.
en = de; VII, 19.
en = por; VI, 8.
enviar + *infin. (perífrasis); III, 38.*
Futuro analítico; III, 30.
metatético; III, 92.
Gerundio + forma personal redundante; III, 4.
Hacer (en perífrasis con verbo principal); XII, 14.
Imperativo con *d* elidida; IX, 42.
Imperfecto de subj. por condicional; VII, 18.
por pluscuamp. subj.;II, 129.
Indicativo en subordinada tras principal:
a) con *esperar*; XI, 32;
b) con *querer*; II, 49.
c) con *suplicar*; VIII, 7;
d) con indefinido; XVII, 14.
e) con nexo causal final;IX, 46.
f) en futuro; IX, 40.
g) en impersonal; II, 147
h) en negativa; II, 167.
mas = ademas; III, 56.
mas de = sino; II, 37.
Leísmo-loísmo; II, 26,

Negación doble, omisión de; X, 19.
por = de; I, 65.
por = para; III, 48.
Pretérito de *tú* en -istes; V, 7.
Pronombre enclítico; I, 26.
indirecto om.; II, 100.
neutro om. en cláusula de relativo; V, 6.
personal directo en forma oblicua; III, 32.
personal en secuencia invertida:
a) entre ellos; V, 91.
b) con adv. *ya*; II, 110.
c) en interrogativa indirecta; II, 110.
proclítico; II, 32.
recíproco om.; IIII, 12.
reflexivo om.; IIII, 9.
relativo ante gerundio; II, 99.
puesto caso que = aunque; IIII, 64.
que om.; I, 12.
que superfluo; V, 45.
que = aunque; IIII, 55.
que = de; V, 36.
querer + infin. (perífrasis); I, 16.
quien con antecedente plural; II, 50.
quien (relativo para objeto); V, 68.
sin = además de; VII, 24.
sino que = pero; V, 57.
Subjuntivo en subordinada tras principal con
a) concesiva; II, 117.
b) interrogativa indirecta; III, 6.
c) *pensar*; III, 49.
Sujeto plural con verbo en singular; I, 34.
sing. con verbo en plural; III, 46.
tambien = tanto; V, 92.
Tiempos presentes por pasados; II, 103.
todavia = siempre; IIII, 7.
ya que = aunque; II, 190.
ya que = cuando; III, 12.

iii) Modismos, refranes, etc.

Para los no anotados doy el correspondiente folio.

A cabo de; II, 118.
A desora; II, 173.
A fe; f.61*r*
A la hora; VIII, 36.
A las tres va la vencida; f.67*v*
A pesar de gallegos; XIIII, 7.
A su sabor; f.54*v*
Abrir puerta a la justicia; XIII, 7.
Aficion ciega razon; XIII, 30.
Andaos a decir donaires; XIII, 3.
Andar para . . . (dejar . . ., ir . . ., quedar . . .) + adj.
o loc. adj.; XVII, 13.
Assi le ayude Dios; VI, 13.
Bancos de Flandes; XIIII, 49.

Besar las manos; V, 82.
Caerse la sopa en la miel; XIIII, 45.
Calles acostumbradas; VIII, 37.
Carta de guia; V, 43.
Criado de mesa; XVIII, 20.
Cuestion de tormento; XIII, 10.
Dar con la carga en el suelo; VII, 20.
Dar en; XI, 34.
Dar sobre; X, 12.
Darse un verde; XVIII, 78.
Dar xaque mate; III, 63.
De do eres hombre, de la tierra de mi mujer; I, 64.
De industria; I, 25.
De los enemigos, los menos; X, 9.
De oy mas; III, 78.
De (en) pie (pies); II, 120.
De presente; XVII, 75.
De tales romerias, tales veneras ; XII, 21.
Derecho camino ; VIII, 6.
Echar seso a montón; XVII, 25.
El pez grande come al mas pequeño; V, 41.
Encargar la conciencia; XVI, 14.
Entender en; II, 178.
Entre las alas ; XI, 23.
Estar a derecho; VII, 2.
Estar en sus trece ; II, 1 71.
Estarse en palabras; II, 101.
Guardar la cara al basto; IIII, 30.
Guardeos Dios de piedra y dardo y de hombre denodado; X, 29.
Haber nombre; V, 63.
Haberse con; II, 180.
Hacer del; X, 18.
Hacer libro nuevo; XVII, 74.
Hacer menos ; XI, 31.
Hacer y acontecer; I, 47.
Holgar la fiesta; XVII, 31.
Hombre de bien; XVII, 16.
Ir a la mano; V, 95.
Ir a monte; VIII, 9.
Ir viaje; XVI, 3.
Jornadas contadas; XVI, 4.
La cuaresma y la justicia en los pobres se ejecuta; II, 62.
Lengua del agua; XVI, 19.
Mal latin (ser tomado [cogido] en); III, 27.
Mas vale el mal conocido, que el bien por conocer; I, 49.
Obras muertas; II, 54.
Pasos contados; XVI, 4.
Poner sobre la cabeza; VII, 26.
Por cierto; V, 55.
Por evitar prolijidad; II, 36.
Por manera que; II, 71
Presumir de repicar las campanas; XIII, 6.

Que no debiera; II, 12.
Quien bien te hara, o se te ira o se morira; I, 42.
Quien no trabaje, no coma; V, 46.
Rey de Francia; VIII, 47.
Ser agua limpia; XII, 18.
Ser el diablo; XIII, 21.
Ser en; II, 192.
Ser en cargo; V, 86.
Ser parte; IX, 29.
Si no lo han por enojo; XVII, 62.
Sobre palabra; XII, 7.
Tener manera; III, 36.
Tomar la mano; XVIII, 27.
Traer juego de veras; XVII, 40.
Tu ley y a tu Rey guardaras; X, 32.
Veis aqui; XIII, 2.

Indice general

Agradecimientos iii
Breve introducción v
Discusión y planteamiento del estema 1
    a) Variantes aceptables 7
    b) Variantes no aceptables 15
Estudio crítico 27
    a) Peripecias, "fortunas y aduersidades" del segundo Lázaro 27
    b) Una nueva versión de la disputa medieval del agua y el vino 29
    c) Mundo atunesco, ¿mundo islámico? 32
    d) Conversión atunesca de Lázaro 38
    e) Pseudo-epifanías sobrenaturales de Lázaro entre conversión y reconversión . 41
    f) Reconversión final de Lázaro 42
    g) El '55, ¿eco y réplica del contenido castizo y religioso del '54? 49
    h) Una última hipótesis intepretativa 54
Transcripción del texto y notas 65
Avatares generales 203
    a) Ediciones en castellano 203
    b) Traducciones 205
    c) Un caso especial: el de Strozzi 212
Avatares particulares 221
    a) Del capítulo I 221
    b) Del capítulo XV 229
    c) De los capítulos XVII y XVIII 235
Bibliografía 241
    a) Ediciones del '55 241
        i) En castellano 241
        ii) Traducciones 242
    b) Obras de consulta 243
        i) Bibliografías 243
        ii) Diccionarios, léxicos, etc. 243
        iii) Gramáticas, historias de la lengua, etc. 244
        iv) Refraneros 245
    c) Fuentes y crítica 246
        i) Fuentes 246
        ii) Crítica 257
Indices 265
        i) Vocablos 265
        ii) Estructuras sintagmáticas 267
        iii) Modismos, refranes, etc. 268

Ysopete-Zaragoza, 1489

hic liber confectus est

madisoni .mcmxciii.